Der Jurist Rudolf Isay (1886–1956)

Rechtshistorische Reihe

Band 324

Peter Lang
Frankfurt am Main · Berlin · Bern · Bruxelles · New York · Oxford · Wien

Felix Gaul

Der Jurist Rudolf Isay (1886 – 1956)

Ein verantwortungsbewusster Vermittler im Spannungsfeld zwischen dynamischer Rechtsschöpfung, ökonomischem Wandel und technischem Fortschritt

Peter Lang
Europäischer Verlag der Wissenschaften

Bibliografische Information Der Deutschen Bibliothek
Die Deutsche Bibliothek verzeichnet diese Publikation in der Deutschen Nationalbibliografie; detaillierte bibliografische Daten sind im Internet über <http://dnb.ddb.de> abrufbar.

Zugl.: Frankfurt (Main), Univ., Diss., 2005

Die vorliegende Arbeit wurde von
Prof. Cordes
zur Aufnahme in die Reihe empfohlen.

D 30
ISSN 0344-290X
ISBN 3-631-54620-3

www.peterlang.de

Eigene Verantwortung, die Notwendigkeit, auf Grund eigener Erwägung des Für und Wider eine Entscheidung zu fällen und sie nachher auch gegenüber fremder Kritik zu rechtfertigen, bringen am ehesten jeden wohlmeinenden Menschen zu der Erkenntnis der Relativität aller irdischen und namentlich aller wirtschaftlichen Dinge und damit zur Duldsamkeit, die die Voraussetzung jeder Klassenversöhnung bildet.

Rudolf Isay (1919)

Meinen Eltern

Vorwort

Die Untersuchung lag dem Fachbereich Rechtswissenschaft der Johann Wolfgang Goethe-Universität Franfurt am Main im Sommersemester 2005 als Dissertation vor; die mündliche Prüfung erfolgte am 13. Juli 2005.

Die Arbeit wurde von meinem Doktorvater Herrn Prof. Dr. Dr. h.c. Theodor Baums angeregt, dem ich nicht nur für das Erstgutachten danke sondern auch für sein Interesse, mit dem er den Entstehungsprozess begleitet hat. Herr Prof. Dr. Albrecht Cordes hat dankenswerter Weise das Zweitgutachten übernommen und die vorliegende Arbeit zur Aufnahme in die „RECHTSHISTORISCHE REIHE" empfohlen. Mein besonderer Dank gilt darüber hinaus all denen, die mich bei der Erstellung der Arbeit unterstützt haben.

Hamburg, im August 2005. Felix Gaul

Inhaltsverzeichnis

Abkürzungsverzeichnis

a. a. O.	am angegebenen Ort
ABG	Allgemeines Berggesetz für die preußischen Staaten
ABR	Archiv für Bürgerliches Recht
Abs.	Absatz
AcP	Archiv für die civilistische Praxis
AfP	Archiv für Pressewesen
a. F.	alte Fassung
AG	Die Aktiengesellschaft (Zeitschrift)
Anm.	Anmerkung
Art.	Artikel
AT	Allgemeiner Teil
Aufl.	Auflage
BB	Betriebsberater
BBergG	Bundesberggesetz
Bd.	Band
BDI	Bundesverband der Deutschen Industrie
BGB	Bürgerliches Gesetzbuch
BGBl	Bundesgesetzblatt
BGH	Bundesgerichtshof
BT-Drs.	Bundestagsdrucksache
BVerfG	Bundsverfassungsgericht
BVerwG	Bundesverwaltungsgericht
DB	Der Betrieb
DDP	Deutsche Demokratische Partei
ders.	derselbe
DöV	Die öffentliche Verwaltung
DJT	Deutscher Juristentag
DJZ	Deutsche Juristenzeitung
DR	Deutsches Recht
DRiZ	Deutsche Richterzeitung
DVBl	Deutsches Verwaltungsblatt
DWW	Deutsche Wohnungswirtschaft
EG	Europäische Gemeinschaft
Einl.	Einleitung

EuGH	Gerichtshof der europäischen Gemeinschaften
EuZW	Europäische Zeitschrift für Wirtschaftsrecht
EWS	Europäisches Wirtschafts- und Steuerrecht
f / ff.	folgende
Fn.	Fußnote
FS	Festschrift
gem.	gemäß
GG	Grundgesetz
Glückauf	Glückauf, Bergmännische Zeitung
GmbHG	Gesetz betr. die Gesellschaften mit beschränkter Haftung
GmbHR	GmbH-Rundschau
Gruchot	Gruchots Beiträge zur Erläuterung des deutschen Rechts
Grünhut	Grünhuts Zeitschrift für das Privat- und öffentliche Recht
GRUR	Gewerblicher Rechtsschutz und Urhebergesetz
GRUR Int.	GRUR Internationaler Teil
GVG	Gerichtsverfassungsgesetz
GWB	Gesetz gegen Wettbewerbsbeschränkungen
h. M.	herrschende Meinung
Hrsg.	Herausgeber
insb.	insbesondere
JR	Juristische Rundschau
JuS	Juristische Schulung
JW	Juristische Wochenschrift
JZ	Juristenzeitung
KartG	Kartellgericht
KG	Kammergericht
KR	Kartell-Rundschau
KVO	Kartellverordnung
LG	Landgericht
LZ	Leipziger Zeitschrift für Deutsches Recht
MA	Der Markenartikel (Zeitschrift)
Mitt	Mitteilungen der deutschen Patentanwälte
MuW	Markenschutz und Wettbewerb
m. w. N.	mit weiteren Nachweisen
n. F.	neue Fassung
NJW	Neue Juristische Wochenschrift
NSDAP	Nationalsozialistische Deutsche Arbeiterpartei
NZG	Neue Zeitschrift für Gesellschaftsrecht
OLG	Oberlandesgericht
ORDO	Jahrbuch für die Ordnung der Wirtschaft und Gesellschaft

PatG	Patentgesetz
RDI	Reichsverband der Deutschen Industrie
Rdnr.	Randnummer
RG	Reichsgericht
RGBl	Reichsgesetzblatt
RIW	Recht der Internationalen Wirtschaft
S.	Seite
SJZ	Süddeutsche Juristenzeitung
Sp.	Spalte
StGB	Strafgesetzbuch
Tz.	Textziffer
Urt.	Urteil
UWG	Gesetz gegen den unlauteren Wettbewerb
VerwArch	Verwaltungs-Archiv
Vgl.	vergleiche
VVDStRL	Veröffentlichungen der Vereinigung der dt. Staatsrechtslehrer
WM	Wertpapiermitteilungen
WRP	Wettbewerb in Recht und Praxis
WuW	Wirtschaft und Wettbewerb
WuW / E	Entscheidungssammlung der WuW
z. B.	zum Beispiel
ZfB	Zeitschrift für Bergrecht
ZGB	Zivilgesetzbuch (Schweiz)
ZGR	Zeitschrift für Unternehmens- und Gesellschaftsrecht
ZHR	Zeitschrift für das gesamte Handels- und Wirtschaftsrecht
ZIP	Zeitschrift für Wirtschaftsrecht
ZRP	Zeitschrift für Rechtspolitik
ZZP	Zeitschrift für Zivilprozess

1.Teil: Die Biographie Rudolf Isays und die Charakterisierung seiner Persönlichkeit anhand seiner Grundüberzeugungen

Bevor die rechtsphilosophischen, rechtsethischen, sozialen und ökonomischen Grundüberzeugungen Rudolf Isays, deren Ursprung überwiegend das Resultat biographischer Erfahrungen war, der Reihe nach dargestellt und analysiert werden[1], sind zunächst die wichtigsten Stationen in seinem Leben nachzuzeichnen.[2]

A) Maßgebliche Stationen im Leben Rudolf Isays unter besonderer Berücksichtigung seiner juristischen Laufbahn und seines kontinuierlichen Interesses für Ökonomie und Technik

Die Darstellung der Biographie Rudolf Isays stützt sich in erster Linie auf Aufzeichnungen, tagebuchartige Berichte und Briefe aus den Jahren 1936 bis 1951, die in seiner Autobiographie „Aus meinem Leben" enthalten sind.[3] Darin finden sich insbesondere auch wertvolle Hinweise und Erkenntnisse über Isays Wesen und seine Persönlichkeit.[4] Dass ursprünglich keine Zeile der Aufzeichnungen Isays zur Veröffentlichung bestimmt war, machte nach der Einschätzung Ballerstedts „den intimen Reiz des Buches" aus.[5]

---

1 Siehe ausführlich unten: 1. Teil B) I) – III).

2 Siehe dazu sogleich unten: 1. Teil A) I) – X).

3 R. Isay, Aus meinem Leben, 1960. Diese Autobiographie wurde posthum, auf Betreiben des mit Isay befreundeten Rechtsanwalts Eugen Langen vom Verlag Chemie herausgebracht, der auch die Zeitschrift „Gewerblicher Rechtsschutz und Urheberrecht" (=GRUR) publizierte, in der Isay in den Jahren 1909 und 1953 mehrere Aufsätze veröffentlichte. Vgl. dazu: Langen, in: R. Isay, Aus meinem Leben, S. 5: „Als Freund der Familie Isay durfte ich die vorliegenden Erinnerungen, die der Verfasser für seine Enkel niederschrieb, im Manuskript lesen. Dass der Verlag Chemie dann meine Anregung verwirklichte, sie in Buchform herauszubringen, freut mich besonders. Ich bin davon überzeugt, dass Dankbarkeit und Bewunderung dem großen Menschen Rudolf Isay über seinen Tod hinaus bewahrt werden". Noch im Jahre 1997 brachte der Familienverband Trimborn, dem Isays Frau Isabella entstammte, zum Gedenken an Rudolf Isays erfülltes und in gleicher Weise erfolgreiches wie schicksalhaftes Leben einen um einen Anhang erweiterten Nachdruck der Autobiographie heraus.

4 Vgl. dazu auch ausdrücklich: Boldt, NJW 1956, S. 781: „Seine für seine Angehörigen und Freunde verfassten Lebenserinnerungen (...) vermitteln zugleich einen tiefen Einblick in den Menschen Rudolf Isay".

5 Ballerstedt, JZ 1962, S. 103.

Die Rationalität der Schilderungen in seiner Autobiographie[6], zumal die Objektivität, mit der Isay die Geschehnisse im „Dritten Reich" analysierte, ist verbürgt[7].

I) Herkunft, Kindheit und Jugend (1886 – 1904)

Rudolf Isay wurde am 1.1.1886 als jüngster Sohn des Kaufmanns Adolf Isay und seiner Frau Jenny, geb. Michaels, in Trier geboren.[8] Seine Familie, die einige Generationen zuvor aus Frankreich eingewandert war, gehörte dem Bürgertum an.[9] Ursprünglich lebten die Eltern in Berlin, bevor sie im Jahre 1877 nach Trier zogen.[10] Rudolf Isay hatte drei ältere Brüder: Hermann, der später ein weltbekannter Patentrechtler werden sollte[11], Oskar, ein Chemiker[12] und

---

6 Vgl. dazu: Ballerstedt, JZ 1962, S. 103: „Er redet mit jener Distanz gegenüber sich selbst und gegenüber den Dingen, die ein wacher, aufs Reale gerichteter Intellekt verleiht, sofern er mit einer charakterlichen Haltung gepaart ist, der sich das Moralische von selbst versteht. Diese ganz unprätentiösen Aufzeichnungen durchweht ein Geist der Rationalität im besten Sinne". Siehe auch: Roßmanith, Rechtsgefühl und Entscheidungsfindung, S. 11-18. In dieser Biographie über Rudolf Isays ältesten Bruder Hermann, einen berühmten Patentrechtler, stütze sich Rosmanith maßgeblich auf die Angaben, die R. Isay in seiner Autobiographie zu seinem Bruder machte. Siehe in diesem Zusammenhang noch jüngst die positive Würdigung von: Landau, in: Deutsche Juristen jüdischer Herkunft, S. 205, Fn. 430: „Zu Rudolf Isay vgl. auch dessen interessante Autobiographie: R. Isay, Aus meinem Leben, 1960, die zugleich wertvolle biographische Angaben zum Bruder Hermann Isay enthält".

7 Vgl. in diesem Sinne ausdrücklich: Ballerstedt, Gedächtnisrede auf R. Isay, S. 26: „Seine fast beschämende Objektivität in der Beurteilung der Zeit von 1933 bis 1945 ist verbürgt"; ders., JZ 1962, S. 103: „Die Objektivität mit der er die geschichtlichen Gründe für die Entstehung des Nationalsozialismus und das Gewicht der historischen Schuld abwägt, ist mehr als nur ein Beweis der Besonnenheit und Nüchternheit". Vgl. zur ressentimentfreien Einstellung Isays gegenüber dem Deutschen Volke nach 1945 auch ausführlich unten: 1. Teil A) VII), VIII).

8 R. Isay, Aus meinem Leben, Aufzeichnungen vom 10. April 1951, S. 10. Die Angaben zu Rudolf Isays Eltern sind einem Lebenslauf seines Bruders Hermann anlässlich dessen juristischer Habilitation im Jahre 1919 entnommen, zitiert nach: Roßmanith, Rechtsgefühl und Entscheidungsfindung, S. 12.

9 Ballerstedt, Gedächtnisrede auf Rudolf Isay, 1957, S. 8.

10 Vgl.: Roßmanith, Rechtsgefühl und Entscheidungsfindung, S. 12.

11 Vgl. dazu: Ed. Reimer, GRUR 1948, S. 59.

12 Vgl. zu den chemischen Experimenten, die Rudolf Isay in seiner Kindheit gemeinsam mit seinem Bruder Oskar durchführte: R. Isay, Aus meinem Leben, Aufzeichnungen vom 10. April 1951, S. 15.

Richard, der im Ersten Weltkrieg fiel[13]. Vor allem sein Bruder Hermann sollte einen prägenden Einfluss auf Rudolf Isays beruflichen Werdegang ausüben.

Die Zustände im Wilhelminischen Kaiserreich, in denen Isay seine Kindheit verbrachte, schienen nach seinem Dafürhalten sowohl in Deutschland als auch im Rest der Welt für „die Ewigkeit gemacht".[14] Rückblickend erinnerte sich Isay in diesem Zusammenhang zudem an die „idyllischen Zeiten in einer ebenso idyllischen Umgebung".[15] Zum nachhaltigen Einfluss dieser Lebensumstände auf Isays Grundhaltung bemerkte Ballerstedt in seiner Gedächtnisrede: „Das Bürgertum (...) lebte damals in einem durch Sorgen um politische und soziale Fragen wenig getrübten Gefühl der Sicherheit. (...) Sein Weltbild und die Grundsätze seiner Lebensführung sind durch seine Herkunft aus dieser Umwelt unverrückbar bestimmt worden, und er hat beharrlich an ihnen festgehalten".[16] Und so bildeten diese von Ballerstedt anschaulich beschriebenen Lebensumstände die Plattform für die Entstehung von Isays unerschütterlichem Idealismus.[17]

Geprägt wurde Isay darüber hinaus von seinem Jugendtraum, ein berühmter Forscher zu werden. Schon früh trat seine Begeisterung für technische Fragestellungen und Problemlösungen jeglicher Art in Erscheinung. Hinzu kam folgender Aspekt, auf den Dörinkel aufmerksam machte: „Der Trieb zu wissenschaftlicher Forschung lag seiner Familie offenbar im Blute".[18] Und tatsächlich gab es in der nahen Verwandtschaft Isays etliche namhafte Wissenschaftler: Sein Vetter Jaques Loeb war um die Jahrhundertwende ein Physiologe von Weltruf, dessen Bruder Leo war Professor für innere Medizin. Ein weiterer Vetter Isays, Ernst Bresslau, war Zoologieprofessor in Amerika, sein Onkel Harry Breslau lehrte an der Uni Straßburg Geschichte.[19] Rudolfs ältester Bruder Hermann und sein Vetter Ernst Isay wurden zudem bedeutende Rechtswissenschaftler.

Isays auf diese Weise familiär beeinflusster Forschungsdrang sollte ihn vor allem im Bereich der Technik von Kindesbeinen an und danach während seines gesamten Lebensweges kontinuierlich antreiben. Schon in jungen Jahren konstruierte er einen Fotoapparat sowie ein astronomisches Fernrohr. Auch repa-

---

13 Siehe zu Rudolf Isays Bruder Richard auch unten: 1. Teil A) III).

14 R. Isay, Aus meinem Leben, Aufzeichnungen vom 10. April 1951, S. 10f. Ergänzend betonte Isay dort: „Die Vorstellung, dass das Deutsche Reich, hervorgegangen aus dem siegreichen Kriege von 1870, je eine Niederlage erleiden könnte, hätte ein guter Patriot damals für Majestätsbeleidigung gehalten".

15 R. Isay, a. a. O. (Fn.14), S. 12.

16 Ballerstedt, Gedächtnisrede auf R. Isay, S. 8f.

17 Vgl. zu Isays Idealismus, der ihn mit Hegel verband, auch die Ausführungen zu seinen rechtsphilosophischen Grundüberzeugungen, unten: 1. Teil B) I) 2) a) und insb. b).

18 Dörinkel, in: Festschrift für R. Isay, S. 1.

19 Rosmanith, Rechtsgefühl und Entscheidungsfindung, S. 12.

rierte Isay später am Gymnasium regelmäßig die Versuchsaufbauten im Physik- und Chemieunterricht. Zudem machte er Schulpraktika bei einem Klempner und bei einem Tischler, worauf sich seine handwerkliche Geschicklichkeit gründete[20], die ihm später während des Exils im brasilianischen Urwald das Überleben sichern sollte[21].

Neben Isays technischen Erfindungsgeist übte seine jüdische Herkunft einen prägenden Einfluss auf seine Entwicklung aus. Allem voran vermittelte sein Vater Adolf ihm, dass die jüdisch-christliche Ethik ein „gesicherter Besitz“[22] sei. Isay übernahm diese Haltung und sie bildete fortan einen feststehenden Grundpfeiler seines Denkens, nicht zuletzt auch innerhalb seines – zumeist rechtsschöpferischen – Werkes.[23] Ein weiterer eng damit verknüpfter Einflussfaktor war die Erziehung und Ausbildung am Trierer Friedrich-Wilhelm-Gymnasium, das in früheren Jahrhunderten eine Jesuitenuniversität war und seine alte Tradition aufrechterhielt.

Isay fasste die prägenden Einflüsse seiner Jugend wie folgt zusammen: „Diese Trierer Jahre haben mir manches gegeben, dessen Wert ich erst im Alter richtig zu schätzen gelernt habe: Liebe zur Natur, Respekt vor wissenschaftlicher Arbeit, einen gediegenen humanistischen Unterricht und eine gewisse Handfertigkeit“.[24]

II) Jurastudium, Vorbereitungsdienst und Beginn der Tätigkeit als Patentanwalt in der Sozietät des Bruders Hermann Isay bis zum Ausbruch des Ersten Weltkrieges (1904 – 1914)

Isays Entscheidung, nach bestandenem Abitur ab Ostern 1904 Jura zu studieren, um – dem Vorschlag seines Bruders Hermann, der seit Februar 1901 als Anwalt

20 R. Isay, Aus meinem Leben, Aufzeichnungen vom 10. April 1951, S. 13f.

21 Siehe zum Nutzen seines handwerklichen Geschicks in der Emigration und seinem technischen Erfindungsgeist, der in Brasilien seinen Höhepunkt erreichte, auch unten: 1. Teil A)VI).

22 R. Isay, Aus meinem Leben, Aufzeichnungen vom 10. April 1951, S. 15. Siehe auch, ebenda, S. 14. Dort charakterisiert Isay seinen Vater wie folgt: „Er war ein fein gebildeter Mann, auf dessen Schreibtisch, solange ich denken kann, die verschiedenen Werke Goethes und Spinozas einander ablösten. In seiner Jugend hat er eine fast abgeschlossene theologische Ausbildung erhalten, und er beobachtete die religiösen Speiseriten des Judentums, doch, wie er uns Kindern offen eingestand, nur um kein Ärgernis zu geben. Er schätzte das Judentum, weil es den Polytheismus endgültig überwunden und eine Ethik entwickelt hatte, die hoch über der gleichzeitigen Ethik der Griechen und Römer stand“.

23 Siehe zu Isays rechtsethischen Grundüberzeugungen unten: 1. Teil B) II) 1) – 4).

24 R. Isay, Aus meinem Leben, Aufzeichnungen vom 10. April 1951, S. 13.

am Kammergericht Berlin zugelassen war[25], entsprechend – anschließend in dessen Patentkanzlei einzutreten, basierte nicht zuletzt auf finanziellen Erwägungen.[26]

Auch wenn Isay infolgedessen seinen eigentlichen Wunsch, Forscher zu werden, aufgeben musste, reizte ihn vor allem der Technikbezug einer zukünftigen Tätigkeit als Patentanwalt.[27]

Im ersten Semester des Studiums der Rechtswissenschaften, das er in Heidelberg absolvierte, setzte sich Isay intensiv mit rechtshistorischen Studien auseinander wie etwa den „Institutionen" von Sohm und Gaius. Anfangs faszinierte ihn die Nähe zu den Geschichtswissenschaften, bis er kurz darauf den deutlichen Gegensatz zwischen der Befassung mit Rechtsgeschichte und den Zwängen praktischer Rechtsanwendung erkennen musste. Rückblickend erinnerte sich Isay in diesem Zusammenhang: „Doch habe ich mich nie damit abgefunden, in der Juristerei ein bloßes Jonglieren mit Paragraphen zu sehen. Ich habe stets, allerdings auf wechselnde Art, versucht, ihr eine tiefere Bedeutung zu geben".[28]

Auf Wunsch seines Onkels Harry Breslau, dem Rektor der Straßburger Universität, studierte Isay anschließend im zweiten und dritten Semester ein Jahr lang an der dortigen „ausgezeichneten juristischen Fakultät".

In Straßburg besuchte er die Vorlesungen des führenden Staatsrechtlers im Kaiserreich, Anton Laband (1838 – 1918), und hörte römische Rechtsgeschichte bei Otto Lenel. Dort setzte sich Isay auch erstmalig intensiv in der Vorlesung von Georg Friedrich Knapp (1842 – 1926) mit der Nationalökonomie auseinander.[29]

Im vierten und fünften Semester (Wintersemester 1905/6, Sommersemester 1906) ging Isay dann nach Berlin und belegte u. a. ein romanistisches Pandek-

---

25 Roßmanith, Rechtsgefühl und Entscheidungsfindung, S. 12

26 Vgl. zu seiner Entscheidung, Jura zu studieren: R. Isay, Aus meinem Leben, Aufzeichnungen vom 10. April 1951, S. 18: „Mein Vater lebte, solange ich denken kann, in bescheidenen Verhältnissen. (...) Da konnte ich meinem Vater nicht während unabsehbarer Privatdozentenjahre auf der Tasche liegen. Schon mein Studium bedeutete für ihn ein schweres Opfer, auch wenn ich so bescheiden lebte wie möglich und das Studium schnell zu einem Erwerb führte. Daher willigte ich ein, als mir mein Bruder Hermann vorschlug, Jura zu studieren, um später mit ihm eine patentrechtliche Praxis auszuüben". Vgl. dazu auch noch jüngst: Landau, in: Deutsche Juristen jüdischer Herkunft, S. 206, Fn. 430: „Wie viele fühlte sich Rudolf Isay nicht als geborener Jurist, sondern wählte das Jurastudium aus finanziellen Gründen; seine Neigung gehörte der Naturwissenschaft".

27 Dörinkel, in: Festschrift für R. Isay, 1956, S. 1: „Rudolf Isay willigte ein, weil er dabei auch seinen naturwissenschaftlichen Interessen nachgehen konnte".

28 R. Isay, Aus meinem Leben, Aufzeichnungen vom 10 April 1951, S. 19.

29 Vgl. ausführlicher zu seinem Straßburger Studienaufenthalt: R. Isay, a. a. O. (Fn. 28), S. 24ff.

tenseminar bei Professor Seckel, bevor er zum sechsten Semester an die Universität Bonn wechselte, mit der er tief verwurzelt blieb: Fast ein halbes Jahrhundert später kehrte Isay 1951 als Honorarprofessor für Bergrecht dorthin zurück.[30]

Die Bonner Studienzeit war neben dem Ersten Juristischen Staatsexamen, das Isay im Jahre 1907 ablegte, insofern für seine persönliche Entwicklung bedeutsam, als sich dort sein Interesse für die Rechtsphilosophie herauskristallisierte, die fortan einen festen Platz in seinem Denken einnahm.[31]

Ausschlaggebend dafür war eine Seminararbeit, die Isay bei seinem späteren Doktorvater, dem Zivilrechtler und Rechtsmethodiker Ernst Zitelmann (1852 – 1923), schrieb. Darin erörterte Isay – von der berühmten Frage Immanuel Kants (1724 -1804) ausgehend „Wie sind synthetische Urteile a priori möglich?“ – die weitergehende Frage, wie juristische Begriffe möglich sind. Zu seinen rechtsphilosophischen Studien bemerkte Isay in der Rückschau, er habe auf diese Weise „einen neuen Anlauf“ unternommen, „aus der Juristerei mehr zu machen als ein Puzzlespiel“.[32]

Seine romanistische Dissertation „Der Schadensersatzanspruch des Besitzers und des Eigentümers bei Beschädigung der Sache“ (1908) schrieb Isay ebenfalls bei Prof. Zitelmann in Bonn und wurde mit „magna cum laude“ zum Doktor beider Rechte promoviert.[33]

Ein weiterer prägender Aspekt dieser Zeit war Isays Hinwendung zu den Lehren der Freirechtsschule, mit denen er sich im Anschluss an seine Dissertation intensiv auseinandersetzte. Den Ausgangspunkt für diesen grundlegenden methodischen Richtungswechsel markierte einerseits die harsche Kritik seines Bruders Hermann an Rudolf Isays begriffsjuristischer Vorgehensweise bei der Pandektenauslegung in seiner Dissertation[34] und andererseits seine darauf beruhende Erkenntnis, „dass praktische Rechtsanwendung durch spitzfindige Untersuchungen logischer Art nicht gefördert wird“.[35] Die Lehren der Freirechtsschule, die im Schrifttum seit ihrer Gründung zu Beginn des 20. Jahrhunderts umstritten sind, bildeten fortan nicht nur die formelle Basis der Rechtsschöpfungs-

---

30 Siehe zu Isays Wirken als Honorarprofessor an der Universität Bonn (1951-1956) auch unten: 1. Teil A) IX).

31 Vgl. in diesem Zusammenhang auch die Ausführungen zu Isays rechtsphilosophischen Grundüberzeugungen unten: 1. Teil B) I) 1) – 6).

32 R. Isay, Aus meinem Leben, Aufzeichnungen vom 17. April 1951, S. 26.

33 Vgl.: Boldt, NJW 1956, S. 781.

34 Vgl. dazu ausführlich: Roßmanith, Rechtsgefühl und Entscheidungsfindung, S. 15. Siehe zur Kritik des Bruders Hermann, die Isays methodischen Denkansatz radikal veränderte, auch unten: 2. Teil A) I).

35 R. Isay, Aus meinem Leben, Aufzeichnungen vom 17. April 1951, S. 29.

methode Isays, sondern zugleich auch die Triebfeder und Inspirationsquelle für sein Gesamtwerk.[36]

Die überragende Bedeutung der Lehren der Freirechtsschule für Isays Denken und seine Argumentationsweise wird durch folgendes ausdrückliche Bekenntnis unmissverständlich belegt: „Jedenfalls griff ich jene Lehre, die mir einen Ausweg aus dem öden Paragraphengewirr zeigte, mit Begeisterung auf. (...) Während meiner ganzen juristischen Laufbahn blieb ich der Freirechtsschule treu".[37]

Isay leistete seinen juristischen Vorbereitungsdienst zwischen 1908 und 1911 zum Teil in Frankfurt am Main ab, wo er seinen technischen Neigungen und späteren Berufsvorstellungen entsprechend u. a. eine Gerichtsstation bei der dortigen Patentkammer absolvierte[38], zum Teil auch im hessischen Braunfels.[39]

Ungewöhnlich war es für die damalige Zeit, dass sich Isay parallel zum juristischen Vorbereitungsdienst intensiv mit aktuellen nationalökonomischen Studien auseinandersetzte.[40] Dieses Interesse sollte er fortan während seiner gesamten Laufbahn kontinuierlich pflegen.[41]

Beide Einflussfaktoren, einerseits sein freirechtlich geprägter Denk- und Argumentationsansatz und andererseits auch die aktuelle ökonomische Entwicklung der damaligen Zeit, prägten die ersten wissenschaftlichen Abhandlungen seines Frühwerks. Im Jahre 1910 verfasste er als 24-jähriger Referendar den

36 Siehe zu den Grundlagen und der Würdigung der freirechtlich geprägten Rechtsschöpfungsmethode Isays unter besonderer Berücksichtigung der Vorbehalte des Schrifttum gegenüber den Lehren der Freirechtsschule bis heute auch die ausführliche Untersuchung unten: 2. Teil.

37 R. Isay, Aus meinem Leben, Aufzeichnungen vom 17. April 1951, S. 30.

38 So: Dörinkel, in: Festschrift für R. Isay, 1956, S. 1, (5).

39 Vgl. dazu: R. Isay, Aus meinem Leben, Aufzeichnungen vom 17. April 1951, S. 28, der Braunfels als „sehr malerisches und sehr spießiges Städtchen an der Lahn" bezeichnet.

40 In diesem Sinne: Ballerstedt, Gedächtnisrede auf R. Isay, S. 9. Vgl. in diesem Zusammenhang auch: Roßmanith, Rechtsgefühl und Entscheidungsfindung, S. 18f. m. w. N., wo er darauf hinweist, dass Rudolf Isays Bruder Hermann immer wieder forderte, „dass die Beschäftigung mit Philosophie, Rechtsgeschichte und den Wirtschaftswissenschaften Grundlage jeder juristischen Tätigkeit sein müsse". Insoweit vertraten also die Isay Brüder offenkundig identische Grundüberzeugungen. Nimmt man die Universalität von Rudolf Isays Denken in den Blick, so wird deutlich, weshalb ihm Ballerstedt „die Helle und Weltoffenheit eines Lessing oder eines französischen Enzyklopädisten" attestierte. So explizit: Ballerstedt, Gedächtnisrede auf R. Isay, S. 7.

41 Siehe zu Isays ökonomischen Grundüberzeugungen auch die Ausführungen unten: 1. Teil B) III) 1) – 4).

Aufsatz „Mittelbare Patentbenutzung"[42] und seine erste längere Monographie „Das Recht am Unternehmen"[43], die die Rechtsentwicklung bereits nachhaltig beeinflussten.

Nach erfolgreich bestandenem Assessorexamen trat Isay dann vereinbarungsgemäß in die Kanzlei des Bruders Hermann ein und wurde im Jahre 1911 als jüngster Anwalt im Kammergerichtsbezirk Berlin vereidigt.[44]

Seinen Neigungen entsprechend bestand der Tätigkeitsschwerpunkt Isays zunächst vorrangig im Patentrecht.[45] Angesichts des rapiden technischen Fortschritts im Bereich des Bergbaus entwickelte er zudem bald ein großes Interesse am Bergrecht.[46] Auf diesem Gebiet verfasste er gemeinsam mit seinem Bruder Hermann in langjähriger Arbeit ein mehrere Tausend Seiten umfassendes Manuskript für einen Kommentar zum Allgemeinen Berggesetz für die Preußischen Staaten (1865), das jedoch in den Wirren des einsetzenden Ersten Weltkrieges zunächst nicht veröffentlicht werden konnte.[47]

Zu Beginn seiner Tätigkeit in der Kanzlei des Bruders fällte Isay „nach langen inneren Kämpfen" als junger Anwalt den Entschluss, zum Christentum zu konvertieren, als ihn „nichts mehr an das Judentum band".[48] In diesem Zusammenhang lag Isay viel daran, rückblickend zu betonen, dass er diesen Schritt keineswegs aus opportunistischen Gründen ging, sondern im Gegenteil zu einem Zeitpunkt, „in dem ich mir guten Gewissens sagen konnte, dass ich keine äußeren Vorteile davon zu erwarten hätte. Die Klienten wählten sich den Anwalt nach Leistung und nicht nach Konfession".[49]

---

42 Vgl. zur Wirkungsgeschichte des von Isay im besagten Aufsatz entwickelten Instituts der mittelbaren Patentverletzung bis heute auch unten: 3. Teil B) I) –V).

43 Vgl. zu Isays unternehmensrechtlicher Monographie auch die ausführliche Analyse unten: 3. Teil A) I) – V).

44 R. Isay, Aus meinem Leben, Aufzeichnungen vom 25. April 1951, S. 59.

45 Vgl. dazu: Dörinkel, Festschrift für R. Isay, S. 1, (5): „Seitdem er als junger Referendar der Patentkammer in Frankfurt am Main zugeteilt wurde bis zu seiner Auswanderung im Jahre 1935, ist er mit fast allen bedeutsamen Erfindungen der Zeit in Berührung gekommen. Besonders intensiv war er mit den Erfindungen befasst, welche die Hochfrequenztechnik (Radio und Tonfilm) sowie den Braunkohlenbergbau betrafen, zwei Gebiete, deren Entwicklung sich damals überstürzte".

46 Vgl.: Boldt, ZfB Bd. 98 (1957), S. 1: „Durch die Beratung von Bergwerksgesellschaften kam er bald mit dem Bergrecht in Berührung, das ihn gerade aufgrund seiner technischen Begabung fesselte".

47 R. Isay, Aus meinem Leben, Aufzeichnungen vom 25. April 1951, S. 48.

48 R. Isay, a. a. O. (Fn. 47), Aufzeichnungen vom 10. April 1951, S. 17.

49 R. Isay, a. a. O. (Fn. 47), S. 17.

III) Isays Tätigkeit für die Kriegsrohstoffabteilung während des Ersten Weltkrieges (1914 – 1918)

Die Gründe der Entstehung des Ersten Weltkriegs stellten sich für Isay rückblickend als „eine Kette unverzeihlicher Missgriffe“ dar, wobei er hinzufügte: „Aber damals erschien das als ein Schicksal oder gar das Werk diabolischer Gegner. Das deutsche Volk war im Bewusstsein seiner eigenen Friedensliebe davon überzeugt, dass die Regierung zum Kriege gezwungen worden sei, und eilte zu den Waffen“.[50] Als Resultat seiner in dieser Einschätzung deutlich zum Ausdruck kommenden patriotischen Grundhaltung war es für Isay selbstverständlich, sich – obwohl er in Friedenszeiten als felddienstuntauglich eingestuft worden war – zu Beginn des Krieges als Kriegsfreiwilliger zu melden und zum Unteroffizier ernannt zu werden.[51] Nach einem Reitunfall kehrte er jedoch schon nach wenigen Monaten im November 1914 nach Berlin zurück.[52]

Rudolf Isays ältester Bruder Hermann führte während des Ersten Weltkrieges die Tätigkeit in der Kanzlei zunächst allein fort, bevor er ein Amt im Kriegsministerium übernahm.[53] Die beiden anderen Brüder zogen wie Rudolf Isay ebenfalls in den Krieg. Oskar Isay, der zuvor gedient hatte, kam zur Front, als das russische Heer in Ostpreußen einfiel, und wurde in der Masuren-Winterschlacht des Jahres 1914 schwer verwundet.[54] Richard Isay, der sich wie Rudolf als Kriegsfreiwilliger meldete, kämpfte in Galizien und in der Champagne, bevor er im Mai 1917 am Chemin des Dames von einem Granatsplitter tödlich verwundet fiel. Rudolf Isay erinnert sich an seinen Bruder Richard als einen „der selbstlosesten und bescheidensten Menschen, die ich gekannt habe“.[55]

Einige Zeit nach seinem Reitunfall wurde Rudolf Isay Ende 1914 ins preußische Kriegsministerium nach Berlin abkommandiert und als Hilfskraft in der Kriegsrohstoffabteilung, die unter der Führung von Walter Rathenau (1867 – 1922) geschaffen wurde, eingesetzt. Angesichts der von der englischen Flotte verhängten Rohstoffblockade gelangte Rathenau zu der Überzeugung, dass die Rohstoffversorgung fortan staatlich gesichert werden müsse.

---

50 R. Isay, a. a. O. (Fn. 47), S. 37. Vgl. auch, S. 43: „Das Volk hatte 1914 in dem Glauben zu den Waffen gegriffen, die Heimat gegen einen frevelhaften Angriff zu verteidigen“.

51 R. Isay, a. a. O. (Fn. 47), S. 40. Sein Bruder Hermann hatte eine ähnlich patriotische Haltung. Vgl.: Roßmanith, Rechtsgefühl und Entscheidungsfindung, S. 15: „War Isay auch durchaus deutscher Patriot, so verfiel er doch nicht nationalistischer Verblendung“.

52 Darauf weist hin: Ballerstedt, Gedächtnisrede auf R. Isay, S. 9.

53 Roßmanith, Rechtsgefühl und Entscheidungsfindung, S. 15.

54 R. Isay, Aus meinem Leben, Aufzeichnungen vom 17. April 1951, S. 38.

55 R. Isay, a. a. O. (Fn. 54), S. 38.

Zu diesem Zweck rief Rathenau die Kriegsrohstoffabteilung ins Leben, um die im Inland vorhandenen Rohmaterialien zukünftig beschlagnahmen zu lassen und deren Verwendung auf den Bedarf des Heeres und kriegswichtigen Zivilbedarf zu beschränken.[56]

Isays Tätigkeit für die Kriegsrohstoffabteilung bestand darin, beschlagnahmte Baumwolle, die für industrielle Zwecke, z. B. für Treibriemen, Zündschnüre, die Isolation von Leitungsdrähten, Nähgarn usw. gebraucht wurde, zuzuteilen. Dabei bearbeitete er Anträge von Baumwollspinnereien, die die Freigabe von der Beschlagnahme ihrer ursprünglich für den privaten Gebrauch produzierten Rohstoffe erreichen wollten. Das Behördenpersonal um Isay wurde der Flut der Anträge auf Befreiung kaum Herr.[57]

Im Rahmen seiner Tätigkeit kam Isay erstmals in der unmittelbaren Praxis mit dem Kartellwesen in Berührung, erfolgte die Zuteilung der beschlagnahmten Rohstoffe doch mehrheitlich an die damals bereits bestehenden Industriekartelle. Dieser Umstand ist vor allem insoweit von Bedeutung, als das Kartellrecht bald darauf, neben dem Bergrecht, das Gebiet werden sollte, welches Isay während seiner gesamten juristischen Laufbahn am meisten am Herzen lag und das er über Jahrzehnte systematisch pflegte.[58]

Darüber hinaus erwies sich Isays beinahe vierjährige Tätigkeit in der Kriegsrohstoffabteilung, die er bis zum Kriegsende ausübte, wegen seiner Erfahrungen mit den Defiziten der staatlichen Kriegswirtschaft im Ersten Weltkrieg insofern als prägend, als sich in dieser Zeit seine wirtschaftliberale Grundhaltung entwikkelte und er zu der Überzeugung gelangte, „dass jede Planwirtschaft ein Übel ist".[59]

Auch in privater Hinsicht war die Kriegszeit für Isay bedeutsam. Im Herbst 1917 lernte er bei einer Einladung im Ferienhaus des Rechtsanwalts und Justizrats Balduin Trimborn im Eifeldorf Krälingen dessen geschiedene Tochter Isabella kennen[60], die Isay unmittelbar nach Kriegsende im November 1918 „im

56 Vgl. in diesem Zusammenhang auch den Hinweis von: Ballerstedt, Gedächtnisrede auf R. Isay, S. 9, der die Kriegsrohstoffabteilung als „Experimentierfeld einer umfassenden Wirtschaftslenkung" bezeichnet.

57 Vgl. zu seiner Tätigkeit in der Kriegsrohstoffabteilung und den dabei auftauchenden Schwierigkeiten auch die Schilderung von: R. Isay, Aus meinem Leben, Aufzeichnungen vom 17. April 1951, S. 38ff.

58 So ausdrücklich: Ballerstedt, Gedächtnisrede auf R. Isay, S. 7.

59 R. Isay, Aus meinem Leben, Aufzeichnungen vom 17. April 1951, S. 41. Vgl. zu den Lehren, die Isay aus der defizitären Kriegswirtschaft für die Entwicklung seiner eigenen wirtschaftliberalen Grundüberzeugungen zog, unten: 1. Teil B) III) 1).

60 Vgl. zu Isabella Trimborn-Isay die ausführlichen Angaben ihrer Tochter aus erster Ehe, Rudolf Isays Stieftochter Magdi Ullstein, in: R. Isay, Aus meinem Leben (erweiterter Nachdruck des Familienverbandes Trimborn, 1997), S. 201ff. Den Ausfüh-

Gewirr der Berliner Spartakuskämpfe" heiratete.[61] Magdi Ullstein, Isabella Trimborn-Isays Tochter aus erster Ehe, die zum Zeitpunkt der Heirat fünf Jahre alt war, erinnerte sich im Jahre 1983 daran, dass ihr Stiefvater Rudolf Isay ihre „Erziehung liebevoll und behutsam in die Hand nahm".[62]

Die Nachkriegsjahre verlebte die Familie Isay infolge der allgemeinen Wohnungsknappheit noch in einer einfachen typischen Berliner Etagenwohnung.[63] Der berufliche und wissenschaftliche Aufstieg Isays sollte jedoch bereits kurz bevorstehen und auch eine deutliche Verbesserung der Lebensumstände mit sich bringen.

---

rungen von Magdalena Ullstein, die diese im März 1983 in Rolandia (Brasilien) verfasste, ist zu entnehmen, dass ihre Mutter Isabella, gen. Bella, am 27.1.1891 als siebtes Kind des Rechtsanwalts und Justizrats Balduin Trimborn (1852-1922) und seiner Ehefrau Isabella zur Welt kam. Aufgrund seiner Originalität und seines spritzigen Geistes idealisierte Isabella ihren Vater schon in der Kindheit (S. 201). Die Mutter hingegen, „fromm, selbstlos, Pflicht erfüllt und völlig ausgeglichen", sei mit dem kinderreichen Haushalt überbeschäftigt gewesen. So, wie es damals für die frankophilen Kölner Familien üblich war, wurden Isabella und ihre Geschwister von einer französisch sprechenden Gouvernante beaufsichtigt. Die von ihrer Tochter Magdalena als „ehrgeizig" charakterisierte Isabella Trimborn-Isay machte ihr Abitur an einem humanistischen Gymnasium, was damals für Frauen ungewöhnlich war (S. 202). Ihr Wunsch, Jura zu studieren, sollte sich nicht erfüllen. „So etwas studieren Frauen nicht", war die Überzeugung ihres von Isabella so bewunderten Vaters. Auf dessen Drängen begann sie stattdessen in Fribourg (Schweiz) ein Medizinstudium. Während ihr das Studium selbst missfiel, fühlte sie sich von den „hochfliegenden Ideen" des russischen Studentenkreises angezogen. Da ihren Eltern die antizaristische Einstellung dieses Milieus ein Dorn im Auge war, wurde Isabella kurzerhand nach Köln zurückbeordert, ohne dass sie das Medizinstudium beendet hatte (S. 203). Zurück in der Heimat heiratete sie bald darauf im Jahre 1912 einen wohlhabenden Fabrikanten. Aus dieser Verbindung ging Magdalena Ullstein, gen. Magdi, die Stieftochter Rudolf Isays, hervor. Die Ehe wurde im Jahre 1917 geschieden, als Magdi vier Jahre alt war (203).

61 R. Isay, Aus meinem Leben, Aufzeichnungen vom 17. April 1951, S. 43. Der Novemberrevolution um Rosa Luxemburg und Karl Liebknecht, die Isay unmittelbar mitbekam, begegnete er mit Skepsis. Vgl. dazu, ebenda, S. 47: „Die Einzelheiten dieses Hin und Her habe ich nicht mehr im Gedächtnis und sie sind wohl auch unwichtig". Allein entscheidend war für Isay, dass die Republik ausgerufen wurde.

62 Magdi Ullstein, in: R. Isay, Aus meinem Leben (erweiterter Nachdruck des Familienverbandes Trimborn, 1997), S. 201, (203).

63 Vgl. Magdi Ullstein, a. a. O. (Fn. 63), S. 201, (203f.).

IV) Die Phase des beruflichen und wissenschaftlichen Erfolges in der krisenreichen Weimarer Republik (1919 – 1933)

Unmittelbar nach Kriegsende wurde die Kriegsrohstoffabteilung geschlossen und Isay nahm gemeinsam mit seinem Bruder Hermann die Tätigkeit in der alten Sozietät wieder auf, „von der nicht mehr viel übrig war".[64]

Ungeachtet des erforderlichen beruflichen Neuanfangs und der widrigen politischen Zustände in der Weimarer Republik sollten die kommenden fünfzehn Jahre Isay dennoch eine steile Karriere ermöglichen. Rückblickend betrachtet stellte sich dieser Lebensabschnitt für ihn als „eine der interessantesten Epochen meines Lebens"[65] und als „eine ununterbrochene Reihe von wissenschaftlichen und beruflichen Erfolgen" dar.[66]

In diesem Zusammenhang verdient vor allem die Breite von Isays damaligem beruflichem und wissenschaftlichem Wirkungskreis eine nähere Betrachtung.[67]

1) Mitglied der Sozialisierungskommission des Bergbaus (1919)

Zunächst nahm Isay im Jahre 1919 als Mitglied der Sozialisierungskommission an den Debatten über die Zukunft des Kohlenbergbaus teil.[68] Damit verfolgte er primär eigennützige Ziele.

---

64 R. Isay, Aus meinem Leben, Aufzeichnungen vom 25. April 1951, S. 48.

65 R. Isay, a. a. O. (Fn. 64), S. 49.

66 R. Isay, a. a. O. (Fn. 64), S. 59.

67 Die Vielseitigkeit und Breite von Isays Arbeitsfeld wurde auch explizit hervorgehoben von: Dörinkel, in: Festschrift für R. Isay, S. 1; Ed. Reimer, GRUR 1956, S. 2; ders., GRUR 1956, S. 291 und insb. von: Boldt, NJW 1956, S. 781, der betonte, dass Isays „vielseitiges und tiefgründiges Schaffen (...) auf dem Gebiet des Kartellrechts und des Bergrechts immer unvergessen bleiben wird". Vgl. in diesem Zusammenhang auch: Ballerstedt, JZ 1962, S. 103: „Rudolf Isay war neben Staub, Hachenburg, A. Pinner, Bondi, H. Isay, R. v. Godin (...) eine jener glänzenden Erscheinungen des deutschen Anwaltsstandes, die neben einer bedeutenden Praxis auch die Wissenschaft befruchtet haben".

68 Vgl. einleitend zur Tätigkeit und Zielrichtung der Sozialisierungskommission: R. Isay, Recht uns Wirtschaft 1919, S. 161, (162): „Die neue Regierung war sich offensichtlich der ungeheuren Größe dieser Aufgabe bewusst, die nicht mehr und nicht weniger eine vollständige Umwälzung unserer gesamten wirtschaftlichen Verfassung bedeutete. Sie setzte daher eine besondere Kommission ein, die so genannte Sozialisierungskommission, deren Aufgabe es sein sollte, der Regierung Vorschläge darüber zu machen, wie und in welchem Umfange zurzeit eine Sozialisierung durchführbar sei". Zu den Sozialisierungstendenzen der damaligen Reichsregierung im Bereich des Bergbaus siehe auch die aufschlussreichen Ausführungen, die schon deutlich die politische Instabilität der noch jungen Weimarer Republik erkennen lassen, von: Rosenberg, Geschichte der Weimarer Republik, S. 77f. sowie von: Friedensburg, Die Wei-

Denn nach dem Ende des Ersten Weltkrieges war Isay in erster Linie bestrebt, das Manuskript des Berggesetzkommentars, den er gemeinsam mit seinem Bruder Hermann verfasst hatte und der während des Krieges unberührt im Schreibtisch der Kanzleiräume lag, möglichst rasch zu veröffentlichen.[69]

Da die Sozialisierungskommission über die Vorzüge und Nachteile einer zukünftigen Verstaatlichung des Bergbaus verhandelte, die zur Folge gehabt hätte, dass der Kommentar der Brüder Isay, der die Regelungen des damals geltenden Allgemeinen Berggesetzes für die preußischen Staaten von 1865 zum Gegenstand hatte, obsolet geworden wäre, hing für Isay viel vom Ausgang der Debatte ab. Infolgedessen hatte er ein gesteigertes Interesse daran, dem Gang der Verhandlungen aus nächster Nähe zu folgen. Daher bat er einen befreundeten Beamten, der vom Reichswirtschaftministerium in die Kommission berufen wurde, für ihn an den Debatten teilzunehmen. Seinem Wunsch entsprechend wurde Isay zum Ministerialbeamten ernannt und konnte sich unmittelbar über den Stand der Dinge informieren.

Die Kommission, die hochrangig besetzt war – ihr gehörten so renommierte Wissenschaftler wie Max Weber (1864 – 1920) und Joseph A. Schumpeter (1883 – 1950) an – kam nach monatelangen Verhandlungen in ihrem abschließenden Bericht zu einem uneinheitlichen Ergebnis, einem radikalen Vorschlag der Mehrheit und einem gemäßigten Vorschlag der Minderheit. [70]

Das schließlich verabschiedete Gesetz über die Sozialisierung des Kohlenbergbaus folgte beiden Vorschlägen nicht, sondern statuierte eine neuartige Form der Gemeinwirtschaft, indem es den Kohlesyndikaten öffentlich-rechtliche Aufgaben übertrug. Zu diesem „Kohlenwirtschaftsgesetz" verfasste Isay im Jahre 1920 einen Kommentar, der insofern für sein Gesamtwerk eine maßgebliche Bedeutung erlangte, als die Abfassung eine intensive Beschäftigung mit kartellrechtlichen Problemen erforderlich machte.[71]

---

marer Republik, S. 281ff.: „Schwere Hemmungen und Rückschläge brachten in den ersten Jahren die unaufhörlichen politischen Wirren. Namentlich auch die Verhandlungen über das Problem der Sozialisierung, bei denen die Wirtschaft eine viel weiter gehende Verwirklichung befürchtet hatte, als tatsächlich erzielt wurde, lähmten die Unternehmenslust und entfremdeten den Staat und die Wirtschaftsführung".

69 R. Isay, Aus meinem Leben, Aufzeichnungen vom 25. April 1951, S. 48.

70 Vgl. zu den Umständen seiner Berufung in die Sozialisierungskommission des Bergbaues und zur Charakterisierung ihrer hochrangigen Mitglieder auch die interessante Schilderung von: R. Isay, a. a. O. (Fn. 69), S. 48ff.

71 Vgl.: R. Isay, Kommentar zum Kohlenwirtschaftsgesetz (1920). Vgl. zur Bedeutung dieser Abhandlung für Isays Hinwendung zum Kartellrecht und damit einhergehend für seine weitere berufliche und wissenschaftliche Tätigkeit: Boldt, NJW 1956, S. 781: „Nicht zuletzt durch diesen Kommentar wurde Isay auch dazu angeregt, sich stärker mit Fragen des Kartellrechts zu beschäftigen. Zahlreiche Schriften und Auf-

Der Bergbau als solcher blieb – und das war für Isay entscheidend – ebenso wie das damals geltende Allgemeine Berggesetz für die preußischen Staaten (1865) von den Sozialisierungsbestrebungen der Reichsregierung unangetastet. Also stand der Veröffentlichung des Kommentars der Brüder Isay nichts mehr im Wege.

Zugleich prägte die gesamte Debatte Isays rechtsphilosophische Grundüberzeugungen, da er sich angesichts der geplanten Sozialisierung der Wirtschaft zum einen eingehend mit den Lehren des Historischen Materialismus im Sinne von Marx und Engels auseinandersetzte.[72] Zum anderen resultierte Isays unermüdliches idealistisches Versöhnungsstreben aus den im Zusammenhang mit den Sozialisierungsplänen der Reichsregierung offen zutage tretenden, scharfen Konfrontationen zwischen den Bergarbeitern und den Bergbauunternehmen.[73] Schließlich bildeten die Kontroversen über die Sozialisierung den Ausgangspunkt für Isays gemäßigt relativistische Geisteshaltung.[74]

2) Der Aufstieg der Sozietät der Brüder Isay zu einer der bedeutendsten Berliner Wirtschaftsrechts-Kanzleien der Weimarer Republik (1919 – 1933)

Der berufliche Erfolg Isays in der Weimarer Republik beruhte vor allem auf seiner anwaltlichen Tätigkeit, die den wesentlichen Teil seiner Zeit beanspruchte. Isays Spezialgebiete umfassten mittlerweile so unterschiedliche Bereiche wie das Patent- und Bergrecht und in zunehmendem Maße das Kartellrecht. Ab Mitte der 20er Jahre erlebte die Sozietät ihre Blütezeit und stieg zu einer der erfolgreichsten Berliner Wirtschaftsrechts-Kanzleien auf.[75]

Im Jahre 1928 wurde mit Eduard Reimer, dem späteren Präsidenten des Bundespatentamtes, ein weiterer Sozius aufgenommen.[76]

---

sätze zeigen, wie sehr er sich in dieses Gebiet vertieft und wie stark er es beeinflusst hat". Vgl. in diesem Sinne auch: Dörinkel, in: Festschrift für R. Isay, S. 1, (3); Würdinger, WuW 1956, S. 792.

72 Vgl. zur Beurteilung der Lehren von Marx / Engels: R. Isay, Recht und Wirtschaft 1919, S. 161, (163ff.). Siehe dazu auch ausführlich unten: 1. Teil B) I) 3) a) – c).

73 Vgl. dazu: R. Isay, Recht und Wirtschaft 1919, S. 180, (182f.). Zu den Parallelen zwischen Isays Versöhnungsansatz und Hegels vergleichbarer Grundhaltung siehe auch unten: 1. Teil B) I) 2) b) und 3) b).

74 Vgl. dazu: R. Isay, Recht und Wirtschaft 1919, S. 180, (183). Siehe zu Isays relativistischem Denkstil, den er mit den Neukantianern teilte, unten: 1. Teil B) I) 5) a).

75 Der Erfolg der Kanzlei wurde besonders hervorgehoben von: Strauss, JZ 1957, S. 486; Dörinkel, in: Festschrift für R. Isay, S. 1; Ballerstedt, Gedächtnisrede auf R. Isay, S. 9; ders., JZ 1962, S. 103.

76 Vgl. zu Reimers Biographie: Strauss, JZ 1957, S. 486f. Siehe in diesem Zusammenhang auch dessen Ausführungen zur gemeinsamen Kanzleitätigkeit mit den Brüdern

Isay selbst beschrieb den Erfolg seiner anwaltlichen Tätigkeit in seiner stets sachlichen Art wie folgt: „Ständig suchten die Leiter der bedeutendsten Industrie- und Bergwerksunternehmungen um meinen Rat und meine Hilfe nach.“[77]

Der berufliche Aufstieg Isays basierte nicht zuletzt auch auf seiner gewinnenden Persönlichkeit. In diesem Zusammenhang unterstrich Boldt, dass Isay „infolge seiner großen Rechtskenntnisse, seiner raschen Auffassungsgabe, seines ausgeprägten Verständnisses für wirtschaftliche und technische Fragen und seines stets liebenswürdigen und ausgleichenden Wesens in kurzer Zeit ein besonders in Wirtschaftkreisen geschätzter Anwalt wurde“.[78] In einem weiteren Nachruf fügte Boldt seiner Charakterisierung von Isays Wesen hinzu: „Besonders geschätzt war seine besonnene und sachliche Art, mit der er auch die schwierigsten Probleme anpackte und meisterte“.[79]

Wie steil Isays berufliche Karriere in der Zeit zwischen 1919 und 1933 gerade auch in finanzieller Hinsicht verlief, lässt sich besonders deutlich an folgenden Erinnerungen seiner Stieftochter Magdi ablesen: „Aber die Praxis meines Vaters, der sich mit seinem viel älteren Bruder Hermann assoziiert hatte, entwikkelte sich sehr gut. So konnte meine Mutter in der wildesten Inflation ihren Herzenswunsch erfüllen und ein hübsches Haus in Berlin-Dahlem bauen. (...) Nach einigen Jahren wurde meine Mutter von Brauhaus aus Düsseldorf, einem sehr begabten Architekten, für ein moderneres, luxuriöseres Haus begeistert. Es fehlte dort nichts, vom Schwimmbecken bis zum Tennisplatz und Reitstall. Aber die Freude währte nicht lange“.[80] Denn im Jahre 1935 sah sich Isay gezwungen, mitsamt seiner Familie nach Brasilien zu emigrieren.[81]

Hermann und Rudolf Isay: Ed. Reimer, GRUR 1948, S. 59; ders., GRUR 1956, S. 2: „Aus nun schon lang zurückliegender Zeit ist Rudolf Isays Wirken als Rechtsanwalt am Kammergericht Berlin zu erwähnen, an das ich mich als damaliger von ihm und seinem älteren Bruder Hermann lernender Sozius mit Dankbarkeit erinnere“.

77 R. Isay, Aus meinem Leben, Aufzeichnungen vom 25. April 1951, S. 60

78 So ausdrücklich: Boldt, ZfB Bd. 98 (1957), S. 1. An anderer Stelle ergänzte er: „Sein freundliches und bescheidenes, ausgeglichenes Wesen brachte ihm viele Freunde ein und machte ihn zu einem angenehmen, stets geachteten Verhandlungspartner“ (vgl. ebenda, S. 2).

79 Boldt, NJW 1956, S. 781.

80 Magdi Ullstein, in: R. Isay, Aus meinem Leben (erweiterter Nachdruck des Familienverbandes Trimborn, 1997), S. 203, (204).

81 Vgl. zu Isays Beweggründen, die Heimat zu verlassen und im brasilianischen Urwald ein neues Leben zu beginnen, eingehend unten: 1. Teil A) V).

3) Verfasser einflussreicher wissenschaftlicher Abhandlungen auf dem Gebiet des Wirtschaftsrechts (1919 – 1933)

Neben seinem Wirken als Berater führender Industrieunternehmen manifestierte Isay mit seinem wissenschaftlichen Werk in der Weimarer Republik zudem seine Stellung als allgemein anerkannte Autorität auf den Gebieten des Kartell- und Bergrechts. Die Anregungen für seine Veröffentlichungen waren dabei vorwiegend das Resultat seiner praktischen Anwaltstätigkeit.[82]

Und so verfasste Isay zwischen 1919 bis 1933 auf verschiedenen Gebieten des Wirtschaftsrechts eine Vielzahl bedeutender Abhandlungen, von denen eine ganze Reihe die Rechtsentwicklung bis zur Machtübernahme durch die Nationalsozialisten – teilweise auch darüber hinaus – nachhaltig prägen sollten.[83] Dabei ist zu betonen, dass Isays Veröffentlichungen im Einklang mit seinem freirechtlich geprägten Methodenansatz zumeist rechtsschöpferische Vorschläge und Anregungen für die zukünftige Rechtssprechung zum Gegenstand hatten.[84]

---

82 Vgl.: Ballerstedt, Gedächtnisrede auf R. Isay, S. 6: „Seine Veröffentlichungen sind überwiegend der Niederschlag aus Erfahrungen und Anregungen, die ihm seine anwaltliche Tätigkeit gewissermaßen an vorderster Front einer wechselvollen Entwicklung in den wirtschaftlich bedeutsamen Materien des Rechts vermittelt hatten". In dieser Richtung auch: Würdinger, WuW 1956, S. 792: „Die Tätigkeit als Anwalt und Berater der Wirtschaft erschloss Rudolf Isay Bereich und Bedeutung der praktischen Probleme". Siehe auch Isays eigene Stellungnahme sogleich in Fn. 85.

83 Zu den einflussreichsten Abhandlungen in der Weimarer Republik gehörte zum einen der von den Brüdern Rudolf und Hermann Isay gemeinsam verfasste zweibändige Kommentar zum Allgemeinen Berggesetz für die Preußischen Staaten von 1919/20. Die 2. Aufl. aus dem Jahre 1933 wurde von R. Isay allein bearbeitet. Vgl. dazu auch die durchweg positiven Rezensionen unten: Fn. 1372. Hervorzuheben ist zudem R. Isays Kommentar zur Kartellverordnung v. 2.11.1923 aus dem Jahre 1925, zu dem S. Tschierschky eine volkswirtschaftliche Einleitung schrieb. Siehe in diesem Zusammenhang auch die Untersuchung zum Einfluss dieses Kommentars auf die Rechtsentwicklung unten: 3. Teil C) I) 1) a) – c) sowie die in Fn. 1371 aufgeführten Rezensionen. Hinzuweisen ist auf dem Gebiet des Wettbewerbsrechts darüber hinaus auf Isays Gutachten zum berühmten Benrather-Tankstellenfall „Der Vernichtungszweck im Wettbewerbsrecht" (abgedruckt, in: GRUR 1929, S. 1368ff.) Siehe dazu auch die ausführliche Analyse seines Gutachtens unter besonderer Berücksichtigung der berühmten letztinstanzlichen Entscheidung des Reichsgerichts in dieser Sache unten: 3. Teil C) I) 2) a) – e). Siehe auch die Nachweise in der Bibliographie über zahlreiche weitere Abhandlungen aus dem hier untersuchten Zeitraum, der zugleich die produktivste Phase von Isays wissenschaftlicher Laufbahn markierte, unten: 5. Teil A) und B).

84 Vgl. in diesem Zusammenhang auch die eingehenden Ausführungen zu den Grundlagen, der konkreten Ausgestaltung sowie den Vorzügen und Risikofaktoren der individuellen Rechtsschöpfungsmethode Rudolf Isays unten: 2. Teil.

Besonders hervorzuheben ist angesichts seiner Produktivität in der Weimarer Republik, dass Isays wissenschaftliches Werk neben der zeitraubenden Anwaltstätigkeit überwiegend in den Nachtstunden entstand.[85] Isays Stieftochter Magdi Ullstein äußerte sich mit Blick auf sein hohes Arbeitspensum wie folgt: „Meine schönsten Erinnerungen an meinen Vater sind unsere sonntäglichen gemeinsamen Spaziergänge im Berliner Grunewald. Er musste mir dann immer erfundene Geschichten erzählen. (...) Vater war ein unermüdlicher geistiger Arbeiter, und wir hatten eigentlich nur etwas von ihm am Wochenende, denn während der Woche schrieb er bis tief in die Nacht an seinen Büchern“.[86]

4) Sachverständiger im Geschäftsführenden Ausschuss der Kartellstelle des Reichsverbandes der Deutschen Industrie (1920 – 1933)

Als anerkannter Experte im Kartellrecht wurde Isay im Jahre 1920 als Berater in den Geschäftsführenden Ausschuss der Kartellstelle des Reichsverbandes der Deutschen Industrie (=RDI) berufen.[87]

Neben Isay gehörte sein Schwager, der ebenfalls renommierte Kartellrechtler Julius Flechtheim (1876-1940)[88], dem Ausschuss der Kartellstelle als juristischer Sachverständiger an.[89]

---

85 Vgl. in diesem Sinne: R. Isay, Kommentar zum Allgemeinen Berggesetz für die preußischen Staaten, 2. Aufl., 1. Band, 1933, Vorwort, S. VIII: „Die Bearbeitung dieser Materien musste neben der laufenden Berufsarbeit geleistet werden. Zwar möchte der Unterzeichnete letztere nicht missen. Denn die Probleme, die in der zweiten Auflage neu erörtert sind, wurden größtenteils durch die Praxis angeregt, und ebenso gab die Praxis vielfach den Anstoß zu einer von der ersten Auflage abweichenden Beantwortung einzelner Fragen. Immerhin aber wird die Beendigung eines umfangreichen Buches sehr erschwert, wenn der Verfasser immer nur in den Nebenstunden daran arbeiten kann und die Arbeit nicht selten wochenlang liegen lassen muss“. Vgl. auch die Bestätigung von: Dörinkel, in: Festschrift für R. Isay, S. 1: „Neben einer erfolgreichen Anwaltspraxis, die alleine schon seine Zeit und Kräfte beanspruchte, widmete sich Rudolf Isay mit bewundernswerter Energie und Zielstrebigkeit – zumeist auf die Nachtsstunden angewiesen – der wissenschaftlichen Forschung“.

86 Magdi Ullstein, in: R. Isay, Aus meinem Leben (erweiterter Nachdruck des Familienverbandes Trimborn, 1997), S. 201 (203).

87 Darauf wies zuletzt noch ausdrücklich hin: Nörr, Die Leiden des Privatrechts, S. 67.

88 Vgl. dazu: Heymann, Der Jurist Julius Flechtheim, S. 2: „Im Juli heiratete er Maria Antonia Trimborn, deren Vater, Balduin Trimborn, ebenfalls Rechtsanwalt und Justizrat beim Oberlandesgericht in Köln war“. Flechtheim heiratete also die Schwester von Isays Frau Isabella. Vgl. auch, ebenda, S. 35, Fn. 217, wo Rudolf Isay explizit als „Schwager“ Flechtheims bezeichnet wird.

89 Vgl. zur Zusammensetzung des Geschäftführenden Ausschusses: Metzner, in: Auf dem Weg zum industriellen Spitzenverband, S. 226; Scharnweber, Deutsche Kartellpolitik 1926-1929, S. 43, Fn. 1.

Das Archiv des RDI wurde zwar im Zweiten Weltkrieg zerstört, sodass heute nur mehr auf vereinzelte Aktenbestände zurückgegriffen werden kann.[90] Fest steht gleichwohl, dass sich die Kartellstelle, die im September 1920 gegründet wurde, in erster Linie zum Ziel setzte, die bestehenden Missstände im Kartellwesen zu beheben.[91] Demgemäß bestanden die Hauptaufgaben der Kartellstelle zum einen in der Durchführung von (privaten) Schlichtungsverhandlungen bei den Kartellstreitigkeiten ihrer Verbandsmitglieder – zu diesem Zwecke wurde im Juni 1921 die sog. Kartell-Einigungsstelle ins Leben gerufen[92] – und zum anderen in der Förderung der Zusammenarbeit mit dem Wirtschaftsministerium sowie dessen Beeinflussung im Sinne der Industrieinteressen.[93]

Innerhalb des RDI besaß die Kartellstelle eine gewisse Eigenständigkeit. Sie war weniger politisiert und wurde zur „kartelljuristischen Fachstelle" der Industrie.[94] Zur Gewährleistung der Objektivität wurden bewusst Vertreter der Wissenschaft in den Geschäftsführenden Ausschuss der Kartellstelle berufen.[95] In seiner Funktion als juristischer Sachverständiger bestand ein Schwerpunkt

---

90 Vgl. dazu: Günther / Ohlsen, in: Die bürgerlichen Parteien in Deutschland, Bd. II, S. 580, (614, 619); Trumpp / Herzog, in: Industrielles System und politische Entwicklung in der Weimarer Republik, S. 986, (995).

91 Vgl. in diesem Zusammenhang auch die umfassenden Schilderungen zu den Aufgaben der Kartellstelle vom Geschäftführer des RDI: Herle, KR 1922, S. 443ff. sowie vom Leiter der Kartellstelle: Metzner, Kartelle und Kartellpolitik, S. 57f.; ders., in: Festschrift für R. Isay, S. 281, (285ff.); ders., in: Der Weg zum industriellen Spitzenverband, S. 226ff.; ders., in: Internationales Handbuch zur Kartellpolitik, S. 89, (103ff.). Vgl. zur Tätigkeit der Kartellstelle jüngst noch ausführlich: Nörr, Die Leiden des Privatrechts, S. 84ff.

92 Ausführlich zum Ablauf der Einigungsverhandlungen, mitsamt statistischen Angaben über die abgeschlossenen Verfahren: Metzner, in: Internationales Handbuch zur Kartellpolitik, S. 89, (106ff. u. 137ff.).

93 Vgl. statt aller: Herle / Metzner, Neue Beiträge zum Kartellproblem, S. 29 und zuletzt noch: K. J. Bremer, in: Kartelle und Kartellgesetzgebung in Praxis und Rechtssprechung vom 19. Jahrhundert bis zur Gegenwart, S. 111, (114).

94 So ausdrücklich: Heymann, Der Jurist Julius Flechtheim, S. 22. In dieser Richtung auch: Metzner, in: Internationales Handbuch zur Kartellpolitik, S. 89, (104).

95 Siehe dazu: Herle, KR 1922, S. 443, (444); Metzner, in: Festschrift für R. Isay, S. 281, (286f.): „Bei der Zusammensetzung dieses engeren Ausschusses wurde darauf Rücksicht genommen, dass er nicht allein aus Vertretern der Industrie bestand, sondern, dass auch hervorragende Vertreter des Kartellrechts und der Wirtschaftswissenschaften hinzugezogen wurden. Dieser Ausschuss trat regelmäßig einmal im Monat zusammen und nahm zu allen auftauchenden Kartellfragen Stellung". Siehe demgegenüber jedoch auch die kritische Einschätzung von: Scharnweber, Deutsche Kartellpolitik 1926-1929, S. 45: „Trotz der Bewältigung eines großen Arbeitsanfalls und der Herausgabe zahlreicher Veröffentlichungen, die zum Teil wissenschaftlichen Ansprüchen genügten, war sie (=die Kartellstelle, d. Verf.) doch im Ganzen im Hinblick auf die Produktion neuer Ideen wenig schöpferisch".

von Isays Tätigkeit darin, Vorträge über aktuelle Entwicklungen im Bereich des Kartellrechts zu halten und Gutachten für die Kartellstelle zu erstellen.[96]

Rudolf Isay und sein Schwager Julius Flechtheim gehörten dem Geschäftsführenden Ausschuss bis zur Umwandlung des RDI in den „Reichsstand der Deutschen Industrie" im Jahre 1933 an, als im Zuge der Neubesetzung sämtliche jüdischen Mitglieder der Kartellstelle von ihren Ämtern ausgeschlossen wurden.[97]

Gleichwohl äußerte sich Isay noch im letzten kurz vor seinem Tode verfassten Aufsatz im Januar 1956 rückblickend sehr positiv über seine langjährige Tätigkeit für den RDI vor allem mit Blick auf seine Erfahrungen bei der Durchführung der Schlichtungsverhandlungen, die eine der beiden Hauptaufgaben der Kartellstelle ausmachten. In diesem Zusammenhang erinnerte er sich: „Der Verfasser hat in den 20er Jahren manchmal als Vorsitzender, manchmal als Anwalt, viele solcher Schlichtungsverfahren mitgemacht. Er entsinnt sich keines Falles, in dem das Verfahren nicht zu einem alle Teile, einschließlich der Behörde, befriedigenden Ergebnis geführt hätte."[98]

Aufgrund dieser positiven Erfahrungen aus den 20er Jahren plädierte Isay in der Debatte um das geplante GWB noch in den 50er Jahren für eine gesetzliche Einführung von Schlichtungsverhandlungen.[99] Zu beachten ist dabei jedoch,

---

96 Vgl. dazu die beiden Vorträge: R. Isay, KR 1922, S. 683ff. (Vortrag gehalten vor der Kartellstelle des RDI am 20. Oktober 1922); ders., KR 1925, S. 117ff. (Vortrag gehalten vor dem großen Ausschuss der Kartellstelle des RDI am 21. April 1925) sowie das Gutachten von: R. Isay, in: Schriften der Kartellstelle des RDI, 1931 Nr. 8.

97 Vgl. zum Ausschluss von Isays Schwager Julius Flechtheim aus der Kartellstelle: Heymann, Der Jurist Julius Flechtheim, S. 33: „Beim RDI hielt er sein letztes Referat in der Vorstandssitzung vom 17. Februar 1933. Bei der anschließenden „Reorganisation" des RDI in den Reichsstand der deutschen Industrie schied er aus allen Gremien und Ausschüssen aus". Siehe zur „Reorganisation" des RDI auch: Metzner, WuW 1954, S. 227; Wessel, in: Kartelle und Kartellgesetzgebung in Praxis und Rechtssprechung vom 19. Jahrhundert bis zur Gegenwart, S. 188ff. Vgl. auch die Kritik von: Scharnweber, Kartellpolitik in Deutschland 1926-1929, S. 46: „ Die KS (= die Kartellstelle, d. Verf.) kämpfte vorwiegend um rechtliche Positionen, nicht um politische Gestaltungsmöglichkeiten. (...) Es entwickelte sich mit großer Selbstverständlichkeit ein immer besseres Klima der „Zusammenarbeit" zwischen KS und Ministerium, das schließlich 1933 ohne größere Übergangsschwierigkeiten die Einbeziehung in die Organisation des „Reichsstandes der Deutschen Industrie" ermöglichte.

98 R. Isay, in: Handelsblatt Nr.4 vom 9. Januar 1954 (zudem posthum abgedruckt, in: Festschrift für Metzner, S. 37, (39)).

99 Siehe dazu auch die Ausführungen zu den beiden Gegenentwürfen Isays zum Regierungsentwurf eines Gesetzes gegen Wettbewerbsbeschränkungen aus den Jahren 1954 und 1955, in denen jeweils die Durchführung von Schlichtungsverhandlungen vorgesehen war, unten: 1. Teil B) III) 3) c).

dass die Einigungsverfahren, an die sich Isay voller Enthusiasmus zurück erinnerte, im jüngeren Schrifttum zum Teil durchaus kritisch beurteilt werden.[100]

5) Hauptreferent in der Debatte um die Reform des Kartellrechts auf dem 35. Deutschen Juristentag in Salzburg (1928)

Als weiterer Beleg für Isays beruflichen und wissenschaftlichen Erfolg in der Weimarer Republik ist der Umstand zu werten, dass Isay – neben H. C. Nipperdey – als Berichterstatter und Hauptreferent in der Debatte um die Reform des Kartellrechts auf dem 35. DJT in Salzburg im Jahre 1928 nominiert wurde.

Die dort gehaltenen Referate[101] „waren so eindrucksvoll und überzeugend, dass die von den beiden Referenten gemeinsam mit dem Gutachter ausgearbeiteten Leitsätze fast einstimmig von der Versammlung angenommen wurden".[102] Vor diesem Hintergrund erreichte Isays Reputation als unumstrittene Autorität auf dem Gebiet des Kartellrechts im Gefolge des Salzburger Juristentages Ende der 20er Jahre ihren Höhepunkt. Allerdings ist darauf hinzuweisen, dass die damalige Kartellreformdebatte auf dem 35. Deutschen Juristentag, die Isay so nachhaltig prägte, hinsichtlich damit in Verbindung gebrachter Kontinuitäten zur

---

100 Vgl. noch jüngst die Vorbehalte gegenüber den Schlichtungsverfahren der 20er Jahre von: Nörr, Die Leiden des Privatrechts, S. 87ff., insb. S. 89: „Die Einigungsstellen konnten nur durch Anwendung sozialen Drucks zum Erfolg kommen. (...) Jedenfalls sind die Mitglieder regelmäßig nicht von eigenen kartellbezogenen Interessen frei; es besteht keine Neutralität, die mit einer richterlichen Unabhängigkeit irgendwie vergleichbar wäre". Infolgedessen gelangt Nörr zu folgendem Fazit (S. 90): „Aus der Perspektive des Rechts stellten die Einigungsstellen der kartellierten Wirtschaft fragwürdige Einrichtungen dar. In welchem Umfange sich die Gefährdungen des Rechtsdenkens in der Praxis der Einigungsstellen verwirklicht haben, können wir heute freilich nicht mehr feststellen". Vgl. darüber hinaus die kritischen Beurteilungen der Zielrichtung und Tätigkeit der Kartellstelle von: Scharnweber: Deutsche Kartellpolitik 1926-1929, S. 43ff.; Maier-Ring, Deutsches Kartellrecht in der Weltwirtschaftskrise 1929-1932, S. 48, der die Ansicht vertritt, es sei der Kartellstelle „weit weniger um die Ausübung von Kontrollfunktionen als um den Schutz der Kartellinteressen vor staatlicher Intervention" gegangen. Eine neutralere Position zum Einfluss der Kartellstelle vertritt: Heymann, Der Jurist Julius Flechtheim, S. 23.

101 Siehe zu den Kernthesen von Isays Referat auch die Ausführungen im Rahmen der Analyse der Wirkungsgeschichte seines kartellrechtlichen Gesamtwerkes unten: 3. Teil C) I) 3) a).

102 So ausdrücklich: Dörinkel, in: Festschrift für R. Isay, S. 1, (4). Vgl. auch das damit übereinstimmende positive Fazit von: R. Isay, Gutachten zum Regierungsentwurf eines Gesetzes gegen Wettbewerbsbeschränkungen, S. 7.

Kartellpolitik im Dritten Reich vom jüngeren Schrifttum bis heute kontrovers beurteilt wird.[103]

6) Die Skepsis Isays gegenüber seinen eigenen Erfolgen angesichts der politischen Instabilität der Weimarer Republik

Isays berufliche und wissenschaftliche Erfolge wurden zum Ende der Weimarer Republik zunehmend von der politisch instabilen Lage überschattet. Als Reaktion auf die ersten offen zutage tretenden und von Isay hellsichtig registrierten Zerfallstendenzen der Weimarer Republik setzte er sich in einem Aufsatz vom Dezember 1930, also zu einem Zeitpunkt, als die NSDAP bereits spürbar an Einfluss gewonnen hatte[104], vehement und eindringlich – zu seinem eigenen Leidwesen allerdings ohne Erfolg – für die Einhaltung des Rechtsstaatsprinzips sowie die Stärkung der Staatsautorität ein.[105]

Das frühe Scheitern der Weimarer Republik führte Isay in erster Linie auf „das politische Vakuum" zurück, „das wechselnde Koalitionsregierungen notdürftig auszufüllen suchten. In dieser trübseligen Form lernte das deutsche Volk die Praxis der Demokratie zum ersten Male kennen".[106]

Weitere Gründe sah Isay in der Entwurzelung des deutschen Mittelstandes als Konsequenz der Inflation von 1923[107] und in den Folgen der Weltwirt-

---

103 Siehe zu dieser Kontroverse auch ausführlich unten: 3. Teil C) I) 3) b) und c).

104 Vgl. dazu: Kinkeldey, Der Ausschluss der Juden aus der Patentanwaltschaft, S. 44: „Bei den in Zeiten wirtschaftlicher Not stattfindenden Wahlen vom 14. September 1930 kam es dann zu einer gewaltigen Verschiebung der politischen Machtverhältnisse, die ausschließlich zugunsten der extremen Flügelparteien, vor allem der NSDAP erfolgte. Sie war mit 6,4 Millionen Stimmen der große Gewinner, statt bisher 12 Abgeordneten, zogen nunmehr 107 uniformierte Nationalsozialisten als zweitstärkste Fraktion mit dem erklärten Ziel in den Reichstag ein, das Parlament zu beseitigen".

105 Vgl. dazu: R. Isay, JW 1930, S. 3840ff. Siehe zu Isays Forderungen an die verantwortlichen Kreise auch ausführlich unten: 2. Teil A) IV) 4) a).

106 R. Isay, Aus meinem Leben, Aufzeichnungen vom 25. April 1951, S. 52.

107 Vgl. dazu explizit: R. Isay, a. a. O. (Fn. 106), S. 65: „Der Mittelstand ging nicht bloß materiell entkräftet aus der Inflation hervor, sondern er erlitt auch ein seelisches Trauma, das er bis heute nicht überwunden hat". Sowie, ebenda, S. 66: „Die psychologischen Auswirkungen dieser wirtschaftlichen Tatsachen waren verhängnisvoll. Bei allen Betroffenen und weit über ihren Kreis hinaus war die Weimarer Republik hoffnungslos diskreditiert, weil sie die Proletarisierung dieser wertvollen staatserhaltenden Volkschichten zugelassen hatte". Siehe in diesem Zusammenhang auch die Schilderung von Isays persönlichen Erfahrungen mit den Inflationsfolgen, ebenda, S. 60ff.

schaftskrise, die im Jahr 1930 begann[108]. Schließlich stellten sich die Regelungen des Versailler Vertrages nach Isays Einschätzung in psychologischer Hinsicht als höchst problematisch für die Bevölkerung dar.[109]

Angesichts der instabilen Lage zum Ende der Weimarer Republik ist auch folgende – ungeachtet seiner steilen Karriere – kritische Selbsteinschätzung zu verstehen: „Mir selber kam das häufig als ein Traum vor, auf den früher oder später ein unsanftes Erwachen folgen müsse. Vielleicht war es das Gefühl der Unwirklichkeit, dass mich nachher so leicht den Absprung aus der Zivilisation in den Urwald finden ließ".[110]

Isays darin deutlich zum Ausdruck kommendes Unbehagen hinsichtlich der eigenen Zukunft sollte sich schon bald als allzu berechtigt erweisen, wie folgende nüchterne Feststellung Ballerstedts belegt: „Das Jahr 1935 setzte seiner über-

---

108 Vgl. auch sein Fazit zur Situation der Bevölkerung Anfang der 30er Jahre angesichts der katastrophalen wirtschaftlichen Verhältnisse: R. Isay, a. a. O. (Fn. 106), S. 67: „So besaß Deutschland anfangs der dreißiger Jahre eine große fluktuierende Schicht gebildeter, entwurzelter Proletarier, die verbittert, glaubenslos und jeder Aufstiegshoffnung bar waren. Sie war das ideale Material für eine Agitation, die aufreizte und zugleich vage eschatologische Hoffnungen auf eine neue Macht und Herrlichkeit des deutschen Volkes nährte".

109 R. Isay, a. a. O. (Fn. 106), S. 69: „Der Friedensvertrag von Versailles lieferte jedem Agitator, der das deutsche Volk in einen Revanchekrieg hineintreiben wollte, das beste Material". Neben der Unbestimmtheit der Reparationsforderungen, hielt Isay das erstmalig in der Geschichte erzwungene Schuldeingeständnis des Besiegten für „am Verhängnisvollsten". Dazu merkte er an: „Das erschien allen anständigen Deutschen ohne Unterschied der Parteizugehörigkeit als Demütigung und als unwahrhaftige Heuchelei".
Zu den Gründen des Zerfalls der Weimarer Republik äußerten sich bereits zuvor im Sinne Isays: Rosenberg, Geschichte der Weimarer Republik, S. 128ff. (verheerende Inflationswirkungen zu Lasten des Mittelstandes), S. 194ff. (Folgen der Reparationsforderungen im Anschluss an den Versailler-Vertrag und Weltwirtschaftskrise) und: Friedensburg, Die Weimarer Republik, S. 24ff. (Versailles und die Konsequenzen für das deutsche Volk), S. 80ff. (Reparationsforderungen), S. 131ff. (die moralischen Vertragsbestimmungen), S. 363ff. (Zusammenfassung der Gründe für das Scheitern der Weimarer Republik). Siehe auch zuletzt die Bestätigung der Gründe, die Isay anführte, durch: Kinkeldey, Der Ausschluss der Juden aus der Patentanwaltschaft, S. 41 („Schwach entwickeltes Verständnis für die Bedeutung des Rechtsstaats und der Grundrechte", „Demokratie ohne Demokraten"), S. 42 („Einer Bevölkerung, der bis kurz vor Schluss der Kriegshandlungen die drohende Niederlage wohl nicht bewusst gewesen war, musste der Vertrag als Demütigung erscheinen, wodurch er bereits zu diesem Zeitpunkt das Überleben der jungen deutschen Demokratie gefährdete"), S. 43 („Als weiteren Schock musste die deutsche Bevölkerung die dramatische Erfahrung der Inflation verkraften").

110 R. Isay, a. a. O. (Fn. 106), S. 60.

aus erfolgreichen Berliner Tätigkeit als Anwalt, Sachverständiger und Fachschriftsteller ein Ende".

V) Die persönlichen Erfahrungen Isays mit dem Regime der Nationalsozialisten nach der Machtübernahme und seine Motive für die Flucht aus der Heimat (1933 – 1935)

Bereits kurz nach der Machtübernahme bekamen die Brüder Rudolf und Hermann Isay die Konsequenzen der nationalsozialistischen Herrschaft in beruflicher Hinsicht deutlich zu spüren, als ihnen im Mai 1933 auf der Grundlage des „Gesetzes zur Wiederherstellung des Berufsbeamtentums" vom 7.4.1933[111] aufgrund ihres Status als „Nichtarier"[112] das parallel zu ihrer Kanzlei betriebene Notariat entzogen wurde und sie aus der Notarliste gestrichen wurden[113].

Keine Anwendung fanden hingegen im Falle von Rudolf und Hermann Isay das „Gesetz betreffend die Zulassung zur Rechtsanwaltschaft" vom 7.4.1933[114] sowie das „Gesetz betreffend die Zulassung zur Patentanwaltschaft und zur Rechtsanwaltschaft" vom 22.4.1933[115], auf deren Grundlage viele andere jüdische Rechtsanwälte als „Nichtarier" aus der Anwaltsliste gelöscht wurden[116].

---

111 RGBl. 1933, I, S. 175. Vgl. dazu auch die Stellungnahme von: Rüthers, NJW 1988, S. 2825, (2826), der das Gesetz als eine „dreiste Lüge" bezeichnet und hinzufügt, „in Wirklichkeit" sei „mit diesem Gesetz und seinen Durchführungsverordnungen das Berufsbeamtentum herkömmlicher Prägung abgeschafft worden". Ähnlich auch: Göppinger, Juristen jüdischer Abstammung im „Dritten Reich", S. 69, der besagtes Gesetz als „Säuberungsgesetz" bezeichnet, „dessen heuchlerische Bezeichnung in genauem Gegensatz zum Inhalt und Zweck bestand".

112 Gemäß § 3 Abs. 1 des „Gesetzes zur Wiederherstellung des Berufsbeamtentums" waren Beamte „nicht arischer" Abstammung in den Ruhestand zu versetzten. Was unter dem Begriff „nicht arisch" zu verstehen war, konkretisierte die 1. Durchführungsverordnung v. 11.4.1933. Nr. 2 regelte: „Als nicht arisch gilt, wer von nicht arischen Eltern, insbesondere jüdischen Eltern oder Großeltern abstammt. Es genügt, wenn ein Elternteil oder ein Großelternteil der jüdischen Religion angehört hat".

113 Vgl. dazu: Preußisches Justiz-Ministerialblatt 1933, S. 208. In der dort abgedruckten Liste der Notare, die aus ihrem Amte entlassen wurden, befinden sich neben Hermann und Rudolf Isay mehr als 200 weitere Berliner Notare. Vgl. auch die Hinweise bei: Göppinger, Juristen jüdischer Abstammung im „Dritten Reich", S. 223f., 341f.

114 RGBl. 1933, I, S. 188.

115 RGBl. 1933, I, S. 217.

116 Vgl. dazu: Göppinger, Juristen jüdischer Abstammung im „Dritten Reich", S. 91, der deutlich macht, das binnen Jahresfrist etwa 1500 Rechtsanwälte, rund 30 Prozent aller damals praktizierenden jüdischen Rechtsanwälte, auf der Grundlage der

Insoweit kam den Brüdern die gleich lautende Ausnahmeregelung des § 1 Abs. 2 S. 1 zugute, die auf Betreiben Hindenburgs in die Gesetze aufgenommen wurde.[117] Danach durften diejenigen jüdischen Anwälte und Patentanwälte ihre Zulassung behalten, die bereits vor dem 1. August 1914 in die Anwaltsliste eingetragen wurden oder als Frontkämpfer in den Ersten Weltkrieg einzogen oder aber Söhne oder Väter von Kriegsgefallenen waren. Da Rudolf und Hermann Isay unter die sog. Altanwaltsklausel fielen, konnten sie ihre Kanzleitätigkeit qua Gesetz ohne Einschränkung fortführen.

Zu seinen persönlichen Erfahrungen mit dem nationalsozialistischen Regime bis zu seiner Emigration im Jahre 1935 merkte Isay in der ihm eigenen sachlich-nüchternen und bescheidenen Art an: „Sonst ist aus der Zeit von 1933 bis zu unserer Auswanderung zu berichten, dass mir weder eine Benachteilung noch eine Kränkung widerfahren ist, die sich gegen mich persönlich gerichtet hätte. Ich hatte das Glück, keinen Feind zu besitzen. Als Anwalt konnte ich weiter tätig sein. Der Umfang der Praxis ging zwar zurück, was blieb, war aber immer noch genug. Auch meine wissenschaftliche Arbeit war nicht gehemmt. Äußerlich gesehen hatte ich also keinen Anlass, aus Deutschland auszuwandern".[118]

Im Gegensatz zu Isays eigenem Bekunden, wonach seine wissenschaftliche Arbeit nicht gehemmt war, ging die Anzahl seiner Abhandlungen jedoch merklich zurück. In den Jahren 1933 und 1934 erschienen lediglich noch sechs Veröffentlichungen, davon zwei im Ausland (New York und Prag), bevor Isay dann im Jahre 1935 seine wissenschaftlichen Forschungen ganz einstellte.[119]

Positiv ist allerdings in diesem Zusammenhang anzumerken, dass die zweite Auflage seines Kommentars zum Allgemeinen Bergrecht für die preußischen Staaten, der 1933 erschien, noch bis ins Jahr 1935 einige lobende Rezensionen bekam[120], obwohl bereits im April 1934 Anordnungen zur „Säuberung und Abwehr unerwünschter und schädlicher Literatur" erlassen wurden[121].

---

besagten Gesetze aus „rassischen Gründen" ihre Zulassung verloren. Zum Schicksal der Patentanwälte im Besonderen siehe auch eingehend: Kinkeldey, Der Ausschluss der Juden aus der Patentanwaltschaft, S. 75ff. und 81ff.; König, Mitt 1995, S. 58; Vogel, Mitt 1995, S. 59ff.

117 Vgl. dazu: Kinkeldey, a. a. O. (Fn. 116), S. 72f. und das dort – nach Grundmann, Justiz im Dritten Reich, S. 134 – zitierte Schreiben Hindenburgs an Hitler vom 4. April 1933.

118 R. Isay, Aus meinem Leben, Aufzeichnungen vom 25. April 1951, S. 77.

119 Vgl. dazu die Nachweise in Isays Bibliographie unten: 5. Teil A) und B).

120 Siehe dazu die Nachweise über positiven Rezensionen von Isays Berggesetzkommentar aus den Jahren 1933 und 1935 unten: Fn. 1371.

121 Vgl. dazu: Strothmann, Nationalsozialistische Literaturpolitik, S. 62ff.

Rudolf Isays Bruder Hermann verlor im Jahre 1934 seine Professur an der Technischen Hochschule in Berlin.[122] Im Gegensatz zu seinem jüngeren Bruder war er zu alt, um ins Ausland zu emigrieren. Trotz angeschlagener Gesundheit veröffentlichte er in der Schweiz noch einige Schriften, bevor er am 21. März 1938 starb.[123]

Eduard Reimer, der dritte Sozius in der Kanzlei der Brüder Isay, bekam ebenfalls erhebliche Probleme mit den Anhängern des nationalsozialistischen Regimes und erhielt im Jahre 1935 in einer Rezension einen scharfen, folgenreichen Tadel wegen seiner loyalen Haltung zu Rudolf Isays Bruder Hermann, dem er seinen Kommentar zum Wettbewerbs- und Warenzeichenrecht gewidmet hatte: „Ein typisches Beispiel für derartiges jüdisches Schrifttum auf dem Gebiete der Rechtswissenschaft bildet der im Jahre 1935 erschienene und charakteristischerweise dem Volljuden Hermann Isay gewidmete Kommentar zum Unlauteren Wettbewerbsgesetz von dem Sozius des Herrn Isay, Reimer".[124]

Im Jahre 1957 würdigte Strauss in diesem Zusammenhang den Mut Reimers in seinem Nachruf: „Als kompromissloser Vertreter des Rechts ging er nicht ungefährdet durch die Zeit des Nationalsozialismus. So wurden die Druckfahnen seines bedeutenden Werkes über Wettbewerbs- und Warenzeichenrecht 1938 auf Geheiß der Gestapo eingestampft".[125]

Erste ernsthafte Gedanken über eine Flucht ins Ausland machte Rudolf Isay sich im Frühling 1934. In der Abgeschiedenheit der Dolomiten wollte er eine Entscheidung fällen. Die Nachrichten über den Röhm-Putsch vom 30. Juni 1934, bei dem neben den ältesten vertrauten Hitlers auch – so Isay – „Unschuldige zu vielen Dutzenden ermordet wurden", hörte er auf dem Grödener Joch im Radio.[126] Da jedoch die antisemitischen Verlautbarungen nach seinem Eindruck in

---

122 Siehe dazu: Göppinger, Juristen jüdischer Abstammung im „Dritten Reich", S. 207. Vgl. zur Isolierung H. Isays durch einige seiner Berufskollegen auch: Roßmanith, Rechtsgefühl und Entscheidungsfindung, S. 17.

123 Roßmanith, a. a. O. (Fn. 122), S. 18. Vgl. auch: Ed. Reimer, GRUR 1948, S. 59.

124 Danielcik, DR 1936, S. 207f. Siehe dazu auch: Roßmanith, a. a. O. (Fn. 122), S. 17, Fn. 20 sowie: Göppinger, Juristen jüdischer Abstammung im „Dritten Reich", S. 169.

125 Strauss, JZ 1957, S. 486.

126 Vgl. zu seiner Interpretation des Röhm-Putsches auch ausführlich: R. Isay, Aus meinem Leben, Aufzeichnungen vom 25. April 1951, S. 76, 78, wo er seine Überzeugung kundtut, dass die Geschehnisse vom 30. Juni 1934 letztlich das Resultat des Einflusses war, den Mussolini auf Hitler ausübte. Vgl. in diesem Zusammenhang auch die Rechtfertigung der Reichstagsrede Hitlers vom 14. Juli 1934 durch: Carl Schmitt, DJZ 1934, Sp. 945ff, der dort u. a. die Ansicht vertritt: „In Wahrheit war die Tat des Führers echte Gerichtsbarkeit. Sie untersteht nicht der Justiz, sondern war selbst Justiz" (Sp. 947).

der Folgezeit abnahmen, verdrängte Isay die Entscheidung zur Emigration zunächst, bevor er bald darauf erkennen musste: „Doch war die Ruhe nicht von Dauer. Im Frühling 1935 tauchten überall an den Eingängen der Dörfer große Schilder mit der Inschrift auf: „Die Juden hassen wir! Juden betreten diesen Ort auf eigene Gefahr!".[127]

Den endgültigen Impuls zur Flucht Rudolf Isays löste jedoch erst Hitlers Auftritt auf dem 7. „Reichsparteitag" der NSDAP am 15. September 1935 aus. Dort wurden die sog. Nürnberger Gesetze, konkret das „Reichsbürgergesetz" und „das Gesetz zum Schutz des deutschen Blutes und der deutschen Ehre", beschlossen.[128]

Isay erinnerte sich in diesem Zusammenhang: „Besonders ominös klang für meine Ohren die Rede, die Hitler auf dem Parteitag hielt. Er sagte, mit den neuen Gesetzen sei eine säkulare Lösung für das Zusammenleben von Ariern und Juden auf deutschem Boden gefunden, und dabei solle es sein Bewenden haben. Wenn aber, so fuhr er fort, die Juden sich neue Herausforderungen erlauben sollten, so werde er der Partei freie Hand geben. Das war für jeden, der den nationalsozialistischen Jargon zu deuten verstand, die einwandfreie Ankündigung der Judenverfolgungen, die im November 1938 begannen".[129]

Ballerstedt merkte zu Isays daran erkennbarem untrüglichem Instinkt im Hinblick auf die zukünftige Entwicklung unter der nationalsozialistischen Herrschaft an:

„Isay sah als einziger unter seinen Freunden voraus, dass die so genannten Nürnberger Gesetze trotz der gegenteiligen Erklärungen Hitlers keine abschließende Regelung bleiben, sondern nur eine Etappe in der Durchsetzung des antisemitischen Programms sein würden und zog daraus die Folgerung".[130]

Die Auswirkungen der verabschiedeten Nürnberger Gesetze auf seinen Gefühlszustand schilderte Isay wie folgt: „Aber ich konnte die Luft Deutschlands nicht mehr atmen. Bisher hatte man geglaubt, ein halbwegs anständiger Mensch zu sein, der nach Maßgabe seiner Fähigkeiten das Mögliche geleistet hatte. Jetzt erfuhr man, dass man ein Fremdling sei, schlimmer noch, ein widerliches Gezücht, das sich im Lande breit mache. Man hatte das Gefühl, vogelfrei zu sein".[131]

---

127 R. Isay, a. a. O. (Fn. 126), S. 79.

128 RGBl. 1935, I, S. 1146ff. Vgl. zu den Nürnberger Gesetzen: Kinkeldey, Der Ausschluss der Juden aus der Patentanwaltschaft, S. 56ff.; Vogel, Mitt 1995, S. 59, (60f.); Rüthers, NJW 1988, S. 2825, (2828).

129 R. Isay, Aus meinem Leben, Aufzeichnungen vom 25. April 1951, S. 79.

130 Ballerstedt, Gedächtnisrede auf R. Isay, S. 10.

131 R. Isay, Aus meinem Leben, Aufzeichnungen vom 25. April 1951, S. 77f.

In den ersten Oktobertagen des Jahres 1935, nur zwei Wochen nach Hitlers Rede auf dem Reichsparteitag, fasste Isay den Entschluss zur Emigration und überschritt die innere „Grenze, um nach dem Urwald von Nordparana auszuwandern".[132]

Die luxuriöse Villa in Dahlem wurde ebenso wie Isays Gutshof in Neurackow (Pommersche Schweiz), den er kurz nach der Inflation gekauft hatte und um dessen Instandsetzung und Betrieb er sich gemeinsam mit seiner Frau kümmerte[133], Hals über Kopf verkauft. Die finanziellen Einbußen waren immens, zumal Isay gerade für die Villa nicht viel mehr erlöste, als er zuvor für das reine Bauland bezahlt hatte. Hinzu kam die Belastung des Vermögens durch die sog. Reichsfluchtsteuer[134] in Höhe von 25 %.

Als Konsequenz war das Gesamtvermögen der Familie Isay bei der Auswanderung auf nur mehr 8 % seines ursprünglichen Wertes geschrumpft.[135]

In welcher Eile die Vorbereitungen zur Flucht abliefen, belegt die Schilderung von Isays Stieftochter: „1935 wurde das Prachthaus für einen Apfel und ein Ei verkauft und man wanderte mit zwei Adoptivgeschwistern nach Brasilien aus; d. h. mir ließ man die Wahl. Aber sehr an die Familie gebunden, kam ich ein halbes Jahr später mit sieben Lifts nach, denn meine Eltern waren auf Besuchsreisen mit Handgepäck abgefahren".[136]

Am 26. Oktober 1935 legten Rudolf Isay, seine Frau Isabella und die beiden Adoptivkinder Marlies und Ernst auf einem englischen Schiff vom Hafen des französischen Seebades Boulogne-sur-Mer ab und ließen Europa hinter sich.

Auf der Überfahrt nach Brasilien schrieb Isay – in erster Linie vom Standpunkt seiner Pflichten als Familienvater her gesehen – die zentralen Gründe für die Emigration in den Urwald nieder.

Die subtile Abwägung des Für und Wider ließ ihn zu folgendem Schluss kommen: „Dann lieber ein Aufbruch ins Ungewisse als ein verzweifelter Ver-

---

132 R. Isay, a. a. O. (Fn. 131), S. 80.

133 Vgl. in diesem Zusammenhang: R. Isay, a. a. O. (Fn. 131), S. 67f. Dort schildert Isay, dass er sein Interesse für die Landwirtschaft, die „von allen Berufen der vielseitigste ist und daher auch einen geistig interessierten Menschen reizen kann" (S. 68), beim Betrieb des Gutshofes entdeckte, Und er fügt hinzu: „Ohne die Neurackower Erfahrung hätte ich schwerlich den Mut gehabt, in Brasilien Farmer zu werden" (S. 68).

134 Vgl. dazu: Rüthers, NJW 1988, S. 2825, (2829), der in der Reichsfluchtsteuer von 1931 einen „willkommenen Einnahmefaktor bei der Auswanderung vermögender Juden" sieht.

135 Vgl.: R. Isay, Aus meinem Leben, Aufzeichnungen vom 15. Juni 1951, S. 137.

136 Magdi Ullstein, in: R. Isay, Aus meinem Leben (erweiterter Nachdruck des Familienverbandes Trimborn, 1997), S. 201, (204).

such, den Zusammenbruch eines in den Grundfesten erschütterten, wenn auch schönen Hauses abzuwenden".[137]

VI) Der beschwerliche Weg der Familie Rudolf Isays bis zum Aufbau einer gesicherten Existenz als Kaffeepflanzer und Viehzüchter im brasilianischen Urwald (1935 – 1951)

Dörinkel hob im Hinblick auf Isays Beweggründe für die Emigration gerade nach Brasilien hervor, er „machte im Gegensatz zu der Mehrzahl seiner Schicksalsgenossen nicht den Versuch, in einer der europäischen oder amerikanischen Großstädte den Beruf des Juristen weiter auszuüben", um sich „vor der Emigrantenpsychose zu schützen". Er gelangte zu dem Schluss: „Für jeden Menschen stellt die erzwungene Emigration, d. h. der Verlust von Heimat, Kaste und Lebensgrundlage, ein schweres seelisches Trauma dar, gegen das nur aufreibende Arbeit hilft. Zu solcher Arbeit ist der Urwaldsiedler vom ersten Augenblick an gezwungen".[138]

Dass diese Einschätzung Dörinkels zutraf, belegen die entbehrungsreichen und von Rückschlägen überschatteten sechzehn Jahre im brasilianischen Urwald eindrucksvoll.

---

137 Vgl. ausführlich zur Abwägung seiner Gründe: R. Isay, Aus meinem Leben, Aufzeichnungen vom 26. Oktober 1935, S. 80ff. Vgl. dazu auch die bewundernden und eindringlichen Anmerkungen von: Ballerstedt, JZ 1962, S. 103: „Die auf der Überfahrt nach Südamerika niedergeschriebenen Reflexionen über diesen Entschluss sind ein biographisches und zeitgeschichtliches Dokument von unschätzbarem Wert: Zwiesprache eines Mannes, der ohne unmittelbar drohende Gefährdung von Leib und Leben die geliebte Heimat verlässt, sich und seine Familie in das Abenteuer stürzt, als Mensch von über 50 Jahren das zivilisierte Leben in Berlin mit dem Dasein eines Urwaldfarmers zu vertauschen und sich nun davon Rechenschaft geben muss, ob er nicht vielleicht doch unter dem Einfluss einer Panikstimmung handle. Das moralische Lehrstück der äsopschen Fabel von Herkules am Scheideweg verblasst vor dem Beispiel, das Isay uns mit seinen gedanklich höchst präzisen Darlegungen hinterlassen hat".

138 Dörinkel, in: Festschrift für R. Isay, S. 1, (5). Vgl. zum „Emigrantensyndrom" auch: Krauss, Heimkehr in ein fremdes Land, S. 19: „Es musste nicht die deutsche Grenze sein, doch an irgendeiner der auf dem Weg ins Exil zu überschreitenden Grenzen erlebten Emigranten einen traumatisierenden Abschied von ihrer bisherigen Heimat. Dieser ließ sich bei vielen Betroffenen nie wieder rückgängig machen und war für manche der Beginn einer lebenslangen Heimatlosigkeit. Selbst eine Rückkehr heilte meist nicht mehr das „Emigrantensyndrom", die Vielzahl der Ängste, Verletzungen und Ablehnungen". Siehe auch ausführlich zu den psychologischen Auswirkungen der Grenzüberschreitung auf die Emigranten, ebenda, S. 19ff.

Als Rudolf Isay in Brasilien ankam, standen er und seine Familie zunächst vor dem Nichts. Ihre erste Anlaufstelle war die kleine rund 700 Km von Sao Paulo entfernte Kolonie Rolandia im Norden des Staates Parana (Südbrasilien), die für deutsche Emigranten bestimmt war.[139] Das Gebiet wurde von einem Freund Isays, dem früheren Politiker Erich Koch-Weser (1875 – 1944)[140] erschlossen, der es auf einer Südamerikareise im Jahre 1929 entdeckte und zu der Überzeugung gelangte, es sei für deutsche Siedler geeignet.[141]

In den ersten beiden Monaten nach der Ankunft fand Isay zunächst mit seiner Familie bei einem befreundeten Ehepaar Unterschlupf, das ihnen ein Zimmer in einem Nebenhäuschen sowie die Küche zur Mitbenutzung überließ. Von dieser provisorischen Behausung aus unternahm Isay eine Reihe von Urwaldexpeditionen, bevor er einen passenden Platz für sein zukünftiges Leben als Landwirt fand.

Auf das erste Weihnachtsfest im brasilianischen Urwald im Jahre 1935 zurückblickend erinnerte sich Isay gleichwohl daran, „dass uns häufig Zweifel quälten, ob wir richtig handeln".[142]

Bestätigt wird dieses anfängliche Gefühl großer Ungewissheit von Isays Stieftochter: „Meine Eltern, beide tapfer und schon durch den Besitz eines kleinen Landguts in Pommern fürs Landleben trainiert, stellten sich schnell auf das Leben im Urwald um. (...) Leicht war es nicht! Meine Mutter hat sehr unter der Primitivität, den Insekten und der Ferne von den Geschwistern gelitten. Im Anfang bedrückte alle die große Unsicherheit, ob das Unternehmen zum Erfolg führt".[143]

Als seine Adoptivkinder Marlies und Ernst im Januar 1936 an Keuchhusten erkrankten, erwarb Isay 12 Km von Rolandia entfernt für seine Familie ein kleines Behelfshäuschen ohne Dach. Parallel zu den Renovierungsarbeiten küm-

---

139 Vgl. zur geographischen Lage Rolandias, zum dortigen Klima, zur Vegetation, zur Geologie sowie zur Bevölkerungsentwicklung den ausführlichen Bericht von: R. Isay, Aus meinem Leben, Die Brasilianische Umgebung (geschrieben 1949), S. 83ff.

140 Erich Koch-Weser, der der DDP angehörte, war zuvor Reichsinnenminister (1913-1919) und später Reichsjustizminister (1928-1929). Er emigrierte mit Frau und Söhnen im Jahre 1933 nach Rolandia (vgl. dazu: Personenregister, in: R. Isay, Aus meinem Leben (erweiterter Nachdruck des Familienverbandes Trimborn, 1997), S. 188).

141 Vgl. ausführlicher zur Gründung und Erschließung Rolandias: R. Isay, Aus meinem Leben, Die brasilianische Umgebung (geschrieben 1949), S. 87f.

142 Vgl. seine Schilderungen zu den ersten Wochen im Urwald: R. Isay, Aus meinem Leben, Aufzeichnungen vom 25. Dezember 1935, S. 103ff.

143 Magdi Ullstein, in: R. Isay, Aus meinem Leben (erweiterter Nachdruck des Familienverbandes Trimborn, 1997), S. 201, (204).

merte sich Isay darum, die Grenzen des Waldschlags auf dem zukünftigen Farmland unter Zuhilfenahme einer Lawinenschnur zu bestimmen und organisierte das Fällen der Bäume, um Platz für die Bewirtschaftung zu schaffen.[144] Die Arbeiten wurden durch den Ausbruch einer Gelbfieberepidemie erheblich verzögert, zumal infolgedessen kaum Arbeitskräfte zu bekommen waren. Am 1. März wurden die ersten geschlagenen und inzwischen getrockneten Bäume verbrannt und die freie Fläche konnte mit Bohnen, Mais und Weide bepflanzt werden.[145]

Schon wenige Monate nach seiner Ankunft in Brasilien wurde Isay zur ersten Bezugsperson für die Neuankömmlinge in Rolandia und stand ihnen bei der Auswahl zukünftigen Farmlandes mit Rat und Tat zur Seite. Erst nach einem halben Jahr war nach seinem Bekunden der „Übergang vom heroischen Zeitalter zur bürgerlichen Epoche" geschafft.[146]

Bevor allerdings das endgültige Wohnhaus errichtet wurde, musste sich die Familie Isay übergangsweise zunächst noch mit einem sog. „Edelrancho" aus Brettern mit einem Schindeldach begnügen, das im Juni 1936 bezogen wurde. Zu diesem Zeitpunkt kam auch Isays Stieftochter Magdi Ullstein mitsamt sieben LKW, die mit Einrichtungsgegenständen und allem beladen waren, was im Zuge der eiligen Flucht aus Deutschland zurückbleiben musste, auf der Farm an.[147] Bei der Bepflanzung und Bewirtschaftung wurde Isay von Waldarbeitertrupps unterstützt. Ein junger deutscher Emigrant wurde als Farmlehrer gewonnen, der neben Isays Adoptivkindern auch die Arbeiterkinder unterrichtete.

Von einem befreundeten Geistlichen aus Deutschland nach seiner seelischen Verfassung befragt, antwortete Isay in einem Brief:

„Das Einzige, was uns bedrückt, ist die fast hoffnungslose Trennung von allen in der Heimat zurückgebliebenen Angehörigen und Freunden".[148]

Bis zum Ende des Jahres 1936 stand der Aufbau des Farmbetriebes ganz im Vordergrund, um im Wege der Selbstversorgung die eigene Existenz sichern zu können. Zur Grundversorgung wurden braune Bohnen, Reis Kartoffeln, Linsen und Erbsen angepflanzt und ein Obstgarten angelegt. Daneben widmete sich Isay hauptsächlich dem Anbau der Kaffeekulturen, der zukünftig die wesentliche Einnahmequelle bilden sollte.[149]

In der ersten Hälfte des Jahres 1937 kehrte Isay zeitweilig in die Zivilisation zurück. Jeweils für zwei Wochen pro Monat arbeitete er in Sao Paulo für eine

---

144 R. Isay, Aus meinem Leben, Aufzeichnungen vom 13. Februar 1936, S. 106ff.
145 R. Isay, a. a. O. (Fn. 144), Aufzeichnungen vom 26. März 1936, S. 109ff.
146 R. Isay, a. a. O. (Fn. 144), Aufzeichnungen vom 23. Mai 1936, S. 117.
147 Siehe nochmals oben: 1. Teil A) V) und dort insb. Fn. 136.
148 R. Isay, Aus meinem Leben, Aufzeichnungen vom 20. August 1936, S. 129.
149 R. Isay, a. a. O. (Fn.148), Aufzeichnungen vom 18. Dezember 1936, S. 129ff.

kapitalkräftige holländische Firma, die große Summen in brasilianische Bergwerke investieren wollte.

Zwar reizte Isay einerseits die Aufgabe, beim Aufbau eines neuen Industriekonzerns mitzuhelfen. Andererseits bemerkte er, nachdem seine Auftraggeber das Projekt plötzlich scheitern lassen wollten und er daher seine Ämter niedergelegt hatte: „Ich entdeckte zu meiner Überraschung, dass die Rückkehr in meinen alten Beruf mir nicht die erwartete Freude bereitete. Die finanziellen und juristischen Überlegungen, die ich dort anzustellen hatte, erschienen mir, verglichen mit meiner hiesigen Arbeit, so wirklichkeitsfern, dass ich manchmal im luftleeren Raum zu arbeiten glaubte“.[150]

Ende 1937, zwei Jahren nach der Ankunft der Familie Isay in Brasilien, war der Aufbau des Farmbetriebs schon erheblich fortgeschritten. Auf den Weiden wurden mittlerweile Milchkühe nebst Bullen und Kälbern sowie Pferde und Muhlen gehalten. Zudem wurde ein großes Stallgebäude für die Schweinezucht errichtet. Den Energieaufwand, den der Aufbau kostete, beschrieb Isay als immens, zumal noch die Beschaffung und Beaufsichtigung der Arbeiter, der Bau des endgültigen Wohnhauses, der Stallungen und sonstigen Betriebsgebäude, das Einkoppeln der Weiden, die Einbringung der jeweiligen Ernten und die Pflege des Viehs zusätzlich zu organisieren waren.[151]

Der angepflanzte Kaffee konnte erstmalig im Jahre 1941 geerntet werden. Bis dahin mussten Isay und seine Familie mit äußerster Sparsamkeit von den geringen Erträgen leben, die die Milchwirtschaft und die Schweinezucht abwarfen.[152]

Zwischen 1939 und 1945 ereigneten sich einige herbe Rückschläge:

Im Sommer 1939 brannte die Scheune mitsamt dem darin gelagerten Dreschkasten ab. Das Feuer zerstörte zudem ein angrenzendes Gebäude, in dem die Arbeiterfamilien untergebracht waren.

Im Januar 1942 musste sich Isabella Isay einer Nierenoperation in Sao Paulo unterziehen und konnte erst nach fünfmonatigem Krankenhausaufenthalt auf die Farm zurückkehren.

Die größten Existenznöte zogen allerdings zwei Kälteeinbrüche im Juni 1942 und im September 1943 sowie ein schwerer Hagelschlag im Januar 1945 nach sich. Infolge der Missernten in den Jahren 1942 bis 1945 spitzte sich die finanzielle Lage bedrohlich zu und die Familie lief ständig Gefahr, ihr Land einzubüssen. Isay sah sich gezwungen, u. a. seine juristische Bibliothek zu verkaufen. Seine Frau versetzte ihren Schmuck und ihr Porzellan. Ohne die Stützungskre-

150 R. Isay, a. a. O. (Fn.148), Aufzeichnungen vom 3. Dezember 1937, S. 134f.
151 R. Isay, a. a. O. (Fn.148), S. 133f.
152 R. Isay, a. a. O. (Fn.148), Aufzeichnungen vom 15. Juni 1951, S. 137.

dite der Regierung für die frostgeschädigten Landwirte wären sie nach Isays Einschätzung nicht durchgekommen.[153]

Im Oktober des Jahres 1944 bot sich Isay die Möglichkeit, dem Kampf um den Erhalt der Farm zu entfliehen, als er von einem befreundeten Amerikaner, der nach dem bevorstehenden Zusammenbruch des nationalsozialistischen Regimes für die Zivilverwaltung der Alliierten arbeitete, einen Rückruf in die alte Heimat erhielt. Doch Isay lehnte ab.[154]

Als sich infolge der Ernten 1946 und 1947 die Verhältnisse auf der Farm spürbar konsolidierten und der Betrieb mehr und mehr florierte, fand Isay die Zeit, seinen technischen Erfindungsgeist zur Entfaltung kommen zu lassen. So konstruierte er nicht nur in 7-jähriger Arbeit eine elektromagnetische Kaffeereinigungsmaschine, die er später in einer kleinen Maschinenfabrik auf seinem Hof in Serie produzierte und die durch mehrere brasilianische Patente geschützt war. Darüber hinaus entwickelte er auch ein Verfahren zur künstlichen Humusgewinnung, um die Qualität des Kaffees noch zusätzlich zu verbessern.[155]

Als Isay schließlich nach langem Ringen im Jahre 1951 den Entschluss fällte, nach Deutschland zurückzukehren[156], erstrahlte die Farm, die er sich sechzehn Jahre aus dem Nichts im Urwald aufgebaut hatte, in voller Blüte.[157]

VII) Die ablehnende Haltung Isays zu einem Rückruf aus Deutschland im Oktober 1944 und seine Vorschläge für den zukünftigen Umgang mit dem Deutschen Volk im Juni 1945

Der Rückruf aus Deutschland, der Isay im Oktober 1944 – noch vor dem Zusammenbruch des nationalsozialistischen Regimes – in Brasilien erreichte und in dem ihm ein befreundeter Amerikaner einen Posten in der nach Kriegsende zu

---

153 Vgl. ausführlich zu den Jahren der Rückschläge: R. Isay, a. a. O. (Fn. 148), S. 139ff. und insb. S. 143ff.

154 Siehe zu Isays Gründen, im Jahre 1944 noch nicht nach Deutschland zurückzukehren, sogleich unten: 1. Teil A) VII).

155 Vgl. zu den technischen Einzelheiten seiner Erfindungen: R. Isay, Aus meinem Leben, Aufzeichnungen vom 15. Juni 1951, S. 162ff. Sein technischer Erfindungsgeist wurde auch hervorgehoben von: Dörinkel, in: Festschrift für R. Isay, S. 1, (6) sowie von: Boldt, NJW 1956, S. 781.

156 Siehe zu Isays Entschluss, in die alte Heimat zu remigrieren, unten: 1. Teil A)VIII).

157 Vgl. zu den Dimensionen der fertig gestellten Farm und den dazu gehörigen Betriebsanlagen: R. Isay, Aus meinem Leben, Die Brasilianische Umgebung (geschrieben 1949), S. 95ff.

errichtenden Zivilverwaltung der Alliierten anbot, bildete nach den Erkenntnissen der aktuellen Remigrationsforschung eine große Ausnahme.[158]

Zwar empfand Isay die Vorstellung, „in die Zivilisation und in einen intellektuellen Beruf" zurückzukehren, angesichts der Existenzsorgen, die ihn 1944 nach den Hagelschäden der Vorjahre plagten, als verlockend. Gleichwohl kam für Isay eine Tätigkeit für die Alliierten unter keinen Umständen in Betracht.

Isay begründete seine ablehnende Haltung wie folgt: „Ich hielt es für einen unverzeihlichen Fehler, aus Deutschland geflüchtete Nichtarier in der Verwaltung eines niedergeworfenen Deutschlands zu verwenden. Ich rechnete mit dem Fortbestehen einer unterirdischen nationalsozialistischen Bewegung und war überzeugt, dass für diese eine Anzahl von Juden, die im Gefolge einer siegreichen Armee nach Deutschland zurückkehrten, das denkbar beste Propagandamaterial darstellen würden".[159] Diesen Standpunkt nahmen auch die britischen Alliierten ein.[160]

Jedoch erklärte sich Isay bereit, dem befreundeten Amerikaner nach Kriegsende eine Liste mit Persönlichkeiten zukommen zu lassen, die aus seiner Sicht für eine Mitarbeit in der Zivilverwaltung geeignet waren. Am 26. Juni 1945 stellte Isay die Liste zusammen und fügte einen Brief an den Amerikaner, der inzwischen in Berlin beim Control Council beschäftigt war, bei, in dem er konkrete Ratschläge für die zukünftige Behandlung des deutschen Volkes machte.

Eingangs seiner Ausführungen lehnte Isay die Kollektivschuldthese entschieden ab und plädiert stattdessen für eine Rehabilitation: „Meinem Eindruck nach betrachtet man die 60 – 70 Millionen Deutschen mehr oder weniger als Berufsverbrecher, vor denen man sich nur schützen kann, indem man sie hinter Schloss und Riegel bringt. Doch lehrt uns die moderne Kriminalistik, sich nicht auf re-

---

158 Vgl. dazu explizit: Krauss, Heimkehr in ein fremdes Land, S. 16f.: „Die persönlichen Rückrufe mit dem Angebot eines neuen Wirkungsfeldes in Deutschland waren jedoch am seltensten und meist politischen Emigranten vorbehalten, die von ihren Parteigenossen angefordert wurden sowie ausgewählten Wissenschaftlern". Siehe ausführlicher zu den Rückrufen in verschiedenen Berufsbereichen auch, ebenda, S. 73ff.

159 R. Isay, Aus meinem Leben, Aufzeichnungen vom 15. Juni 1951, S. 155f. Siehe dazu auch: Krauss, a. a. O. (Fn. 158), S. 28: „Die Rückkehr über die Grenze aktivierte erneut das traumatische Erlebnis, die erlittene Spaltung. Psychisch erwies sich die Rückkehr daher oft als ebenso schwieriger Prozess wie die Emigration. Sie entfachte Angst vor und Sehnsucht nach der Wiederbegegnung mit einem unwiederholbaren Teil des eigenen Lebens, mit den Gespenstern der Vergangenheit".

160 Vgl. dazu: Krauss, a. a. O. (Fn. 158), S. 65, m. w. N.: „Die Briten standen Emigranten in ihrer Militäradministration skeptisch gegenüber. Emigranten sollten nicht zu Siegern im besiegten Land gemacht werden, lautete die Devise. Dies werde nur die Besatzungsmacht diskreditieren und Antisemitismus schüren".

pressive Methoden zu verlassen, sondern den Verbrecher wieder für das normale Leben geeignet zu machen. Vor allem aber kann man unmöglich ein ganzes Volk als verworfen betrachten".[161]

Aus tiefer Überzeugung appellierte Isay in seinem Brief: „Helfen Sie ihnen, einen neuen Glauben zu gewinnen".[162] Zudem bekräftigte er seine idealistische Haltung mit folgenden Worten: „Wenn Sie das deutsche Volk vom Nationalsozialismus kurieren wollen, müssen sie dessen Ursachen beheben. Sie müssen alles fördern, was dem Volke neue Überzeugungen, einen neuen Glauben und, durch ein Gefühl des Geborgenseins, neue Zuversicht einzuflößen vermag".[163]

Im weiteren Verlauf seines Briefes bringt Isay seine große Sorge zum Ausdruck, dass die Fehler des Versailler Vertrages im Hinblick auf seine Unbestimmtheit und das moralische Werturteil, das darin über die Besiegten gefällt wurde, wiederholt werden würden. Im Gegensatz dazu plädierte er: „Meine heutige Hoffnung beruht auf der Erwartung, dass der künftige Friedensvertrag die Grundlage der Vereinigten Staaten von Europa schaffen wird."[164]

Im Jahre 1951 kommentierte Isay seine Vorschläge aus dem Brief vom 26. Juni 1945 mit einer Mischung aus Selbstkritik und tiefem Bedauern: „Heute kann man diesen Brief nur mit einer gewissen Melancholie lesen. Sicher war es paradox, von einem Sieger, der eben erst nach vieljährigem Kampf einen schonungslosen Feind blutig niedergeschlagen hatte, für eben diesen Feind großzügige Milde zu verlangen. Aber wie viel besser stände es heute um die Welt, wenn die scheinbar so hirnverbrannten Ratschläge dieses Briefes befolgt worden wären!".[165]

Auch bei der Suche nach einem geeigneten Vorsitzenden für die erste hessische Nachkriegsregierung wurde Isay im brasilianischen Exil um Rat gefragt. Er empfahl den parteilosen Kartellrechtsanwalt und Heidelberger Honorarprofessor Karl Geiler.[166] Isays Vorschlag entsprechend ernannte die Militärregierung Geiler am 16.10.1945 zum Ministerpräsidenten. Dieser berief den berühmten Kartellrechtler und späteren Ordinarius der Universität Frankfurt am Main, Franz

161 R. Isay, Aus meinem Leben, Übersetzung des Briefes vom 26. Juni 1945, S. 157.

162 R. Isay, a. a. O. (Fn. 161), S. 157.

163 R. Isay, a. a. O. (Fn. 161), S. 158.

164 R. Isay, a. a. O. (Fn. 161), S. 160.

165 R. Isay, a. a. O. (Fn. 161), Aufzeichnungen vom 15. Juni 1951, S. 162.

166 Isay kannte Geiler als Mitherausgeber der Kartell Rundschau, in der er zwischen 1920 und 1934 etliche Aufsätze veröffentlichte und zudem von den Verhandlungen auf dem 35. DJT in Salzburg, auf dem Isay als Hauptreferent auftrat und Geiler als stellvertretender Vorsitzender der vierten Abteilung für „Wirtschafts- und Finanzrecht" fungierte. Vgl. zu Karl Geiler auch: Scharnweber, Deutsche Kartellpolitik 1926-1929, S. 122, Fn. 1.

Böhm, mit dem sich Isay zwischen den 20er und 50er Jahren heftige Auseinandersetzungen um das Kartellproblem liefern sollte[167], in sein Kabinett.[168]

VIII) Die von großer Ambivalenz geprägte Entscheidung Rudolf Isays zur Rückkehr nach Deutschland im Jahre 1951

Als einer der ganz wenigen Emigranten fällte Isay gemeinsam mit seiner Frau Isabella nach langem Ringen den Entschluss, nach Deutschland zurückzukehren.

Im Gegensatz zur Emigration war die Remigration, also die Rückkehr in die Heimat, alles andere als ein Massenphänomen: „Die gesamte deutschsprachige Emigration wird auf ungefähr 500.000 Menschen aus Deutschland, Österreich und dem deutschsprachigen Teil der Tschechoslowakei geschätzt. Davon ging ein Viertel in die USA. Der weit überwiegende Teil dieser Emigranten waren Juden oder von den Nationalsozialisten wegen ihres Familienhintergrundes zu Juden erklärte Menschen. Die Zahlenangaben schwanken, doch diese Gruppe machte wohl 85 bis 95 Prozent der Emigration aus. (...) Von den „rassisch" Verfolgten kamen nur vier bis fünf Prozent zurück; 12000 bis 15000 von ihnen waren jüdischen Glaubens".[169]

Isays endgültigem Entschluss zur Rückkehr ging zunächst, wie beim Grossteil der Rückkehrer üblich[170], ein mehrmonatiger Aufenthalt in Deutschland voraus. Seine Stieftochter wies darauf hin, dass ihm die Entscheidung denkbar

---

167 Siehe unten: 1. Teil B) III) 2) b) und 3) b), 3. Teil C) II) 2) sowie: 4. Teil D) II) 1) a. E.

168 Vgl. dazu: Wiethölter, in: Juristen an der Universität Frankfurt am Main, S. 208, (237): „W. Zutt hat – wie Heinrich Kronstein auch – Karl Geiler vorgeschlagen (ihn hatte auch Rudolf Isay aus dem brasilianischen Exil empfohlen). Für den Parteilosen K. Geiler (...) entscheidet sich dann die Militärregierung. Geilers Rumpfkabinett (...) wird am 16.10.1945 feierlich eingesetzt. (...) K. Geiler bestimmt – den damals noch Parteilosen, später in die CDU eintretenden – Franz Böhm als Minister für Kultus und Unterricht seiner Wahl".

169 Krauss, Rückkehr in ein fremdes Land, S. 9f. m. w. N. Zu beachten ist, dass zwischen 1945 bis 1952, also in dem Zeitraum in dem auch Isay zurückkehrte, lediglich die verschwindend geringe Zahl von 2500 Juden und Jüdinnen nach Deutschland kamen, zwischen 1952 bis 1959 waren es dann immerhin 9000 (ebenda, S. 14).

170 Krauss, a. a. O. (Fn. 169), S. 48: „Doch vielen Emigranten ging es erst einmal darum, Deutschland einen Besuch abzustatten, um sich selbst ein Bild zu machen oder um sich dort eine wirtschaftliche Grundlage zu schaffen".

schwer fiel: „Lange hegte mein Vater Zweifel im tiefsten Innern, aber dann fasste er freudig den Entschluss zur Rückkehr in die Heimat".[171]

Der kaum lösbare Zwiespalt, in dem Isay sich dabei befand, wird daran deutlich, dass Deutschland in seiner Erinnerung stets das Land blieb, „das mich ausstieß wie einen Fremdkörper und das ich doch trotz aller Mühe nicht vergessen konnte".[172]

Wie die meisten „ausgestoßenen" Emigranten plagte auch Isay eine große Unsicherheit hinsichtlich der Frage, wo sein Zuhause war.[173] Als er Deutschland nach sechzehn Jahren im brasilianischen Urwald auf einer dreimonatigen Rundreise erstmalig wieder gesehen hatte, merkte er dazu bei einem Zwischenstopp auf dem Flughafen von Rio de Janeiro an: „Heimat? Welches Land ist heute meine Heimat? Ist es Brasilien, wo ich Arbeit zu leisten und eine Aufgabe zu erfüllen habe? Oder ist es Deutschland, dem ich durch Geburt, Erziehung und Kultur angehöre? Auf diese Frage werde ich wohl nie eine Antwort finden".[174]

Die innere Zerrissenheit Isays wird dadurch untermauert, dass er einerseits eine große Sympathie für die brasilianische Bevölkerung empfand, die „völlige persönliche Freiheit" nicht missen wollte und sein Herz an seiner Farm hing, die er aus dem Nichts in fünfzehn entbehrungsreichen Jahren zu einem „wohlgeordneten, wertvollen Betrieb" aufbaute.[175] Andererseits quälte ihn sein Heimweh: „Denn wie schön Deutschland heute noch ist, empfindet keiner stärker, als wer es nach anderthalb Jahrzehnten zum ersten Male wieder sieht. (…) Die Ursachen jenes Heimwehs zu erkennen, war nicht schwer. Sie liegen in deutscher Landschaft, deutschen Menschen, deutscher Sprache und deutscher Kultur".[176]

---

171 Magdi Ullstein, in: R. Isay, Aus meinem Leben, 1960, S. 184. Vgl. auch zur Ambivalenz, die der Entscheidung der Emigranten zur Rückkehr vorausging: Krauss, a. a. O. (Fn. 169), S. 42: „Die Gefühle schwankten zwischen Ablehnung alles Deutschen und Sehnsucht nach der Zeit vor der Emigration, zwischen Abscheu und Liebe, zwischen Hass und Heimweh". Siehe auch, ebenda, S. 130: „Die Rückkehr enthielt für die meisten jüdischen Emigranten einen tiefen, oft nie zu überbrückenden Zwiespalt zwischen ihrem Jude-Sein und ihrem Deutsch-Sein, zwischen der Kenntnis über das schreckliche Deutschland und der Liebe zur heimatlichen Sprache und Umgebung".

172 R. Isay, Aus meinem Leben, Aufzeichnungen vom 10. April 1951, S. 9.

173 Vgl. zur Einstellung des ganz überwiegenden Teils der Emigranten eindringlich: Krauss, Rückkehr in ein fremdes Land, S. 7: „Diesen Blick des Fremden, den Blick von außen (…) verloren viele Rückkehrer ihr ganzes Leben nicht mehr. Das selbstverständliche Heimatgefühl war ihnen abhanden gekommenen. Sie fühlten sich entweder in mehreren Ländern oder aber nirgends mehr „zu Hause" ".

174 R. Isay, Aus meinem Leben, Aufzeichnungen vom 15. Juni 1951, S. 136.

175 R. Isay, a. a. O. (Fn. 174), S. 168, 171.

176 R. Isay, a. a. O. (Fn. 174), S. 169f.

Trotz seines Heimwehs sträubte sich Isay vor dem Hintergrund seiner Erfahrungen und Kenntnisse der nationalsozialistischen Herrschaft lange innerlich gegen die Rückwanderung.

Für ihn stand fest: „Ehe man sich mit ihnen auseinander gesetzt hat, lassen sich die Gespenster der Vergangenheit nicht bannen".[177]

In diesem Zusammenhang setzte er sich intensiv und um größtmögliche Objektivität bemüht mit folgender Frage auseinander: „Liegt eine Schuld des deutschen Bürgertums darin, dass es trotz jenes Evangeliums des Hasses den Aufstieg des Nationalsozialismus zuließ und zum Teil auch positiv förderte?"[178]

Nach seinem eigenen ausdrücklichen Bekunden tendierte Isay mit Blick auf die Beteiligung des Bürgertums am Aufstieg der Nationalsozialisten nach eingehender Selbstprüfung insgesamt zu einer „milden Beurteilung". Dabei war für ihn folgender Aspekt maßgeblich: „Jedenfalls darf nur der den ersten Stein aufheben, der sich frei von Sünde fühlt, also überzeugt ist, dass er selber in gleicher Lage unbekümmert, um sein eigenes Schicksal und das Schicksal seiner Familie der Wahrheit die Ehre gegeben hätte. Ich persönlich hätte nicht den Mut, das mit völliger Sicherheit zu behaupten".[179] Die These von der Kollektivschuld lehnte er im Einklang mit seiner daran deutlich zum Ausdruck kommenden versöhnlichen[180] und ressentimentfreien[181] Grundhaltung ab: „Für die christliche sowohl wie für die humanistische Ethik gibt es zwar sündige Menschen, doch keine sündigen Völker".[182]

---

177 R. Isay, a. a. O. (Fn. 174), S. 171.

178 R. Isay, a. a. O. (Fn. 174), S. 175f. Vgl. zu Isays Objektivität in der Analyse des nationalsozialistischen Regimes auch nochmals die Würdigung von Ballerstedt in Fn. 7.

179 R. Isay, a. a. O. (Fn. 174), S. 178.

180 Siehe zu Isays unermüdlichem Versöhnungsstreben, das einen tragenden Grundpfeiler seiner Persönlichkeit bildete, unten: 1. Teil B) I) 2) a).

181 Vgl. in diesem Zusammenhang auch seinen ausdrücklichen Appell: R. Isay, Vereinheitlichung des deutschen Bergrechts, S. 33: „Von allen Schichten des deutschen Volkes hat das Bürgertum am meisten erdulden müssen. Ich denke dabei nicht so sehr an materielle Verluste, als an den Verlust der Kaste, den der größte Teil des Bürgertums durch Proletarisierung erlitt. (...) Indessen führt Ressentiment hier sowenig weiter wie anderwärts. (...) Was vergangen ist, dass kehrt nicht wieder". Vgl. zu Isays ressentimentfreier Grundhaltung darüber hinaus die Würdigung von: Ballerstedt, Gedächtnisrede auf R. Isay, S. 26: „Gleichwohl fehlte ihm für die infernalischen Mächte des Antisemitismus im Grunde das Verständnis. So blieb der denn auch völlig frei von jeder Art Ressentiment, das seiner noblen Gesinnung ohnehin fremd gewesen wäre".

182 R. Isay, Aus meinem Leben, Aufzeichnungen vom 15. Juni 1951, S. 180. Vgl. in dieser Richtung auch, ebenda, S. 18: „Doch das deutsche Volk, das sich heute mit solchem Recht gegen die alliierte These von der deutschen Kollektivschuld, der

Gleichzeitig appellierte er allerdings auch nachdrücklich an die unbedingte zukünftige Achtung des Grundsatzes der Menschlichkeit[183] und an die Notwendigkeit der Förderung des Demokratieverständnisses der deutschen Bevölkerung[184].

Diese Forderungen, die auch von anderen Remigranten angemahnt wurden[185], hatten zur Konsequenz, dass Isay nach seiner Rückkehr nicht ausnahmslos mit offenen Armen empfangen wurde. So gab es vereinzelt auch Anfeindun-

---

Kollektivverantwortung für die Verbrechen des Nationalsozialismus, wehrt, sollte begreifen, wie bitter der anständige Jude die ihm vom Antisemitismus aufgedrungene Kollektivverantwortung für alle jüdischen Sünden empfand".

183 R. Isay, a. a. O. (Fn. 182), S. 179f.: „Alles, auch das Grauenhafteste, ist möglich, sobald man einmal den Grundsatz der Menschlichkeit aufgibt. Das erkannte der Deutsche der 30er Jahre nicht. Er begriff nicht, dass aus diesem Grunde die unwahrscheinlichsten moralischen Greuel eine unvermeidliche Begleiterscheinung jedes totalitären Staates sind, mag er sich faschistisch, nationalsozialistisch oder kommunistisch nennen. Hoffentlich weiß er es heute und vergisst es nie wieder!" Siehe auch die Ausführungen zum Stellenwert des Grundsatzes der Menschlichkeit innerhalb Isays ethischen Grundüberzeugungen unten: 1. Teil B) II) 3).

184 R. Isay, a. a. O. (Fn. 182), Aufzeichnungen vom 25. April 1951, S. 72: „Dass Misstrauen, dem die heutige demokratische Regierung im deutschen Volke begegnet, die Widerstände, auf die ihre Europapolitik stößt, beruhen zum großen Teil auf der Erinnerung an den Versailler Vertrag und die ihm folgenden Jahre. Für viele Deutsche sind auch heute noch Ideale, in deren Zeichen die Westmächte damals siegten, Humanismus, Demokratie, Völkerversöhnung, durch den Versailler Vertrag als heuchlerische Mittel zur Knechtung Deutschlands diskreditiert. Seither haben diese Deutschen kein Vertrauen zu einer demokratischen Regierung, die jenen Idealen nachzuleben sucht. Nur der Erfolg kann sie eines Besseren belehren und ihnen klarmachen, dass eine verständige demokratische Regierung auch ohne Gewaltpolitik etwas erreichen kann". In diesem Zusammenhang ist zu beachten, dass Isays Haltung zugleich auch folgende These der aktuellen Remigrationsforschung bestätigt: Krauss, Rückkehr in ein fremdes Land, S. 18: „Viele Emigranten waren überzeugt, das „eigentliche Deutschland des Humanismus, der Liberalität und Toleranz sei mit ihnen ins Exil gegangen, während das Land in Barbarei versank. Remigration erschien ihnen als Versuch, solche Werte zurück zubringen, sie durch einen geistig-moralischen, intellektuellen und politischen Wiederaufbau in Deutschland wieder heimisch zu machen".

185 Vgl. folgenden Auszug aus einem Brief des ebenfalls remigrierten Sozialdemokraten, Wilhelm Hoegner, aus dem Jahre 1947, zitiert nach: Krauss, a. a. O. (Fn. 184), S. 153: „Der einzelne müht sich vergebens ab, seinen Zeitgenossen klar zu machen, dass sie nur auf dem Wege der gegenseitigen Duldsamkeit, Gerechtigkeit und Menschlichkeit weiter kommen können".

gen im Schrifttum, die nicht zuletzt aus seinem Status als Remigrant resultierten.[186]

Es bleibt festzuhalten, dass Isays differenzierende, insgesamt aber versöhnliche Einstellung zum deutschen Volk letztlich neben seinem Heimweh den Ausschlag für seinen Entschluss zur Rückkehr gab und ihm zudem die Akklimatisierung in Deutschland erleichterte.[187]

Boldt betonte im Zusammenhang mit Isays Entschluss in seinem Nachruf: „Trotz der schweren Jahre, die er als Kaffeepflanzer in Brasilien durchmachen musste, hat er sich seine Liebe zur deutschen Heimat und zur deutschen Rechtswissenschaft, vor allem zum deutschen Bergrecht, bewahrt“.[188]

Isays Stieftochter Magdi Ullstein bestätigte diese Einschätzung: „Klimatische Rückschläge und Heimweh nach der ihnen vertrauten Kultur, in der sie trotz Auswanderung noch tief verwurzelt waren, veranlassten sie, nach 16 Jahren Farmerleben in die Heimat zurückzukehren“.[189]

IX) Als Honorarprofessor der Universität Bonn trägt Isay in seinen letzten Lebensjahren zum rechtswissenschaftlichen Wiederaufbau Deutschlands bei (1951 – 1956)

Sein ehemaliger Sozius Eduard Reimer merkte in seinem Nachruf zu Isays letzten Lebensjahren an: „Viele sind von der Härte einer langjährigen Verbannung aus Deutschland betroffen worden. Aber nur wenige haben wohl in den Jahren der Emigration und in den sich anschließenden Jahren nach der Rückkehr in die Heimat so viel Tatkraft entwickelt, wie das Isay getan hat“.[190]

---

186 Vgl. dazu die Ausführungen in der Gesamtwürdigung im Zusammenhang mit der Untersuchung der Gründe für die anfängliche Nichtwirkung von Isays Spätwerk nach seiner Rückkehr nach Deutschland in den 50er Jahren unten: 4. Teil D) II) 2).

187 Vgl. dazu: Krauss, Rückkehr in ein fremdes Land, S. 12: „So konnten anfangs vor allem diejenigen in Deutschland wieder Fuß fassen, die jede Kollektivschuld der Daheimgebliebenen ablehnten und keine grundlegenden Schuldeingeständnisse erwarteten“. Siehe auch, ebenda, S. 90: „Gut aufgenommen wurden in Deutschland vor allem die Wissenschaftler, die ohne Vorwurf und ohne große Forderungen auftraten. Sonst sahen sie sich schnell in die Isolation gedrängt“. Sowie, ebenda, S. 92: „Willkommen waren diejenigen, die zum wirtschaftlichen Wiederaufbau und zur Rehabilitierung gegenüber der Welt beitragen konnten“.

188 Boldt, ZfB Bd. 98 (1957), S. 1, (2).

189 Vgl. Magdi Ullstein, in: R. Isay, Aus meinem Leben (erweiterter Nachdruck des Familienverbandes Trimborn, 1997), S. 201, (204).

190 Ed. Reimer, GRUR 1956, S. 291. Vgl. auch: Langen, Zum Geleit, in: R. Isay, Aus meinem Leben, S. 5, der dort das vorgenannte Zitat Reimers wiederholt.

Aufgrund seiner wissenschaftlichen Leistungen wurde Isay von der Rechts- und Staatswissenschaftlichen Fakultät der Universität Bonn als Honorarprofessor vorgeschlagen.[191] Diese Auszeichnung blieb nur wenigen Wissenschaftlern, die nach Deutschland zurückkehrten, vorbehalten.[192]

Als Lehrbeauftragter für Bergrecht am Institut für Handels- und Wirtschaftsrecht erfüllte sich Isays Jugendtraum, ein bedeutender Forscher zu werden, zwar nicht, wie ursprünglich erhofft, im Bereich der Technik, wohl aber auf dem Gebiet der Rechtswissenschaften.[193]

In den letzten Lebensjahren widmete sich Isay wieder mit unvermindertem Einsatz[194] seinen Spezialgebieten, dem Kartell- und dem Bergrecht, deren Entwicklung er über Jahrzehnte systematisch beeinflusste und in denen in den 50er Jahren umfassende Reformen auf der Tagesordnung standen.

In beiden Gebieten entwickelte Isay Gesetzentwürfe[195], die seinen von der Freirechtsschule geprägten Rechtsschöpfungsansatz auch in den 50er Jahren noch deutlich erkennen ließen. Dazu merkte Möhring voller Anerkennung an: „Sein reiches Wissen und die Schärfe seiner Deduktion geben dem Gesetzgeber die beste Unterrichtung für die von ihm zu bewältigenden Probleme“.[196]

Im Bergrecht kam ihm zudem das Verdienst zu, als erster Rechtswissenschaftler nach dem Zweiten Weltkrieg die Debatte um eine grundlegende Reform wieder angestoßen zu haben.[197] Zu diesem Zwecke rief er in seinem berg-

191 Dörinkel, in: Festschrift für R. Isay, S. 1, (6).

192 Vgl. zur zögerlichen Rückberufungspolitik der Universitäten und den nur vereinzelten Ernennungen zu Honorarprofessoren: Krauss, Rückkehr in ein fremdes Land, S. 80ff.

193 Darauf wies auch hin: Ballerstedt, Gedächtnisrede auf R. Isay, S. 10: „Was er in der Jugend ersehnt hatte, nämlich sich ganz der Wissenschaft widmen zu können, erfüllte sich nun, wenn auch in ganz anderer Weise, für die letzten Jahre seines Lebens“.

194 In diesem Sinne: Dörinkel, in: Festschrift für R. Isay, S. 1, (6).

195 Vgl. seine beiden Entwürfe im Kartellrecht: Entwurf eines Gesetzes zur Verhütung des Missbrauchs wirtschaftlicher Machtstellungen (1954); Der Höcherl-Entwurf eines Gesetzes gegen Wettbewerbsbeschränkungen (1955). Siehe dazu auch ausführlich unten: 1. Teil B) III) 3) b) sowie: 3. Teil C) II) 2). Vgl. zudem im Bergrecht: R. Isay, Entwurf eines Bundesberggesetzes (1954).

196 Möhring, NJW 1956, S. 213.

197 Vgl. dazu die Würdigungen von: Brockhoff, ZfB Bd. 95 (1954), S. 221, (222): „ Die Schwierigkeiten für den Gesetzgeber liegen nicht nur auf dem Gebiete der Zuständigkeitsabgrenzung des Bundes gegenüber den Ländern, sondern auch im Grundsätzlichen. Es gilt, Klarheit über die Grundsätze für ein neues deutsches Bergrecht zu finden. Diesem Erfordernis dient der Isay'sche Entwurf, indem er der gewünschten und notwendigen Diskussion Anstoß und Grundlage gibt“; Boldt, ZfB 98 (1957), S. 1f.; ders., NJW 1956, S. 781, der gerade auch Isays Rechtsschöpfungsansatz positiv hervorhob: „Vor allem hat sich Isay nach seiner Rückkehr der

rechtlichen Institut eine Arbeitsgemeinschaft ins Leben[198], die laut Boldt „zum Mittelpunkt der Bestrebungen zur Vereinheitlichung des deutschen Bergrechts" wurde.[199]

Im Kartellrecht schaltete er sich über seine beiden Gesetzentwürfe hinaus mit einer Vielzahl von Abhandlungen in die kontrovers geführte Debatte um die zentrale Frage der Statuierung eines Kartellverbots oder einer Missbrauchsaufsicht im geplanten Gesetz gegen Wettbewerbsbeschränkungen ein.[200] Dabei gelang es Isay, seine früheren engen Kontakte zur Industrie, die er im Zuge seiner Tätigkeit beim RDI zwischen 1920 und 1933 knüpfte[201], zu reaktivieren. In diesem Zusammenhang hob seine Stieftochter Magdi Ullstein hervor: „Führende Wirtschaftsvereinigungen ersuchten ihn um seine Mitarbeit im Bergrecht und um Gutachten für das Kartellgesetz, das damals beraten wurde".[202] Schließlich regte

---

Reform und der Vereinheitlichung des deutschen Bergrechts gewidmet. In Vorträgen und Schriften setzte er sich für die Schaffung eines Bundesberggesetzes ein, das der unseligen Zersplitterung des deutschen Bergrechts ein Ende bereiten sollte. Im Jahre 1954 legte er den Entwurf eines Bundesberggesetzes vor, der nicht nur eine Kodifikation des geltenden Rechts darstellt, sondern zahlreiche neue Gedanken enthält und den Vereinheitlichungsbestrebungen neuen Auftrieb gegeben hat". Vgl. auch noch zuletzt: Münstermann, Versuche zur Bergrechtsreform, S. 4: „Neuen Auftrieb hat die Reformbewegung nach dem 2. Weltkrieg bekommen. Dies ist nicht zuletzt ein Verdienst Isays, der in Vorträgen, Aufsätzen und schließlich durch seinen Entwurf eines Bundesberggesetzes die stagnierende Entwicklung wieder in Bewegung brachte".

198 Vgl. in diesem Zusammenhang die Ankündigung von: R. Isay, Der Geist des heutigen deutschen Bergrechts, S. 41: „Daher beabsichtigt unser Institut für Handels- und Wirtschaftsrecht eine Arbeitsgemeinschaft ins Leben zu rufen, in der die Probleme der Bergrechtsreform und Bergrechtsvereinheitlichung besprochen werden. Wir möchten eine neutrale Plattform schaffen, auf der sich die Vertreter der verschiedenen Wirtschaftsgruppen mit Vertretern der Behörden und der Bergwerkswissenschaft zu offener, unverbindlicher Aussprache zusammenfinden können. Vielleicht glückt es, auf diese Weise trotz der schwierigen und komplexen Materie zu einer Verständigung auf mittlerer Linie zu kommen". Diese Äußerung liefert ein Musterbeispiel für Isays idealistisches Versöhnungsstreben, das seinem Wesen eigen war und Parallelen zu Hegels Ansatz der versöhnten Gegensätze aufwies. Siehe auch unten: 1. Teil B) I) 2) b).

199 Boldt, ZfB Bd. 98 (1957), S. 1.

200 Siehe dazu auch unten: 1. Teil B) III) 3) a) und 3. Teil C) II) 1).

201 Vgl. dazu bereits oben: 1. Teil A) IV) 4).

202 Magdi Ullstein, Nachwort, in: R. Isay, Aus meinem Leben, 1960, S. 183. Der teilweise in diesem Zusammenhang insbesondere im Bereich des Kartellrechts erhobene Vorwurf, Isay würde von einem reinen Interessentenstandpunkt aus argumentieren, hält einer genaueren Überprüfung nicht stand. Siehe dazu auch die Ausführungen in der Gesamtwürdigung unten: 4. Teil D) II) 2).

Isay eine Reihe berg- und patentrechtlicher Dissertationen an und betreute diese.[203]

Allerdings ist bereits an dieser Stelle zu konstatieren, dass Isay nach seiner Rückkehr in die Heimat mit seinem Spätwerk der 50er Jahre nicht an die beruflichen und wissenschaftlichen Erfolge in der Weimarer Republik – erinnert sei an seinen Kommentar zur Kartellverordnung (1925) und seinen Berggesetzkommentar (1919/20) – anknüpfen konnte:

Isays großer Traum von einer Bergrechtsreform, die ihm besonders am Herzen lag, erfüllte sich zu seinen Lebzeiten nicht.[204] Der Gesetzgeber verabschiedete erst im Jahre 1980 über ein Vierteljahrhundert nach seinem Tod ein bundeseinheitliches Berggesetz nach Isays Vorbild.[205]

Auch im Kartellrecht blieb Isays Spätwerk die Anerkennung zu Lebzeiten versagt. Denn der Gesetzgeber legte dem im Jahre 1957 verabschiedeten GWB ein Kartellverbot zugrunde und erteilte Isays Missbrauchskonzept der „Mittel der leichten Hand“, das seinen Gegenentwürfen der 50er Jahre zugrunde lag, zunächst – aus guten Gründen – eine deutliche Absage.[206] Allerdings gewannen einige seiner Überlegungen, die Isay in den 50er Jahren für ein zukünftiges Kartellgesetz anstellte, im Zuge der Debatte um die Reform des EU-Kartellverfahrensrechts, die nunmehr am 1.5.2004 in Kraft getreten ist, nochmals an Aktualität.[207]

Den Gründen für die hier nur anzudeutende verzögerte Wirkung, insbesondere seines Spätwerks, wird erst in der Gesamtwürdigung mit der gebotenen Ausführlichkeit nachgegangen.[208]

Als Alterssitz wählten Rudolf und Isabella Isay das Eifeldorf Krälingen, wo sie sich 35 Jahre zuvor im Jagdhaus ihres Vaters, Justizrat Trimborn, kennen gelernt hatten. Infolge der Aufnahme vieler Ostflüchtlinge herrschte in der Nachkriegszeit auch in Krälingen akute Wohnungsnot. Gleichwohl gelang es den Isays, das Haus des ortsansässigen Schmieds zu erwerben.

Während Rudolf Isay nach Angaben der Stieftochter Magdi Ullstein das Universitätsleben in seinen letzten Lebensjahren noch ausgiebig genoss, kümmerte sich seine Frau zunächst um die neue Behausung. Zudem kaufte Isabella Isay als Auslandsdeutsche zu einem günstigen Kurs Sperrmark und stiftete mit

---

203 Ballerstedt, Gedächtnisrede auf R. Isay, S. 10f.

204 Vgl. dazu: Boldt, ZfB Bd. 98 (1957), S. 2: „Das Schicksal hat es nicht gewollt, dass Rudolf Isay die Erfüllung seines größten Wunsches, die Vereinheitlichung des deutschen Bergrechts, noch einmal erleben durfte“.

205 Bundesberggesetz v. 13.8.1980, BGBl. I, S. 1310ff.

206 Vgl. dazu ausführlich unten: 3. Teil C) II) 2) und III).

207 Vgl. zu den Parallelen die Ausführungen unten: 3. Teil C) II) 3).

208 Siehe dazu ausführlich unten: 4: Teil D) II) 1) - 4) und 4. Teil E).

dem Geld einen Anbau mitsamt Altar für die alte Dorfkirche. Darüber hinaus half sie den ortsansässigen Bauern, indem sie sie ins Ahrtal fuhr und ihren Kindern Stellungen oder finanzierte Anleihen für den Wohnungsbau besorgte. Rudolf Isays Frau Isabella starb am 11.10.1955 an den Folgen einer Operation.[209]

In diesem Zusammenhang wies Ballerstedt darauf hin: „Seit dem Tode seiner geliebten Frau, die er 1955 verlor, war seine Lebenskraft erschöpft".[210]

Aus Anlass seines 70. Geburtstages erhielt Isay eine Festschrift.[211] Zudem wurde er am 12. Januar 1956 in kleinem Kreise in einer Festveranstaltung des Bundesverbandes der Deutschen Industrie in Köln geehrt.[212] Isays Stieftochter äußerte mit Blick auf die damalige gesundheitliche Verfassung ihres Stiefvaters: „Viele Jahre schwerster Arbeit in der subtropischen Zone Brasiliens und die verstärkten Anforderungen beim deutschen Wiederaufbau hatten seine Kräfte aufgezehrt".[213]

Am 14.4.1956 starb Rudolf Isay, nachdem sich sein Herzleiden verschlimmert hatte, gleichsam mitten in der Arbeit. Er wurde neben seiner Frau auf dem Dorffriedhof in Krälingen beigesetzt. Das Grab wird noch heute von Freunden aus dem Dorf gepflegt.[214]

Während Rudolf Isay mit seiner Frau Isabella im Jahre 1951 in die Heimat zurückgekehrte, blieben die Stieftochter Magdi ebenso wie die Adoptivkinder Marlies und Ernst auf der Farm in Rolandia, deren Leitung der Ehemann von Marlies übernahm.[215]

Der landwirtschaftliche Betrieb wurde bis in die jüngste Vergangenheit mit Viehzucht und Mais, Soja, Weizen und Kaffeepflanzung fortgeführt[216], so dass Isays Stieftochter Magdi Ullstein noch im Januar 1997, im hohen Alter von 85 Jahren, resümieren konnte: „Und so lebt das Werk meines Vaters für die brasi-

---

209 Vgl. dazu: Magdi Ullstein, in: R. Isay, Aus meinem Leben (erweiterter Nachdruck des Familienverbandes Trimborn, 1997), S. 201, (205).

210 Ballerstedt, Gedächtnisrede auf R. Isay, S. 11.

211 Vgl. dazu: Möhring, NJW 1956, S. 213: „Seine Freunde und Schüler haben ihm eine Festschrift gewidmet, die von seinem früheren Sozius, dem Präsidenten des Patentamtes Prof. Dr. Eduard Reimer, herausgegeben ist und die Zeugnis davon ablegt, wie nachhaltig Rudolf Isay die Wissenschaft und die Praxis beeinflusst hat".

212 Vgl. Ed. Reimer, GRUR 1956, S. 291.

213 Magdi Ullstein, Nachwort, in: R. Isay, Aus meinem Leben, 1960, S. 184.

214 Magdi Ullstein, in: R. Isay, Aus meinem Leben (erweiterter Nachdruck des Familienverbandes Trimborn, 1997), S. 201, (205). Vgl. auch die Fotografie des Grabes von Ulrich Hansen im Bildanhang (Bild 21), ebenda, S. 200.

215 Magdi Ullstein, a. a. O. (Fn. 214), S. 201, (204).

216 Vgl. den Bericht aus Rolandia / Brasilien vom Februar 1989 von Isays Urenkelin: Gina Trommer, in: R. Isay, Aus meinem Leben (erweiterter Nachdruck des Familienverbandes Trimborn, 1997), S. 207 ff.

lianische Landwirtschaft fort, wie einst sein Werk in Deutschland für das deutsche Recht".[217]

X) Abschließende Anmerkungen zu den konstanten Leitlinien in der wechselvollen Biographie Rudolf Isays

Die Untersuchung hat gezeigt, dass Isays Lebensweg kontinuierlich von drei Leitlinien geprägt wurde: Seiner in frühester Jugend entwickelten Affinität zu technischen Sachverhalten, seinem während des juristischen Vorbereitungsdienstes aufkeimendem und über Jahrzehnte anhaltenden Interesse für aktuelle ökonomische Entwicklungen und insbesondere seinem unermüdlichen Streben nach – zumeist rechtsschöpferischen – Problemlösungen auf ganz unterschiedlichen Gebieten des Wirtschaftsrechts.

Besonders hervorzuheben ist dabei, dass Isay in jedem seiner vorgenannten Interessenschwerpunkte Theorie und Praxis routiniert miteinander verband. So bemerkte Würdinger zutreffend mit Blick auf Isays juristisches Wirken:

„In seltener Weise hat Rudolf Isay Wissenschaft und Leben, Theorie und Praxis, systematische Forschung und konkrete Gestaltung verbunden und mit seinem Lebenswerk bewiesen, wie sehr große Leistung beider dieser Elemente bedarf. Die Tätigkeit als Anwalt und Berater der Wirtschaft erschloss Rudolf Isay Bereich und Bedeutung der praktischen Probleme; sein wissenschaftliches Denken befähigte ihn zur Erkenntnis der rechtlichen Lösung".[218]

Gleiches galt indes auch für den Bereich der Technik. Denn ohne die Verknüpfung von technischem Know-how und handwerklichem Geschick hätte Isay sich in Brasilien keine gesicherte Existenz aufbauen können.

Unter dem Gesichtspunkt der Kontinuität in Isays wechselvollem Lebensweg verdient zudem noch ein weiterer Aspekt nähere Betrachtung, auf den Ballerstedt aufmerksam gemacht hat:

„Vor allem hat Isay mit Klarheit und Reinheit, die uns auch da Achtung gebietet, wo wir seiner Grundkonzeption oder seinen Ergebnissen nicht zustimmen, allem, was er geschrieben hat, den Stempel seiner Persönlichkeit aufgeprägt. Insofern können wir sehr wohl von seinem Schaffen als einer Einheit Zeugnis zu geben versuchen".[219]

---

217 Magdi Ullstein, Nachwort, in: R. Isay, Aus meinem Leben (erweiterter Neudruck des Familienverbandes Trimborn, 1997), S. 211.

218 Würdinger, WuW 1956, S. 792.

219 So explizit: Ballerstedt, Gedächtnisrede auf R. Isay, S. 7.

B) Die Bedeutung der charakteristischen Grundüberzeugungen Isays als Fundament seiner rationalen Denkweise und als Verbindungslinien zwischen seinem Leben und Werk

Ausgehend von Ballerstedts vorgenannter These, wonach Isays Persönlichkeit und sein Werk eine Einheit bildeten, werden anschließend seine rechtsphilosophischen[220], rechtsethischen[221], sozialen und ökonomischen[222] Grundüberzeugungen, die allesamt Ausdruck seines verantwortungsbewussten Wesens waren[223], vorgestellt und analysiert. Dabei ist zwar der Schwierigkeit zu begegnen, dass Isay sich nie in einem einheitlichen Zusammenhang zu seinen Grundüberzeugungen äußerte, vielmehr sind die entsprechenden Hinweise über sein Gesamtwerk verstreut.

Gleichwohl besteht ein besonderer Anreiz, Isays bruchstückhaften Hinweisen nachzugehen und seine Grundüberzeugungen aufzuspüren, zumal ihnen unter verschiedenen Gesichtpunkten eine fundamentale Bedeutung zukommt.

So wird sich im Verlauf der Untersuchung zum einen zeigen, dass Isays Grundüberzeugungen, die das Resultat eigener Erfahrungen und wissenschaftlicher Erkenntnisse waren, nicht nur seinen – zumeist rechtsschöpferischen – Abhandlungen eine persönliche Note gaben und daher als Verbindungslinien zwischen Isays Leben und seinem Werk wirkten.

Zum anderen wird mit Blick auf die Konstanz, mit der er seine Grundüberzeugungen teilweise über Jahrzehnte vertrat und gegenüber seinen Kritikern verteidigte, deutlich werden, was Ballerstedt am Schluss seiner Gedenkrede dazu motivierte, Isays Persönlichkeit mit folgenden Worten zu würdigen: „In seiner Treue zu sich selbst, in seiner Werkgesinnung mag er uns ein Vorbild sein!"[224].

Es wird sich darüber hinaus erweisen, dass seine feststehenden Grundüberzeugungen – und darin liegt ihr wesentlicher Wert für Isays Gesamtwerk – seinen Denkstil, der stets auf größtmögliche Rationalität abzielte, nachhaltig prägten. In diesem Zusammenhang erfüllten Isays Grundüberzeugungen zugleich eine ganz elementare Funktion im Rahmen seiner stets einem einheitlichen metho-

220 Siehe dazu unten: 1. Teil B) I).
221 Siehe dazu unten: 1. Teil B) II).
222 Siehe dazu unten: 1. Teil B) III).
223 Siehe ausführlich zur grundlegenden Bedeutung von Isays verantwortungsbewusstem Relativismus, der von Isay zum wissenschaftlichen Programm erhoben wurde und auf dessen Grundlage er seine Argumentation stets in rationale Bahnen lenkte, unten: 1. Teil B) I) 5).
224 Ballerstedt, Gedächtnisrede auf R. Isay, S. 26.

dischen Muster folgenden Vorgehensweise bei der Fortbildung des Rechts.[225] Denn aus dem Rückgriff auf seine konkreten rechtphilosophischen, ethischen, sozialen und ökonomischen Grundüberzeugungen gewann Isay transparente und inhaltlich überprüfbare Leitlinien für die Begründung seiner Vorschläge zur Lösung rechtlicher Problemstellungen.[226]

Schließlich wird anhand der einflussreichsten Abhandlungen Isays auf so unterschiedlichen Gebieten wie dem Unternehmensrecht, dem Patentrecht, dem Kartellrecht und dem Wettbewerbsrecht (UWG) aus den Jahren 1910 bis 1956 demonstriert, dass seine Grundüberzeugungen seiner Argumentationsweise bei der Rechtsschöpfung eine einheitliche Struktur gaben.[227]

Isays Grundüberzeugungen werden sich also aufgrund ihrer elementaren Bedeutung für sein Gesamtwerk wie ein roter Faden durch die gesamte weitere Untersuchung ziehen.

I) Die rechtsphilosophischen Grundüberzeugungen Isays

Vor diesem Hintergrund wird nun zunächst die Frage beantwortet, welchen Stellenwert Isays rechtsphilosophische Überzeugungen in seinem Werk einnahmen, bevor danach seine konkreten ethischen, sozialen und ökonomischen Positionen dargestellt werden.

Zunächst fällt auf, dass Isays Denken nicht von einer spezifischen rechtsphilosophischen Strömung geprägt wurde. Vielmehr offenbart die Durchsicht seines Gesamtwerks eine ganze Reihe unterschiedlicher rechtsphilosophischer Einflüsse aus verschiedenen geistesgeschichtlichen Epochen. Demgemäß wird veranschaulicht werden, dass Isays Argumentationsweise maßgeblich von drei unterschiedlichen rechtsphilosophischen Erkenntnisansätzen beeinflusst wurde, einem historischen (Historische Rechtsschule[228] und Geschichtsphilosophie Hegels[229]),

---

225 Siehe dazu auch die ausführliche Untersuchung der Grundlagen, feststehenden formellen und inhaltlichen Bestandteile, Vorzüge und Risiken der Rechtsschöpfungsmethode Isays, die im Kern nachhaltig von den Lehren der Freirechtsschule geprägt war, unten: 2. Teil.

226 Vgl. zur Bedeutung seiner feststehenden Grundüberzeugungen als Ausdruck seines Strebens nach größtmöglicher Rationalität im Zusammenhang mit seiner Argumentation bei der Fortentwicklung des Rechts auch die ausführliche Analyse unten: 2. Teil A) IV) 1), B) I) und B) II) 1).

227 Siehe zum Einfluss seiner Grundüberzeugungen auf die Begründung seiner Lösungswege im Einzelfall auch die Untersuchung ausgewählter Abhandlungen unten: 3. Teil.

228 Siehe dazu unten: 1. Teil B) I) 1).

229 Siehe dazu unten: 1. Teil B) I) 2).

einem ökonomischen (Historischer Materialismus[230] und Utilitarismus[231]) sowie einem – allen anderen Überzeugungen übergeordneten – relativistischen Ansatz[232].

Im Anschluss werden diese verschiedenen rechtsphilosophischen Erkenntnisansätze Isays nacheinander dargestellt und erläutert, wie er sie aufeinander abstimmte, um sie für die eigene Argumentation, die sich durch ihre Rationalität auszeichnete, nutzbar zumachen.

1) Der Einfluss der Historischen Rechtsschule auf Isays Denken

Die Lehren der Historischen Rechtsschule führten Anfang des 19. Jahrhunderts zu einer einschneidenden Änderung der Grundlagen rechtsphilosophischer Erkenntnis.[233]

Ausschlaggebend dafür waren in erster Linie zwei neuartige Prämissen, die auf den berühmtesten Vertreter und maßgeblichen Wortführer der Historischen Rechtsschule, Friedrich Carl von Savigny (1779 -1861)[234], zurückgingen.

Einerseits wurden ihre Lehren von Savignys Verständnis der Rechtsordnung als einem lebenden geschichtlichen Organismus geprägt[235], andererseits von seiner daran anknüpfenden Überzeugung, dass die Fortentwicklung des Rechts sich in Relation zu den „still wirkenden Kräften des Volksgeistes" vollziehe[236].

Daran ist zu erkennen, dass die Historische Rechtsschule den deutlichen Gegenpol zu den bis dahin Jahrhunderte lang herrschenden Vorstellungen von der Existenz eines ewig fort geltenden Naturrechts bildete, wonach die Rechtsordnung, im Unterschied zu den gänzlich anders gelagerten neuartigen Prämissen Savignys, auf unveränderlichen Werten basierte und infolgedessen auf einem

---

230 Siehe dazu unten: 1. Teil B) I) 3).
231 Siehe dazu unten: 1. Teil B) I) 4).
232 Siehe dazu unten: 1. Teil B) I) 5).
233 Vgl. einführend zu den Lehren der Historischen Rechtsschule (Auswahl): Radbruch, Rechtsphilosophie, S. 22ff.; Wieacker, Privatrechtsgeschichte der Neuzeit, S. 353ff; Riebschläger, Die Freirechtsbewegung, S. 14ff.; Mayer-Maly, Rechtswissenschaft, S. 61, 151 u. 197; Rottleuthner, Einführung in die Rechtssoziologie, S. 12ff.; A. Kaufmann, Rechtsphilosophie, S. 25f.; Zippelius, Rechtsphilosophie, S. 17ff. u. 253ff.
234 Vgl. zuletzt ausführlich zu seinen Lehren und deren Bedeutung bis heute: Jochum, NJW 2004, S. 568ff.
235 Vgl.: v. Savigny, Vom Beruf unsrer Zeit für Gesetzgebung und Rechtswissenschaft, S. 11.
236 So: v. Savigny, System des heutigen römischen Rechts, S. 14.

stagnierenden Rechtsverständnis fußte.[237] Rückblickend betrachtet erwies sich das geschichtliche Rechtsverständnis der Historischen Rechtsschule als außerordentlich wirksam, indem es dazu führte, dass die naturrechtlichen Vorstellungen im 19. Jahrhundert tatsächlich verdrängt wurden.[238]

Nachfolgend wird nun untersucht, welche Übereinstimmungen zwischen den vorgenannten Prämissen Savignys als Wortführer der Historischen Rechtsschule und Isays Denken bestanden.

a) Die Vorstellung von der Geschichtlichkeit und Wandelbarkeit der Rechtsordnung wird von Isay aufgegriffen

Eine der beiden neuartigen Grundprämissen Savignys bestand darin, dass die Rechtsordnung, mit einem lebenden Organismus vergleichbar, wächst, blüht und stirbt.[239] Demgemäß ging er davon aus, die Rechtswissenschaft müsse eine historische Wissenschaft sein („historische Schule")[240], zumal aus seiner Sicht – und hier zeigt sich die Parallele zu Hegel – „gerade das historisch Gewachsene „notwendig" und in sich vernünftig sei"[241].

Insbesondere diese grundlegenden Erkenntnisse Savignys über die Geschichtlichkeit des Rechts übten eine starke Anziehungskraft auf Isays Denken aus und bewogen ihn, sich in seinem Referat auf dem 35. Deutschen Juristentag in Salzburg (1928) ausdrücklich auf die Historische Rechtsschule zu beziehen:

„Uns Juristen, die wir in unserer Lehrzeit noch einen gewissen Fonds an Ideen der historischen Schule in uns aufgenommen haben, liegt noch ein weiterer Gedanke nahe. Der Gedanke nämlich, dass die Dinge klüger sind als die Menschen, dass organisches Wachstum gesündere Organismen zeitigt als bewusstes Organisieren".[242]

Dieses Zitat belegt anschaulich, dass auch Isays Denken in grundlegender Übereinstimmung mit Savignys Erkenntnissen dem geschichtlichen Wandel

237 Vgl. zu den Unterschieden zwischen den naturrechtlichen Lehren und der Historischen Rechtsschule nochmals die in Fn. 233 erwähnten Stellungnahmen des jüngeren Schrifttums.

238 Vgl. statt aller: A. Kaufmann, Rechtsphilosophie, S. 25f.

239 Vgl. nochmals: v. Savigny, Vom Beruf unsrer Zeit für Gesetzgebung und Rechtswissenschaft, S. 11.

240 Vgl. dazu: Wieacker, Die Privatrechtsgeschichte der Neuzeit, S. 353, der dort zutreffend darauf hinweist, die Historische Rechtsschule habe die „Erschließung der historischen Dimension des Rechts" für sich in Anspruch genommen.

241 Jochum, NJW 2004, S. 568, (571). Deutlich wird hier der Einfluss Hegels, der in seiner Identitätstheorie erstmals die Vernünftigkeit der historischen Entwicklung betonte. Siehe dazu auch unten: 1. Teil B) I) 2) a).

242 Isay / Nipperdey, Die Reform des Kartellrechts, S. 13.

(„organisches Wachstum") einen nachhaltigen Stellenwert einräumte und damit auf einem lebensnahen, dynamischen Rechtsverständnis basierte, wobei er gleichfalls davon überzeugt war, dass die historische Entwicklung aus sich heraus zu vernünftigen Ergebnissen („gesündere Organismen") führe.[243]

Gerade die in der erwähnten direkten Bezugnahme auf die Lehren der Historischen Rechtsschule deutlich zum Ausdruck kommende Überzeugung Isays von der Wandelbarkeit der Rechtsordnung bildete den entscheidenden Impuls für die Entwicklung seines rechtsschöpferischen Gesamtwerks.[244] Der Einfluss der Historischen Rechtsschule und insbesondere ihres Wortführers Savigny auf die Ausbildung des dynamischen Rechtsverständnisses Isays kann infolgedessen nicht nachdrücklich genug betont werden.[245]

b) *Dem „Volksgeist" misst Isay im Gegensatz zu Savigny keinen entscheidenden Einfluss als Rechtsquelle bei*

Die zweite Grundprämisse, mit der die Historische Rechtsschule das rechtsphilosophische Denken reformierte, bestand darin, dass ihre Vertreter seit Savignys berühmtem Ausspruch von den „still wirkenden Kräften des Volksgeistes" [246],

---

243 Vgl. dazu auch die klare Analyse des primär auf die Fortentwicklung des Rechts gerichteten Denkens Isays von: Böhm, Wettbewerb und Monopolkampf, S. 172: „Diese Entwicklung, so ist der Grundgedanke, ist rechtsschöpferisch, in ihr offenbart sich die Erfindungskraft und die Phantasie des wirklichen Lebens und sprengt die starren Formen, die der abstrahierende und schematisierende Geist des Gesetzgebers ersonnen hat". Auch wenn Böhm Isays rechtsschöpferischen Ansatz dem Grunde nach teilte, so ist doch darauf hinzuweisen, dass Isay und Böhm in der Sache, namentlich im Hinblick auf die Frage nach der zukünftigen Ausgestaltung des Kartellrechts, über Jahrzehnte erbitterte Gegner waren. Vgl. dazu auch die Ausführungen unten: 1. Teil B) III) 2) b) und 3) b), 3. Teil C) II) 2) sowie: 4. Teil D) II) 1) a. E.

244 Vgl. zu seinem auf den Einfluss der Historischen Rechtsschule zurückgehenden dynamischen Rechtsverständnis in Relation zum geschichtlichen Wandel auch: Isay, Gruchot Bd. 68 (1927), S. 10, (11): „Unsere Rechtsordnung ist nicht das Werk eines more geometrico arbeitenden Verstandes, sondern sie ist organisch gewachsen. (...) Erscheinungen des organischen Lebens aber lassen sich nun einmal nicht ohne Gewaltsamkeit in ein Linnesches System pressen."

245 Siehe zum elementaren Einfluss der Überzeugung Isays von der Wandelbarkeit der Rechtsordnung, die er also von der Historischen Rechtsschule übernahm, auf die konkrete Ausgestaltung seiner Rechtsschöpfungsmethode auch unten: 2. Teil A) III) 2) c) aa) aaa).

246 Vgl. nochmals: v. Savigny, System des heutigen römischen Rechts, Bd. I, S. 14.

im Gegensatz zu den Naturrechtlern des 18. Jahrhunderts, die rechtserzeugende Kraft nicht in der Vernunft, sondern im Volk selbst sahen.[247]

Laut Savigny war das gemeinsame Bewusstsein des Volkes der eigentliche Sitz des Rechts.[248] Diese Überzeugung, die der Volksmeinung den Rang einer maßgeblichen Rechtsquelle zuwies, wird vom jüngeren Schrifttum äußerst kritisch gesehen und in erster Linie aufgrund der Unbestimmtheit und denklogischen Begrenztheit des „Volksgeistes" im Sinne Savignys verworfen.[249]

Und tatsächlich zeigte sich, dass die „Volksgeist-Lehre" der Historischen Rechtsschule den Anforderungen der juristischen Praxis nicht gewachsen war.[250]

Isay teilte Savignys Lehre vom Volksgeist ebenfalls nicht. Er hielt die Volksmeinung im Hinblick auf die geschichtliche Entwicklung der Rechtsordnung nicht für ausschlaggebend, sondern räumte vielmehr den anerkannten aktuellen Erkenntnissen der Nebenwissenschaften, namentlich primär der Nationalökonomie und sekundär der Soziologie, den Vorrang ein. Nach seiner Auffassung bewirkte der Rückgriff auf die Erkenntnisse dieser anderen Disziplinen, dass sich die Jurisprudenz von einer „blutleeren Scholastik in eine lebensvolle Diätetik des Volkskörpers" verwandelte.[251]

Daran ist zu erkennen, dass Isay im Vergleich zur „Volksgeist-Lehre" Savignys einen strikt entgegen gesetzten Denkansatz vertrat, auf dessen Grundlage er – auf rationalere Weise – sowohl dem geschichtlichen Wandel Rechnung tragen konnte als auch die von ihm angestrebte dynamische Rechtsentwicklung sicherstellte.

Und so stützte sich Isay bei der Abfassung seines rechtsschöpferischen Gesamtwerks gerade nicht auf die oft willkürliche und zumeist uneinheitliche Tagesmeinung in der Bevölkerung, um der Rechtsordnung den Weg in die Zukunft zu weisen. Vielmehr griff er, im Unterschied zu den Lehren der Historischen Rechtsschule, auf die aktuellen transparenten und inhaltlich überprüfbaren wis-

---

247 Vgl. dazu: Zwilgmeyer, Die Rechtslehre Savignys, S. 15; Mayer-Maly, Rechtswissenschaft, S. 151; A. Kaufmann, Rechtsphilosophie, S. 25.

248 Vgl.: v. Savigny, Vom Beruf unsrer Zeit für Gesetzgebung und Rechtswissenschaft, S. 11. Siehe dazu auch: Jochum, NJW 2004, S. 568, (570).

249 Vgl. z. B. die kritischen Stellungnahmen zur Lehre vom Volksgeist von: Rottleutner, Einführung in die Rechtssoziologie, S. 13 („Leerformelcharakter"); A. Kaufmann, Rechtsphilosophie, S. 26 („Das dunkle Walten des Volksgeistes"); Zippelius, Rechtsphilosophie, S. 19: „In den komplizierten und rasch sich wandelnden Verhältnissen der modernen Industriegesellschaft gerät das Recht unter einen Entscheidungsdruck, den der „Volksgeist" gar nicht aufnehmen und zu hinreichend differenzierten und präzisen Verhaltensregeln verarbeiten könnte".

250 So ausdrücklich: Riebschläger, Die Freirechtsbewegung, S.14.

251 Isay, Aus meinem Leben, Aufzeichnungen vom 10. April 1951, S. 30.

senschaftlichen Erkenntnisse der Nationalökonomie[252] und der Soziologie[253] zurück, um die Rechtsentwicklung und auch den „Volkskörper“ zu beleben.[254]

c) Ergebnis

Die Analyse des Einflusses der Historischen Rechtsschule auf Isays rechtsphilosophisches Denken ergibt ein differenziertes Bild.

Während Isay Savignys Überzeugung von der Wandelbarkeit der Rechtsordnung in Abhängigkeit von der geschichtlichen Entwicklung ausdrücklich übernahm und infolgedessen seinem Gesamtwerk ein dynamisches Rechtsverständnis zugrunde legte, hinterließ die weitere grundlegende Prämisse der Historischen Rechtsschule, die vielfach kritisierte Lehre vom „Volksgeist“ als wesentlicher Rechtsquelle, keine Spuren in Isays Abhandlungen.

2) Übereinstimmungen zwischen Hegels Geschichtsphilosophie und der idealistischen Erkenntnishaltung Isays

Nachfolgend wird der Einfluss der Geschichtsphilosophie Georg Wilhelm Friedrich Hegels (1770 – 1831)[255] auf Isays Denken untersucht, um auf diese Weise

---

252 Vgl. auch die Ausführungen zum Einfluss des Historischen Materialismus (unten: 1. Teil B) I) 3)) und des Utilitarismus (unten: 1. Teil B) I) 4)) auf Isays Denken, auf deren Grundlage Isay die Bedeutung der Nationalökonomie für die Fortentwicklung des Rechts erkannte und für sein eigenes Werk nutzbar machte sowie die ausführliche Untersuchung der konkreten ökonomischen Grundüberzeugungen Isays (unten: 1. Teil B) III)), die seine Rechtsschöpfungsvorschläge und Gesetzentwürfe nachhaltig prägten.

253 Vgl. dazu auch die Untersuchung der soziologischen Grundüberzeugungen Isays, die sich in den 50er Jahren vor allem auf die Frage der Bestimmung und Realisierung des sozialen Elements der Marktwirtschaft fokussierten, unten: 1. Teil B) III) 3) b).

254 Vgl. auch die Untersuchung der Rechtsschöpfungsmethode Isays, die das Fundament seines Gesamtwerks bildete, unten: 2. Teil und dort insbesondere die Ausführungen zu der Frage, auf welche Weise Isay aktuelle Erkenntnisse der Ökonomie und Soziologie für sein kontinuierliches Streben nach einer möglichst rationalen und sicheren Fortentwicklung des Rechts nutzbar machte, unten: 2. Teil A) IV) 1) sowie: 2. Teil B) II) 2) und III).

255 Grundlegend: G. W. F. Hegel, Grundlinien der Philosophie des Rechts, Vorrede. Siehe zur Geschichtsphilosophie Hegels auch die einführenden Untersuchungen von (Auswahl): Welzel, Naturrecht und materiale Gerechtigkeit, S. 173ff.; Braun, JuS 1974, S. 552ff.; A. Kaufmann, Rechtsphilosophie, S. 26f.; Naucke, Rechtsphilosophische Grundbegriffe, Rn.160ff.; Adomeit, Rechts- und Staatsphilosophie, Bd. II, S. 109ff; Zippelius, Rechtsphilosophie, S. 101f.

weitere Aufschlüsse über diejenigen rechtsphilosophischen Grundüberzeugungen zu erzielen, die sein schöpferisches Gesamtwerk nachhaltig prägten.

a) Die Identitätsthese und die Dialektik Hegels als Leitlinien für Isay Denken

Auch bei Hegel findet sich eine Abwendung vom Naturrecht. Im Unterschied zu den soeben skizzierten Lehren der Historischen Rechtsschule hielt er den damals herrschenden naturrechtlichen Vorstellungen jedoch nicht die Leerformel des „Volksgeistes" entgegen, sondern seine rationalistische Grundüberzeugung, „dass die Geschichte kein blinder, sondern selbst ein vernünftiger Prozess ist".[256] Es wird sich zeigen, dass Isay der Geschichtsphilosophie Hegels gerade unter diesem Aspekt deutlich näher stand als der Historischen Rechtsschule, deren Lehre vom „Volksgeist" keinen Widerhall in seinem Werk fand.

Einen direkten Zugang zur Geschichtsphilosophie Hegels ermöglicht seine viel zitierte Identitätsthese: „Was vernünftig ist, das ist wirklich; und was wirklich ist, das ist vernünftig".[257]

Die Identitätsthese spiegelt Hegels Grundüberzeugung wider, wonach die Geschichte im wesentlichen Geistesgeschichte sei, dass also der Geist die Wirklichkeit bestimme.[258] Dabei erschien Hegel nicht nur die geschichtliche Entwicklung im Allgemeinen, sondern gerade auch die Rechtswirklichkeit im Besonderen als logisch-notwendiges und damit vernünftiges Geschehen.[259]

Nach seiner Auffassung näherte sich die Rechtsentwicklung demgemäß dauernd dem absoluten Geist, namentlich der vollständigen Gerechtigkeit, an, ohne diesen Zustand bisher erreicht zu haben.[260]

Vor diesem Hintergrund brachte Hegel den Juristen konsequenter Weise eine hohe Wertschätzung entgegen.[261] Als Gesetzgeber und Rechtsanwender sollten die Juristen „zu Verwaltern des objektiven Geistes in seiner geschichtlichen

---

256 So: Braun, JuS 1974, S. 552, (556). Siehe zur Abgrenzung der Geschichtsphilosophie Hegels von der Historischen Rechtsschule auch: Radbruch, Rechtsphilosophie, S. 24 sowie: A. Kaufmann, Rechtsphilosophie, S. 26f.

257 Hegel, Grundlinien der Philosophie des Rechts, Vorrede, S. 14.

258 Vgl. dazu: Hegel, Phänomenologie des Geistes, S. 325: „Das an und für sich seiende Wesen aber (...) ist der Geist". Siehe zur Konkretisierung des „absoluten bzw. objektiven Geistes" im Hegelschen Sinne auch ausführlich: Naucke, Rechtsphilosophische Grundbegriffe, Rn. 163ff. sowie: Zippelius: Rechtsphilosophie, S. 99.

259 Vgl. dazu: Hegel, Vorlesungen über die Geschichte der Philosophie, S. 107: „Das Recht ist (...) die reale Seite und Weise des Geistes".

260 Vgl.: Naucke, Rechtsphilosophische Grundbegriffe, Rn. 166.

261 Vgl. zu den Aufgaben, die die Rechtswissenschaftler nach der Geschichtsphilosophie Hegels erfüllen sollten: Hegel, Grundlinien der Philosophie des Rechts, §§ 212, 214.

Entwicklung"[262] werden und in dieser Funktion den vorhandenen Stoff ordnen sowie die Anwendung auf den einzelnen Fall untersuchen.[263] Zu diesem Zwecke stellte Hegel der Rechtswissenschaft ein ständig fortschreitendes Verfahren zur Verfügung, nach dem sich aus seiner Sicht alles Geistige vollziehe und das zugleich die zeitgemäße, logische Erforschung der Rechtsentwicklung gewährleiste, seine berühmte „Dialektik" von Thesis, Antithesis und Synthesis.[264]

Isay machte sich bei der Entwicklung seines rechtsschöpferischen Werkes sämtliche zuvor skizzierten Grundannahmen und Kernelemente der Geschichtsphilosophie Hegels zueigen. So leitete Isay die Entstehung des gesamten Kartellwesens in einer Abhandlung aus dem Jahre 1922 wie folgt aus der Dialektik Hegels ab: „Der oben entwickelte Kartellbegriff stellt die wirtschaftpolitische Bedeutung der Kartellierung ins rechte Licht. Will man die Ausdrücke der Hegelschen Geschichtsphilosophie verwenden, so kann man das System der völlig ungeregelten Wirtschaft, des wirtschaftlichen Kampfes aller gegen alle als Thesis bezeichnen. Als Antithesis erscheint die völlig zwangsläufige Wirtschaft, wie sie dem Erfurter Programm vorschwebte, in dem nichts dem Belieben des einzelnen Wirtschaftssubjekts überlassen, sondern alles zentral geregelt ist. Demgegenüber bilden die Kartelle die Synthese. Erwachsen auf dem Boden freier Wirtschaft, der Autonomie des Unternehmertums begründen sie gleichwohl eine Regelung des Wirtschaftslebens".[265]

Darüber hinaus prägte die Hegelsche Dialektik auch noch 30 Jahre später Isays Argumentation, als er in einem Vortrag auf dem Gebiet des Bergrechts „das Wesen der Berghoheit" ausdrücklich aus der Antithese von Bergregal und Direktionsprinzip ableitete.[266]

---

262 Naucke, Rechtsphilosophische Grundbegriffe, Rn. 175.

263 Vgl.: Braun, JuS 1974, S. 552, (557).

264 Vgl. zur Hegelschen Dialektik statt aller: A. Kaufmann, Rechtsphilosophie, S. 26; Naucke, Rechtsphilosophische Grundbegriffe, Rn. 166 u. 168ff.; Adomeit, Rechts- und Staatsphilosophie, Bd. II, S. 109f. Dort liefert Adomeit folgende, prägnante Definition des dialektischen Erkenntnisprozesses im Sinne Hegels: „Die typische Diskussion entwickelt sich so, dass jemand eine These (Behauptung) aufstellt, ein anderer dem eine Antithese entgegensetzt, und dann kann durch gemeinsame Anstrengung oder mit Hilfe eines Dritten die Synthese erwachsen. Die Synthese ist nicht als bloßer Kompromiss zu verstehen, auch nicht als Mittelmeinung, sondern als Einsicht höherer Stufe, in der die bisherigen Gegensätze „aufgehoben" sind".

265 R. Isay, Studien im privaten und öffentlichen Kartellrecht, S. 70. Vgl. dazu auch: Schrauder, Wettbewerbsverstöße als Eingriff in das Recht am Gewerbebetrieb, S. 58, der dort, in Fn. 9, Isays Bezugnahme auf Hegel mit falscher Seitenangabe wiedergibt. Siehe zu Isays konkreter Einstellung zur Kartellierung auch die eingehenden Ausführungen im Rahmen der Darstellung seiner ökonomischen Grundüberzeugungen unten: 1. Teil B) III).

266 R. Isay, Der Geist des heutigen deutschen Bergrechts, S. 12.

Zudem folgte Isay in verschiedenen Abhandlungen – allerdings ohne sich ausdrücklich auf Hegel zu beziehen – dessen Überzeugung, wonach die Erforschung der Rechtsentwicklung dem Ziel dienen müsse, den „Geist“ des Rechts zu ermitteln.[267]

Dass Isay, der Hegelschen Identitätstheorie entsprechend, gleichfalls einen idealistisch-historischen Erkenntnisansatz vertrat und infolgedessen, wie Hegel, von der Vernünftigkeit der geschichtlichen Entwicklung und der Rechtswirklichkeit überzeugt war, ergab bereits die Analyse seiner Haltung zu den Lehren der Historischen Rechtsschule. Dort zeigte sich, dass Isay an die Vernunft des „organischen Wachstums“ glaubte, wohingegen er jedem „bewussten Organisieren“ skeptisch gegenüberstand.[268]

Ein weiterer anschaulicher Beleg für Isays idealistischen Glauben an die Vernunft der geschichtlichen Entwicklung, der erneut auf den Einfluss Hegels hindeutet, findet sich in einer Abhandlung aus dem Jahre 1953.[269]

In diesem Zusammenhang ist darauf hinzuweisen, dass sich die bisher gewonnenen Erkenntnisse über Isays idealistisch-historischen Denkstil im Übrigen auch mit der folgenden prägnanten Würdigung Ballerstedts decken: „Isay glaubte an die Vernünftigkeit des Rechts im Sinne einer den gesellschaftlich-

267 Besonders prägnant: R. Isay / Nipperdey, Die Reform des Kartellrechts, S. 39. Dort vertrat Isay im Hinblick auf die Handhabung eines zukünftigen Kartellgesetzes – ganz im Sinne Hegels – die Meinung: „Ich möchte jedoch nicht schließen, ohne betont zu haben, dass wie bei jeder gesetzlichen Regelung, so auch hier der GEIST (von Isay hervorgehoben, d. Verf.) am wichtigsten ist, in dem sie gehandhabt wird“. Siehe auch: R. Isay, Der Geist des heutigen deutschen Bergrechts. Dort untersuchte Isay, in Hegelscher Manier, den gewandelten „Geist“ der Berggesetzgebung im Dritten Reich (S. 11ff.), bevor er danach seine eigenen abweichenden Reformvorschläge entwickelte.

268 Vgl.: R. Isay / Nipperdey, a. a. O. (Fn. 267), S. 13. Es ist zu beachten, dass der Umstand, dass Isay seine Überzeugung von der Vernünftigkeit der geschichtlichen Entwicklung dem Einfluss der Historischen Schule zuschrieb, nichts an der tatsächlichen Übereinstimmung zwischen Isay und Hegel in diesem Punkt zu ändern vermag.

269 R. Isay, Deutsches Kohlenwirtschaftsrecht im Rahmen des Schumanplans, S. 15. Dort entnimmt Isay den Erwägungen des Schumanplans den Grundsatz, „dass jede Norm, die für grundlegende Zweige europäischer Wirtschaft auf die Dauer gelten soll, eine Synthese von Wettbewerb und Marktregelung ermöglichen muss“, wobei „jenes Prinzip sich aus der inneren Logik der Dinge von selbst ergibt“. Besonders aufschlussreich ist daran, auf welche Weise Isay die Vorstellung von der Vernünftigkeit der historischen Entwicklung („innere Logik der Dinge“), die er mit Hegel teilte, mit dessen dialektischem Verfahren („Synthese von Wettbewerb und Marktregelung“) in Beziehung setzte und für seine eigene Argumentation nutzbar machte.

ökonomischen Sachverhalten innewohnenden, durch den Verstand des Sachkenners nur offen zulegenden Gesetzlichkeit".[270]

b) Hegels Standpunkt der versöhnten Gegensätze im Vergleich mit der idealistischen Grundhaltung Isays

Eine weitere grundlegende Parallele im Denken Hegels und Isays liegt in ihrem übereinstimmenden Streben nach Versöhnung.

So fußte die Geschichtsphilosophie Hegels auf dem Standpunkt der versöhnten Gegensätze.[271] Nicht der Konflikt, sondern die Harmonie des Subjekts mit seiner Welt bildete den Ausgangspunkt seines Denkens.[272] Infolge dieser Haltung war er von der immer größeren Einheit von Erkenntnisgegenstand und erkennendem Menschen ebenso überzeugt wie von dem umfassenden Anspruch der Metaphysik des Rechts, alle rechtlichen Detailprobleme zu lösen.[273]

Ein vergleichbar optimistisches Harmoniestreben entsprach auch Isays Wesensart und wirkte als Triebfeder seines Werkes. So strahlten Isays Rechtsschöpfungsvorschläge als Konsequenz seiner Erfahrungen aus den beiden Weltkriegen zu Zeiten des Neuanfangs und Wiederaufbaus seine idealistische Hoffnung auf Versöhnung der gesellschaftlichen Klassen[274] (nach 1918), der Völker[275], der Parteien[276] sowie der Wissenschaftler[277] (nach 1945) aus.

---

270 Ballerstedt, Gedächtnisrede auf R. Isay, S. 8.

271 Vgl. dazu: Hegel, Über die wissenschaftlichen Behandlungsarten des Naturrechts, S. 527f.; ders., Grundlinien der Philosophie des Rechts, Vorrede, S. 16.

272 Vgl. dazu: Braun, JuS 1974, S. 552, (555).

273 Vgl. zu Hegels optimistischer Grundhaltung: Naucke, Rechtsphilosophische Grundbegriffe, Rn. 177.

274 Vgl. zu Isays Einsatz für eine Klassenversöhnung im Gegensatz zur Theorie der Diktatur des Proletariats von Marx ausführlich unten: 1. Teil B) I) 3) b).

275 R. Isay, Vereinheitlichung des deutschen Bergrechts, S. 34: „Aber Idealismus brauchen wir dringend, da wo er hingehört, auf den Gebieten der wissenschaftlichen Forschung, der Weltanschauung und der Ethik. Vor allem brauchen wir idealistische Duldsamkeit gegenüber Andersdenkenden und eine Ideologie der Versöhnung mit allen Völkern, die den Frieden ernsthaft wollen, (...). In der Verbreitung einer solchen Ideologie des guten Willens sehe ich die schönste Aufgabe der heutigen akademischen Jugend".

276 R. Isay, a. a. O. (Fn. 275), S. 15. Dort verleiht Isay seiner Hoffnung Ausdruck, „dass (...) die deutschen Parteien, die sich heute bis aufs Messer bekämpfen, begreifen werden, wie wenig sie voneinander trennt, sofern sie sich nur entschließen, die Gegenwartsprobleme nüchtern zu erörtern und in dem, der anderer Meinung ist, nicht von vorne herein einen teuflischen Feind sehen".

277 R. Isay, Der Geist des heutigen deutschen Bergrechts, S. 41: „Dem der anderthalb Jahrzehnte in einem Milieu gelebt hat, wo alles fließend war, alles sich täglich veränderte, fällt im heutigen Deutschland besonders die Versteifung der Fronten auf,

Anschaulich brachte Ballerstedt Isays stets für Dialog und Ausgleich werbendes Wesen zum Ausdruck: „Er glaubte an die Fähigkeit des Menschen, die Probleme des sozialen Zusammenlebens rational, aufgrund unvoreingenommener Überlegung und aufgrund einer Verständigung aller, die guten Willens sind, meistern zu können."[278] Isays optimistische Grundeinstellung markiert also eine weitere Verbindungslinie zu Hegels philosophischem Ansatz, der zugleich den Höhepunkt des deutschen Idealismus bedeutete.[279]

c) Ergebnis

Festzuhalten ist, dass Isays Denken zwar Berührungspunkte mit den Kernelementen der Geschichtsphilosophie Hegels aufwies (Glaube an die Vernünftigkeit der historischen Entwicklung[280], Erforschung des „Geistes" der Rechtnormen nach Maßgabe des dialektischen Verfahrens, auf Versöhnung bedachte, optimistische Grundhaltung), so dass Hegels Einfluss insgesamt als nachhaltig einzustufen ist.

Allerdings würde es zu weit gehen, Isay als typischen Hegelianer einzuordnen. Denn in zwei zentralen Gesichtpunkten teilte er die Grundannahmen von dessen Geschichtsphilosophie nicht. So folgte Isay weder Hegels Überzeugung, wonach der Staat den höchsten Rechtswert verkörperte.[281] Noch fand die Hegel-

---

die Verhärtung der Gegensätze in jeder, aber auch jeder Frage. Hoffentlich gelingt es, auf unserem Gebiete eine solche Versteifung zu vermeiden und uns in der geplanten Arbeitsgemeinschaft davon zu überzeugen, dass jeder ein bisschen recht und ein bisschen Unrecht hat. Gelingt das, so werden wir zu einem vernünftigen Ergebnis kommen". In dieser Richtung auch: R. Isay, in: Festschrift für Schmidt-Rimpler, S. 403, (423): „Damit wird hoffentlich auch der heute fast als Regel erscheinende Zustand seltener werden, dass Juristen und Volkswirte, ebenso wie die einander bekämpfenden Interessengruppen, einfach an einander vorbeireden".

278 Ballerstedt, Gedächtnisrede auf R. Isay, S. 7.

279 So die ausdrückliche Würdigung von: A. Kaufmann, Rechtsphilosophie, S. 26.

280 Aus heutiger Sicht erscheint diese übereinstimmende Überzeugung Isays und Hegels freilich, darin sind sich alle Kritiker einig, als vollkommen unhaltbar, zumal diese These von der tatsächlichen Entwicklung („Drittes Reich", Scheitern des Marxismus) mehrfach widerlegt wurde. Vgl. zuletzt die Ausführungen von: Kaube, in: FAZ v. 24. März 2004.

281 Vgl. zur Kritik des jüngeren Schrifttums an der „Staatsvergötterung" Hegels: Braun, JuS 1974, S. 552, (556); Adomeit, Rechts- und Staatsphilosophie, Bd. II, S. 110f. Im Gegensatz zu Hegel bildeten nach Isays Auffassung nicht der Staat, sondern vielmehr die Elemente der Rechtsidee (Gerechtigkeit, Zweckmäßigkeit und Rechtssicherheit), die Toleranzidee und der Grundsatz der Menschlichkeit als ethisches Minimum, die stets zu beachtenden Höchstwerte des Rechts. Siehe dazu auch die Ausführungen unten: 1. Teil B) II) 1) – 4).

sche Gleichsetzung von Sein und Sollen dergestalt, dass die Wirklichkeit (= Sein) allein vom Bewusstsein (= Sollen) abhinge[282], in dieser Ausschließlichkeit in Isays Denken und seiner Argumentationsweise Widerhall[283].

3) Der Einfluss der Lehren des Historischen Materialismus auf Isays Denken

Auch der Historische Materialismus im Sinne von Karl Marx (1818 – 1883) und Friedrich Engels (1820 – 1895)[284] hinterließ Spuren in Isays Denken und prägte infolgedessen seine rechtsphilosophischen Grundüberzeugungen.

Den Ausgangspunkt für Isays inhaltliche Auseinandersetzung mit Marx und Engels bildeten die Sozialisierungsbestrebungen der Reichsregierung auf dem Gebiet des Bergbaus im Jahre 1919.[285] In diesem Zusammenhang bezog Isay in einem Vortrag vor dem Berliner Anwaltsverein ausführlich Stellung zu den Lehren des Historischen Materialismus.[286]

Vor diesem Hintergrund wird die nachfolgende Untersuchung ergeben, dass Isay – dieses Phänomen offenbarte schon die Analyse seiner Haltung zur Historischen Rechtsschule und zur Hegelschen Dialektik – Marx nur bis zu einem gewissen Grad folgte. Demzufolge übernahm Isay auch die Kernelemente des Historischen Materialismus nicht unreflektiert, sondern machte sie sich vielmehr selektiv zueigen, indem er Marx' Erkenntnisse auf der Grundlage selbstständiger Überlegungen überprüfte und auf diese Weise mit seinen eigenen auf verschiedenen Erkenntnisquellen basierenden rechtsphilosophischen Grundüberzeugungen in Einklang brachte.

---

282 Vgl. zur Gleichsetzung von Sein und Sollen im Sinne Hegels statt aller: A. Kaufmann, Rechtsphilosophie, S. 27; Naucke, Rechtsphilosophische Grundbegriffe, Rn. 165.

283 Im Gegensatz zu Hegel stand für Isay die maßgebliche Bedeutung des ökonomischen Wandels (= Sein) für die Rechtssetzung (=Sollen) außer Frage, woran bereits der Einfluss des Historischen Materialismus im Sinne von Marx/ Engels zu erkennen ist. Dazu sogleich.

284 Grundlegend: Karl Marx / Friedrich Engels, Werke (nachfolgend: MEW). Siehe auch die Analysen zum Historischen Materialismus von (Auswahl): Radbruch, Rechtsphilosophie, S. 25ff.; Rottleuthner, Rechtssoziologie, S. 14ff.; A. Kaufmann, Rechtsphilosophie, S. 27f.; Naucke, Rechtsphilosophische Grundbegriffe, Rn. 228; Adomeit, Rechts- und Staatsphilosophie, Bd. II, S. 119ff; Zippelius, Rechtsphilosophie, S. 71ff., 189f.

285 Wie bereits oben (1. Teil A) IV) 1)) ausgeführt, wurde Isay zum Mitglied der Sozialisierungskommission des Bergbaus ernannt und nahm als Vertreter des Reichswirtschaftsministeriums an deren Sitzungen teil. Vgl. dazu auch nochmals: R. Isay, Aus meinem Leben, Ausführungen vom 25. April 1951, S. 48ff.

286 R. Isay, Recht und Wirtschaft 1919, S. 161ff. und 180ff.

a) *Marx' Überzeugung von der grundlegenden Bedeutung der wirtschaftlichen Verhältnisse für die Rechtsentwicklung griff Isay mit Begeisterung auf*

Als Gegenbewegung zu Hegel, der im Bewusstsein bzw. im „Geist" den Ursprung jeder geschichtlichen Entwicklung sah, wandte sich der Historische Materialismus ganz der Wirklichkeit zu.[287] Infolgedessen drehte Marx die Hegelsche Dialektik gleichsam um: Nach seiner Überzeugung bestimmte, anders als bei Hegel, gerade nicht das Bewusstsein (=die Idee, der „Geist") das Sein. Nach Marx' Ansicht hing, genau umgekehrt, vielmehr das Bewusstsein vom Sein, konkret: von den tatsächlichen „Produktionsverhältnissen" ab.[288] Infolgedessen fokussierte sich der Historische Materialismus primär auf die Analyse ökonomischer Faktoren, die nach der Lehre von Marx notwendigerweise auch die Rechtsentwicklung beeinflussten.

Gerade der letztgenannte Aspekt der Grundkonzeption von Marx übte eine starke Anziehungskraft auf Isay aus: „Dem imponierenden Eindruck dieses genialen Gedankengebäudes wird sich niemand verschließen können, der sich mit ihm beschäftigt hat, am wenigsten der moderne Jurist. Letzterer findet darin die großzügigste Anwendung des Gedankens, dass die wirtschaftlichen Verhältnisse, insbesondere die Entwicklung der Technik, das Rechtsleben bestimmen, umgestalten und scheinbar gleich bleibende Rechtsformen mit anderem Inhalt erfüllen".[289]

In Übereinstimmung mit Marx' Grundannahme rekurrierte Isay in der Folgezeit in einigen Abhandlungen aus den 20er Jahren ausdrücklich auf den – auch

---

287 Vgl.: Marx, in: MEW I, S. 378, (384). Dort macht Marx deutlich, seine Kritik beinhalte „die entschiedene Verneinung der ganzen bisherigen Weise des deutschen und rechtlichen Bewusstseins". Siehe dazu auch: Adomeit, Rechts- und Staatsphilosophie, Bd. II, S. 119f.

288 Vgl. zu seiner Grundkonzeption die folgende viel zitierte Passage, in: MEW XIII, S. 6, (8f.): „Meine Untersuchung mündete in dem Ergebnis, dass Rechtsverhältnisse wie Staatsformen weder aus sich selbst zu begreifen sind noch aus der so genannten allgemeinen Entwicklung des menschlichen Geistes, sondern vielmehr in den materiellen Lebensverhältnissen wurzeln. (...) Die Gesamtheit dieser Produktionsverhältnisse bildet die ökonomische Struktur der Gesellschaft, die reale Basis, worauf sich ein juristischer und politischer Überbau erhebt (...) Es ist nicht das Bewusstsein der Menschen, das ihr Sein, sondern umgekehrt ihr gesellschaftliches Sein, das ihr Bewusstsein bestimmt". Siehe zu Marx Ansatz einer „umgedrehten" Hegelschen Dialektik auch: Radbruch, Rechtsphilosophie, S. 25f. und: A. Kaufmann, Rechtsphilosophie, S. 27.

289 Isay, Recht und Wirtschaft 1919, S. 161, (164).

aus seiner Sicht – überragenden Einfluss des wirtschaftlichen Wandels auf die zukünftige Rechtsentwicklung.[290]

Fortan lebte Isays gesamtes rechtsschöpferisches Werk von dieser Überzeugung, zumal er seine Vorschläge zur Fortentwicklung des Wirtschaftsrechts ohne den kontinuierlichen Rückgriff auf aktuelle nationalökonomische Erkenntnisse in der Form gar nicht hätte entwickeln können.[291]

Vor diesem Hintergrund wird auch Isays Begeisterung für Marx nachvollziehbar, die im obigen Zitat deutlich zum Ausdruck kommt. Denn es spricht vieles dafür, dass er sich durch die Grundannahme des Historischen Materialismus, wonach die Rechtsentwicklung von den aktuellen wirtschaftlichen Verhältnissen geprägt wird, gerade dazu legitimiert bzw. zumindest darin bestärkt sah, selbst rechtsschöpferisch tätig zu werden.

Isay beließ es indes bei der Rezeption dieses zentralen Grundgedankens des Historischen Materialismus, ohne sich die Marxsche Philosophie als Gesamtphilosophie zueigen zu machen.

b) Die Realisierung des sozialistischen Gesamtkonzeptes von Marx und Engels hält Isay im Jahre 1919 für utopisch

Dem Gesamtkonzept von Marx und Engels begegnete Isay aus mehreren Gründen mit Skepsis.

Zum einen hielt Isay die Theorie von der „Diktatur des Proletariats", auf die die geschichtliche Entwicklung nach Auffassung von Marx und Engels unweigerlich zusteuerte[292], angesichts der tatsächlichen wirtschaftlichen Entwicklung

290 Vgl. z. B.: R. Isay, Gruchot Bd. 68 (1927), S. 10, (11). Dort verleiht er seiner Überzeugung Ausdruck, dass die beiden Gebiete, mit denen er sich noch bis in die 50er Jahre am intensivsten befassen sollte, also das Kartellrecht und das Bergrecht, „in der Hauptsache von der rechtsbildenden Kraft des Wirtschaftslebens entwickelt worden" seien. Vgl. auch: R. Isay, KR 1929, S. 371, der dort, ebenfalls ganz im Sinne der Grundannahme von Marx, auf die überragende Bedeutung der „Wirklichkeit der wirtschaftlichen Tatsachen" hinweist. Vgl. schließlich: R. Isay, GRUR 1929, S. 1368, (1374): „Bei der Anwendung des Rechts überhaupt, ganz besonders aber bei der Anwendung der Blankettvorschriften (§ 826 BGB, § 1 UWG) spielen wirtschaftspolitische Erwägungen allgemeiner Art stets eine bedeutende Rolle".

291 Vgl. zum Einfluss der Erkenntnis Isays von der Bedeutung des wirtschaftlichen Wandels für die Rechtsentwicklung auf die konkrete Ausgestaltung seiner – stets auf größtmögliche Rationalität bedachten – Rechtsschöpfungsmethode unten: 2. Teil A) III) c) aa) aaa), 2. Teil A) III) c) cc) aaa) und 2. Teil A) IV) 1) a) sowie zum Einfluss dieser Erkenntnis auf die Entwicklung seiner Rechtsschöpfungsvorschläge und Gesetzentwürfe unten: 3. Teil.

292 Vgl.: Marx / Engels, in: MEW IV, S. 459, (463ff.). Danach führe die „Diktatur des Proletariats" zur „klassenlosen Gesellschaft" und damit zum „Absterben" des Staats

des deutschen Reiches bereits in seinem vorerwähnten Vortrag aus dem Jahre 1919 für unrealistisch:

„Allerdings ist das Elend, das Marx und Engels so packend beschrieben haben, nicht entfernt mehr in dem grauenerregenden Maße vorhanden (...). Der allgemeine wirtschaftliche Aufstieg war zweifellos auch dem Proletariat zugute gekommen und hatte ihm unvergleichlich menschenwürdigere Lebensbedingungen gebracht, als sie die Schöpfer des modernen Sozialismus zu ihrer Zeit (...) vorfanden".[293] Als Konsequenz dieser Einschätzung gelangte Isay zu folgendem Schluss: „Allein andererseits wird sich wohl niemand, der vorurteilslos unsere wirtschaftlichen Zustände prüft, der Erkenntnis verschließen können, dass wir von dem Zustand, der nach jener Lehre den Umschlag des Kapitalismus in den Sozialismus ermöglichen soll, noch unendlich weit entfernt sind".[294]

Zum anderen machte Isay deutlich, dass der Sozialismus im Sinne von Marx mit seiner wirtschaftsliberalen Grundhaltung[295] insgesamt nicht zu vereinbaren war: „Das Prinzip, welches das organische Ineinanderarbeiten dieser zahllosen Wirtschaftskörper regelt, ist vorläufig jedenfalls das Gewinnstreben des einzelnen Unternehmers. Dieses Prinzip, das immerhin ein halbwegs reibungsloses Ineinandergreifen der einzelnen sichert, jetzt plötzlich durch ein anderes Prinzip zu ersetzen, würde eine unlösbare Aufgabe sein".[296]

Überdies standen die klassenkämpferischen Parolen, die Marx im Zusammenhang mit der „Diktatur des Proletariats" aufstellte, in völligem Widerspruch zu Isays kontinuierlichem Einsatz für Dialog und Versöhnung, der ihn mit Hegel verband.[297]

Demgemäß rief er die Unternehmer und die Arbeitnehmer am Schluss seines Vortrages aus dem Jahre 1919 mit eindringlichen Worten zur Klassenversöhnung auf: „An die Neuorganisation der Kohlenwirtschaft knüpft sich die Hoffnung, dass sie den Kriegszustand, der zum Schaden des ganzen deutschen Volkes (...) besteht, durch einen Verständigungsfrieden beseitigen möge. (...) Sicher ist ferner, dass gemeinsame Arbeit noch am ehesten in der Lage ist, das unlösbar scheinende Problem zu lösen, auf der einen Seite dem Unternehmer die Nöte und Schmerzen seiner Arbeiterschaft mehr als bisher nahe zu bringen, andererseits aber auch der Arbeiterschaft mehr Verständnis für die Aufgaben und

---

und des Rechts. Kritisch dazu: A. Kaufmann, Rechtsphilosophie, S. 28 sowie: Zippelius, Rechtsphilosophie, S. 190.

293 R. Isay, Recht und Wirtschaft 1919, S. 161, (163).

294 R. Isay, Recht und Wirtschaft 1919, S. 161, (164).

295 Vgl. zu Isays wirtschaftliberaler Grundeinstellung auch unten: 1. Teil B) III) 1).

296 R. Isay, Recht und Wirtschaft, 1919, S. 161, (164).

297 Siehe dazu nochmals oben: 1. Teil B) I) 2) b) und dort insb. die Zitate in den Fn. 275 bis 277, die Isays Versöhnungsstreben belegen.

Leistungen des Unternehmertums (...) und die Unmöglichkeit von Radikalkuren einzuflößen".[298]

Gerade mit Blick auf sein darin zum Ausdruck kommendes Streben nach Klassenversöhnung treten die eklatanten Unterschiede zwischen Isays stets auf Ausgleich bedachter Gesinnung und den klassenkämpferischen Forderungen von Marx / Engels deutlich zutage. Isays ablehnende Haltung gegenüber „Radikalkuren" kam im Übrigen auch dreißig Jahre später noch zum Tragen, als er ausdrücklich vor jedweder politischen Ideologie warnte.[299]

c) Ergebnis

Isays Denken wurde nachhaltig von der ökonomischen Dimension des Historischen Materialismus geprägt, namentlich von der Erkenntnis, die sich bis heute immer weiter durchsetzen konnte, wonach die Rechtsentwicklung maßgeblich vom wirtschaftlichen und gesellschaftlichen Wandel beeinflusst wird.[300]

Freilich zog Isay, im Gegensatz zu Marx, daraus nicht die Konsequenz, die ökonomischen Verhältnisse in ihrer Wertigkeit über das Recht zu stellen.[301] Vielmehr ging es ihm gerade um die Fortentwicklung des Rechts, Marx rechtsnihilistische Ansätze waren Isays Denken hingegen fremd.[302] Daher kam es Isay,

---

298 R. Isay, Recht und Wirtschaft 1919, S. 180, (182f.).

299 Siehe dazu auch unten: 2. Teil B) II) 2) c).

300 So erkennen heute auch ausgewiesene Marx-Kritiker an, dass dessen Erkenntnis von der Bedeutung der ökonomischen Verhältnisse für die Rechtswirklichkeit richtig war. Vgl. nur: Zippelius, Rechtsphilosophie, S. 71. Siehe dazu auch die Ausführungen unten: 2. Teil B) I) 4). Dort wird anhand der Entwicklung der höchstrichterlichen Rechtsprechung und der Ansicht des herrschenden Schrifttums nachgewiesen, in welchem Maße ökonomische und soziologische Erwägungen das heutige Rechtsleben bestimmen.

301 Vgl. dazu auch die Kritik seitens des jüngeren Schrifttums an Marx' rechtsnihilistischer Einstellung, wonach das Recht als bloßer „Überbau" keine Selbstständigkeit neben der alles entscheidenden „Basis", den ökonomischen Lebensverhältnissen, beanspruchen konnte, von: Rottleuthner, Einführung in die Rechtssoziologie, S. 17f.; A. Kaufmann, Rechtsphilosophie, S. 27f.; Adomeit, Rechts- und Staatsphilosophie, Bd. II, S. 121, 150.

302 Vgl. in diesem Zusammenhang die Ausführungen zu Isays Rechtsschöpfungsmethode im 2. Teil der Untersuchung, insbesondere: 2. Teil A) IV) 1) – 4) und V). Dort wird belegt, dass Isay sich bei seinen stets auf größtmögliche Rationalität bedachten Vorschlägen zur Fortentwicklung des Rechts und seinen Gesetzentwürfen zwar einerseits immer an aktuellen ökonomischen Erkenntnissen orientierte, dabei aber andererseits die Erfordernisse der Rechtssicherheit (Bindung an die bestehenden Gesetze, Beachtung der anerkannten Grundsätze der Dogmatik) nie aus den Augen verlor, und sich in der Weimarer Republik zudem vehement für den Erhalt des Rechtsstaatsprinzips und die Stärkung der Staatsautorität einsetzte.

anders als Marx, auch nie in den Sinn, die Hegelsche Dialektik „umzudrehen" und allein auf der Grundlage der ökonomischen Verhältnisse (= des Seins) auf das Recht (= das Sollen) zu schließen.[303]

Sodann lehnte Isay auch die politische Dimension des Gesamtkonzepts der Lehren des Historischen Materialismus im Sinne von Marx / Engels strikt ab, da er dessen baldige Umsetzung im Jahre 1919 für utopisch hielt und es seinem Streben nach Klassenversöhnung darüber hinaus ohnehin widersprach.

4) Parallelen zwischen Isays kontinuierlichem Streben nach wirtschaftlicher Effizienz und dem klassischen Utilitarismus

Nachfolgend soll nach Berührungspunkten zwischen Isays Denken und den Lehren des klassischen Utilitarismus gefragt werden. Es wird sich im Verlauf der Untersuchung zeigen, dass Isay, auch wenn er sich nicht ausdrücklich auf dessen Kernthesen berief, dennoch die Grundsätze dieser rechtsphilosophischen Strömung, die zunächst in der gebotenen Kürze skizziert werden, teilte.

a) Skizzierung der Grundsätze des klassischen Utilitarismus

Nach Ansicht der führenden Vertreter des klassischen Utilitarismus, Jeremy Bentham (1748 – 1832) und John Stuart Mill (1806 – 1873), besteht die Hauptaufgabe des Rechts darin, dem Wohlergehen der Menschen zu dienen.[304] In diesem Sinne brachte Bentham die maßgebliche Maxime des Utilitarismus im Jahre 1789 wie folgt zum Ausdruck: „Mit dem Utilitätsprinzip ist jenes Prinzip gemeint, das jede Handlung, welche auch immer, im Hinblick darauf billigt oder missbilligt, ob die Handlung ex ante gesehen, das Glück dessen, dessen Interessen berührt sind, vermehrt oder vermindert, oder, was auf dasselbe hinausläuft, ob sie dieses Glück fördert oder ihm widerstrebt."[305] Daran ist abzulesen, dass

---

303 Vgl. nochmals oben: Fn. 288. Kritisch zu Marx' Ansatz, die Hegelsche Dialektik „umzudrehen": Naucke, Rechtsphilosophische Grundbegriffe, Rn. 228; Zippelius, Rechtphilosophie, S. 71f. Isay beschritt auf der Grundlage seines relativistischen Erkenntnisansatzes – in Übereinstimmung mit den Neukantianern – dagegen einen Mittelweg zwischen Hegel und Marx. Nach seiner Überzeugung konnte man weder aus dem Sollen auf das Sein schließen (Hegel), noch aus dem Sein auf das Sollen (Marx). Isay griff in diesem Zusammenhang vielmehr auf die Trennungsthese Kants zurück. Siehe dazu auch ausführlich unten: 1. Teil B) I) 5).

304 Siehe zu den Grundlagen des klassischen Utilitarismus: Bentham, An Introduction to the Principles of Morals and Legislation; Mill, Utilitarism. Instruktiv zu den Lehren Benthams und Mills auch: Höffe, Einführung in die utilitaristische Ethik, S. 55ff., 84ff.

305 Bentham, a. a. O. (Fn. 304), S. 11f. (Übersetzung).

Bentham den größtmöglichen Nutzen für die größtmögliche Zahl zum Handlungsprinzip erklärte, wobei die Verrechnung der von jedweden Handlungen und Unterlassungen berührten Interessen den entscheidenden Grundsatz der Ethik bildete.[306] Daher sollten die ex ante Entscheidungen des Gesetzgebers nach Benthams Vorstellung auf der Grundlage von Interessenabwägungen getroffen werden.[307]

Im Gegensatz zu Bentham strebte Mill, auf dessen Werke sich die deutsche Jurisprudenz in der zweiten Hälfte des 19. Jahrhunderts häufig berief, nicht nach der größten Summe Glücks für die Allgemeinheit. Ihm ging es vielmehr um einen Ausgleich zwischen den Interessen des Individuums und der Gemeinschaft.[308]

Abgesehen von dem Benthamschen Prinzip der Förderung des „allgemeinen Wohls", das sich im modernen Recht als Leitlinie durchgesetzt hat[309], werden die Lehren des klassischen Utilitarismus vom heutigen Schrifttum überwiegend kritisch beurteilt.[310]

Zum einen wird Benthams Begriff des „Glücks" als zu unbestimmt, da nicht universalisierbar, abgelehnt.[311] Zum anderen sei das Streben nach größtmöglicher Nützlichkeit, sei es für das Individuum, sei es für die Allgemeinheit, als Richtschnur der Gerechtigkeit und entscheidender Grundsatz der Ethik unzureichend.[312] Schließlich wird die Ansicht vertreten, der Utilitarismus halte keine tauglichen Kriterien für die Abwägung der Interessen bereit.[313]

b) *In sämtlichen Abhandlungen Isays gaben utilitaristische Erwägungen in modifizierter Form die Zielrichtung vor*

Isay verwies in seinen Abhandlungen zwar nie ausdrücklich auf die Grundsätze des klassischen Utilitarismus – Bentham wurde mit keinem Wort erwähnt, auch

306 Statt aller: Hruschka, JZ 2001, S. 261.

307 Vgl. dazu: Schoppmeyer, Juristische Methode als Lebensaufgabe, S. 167; Hruschka, JZ 2001, S. 261, (262); Zippelius, Rechtsphilosophie, S. 103.

308 Siehe: Schoppmeyer, a. a. O. (Fn. 307), S. 169.

309 Zippelius, Rechtsphilosophie, S. 104.

310 Vgl. nur: Mayer-Maly, Rechtsphilosophie, S. 12, der dort im Zusammenhang mit der Gerechtigkeitslehre von Dworkin vor einem „Rückfall in den Utilitarismus" warnt.

311 A. Kaufmann, Rechtsphilosophie, S. 150, 175f.; ders., Das Verfahren der Rechtsgewinnung, S. 98f.; Zippelius, Rechtsphilosophie, S. 105f.

312 In diesem Sinne: Naucke, Rechtsphilosophische Grundbegriffe, Rn. 257; Schoppmeyer, Juristische Methode als Lebensaufgabe, S. 167f.; Hruschka, JZ 2001, S. 261, (265); Zippelius, Rechtsphilosophie, S. 105f.

313 Zippelius, Rechtphilosophie, S. 105f.

auf Mill berief er sich allein mit Blick auf dessen Wirken als, neben Adam Smith (1723 -1790), maßgeblichem Wegbereiter des klassischen Liberalismus in England Mitte des 19. Jahrhunderts und Verfechter des Manchestertums[314]. Jedoch offenbart die nähere Analyse, dass Isays Denken gleichwohl deutliche Berührungspunkte mit den Grundsätzen des Utilitarismus im Sinne von Bentham und Mill aufwies:

So teilte Isay im Grundsatz Benthams Maxime, wonach gerade auch auf rechtlichem Gebiet die größtmögliche Nützlichkeit anzustreben sei. Allerdings modifizierte Isay den zentralen, jedoch wegen seiner Unbestimmtheit vom Schrifttum vielfach kritisierten Grundsatz des klassischen Utilitarismus von der „größten Summe Glücks für die Gesamtheit". Demgemäß orientierte sich Isay nicht an Benthams vagem „Glücksbegriff", sondern an eigenständigen Zielvorstellungen, konkret an der Steigerung der ökonomischen Effizienz und der damit einhergehenden Förderung des Wirtschaftswachstums zugunsten der Allgemeinheit.

Auf diese Weise rückten in Isays Argumentation rationale und inhaltlich überprüfbare Kriterien in den Vordergrund. Dieser in Nuancen zwar präzisierte, im Kern aber dennoch unverkennbar utilitaristisch geprägte Ansatz zog sich wie ein roter Faden über Jahrzehnte durch Isays Abhandlungen auf so unterschiedlichen Gebieten wie dem Unternehmensrecht[315], dem Patentrecht[316], dem Kartellrecht[317] und dem Bergrecht[318].

---

314 Vgl. dazu: Isay, Vereinheitlichung des deutschen Bergrechts, S. 15; ders., Die Geschichte der Kartellgesetzgebungen, S. 23ff.. Dort würdigt er den von Mill und A. Smith vertretenen klassischen Wirtschaftsliberalismus und schreibt ihnen anerkennend zu, die individuellen Kräfte entfesselt zu haben, in dem sie die freie Konkurrenz der Gewerbetreibenden zum fundamentalen Prinzip der Wirtschaft erhoben. Siehe zu Isays im Kern ebenfalls klassisch-wirtschaftsliberalen Grundüberzeugungen unten: 1.Teil B) III) 1).

315 Bereits in seiner ersten längeren Monographie, die Isay als 24jähriger Referendar verfasste, leitete er sein Plädoyer für die gesetzliche Etablierung eines Pfandrechts am Unternehmen aus utilitaristischen Erwägungen ab: R. Isay, Das Recht am Unternehmen (1910), S. 194: „Das Pfandrecht am Unternehmen böte daher vom allgemeinen volkswirtschaftlichen Standpunkt aus auch den Vorteil, die ganze unökonomische Vernichtung der im Unternehmen steckenden Werte zu verhüten, wie sie jetzt beim Zusammenbruch des Unternehmens regelmäßig eintritt". Aufgrund dieser Sachlage setzte Isay sich zudem für eine Regelung der Zwangsvollstreckung in das Unternehmen de lege ferenda ein (S. 201f.). Siehe zum Ganzen auch ausführlich unten: 3. Teil A)V).

316 In seiner ersten Veröffentlichung begründete Isay seine Forderung nach einer gesetzlich nicht geregelten Ausdehnung des Erfindungsschutzes zugunsten des Inhabers einer einfachen Patentlizenz primär mit Hinweis auf die damit verbundene Steigerung der ökonomischen Effizienz: R. Isay, GRUR 1909, S. 58, (72): „Der

Um die angestrebte Steigerung der wirtschaftlichen Effizienz und des Wirtschaftswachstums sicherzustellen, appellierte Isay – einerseits – an die sittliche Pflicht der kartellierten Gewerbezweige zur Rücksichtnahme[319], im Bergrecht setzte er sich – andererseits – für die Verabschiedung von Rücksichtnahmepflichten de lege ferenda ein[320]. Demgegenüber blieb nach den Lehren des klas-

---

Abschluss von Lizenzverträgen ist für kapitalschwache oder geschäftsunkundige Erfinder ein so bequemes Mittel zur Verwendung ihrer Patente, dass er nachhaltige Förderung verdient. Und ebenso sind die gewaltigen Werte, welche aufgrund von Lizenzen in Fabrikbetrieben investiert werden, schutzwürdig und bedürftig".

317 Vgl. dazu: R. Isay / Nipperdey, Die Reform des Kartellrechts, S. 39. In seinem Referat auf dem 35. Deutschen Juristentag in Salzburg (1928) forderte Isay die Kartellbehörde und die kartellierten Gewerbezweige zur zukünftigen Zusammenarbeit „im Sinne der Wirtschaftsförderung und Wirtschaftspflege" auf. Siehe dazu auch: R. Isay, Der Höcherl-Entwurf eines Gesetzes gegen Wettbewerbsbeschränkungen, S. 10: „Für Kartelle wie für marktbeherrschende Unternehmen geht die dem Gesetzgeber gestellte Aufgabe dahin, die Politik jener Machtkörper so zu lenken, dass sie zum Nutzen nicht zum Schaden der Gesamtheit ausschlägt".

318 R. Isay, Der Entwurf eines Bundesberggesetzes, S. 17. Dort fasst er die utilitaristische Zielrichtung seines Entwurfs wie folgt zusammen: „Möglichste Förderung des deutschen Bergbaus unter gerechter Berücksichtigung aller entgegenstehenden Interessen".

319 Grundlegend: R. Isay, Studien im privaten und öffentlichen Kartellrecht, S. 58f.: „Nicht bloß ein aufgezwungenes Amt aber, sondern auch ein freiwillig übernommenes begründet Verantwortlichkeiten und Pflichten gegenüber der Allgemeinheit". Daraus folgerte Isay, „dass die Kartelle bei ihrer Politik auf die Interessen anderer die gebotene Rücksicht zu nehmen haben und sich angesichts ihrer Macht auch ihrer Verantwortung bewusst bleiben müssen". Vgl. in dieser Richtung auch: R. Isay, Recht und Wirtschaft 1922, Sp. 205, (213); R. Isay / Tschierschky, Kartellverordnung, S. 107f. Bis zuletzt appellierte Isay auch noch in den 50er Jahren an die sittliche Rücksichtnahmepflicht der Kartelle: R. Isay, Gutachten zum Regierungsentwurf eines Gesetzes gegen die Wettbewerbsbeschränkungen, S. 32.

320 Vgl. dazu ausführlich: Isay, Entwurf eines Bundesberggesetzes, Erläuterung zu den §§ 47-64, S. 99ff. Dort entwickelte Isay für das räumliche Kollisionsverhältnis von Bergbau und Grundeigentum, in dem notwendigerweise Schadensfälle auftreten, gesetzliche Rücksichtnahmepflichten. Dabei ging es Isay, und hier tritt sein utilitaristisch geprägtes Streben nach wirtschaftlicher Effizienz mit aller Deutlichkeit in Erscheinung, vor allem darum, zu verhindern, dass der Bergbau, der in den 50er Jahren einen ganz wesentlichen Faktor des Wirtschaftlebens in der noch jungen Bundesrepublik darstellte, zukünftig nicht durch jahrelange Prozesse behindert werden würde. Die Pflicht zur Rücksichtnahme im Verhältnis von Bergbau und Grundeigentum gewann Isay aus dem Rückgriff auf die Sozialbindung des Eigentums gem. Art. 14 Abs. 2 GG. Zum Zwecke der Prävention zukünftiger Bergschäden ermächtigte Isay die zuständige Behörde in § 135 Abs. 2 seines Entwurfes dazu, bereits im Betriebsplanverfahren, also zu einem Zeitpunkt in dem erstmalig über die Erteilung der Abbaugenehmigung entschieden wird, darauf hinzuwirken, dass nachteilige Einwirkungen des Bergwerksbetriebes auf die Oberfläche tunlichst

sischen Utilitarismus völlig im Dunkeln, auf welche Weise Bentham „das größtmögliche Glück für die größtmögliche Zahl" erreichen wollte.

Auf der anderen Seite dürfen allerdings, neben den genannten Unterschieden im Detail, drei Gesichtspunkte nicht übersehen werden, die Isays Nähe zu den Grundsätzen des klassischen Utilitarismus dennoch deutlich zum Ausdruck bringen. So lag Isay, ebenso wie Bentham, stets die Förderung der Interessen der Allgemeinheit am Herzen.[321] Zudem räumte Isay, den Lehren des klassischen Utilitarismus entsprechend, der Durchführung von Interessenabwägungen, wie sich insbesondere in seinem Entwurf eines Bundesberggesetzes zeigt, einen gewichtigen Einfluss auf die Rechtsfindung ein, wobei er den Ausgleich zwischen den Individualinteressen und der Allgemeinheit ähnlich wie Mill in den Vordergrund rückte.[322] Darüber hinaus, und hierin besteht eine weitere Parallele zu Bentham, traf Isay seine Entscheidungen stets aus einer ex ante Sicht auf die Interessen der Beteiligten.

---

vermieden oder gemildert werden. (Vgl. zur konkreten Ausgestaltung: R. Isay, Der Geist des heutigen deutschen Bergrechts, S. 34ff.; ders., Entwurf eines Bundesberggesetzes, S. 105f.). Rückblickend zeigt sich, dass Isays Vorschlag seiner Zeit um Jahrzehnte voraus war. Seine Kritiker hielten zwar eine Vorverlagerung des Grundeigentümerschutzes in das Betriebsplanverfahren zunächst nicht für realisierbar (Vgl. dazu: Klapper, ZfB Bd. 94 (1953), S. 383, (384); Gieseke, in: Festschrift für R. Isay, S. 37, (47f.)). Der grundlegende Paradigmenwechsel im Sinne Isays erfolgte erst im Jahre 1989: In der Moers-Kappellen Entscheidung erkannte das Bundesverwaltungsgericht – freilich, ohne auf Isays identische Argumentation 35 Jahre zuvor zu verweisen – ein Bedürfnis des Grundeigentümers auf effektiveren Rechtsschutz an, indem es diesem aus Gründen der Schadensprävention ebenfalls zubilligte, seine Rechte gegenüber dem Bergbau bereits im Betriebsplanverfahren geltend zu machen (Vgl. JZ 1990, 133, (136ff.)).

321 Besonders prägnant: R. Isay, Studien im privaten und öffentlichen Kartellrecht, S. 59: „Ein wirtschaftliches Nationalbewusstsein fordert daher von jedem bei seiner wirtschaftlichen Betätigung Rücksichtnahme auf die Bedürfnisse der Allgemeinheit". Siehe auch: R. Isay / Tschierschky, Kartellverordnung, S. 227. Dort bekräftigt Isay den vorgenannten Gedanken vor dem Hintergrund der Inflation im Jahre 1923 mit Hinweis darauf, dass „unsere staatlichen Nöte zum größten Teil wirtschaftlicher Natur sind".

322 Ein anschauliches Beispiel liefert die Generalklausel in § 1 Abs. 1 seines Entwurfs eines Bundesberggesetzes, der die Abwägung der Interessen des Bergbaus mit den Interessen des Grundeigentümers auf landwirtschaftliche Nutzung vorsieht, siehe unten: 2. Teil A) IV) 4) b) und insb. Fn. 835. Siehe zu Isays Maxime der Aufstellung konkreter Leitlinien für die Durchführung von Interessenabwägungen und zu seinem Streben nach einem Ausgleich von Individual- und Allgemeininteressen darüber hinaus unten: 2. Teil A) III) 2) b) dd).

c) Ergebnis

Im Ergebnis finden sich deutliche Berührungspunkte grundsätzlicher Art zwischen Isays Denken und den Lehren des klassischen Utilitarismus im Sinne von Bentham und Mill (größtmögliche Förderung des Gemeinwohls, Maßgeblichkeit einer ex ante Sicht bei der Rechtsfindung, übereinstimmende Betonung der Bedeutung von Interessenabwägungen für die Rechtsfindung sowie Ausgleich der Individualinteressen und der Interessen der Allgemeinheit).

An diesem grundsätzlichen Befund vermag auch der Umstand nichts zu ändern, dass Isays Überzeugungen sich in Detailfragen vom klassischen Utilitarismus abhoben.

Im Unterschied zu dessen klassischen Lehren legte Isay den Schwerpunkt auf wirtschaftsfördernde Maßnahmen. Mit dem Ziel der Steigerung der ökonomischen Effizienz, das zugleich die zentrale Maxime der heute zunehmend an Bedeutung gewinnenden ökonomischen Analyse des Rechts bildet[323], orientierte sich Isay an messbaren, rational überprüfbaren Kriterien, während Benthams „Glücksstreben" demgegenüber unbestimmt und vage blieb. Gleiches gilt für Isays Plädoyer für die Etablierung sittlicher und gesetzlicher Rücksichtnahmepflichten zur Förderung der angestrebten Effizienz sowie für seine konkreten Leitlinien zur Durchführung der Interessenabwägungen.

Zusätzlich wirkte Isay der Irrationalität des Benthamschen Ansatzes dadurch entgegen, dass er seinen Abhandlungen allgemeingültige ethische Mindeststandards (Rechtsidee, Toleranzidee und Grundsatz der Menschlichkeit[324]) zugrunde legte.

Infolgedessen gelang es Isay, einerseits die Unwägbarkeiten der Lehren Benthams, die im heutigen Schrifttum berechtigterweise kritisiert werden, zu vermeiden und andererseits dennoch seine im Kern utilitaristisch geprägten Zielvorstellungen in seinen Rechtsschöpfungsvorschlägen und Gesetzentwürfen zu verfolgen.

---

323 Vgl. dazu die Veröffentlichungen der Anhänger der ökonomischen Analyse des Rechts (Auswahl): Posner, Economic Analysis of Law; Schäfer / Ott, JZ 1988, S. 213ff; dies., Lehrbuch der ökonomischen Analyse des Zivilrechts; Kübler, in: Festschrift für Steindorff, S. 687ff.; Laudenklos, in: Fälle und Fallen in der neueren Methodik des Zivilrechts seit Savigny, S. 291ff. Siehe andererseits aber auch die Kritik von: Rittner, Die so genannte wirtschaftliche Betrachtungsweise in der Rechtssprechung des Bundesgerichtshofs, 1975; Horn, AcP Bd. 176 (1977), S. 303ff; Fezer, JZ 1986, S. 817ff.; ders., JZ 1988, S. 223ff.

324 Vgl. in diesem Zusammenhang auch die Ausführungen zu Isays ethischen Grundüberzeugungen, die einen unverzichtbaren und feststehenden Bestandteil sämtlicher seiner Abhandlungen bildeten, unten: 1. Teil B) II).

5) *Berührungspunkte zwischen Isays Denkstil mit Kants Grundannahmen sowie den Lehren der Neukantianer*

Neben den genannten rechtsphilosophischen Strömungen wies Isays Denken Übereinstimmungen mit den Überzeugungen Immanuel Kants (1724 – 1804) und den Lehren der Neukantianer auf.

a) *Die Bedeutung des neukantianischen Relativismus als Ausgangspunkt für Isays Streben nach Rationalität*

Im Unterschied zu den Naturrechtlern, die seit jeher von der Existenz unverbrüchlicher Werte ausgingen[325], lag Isays Erkenntnishaltung ein relativistischer Standpunkt zugrunde, wie das folgende grundlegende Zitat aus dem Jahre 1919 belegt: „Eigene Verantwortung, die Notwendigkeit, aufgrund eigener Erwägung das Für und Wider eine Entscheidung zu fällen und sie nachher auch gegenüber fremder Kritik zu rechtfertigen, bringen am ehesten jeden wohlmeinenden Menschen zu der Erkenntnis der Relativität aller irdischen und namentlich aller wirtschaftlichen Dinge und damit zur Duldsamkeit, die die Voraussetzung jeder Versöhnung bildet".[326]

Isays darin zum Ausdruck kommende Überzeugung von der „Relativität aller menschlichen Wahrheiten"[327] basierte auf seiner Erkenntnis von der „Wandelbarkeit aller menschlichen Dinge"[328], die ihn mit den Lehren der Historischen Rechtsschule verband[329] und die er infolge eigener Erfahrungen während des Ersten Weltkriegs sowie angesichts des anschließenden gesellschaftlichen, ökonomischen und politischen Wandels bestätigt sah. Letzte menschliche Wahrheiten waren aus Isays Sicht somit nicht zu erreichen, ein statisches, allgemeingültiges Naturrecht existierte für ihn nicht.

Infolgedessen ist Isay also als Anhänger des werttheoretischen Relativismus einzuordnen.[330] Damit entsprach seine Haltung den Lehren der Neukantianer, die

325 Vgl. zur Entwicklung des Naturrechts im Altertum und im Mittelalter, die erst durch Kant wissenschaftlich widerlegt wurde, bevor sie im Nachkriegsdeutschland nochmals eine Renaissance erlebte, statt aller die kurze und prägnante Zusammenfassung von: A. Kaufmann, Rechtsphilosophie, S. 22ff., 25.f. u. 31f.

326 R. Isay, Recht und Wirtschaft 1919, S. 180, (183).

327 R. Isay, GRUR 1922, S. 80.

328 R. Isay, GRUR 1922, S. 80.

329 Siehe dazu nochmals die obigen Ausführungen: 1. Teil B) I) 1) a).

330 Nach wie vor grundlegend: Radbruch, Rechtsphilosophie, S. 17ff. Vgl. zudem die Darstellungen des werttheoretischen Relativismus von (Auswahl): Welzel, Naturrecht und materiale Gerechtigkeit, S. 187ff.; Ryffel, Rechts- und Staatsphilosophie, S. 269ff.; Engisch, Auf der Suche nach der Gerechtigkeit, S. 246ff; Henkel, Ein-

seit Ende des 19. Jahrhunderts ebenfalls die naturrechtliche, metaphysische Hypothese von der Existenz und Erkennbarkeit feststehender, allgemeingültiger Werte infolge ihrer fehlenden wissenschaftlichen Beweisbarkeit ablehnten[331].

An der übereinstimmenden Erkenntnishaltung vermag auch der Umstand nichts zu ändern, dass Isay sich in den Abhandlungen, in denen er sich zum Relativismus bekannte, nicht explizit auf Kant[332] oder dessen Nachfolger[333] berief.

Allerdings vertrat Isay den werttheoretischen Relativismus von Anfang an nicht in einer radikalen Ausprägung, die notwendigerweise zum Indifferentismus, Subjektivismus und zur Willkür führt und auf deren Grundlage jeder Konsens innerhalb der Gesellschaft von vornherein unerreichbar ist. Vielmehr ist Isay als Vertreter eines gemäßigten, verantwortungsbewussten Relativismus einzuordnen. Kennzeichnend für Isays gemäßigte Erkenntnishaltung war, dass die fehlende wissenschaftliche Beweisbarkeit allgemeingültiger Werte nach seiner Überzeugung, die im obigen grundlegenden Zitat aus dem Jahre 1919 deutlich zutage trat, nicht gleichbedeutend war mit dem Verzicht, eigene Standpunkte einzunehmen.

Als Resultat seines gemäßigten Relativismus, und hierin lag dessen elementare Bedeutung für Isays Gesamtwerk, verstand es sich für ihn von selbst, seiner Argumentation ein feststehendes Fundament rechtsphilosophischer, ethischer, soziologischer, ökonomischer und methodischer Grundüberzeugungen[334] zugrunde zu legen. Dabei blieb seine Erkenntnishaltung insofern stets streng relativistisch, als er seine Überzeugungen nie absolut setzte, sondern immer davon

---

führung in die Rechtsphilosophie, S. 328f.; Luf, in: Festschrift für Verdross, S. 127, (134ff.) sowie zuletzt: A. Kaufmann, Rechtsphilosophie, S. 299; Rüthers, Rechtstheorie, Rn. 121f. u. 294ff.; Mayer-Maly, Rechtsphilosophie, S. 24f.; Walter, in: Festschrift für Bydlinski, S. 457, (458).

331 Vgl. zu den beiden Hauptströmungen des Neukantianismus, die Heidelberger Schule (prominentester Vertreter: G. Radbruch) und die Marburger Schule (prominentester Vertreter: R. Stammler), statt aller: Welzel, a.a.O., (Fn. 330), S. 186ff.

332 Allerdings ist zu beachten, dass sich Isay bereits während seines Studiums in Bonn in einer Seminararbeit bei Prof. Zitelmann eingehend mit Kant auseinandersetze. Vgl. dazu: Isay, Aus meinem Leben, S. 26f. Siehe auch unten: 2. Teil A) I).

333 Im Hinblick auf den Einfluss des Neukantianismus auf Isays Denkstil wird im Zusammenhang mit der Untersuchung seiner ethischen Grundüberzeugungen allerdings noch deutlich werden, dass er bei der Entwicklung seiner Gesetzentwürfe der 50er Jahre auf die Elemente der Rechtsidee im Sinne Radbruchs, des führenden Vertreters des Heidelberger Neukantianismus, zurückgriff. Siehe unten: 1. Teil B) II) 1) a) – d).

334 Vgl. in diesem Zusammenhang auch die Ausführungen zu Isays konkreten und feststehenden ethischen (unten: 1. Teil B) II)), soziologischen und ökonomischen (unten: 1. Teil B) III)), sowie methodischen (unten: 2. Teil A)) Grundüberzeugungen.

ausging, dass es neben seinen eigenen Standpunkten auch gleichwertige andere Positionen gab.

Ausdruck dieser Haltung waren die im obigen grundlegenden Zitat aus dem Jahre 1919 zum Ausdruck kommenden Zielvorgaben[335], an denen sich Isay bei der Abfassung seiner Abhandlungen konsequent und kontinuierlich orientierte: Das Bewusstsein um die eigene Verantwortung bei der Entscheidungsfindung, das Gebot, Standpunkte aufgrund eigener Erwägung des Für und Wider einzunehmen sowie das Bestreben, die eigene Entscheidung gegenüber fremder Kritik zu rechtfertigen. Unter Anwendung dieser Prämissen gelangte Isay somit auf der Grundlage seines gemäßigten Relativismus, und darauf basiert der besondere Wert dieses Ansatzes, zu einem Programm stets auf größtmögliche Rationalität bedachter Argumentation.[336]

Hervorzuheben ist in diesem Zusammenhang Isays Überzeugung, wonach ein gemäßigter, verantwortungsbewusster Relativismus „jeden wohlmeinenden Menschen" zur „Versöhnung" führen würde. Daran wird sein idealistischer Glaube an die Möglichkeit einer Synthese zwischen relativistischer Erkenntnis und Versöhnung deutlich, eine Hoffnung, die Isays gedankliche Nähe zu Hegels Grundannahmen auch im vorliegenden Kontext untermauert.[337]

b) *Kants Trennungsthese von Recht und Moral wird von Isay im Grundsatz geteilt*

Wie gesehen, entsprach der relativistische Standpunkt, wonach die Existenz materieller Werte nicht wissenschaftlich beweisbar war, der übereinstimmenden Erkenntnishaltung Kants, der Neukantianer sowie Isays.

Als Konsequenz ebendieser Erkenntnishaltung vertrat Kant einen ethischen Formalismus[338], der in erster Linie von der Überzeugung geprägt war, Recht und

---

335 Vgl. wegen der überragenden Bedeutung der Stellungnahme nochmals: R. Isay, Recht und Wirtschaft 1919, S. 180, (183).

336 Vgl. zu Isays Bemühungen, den Erfordernissen der Rechtssicherheit im Zusammenhang mit der Fortentwicklung des Rechts durch möglichst wissenschaftliche, rationale und transparente Argumentation gerecht zu werden, auch die Ausführungen im Rahmen der Analyse seiner Rechtsschöpfungsmethode unten: 2. Teil A) IV) 1 und 2. Teil B) I) – III).

337 Siehe zum übereinstimmenden idealistischen Versöhnungsstreben Isays und Hegels bereits oben: 1.Teil B) I) 2) b).

338 Vgl. zu Kants ethischem Formalismus (Auswahl): Braun, JuS 1974, S. 552, (553ff.); A. Kaufmann, Rechtsphilosophie, S. 26; Zippelius, Rechtsphilosophie, S. 106ff.

Moral seien strikt voneinander zu trennen (sog. Trennungsthese).[339] Diese Überzeugung resultierte zum einen daraus, dass Kant es bereits für nicht beweisbar hielt, ob es Moral unter den Menschen überhaupt geben könnte.[340] Darüber hinaus ging es nach seiner Vorstellung im Recht anders als in der Moral „nicht um Gesinnungen als solche, sondern um (äußere) Handlungen".[341]

Infolgedessen konnten inhaltlich überprüfbare und wissenschaftlich gesicherte Aussagen nach Kants Auffassung lediglich über das Formale, auf dem Gebiet der Rechtswissenschaft also über den geschriebenen Rechtssatz, getroffen werden: „Recht und die Befugnis zu zwingen bedeuten einerlei"[342]. Damit war nach Kants Trennungsthese jede Gleichstellung von Recht und Moral von vornherein ausgeschlossen. Aus seiner Sicht kam allein der positiven Norm maßgebliches Gewicht im Recht zu.[343]

Im Grundsatz stimmte Isay mit den vorerwähnten Überzeugungen Kants und gerade auch mit dessen Trennungsthese überein. Auch für Isay kam eine generelle Gleichstellung von Recht und Moral nicht in Betracht, wie folgende Passage seines Gutachtens zum berühmten „Benrather Tankstellenfall"[344] aus dem Jahre 1929 belegt: „Der Zweck im Wettbewerbsrecht, wie im übrigen der Rechtsordnung überhaupt, ist nicht auf die Erziehung sittlicher Persönlichkeiten, sondern auf die äußere Ordnung des Zusammenlebens gerichtet. Es wird ein normgemäßes Verhalten im Wirtschaftskampf erstrebt, nicht aber eine lautere Gesinnung der Kämpfer".[345]

Bereits zuvor im Jahre 1910 hatte sich Isay im Zusammenhang mit der rechtlichen Bestimmung der „Guten Sitten" wie folgt zur Trennung von Recht und Ethik geäußert: „Die Befolgung der Gebote der Ethik ist nur auf Grund freier und bewusster Entscheidung möglich. Aber um diese geläuterte und reine Sittlichkeit handelt es sich hier ebenso wenig, wie in irgendeinem Rechtsgebiet, da sie sich jeder gesetzlichen Regelung entzieht".[346]

Allerdings hielten weder Kant noch Isay die Überzeugung von einer rein formalen, auf der strikten Trennung von Recht und Moral basierenden Ethik in letzter Konsequenz durch. So konnte Kant, obwohl dies seinem Ziel der Elimi-

---

339 Vgl. zur Trennungsthese Kants: Dreier, NJW 1986, S. 890ff; Hoerster, NJW 1986, 2480ff.; Bydlinski, Juristische Methodenlehre und Rechtsbegriff, S. 277ff.

340 Vgl. dazu die grundlegenden Äußerungen von: Kant, Grundlegung zur Metaphysik der Sitten, S. 26; ders., Metaphysik der Sitten, S. 324.

341 So: Braun, JuS 1974, S. 552, (553).

342 Kant, Metaphysik der Sitten, S. 37.

343 Vgl. statt aller: Adomeit, Rechts- und Staatsphilosophie, Bd. II, S. 102.

344 Vgl. dazu auch die ausführliche Analyse unten: 3. Teil C) 2)

345 R. Isay, GRUR 1929, S. 1368, (1372).

346 R. Isay, Das Recht am Unternehmen, S. 61.

nierung jeder inhaltlichen Wertung aus dem Bereich des Rechts eigentlich zuwider lief[347], nicht völlig ohne materielle ethische Werte auskommen[348]. Im Ergebnis hatte für Isay nichts anderes zu gelten. Als Folge seiner gemäßigten, relativistischen Erkenntnishaltung konnte er sich der Einsicht nicht verschließen, dass zumindest ein Grundstock an ethischen Werten (die Rechtsidee, die Toleranzidee und der Grundsatz der Menschlichkeit[349]) bei der Fortentwicklung des Rechts zwingend zu berücksichtigen sei. Jedenfalls in diesen engen Grenzen hielt Isay ethische Wertungen, anders als Kant, für legitim und unverzichtbar.

c) Der Methodendualismus von Sein und Sollen im Sinne Kants bestimmt grundsätzlich auch Isays Denken

Eine weitere zentrale These der kritischen Philosophie Kants bestand in der Überzeugung, der Schluss vom Sein auf das Sollen sei unzulässig (sog. Methodendualismus).[350] Aus dem Umstand, dass etwas ist, könne nicht darauf geschlossen werden, dass es auch sein solle.[351]

---

347 Vgl.: Braun, JuS 1974, S. 552, (554).

348 Anhand von Belegstellen aus Kants Werk machen darauf zu Recht aufmerksam: Naucke, Rechtsphilosophische Grundbegriffe, Rn. 188 u. 252; Adomeit, Rechts- und Staatsphilosophie, Bd. II, S. 106; Zippelius, Rechtsphilosophie, S. 109: „Tatsächlich scheinen denn auch in den Stellungnahmen Kants zu konkreten ethischen Fragen ständig inhaltserfüllte Wertungen durch den dünnen Mantel des formalen Prinzips".

349 Vgl. zu Isays feststehenden ethischen Grundüberzeugungen, an denen er sich bei der Abfassung seiner Rechtsschöpfungsvorschläge und Gesetzentwürfe stets orientierte, auch die Ausführungen unten: 1. Teil B) II) 1) – 4).

350 Vgl. als Einführung zu Kants Methodendualismus die folgenden zustimmenden Stellungnahmen des jüngeren Schrifttums (Auswahl): Radbruch, Rechtsphilosophie, S. 13ff.; Braun, JuS 1974, S. 552, (553); Naucke, Rechtsphilosophische Grundbegriffe, Rn. 147. Sehr prägnant zuletzt: Zippelius, Rechtsphilosophie, S. 99: „Zweifelsohne bilden die Naturgegebenheiten Anstoß und Gegenstand rechtlicher Regelung. Andererseits kann aber – das hat Kant gezeigt – aus einem Sein nicht auf ein Sollen geschlossen werden. Das heißt, aus faktischen Vorgegebenheiten allein sind nicht die Kriterien für die moralische Richtigkeit einer Regelung zu entnehmen". Kritisch zum strikten Methodendualismus von Sein und Sollen im Sinne Kants, z. B.: Bydlinski, Juristische Methodenlehre und Rechtsbegriff, S. 44ff. Er bemängelt, dass Kant die Bedeutung des Naturrechts im Bereich des ethischen Minimums, wie es auch Isay vorschwebte, verkannt habe.

351 Grundlegend: Kant, Kritik der reinen Vernunft, S. 375, 576.

Infolgedessen bezeichnete Kant jedwede empirische Rechtserkenntnis, sei sie soziologisch oder ökonomisch motiviert, als einen „Kopf ohne Gehirn" und lehnte sie von vornherein als „rein zufällig" ab.[352]

Isays Erkenntnishaltung entsprach grundsätzlich den vorgenannten Thesen des Methodendualismus Kants. Allerdings nahm er zum Verhältnis von Sein und Sollen und insbesondere zur Bedeutung der Empirie für die Rechtsentwicklung einen weniger strikten Standpunkt ein. So kam für Isay eine Gleichsetzung von Sein und Sollen entsprechend der Geschichtsphilosophie Hegels (=das Bewusstsein bestimmt das Sein)[353] oder die „umgekehrte" Dialektik von Marx / Engels (=das Sein bestimmt das Bewusstsein)[354] nie in Betracht. Dass aus bloßen Fakten keine Beurteilungsmaßstäbe für diese Fakten ermittelt werden konnten, stand vielmehr auch für Isay von vornherein außer Frage.

Im Kern stimmte er also mit Kants Überzeugung überein, wonach aus den bloßen empirischen Vorgegebenheiten des Rechts keine Kriterien für die Richtigkeit und Vernünftigkeit einer Regelung zu ermitteln waren. Gleichwohl gelangte Isay infolge dieser Erkenntnis nicht, wie Kant, zu der Überzeugung von der Erforderlichkeit der vollständigen Eliminierung der Empirie aus dem Bereich des Rechts. Im Gegenteil nahm die Empirie, konkret: die Soziologie und die Nationalökonomie, stets einen breiten Raum in Isays Denken und Argumentation ein. So orientierte er sich bei der Entwicklung seines rechtsschöpferischen Gesamtwerkes kontinuierlich an aktuellen Erkenntnissen soziologischer und insbesondere ökonomischer Art.[355]

d) Ergebnis

Die Untersuchung der Parallelen zwischen Isays Denkstil und der Erkenntnishaltung Kants bzw. der Neukantianer ergab weitgehende Übereinstimmungen hinsichtlich des relativistischen Ansatzes der Argumentation, hinsichtlich der grundsätzlichen Trennung zwischen Recht und Moral sowie hinsichtlich des Methodendualismus von Sein und Sollen.

---

352 So ausdrücklich: Kant, Metaphysik der Sitten, S. 34. Siehe zu Kants Abneigung gegenüber jedweder Empirie im Bereich des Rechts auch: Naucke, Rechtsphilosophische Grundbegriffe, Rn. 147 sowie: Adomeit, Rechts- und Staatsphilosophie, Bd. II, S. 100.

353 Vgl. zu Hegels Ansatz bereits die obigen Ausführungen: 1. Teil B) I) 2) c).

354 Siehe zur „umgedrehten" Dialektik von Marx nochmals oben: 1. Teil B) I) 3) a).

355 Grundlegend: Isay, Aus meinem Leben, Aufzeichnungen vom 10. April 1951, S. 30: „Hiernach konnte nur der ein guter Jurist sein, der die volkswirtschaftlichen und sozialen Grundlagen der verschiedenen Rechtseinrichtungen verstand. Nationalökonomie und Soziologie wurden Hilfswissenschaften der Jurisprudenz".

Die Unterschiede resultierten aus Isays verantwortungsbewusster[356], gemäßigter Interpretation des relativistischen Erkenntnisansatzes, die ihm den Spielraum eröffnete, feststehende Grundüberzeugungen zu entwickeln und eigene Standpunkte einzunehmen.

Auf der Grundlage dieses gemäßigt relativistischen Ansatzes räumte Isay, im deutlichen Gegensatz zu Kant, sowohl der Empirie, insbesondere den aktuellen Entwicklungen und wissenschaftlichen Erkenntnissen auf den Gebieten der Ökonomie sowie der Soziologie als auch – mit Blick auf seine Überzeugung von der erforderlichen Beachtung eines Minimums an ethischen Werten – der Metaphysik einen festen Platz im Rahmen der Fortentwicklung des Rechts ein.

6) Zusammenfassung zum Einfluss der rechtsphilosophischen Überzeugungen Isays auf seinen Denk- und Argumentationsstil

Zunächst fiel auf, dass sich Isay nur in vereinzelt gebliebenen Stellungnahmen ausdrücklich auf diejenigen klassischen Quellen der Rechtsphilosophie berief, die sein Denken und als Konsequenz seine Argumentationsweise prägten. Die Ausnahme bildete insoweit der Historische Materialismus im Sinne von Marx / Engels, mit dem er sich ausführlich auseinandersetzte.

Demgegenüber verwies Isay lediglich an versteckten Stellen seines Werkes auf die Historische Rechtsschule und die Hegelsche Geschichtsphilosophie, wiewohl diese rechtsphilosophischen Strömungen gewichtigen Einfluss auf Isays Erkenntnishaltung nahmen. Ausdrückliche Bezugnahmen auf den klassischen Utilitarismus und den ethischen Formalismus im Sinne Kants fehlen völlig, trotz der offenkundigen Parallelen zu Isays Denken. Der tiefere Grund für die rudimentäre Preisgabe seiner rechtsphilosophischen Einflüsse liegt darin begründet, dass Isay keiner Strömung bis ins letzte Detail folgte, sondern vielmehr einzelne Gedanken aufgriff und zu einem eigenständigen System der Erkenntnis weiterentwickelte.

Die Eigenständigkeit seines Erkenntnissystems basierte zum einen auf Isays Idealismus, der sich auf dem ausgeprägten Bewusstsein um seine Verantwortung

356 Siehe zum ausgeprägtem Verantwortungsbewusstsein Isays auch die Ausführungen im Zusammenhang mit der Gesamtwürdigung seiner Rechtsschöpfungsmethode unten: 4. Teil C).

als Rechtswissenschaftler gründete,[357] zum anderen auf seinem gemäßigt relativistischen Denkstil.[358]

Indem er diese beiden zentralen Quellen seiner Erkenntnishaltung miteinander kombinierte, verschaffte sich Isay den erforderlichen Spielraum, um seine philosophischen, ethischen, soziologischen, ökonomischen und methodischen Grundüberzeugungen, die die feststehenden Grundpfeiler seines rechtsschöpferischen Werkes bildeten, zu entwickeln. Dieses Fundament versetzte Isay – stets geleitet von seinem idealistischen Versöhnungsstreben – in die Lage, eigene Standpunkte bei der Fortbildung des Rechts einnehmen zu können.

Ergänzt wurde Isays eigenständiges, zu gleichen Teilen idealistisches wie gemäßigt relativistisches System der Erkenntnis durch seine Überzeugung von der Vernünftigkeit der geschichtlichen Entwicklungsprozesse, die er mit der Historischen Rechtsschule und der Geschichtsphilosophie Hegels teilte.[359]

Den materiellen Fixpunkt seiner Erkenntnishaltung bildete dabei der Wandel der wirtschaftlichen Verhältnisse, dem er in Anknüpfung an die vorerwähnten Thesen von Marx / Engels[360] im Kern gleichfalls eine überragende Bedeutung für die Fortentwicklung des Rechts einräumte, wobei Isays Denken in diesem Zusammenhang weniger klassenkämpferisch im Sinne des Historischen Materialismus als vielmehr utilitaristisch[361] geprägt war.

Abschließend ist hervorzuheben, dass Isays eigenständiges System der Erkenntnis – und darin bestand, neben der Ausrichtung an der Erzielung größtmöglicher argumentativer Rationalität[362], der inneren Geschlossenheit und der

---

357 Siehe wegen der grundlegenden Bedeutung seines Idealismus für Isays Gesamtwerk nochmals die obigen Ausführungen unter: 1. Teil A) I) 2) b).

358 Siehe zu Isays gemäßigt relativistischer Erkenntnishaltung, ohne die er keine Vorschläge zur Rechtsschöpfung hätte entwickeln können, bereits oben: 1. Teil A) I) 5) a).

359 Siehe dazu nochmals oben: 1. Teil A) I) 1) a) sowie: 1. Teil A) I) 2) a).

360 Siehe zu den Gemeinsamkeiten und Unterschieden zwischen Isay und Marx /Engels mit Blick auf die Frage nach der Bedeutung der geänderten wirtschaftlichen Bedingungen für die Rechtsentwicklung nochmals oben: 1. Teil A) I) 3) a).

361 Siehe zum Einfluss der Lehren des klassischen Utilitarismus auf Isays Argumentation bei der Abfassung seiner Rechtsschöpfungsvorschläge bereits oben: 1. Teil A) I) 4) b).

362 Siehe zu Isays Bemühen um größtmögliche Rationalität und Transparents seiner Argumentationswege bereits oben: 1. Teil A) I) 5) a). Die in diesem Zusammenhang maßgebliche Frage, ob Isays Erkenntnishaltung unter dem problematischen Aspekt der Gewährleistung der Rechtssicherheit bei der Fortentwicklung des Rechts den Ansprüchen rationaler Erkenntnis gerecht werden konnte, wird einen Schwerpunkt der Untersuchung seiner Rechtsschöpfungsmethode bilden. Siehe dazu unten: 2. Teil, insb.: 2. Teil B) II) 2).

Kontinuität sein besonderer Wert – die meisten Gefahrenquellen der klassischen Strömungen umging:

So folgte Isay der Historischen Rechtsschule nicht in ihrer willkürlichen Volksgeistlehre, lehnte Marx' / Engels radikale These von der Diktatur des Proletariats ab, ersetzte das vage Glücksstreben des klassischen Utilitarismus durch das rational überprüfbare Kriterium der ökonomische Effizienz und verwarf, anders als Marx und Hegel, die vereinfachende Gleichsetzung von Sein und Sollen.

Andererseits ist jedoch kritisch anzumerken, dass Isays idealistische Überzeugung von der Vernünftigkeit der historischen Entwicklung, die auf den Einfluss der Hegelschen Geschichtsphilosophie zurückging und eine zentrale Komponente seines Denkens bildete, von der tatsächlichen Entwicklung widerlegt wurde.[363]

II) Die rechtsethischen Grundüberzeugungen Isays

Wie die bisherige Untersuchung bereits ergeben hat, konnte sich Isay als Folge seiner gemäßigt relativistischen Erkenntnishaltung und seines ausgeprägten Verantwortungsbewusstseins der Erkenntnis nicht verschließen, dass ethische Wertungen im Bereich des Rechts – ungeachtet ihrer fehlenden letzten wissenschaftlichen Rationalisierbarkeit – zwingend zu berücksichtigen seien.[364]

Demgemäß erkannte Isay zumindest die Geltung eines „ethischen Minimums“[365] als Kernbestandteil des Rechts an. Dieser Standpunkt wird von den Vertretern des jüngeren Schrifttums bis heute überwiegend geteilt.[366] Anschließend werden nun nacheinander diejenigen Gesichtpunkte dargestellt und analysiert, die gleichsam das feststehende ethische Fundament von Isays rechtsschöp-

363 Vgl. dazu nochmals den obigen Nachweis in Fn. 280.

364 Siehe dazu nochmals oben: 1. Teil A) I) 5) a) und d).

365 Geprägt wurde diese Terminologie von: Jellinek, Die sozialethische Bedeutung von Recht, Unrecht und Strafe, S. 45.

366 Für die Beachtung eines „ethischen Minimums“ an Werten als Kernbestandteil des Rechts sprachen sich in Übereinstimmung mit Isay aus: Welzel, Naturrecht und materiale Gerechtigkeit, S. 252; F. Werner, in: Verhandlungen des 44. DJT, Bd. II, B 11; Luf, in: Festschrift für Verdross, S. 127 („Ethischer Grundkonsens“); Dreier NJW 1986, S. 890, (896); Bydlinski, AcP 188 (1988), S. 447, (481ff.); ders., in: Symposium für Canaris, S. 27, (42f.); A. Kaufmann, Rechtsphilosophie, S. 206f., 216; Naucke, Rechtsphilosophische Grundbegriffe, Rn. 271; Mayer-Maly, Rechtsphilosophie, S. 2 („Recht ist eine im großen und ganzen wirksame, Richtigkeit anstrebende Ordnung menschlichen Verhaltens, die einem ethischen Minimum genügt“); Zippelius, Rechtsphilosophie, S. 198.

ferischem Gesamtwerk bildeten: Die Rechtsidee in der klassischen Interpretation Radbruchs[367], die Toleranzidee[368] und der Grundsatz der Menschlichkeit[369].

1) Der Einfluss der Einzelelemente der Rechtsidee im Sinne Gustav Radbruchs auf Isays Denken und seine Argumentation

Die Konkretisierung der Rechtsidee auf die drei Kernelemente der Gerechtigkeit, der Zweckmäßigkeit und der Rechtssicherheit geht auf Isays berühmten Zeitgenossen Gustav Radbruch (1878 – 1949) zurück.[370] Überwiegend wird diese klassische Dreiteilung der Rechtsidee bis heute im Schrifttum vertreten.[371]

Zwar gibt es auch Stimmen, die die Elemente der Rechtsidee abweichend beurteilen.[372] Über ihre grundsätzliche Bedeutung als Höchstwert des Rechts

---

367 Dazu sogleich: 1. Teil B) II) 1) a) – d).

368 Siehe unten: 1. Teil B) II) 2).

369 Siehe dazu die Ausführungen unten: 1. Teil B) II) 3).

370 Grundlegend: Radbruch, Rechtsphilosophie, S. 73f.: „Die Rechtidee fanden wir in der Gerechtigkeit (...). An der Gerechtigkeit vermochten wir zwar den Rechtsbegriff zu orientieren, aber nicht den erschöpfenden Leitgedanken für die Ableitung des Rechtsinhalts zu gewinnen. Denn Gerechtigkeit weist uns zwar an, Gleiche gleich, Ungleiche ungleich zu behandeln, sagt uns aber nichts über den Gesichtspunkt, unter dem sie zunächst einmal gleich oder ungleich zu kennzeichnen seien; sie bestimmt ferner nur das Verhältnis, aber nicht die Art der Behandlung. Beide Fragen können nur aus dem Zwecke des Rechts beantwortet werden. Neben die Gerechtigkeit trat damit als zweiter Bestandteil der Rechtidee die Zweckmäßigkeit. Nun ließ sich aber die Frage nach Zweck und Zweckmäßigkeit nicht eindeutig beantworten, sondern nur relativistisch (...) Dieser Relativismus kann aber nicht das letzte Wort der Rechtsphilosophie bleiben. Das Recht als Ordnung des Zusammenlebens kann nicht den Meinungsverschiedenheiten der Einzelnen überlassen bleiben, es muss eine Ordnung über allen sein. Damit tritt eine dritte ebenbürtige Forderung an das Recht, ein dritter Bestandteil der Rechtsidee entgegen, die Rechtssicherheit. Die Sicherheit des Rechts fordert Positivität des Rechts: wenn nicht festgestellt werden kann, was gerecht ist, so muss festgesetzt werden, was rechtens sein soll und zwar von einer Stelle, die, was sie festsetzt, auch durchzusetzen in der Lage ist".

371 So wird die Rechtsidee in die Elemente der Gerechtigkeit, der Zweckmäßigkeit und der Rechtssicherheit eingeteilt von (Auswahl): Henkel, Einführung in die Rechtsphilosophie, S. 354, 389ff.; Mayer-Maly, JZ 1986, S. 557, (561); ders., in: Gedächtnisschrift für Küchenhoff, S. 141, (146f.); Bydlinski, Recht, Methode und Jurisprudenz, S. 29f.; ders., Juristische Methodenlehre und Rechtsbegriff, S.293f. u. 311ff.; Rüssmann, in: Symposion für Wieacker, S. 35, (40, Fn. 16); A. Kaufmann, Rechtsphilosophie, S. 154.

372 Vgl. anschaulich zu den abweichenden Interpretationen der Bestandteile der Rechtsidee: Bydlinski, Juristische Methodenlehre und Rechtsbegriff, S. 290ff. und dort insb. Fn. 230. Siehe darüber hinaus im Einzelnen: Germann, Probleme und Metho-

herrscht gleichwohl nicht nur unter den Rechtswissenschaftlern, sondern auch in der Bevölkerung weitestgehend Konsens.[373]

Isay orientierte sich im Jahre 1955 bei der Abfassung und Kommentierung des Höcherl-Entwurfs eines Gesetzes gegen Wettbewerbsbeschränkungen zwar an sämtlichen klassischen Kernelementen der Rechtsidee, also an der Gerechtigkeit, der Zweckmäßigkeit und der Rechtssicherheit, jedoch ohne den Begriff „Rechtsidee" überhaupt zu verwenden und ohne auf Radbruch als offenkundigen gedanklichen Impulsgeber zu verweisen. Dass ist vor allem deshalb umso überraschender, als Isay und Radbruch die Erkenntnishaltung eines „relativistischen Idealismus" gemein war.[374]

a) Das Gerechtigkeitselement

Im besagten Höcherl-Entwurf verdeutlichte Isay zunächst seinen Standpunkt zur Bedeutung des Elements der Gerechtigkeit innerhalb wirtschaftspolitischer Gesetze: „Jedes Gesetz soll möglichst dem Ideal der Gerechtigkeit entsprechen. Bei einem wirtschaftspolitischen Gesetze bedeutet dies vor allem billige Berücksichtigung der miteinander in Widerstreit stehenden Interessen der verschiedenen Wirtschaftsgruppen. (...) Die Linie des goldenen Mittelwegs lässt sich nicht mit mathematischer Genauigkeit errechnen. (...) Trotz aller Bemühungen ist in einer

---

den der Rechtsfindung, S. 30f., der zwar die Gerechtigkeit und die Rechtssicherheit als Elemente der Rechtsidee anerkennt, nicht aber die Zweckmäßigkeit. Ebenso im Ergebnis auch: Ryffel, Grundprobleme der Rechts- und Staatsphilosophie, S. 226 sowie: Larenz, Richtiges Recht, S. 33. Abweichend: Engisch, Auf der Suche nach der Gerechtigkeit, S. 187, 192ff.: Nach seiner Auffassung sind nur Gerechtigkeit und Zweckmäßigkeit als Elemente der Rechtidee anzuerkennen, die Rechtssicherheit sei dagegen lediglich die logische Folge der vorweg genannten Elemente. Wieder anders: Kubes, Grundfragen der Philosophie des Rechts, S. 54, der den klassischen Elementen der Rechtidee im Sinne Radbruchs noch die „Freiheit des konkreten Menschen" hinzufügt.

373 Larenz, in: Festschrift für Nikisch, S. 275, (305): „Sie ist das Ziel und damit auch der rechtfertigende Grund jeder richterlichen Rechtsschöpfung"; Bydlinski, in: Festschrift für Larenz, S. 1, (21): „Die bezeichneten Werte werden jedenfalls von sehr vielen Menschen in durchaus gewichtigem Ausmaß akzeptiert"; Rüssmann, in: Symposion für Wieacker, S. 35, (42): „Für unser Gemeinwesen dürfen wir in Anspruch nehmen, das der Staat insgesamt der Rechtsidee verpflichtet ist"; A. Kaufmann, Rechtsphilosophie, S. 152: „Doch wie auch immer, darüber besteht ein weitgehender Konsens, dass die Rechtsidee der Höchstwert des Rechts ist".

374 Siehe zum „relativistischem Idealismus" Isays bereits die obigen Ausführungen unter: 1. Teil A) I) 5) a) und 6). Vgl. auch die damit übereinstimmende Einordnung Radbruchs als Vertreter eines "relativistischen Idealismus" von: Nörr, in: Der Einfluss deutscher Emigranten auf die Rechtsentwicklung in den USA und in Deutschland, S. 343, (345f.).

gegebenen Zeit und Lage doch nur soviel an Gerechtigkeit zu verwirklichen, als die Möglichkeiten der Gemeinschaft nicht überfordert werden. Gerechtigkeit ist also nur in den Grenzen möglich, in denen sie sich technisch realisieren lässt".[375] Ergänzend äußerte Isay in den 50er Jahren an anderer Stelle zum Gerechtigkeitselement: „Oberster Grundsatz für den Gesetzgeber ist die gleichmäßige Behandlung aller Beteiligten".[376]

Als Zwischenergebnis ist somit festzuhalten, dass Isay in der Verwirklichung des Gerechtigkeitselements das oberste Ziel nicht nur der allgemeinen Rechtsentwicklung, sondern gerade auch seiner eigenen Gesetzentwürfe erblickte. Hinsichtlich ihrer Realisierung ging er dabei davon aus, absolute Gerechtigkeit sei nicht zu erzielen. Diese Einordnung entsprach auch seiner gemäßigt relativistischen Erkenntnishaltung, die dadurch gekennzeichnet war, dass sie die Existenz unveränderlicher materieller Werte, im Gegensatz zu den Anhängern des Naturrechts, in Frage stellte.[377] Daher fasste Isay die Gerechtigkeit als rein formale Leitlinie und Orientierungshilfe bei der Bewertung der kollidierenden Interessen der Beteiligten auf, wobei ihr konkreter Inhalt je nach den Umständen des Einzelfalles variierte. Damit erfüllte das Gerechtigkeitselement in seinem Werk die Voraussetzungen eines „Naturrechts mit wechselndem Inhalt".[378]

b) Das Zweckmäßigkeitselement

Neben der Verwirklichung der Gerechtigkeit spielten Erwägungen der Zweckmäßigkeit, also des zweiten Kernelements der Rechtsidee im Sinne Radbruchs, stets eine zentrale Rolle im rechtsschöpferischen Werk Isays. In seinem kartellrechtlichen Höcherl-Entwurf setzte er in diesem Zusammenhang die Zweckmä-

---

375 Isay, Der Höcherl-Entwurf eines Gesetzes gegen die Wettbewerbsbeschränkungen, S. 5.

376 R. Isay, NJW 1955, S. 361, (365).

377 Vgl. zu diesem relativistischen Erkenntnisansatz, der die naturrechtlichen Lehren außer Kraft setzte und den Isay mit den Neukantianern teilte, bereits oben: 1. Teil A) I) 5) a).

378 Die Terminologie geht zurück auf: Stammler, Wirtschaft und Recht nach der materialistischen Geschichtsauffassung, S. 185. Vgl. dazu auch: Larenz, in: Festschrift für Nikisch, S. 275, (304f.), der die „geschichtlich konkretisierte Rechtsidee" als „das „relative" Naturrecht der Geschichtsepoche" bezeichnete; Welzel, Naturrecht und materiale Gerechtigkeit, S. 187f.; Ryffel, Rechts- und Staatsphilosophie, S. 207: „Wird ein materiales Naturrecht abgelehnt, jedoch die Geltung einer formalen Rechtsidee behauptet, die jeweils zu konkretisieren ist, kann man von einem „Naturrecht mit wechselndem Inhalt" sprechen"; Henkel, Einführung in die Rechtsphilosophie, S. 513f.; A. Kaufmann, Rechtsphilosophie, S. 26, der die Ansicht vertritt, im Anschluss an Kant konnte es „ nur noch ein „Naturrecht mit wechselndem Inhalt", ein prozeßhaftes, dynamisches und geschichtliches Naturrecht geben".

ßigkeit der gesetzlichen Regelungen mit ihrer rechtstechnischen Zweckmäßigkeit gleich.[379]

Dabei ging Isay insoweit von einer Dialektik zwischen den Erfordernissen der Gerechtigkeit und der rechtstechnischen Zweckmäßigkeit eines Gesetzes aus, als die Verwirklichung des Gerechtigkeitselements aus seiner Sicht von seiner technischen Realisierbarkeit abhängig war. Hier kam wiederum, wie schon beim Gerechtigkeitselement, seine relativistische Erkenntnishaltung zum Tragen: „Aber auch auf die Postulate der Rechtstechnik gibt es keine eindeutige Antwort".[380] Maßgebliche Kriterien der rechtstechnischen Zweckmäßigkeit, an denen er sich bei der Abfassung des Höcherl-Entwurfs orientierte, waren für Isay: Die möglichst genaue Befolgung des Gesetzes bei gleichzeitig kleinem Behördenapparat für seine Durchsetzung; die möglichste Vermeidung von „Kautschukbegriffen", ohne durch schematische Lösungen ungerecht zu werden; die möglichste Einfachheit und Verständlichkeit des Gesetzes.[381]

Über seine Gesetzentwürfe hinaus griff Isay zudem auch bei der Entwicklung seiner übrigen Vorschläge zur Fortentwicklung des Rechts, sofern die zugrunde liegende Problematik bereits geregelt war, stets auf Zweckmäßigkeitserwägungen als Auslegungsmaßstab zurück. In diesem Zusammenhang hatte die Erforschung des „praktischen Zweckes" der bestehenden Regelungen für Isay, in Anlehnung an Jhering, höchste Priorität.[382]

Folgerichtig argumentierte Isay auf der Grundlage der objektiv-teleologischen Theorie der Gesetzesauslegung, die es ihm nicht nur ermöglichte, überhaupt rechtsschöpferisch tätig zu werden, sondern ihm überdies auch den erforderlichen Spielraum eröffnete, seine Grundüberzeugungen rechtsphilosophischer, rechtsethischer, sozialer und ökonomischer Art bei der Fortentwicklung des Rechts einfließen zu lassen.[383]

---

379 R. Isay, Der Höcherl-Entwurf, S. 5.

380 R. Isay, a. a. O. (Fn. 379), S. 5.

381 R. Isay, a. a. O. (Fn. 379), S. 5.

382 Vgl. zur nachhaltigen Bedeutung von Jherings monumentaler Abhandlung „Der Zweck im Recht" aus dem Jahre 1877 als wesentlicher Inspirationsquelle und Triebfeder für die Entstehung der Freirechtsschule, zu deren Lehren Isay sich Anfang des 20. Jahrhunderts bekannte, auch die Ausführungen zu Isays Rechtsschöpfungsmethode unten: 2. Teil A) III) 2) b) cc).

383 Siehe zum Einfluss der objektiv-teleologischen Theorie der Gesetzesauslegung auf die konkrete Ausgestaltung der Rechtsschöpfungsmethode Isays auch unten: 2. Teil A) III) 2) c) cc) aaa) sowie: 2. Teil A) IV) 1) a) und b).

c) Das Rechtssicherheitselement

Schließlich stand für Isay auch die Bedeutung des letzten Kernelements der Rechtsidee in der klassischen Interpretation Radbruchs, also des Erfordernisses der Rechtssicherheit, außer Frage. In diesem Sinne vertrat Isay bereits im Jahre 1922 im Hinblick auf das Rechtssicherheitselement folgenden Standpunkt: „Fordert schon ganz allgemein die Rechtsidee eine generelle Durchsetzung der Forderungen des Gesetzes, so gilt dies besonders vom Strafgesetz. Es darf nicht vorkommen, dass eine strafrechtliche Vorschrift in der großen Masse der Fälle lediglich auf dem Papier steht, dass nur gelegentlich ein Fall gesühnt wird, während die meisten Täter nicht bloß straflos bleiben, sondern sich nach wie vor allgemeiner Achtung erfreuen, obwohl ihre Tat ein offenes Geheimnis ist. Ein solcher Zustand führt unweigerlich zur Unterhöhlung des allgemeinen Rechtsbewusstseins und zu einem üblen Denunziantentum".[384]

Hieran ist abzulesen, dass Isay – aus Gründen der Rechtssicherheit – keinen Zweifel an der Autorität des Gesetzgebers aufkommen ließ.[385] Infolge seiner abschreckenden Erfahrungen während der Weimarer Republik, als er sich im Jahre 1930 vergeblich für den Erhalt der Prinzipien des Rechtsstaats und der Staatsautorität einsetzte[386], war Isay in den 50er Jahren vielmehr davon überzeugt, dass die Erfordernisse der Rechtssicherheit gerade auch im Rahmen der Fortentwicklung des Rechts unbedingt zu schützen seien, um auf diese Weise das Rechtsbewusstsein der Bevölkerung zu stärken[387].

Damit ergab die Untersuchung, dass Isay – auch wenn er sich nie explizit darauf berief – in seinen Abhandlungen dennoch sämtliche Elemente der Rechtidee Radbruchs, also die Gerechtigkeit, die Zweckmäßigkeit sowie die Rechtssicherheit, berücksichtigte.

---

384 R. Isay, Recht und Wirtschaft, 1922, Sp. 205, (206f.).

385 Siehe zu Isays Respekt vor der Autorität des Gesetzgebers unten: 2. Teil A) IV) 4).

386 Siehe zu Isays Warnungen vor akuten Gefahren für die Rechtsstaatlichkeit und die Staatsautorität als Folge der Anwendung der Notverordnungen im Kartellrecht unten: 2. Teil A) IV) 4) a) und c)

387 Siehe zu seinem unermüdlichen Streben nach einer Stärkung des Rechtsbewusstseins der Bevölkerung, das ihm während seiner gesamten Laufbahn besonders am Herzen lag, auch unten: 2. Teil A) IV) 4) b), c) und dort insb. die Nachweise in Fn. 837 und 849.

d) *Isays auf Harmonisierung bedachte Haltung zum Verhältnis der Elemente der Rechtsidee weicht von Radbruchs Position ab*

Im Hinblick auf das Verhältnis der Einzelelemente der Rechtsidee zueinander vertraten Radbruch und Isay abweichende Standpunkte.

Während Radbruch ursprünglich noch von den unauflösbaren Antinomien der Elemente der Rechtsidee überzeugt war[388], ging Isay zwar grundsätzlich ebenfalls davon aus, es könnte zwischen den Postulaten der Gerechtigkeit und Zweckmäßigkeit notwendigerweise ebenso zu Widersprüchen kommen[389] wie bei der Kollision zwischen der Gerechtigkeit und der Rechtssicherheit.[390] Im Unterschied zu Radbruchs Ansicht war Isay jedoch bestrebt, die Elemente der Rechtsidee im Widerspruchsfalle durch Kompromisse zum Ausgleich zu bringen.[391]

Solch einem auf Harmonisierung bedachten Ansatz, wie Isay ihn vertrat, gab später auch der überwiegende Teil des jüngeren Schrifttums den Vorzug gegenüber Radbruchs Lösung.[392]

---

388 Grundlegend: Radbruch, Rechtsphilosophie, S. 74ff. Später modifizierte Radbruch seine Ansicht allerdings. Vgl. dazu: A. Kaufmann, Rechtsphilosophie, S. 153f.

389 Vgl. explizit: R. Isay, Der Höcherl-Entwurf, S. 5: „Die Anforderungen der Gerechtigkeit und der rechtstechnischen Zweckmäßigkeit sind selten völlig miteinander in Einklang zu bringen. Wahrhafte Gerechtigkeit erfordert eine Würdigung aller Umstände des Einzelfalls. Diese aber widerspricht dem Bedürfnis nach einer einfachen Fassung des Gesetzes, nach Rechtssicherheit und nach Vermeidung eines großen Behördenapparates“.

390 Vgl. dazu: R. Isay, a. a. O. (Fn. 389), S. 6: „Im Wirtschaftsrecht gerät besonders leicht das Bedürfnis nach Rechtssicherheit mit den Erfordernissen der Gerechtigkeit in Widerstreit“.

391 R. Isay, a. a. O. (Fn. 389), S. 5: „So stellt jedes gute Gesetz einen Kompromiss dar zwischen den einander widerstreitenden Postulaten der Gerechtigkeit und der Gesetzestechnik“. Vgl. auch, S. 6: „Kompromisse ergeben sich also unvermeidlich aus dem Zwang, die Erfordernisse der Gerechtigkeit mit denen der technischen Durchführbarkeit und der Rechtssicherheit wenigstens halbwegs in Übereinstimmung zu bringen“. Der letztgenannte Aspekt der Harmonisierung der widerstreitenden Postulate der Rechtsidee bildete zugleich das zentrale Leitmotiv von Isays Spätwerk der 50er Jahren. Siehe auch die Ausführungen zu seiner Rechtsschöpfungsmethode unten: 2. Teil A) IV) 4) a) und b).

392 Vgl. dazu: Engisch, Auf der Suche nach der Gerechtigkeit, S. 194ff.; Henkel, Einführung in die Rechtsphilosophie, S. 445ff., 450ff. und insb. 455f.: „Lassen wir in einer Zusammenschau das Verhältnis von Gerechtigkeit, Zweckmäßigkeit und Rechtssicherheit auf uns wirken, so ergibt sich, dass die Vorstellung von Antinomien – jedenfalls im begrifflichen Sinne der unauflösbaren Widersprüche, der sich anschließenden, unaufhebbaren Gegensätze – auf die Art und Mannigfaltigkeit der zwischen den drei Prinzipien bestehenden Beziehungen nicht zutrifft. (...) Aber

2) Die Bedeutung der Toleranzidee für Isays Denken und seine Argumentationsweise bei der Fortentwicklung des Rechts

Während seiner gesamten Laufbahn entsprach Isays Denken und seine Argumentation bereits der Maxime, die Fritz Werner, später, im Jahre 1962, auf dem 44. Deutschen Juristentag mit folgenden Worten formulierte:

„Spielt für den Gesetzgeber die Toleranz eine maßgebliche Rolle, so gilt das vermehrt für den Rechtsanwender. Er ist berufen die Einzelfallgerechtigkeit zu verwirklichen. Daher steht er der ethischen und Rechtsnot unserer Zeit besonders nahe. (...) Die Toleranz wird zu einem Rechtsauslegungsmaßstab".[393]

In diesem Sinne bestand für Isay – seit seinem eindringlichen Plädoyer für „Duldsamkeit" und „Klassenversöhnung" im Jahre 1919 – kein Zweifel an der Erforderlichkeit der Toleranz als Voraussetzung für ein friedliches Zusammenleben innerhalb der Gesellschaft.[394] Verstärkt wurde Isays Ziel der Verwirklichung der Toleranzidee noch durch seinen unerschütterlichen Idealismus, der Parallelen zu Hegels Standpunkt der versöhnten Gegensätze aufwies.[395] Dabei fasste Isay die Toleranzidee im Rahmen der Rechtsfortbildung, ebenso wie schon die Rechtsidee, als rein formale Richtschnur im Sinne eines „Naturrechts mit wechselndem Inhalt" auf.[396]

---

diese verschiedenen Wirkungsmomente lösen sich nicht voneinander, sondern suchen und fordern einander als Ergänzung und Ausgleich". Ähnlich auch: Bydlinski, Recht, Methode und Jurisprudenz, S. 30f.; ders., Juristische Methodenlehre und Rechtsbegriff, S. 322. Dort vertritt er, ebenso wie Isay, die Ansicht, dass bei Antinomie der Elemente ein „kompromißhafter Ausgleich" anzustreben sei.

393 Werner, in: Verhandl. des 44. DJT, Bd. II, B 13.

394 Vgl. wegen der grundlegenden Bedeutung für Isays Streben nach Toleranz nochmals: R. Isay, Recht und Wirtschaft 1919, S. 180, (183). Wie bereits dargestellt, handelte es sich dabei um eine Schlüsselstelle in Isays Werk. Denn dort gelangte er zu der ganz elementaren Einsicht, die sein Denken fortan prägen sollte, dass eine gemäßigt relativistische Erkenntnishaltung „am ehesten jeden wohlmeinenden Menschen" zur „Duldsamkeit" gegenüber Andersdenkenden als Grundvoraussetzung der Klassenversöhnung bringen würde. Siehe zu Isays gemäßigtem Relativismus nochmals oben: 1. Teil B) I) 5) a) sowie, insbesondere zur erstrebten Klassenversöhnung im scharfen Kontrast zu Marx Theorie von der „Diktatur des Proletariats", bereits die Ausführungen oben: 1. Teil B) I) 3) b).

395 Siehe dazu bereits ausführlich oben: 1. Teil A) I) 2) b). Dort wurde herausgearbeitet, dass Isays Streben nicht allein auf die Versöhnung der Klassen, sondern darüber hinaus auch auf die Erzielung der Toleranz zwischen den Völkern, den Parteien sowie den verschiedenen Wissenschaftszweigen gerichtet war. Siehe dazu auch nochmals die in den Fn. 275 – 277 zitierten Appelle Isays.

396 Siehe zum Terminus des „Naturrechts mit wechselndem Inhalt" nochmals die obigen Nachweise in Fn. 378.

Nach Maßgabe dieser Grundannahmen über die Bedeutung der Toleranz für das Recht setzte es sich Isay nicht nur zum Ziel, mit seinen Vorschlägen zur Fortbildung des Rechts und in seinen Gesetzentwürfen Interessekonflikte stets im Wege der Abwägung und des Ausgleichs zu lösen.[397] Darüber hinaus trug er der Toleranzidee durch die Statuierung von Rücksichtnahmepflichten in seinem Werk ebenfalls unmittelbar Rechnung.[398]

Die jüngere Rechtsentwicklung hat Isays vorbildliches Streben nach Toleranz bis heute bestätigt. So ist nicht nur die grundsätzliche Bedeutung der Toleranzidee als Kernbestandteil des „ethischen Minimums" des Rechts weithin anerkannt.[399]

Zudem wird auch von einigen Vertretern des Schrifttums eine Parallele zwischen einem gemäßigten Relativismus und der Toleranz gezogen[400], ebenso wie

---

397 Siehe dazu nochmals die Ausführungen zu den Parallelen zwischen Isays Denken und dem klassischen Utilitarismus, mit dessen Grundsätzen er im Hinblick auf die maßgebliche Bedeutung von Interessenabwägungen im Recht zur Förderung des Allgemeinwohls übereinstimmte, oben: 1. Teil B) I) 4) b) sowie: Fn. 322.

398 Siehe zum Stellenwert sittlicher und gesetzlicher Rücksichtnahmepflichten in Isays Werk bereits oben: 1. Teil B) I) 4) b) sowie: Fn. 319, 320.Vgl. darüber hinaus zum Zusammenhang von Toleranz und Rücksichtnahme auch: Eisenhardt, JZ 1968, S. 214, (216) sowie: Zacher, Der Staat 1970, S. 161, (183).

399 Vgl. das eindringliche Plädoyer von Werner, in: Verhdl. des 44. DJT, Bd. II, B 7: „In einer so begriffenen Politik wird die Toleranz zum Ordnungsfaktor. Sie verbürgt die Anerkennung des Nebeneinander politischer Wertvorstellungen. Sie ist das Mittel, um dem Auseinanderbrechen einer politischen Ordnung entgegen zutreten und zu verhindern, dass Radikalität und Terror sich der Politik bemächtigen. (...) Sie ist das Rechtsminimum, das eine freiheitliche Rechts- und Staatsordnung zu gewähren hat". Ausdrücklich zustimmend: Eisenhardt, JZ 1968, S. 214, (219). Ähnlich: Henkel, Einführung in die Rechtsphilosophie, S. 347: (Toleranz als „Grundwert der sozialen Werteordnung"). Instruktiv auch: Schnapp, JZ 1985, S. 857, der darauf hinweist, dass die Toleranz nicht „Folge einer naturgegebenen Einstellung, sondern Ergebnis einer moralischen und intellektuellen Anstrengung ist". Den besten Beleg für diese These liefert wohl die vorliegende Analyse von Isays Denken. Sehr ausführlich zur Bedeutung der Toleranz in der pluralistischen Gesellschaft darüber hinaus: A. Kaufmann, Rechtsphilosophie, S. 295ff. und insb. S. 344: „In der Welt von heute, erst recht in der von Morgen ist Toleranz eine Schicksalsfrage der Menschheit". Ausdrücklich zustimmend: Mayer-Maly, Rechtsphilosophie, S. 26.

400 Auf den Zusammenhang zwischen einer gemäßigt relativistischen Erkenntnishaltung als Grundbedingung der Toleranz weisen hin (Auswahl): Werner, a. a. O. (Fn. 399), B 3f.; Zippelius, JuS 1965, S. 379, (381): „Die Einsicht in die Grenzen der Erkenntnis und in die mannigfache Bedingtheit, also Relativität, sozial ethischer und politischer Auffassungen, wird zur Mutter der Toleranz"; Ryffel, Rechts- und Staatsphilosophie, S. 278ff. u. S. 333ff.; Mayer-Maly, in: Festschrift für Kelsen, S. 107, (113); Henkel, Einführung in die Rechtsphilosophie, S. 328f. u. 347; La-

von Isay bereits im Jahre 1919. Zuweilen wird dabei Isays Folgerung ausdrücklich geteilt, wonach es – vorbehaltlich der Gewissheit um die „eigene Verantwortung" und um „die Notwendigkeit, auf Grund eigener Erwägung des Für und Wider eine Entscheidung zu fällen und sie auch gegenüber fremder Kritik zu rechtfertigen"[401] – einem gemäßigt relativistischen Denkansatz keineswegs widerspricht, deutliche Positionen einzunehmen und eigene Grundüberzeugungen zu entwickeln.[402]

Insgesamt ist festzuhalten, dass die Toleranzidee für Isay nicht nur einen elementaren Orientierungspunkt bei der Abfassung seines rechtsschöpferischen Werkes markierte, sondern, dass die von ihm aufgestellten Grundannahmen über den Stellenwert der Toleranz im Bereich des Rechts heute auch weitestgehend geteilt werden.

3) Der Grundsatz der Menschlichkeit und die Menschenwürde bildeten für Isay in den 50er Jahren die Höchstwerte des Rechts

Isays Erfahrungen aus zwei Weltkriegen und nicht zuletzt das Gefühl, als Jude ein „Fremdling" und damit „vogelfrei" zu sein[403], als er im Jahre 1935 seine Heimat verließ, spiegelten sich in seinen ethischen Grundüberzeugungen wider – auch wenn er ohne Ressentiments nach Deutschland zurückkehrte[404].

---

renz, Richtiges Recht, S. 158f. Anderer Ansicht sind: Welzel, Naturrecht und materiale Gerechtigkeit, S. 251f., der die Ansicht vertritt, Demokratie sei keine Folge des Relativismus; Engisch, Auf der Suche nach der Gerechtigkeit, S. 267: Aus seiner Sicht ist weder Toleranz, noch Intoleranz zwingende Folge des Relativismus.

401 So ausdrücklich: R. Isay, Recht und Wirtschaft 1919, S. 180, (183).

402 Vgl. dazu das Plädoyer für einen gemäßigten Relativismus, wie ihn Isay propagierte, von: A. Kaufmann, Rechtsphilosophie, S. 299: „Daher darf auch der Relativismus nicht absolut gesetzt werden, nicht zum Indifferentismus ausarten, zur Haltung desjenigen, der sich angesichts der vielen möglichen Entscheidungen selber nicht entscheiden kann und darum zum Spielball des Zufalls wird. Der Relativismus verträgt sich durchaus mit einer festen Überzeugung, aber diese Überzeugung ist gepaart mit der Einsicht, dass es zur eigenen Überzeugung noch gleichwertige andere Überzeugungen gibt. Ein verantwortungsbewusster Relativist zu sein, ist – entgegen der Behauptung seiner Gegner – sehr viel schwerer als wenn man einen absolutistischen Standpunkt vertritt und deshalb Menschen anderer Couleur ausgrenzt".

403 Vgl. dazu: R. Isay, Aus meinem Leben, Aufzeichnungen vom 25. April 1951, S. 77f.

404 Vgl. dazu: R. Isay, Vereinheitlichung des deutschen Bergrechts, S. 33, der vor dem Hintergrund des Zerfalls des Bürgertums im „Dritten Reich" folgende Ansicht vertrat: „Indessen führt Ressentiment hier so wenig weiter wie anderwärts. (...) Was vergangen ist, kehrt nicht wieder. (...) Eine gebildete Mittelschicht aber, die Ideale pflegt und Ideologien entwickelt, haben wir dringend nötig". Siehe auch die Würdigung von: Ballerstedt, Gedächtnisrede auf R. Isay S. 26: „So blieb er denn auch

Vor diesem Hintergrund ist auch sein eindringlicher Appell aus dem Jahre 1951 zu verstehen: „Die ganze westliche Kultur beruht auf der Achtung vor Menschenleben und Menschenwürde. Alle Abarten christlicher und humanistischer Ethik stimmen darin überein, gleichviel ob sie sich auf die Evangelien oder das Naturrecht, auf den kategorischen Imperativ oder die Ehrfurcht vor dem Leben gründen. Neben dieser Ethik besteht die eine unverzeihliche Sünde darin, einen Menschen nicht mehr als solchen zu achten. (...) Alles, auch das Grauenhafteste, ist möglich, sobald man einmal den Grundsatz der Menschlichkeit aufgibt. Das erkannte der Deutsche der dreißiger Jahre nicht. Er begriff nicht, dass aus diesem Grunde die unwahrscheinlichsten moralischen Greuel eine unvermeidliche Begleiterscheinung jedes totalitären Staates sind, mag er sich faschistisch, nationalsozialistisch oder kommunistisch nennen. Hoffentlich weiß er es heute und vergisst es nie wieder!"[405]

Daran ist zu erkennen, dass der Grundsatz der Menschlichkeit und die Menschenwürde für Isay – im Unterschied zur Rechtsidee und zur Toleranzidee, die er demgegenüber lediglich als formale Leitlinien und damit als „Naturrecht mit wechselndem Inhalt" auffasste – unverbrüchliche, ethische Werte darstellten.

Auch wenn er bewusst den konkreten Ursprung dieser Höchstwerte der „ganzen westlichen Kultur" offen ließ, wird deutlich, dass es sich beim Grundsatz der Menschlichkeit und der Menschenwürde aus seiner Sicht um nichts anderes handelte als um klassisches, absolute Gültigkeit beanspruchendes Naturrecht. Somit liefert Isays Haltung, die durchaus mit den gewandelten naturrechtlichen Anschauungen Radbruchs zu vergleichen ist[406], einen aufschlussreichen Beleg für die „Naturrechtsrenaissance" der 50er Jahre, die das Resultat des vollständigen Werteverfalls im „Dritten Reich" war.[407]

---

völlig frei von jeder Art Ressentiment, das seiner noblen Gesinnung ohnehin fremd gewesen wäre."

405 R. Isay, Aus meinem Leben, Aufzeichnungen vom 15. Juni 1951, S. 179f.

406 Vgl. zu Radbruchs Wandlung vom „Positivsten" zum „Naturrechtler": A. Kaufmann, Rechtsphilosophie, S. 41ff. u. 153f.; Adomeit, Rechts- und Staatsphilosophie, Bd. II, S. 148f., 160ff. und 164ff. Im Unterschied zum „Positivisten" Radbruch, hatte sich Isay allerdings schon vor dem Krieg als Rechtsschöpfer verstanden.

407 Vgl. zur „Naturrechtsrenaissance" in der Nachkriegszeit die differenzierte Analyse von: A. Kaufmann, Rechtsphilosophie, S. 31f.

4) *Zusammenfassung zum Einfluss der rechtsethischen Überzeugungen Isays auf seinen Denk- und Argumentationsstil*

Für Isay verstand sich die Beachtung der moralischen Komponente als Resultat seiner persönlichen Erfahrungen von selbst[408]. Sein hoher ethischer Anspruch spiegelte jedoch keineswegs die generelle Haltung seiner Zeitgenossen wider.[409] Demgemäß musste Isay Anfang der 50er Jahre erkennen: „Für viele Deutsche sind auch heute noch Ideale, in deren Zeichen die Westmächte damals siegten, Humanität, Demokratie und Völkerversöhnung, durch den Versailler Vertrag als heuchlerische Mittel zur Knechtung Deutschlands diskreditiert."[410]

Im Gegensatz zu solchen unversöhnlichen Positionen bestand ein wesentliches Anliegen Isays – als Konsequenz seiner gemäßigt relativistischen Grundhaltung – gerade darin, nach der Rückkehr aus der Emigration zur Verwirklichung der vorgenannten Ideale im Rahmen seiner Möglichkeiten beizutragen. Ausdruck dieser idealistischen Zielvorstellungen waren Isays feststehende ethische Grundsätze, an denen er sich in seinen Abhandlungen, insbesondere in seinem Spätwerk der 50er Jahre, orientierte.

In diesem Zusammenhang zeigte sich, dass die Rechtsentwicklung Isays ethische Grundsätze nicht nur hinsichtlich der Erforderlichkeit eines ethischen Minimums als Kernbestandteil des Rechts, sondern auch in ihrer konkreten Ausgestaltung überwiegend bestätigte. So ist die Bedeutung der Elemente der Rechtsidee im Sinne Radbruchs (Gerechtigkeit, Zweckmäßigkeit und Rechtssicherheit), die Isay seit dem Jahre 1922 bis zu seinen Gesetzentwürfen der 50er Jahre stets berücksichtigte, heute allgemein anerkannt.

Ähnlich verhält es sich mit der Toleranzidee, deren Verwirklichung Isay besonders am Herzen lag. Sie wird von vielen Autoren heute gleichfalls zum ethischen Minimum hinzu gerechnet. Der Grundsatz der Menschlichkeit bzw. die Menschenwürde schließlich, für die Isay noch im Jahre 1951 ein glühendes Plädoyer hielt, sind als feste Maximen in der grundgesetzlichen Werteordnung niedergelegt.

---

408 Auf diesen Charakterzug Isays weist ausdrücklich hin: Ballerstedt, JZ 1962, S. 103.

409 Vgl. in diesem Zusammenhang auch die Ausführungen zum „Pharisäertum", das während der Nachkriegszeit in weiten Teilen der Bevölkerung verbreitet war, von: Werner, in: Verhdl. des 44. DJT, Bd. II, B 11f. Siehe darüber hinaus auch den – angesichts seiner ansonsten besonnen Art – scharfen Angriff von: R. Isay, Aus meinem Leben, Aufzeichnungen vom 10. April 1951, S. 10: „Kein Menschenschlag ist mir widerwärtiger als das Geschlecht der Pharisäer, die Gott danken, dass sie nicht sind wie jene Sünder, und sich hochmütig von ihnen absondern."

410 So ausdrücklich: R. Isay, a. a. O. (Fn. 409), Aufzeichnungen vom 25. April 1951, S. 72.

Gleichwohl ist zu beachten, dass im jüngeren Schrifttum vereinzelt Stimmen laut werden, die es für ausgeschlossen halten, juristische Werturteile unter unmittelbarer Berufung auf die Rechtsidee oder vergleichbare rechtsethische Grundsätze rational fällen zu können, wobei vorrangig der Leerformelcharakter der Rechtsidee kritisiert wird.[411]

Diese Vorbehalte treffen jedoch auf Isays Umgang mit ethischen Kategorien nicht zu. Denn er gelangte nie unter alleinigem Rückgriff auf ethische Prinzipien zu seinen Vorschlägen für die Fortentwicklung des Rechts. Vielmehr berücksichtigte er die Rechtsidee, ebenso wie die Toleranzidee, lediglich als rein formale Leitlinien im Sinne eines „Naturrechts mit wechselndem Inhalt".

III) Die ökonomischen und sozialen Grundüberzeugungen Isays im Spannungsfeld zwischen Kontinuität und Zeitgeist

Die wechselvollen und krisenhaften Zeiten des – vor allem kriegsbedingten – wirtschaftlichen Umbruchs prägten die Entwicklung der ökonomischen und sozialen Grundüberzeugungen Isays nachhaltig. Dabei hielt er einerseits über Jahrzehnte kontinuierlich an seinen klassisch-wirtschaftsliberalen Grundsätzen fest.

---

411 Abgelehnt wird der Rückgriff auf die Rechtsidee bei der Entscheidungsfindung von: Rüthers, Rechtstheorie, Rn. 916ff.: „In der Literatur werden bisweilen unmittelbare Ableitungen von Normen und Beurteilungsmaßstäben aus der „Rechtsidee", aus „rechtethischen Prinzipien", aus den Grundsätzen der „Gerechtigkeit" oder aus „obersten Grundsätzen" des Rechts abgeleitet. (...) Sprachsoziologisch handelt es sich um eine spezielle Art ausfüllungsbedürftiger Leerformeln. Sie besitzen deshalb keinen verlässlichen, intersubjektiv gültigen Bedeutungsgehalt. (...) Die Beschwörung der „magischen Kraft des Zauberbesens der Rechtsidee" und ähnlicher erhabener, aber unbestimmter Kategorien trägt zur rationalen Lösung von Problemen der richterlichen Rechtsfortbildung wenig bei. (...) Insgesamt ist damit festzustellen, dass Normbegründungen aus der Rechtidee, der Gerechtigkeit u. ä. wissenschaftlich als Scheinargumente einzuordnen sind". Vgl. in dieser Richtung darüber hinaus die Vorbehalte von: Rüssmann, in: Symposion für Wieacker, S. 35, (42), der zwar zunächst, dem allgemeinen Konsens entsprechend, davon ausgeht, dass der Staat „insgesamt der Rechtsidee verpflichtet ist", allerdings nicht ohne im gleichen Atemzug kritisch folgendes zu Bedenken zu geben: „Das spräche zunächst dafür, dem Vernünftigen, das ja der Verwirklichung der Rechtsidee dient, auch bei der Bindungsfrage die höchste Rangstufe einzuräumen. Was indessen das Vernünftige ist, kann von jedem einzelnen höchst unterschiedlich beantwortet werden". Im Ergebnis ähnlich: Schoppmeyer, Juristische Methode als Lebensaufgabe, S. 274 und dort Fn. 85, der bezweifelt, dass die objektiv-teleologische Theorie der Gesetzesauslegung durch den unmittelbaren Rückgriff auf die Rechtsidee rational zu konkretisieren sei. Vgl. zur Problematik der fehlenden letzten Rationalisierbarkeit von Werturteilen am Beispiel von Isays Rechtsschöpfungsmethode auch unten: 2. Teil B) II) 2) a) – c).

Andererseits orientierte er sich aber auch stets an den aktuellen Strömungen des ökonomischen Zeitgeistes.

1) Isays Erfahrungen mit der Kriegswirtschaft während des 1. Weltkriegs führten ihm die Vorzüge wirtschaftlicher Freiheit im Sinne des klassischen Liberalismus deutlich vor Augen

Seine abschreckenden Erfahrungen in den Jahren 1914 – 1918 während der Tätigkeit für das Kriegswirtschaftsministerium beschrieb Isay rückblickend wie folgt: „Aus meiner Zeit in der Kriegsrohstoffabteilung nahm ich die Überzeugung mit, das jede Planwirtschaft ein Übel ist, wenn auch manchmal ein unvermeidliches Übel. Ihre Gefahr liegt, neben dem Bürokratismus, darin, dass jeder Irrtum sofort riesenhafte Ausmaße annimmt, (...). Bei freier Wirtschaft werden die Fehler einzelner Wirtschaftssubjekte durch die richtige Erkenntnis oder auch durch diametral entgegen gesetzte Fehler anderer Wirtschaftssubjekte kompensiert. Freie Wirtschaft arbeitet daher nie absolut richtig, aber auch nie so katastrophal falsch wie die Planwirtschaft. (...) Ferner wird jede Planwirtschaft zwangsläufig vom Schwarzhandel begleitet. Je schärfer die von ihr verhängten Einschränkungen sind, umso üppiger blüht der schwarze Markt, denn auf ihm sucht die Bevölkerung Bedürfnisse zu befriedigen, für die eine legale Befriedigung nicht vorgesehen ist. Dank der Rationalisierung der Kriegszeit begriff das einst so gesetzestreue deutsche Volk zum ersten Male, dass die Gesetze dazu da sind, umgangen zu werden“.[412]

Die daran erkennbare ökonomische Haltung Isays weist deutliche Berührungspunkte mit dem klassischen Wirtschaftsliberalismus in der Tradition der Lehren von Adam Smith und John Stuart Mill auf.[413] Und so wurden die Wirkungen des Manchestertums, welches die freie Konkurrenz auf seine Fahnen geschrieben hatte und den Staat lediglich als „Nachtwächter“ verstand[414], ebenso wie die parallel verlaufende Entwicklung des Wirtschaftliberalismus in Frankreich von Isay wie folgt gewürdigt:

„Die mit wachsender Bevölkerungsdichte einhergehende Erhöhung des Lebensstandards und des Volksvermögens seit dem Ausgang der napoleonischen Kriege bis zu den Gründerjahren erscheint bei rückschauender Betrachtung märchenhaft und wesentlich gefördert von der Entfesselung aller individuellen

---

412 R. Isay, Aus meinem Leben, Aufzeichnungen vom 10. April 1951, S. 41f.

413 Sowohl Adam Smith als auch John Stuart Mill werden in verschiedenen Abhandlungen Isays als Wegbereiter und Protagonisten des klassischen Liberalismus erwähnt. Siehe dazu nochmals die Belege oben: Fn. 314.

414 Vgl. die prägnante Zusammenfassung der klassischen Grundsätze aus heutiger Sicht von: Siems, ZRP 2002, S. 170.

Kräfte durch die liberale Staatsauffassung und Wirtschaftspolitik. Gleichzeitig schien das Prinzip der wirtschaftlichen Freiheit aus sich selbst heraus monopolistische Zusammenschlüsse zu verhindern".[415]

Einerseits behielt Isay zwar die Grundsätze des klassischen Wirtschaftsliberalismus insoweit bis in die 50er Jahre bei, als er nach wie vor von den Vorteilen der Selbstregulierung der Wirtschaft bei weitestgehendem Verzicht auf staatliche Eingriffe in den Wettbewerb überzeugt war.

Andererseits musste er aber in der Epoche der „gebundenen Wirtschaft" auch die Schattenseiten vollkommener Wirtschaftsfreiheit und schrankenlosen, ruinösen Wettbewerbs erkennen, als die „Treibhausluft der Inflation" im Jahre 1923 zu einer „tropischen Blüte der Kartelle" führte.[416]

2) *Im Einklang mit dem Zeitgeist der Epoche der „gebundenen Wirtschaft" war Isay in den 20er Jahren von der ordnenden Wirkung des Kartellwesens auf die Wirtschaft überzeugt*

Nachfolgend wird zum einen Isays Einstellung zur verstärkten Kartellbildung in den 20er Jahren untersucht und zum anderen danach gefragt, inwieweit sich seine Haltung mit den herrschenden Anschauungen der gleichzeitig aufkommenden Periode der „gebundenen Wirtschaft" deckten.

a) *Die wohlwollende Haltung Isays zur verstärkten Kartellierung der Wirtschaft in den 20er Jahren*

Die Gründe für die Entstehung des Kartellwesens[417] in Deutschland erblickte Isay darin, dass Mitte der 80er Jahre des 19. Jahrhunderts, also bald nach der Gründerkrise, „infolge des gar zu rapiden wirtschaftlichen Aufschwungs der

---

415 R. Isay, Geschichte der Kartellgesetzgebungen, S. 23ff. Ähnlich auch: Ders., Vereinheitlichung des deutschen Bergrechts, S. 15, wo er betonte, dass der klassische Liberalismus „in der zweiten Hälfte des vorigen Jahrhunderts seine höchsten Triumphe feierte". Vgl. auch die übereinstimmende Beurteilung von: M. Friedman, Kapitalismus und Freiheit, S. 33: „Es kam zu einer ganzen Reihe politischer Reformen, die von wirtschaftlichen Reformen begleitet waren, und zwar auf eine weitere Verwirklichung des Prinzips des Laissez-faire. Diesem Wandel in den wirtschaftlichen Strukturen folgte ein enormer Anstieg im Wohlstand der breiten Massen".

416 So ausdrücklich: R. Isay, Geschichte der Kartellgesetzgebungen, S. 38.

417 Vgl. zu Isays Definition des Kartellbegriffs in den 20er Jahren auch die Ausführungen im Werkteil unten: 3. Teil C) I) a) aa), bb) und dort insb. Fn. 1107.

vorhergegangenen Jahrzehnte ein Rückschlag eintrat und die Konkurrenz übergroßen Umfang annahm".[418]

Die Gefahren völliger Wirtschaftsfreiheit traten dabei aus seiner Sicht aufgrund des folgenden Mechanismus klar zutage: „Bei Konjunktureinbrüchen" gebe es „in den wichtigsten Zweigen der deutschen Wirtschaft bei freiem Wettbewerb keine untere Grenze für den freien Marktpreis. (...) So entwickelt sich in der heutigen Wirtschaft bei Konjunktureinbrüchen zwangsläufig ein selbstmörderischer Wettbewerb. Doch trägt er selten durch Verminderung der Produktionskapazität und des Angebots zur Heilung der Krise bei. Denn selbst durch Zusammenbruch des Unternehmers verschwindet nicht das Unternehmen. Noch weniger ist Gewähr dafür geboten, dass gerade die leistungsunfähigen Unternehmer zusammenbrechen. (...) Aus diesen Zusammenhängen ist historisch das deutsche Kartellwesen entstanden."[419]

Ausdrückliche gesetzliche Regelungen für die Kartellierung existierten in der Anfangszeit des Kartellwesens zunächst nicht.[420] In der Entscheidung zum sächsischen Holzstoffkartell aus dem Jahre 1897 sprach sich das RG zudem ausdrücklich gegen ein Verbot aus. Allein missbräuchliche Praktiken der Kartelle wurden verfolgt.[421]

Virulent wurde das Kartellproblem für Isay allerdings erst in den 20er Jahren des 20. Jahrhunderts, als seine klassisch-wirtschaftsliberale Grundhaltung mit den ökonomischen Herausforderungen und Notwendigkeiten der „neuen" Epoche der „gebunden Wirtschaft", in der die Bestrebungen der Wirtschaft zur Kartellierung ihren Höhepunkt erreichten, konfrontiert wurde.[422]

Zwar stellte sich Isay die grundsätzliche Frage, ob dem Kartellproblem auf dem Wege der Gesetzgebung zu begegnen sei, um den Fortbestand der wirt-

---

418 R. Isay, Geschichte der Kartellgesetzgebungen, S. 25f. Vgl. zu den Gründen für die Entstehung des Kartellwesens im 19. Jahrhundert aus heutiger Sicht auch die Untersuchung von: Baums, Kartellrecht in Preußen.

419 R. Isay, Entwurf eines Gesetzes zur Verhütung des Missbrauchs wirtschaftlicher Machtstellungen, S. 27f.

420 Siehe aber: Baums, Kartellrecht in Preußen, S. 13ff. und insb. S. 20, nach dessen Ansicht aus dem Sinn und Zweck des § 11 S. 2 der Gewerbeordnung (1845) ein „möglichst umfassendes Verbot beschränkender Verträge" zu folgern sei, gleichwohl dieses Verbot im Wortlaut des § 11 S. 2 nicht „in unmissverständlicher Weise zum Ausdruck kam".

421 RGZ 38, 155ff. Vgl. dazu auch die Kritik an der Entscheidung von: Böhm, ORDO Bd. 1 (1948), S. 197ff. sowie die Verteidigung des Urteils durch: v. Katzler, in: Festschrift für Metzner, S. 143ff. Siehe zur reichsgerichtlichen Rechtsprechung auch: Barnikel, in: Theorie und Praxis der Kartelle, S. 1, (38ff.).

422 Vgl. zu Isays Haltung gegenüber den herrschenden Anschauungen in der Epoche der „gebundenen Wirtschaft" auch ausführlich unten: 1. Teil B) III) 2) b).

schaftlichen Freiheit und des Wettbewerbs zu sichern. Dies entsprach allerdings keineswegs dem damaligen ökonomischen Zeitgeist[423], dem letztlich auch Isay folgte.

Symptomatisch für seine wohlwollende Haltung gegenüber den Kartellen Anfang der 20er Jahre war folgende Beurteilung der Entwicklung:

„Die heutigen wirtschaftlichen Verhältnisse machen eine Organisation unserer Wirtschaft zu einer unumgänglichen Notwendigkeit (...) Ohne Organisation ist die Überwindung der jetzigen Wirtschaftsschwankungen für die Industrie und den Handel kaum möglich."[424]

Die Kartellierungsbestrebungen der Unternehmen waren für Isay also Ausdruck der wirtschaftlichen Notlage im Sinne der viel zitierten Definition Kleinwächters, der die Kartelle angesichts der Gründerkrise als „Kinder der Not" bezeichnet hatte.[425] Deutlich wird in diesem Zusammenhang darüber hinaus nochmals der Einfluss der Vorstellung von der Vernünftigkeit der geschichtlichen Entwicklung, den Isay von der Historischen Rechtsschule („Die Dinge sind klüger als die Menschen") und der Geschichtsphilosophie Hegels aufgriff, sowie von Marx' Überzeugung, dass der wirtschaftliche Wandel von den gesellschaftlichen Verhältnissen abhänge.[426]

Infolgedessen sprach sich Isay in Übereinstimmung mit der reichsgerichtlichen Rechtsprechung Anfang der 20er Jahre vehement gegen ein gesetzliches Kartellverbot aus[427], zumal er die Kartelle als „gesunde Organisationsformen" wirtschaftlicher Selbstregulierung wahrnahm.[428] Stattdessen setze Isay in den

---

423 Vgl. zum ökonomischen Zeitgeist der 20er Jahre unten: 1. Teil B) III) 2) b).

424 R. Isay, KR, 1921, S. 243, (250). Ebenso auch: Ders., GRUR 1929, S. 1368, (1375), der dort die Ansicht vertritt, man müsse „die organisierte Wirtschaft als einen berechtigten und sogar notwendigen Faktor unseres Wirtschaftslebens ansehen".

425 So ausdrücklich: Kleinwächter, Die Kartelle, S. 126, 143.

426 Vgl. zum Einfluss der Historischen Rechtsschule auf Isays Denken bereits die obigen Ausführungen: 1. Teil B) I) 1) a), zum Einfluss von Hegels Überzeugung der Vernünftigkeit der geschichtlichen Entwicklung oben: 1. Teil B) I) 2) a) sowie von Marx' Erkenntnis der Bedeutung der geänderten wirtschaftlichen Verhältnisse für die Rechtsentwicklung oben: 1. Teil A) I) 3) a).

427 Grundlegend gegen ein gesetzliches Kartellverbot: R. Isay, Recht und Wirtschaft 1921, S. 128, (132): „Es würde wohl kaum angebracht sein, Anomalien und Missstände, die sich in solch außergewöhnlichen Zeitläufen etwa gezeigt haben sollten, zum Anlass für einen schweren und gewagten Eingriff in die Funktionen des Wirtschaftkörpers zu benutzen." Siehe auch, ebenda, S. 133: „Das Kartellwesen staatlich zu reglementieren, ist somit undenkbar. Es handelt sich um organische Bildungen, deren Wachstum man nicht mit dem Lineal begrenzen kann".

428 R. Isay, Recht und Wirtschaft 1921, S. 128, (134), der dort die Meinung vertritt, „dass das Kartellwesen im Begriff ist, von sich heraus die in seinem Körper vor-

20er Jahren ganz auf die Wirkungen der „latenten Konkurrenz" unter den Mitgliedern des Kartells, die aus seiner Sicht zu einer moderaten Preispolitik des gesamten Kartells führte und somit ein Verbot ohnehin entbehrlich machte.[429] Zudem warnte er vor dem Bürokratismus, der für die Durchsetzung eines Kartellverbotes erforderlich werden würde und nur durch die Errichtung einer Mammutbehörde bewältigt werden könnte.[430] Ferner sah er die Gefahr einer weiteren Vertrustung der Wirtschaft zu Lasten des Mittelstandes und des Kleingewerbes als Konsequenz eines Kartellverbotes.[431] Schließlich befürchtete er einen rapiden Anstieg von Denunziations- und Korruptionsfällen, mit der Folge, dass die Achtung vor dem Gesetz aus seiner Sicht unweigerlich schwinden würde.[432] Dabei stellte die Verhinderung eines Verbots und die damit einhergehende Zulassung der Kartellierung für Isay auch keinen Widerspruch zu seinem im Kern altliberalen Ansatz dar, da die Kartelle nicht nur das folgerichtige Resultat der wirtschaftlichen Entwicklung sowie Ausdruck seiner Grundüberzeugung von den Vorteilen wirtschaftlicher Selbstregulierung bei gleichzeitiger Staatsferne waren, sondern nach seiner Vorstellung auch im Einklang mit der Vertragsfreiheit standen[433].

Jedoch sollte sich erweisen, dass Isays Ansicht, wonach gesetzliche Regelungen zur Ordnung der Wirtschaft nicht erforderlich waren, von den wirtschaftlichen und gesellschaftlichen Erfordernissen überholt wurde als sich die Regie-

---

handenen Krankheitskeime zu ersticken und dass ihnen eine bedeutende Rolle beim Wideraufbau der Wirtschaft zugewiesen sein wird, vorausgesetzt, dass man nicht durch äußere Eingriffe die im Zuge befindliche Entwicklung hemmt oder in falsche Bahnen lenkt".

429 Vgl. zu seiner Überzeugung von den positiven Auswirkungen einer „latenten Konkurrenz" innerhalb des Kartells: R. Isay, Recht und Wirtschaft 1921, S. 128, (130f.); ders., Studien zum privaten und öffentlichen Kartellrecht, S. 72f.; R. Isay / Nipperdey, Die Reform des Kartellrechts, S. 7.

430 Vgl. dazu: R. Isay, Recht und Wirtschaft 1921, S. 128, (133); ders., Studien im privaten und öffentlichen Kartellrecht, S. 74; R. Isay / Nipperdey, Die Reform des Kartellrechts, S. 24f.

431 Vgl. z. B.: R. Isay, Recht und Wirtschaft 1921, S. 128, (132): „Für den Konsumenten ist eine Trustbildung wesentlich gefährlicher als die Kartellierung, weil die Preisbildung in einem solchen Riesenunternehmen völlig unkontrollierbar und daher der Willkür des Trustleiters überlassen ist".

432 Vgl.: R. Isay, Recht und Wirtschaft 1921, S. 128, (132); R. Isay / Nipperdey, Die Reform des Kartellrechts, S. 25.

433 Vgl. dazu: R. Isay / Tschierschky, Kartellverordnung, S. 21; R. Isay / Nipperdey, Die Reform des Kartellrechts, S. 44f.

rung Stresemann auf dem Höhepunkt der Inflation gezwungen sah, die Kartellverordnung zu erlassen.[434]

Bald darauf veröffentlichte Isay im Jahre 1925 seinen visionären und einflussreichen Kommentar zur KVO, der durch eine volkswirtschaftliche Einleitung Tschierschkys ergänzt wurde.[435]

Nach der Vorstellung ihrer Verfasser diente die Kartellverordnung dem Ziel, ein Regelungsinstrumentarium gegen Kartellmissbräuche aufzustellen, die primär darin bestanden, dass viele Industriezweige das Geldentwertungsrisiko zunehmend auf ihre Abnehmer übergewälzt hatten. Von der Statuierung eines Kartellverbots wurde hingegen in Übereinstimmung mit Isays grundsätzlich wohlwollender Haltung zum Kartellwesen bewusst abgesehen.[436]

Während es im Jahre 1911 etwa 600 Kartelle in Deutschland gab, existierten 1922 bereits 1000, 1925 dann zwischen 2000 und 2500, bevor sich auf dem Höhepunkt der Kartellierung im Jahre 1926 insgesamt ca. 3000 Kartelle gebildet hatten. Bis 1930 sank die Zahl wieder, allerdings auf immer noch 2100.[437] An dieser Statistik ist deutlich abzulesen, weshalb Deutschland noch jüngst als „klassisches Land der Kartelle“ bezeichnet wurde.[438]

Das Missbrauchsprinzip erwies sich bereits wenige Jahre nach Verabschiedung der KVO in der praktischen Anwendung als wirkungslos. Tatsächlich schritt die Reichsregierung nur in wenigen Fällen gegen Kartelle ein. Schnell wurden die Rufe nach einer Kartellrechtsreform in der Bevölkerung ebenso wie in der Wissenschaft immer lauter.

---

434 Kartellverordnung (=KVO), NotVO v. 2. 11. 1923, RGBl. I, S. 1067, 1090 mit späteren Änderungen. Vgl. zu den Hintergründen der Entstehung der KVO und ihren maßgeblichen Regelungen statt aller: Nörr, Die Leiden des Privatrechts, S. 49ff. sowie: Rittner, Wettbewerbs- und Kartellrecht, S. 120f.

435 Vgl. R. Isay / Tschierschky, Kartellverordnung. Siehe zu den einflussreichen Vorschlägen, die Isay darin für die Auslegung der KVO entwickelte und die die Rechtssprechung und das Schrifttum fortan prägen sollten, auch unten: 2. Teil A) IV) 3) b) aa) – bb) sowie: 3. Teil C) I) 1) a) – d).

436 Vgl. dazu statt aller: Bremer, in: Kartelle und Kartellgesetzgebung in Praxis und Rechtsprechung vom 19. Jahrhundert bis zur Gegenwart, S. 111, (117): „Im Gegensatz zum GWB verbietet die Kartellverordnung Kartelle nicht, sondern geht von ihrer grundsätzlichen rechtlichen Zulässigkeit aus und unterstellt sie einer rein behördlichen, teilweise aber auch gerichtlichen Missbrauchsaufsicht. Ein völliges Kartellverbot, wie z. T. in der Bevölkerung gefordert war, schien der Regierung Stresemann zu weitgehend, vielmehr ging auch sie von einer volkswirtschaftlich bedeutsamen Funktion verantwortungsbewusster Kartelle aus“.

437 Vgl. dazu die Statistik mit Quellenangaben bei: Reuter, Erfahrungen mit staatlicher Kartellpolitik in Deutschland, S. 40.

438 Statt aller: Emmerich, Kartellrecht, S. 11.

Ihren Höhepunkt erreichte die Reformdebatte auf dem 35. Deutschen Juristentag in Salzburg im Jahre 1928, auf dem Isays Leitsätze für eine zukünftige Gestaltung des Kartellrechts – neben Nipperdey trat er dort als Hauptreferent auf – vom Auditorium nahezu einstimmig angenommen wurden.

In seinem Referat auf dem Juristentag brachte Isay seinen differenzierenden, aber im Kern – aufgrund der zuvor geschilderten wirtschaftlichen Verhältnisse in den 20er Jahren, die aus seiner Sicht zwangsläufig zur vermehrten Kartellierung führten, – insgesamt wohlwollenden Standpunkt zum Kartellwesen wie folgt zum Ausdruck: „Der Wahrheit kommt die Auffassung am nächsten: Kartelle haben gute und schlechte Wirkungen. Bald überwiegen diese, bald jene. Die Frage ist nur: Wie lassen sich die schlechten Wirkungen beseitigen, ohne die guten zu paralysieren?".[439] Diese differenzierende Haltung sollte er auch noch in den 50er Jahren einnehmen.[440]

b) Der Zeitgeist der aufkommenden Periode der „gebundenen Wirtschaft" bestätigte Isays Haltung zu den Kartellen

Bestätigung fand Isays wohlwollende Haltung zum Kartellwesen in den 20er Jahren in der damals weit verbreiteten Theorie der Wirtschaftsstufen im Sinne der herrschenden Vertreter der Nationalökonomie, Sombart und Schmalenbach, auf die er sich ausdrücklich berief: „Es ist bekannt, dass gerade das Jahr 1914 von einem Mann wie Sombart als ein Wendepunkt in der Geschichte des Kapitalismus gesehen wird. Er betrachtet den Weltkrieg als die Grenzlinie zwischen Hochkapitalismus und Spätkapitalismus, der sich von ersterem dadurch unterscheidet, dass der Individualismus in steigendem Maße von kollektiven Wirtschaftprinzipien abgelöst wird. Ähnlich vertritt Schmalenbach die Auffassung,

---

439 R. Isay / Nipperdey, Die Reform des Kartellrechts, S. 3. Vgl. dazu auch die ausführliche Analyse zu Isays Referat auf dem Salzburger Juristentag im Jahre 1928 und den dort verabschiedeten Leitsätzen unten: 3. Teil C) I) 3) a) – c). Zu beachten ist in diesem Zusammenhang, dass Isay sich bereits in seiner ersten längeren Monographie „Das Recht am Unternehmen" (1910) – dazu ausführlich unten: 3. Teil A) I) – V) – in ähnlich differenzierter Weise zu den Kartellen äußerte: „So verdammenswert, dass ihnen gegenüber jede Waffe recht wäre, sind selbst die meist angefeindeten Kartelle sicher nicht. Sondern geht die herrschende, auch vom Reichsgericht akzeptierte Meinung mit vollem Recht dahin, dass ein allgemeines Urteil weder im guten noch im bösen Sinne über sie möglich ist, dass vielmehr für jeden einzelnen Fall die Berechtigung des Kartells geprüft werden muss" (S. 97f.).

440 Siehe dazu auch unten: 1. Teil B) III) 3) b).

dass die Periode der freien Wirtschaft vorüber ist und ihr jetzt eine Periode der gebundenen Wirtschaft folgt".[441]

Die darin zum Ausdruck kommende Vorstellung einer neuen Epoche der „gebundenen Wirtschaft" entsprach in den 20er Jahren dem allgemeinen Konsens unter den Rechtswissenschaftlern und den Nationalökonomen.[442] Zudem folgte auch das Reichsgericht in seiner berühmten Entscheidung zum „Benrather Tankstellenfall" dem ökonomischen Zeitgeist der „gebundenen Wirtschaft":

„Preisbindungen sind Zustände, die in der jetzigen Zeit der Verbände und Tarifverträge und dergleichen im deutschen Wirtschaftleben im weitesten Umfange herrschen. (...) Die davon betroffenen Kreise mögen in solcher Gebundenheit verschiedener Art zunächst, als diese Dinge noch neu waren, eine Beschränkung ihrer kaufmännischen Selbstständigkeit gesehen haben. Heute, wo diese Zustände jeden am Geschäftsleben – sei es als Unternehmer, als Angestellter oder als Arbeiter – Beteiligten und weiteren anderen Kreisen durchaus geläufig sind, kommt niemand mehr auf den Gedanken, anzunehmen, dass die selbstständige Stellung eines Kaufmanns vernichtet sei, weil er in der Festsetzung seiner Preise durch die Bestimmungen eines Syndikats (...) gebunden ist".[443]

Heftige Kritik erfuhr Isays zuvor dargestellte wohlwollende Haltung zum Kartellwesen in der Epoche der „gebundenen Wirtschaft" in den 30er Jahren

---

441 R. Isay, GRUR 1929, S. 1368, (1374). In dieser Richtung auch: R. Isay / Nipperdey, Die Reform des Kartellrechts, S. 1. Dort bildet die Epoche der „gebundenen Wirtschaft" den Ausgangspunkt seines Referats.

442 Siehe dazu die ausführliche Darstellung mit vielen Verweisen auf Isays Abhandlungen der 20er Jahre von: Schrauder, Wettbewerbsverstöße als Eingriff in das Recht am Gewerbebetrieb, S. 57ff. Vgl. zudem die Zusammenfassung zu den Anschauungen der Epoche der „gebundenen Wirtschaft" aus heutiger Sicht von: Nörr, in: Der Einfluss deutscher Emigranten auf die Rechtsentwicklung in den USA und in Deutschland, S. 343, (346f.): „Negativ wandte sich der Gedanke der organisierten Wirtschaft entschieden gegen die freie Marktwirtschaft und, weniger dezidiert, gegen eine vom Staat inszenierte und administrierte Planwirtschaft. Positiv trafen sich in der Vorstellung von einer organisierten Wirtschaft Gedanken und Entwürfe aus den verschiedensten Ecken und Enden wie die Marx'sche Gesetzmäßigkeit des Geschichtsprozesses, die nationalökonomischen Lehren von den Wirtschaftsstufen und Wirtschaftssystemen (...)". Siehe darüber hinaus zum Einfluss der volkswirtschaftlichen Lehren, die die kartellfreundliche Haltung Isays und der übrigen Rechtswissenschaft in der Epoche der „gebundenen Wirtschaft" hervorriefen, ausführlich die Kritik von: Nörr, Die Leiden des Privatrechts, S. 70ff.

443 Urteil des Reichsgerichts v. 18. 12. 1931: RGZ 134, 342, (348). Siehe zu dieser berühmten reichsgerichtlichen Entscheidung zum „Benrather Tankstellenfall" auch die kritische Analyse unter besonderer Berücksichtigung von Isays Gutachten zum vorinstanzlichen Urteil des OLG Düsseldorf in dieser Sache unten: 3. Teil C) I) 2) d).

durch Böhm[444] und noch in den 50er Jahren durch Fischer[445]. Fischers Angriffe gegenüber Isays „kartellfreundlicher" Haltung in den 20er Jahren gipfelten in der zynischen Bemerkung:

„Wenngleich zwischenzeitlich ihm die Periode der nationalsozialistischen Zentralwirtschaft, welche die Kartelle als Instrumente einer staatlich gelenkten Wirtschaft zu einer vorher ungeahnten Blütezeit brachte, durchaus Recht zu geben schien".[446] Aufgrund der Angriffe Fischers sah sich Isay zu einer Erwiderung veranlasst. Isay ging es dabei in erster Linie darum, – rein sachlich und zutreffend – Folgendes richtig zu stellen: „In meinem Referat auf dem Salzburger Juristentage 1929 ging ich davon aus, dass man Kartelle nicht unbegrenzt schalten lassen, aber ebenso wenig völlig verbieten könne. Das entsprach damals der einhelligen Meinung der Wissenschaft."[447] Im Zusammenhang mit Fischers polemischer Kritik sahen sich sogar Dritte veranlasst, Isay gegen die Anwürfe zu verteidigen.[448]

---

444 Vgl.: Böhm, Wettbewerb und Monopolkampf, S. 175: Dort kritisierte Böhm Isays von der Historischen Rechtsschule geprägte Grundüberzeugung, „dass die Dinge klüger sind als die Menschen, dass organisches Wachstum gesündere Organismen zeitigt, als bewusstes Organisieren" (R. Isay / Nipperdey, Die Reform des Kartellrechts, S. 13. Siehe dazu auch bereits oben: 1. Teil B) I) 1) a) und Fn. 243 f.) – jedenfalls im Zusammenhang mit der Lösung des Kartellproblems – scharf als „blinde Bewunderung der wirtschaftlichen Entwicklung". Zudem warnte er vor Isays Rat, der wirtschaftlichen Entwicklung ihren Lauf zu lassen, da sie für die Kartellierung „nichts anderes bedeutet als die Zumutung an das Recht, sich selbst aufzugeben".

445 Vgl.: Fischer, in: Jahrb. für Nationalök. und Stat. Bd. 166 (1954), S. 207, (229ff.), der dort Isays Äußerungen zur „gebundenen Wirtschaft" als dessen „eigene, subjektive Meinung" bezeichnete. Siehe darüber hinaus: Ders., AcP 154 (1955), S. 85, (92), der dort im Zusammenhang mit einem Vortrag, den J. M. Keynes im Jahre 1926 in Berlin mit dem Titel „Ende des laissez faire – laissez aller" hielt, unter ausdrücklicher Erwähnung Isays behauptet: „Diese sozialistische Wirtschaftdiagnose traf damals in Deutschland in den Kreisen der führenden Kartell- und Aktienrechtsjuristen auf sehr fruchtbaren Boden." Im gleichen Atemzug unterstellte er Isay – freilich ohne eine entsprechende Fundstelle angeben zu können – in seinem Vortrag auf dem Salzburger Juristentag im Jahre 1928 „die Kartelle als „kollektivistische Vorboten" des nach den Kronzeugen Marx, Sombart und Keynes unausweichlich heraufkommenden Sozialismus" bezeichnet zu haben, „und eine Gesetzgebung zum Verbot der Kartelle als „utopisch" verurteilt zu haben." Siehe, ebenda, S. 92, Fn. 22.

446 Fischer, in: Jahrb. f. Nationalök. und Stat. Bd. 166 (1954), S. 230, Fn. 95.

447 R. Isay, in: Jahrb. f. Nationalök. und Stat., Bd. 166 (1954), S. 419f.

448 Vgl. die Reaktion gegen Fischers Angriffe auf Isay von: Ottel, WuW 1954, 676, (677): „Weitere Ausführungen Fischers passen schlecht in den Rahmen einer wissenschaftlichen Zeitschrift. (...) Gegen Erwägungen oder Absichten, die man dem Gegner unterstellt, lässt sich allerdings leicht polemisieren."

Und tatsächlich erscheinen Fischers Unterstellungen vor dem Hintergrund der bereits untersuchten Grundüberzeugungen Isays als befremdlich. Die angebliche gesellschaftspolitische Nähe zu Marx erweist sich schon im Ansatz als aus der Luft gegriffen, wenn man sich vor Augen führt, wie unermüdlich sich Isay auch in der Epoche der „gebundenen Wirtschaft" der 20er Jahre für den altliberalen Grundsatz der Selbstregulierung der Wirtschaft und gegen jede Form von staatlicher Zwangskartellierung einsetze.[449] Aus ebendiesem Grund ist auch der Bezug zu Keynes unzutreffend, zumal sich Isay in seinem ganzen Werk ohnehin mit keinem Wort auf diesen berief.

Auf einen weiteren Aspekt, der in Fischers Kritik bereits an klang, ist allerdings an anderer Stelle noch näher einzugehen, nämlich auf die Frage, ob die Kartellpolitik der 20er Jahre, auf die Isay in rechtlicher Hinsicht großen Einfluss ausübte, der nationalsozialistischen Zwangswirtschaft nach 1933 den Weg geebnet hatte. Darüber ist seit den 70er Jahren im Schrifttum eine Kontroverse entbrannt.[450]

Als Zwischenergebnis bleibt vorerst jedoch festzuhalten, dass Isays ökonomische Grundüberzeugungen in der Epoche der „gebundenen Wirtschaft" der 20er Jahre insgesamt dem damaligen Zeitgeist und allgemeinen Konsens in Na-

---

449 Grundlegend: R. Isay, Studien zum privaten und öffentlichen Kartellrecht, S. 73: „Zweitens wird man eine Entwicklung in Richtung der Zwangskartelle nach Möglichkeit vermeiden. Denn jeder Zwang zur Kartellierung beseitigt wieder den Hauptvorteil der Schmiegsamkeit, der Anpassung an die fachlich und zeitlich wechselnden Lebensbedingungen der verschiedenen Gewerbe". Siehe darüber hinaus Isays nachfolgende Stellungnahme gegen die Einführung der Planwirtschaft und der Zwangskartellierung als Beleg seiner im Kern wirtschaftsliberalen Grundhaltung: R. Isay / Nipperdey, Die Reform des Kartellrechts, S. 12f.: „Eine Einmischung des Staates in das Wirtschaftsleben ist heute unvermeidlich. Die Stichworte Diskontpolitik, Steuerpolitik, Zollpolitik, Verkehrswesen mögen als Begründung genügen. Andererseits dürfen wohl bei der Mehrzahl unserer Generation die Erfahrungen der Kriegswirtschaft und der Inflationswirtschaft die Überzeugung genährt haben, dass soweit wie möglich, der Staat der Eingriffe in die Wirtschaft enthalten soll, dass staatliche Zwangswirtschaft vom Übel ist." Ebenda, S. 40: „Der Gedanke einer zwangsweisen Planwirtschaft mit Kartellhilfe, wie er den Sozialisierungsgesetzen zugrunde lag, ist verfehlt." Vgl. darüber hinaus: R. Isay, KR 1929, S. 373, (379): „Denn die heutige Wirtschaft tendiert nach einem automatischen Gleichgewicht der Kräfte". Hieran wird der Einfluss der „balance of power", die Adam Smith als zentrale Leitlinie des klassischen Wirtschaftsliberalismus aufstellte, auf Isays Denken sichtbar.

450 Siehe auch die ausführliche Untersuchung des Referates, das Isay auf dem 35. DJT in Salzburg 1928 hielt und dessen Leitsätze den wesentlichen Anknüpfungspunkt für die Vergleiche des jüngeren Schrifttums zwischen der Kartellpolitik der 20er Jahre und der nationalsozialistischen Kartellpolitik bildeten, unten: 3. Teil C) I) 3) a) – c).

tionalökonomie, Rechtswissenschaft und höchstrichterlicher Rechtssprechung entsprach.

3) In den 50er Jahren strebte Isay unter Berufung auf die Grundsätze der Sozialen Marktwirtschaft nach einem Ausgleich zwischen Wettbewerbs- und Kartellierungsfreiheit

In Übereinstimmung mit seinen ökonomischen und sozialen Grundüberzeugungen sprach sich Isay, wie schon in den 20er Jahren, auch noch in den 50er Jahren in einer Reihe von Abhandlungen gegen ein gesetzliches Kartellverbot aus.[451] Dabei hielt er die Ermöglichung der Kartellbildung in Krisenzeiten – nunmehr unter Berufung auf die Grundsätze der Sozialen Marktwirtschaft – nach wie vor für unumgänglich[452] und stütze seine eigenen Gegenvorschläge für ein zukünftiges Kartellgesetz zudem immer noch auf seine klassisch-wirtschaftsliberalen Grundsätze[453].

a) Isays Kritik am Regierungsentwurf zum GWB (1952) belegt nach wie vor sein Wohlwollen gegenüber dem Kartellwesen

Das Potsdamer Abkommen vom 12.8.1945 sah als Resultat der nationalsozialistischen Kriegswirtschaft gem. §12 vor, den deutschen Firmen sobald wie möglich zu verbieten, sich an nationalen und internationalen Kartellen zu beteiligen und eine sofortige Beendigung aller Beteiligungen an solchen Vereinbarungen herbeizuführen. Um dies zu gewährleisten, erließen die West-Alliierten im Jahre 1947 die Dekartellierungsverordnungen für die amerikanische (Gesetz Nr. 56), die britische (VO Nr. 78) sowie die französische Zone (VO Nr. 96).

In den wortgleichen Präambeln wurde der Erlass der Verordnungen in erster Linie damit begründet, „1. um zu verhindern, dass Deutschland die Sicherheit seiner Nachbarn und den internationalen Frieden von neuem bedroht; 2. um Deutschlands wirtschaftliche Fähigkeit, Krieg zu führen, zu zerstören".[454]

---

451 Siehe dazu seine Kritik am Regierungsentwurf zum GWB unten: 1. Teil B) III) 3) a).

452 Siehe zu seiner Interpretation des „sozialen" Elements der Marktwirtschaft unten: 1. Teil B) III) 3) b).

453 Siehe zu Isays Kartellkonzept, das anstelle des Verbotsprinzips vorrangig mit „Mitteln der leichten Hand" operierte und eine primäre Selbstregulierung der Wirtschaft bei einer nur sekundären Missbrachsaufsicht über die Kartelle vorsah, ausführlich unten: 1. Teil B) III) 3) c).

454 Zitiert nach: R. Isay, Geschichte der Kartellgesetzgebungen, S. 63.

Vor diesem Hintergrund brachte Isay die Einstellung der Alliierten zur Kartellfrage wie folgt auf den Punkt: „In der Vorstellung der Siegermächte waren Kartelle zu einem Symbol des Nationalsozialismus geworden. Wollte man die Wurzel des Nationalsozialismus ausrotten, so musste man nach der Vorstellung der Besatzungsmächte die Kartelle bekämpfen".[455]

Demgemäß verpflichteten die Alliierten die Bundesregierung dazu, ein Kartellgesetz zu verabschieden, mit dem die Wirtschaftskraft der Bundesrepublik Deutschland gebrochen werden sollte.[456] Im Jahr 1949 wurde zunächst der ordoliberal geprägte Josten-Entwurf vorgelegt[457], der indes von den Alliierten wegen seiner Rigorosität – er statuierte ein beinahe absolutes Kartellverbot – nicht akzeptiert wurde. Nach dreijährigen Vorarbeiten kam die Bundesregierung ihrer Verpflichtung nach und legte dem Bundestag am 14. Juni 1952 ihren „Entwurf eines Gesetzes gegen Wettbewerbsbeschränkungen" mitsamt umfangreicher Begründung vor.[458] Der Regierungsentwurf, dem wie schon zuvor dem Josten-Entwurf die Anschauungen der Ordoliberalen um Franz Böhm zugrunde lagen, setzte es sich zum Ziel, die Wettbewerbsfreiheit unter den Gegebenheiten der modernen Wirtschaft zu sichern. Zu diesem Zwecke statuierte der Regierungsentwurf – anstelle des Missbrauchsprinzips der KVO vom 2. 11. 1923 – ein Kartellverbot, von dessen Anwendung jedoch Konjunkturkrisen-, Rationalisierungs- und Exportkartelle freigestellt waren. Zudem sah der Entwurf eine Missbrauchsaufsicht über marktbeherrschende Unternehmen ebenso vor wie eine Zusammenschlusskontrolle. Auf einige Bereiche (z. B. den Verkehrs- und Agrarsektor) sollte das Gesetz keine Anwendung finden.[459]

Nach seiner Rückkehr aus dem fünfzehnjährigen brasilianischen Exil setze sich Isay unmittelbar kritisch mit dem Regierungsentwurf auseinander, über den

---

455 R. Isay, a. a. O. (Fn. 454), S. 62.

456 Siehe zum Druck, den die Alliierten hinsichtlich der Verabschiedung des zukünftigen GWB auf die Bundesregierung ausübten: Günther, WuW 1951/52, S. 17ff.; ders., WuW 1951/52, S. 281ff.; R. Isay, in: Jahrb. f. Nationalök. u. Stat. Bd. 166 (1954), S. 419, (422).

457 Vgl. dazu statt aller: Günther, in: Festschrift für Böhm, S. 183ff.

458 Vgl. Bundestagsverhandlungen, Band 18, Drucksache 3462, 1. Wahlperiode. In der Begründung ist die Entstehungsgeschichte des Entwurfs anschaulich dokumentiert (S. 18).

459 Vgl. zu den zentralen Bestimmungen des Regierungsentwurfs, seiner Zielrichtung und den ihm zugrunde liegenden ökonomischen Anschauungen: Wagner, Die Diskussion über ein Gesetz gegen Wettbewerbsbeschränkungen, S. 23ff. sowie zur wirtschaftlichen Bedeutung insb. S. 30ff.; Kartte / Holtschneider, in: Handbuch des Wettbewerbs, S. 193, (207ff.); Rotthege, Die Beurteilung von Kartellen und Genossenschaften durch die Rechtswissenschaft, S. 225ff.; Nörr, Die Leiden des Privatrechts, S. 185ff.

ein erbitterter Grundsatzstreit zwischen Befürwortern und Gegnern des Kartellverbots entbrannte, bevor das Gesetz gegen Wettbewerbsbeschränkungen nach insgesamt „siebenjährigem Krieg“[460] schließlich am 27. Juli 1957 erlassen wurde und am 1. Januar 1958 in Kraft trat.[461]

Obwohl schon 65 Jahre alt, schaltete sich Isay mit ungebrochener Energie in die Debatte ein und sprach sich unermüdlich, mit einer Vielzahl von Argumenten gegen das nach den Vorstellungen der Bundesregierung und der Alliierten für erforderlich gehaltene gesetzliche Kartellverbot aus.[462]

Die zentralen Vorbehalte Isays gegenüber einem gesetzlichen Kartellverbot waren in den 50er Jahren, wie schon in den 20er Jahren, im Einzelnen:[463]

1. Bereits die Realisierung eines der wesentlichen Ziele des Entwurfs, namentlich die Herstellung der vollständigen Konkurrenz nach dem Vorbild der ordoliberalen Anschauungen[464], hielt Isay nicht nur für utopisch.

Überdies widersprach dieser stagnierende Ansatz auch seinem eigenen an der amerikanischen „Workable competition“ orientierten dynamischen Wettbewerbsverständnis.[465]

---

460 Diese Terminologie wurde z. B. verwendet von: Andreae, WuW 1953, S. 396, (414) und von: Willemsen, in: Kartelle und Kartellgesetzgebung in der Praxis vom 19. Jahrhundert bis in die Gegenwart, S. 257.

461 Abgedruckt, in: BGBl. I, 1081ff.

462 Vgl. dazu im Einzelnen: R. Isay, WuW 52, S. 321, (323ff.); ders., WuW 1952, S. 694ff., insb. 696f.; ders., Gutachten zum Regierungsentwurf eines Gesetzes gegen Wettbewerbsbeschränkungen, S. 19ff. und insb. S. 24ff.; ders., Entwurf eines Gesetzes zur Verhütung des Missbrauchs wirtschaftlicher Machtstellungen, S. 30ff.; ders., WuW 1954, S. 100, (106ff.); ders., Der Höcherl-Entwurf, 1955, S. 12; ders., NJW 1955, S. 361, (362ff.); ders., in: Festschrift für M. Metzner, S. 35ff.

463 Siehe zu Isays Vorbehalten gegenüber einer gesetzlichen Regelung im Hinblick auf die nachteiligen Folgen eines Kartellverbotes in den 20er Jahren bereits oben: 1. Teil B) III) 2) a).

464 Vgl. zur ordoliberalen Vorstellung von der vollständigen Konkurrenz noch jüngst: Siems, ZRP 2002, S. 170, (171): „Die in bestimmten Konstellationen fehlende unsichtbare Hand des Wettbewerbs soll also durch die sichtbare Hand des Staates kompensiert werden, um eine vollständige Konkurrenz zu ermöglichen.“ Zur Kritik der Abgrenzung von vollständiger und unvollständiger Konkurrenz im Sinne der Ordoliberalen: R. Isay, WuW 1952, S. 694, (695f.) sowie: ders., Gutachten zum Regierungsentwurf eines Gesetzes gegen Wettbewerbsbeschränkungen, S. 20f., der diese Abgrenzung dort als „einen weiteren grundlegenden Fehler des Entwurfs“ bezeichnet.

465 Siehe zu seinem dynamischen Wettbewerbsverständnis: R. Isay, WuW 1954, S. 557, (563): „Das zu erstrebende Ziel besteht in einem „funktionierenden Wettbewerb“. Damit ist offenbar das gemeint, was in der angloamerikanischen Literatur workable competition heißt“; ders., WuW 1955, S. 339, (350): „Das Problem ist also seinem Wesen nach dynamisch“; ders., Der Höcherl-Entwurf, S. 10, wonach die

2. Die Durchsetzung des Verbotes könne nur eine Mammutbehörde gewährleisten, wobei für ihn zu befürchten stand, dass mangels behördlicher Kapazitäten gerade die schwersten Kartellverstöße nicht verfolgt würden.[466]

3. Das Verbotsgesetz würde unweigerlich umgangen werden und zur Entstehung von Untergrund-Kartellen führen.[467]

4. Denunziationen und Korruptionsfälle würden an der Tagesordnung sein, so dass kein Vertrauensverhältnis zwischen der Behörde und den kartellierten Gewerbezweigen entstehen könne.[468]

Steuerung der Politik der Kartelle „kein statisches, sondern ein eminent dynamisches Problem" sei; ders., Geschichte der Kartellgesetzgebungen, S. 66: „Rechtspolitisch stößt man bei dem Versuch, den „Wettbewerb" zu schützen, auf die Schwierigkeit, dass der Wettbewerb in Wahrheit ein dynamischer Prozess ist".

466 So z. B. ausdrücklich: R. Isay, WuW 1952, S. 321, (324): „Die hierfür nötige Anzahl von geeigneten Beamten und Richtern wird sich, ganz abgesehen von der Belastung der Bundesfinanzen, einfach nicht finden lassen"; ders., WuW 1952, S. 694, (697); ders., Gutachten zum Regierungsentwurf eines Gesetzes gegen Wettbewerbsbeschränkungen, S. 24f.; ders., Entwurf eines Gesetzes zur Verhütung des Missbrauchs wirtschaftlicher Machtstellungen, S. 37f.; ders., Der Höcherl-Entwurf, S. 19f.; ders., NJW 1955, S. 361, (363): „Alle Beschwerden über „unbillige" Benachteiligungen, die an die Kartellbehörde herangebracht werden, gleichviel ob wichtig oder unwichtig, sind zu prüfen".

467 Dazu: R. Isay, WuW 1952, S. 321, (324); ders., WuW 1952, S. 694, (697); ders., Gutachten zum Regierungsentwurf eines Gesetzes gegen Wettbewerbsbeschränkungen, S. 25f.; ders., WuW 1954, S. 100, (107); ders., NJW 1955, S. 361, (363).

468 Vgl. dazu: R. Isay, WuW 1952, S. 321, (327): „Auf dem Salzburger Juristentage habe ich auszuführen versucht (...), dass eine vertrauensvolle Zusammenarbeit von Behörde und Wirtschaftsführern im Sinne von Wirtschaftsförderung und Wirtschaftspflege nützlicher sei als alle Zwangsmaßnahmen. (...) Natürlich setze diese Gemeinschaftsarbeit eine Atmosphäre des guten Willens voraus. Daher dürfe das geltende Recht nicht so konstruiert sein, dass es jeden Ansatz zur Entstehung des Vertrauens zerstöre. Diese Auffassung scheint mir auch heute noch richtig. Man wird sie vielleicht als utopischen Idealismus verspotten. Trotzdem lohnte es sich vielleicht, einmal einen Versuch damit zu machen". Ebenso auch: R. Isay, WuW 1954, S. 100, (106). Aus dieser Überzeugung zieht er die Konsequenz: R. Isay, NJW 1955, S. 361, (365): „Man soll nur anordnen, was auch voraussichtlich befolgt wird. Durch undurchführbare Verbote leidet das Rechtsbewusstsein und die Gesetzestreue sowie das Vertrauensverhältnis zwischen Wirtschaft und Behörde". Vgl. dazu auch die von Isay selbst angesprochene Stellungnahme aus den 20er Jahren: R. Isay / Nipperdey, Die Reform des Kartellrechts, S. 39. – Zu beachten ist, dass an Isays Plädoyer für ein Vertrauensverhältnis zwischen Wirtschaft und Behörde nicht nur erneut sein unerschütterlicher Idealismus in Gestalt seines Versöhnungsstrebens deutlich zutage tritt. Siehe dazu nochmals oben: 1. Teil B) I) 2) b). Zudem ist daran auch seine utilitaristische Denkweise („Wirtschaftsförderung nützlicher als Zwangsmaßnahmen") deutlich abzulesen. Siehe dazu bereits oben: 1. Teil B) I) 4) b).

5. Insgesamt werde das Verbotsprinzip unweigerlich zu einer Schwächung des Rechtsbewusstseins der Bevölkerung führen.[469]

6. Die übliche Tendenz der marktbeherrschenden Unternehmen zur Konzentration und Vertrustung werde sich in Zukunft eher noch verstärken, ohne dass sich Mittelstand und Kleingewerbe dagegen adäquat schützen könnten[470].

7. Infolge des Ausmaßes der im Entwurf vorgesehenen behördlichen Überwachungsbefugnisse drohe ein Rückfall in die Planwirtschaft.[471]

8. Ein Verbot mit einer Vielzahl von Ausnahmen für willkürlich herausgegriffene Wirtschaftsbereiche sei unzweckmäßig.[472]

9. Der Regierungsentwurf sei im Ganzen zu kompliziert gefasst.[473]

---

469 Dazu: R. Isay, WuW 1952, S. 321, (324f.); ders., WuW 1952, S. 694, (697); ders., Gutachten zum Regierungsentwurf eines Gesetzes gegen Wettbewerbsbeschränkungen, S. 25f.; ders., Entwurf eines Gesetzes zur Verhütung des Missbrauchs wirtschaftlicher Machtstellungen, S. 31; ders., Der Höcherl-Entwurf, S. 19.

470 Dass ihm gerade bei der Lösung des Kartellproblems die Förderung des Mittelstands und Kleingewerbes am Herzen lag, belegen auch folgende Abhandlungen: R. Isay, Gutachten zum Regierungsentwurf eines Gesetzes gegen Wettbewerbsbeschränkungen, S. 12 u. 22; ders., Entwurf eines Gesetzes zur Verhütung des Missbrauchs wirtschaftlicher Machtstellungen, S. 38; ders., WuW 1954, S. 100, (107f.); ders., WuW 1954, S. 557, (561 u. 578f.); ders., Der Höcherl-Entwurf, S. 6ff.; ders., Geschichte der Kartellgesetzgebungen, S. 59f.; ders., WuW 1955, S. 339, (350); ders., in: Festschrift für Metzner, S. 35, (36): „Aber es ist eine seltsame Mittelstandspolitik, wenn man Zusammenschlüsse, mit deren Hilfe sich das in Deutschland glücklicherweise noch reichlich vorhandene Unternehmertum gegenüber dem Großgewerbe zu behaupten sucht, schlechter behandeln will als letzteres".

471 R. Isay, WuW 1954, S. 557, (578): „Die vom Regierungsentwurf vorgesehene Kartellgenehmigung und Kartellüberwachung bezieht sich also keineswegs bloß auf „die Grundlagen der wirtschaftlichen Verfassung und wirtschaftlichen Ordnung", sondern mischt sich in einem Ausmaße in die Einzelheiten des Wirtschaftslebens ein, das von Dirigismus kaum noch zu unterscheiden ist"; ders., in: Festschrift für Metzner, S. 35, (36): „Der Aufgabenkreis der Kartellbehörde ist also weit gesteckt und ihre Einwirkung auf die Wirtschaft umfassend".

472 R. Isay, WuW 1952, S. 694, (696): „Wer nicht wirtschafttheoretisch voreingenommen ist, wird es jedoch für ausgeschlossen halten, dass ein Kartellverbot in dem einen Sektor der Wirtschaft „der Erhaltung einer Vielzahl selbstständiger Unternehmerexistenzen" dienen, in dem Nachbarsektor dagegen „der weiteren Konzentration Vorschub leisten" würde"; ders., Gutachten zum Regierungsentwurf eines Gesetzes..., S. 18f. u. 22; ders., in: Jahrb. f. Nationalök. u. Stat. Bd. 166 (1954), S. 419, (420): „Die vom Regierungsentwurf angewandte Technik eines durch zahlreiche Ausnahmen durchbrochenen Verbots ist jedoch höchst unzweckmäßig"; ders., Entwurf eines Gesetzes zur Verhütung des Missbrauchs wirtschaftlicher Machtstellungen, S. 30f.; ders., Der Höcherl-Entwurf, S. 9.

473 Vgl.: R. Isay, WuW 1952, S. 694, (696); ders., Gutachten zum Regierungsentwurf eines Gesetzes gegen Wettbewerbsbeschränkungen, S. 23f.; ders., NJW 1955, S. 361, (362).

10. Mit Blick auf die Vereinigungsfreiheit (Art. 9 Abs. 1 GG), auf den Gleichheitssatz (Art. 3 Abs. 1 GG) sowie auf die freie Entfaltung der Persönlichkeit (Art. 2 Abs. 1 GG) war Isay – seinen vom klassischen Wirtschaftsliberalismus geprägten Grundsätzen entsprechend – nicht nur von der Verfassungswidrigkeit des Kartellverbots, sondern damit einhergehend auch von der Unvereinbarkeit des Entwurfs mit den Grundsätzen der Sozialen Marktwirtschaft überzeugt.[474]

Eine detaillierte Zusammenfassung der vorerwähnten Kritikpunkte, die Isay dem Regierungsentwurf in einer Vielzahl von Abhandlungen unermüdlich entgegen hielt, liefert folgende Stellungnahme:

„Will man den Gesetzentwurf, (...) in seinem Gesamtbild kurz charakterisieren, so kann man ihn nur als den Versuch bezeichnen, wirtschaftsliberale Ideen mit polizeistaatlichen Mitteln zu verwirklichen. Das ist eine seltsame Zwitterbildung. Da die Zeiten eines aufgeklärten Absolutismus unwiderruflich vergangen sind, so liegen die Folgen auf der Hand: Die Wirtschaft, namentlich derjenige Teil, in dem heute bereits der Großbetrieb herrscht und daher die Preisführerschaft in die Bresche springen kann, wird sich irgendwie mit dem Gesetz abfinden. (...) Soweit es an einem passenden Schlupfloch fehlt, wird das Gesetz durch Gentlemen's agreements (...) umgangen werden. Die Kartellbehörde wird selbst bei ausgiebigster Ausstattung mit Personal nicht im Stande sein, auch nur einen nennenswerten Teil der Verstöße zu verfolgen. Sie wird sich darauf beschränken müssen, einige Exempel zu statuieren. Diese werden keinen erheblichen abschreckenden Erfolg herbeiführen, wohl aber ausreichen, um fruchtbare Zusammenarbeit schon allein durch das auf beiden Seiten bestehende Misstrauen unmöglich zu machen. Bezahlen wird die Zeche zunächst einmal der gewerbliche Mittelstand, dem wegen seiner Vielköpfigkeit weniger Umgehungsmöglichkeiten zur Verfügung stehen als der konzentrierten Großindustrie. Ferner wird das Verhältnis zwischen Staat und Wirtschaft vergiftet werden, obwohl (...) es für den Staat einfacher ist, mit der Wirtschaft als gegen sie eine Ordnung durchzusetzen. Vor allem aber wird das Rechtsbewusstsein des Volkes leiden, denn es wird dem deutschen Bürger wieder einmal vor Augen geführt werden, dass das Gesetz dazu da ist, übertreten zu werden, namentlich von denen, die ohnehin mächtig sind."[475]

Eine eingehende Stichhaltigkeitsprüfung der Argumente Isays gegen ein Kartellverbot im Sinne des Entwurfs kann vorerst, da es zunächst allein um seine

---

474 Vgl: Isay, Entwurf eines Gesetzes zur Verhütung des Missbrauchs..., S. 38; ders., WuW 1954, S. 557, (560f.); ders., Der Höcherl-Entwurf, S. 17f.

475 So die ausdrückliche Kritik von: R. Isay, Geschichte der Kartellgesetzgebungen, S. 77f.

ökonomischen und sozialen Grundüberzeugungen geht, noch dahinstehen und erfolgt erst im Werkteil.[476]

An dieser Stelle bleibt somit festzuhalten, dass sich weitestgehende Übereinstimmungen zwischen seiner soeben erläuterten Kritik am Regierungsentwurf in den 50er Jahren und seinen Vorbehalte gegenüber einem gesetzlichen Kartellverbot, die er bereits in den 20er Jahren äußerte, zeigten.[477] Insoweit ist Isay seinen einmal für richtig befundenen Ansichten in den dazwischen liegenden drei Jahrzehnten also treu geblieben. Neben dieser Kontinuität in Isays Überzeugungen trat aber auch erneut seine Orientierung am ökonomischen Zeitgeist in Erscheinung. So wie er in den 20er Jahren den damals aktuellen Anschauungen der „gebundenen Wirtschaft" folgte, griff er in den 50er Jahren das dynamische Wettbewerbsverständnis der modernen angloamerikanischen „Workable Competition" auf. Noch in den 50er Jahren, wie schon in den 20ern, bewegten sich Isays ökonomische Überzeugungen damit zwischen den Polen der Kontinuität und des Zeitgeists.

b) Zum Zwecke der Milderung von Konjunkturkrisen plädierte Isay mit Hinweis auf das „soziale" Element der Marktwirtschaft für einen Fortbestand des Kartellwesens

Die Grundsätze der Sozialen Marktwirtschaft[478] wurden von Isay in den 50er Jahren aufgegriffen und ausdrücklich anerkannt, wie sich beispielhaft aus folgender Stellungnahme ergibt: „Die Volkswirtschaft der Bundesrepublik ist grundsätzlich als Marktwirtschaft gestaltet. Sie beruht auf Privateigentum und unternehmerischer Initiative und verwendet zur Steuerung der Wirtschaft in erster Linie den von Eigeninteresse hervorgerufenen Wettbewerb."[479]

---

476 Siehe unten: 3. Teil C) II) 1).

477 Siehe zu Isays Argumentation gegen ein gesetzliches Kartellverbot in den 20er Jahren bereits oben: 1. Teil B) III) 2) a) und dort insb. die Nachweise in Fn. 427-433.

478 Vgl. zur Einführung in die Grundsätze der Sozialen Marktwirtschaft die grundlegende und prägnante Zusammenfassung von: Müller-Armack, in: HdSW, Bd. 9, S. 390ff. Vgl. in diesem Zusammenhang darüber hinaus die instruktive Analyse von: Lange-von Kulessa, Renner, in: ORDO, Bd. 49 (1998), S. 79, (80). Danach liege der wesentliche Unterschied zwischen dem Ordoliberalismus und Müller-Armack darin, dass letzterer „die Sozialpolitik als einen zweiten Pfeiler neben die Ordnungspolitik" setzte, wohingegen die Ordoliberalen die soziale Säule Müller-Armacks als eine offene Flanke, ein Einfallstor für Interventionen" betrachteten und daher ablehnten. Siehe auch zu Müller-Armacks Kernthesen zur Verwirklichung der Sozialen Marktwirtschaft, ebenda, S. 81ff. und insb. S. 86ff.

479 R. Isay, Entwurf eines Gesetzes zur Verhütung des Missbrauchs wirtschaftlicher Machtstellungen, S. 27. Vgl. in diesem Sinne auch: Ders., WuW 1954, S. 557,

Daran ist zu erkennen, dass Isay grundsätzlich den Laissez-faire Gedanken der freien, aber unvollständigen Konkurrenz und die Grundsätze des Leistungswettbewerbs anerkannte. Aus Isays Sicht bestanden die Vorteile des Wettbewerbsprinzips in der größtmöglichen Entfaltung der persönlichen Initiative des Unternehmers, in der Versorgung der Verbraucher, zumal der Konkurrenzkampf den Unternehmer zwingt, seine Ware preiswert abzugeben sowie in der Beschränkung von Kapitalfehlleistungen.[480] Diese im Kern wettbewerbsorientierte, marktwirtschaftliche Position wurde ihm auch von Seiten seiner Kritiker zugute gehalten.[481]

Isays Überzeugung von den Vorzügen des Leistungswettbewerbs war zudem an seinem Entwurf eines Bundesberggesetzes aus dem Jahre 1954 deutlich abzulesen. Aufgrund seiner Bewunderung für den wirtschaftlichen Aufschwung als Folge der Bergbaufreiheit, die im Allgemeinen Berggesetz für die preußischen Staaten von 1865 geschützt war[482], plädierte Isay in seinem Entwurf, anstelle der Zwangsregelungen des „Dritten Reichs", für deren Wiedereinführung.

Darüber hinaus war Isay im Zusammenhang mit seinem Bekenntnis zu den Grundsätzen der Sozialen Marktwirtschaft im Gegensatz zu seinem Weggefährten und Koreferenten auf dem 35. Deutschen Juristentag im Jahre 1928, Hans Carl Nipperdey, davon überzeugt, dass das Grundgesetz die Soziale Marktwirtschaft nicht als verbindliche Wirtschaftsverfassung festlegt hatte.[483]

---

(558). Siehe darüber hinaus: Ders., Entwurf eines Bundesberggesetzes, S. 12, der dort im Zuge seiner Kritik an der nationalsozialistischen Gesetzgebung auf dem Gebiet des Bergrechts feststellte: „Dass derart dirigistische Maßnahmen der die heutige Wirtschaftverfassung beherrschenden sozialen Marktwirtschaft stracks zuwiderlaufen, bedarf keiner Darlegung" und, ebenda, S. 20: „Die Bergbaufreiheit ist nur ein Anwendungsfall des der Marktwirtschaft zugrunde liegenden Wettbewerbsprinzips und zeigt deren bekannte dynamische Wirkung."

480 R. Isay, Der Höcherl-Entwurf, S. 10.

481 Siehe dazu die – jedenfalls insoweit – positive Würdigung von: Wagner, Die Diskussion über ein Gesetz gegen Wettbewerbsbeschränkungen, S. 19, der Isay attestierte, „ – in Übereinstimmung mit der Freiburger Schule (gemeint sind: Die Ordoliberalen) – die Vorzüge des freien Wettbewerbs" anerkannt zu haben. Ähnlich bereits: Fikentscher, WuW 1955, S. 205, (209): „Isay billigt die Absicht des Regierungsentwurfs, die freie (...) Konkurrenz einem System des stets und für jeden freien Wettbewerbs anzunähern".

482 R. Isay, Deutsches Kohlenwirtschaftsrecht im Rahmen des Schumanplanes, S. 10: „Das Prinzip der Bergbaufreiheit führte in der zweiten Hälfte des vorigen Jahrhunderts zu einer fast märchenhaften Entwicklung des deutschen Bergbaus." Ebenso auch: R. Isay, Der Entwurf eines Bundesberggesetzes, S. 19f.: „Wenige Jahrzehnte der Bergbaufreiheit haben dem deutschen Bergbau einen vielfach stärkeren Auftrieb gegeben als Jahrhunderte staatlicher Leitung und Förderung."

483 R. Isay, WuW 1954, S. 557, (558f); ders, Der Höcherl-Entwurf, S. 17. Ähnlich noch zuletzt: Müller-Volbehr, JZ 1982, S. 132, (140): „Jede Wirtschaftverfassung

Nach Isays Ansicht versuchte das Grundgesetz, „aus den Fehlern der Vergangenheit zu lernen und durch die Synthese von Freiheit und Bindung eine Ordnung des Maßes und der Mitte zu schaffen". Um das „je nach Wirtschaftslage erfolgende Zusammenwirken von Wettbewerb und Wirtschaftslenkung" zu gewährleisten, habe die Wirtschaftsverfassung nicht in gesetzliche Normen gefasst werden können. Und so vertrat Isay unter Berufung auf die Investitionshilfe-Entscheidung des Bundesverfassungsgerichts[484] die Auffassung, „in der Verfassung" seien „nur die Institutionen verankert, in deren Form sich das Tätigwerden der Menschen abspielt".[485]

Da „der freie Wettbewerb in der heutigen kapitalintensiven Wirtschaft zu Entartungen" neigte[486], hielt Isay im Anschluss an Müller-Armack, den „Gründervater" der Sozialen Marktwirtschaft, permanente „Reparaturen" des Wirtschaftsprozesses für unausweichlich. Er begründete seine Überzeugung wie folgt: „Indem man Lenkungsmaßnahmen ergreift, (...) wird die Marktwirtschaft sozial".[487]

An anderer Stelle fügte Isay zur Präzisierung seiner Interpretation des „sozialen" Elements ergänzend hinzu: „Die Bedingung, dass die Marktwirtschaft auch „sozial" sein soll, lässt sich nur durch Einschränkung des Wettbewerbsprinzips verwirklichen. Das bedeutet zunächst vielfältige Einwirkungen des Staates auf die Wirtschaft durch Sozialpolitik, Steuerpolitik und Handelspolitik, durch Förderung des Wohnungsbaus und durch konjunkturpolitische Maßnahmen, die in erster Linie in der Manipulierung von Geld und Kredit bestehen. Ausgleich der Konjunkturschwankungen ist „sozial" im eminenten Sinne des Wortes, denn

---

stellt im übrigen ein dynamisches, schwer zu systematisierendes Gebilde dar. Sie muss in ständig neuen Situationen den jeweiligen wirtschaftlichen Erfordernissen gerecht werden".

484 BVerfGE 4, 7ff. Darin stellte das Bundesverfassungsgericht, entsprechend Isays Ansicht, klar, dass das Grundgesetz die Soziale Marktwirtschaft nicht als verbindliche Wirtschaftordnung vorgegeben hat. Dies entspricht seitdem der ständigen Rechtssprechung: BVerfGE 21, 73, (78); 25, 1, (19f.); 30, 292, (317ff.) und 50, 290, (338). Zustimmend aus dem jüngeren Schrifttum auch statt aller: Müller-Volbehr, JZ 1982, S. 132, (138ff.) und: Siems, ZRP 2002, S. 170, (172).

485 R. Isay, WuW 1954, S. 557, (559f.).

486 So ausdrücklich: R. Isay, Gutachten zum Regierungsentwurf eines Gesetzes gegen Wettbewerbsbeschränkungen, S. 10. Vgl. dazu auch zustimmend: Zweigert, in: Festschrift für R. Isay, S. 129, (131): „Isay weist mit Recht auf die gefährliche Vereinfachung hin, die der fast überall vertretenen Auffassung zu Grunde liegt, dass ein völlig freier Wettbewerb das unfehlbare Mittel zur Erreichung der volkswirtschaftlich höchsten Leistung bei niedrigstem Preise sei".

487 R. Isay, WuW 1954, S. 557, (558). Dabei bezog sich Isay ausdrücklich auf die Ausführungen von: Müller-Armack, Wirtschaftlenkung und Marktwirtschaft, S. 94 und 98.

gerade die große Masse leidet am meisten durch Wirtschaftskrisen und es ist besser, Arbeitslosigkeit zu verhüten, als Arbeitslosenunterstützung zu zahlen."[488]

Das wirksamste Mittel zur Verwirklichung des „sozialen" Elements sah er dabei in der Zulassung von Krisenkartellen mit dem Ziel, den Entartungen des Wettbewerbs, vor allem der Schleuderkonkurrenz, zukünftig entgegen wirken zu können[489], die für Isay den Hauptgrund für die Entstehung des gesamten Kartellwesens bildete.[490]

Demzufolge erblickte Isay gerade in der Kartellierung die bereits von Müller-Armack für erforderlich gehaltenen „Reparaturen" und „Lenkungsmaßnahmen" des Wirtschaftprozesses, die die Marktwirtschaft erst „sozial" machten.

In diesem Zusammenhang war er davon überzeugt, dass „frühzeitig gebildete Kartelle Krisen weitgehend mildern und schon im Entstehen abfangen" könnten.[491] Dabei lag Isay primär der Fortbestand von Unternehmen des kapitalintensiv betriebenen Bergbaus – am 1.4.1954 arbeiteten noch 572.000 Kumpel in den Kohlezechen – und der Stahlindustrie am Herzen.[492] Nicht zuletzt zum Erhalt der

---

488 R. Isay, Entwurf eines Gesetzes zur Verhütung des Missbrauchs wirtschaftlicher Machtstellungen, S. 26.

489 Ausdrücklich sprach er sich für die Zulassung von Preiskartellen zur Vermeidung von Schleuderkonkurrenz und ruinösem Wettbewerb in folgenden Abhandlungen der 50er Jahre aus: R. Isay, Gutachten zum Regierungsentwurf eines Gesetzes gegen Wettbewerbsbeschränkungen, S. 11: „Kartelle sind daher unentbehrlich, weil sie die Erzeugung bis zu einem bestimmten Grade dem Bedarf anpassen und damit die Schleuderkonkurrenz vermeiden"; ders., Der Höcherl-Entwurf, S. 8; ders., Die Geschichte der Kartellgesetzgebungen, S. 55; ders., NJW 1955, S. 361, (364): „Der vorstehende Vorschlag weicht von dem Entwurf bloß insofern ab, als er die einfachen Preiskartelle allgemein (…), statt der Präventivzensur nur einer nachträglichen Kontrolle unterwirft"; ders., in: Festschrift für Metzner, S. 35, (38): „Frei sind im Gegensatz zum Regierungsentwurf nur die reinen Preiskartelle, weil sie die gegebene Organisationsform des zersplitterten Mittel- und Kleingewerbes, namentlich der verarbeitenden Industrie und des Handels, sind". Siehe dazu bereits in den 20er Jahren: R. Isay, Recht und Wirtschaft 1921, S. 128, (131): „Es kann weder vom Standpunkt der Industriepolitik, noch vom Standpunkt der Konsumentenpolitik erwünscht erscheinen, dass einzelne industrielle Unternehmungen, die sich mit teuren Rohmaterialien reichlich eingedeckt haben, im Augenblicke eines Preissturzes gezwungen werden, zum niedrigst möglichen Preise zu verkaufen und dadurch vielleicht dem Ruin anheim zufallen".

490 So ausdrücklich: R. Isay, Entwurf eines Gesetzes zur Verhütung des Missbrauchs wirtschaftlicher Machtstellungen, S. 27f.: „Aus diesen Zuständen ist historisch das deutsche Kartellwesen entstanden".

491 So ausdrücklich: R. Isay, Geschichte der Kartellgesetzgebungen, S. 58. Siehe dazu auch: Ders., WuW 1954, S. 557, (565ff., 569, 575f.); ders., WuW 1955, S. 339, (350f.).

492 Vgl. dazu: R. Isay, WuW 1954, S. 557, (570): „Unvoreingenommen muss man sich fragen: Ist es wirklich „besser", wenn kapital- und arbeitsintensive Betriebe, na-

Arbeitsplätze in diesen beiden Branchen wollte Isay die Kartellierung in Krisenzeiten zulassen und nahm dafür auch die Abwälzung des Preisrisikos auf die Verbraucher in Kauf: „Der Verfasser hält es für ein Gebot sowohl der Gerechtigkeit wie guter Wirtschaftpolitik, solchen Gewerbezweigen eine Schutzmöglichkeit nicht zu versagen, selbst wenn dadurch die Folgen in gewissem Umfang auf die Allgemeinheit abgewälzt werden“.[493]

Auch wenn er sich aus den genannten Gründen vehement für eine Zulassung der Krisenkartelle einsetzte, war sich Isay andererseits der Gefahren der Kartellierung durchaus bewusst. So stand für ihn fest, dass „kein einsichtiger Mensch“ leugne, „dass Kartelle (...) ihrerseits wirtschaftliche Fehlsteuerungen bewirken können. Sie führen oft zu wirtschaftlicher Erstarrung ihres Gewerbezweiges. Sie ermöglichen überhöhte Preise zum Nachteil der Verbraucher. (...) Die durch das Kartell gegebene Sicherheit guten Gewinnes kann die Beteiligten zu einer Rentnergesinnung verleiten. Endlich können nicht nur Schwache durch kartellmäßigen Zusammenschluss gleichwertige Marktmacht erringen, sondern es können auch Starke dadurch befähigt werden, übermächtige Gewalt auszuüben“.[494] Insgesamt behielt er jedoch seinen differenzierenden Standpunkt bei, den er schon in den 20er Jahren einnahm: „Das Kartellproblem, wie es der Verfasser sieht, besteht also darin, den nützlichen Kräften, die im Kartellwesen stecken, die Entfaltung zu ermöglichen und ihre nachteiligen Wirkungen tunlichst zu verhüten“.[495]

---

mentlich der Grundstoffindustrien, ruiniert, ihre Arbeiter auf die Strasse gesetzt und die sich unvermeidlich daraus ergebenden psychologischen Wirkungen ausgelöst werden. (...) Ist es wirklich „gerecht“, die Inhaber kapitalintensiver Betriebe für ihre Investitionsbereitschaft dadurch zu bestrafen, dass man es ihnen verbietet, die Wirkungen einer Krise durch Kartellvereinbarungen zu mildern, obwohl die Krise sie stärker trifft als andere weniger kapitalintensiv betriebene Gewerbezweige? Und erfordert es die Gerechtigkeit, die Arbeiter solcher kapitalintensiven Betriebe als erste auf die Strasse zu setzen?“

493 R. Isay, WuW 1954, S. 557, (570). Zu ergänzen ist, dass Isay andere Maßnahmen zur Milderung von Konjunkturkrisen, insbesondere den Investitionsmechanismus über die frühere Goldwährung, wie Böhm ihn vorschlug, strikt ablehnte, da er nur im „long run“ wirkte (ebenda, S. 570f.). Vgl. zum Ansatz der Krisensteuerung im Wege der Investitionspolitik ausführlich: Böhm, WuW 1954, S. 367, (377f.).

494 R. Isay, Der Höcherl-Entwurf, S. 9, 19. Siehe darüber hinaus zur Gefahr des Machtmissbrauchs: R. Isay, Gutachten zum Regierungsentwurf eines Gesetzes gegen Wettbewerbsbeschränkungen, S. 14: „Jede Macht, gleichviel ob politischer oder wirtschaftlicher Art, ist gleichbedeutend mit dem Versuch des Machtmissbrauchs. Die Versuchung ist umso größer, je größer die Macht ist“.

495 So ausdrücklich: R. Isay, Gutachten zum Regierungsentwurf eines Gesetzes gegen Wettbewerbsbeschränkungen, S. 5. In dieser Richtung auch: Ders., Der Höcherl-Entwurf, S. 10: „Kein Kartell ist an sich gut oder böse; seine Politik macht es erst

In seiner im Hinblick auf die Vorteile und Gefahren der Kartellierung differenzierenden Haltung sah sich Isay nicht zuletzt durch den Regierungsentwurf selbst bestätigt[496], wobei jedoch zu beachten ist, dass in der Entwurfsfassung (1952) die Bildung von Krisenkartellen als Ausnahme vom Kartellverbot, im Gegensatz zum schließlich verabschiedeten GWB von 1957, noch explizit vorgesehen war. Zudem ging er davon aus, dass – jedenfalls im Grundsatz – auch das Schrifttum seine Haltung zum Kartellwesen teilte. So wies er unermüdlich darauf hin, Kartellgegner und Befürworter seien sich weitestgehend über die wirtschaftspolitischen Grundlagen eines zukünftigen Gesetzes einig, Differenzen gebe es demgegenüber allein hinsichtlich der konkreten rechtstechnischen Ausgestaltung.[497]

Diese Auffassung spiegelt erneut Isays Versöhnungsansatz anschaulich wider.[498]

---

dazu. Das gleiche Kartell kann nützliche oder schädliche Wirkungen ausüben, je nachdem wie es geleitet wird. (…) Für Kartelle wie für marktbeherrschende Unternehmen geht die dem Gesetzgeber gestellte Aufgabe dahin, die Politik jener Machtkörper so zu lenken, dass sie zum Nutzen, nicht zum Schaden der Gesamtheit ausschlägt". Deutlich wird hier erneut Isays utilitaristischer Denkansatz, siehe dazu bereits oben: 1. Teil B) I) 4) b). Siehe zu Isays differenzierender Haltung zu den Kartellen in den 20er Jahren oben: 1. Teil B) III) 2) a).

496 Dazu: R. Isay, in: Jahrb. f. Nationalök. u. Stat. Bd. 166 (1954), S. 419, (420): „Auch heute wird ein völliges Verbot der Kartelle in Wahrheit von niemandem verfochten, der ernst zu nehmen ist. Bei Licht besehen will das auch nicht der Regierungsentwurf eines Gesetzes gegen Wettbewerbsbeschränkungen, auf den sich mein Gutachten bezieht. Denn dieser Entwurf enthält zwar in § 1 zunächst ein Kartellverbot, durchbricht es aber in den folgenden Paragraphen durch zahlreiche Ausnahmen". Ähnlich: R. Isay, WuW 1954, S. 557, (563): „Sogar der Regierungsentwurf und seine Begründung sind im Prinzip ebenfalls der Meinung, dass Kartelle hier nützliche, dort schädliche Wirkungen haben".

497 Siehe dazu folgende Abhandlungen: R. Isay, Gutachten zum Regierungsentwurf eines Gesetzes gegen Wettbewerbsbeschränkungen, S. 11; ders., Entwurf eines Gesetzes zur Verhütung des Missbrauchs wirtschaftlicher Machtstellungen, S. 7: „An den wirtschaftpolitischen Zielsetzungen, wie sie in der Begründung des Regierungsentwurfs zum Ausdruck kommen, wird niemand gleichviel, welcher Richtung der Nationalökonomie er angehört, etwas auszusetzen haben. (…) Die ernsthaften Meinungsverschiedenheiten beginnen bei den rechtstechnischen Mitteln, durch welche die wirtschaftspolitischen Zwecke verwirklicht werden sollen"; ders., WuW 1954, S. 100; ders., WuW 1954, S. 557, (577): „Hiernach stimmt der Gesetzentwurf des Verfassers in seinem Ziel, nämlich in der Aufrechterhaltung einer workable competition und der Förderung des Leistungswettbewerbs mit der Erhardschen Konzeption überein"; ders., Der Höcherl-Entwurf, S. 6; ders., in: Festschrift für Metzner, S. 35.

498 Siehe zu Isays unermüdlichem Versöhnungsstreben, das ihn mit Hegels Grundannahme der „versöhnten Gegensätze" verband, nochmals oben: 1. Teil B) I) 2) b).

Tatsächlich ist jedoch zu konstatieren, dass Isays Forderung nach einer Zulassung von Krisenkartellen in der Debatte um das zukünftige Kartellgesetz Mitte der 50er Jahre besonders kontrovers diskutiert wurde. Zwar löste Isay mit seinem grundsätzlichen Anliegen vereinzelt positive Reaktionen aus.[499]

Gleichwohl überwogen im Schrifttum letztlich die Zweifel an seiner Auffassung von den krisensteuernden und damit sozialen Auswirkungen des Kartellwesens. Demgemäß übte eine Reihe der damals führenden Kartellrechtler scharfe Kritik an der Überzeugung Isays, zu nennen sind vor allem Böhm[500], Haussmann[501], Fischer[502] und Fikentscher[503]. Eine eingehende Untersuchung der Kritikpunkte des damals herrschenden Schrifttums sowie eine abschließende eigene

---

499 Vgl. z. B. explizit: Würdinger, WuW 1956, S. 793, der vor allem Isays „tiefen Einblick in die Krisenempfindlichkeit gerade des Bergbaus" und damit dessen soziales Verständnis für die Belange der in diesem Bereich tätigen Arbeiterschaft hervorhob, um Isays Einsatz für den Erhalt der Stabilität und den Fortbestand dieses gewaltigen Wirtschaftszweigs zu würdigen.

500 Böhm, WuW 1954, S. 367, (376ff. u. insb. S. 379): „Kartelle vermögen an einer Krise im ganzen gar nichts zu wenden, jedenfalls nichts zum Besseren". Sowie, ebenda, S. 385: „Der Wettbewerb ist auch in einer krisenanfälligen Wirtschaft das bessere und gerechtere Prinzip der Anpassung aller Wirtschaftbeteiligten an eine Katastrophe". Siehe darüber hinaus aber auch die Reaktion von: R. Isay, WuW 1954, S. 557, (570): „Offenbar ist Böhm der Glaube an die segensreichen und gerechten Wirkungen eines unbedingt und unter allen Umständen freien Wettbewerbs zum Dogma geworden".

501 Ausdrücklich anderer Auffassung als Isay: Fred. Haussmann, BB 1954, S. 813, (815): „Die Akzente werden bei der Isay´schen „Gleichgewichtsregulierung" auch im verfassungsmäßigen Sinne falsch gesetzt, wenn man das soziale Element nur als einen Anhängewagen des Individualismus ansieht. In Isays eigenem Entwurf ist im Grunde nur ein platonisches Bekenntnis zur „sozialen Marktwirtschaft" enthalten".

502 Vgl. die in hohem Maße unsachliche und polemische Kritik an Isays Haltung von: Fischer, in: Jahrb. f. Nationalök. und Stat. Bd. 166 (1954), S. 206, (231): „Der Nipperdey des Jahres 1928 hat den Ausführungen seines Vortragskollegen (gemeint ist: R. Isay, d. Verf.) auf dem Salzburger Juristentag seine „grundsätzliche Zustimmung" attestiert. Nipperdey hat aber als echter Wissenschaftler, dessen Grundauffassungen einem organischen Reifungsprozess unterliegen, inzwischen seine Meinung über die zukünftige Wirtschaftentwicklung im Allgemeinen und zum Kartellproblem im Besonderen revidiert".

503 Fikentscher, WuW 1955, S. 205, (210): „Will man dem Wort von der „sozialen Marktwirtschaft" überhaupt einen Sinn im Zusammenhang mit dem Wettbewerbsproblem abgewinnen, so kann mit „sozial" im Sinne der „sozialen Marktwirtschaft" nicht der Schutz des konkurrierenden Unternehmers, sondern nur der des Verbrauchers und Arbeitnehmers gemeint sein". Siehe darüber hinaus, ebenda, S. 211: „Mit dem sozialen Element in unserer Marktwirtschaft, soweit es den Verbraucher schützen will, kann man daher die Notwendigkeit einer Missbrauchsgesetzgebung nicht begründen".

Stellungnahme zur Stichhaltigkeit der Vorstellungen Isays von der Verwirklichung des „sozialen" Elements der Marktwirtschaft kann erst im Zusammenhang mit der Würdigung seiner Gegenentwürfe aus den Jahren 1954/55 zum Regierungsentwurf des GWB (1952) erfolgen.[504]

Als Zwischenergebnis ist jedoch im Hinblick auf Isays ökonomische Grundüberzeugungen bereits an dieser Stelle festzuhalten, dass sich an seiner differenzierenden („Kartelle sind nicht von sich aus gut oder böse"), im Kern allerdings eher wohlwollenden Haltung gegenüber dem Kartellwesen in den 50er Jahre im Vergleich zu seiner damit übereinstimmenden Einstellung der 20er Jahre[505] nichts Grundlegendes änderte. Insoweit tritt der Gesichtpunkt der jahrzehntelangen Kontinuität der ökonomischen Grundannahmen Isays hier mit besonderer Klarheit in Erscheinung.

c) Die wirtschaftpolitischen Grundsätze des „marktgerechten" Gegenkonzepts Isays: Eine Alternative zum Regierungsentwurf?

Isays Beiträge in der Debatte um das zukünftige Kartellgesetz beschränkten sich nicht auf seine unermüdlich geäußerte Kritik am Regierungsentwurf zum GWB (1952).[506] Vielmehr entwickelte er darüber hinaus eigene konstruktive Vorschläge de lege ferenda. So veröffentlichte er in den 50er Jahren zwei inhaltlich weitgehend identische Gegenentwürfe zum Regierungsentwurf.[507]

Beiden Entwürfen lag, entsprechend Isays differenzierender Haltung gegenüber dem Kartellwesen, die Zielrichtung zugrunde, einen Dritten Weg zwischen Marktwirtschaft bzw. „Leistungswettbewerb" und Planwirtschaft zu gehen, wobei er davon überzeugt war, dass dieser Ansatz der Sozialen Marktwirtschaft am ehesten gerecht werden würde.[508] Dabei knüpfte er an seine nachhaltig vom

---

504 Siehe dazu die Untersuchung seiner Gegenentwürfe unten: 3. Teil C) II) 2).

505 Vgl. zu Isays differenzierender Haltung zur Kartellierung in den 50er Jahren nochmals die Zitate in Fn. 495 und zu seiner damit bis im Detail übereinstimmenden Einstellung der 20er Jahre bereits oben: 1. Teil B) III) 2) a) und dort insb. die Nachweise in Fn. 439.

506 Siehe nochmals zu Isays Kritikpunkten oben: 1. Teil B) III) 3) a).

507 R. Isay, Entwurf eines Gesetzes zur Verhütung des Missbrauchs wirtschaftlicher Machtstellungen (1954); ders, Der Höcherl-Entwurf eines Gesetzes gegen Wettbewerbsbeschränkungen (1955).

508 So ausdrücklich: R. Isay, Der Höcherl-Entwurf, S. 19; ders., in: Festschrift für Metzner, S. 35ff. Dieser Beitrag wurde zuvor in Handelsblatt Nr. 4, 9. Januar 1956 abgedruckt und war zugleich Isays letzte Veröffentlichung vor seinem Tode am 14. April 1956. Vgl. zu einem „dritten Weg" im Bergrecht auch: R. Isay, Entwurf eines Bundesberggesetzes, S. 18: „Entsprechend den Grundsätzen der sozialen Marktwirtschaft versucht der Entwurf bei der Ausgestaltung seiner Bestimmungen eine

klassischen Wirtschaftsliberalismus geprägten Grundüberzeugungen an, allerdings ohne sie zum Dogma zu erheben, wie folgendes Zitat belegt: „Zwar haben wir den naiven Harmonieglauben des klassischen Liberalismus überwunden, aber dass man so weit wie möglich nach seinen Grundsätzen vorgehen sollte und, wenn ein Eingriff unvermeidlich ist, tunlichst, die „Mittel der leichten Hand" zur Steuerung der Wirtschaft benutzen sollte, ist unbestritten."[509]

Nach Maßgabe dieser Erkenntnis war Isay bestrebt, eine den Grundsätzen der Sozialen Marktwirtschaft adäquate gesetzliche Lösung des Kartellproblems zu entwickeln. Als allein „marktgerecht" bzw. „marktkonform"[510] sah Isay dabei die altliberale Überzeugung von den Vorteilen wirtschaftlicher Selbstregulierung an, auf der sein Gegenentwurf (1954) basierte: „Unterstellt man, dass es möglich ist, einen Automatismus der Wirtschaft zu schaffen, der in der Mehrzahl der Fälle ungesunde Kartelle von selbst dominiert, so ist es nicht zweifelhaft, dass eine solche Lösung sich empfiehlt. Sie entspricht dem Geist unseres Wirtschaftssystems, das als Marktwirtschaft ausgestaltet ist. Sie wirkt „marktkonform", dass

---

mittlere Linie zwischen der extrem wirtschaftliberalen Konzeption der deutschen Landesberggesetze und der planwirtschaftlichen Tendenz der Gesetze des Dritten Reiches zu verfolgen."

509 R. Isay, NJW 1955, S. 361, (365). Vgl. als Beleg für den Einfluss, den der klassische Liberalismus Adam Smiths noch in den 50er Jahren auf Isay ausübte: R. Isay, Der Höcherl-Entwurf, S. 7: „Das beste Mittel zur Bekämpfung von Macht ist nach dem Vorbild der klassischen englischen Kolonialpolitik die balance of power, also die Herstellung eines Gleichgewichts entgegengesetzt interessierter Kräfte: Die Übermacht weniger Grossbetriebe wird durch ein Kartell der Kleinen in Schach gehalten und umgelenkt."

510 Vgl. zur Konkretisierung der ausfüllungsbedürftigen Begriffe der „Marktgerechtigkeit" bzw. „Marktkonformität": R. Isay, WuW 1954, S. 557, (560 u. 563); ders., in: Jahrb. f. Nationalök. u. Stat. Bd. 166 (1954), S. 419, (420f.); ders., Gutachten zum Regierungsentwurf, S. 29; ders., Entwurf eines Gesetzes zur Verhütung des Missbrauchs wirtschaftlicher Machtstellungen, S. 37, der dort die von ihm favorisierte Rechtstechnik wie folgt charakterisiert: „Sie entspricht dem Geist der Marktwirtschaft, die ja ganz allgemein eine Vergewaltigung der Wirtschaft durch Verbote und Gebote vermeidet und statt dessen „marktkonforme" Mittel anwendet, also durch geeignete „Datenkonstellationen" das Eigeninteresse des Wirtschaftssubjekts in die gewünschte Richtung zu lenken sucht"; ders., Der Höcherl-Entwurf, S. 19. Vgl. dazu aus dem jüngeren Schrifttum: Müller-Volbehr, JZ 1982, S. 132, (140), der im Sinne Isays davon ausgeht, dass „marktkonforme Mittel" in der Sozialen Marktwirtschaft „die Regel bilden" müssten. Grundsätzlich kritisch hingegen: Lange-von Kulessa / Renner, ORDO Bd. 49 (1998), S. 79, (98f.): „Zweitens birgt das Kriterium der Marktkonformität selbst Schwierigkeiten in sich, die zu Widersprüchen mit der Wettbewerbsordnung führen können. Es gibt nämlich keine einheitliche Interpretation dessen, was unter dem Begriff der Marktkonformität zu fassen ist".

heißt: Sie unternimmt nicht durch ein gesetzliches Verbot einen Frontalangriff gegen den Selbsterhaltungstrieb des wirtschaftenden Menschen, sondern lenkt sein Eigeninteresse in die gewünschte Richtung".[511]

Darin kommt deutlich zum Ausdruck, dass sich an Isays grundsätzlichen Vorbehalten gegenüber staatlichen Maßnahmen und sonstigen dirigistischen Eingriffen in die natürlichen wirtschaftlichen Geschehensabläufe, die er schon in den 20er Jahren äußerte[512], auch in den 50er Jahren nichts änderte.[513]

Nach Maßgabe dieser Grundüberzeugung entwickelte Isay als Alternativmodell zum bereits angesprochenen Verbotsprinzip des Regierungsentwurfs ein vierstufiges System der „Mittel der leichten Hand", das er selbst als „Steuerungs- und Beeinflussungsprinzip" bezeichnete[514]. Offenkundig wollte Isay dabei den Begriff des Missbrauchsprinzips vermeiden, um das es sich gleichwohl der Sache nach handelte. Folgende vier Stufen bildeten das Fundament seiner beiden Gegenentwürfe aus den Jahren 1954/55:

1. Stufe: Förderung der „latenten" bzw. „potentiellen" Konkurrenz innerhalb des Kartells durch die Festlegung eines erleichterten Kündigungsrechts (§§ 7, 8 Gegenentwurf 1954, §§ 5, 6 Höcherl-Entwurf 1955) und die Statuierung des Verbots des inneren und äußeren Organisationszwanges, indem den Betroffenen zivilrechtliche Unterlassungs- und Schadensersatzansprüche zur Abwehr von Diskriminierungen zugebilligt werden (§ 3 Gegenentwurf 1954, § 11 Höcherl-

---

511 So ausdrücklich: R. Isay, WuW 1954, S. 100, (101f.). Vgl. in dieser Richtung auch: Ders., in: Festschrift für Metzner, S. 35, (40): „Eine solche Regelung ist wesentlich marktwirtschaftlicher gedacht als der unter der Flagge der Marktwirtschaft segelnde Regierungsentwurf, der für alles und jedes eine behördliche Entscheidung vorsieht".

512 Vgl. zu Isays Überzeugung von den Vorteilen wirtschaftlicher Selbstregulierung in den 20er Jahren bereits oben: 1. Teil B) III) 2) a) und dort die Nachweise in Fn. 427f.

513 Weitere Belege für seine dem klassischen Wirtschaftliberalismus entspringende Überzeugung von den Vorteilen der Selbstregulierung: R. Isay, Entwurf eines Gesetzes zur Verhütung des Missbrauchs wirtschaftlicher Machtstellungen, S. 33 u. 37; ders., WuW 1954, S. 557, (573 u. 577f.); ders., Der Höcherl-Entwurf, S. 9 u. 20: „Der Höcherl-Entwurf ersetzt die behördliche Erlaubnis soweit wie irgend möglich durch den Automatismus des Marktes und die natürlichen Gegenkräfte der Wirtschaft. Er ist daher wesentlich liberaler und marktwirtschaftlicher gedacht als der Regierungsentwurf". Ebenso nochmals: R. Isay, in: Festschrift für Metzner, S. 35, (39f.). Vgl. überdies auf dem Gebiet des Bergrechts: R. Isay, Entwurf eines Bundesberggesetzes, S. 18: „Grundsätzlich jedoch folgt der Entwurf der Richtlinie: „Soviel freie Initiative als möglich; soviel Bindung oder gar Zwang als notwendig" (v. Nell – Breuning)".

514 So: R. Isay, Der Höcherl-Entwurf eines Gesetzes gegen Wettbewerbsbeschränkungen, S. 11f.

Entwurf 1955), um so die Macht des Kartells indirekt, also ohne behördliches Vorgehen, zu schwächen.[515]

2. Stufe: Einführung eines mit kleinem Beamtenapparat zu führenden Kartellregisters aus Transparenzgründen (§ 2 Höcherl-Entwurf).[516]

3. Stufe: Bildung von Schlichtungsstellen im Sinne des § 14 KVO, die regelmäßig anzurufen sind, bevor behördliche Maßnahmen ergehen (§ 17 Abs. 3 Gegenentwurf 1954, § 18 Höcherl-Entwurf 1955).[517]

4. Stufe: Subsidiäre Anwendung der Missbrauchsaufsicht neben den „Mitteln der leichten Hand" nach dem Vorbild der KVO vom 2. 11. 1923 (§§ 2, 5 Gegenentwurf 1954, § 4 Höcherl-Entwurf 1955).[518]

---

515 Vgl. dazu eingehend: R. Isay, WuW 1954, S. 100, (102f.); ders., Entwurf eines Gesetzes zur Verhütung des Missbrauchs wirtschaftlicher Machtstellungen, S. 35ff. ders., Der Höcherl-Entwurf, S. 14f. In folgenden Abhandlungen erläuterte er seine Vorstellungen von den Vorteilen der „latenten" Konkurrenz: R. Isay, Gutachten zum Regierungsentwurf eines Gesetzes gegen Wettbewerbsbeschränkungen, S. 30ff.; ders., in: Jahrb. f. Nationalök. u. Stat. Bd. 166 (1954), S. 419, (423f.); ders., NJW 1955, S. 361, (364); ders., Geschichte der Kartellgesetzgebungen, S. 54f.; ders., in: Festschrift für Metzner, S. 35, (37f.).

516 R. Isay, Gutachten zum Regierungsentwurf..., S. 31f.; ders., Der Höcherl-Entwurf, S. 15; ders., in: Festschrift für Metzner, S. 35, (37), der dort darauf hinweist, dass in der Einführung eines Kartellregisters eine erhebliche Verschärfung gegenüber der KVO liege.

517 R. Isay, Gutachten zum Regierungsentwurf, S. 33; ders., Entwurf eines Gesetzes zur Verhütung des Missbrauchs wirtschaftlicher Machtstellungen, S. 40; ders., WuW 1954, S. 100, (106); ders., Der Höcherl-Entwurf, S. 16; ders., NJW 1955, S. 361, (364); ders., in: Festschrift für Metzner, S. 35, (39): „Der Verfasser hat in den 20er Jahren manchmal als Vorsitzender, manchmal als Anwalt, viele Schlichtungsverfahren mitgemacht. Er entsinnt sich keines Falles, in dem das Verfahren nicht zu einem alle Teile, einschließlich der Behörde, befriedigendem Ergebnis geführt hätte".

518 Vgl. zu den Einzelheiten seines Missbrauchskonzepts: R. Isay, Gutachten zum Regierungsentwurf eines Gesetzes gegen Wettbewerbsbeschränkungen, S. 34f., der dort die Ansicht vertritt, das Missbrauchsprinzip folge aus der Havanna-Charta. Ebenso: Ders., Entwurf eines Gesetzes zur Verhütung des Missbrauchs..., S. 43. Siehe auch das folgende Fazit zu den Vorteilen des Missbrauchskonzepts im Sinne seines Gegenentwurfs (1954): R. Isay, WuW 1954, S. 100, (105f., insb. 108): „Gleichwohl verhütet der Gegenentwurf nach der Überzeugung des Verfassers die von den Kartellen ausgehenden Nachteile wirksamer als der Regierungsentwurf, und zwar ohne die diesem anhaftenden Fehler: Weder führt er zu ausgedehnter obrigkeitlicher Einmischung in die Wirtschaft, noch zu einer unangemessenen Ausweitung des Kartellamts, noch zur Errichtung von underground-Kartellen, noch endlich zur Schwächung des gewerblichen Mittelstandes". In dieser Richtung: Ders., Der Höcherl-Entwurf, 1955, S. 11ff., insb. 14ff.. Siehe auch sein ähnliches Fazit zu den Vorteilen des Höcherl-Entwurfs: R. Isay, in: Festschrift für Metzner, S. 35, (39): „Der Etat wird nicht belastet. Die Wirtschaft bleibt von behördlicher Einmischung weitgehend frei. Es ist nicht nötig, einzelne Wirtschaftszweige von

An dem von Isay favorisierten Missbrauchskonzept der „leichten Hand" ist deutlich seine Absicht zu erkennen, die widerstreitenden Faktoren der Wettbewerbsfreiheit und der Kartellierungsfreiheit in Ausgleich zu bringen und zu harmonisieren.

In diesem Sinne vertrat er die Überzeugung, „eine sachgemäße Kartellgesetzgebung kann nur darin bestehen, einerseits Kartelle grundsätzlich zuzulassen, um die in der heutigen Wirtschaft unvermeidlichen Fehlsteuerungen des freien Wettbewerbs möglichst durch Selbstverwaltung der Wirtschaft zu korrigieren, andererseits aber die Politik der Kartelle so zu beeinflussen, dass etwaige Fehlleistungen der Kartelle gleichfalls vermieden werden."[519]

Um diese vermittelnde Position Isays zwischen Wettbewerbsfreiheit und Kartellierungsfreiheit aus heutiger Sicht nachvollziehen zu können, muss man sich vor Augen führen, dass ihm – als Verfechter des klassischen Altliberalismus – das gesamte Kartellwesen als „ein selbstverständlicher Ausfluss der im Grundgesetz gewährleisteten Freiheitsrechte, also des Rechts auf freie Entfaltung der Persönlichkeit, des Rechts auf Vertragsfreiheit und auf Koalitionsfreiheit" erschien.[520]

---

den Bestimmungen des Gesetzes auszunehmen. Es wird kein Denunziantentum gezüchtet. Die Behörde kann nicht zu privaten Nebenzwecken missbraucht werden. Der Mittelstand wird nicht gegenüber dem Großbetrieb diskriminiert".

519 So ausdrücklich: R. Isay, Der Höcherl-Entwurf, S. 26. Ähnlich: Ders., Geschichte der Kartellgesetzgebungen, S. 51: „Die Erkenntnis der in der heutigen Wirtschaft begründeten Antinomie, d. h. der Tatsache, dass sowohl Wettbewerb wie Wettbewerbsbeschränkungen volkswirtschaftlich nützlich und volkswirtschaftlich schädlich sein können, ist heute die Voraussetzung einer jeden brauchbaren Kartellgesetzgebung." Vgl. in dieser Richtung auf dem Gebiet des Kohlenwirtschaftsrechts auch: R. Isay, Deutsches Kohlenwirtschaftsrecht im Rahmen des Schuhmanplans, S. 14: „Jedes Kohlenwirtschaftsgesetz, das seine Aufgabe erfüllen soll, muss eine Synthese von Marktregelung und Wettbewerbsfreiheit ermöglichen. Es darf weder das eine noch das andere Prinzip einseitig verfolgen, sondern muss ein Gleichgewicht zwischen beiden zu erzielen suchen. Der Punkt, wo dies Gleichgewicht hergestellt wird, darf nicht starr festgelegt sein, sondern muss sich entsprechend der Wirtschaftslage bald nach dieser, bald nach jener Seite hin verschieben lassen."

520 So ausdrücklich: R. Isay, Der Höcherl-Entwurf, S. 12. Vgl. dazu in Anlehnung an die Lehren von Adam Smith und John Stuart Mill auch: Ders., Geschichte der Kartellgesetzgebungen, S. 24, der mit Blick auf die Entwicklung des 19. Jahrhunderts, als es in Europa noch keine Kartellgesetze gab, darauf hinweist, dass es „inkonsequent gewesen wäre, zum Schutz der Wirtschaftsfreiheit die Freiheit der Wirtschafter durch ein Kartellgesetz zu beschränken". Hieran ist deutlich zu erkennen, dass sich Isay als glühender Verfechter der Vertragsfreiheit und der Privatautonomie verstand. Siehe auch nochmals zu seiner Überzeugung von der Verfassungswidrigkeit des Verbots oben: Fn. 474.

Demgegenüber schätzte er die Bedeutung der Wettbewerbsfreiheit Dritter, die er dem Grunde nach ebenfalls anerkannte, letztlich als untergeordnet ein.

Das ist insoweit bedeutsam, als sich gerade am hier untersuchten Kartellproblem deutlich das „unlösbare Dilemma" der Liberalen offenbart, an dem sich zwischen Alt- und Neoliberalismus „die Geister scheiden".[521] Einig sind sich alle Vertreter des Liberalismus, sei es des klassischen, wie Isay ihn vertrat, des Ordoliberalismus im Sinne seines Widersachers Franz Böhm und des Neoliberalismus lediglich darin, dass ein radikaler wirtschaftlicher Liberalismus, also reines Laissez-faire, sich selbst aufheben würde.[522]

Während der Altliberalismus, dem sich Isay voll und ganz verschrieb, den Schwerpunkt auf Staatsferne, wirtschaftliche Selbstregulierung und Vertragsfreiheit legte, um den Fortbestand des Wettbewerbs zu gewährleisten, hält es der Neoliberalismus bis heute für unverzichtbar, dass es Sache des Staates sein müsse, die Rahmenordnung für den Wettbewerb zu schaffen und deren Einhaltung zu überwachen.[523]

Im Unterschied zu Isays altliberalen Grundsätzen, wonach sowohl die Vereinigungsfreiheit als auch die Privatautonomie größte Bedeutung haben, lag die Priorität des Gesetzgebers bei der Verabschiedung des GWB im Einklang mit den Vorstellungen der Ordo- und Neoliberalen, wie die weitere wirtschaftliche Entwicklung bis heute zeigte, – aus gutem Grund – auf dem Schutz der Wettbewerbsfreiheit.

Infolgedessen vermochte sich der Gesetzgeber weder Isays Gegenentwurf aus dem Jahre 1954, der zuvor von einigen Landesregierungen empfohlen und vom Wirtschaftsausschuss des Bundesrats angenommen wurde[524], noch dem

---

521 Vgl. dazu: Mayer-Maly, in: Gedächtnisschrift für Küchenhoff, S. 141, (142), der das „unlösbare Dilemma" wie folgt präzisiert: „Liberalismus setzt auf die Leistungskraft von Wettbewerb. Daher muss er dafür sorgen, dass dieser wirklich stattfindet. Andererseits verabscheut der Liberale die staatliche Reglementierung von unternehmerischen Entscheidungen, zu denen auch der Beitritt zu einem Kartell zählen kann."

522 Vgl. dazu und allgemein zur Abgrenzung der Strömungen des klassischen Wirtschaftliberalismus, des Ordoliberalismus sowie des Neoliberalismus auch die instruktiven Ausführungen von: Siems, ZRP 2002, S. 170f.

523 In diesem Sinne statt aller: Ottel, in: Festschrift für R. Isay, S. 71: „Der Grundgedanke „neoliberaler" Wirtschaftspolitik ist die Verwirklichung des Wettbewerbs durch die Rechtsordnung. Im Gegensatz zum Liberalismus älterer Prägung wird die Harmonie des Wirtschaftsablaufes nicht als naturgegebene Folge des Zusammenwirkens der ihrem Interesse nachgehenden einzelnen Wirtschafter, sondern als ein Produkt der Wirtschaftspolitik angesehen, zu deren vornehmsten Mitteln Gesetzgebung und Rechtssprechung gehören".

524 Vgl. dazu: R. Isay, in: Jahrb. f. Nationalök. u. Stat. Bd. 166 (1954), S. 419, (423).

Höcherl-Entwurf (1955), der von 30 CSU-Abgeordneten in den Bundestag eingebracht wurde[525], anzuschließen.

Aber auch der Böhm-Entwurf, der als bewusstes Gegengewicht zum Höcherl-Entwurf mit dem Verbotsprinzip „ernst machen" wollte[526], fiel im Bundestag durch[527]. Letztlich neutralisierten sich die Gegenentwürfe Rudolf Isays und Franz Böhms in ihrer Gegensätzlichkeit.[528]

Der Gesetzgeber zog hingegen im schließlich verabschiedeten GWB (1957) das Konzept eines Verbotsprinzips mit Freistellungs- und Bereichsausnahmen vor. Allerdings fielen die Änderungen des GWB gegenüber dem Regierungsentwurf, die auf die Initiative des Bundesrats zurückgingen[529], erheblich ins Gewicht. So wurden anstelle der bisher vorgesehenen drei nunmehr neun Kartellarten (z. B. Konditionenkartelle, Rabattkartelle, Strukturkrisenkartelle, Rationalisierungskartelle, Kooperationskartelle usw.[530]) vom Verbot freigestellt. Zudem wurde die Zusammenschlusskontrolle gestrichen sowie die Anzahl der Bereichsausnahmen deutlich ausgedehnt (z. B. auf die Deutsche Post und Bahn, die Verkehrsträger, das Bank- und Versicherungsgewerbe, die Entsorgung usw.).[531]

In diesem Zusammenhang ist insbesondere zu beachten, dass der Gesetzgeber von der Freistellung der Konjunkturkrisenkartelle, dem Hauptanliegen Isays in der gesamten Debatte um das zukünftige GWB, absah und lediglich für Strukturkrisenkartelle eine Ausnahme vom Verbot vorsah.[532]

---

525 Vgl.: Bundestagsverhandlungen, Bd. 33, Drucksache II / 1253 vom 11.3.1955.

526 Vgl. dazu die ausführliche Kritik von: R. Isay, WuW 1955, S. 339ff.

527 Vgl.: Bundestagsverhandlungen, Bd. 33, Drucksache II / 1269 vom 16.3.1955.

528 Siehe in diesem Sinne die Einschätzungen von: Kartte / Holtschneider, in: Handbuch des Wettbewerbs, S. 193, (209) und: Nörr, Die Leiden des Privatrechts, S. 200.

529 Vgl.: Dörinkel, WuW 1954, S. 433ff.

530 Vgl. zu den wirtschaftpolitischen Hintergründen für die jeweiligen Kartellarten, die laut GWB vom Kartellverbot ausgenommen wurden: Rotthege, Die Beurteilung von Kartellen und Genossenschaften durch die Rechtswissenschaft, S. 254ff. Siehe dazu auch: Rittner, Wettbewerbs- und Kartellrecht, S. 225: „Über Umfang und Voraussetzungen der Ausnahmen hat man schon während des Gesetzgebungsverfahrens besonders hart gestritten; sie werden in Vielem auch immer streitig bleiben".

531 Vgl. zu den Unterschieden zwischen dem Regierungsentwurf und dem verabschiedeten GWB auch die Gegenüberstellung von: Nörr, Die Leiden des Privatrechts, S. 204ff.

532 Vgl. dazu: Reuter, Erfahrungen mit staatlicher Kartellpolitik in Deutschland, S. 93f. und dort Fn. 30 m. w. N; Rotthege, Die Beurteilung der Kartelle und Genossenschaften durch die Rechtswissenschaft, S. 240ff. u. 255; Landmesser, in: Kartelle und Kartellgesetzgebung in Praxis und Rechtsprechung vom 19. Jahrhundert bis zur Gegenwart, S. 244, (249f.): „Im Ergebnis herrschte die Ansicht vor, dass eine aktive Konjunkturpolitik nach Keynes und nicht Kartelle den geeigneten Rahmen für Stabilisierungsbemühungen abgäben". Vgl. dazu: Böhm, WuW 1954, S. 367, (378):

In diesem Punkt setzten sich die Ordoliberalen erkennbar durch, auch wenn sie – angesichts der geschilderten „Verwässerung" des Verbotsprinzips im schließlich verabschiedeten GWB – insgesamt, ebenso wie Isay[533], nicht glücklich über ihren geringen Einfluss sein konnten.[534]

4) Fazit zum Einfluss von Isays ökonomischen und sozialen Grundüberzeugungen auf seinen Denk- und Argumentationsstil

Die Analyse der ökonomischen und sozialen Grundüberzeugungen Isays im Zeitraum zwischen 1914 und 1956 ließ sowohl den Kontinuitätsaspekt als auch den Zeitgeistaspekt seiner Denk- und Argumentationsweise deutlich zutage treten.

Eine jahrzehntelange Kontinuität in den einmal für richtig befundenen Ansichten zeigte sich zunächst an seinen vom klassischen Liberalismus übernommenen Grundsätzen – konkret: an Isays Überzeugung von den Vorteilen wirtschaftlicher Selbstregulierung, an seinen Vorbehalten gegenüber staatlicher Einflussnahme sowie an seinem Einsatz für den Schutz der Vertragsfreiheit und der Privatautonomie der Unternehmer.[535]

Eine weitere Konstante in Isays Denken war seine zwar differenzierende („Kein Kartell ist an sich gut oder böse"), im Kern aber über Jahrzehnte wohlwollende Haltung gegenüber den Kartellierungsbestrebungen der Wirtschafts-

---

„Krisen entstehen dadurch, dass die Steuerung der Investitionen nicht funktioniert. Sie können daher nur von der Investitionspolitik her gemeistert werden".

533 Eine eingehende Untersuchung der konkreten Gründe, aus denen sich das von Isay favorisierte Missbrauchskonzept der „leichten Hand", das seinen Gegenentwürfen zugrunde lag, nicht durchsetzen konnte, erfolgt erst im Werkteil. Siehe unten: 3. Teil C) II) 2).

534 Vgl. in diesem Sinne: Kartte / Holtschneider, in: Handbuch des Wettbewerbs, S. 193, (210) sowie: Satzky, in: Kartelle und Kartellgesetzgebung in Praxis und Rechtssprechung vom 19. Jahrhundert bis zur Gegenwart, S. 227, (233f.); Landmesser, ebenda, S. 244, (254). Zu den Reaktionen der Politiker: Nörr, Die Leiden des Privatrechts, S. 220: „Im politischen Raum war niemand mit dem Produkt zufrieden; dem einen hatte der Entwurf zu viele, dem anderen zu wenige Federn gelassen. Dass die Wettbewerbsidee gerupft, erheblich gerupft wurde, sah natürlich jeder".

535 Vgl. zu Isays vom klassischen Wirtschaftsliberalismus geprägten Überzeugung von den Vorteilen wirtschaftlicher Selbstregulierung bei damit einhergehender Staatsferne und seinen Einsatz für die Gewährleistung der Vereinigungsfreiheit in den 20er Jahren nochmals oben: 1. Teil B) III) 2) a) und dort insb. Fn. 427f., 433 sowie zur identischen Auffassung in den 50er Jahren bereits oben: 1. Teil B) III) 3) c) und dort die Nachweise in Fn. 474, 479 und 513.

unternehmen.[536] Dabei bestand sein Ziel seit den 20er Jahren darin, einen Mittelweg zwischen ungeregeltem Wettbewerb („Laissez-faire") und staatlicher Planwirtschaft zu ebnen.[537]

In diesem Zusammenhang hielt er über Jahrzehnte an seiner Überzeugung fest, dass Kartelle als probates Mittel gegen Entartungen des Wettbewerbs, insbesondere gegen die ruinöse Schleuderkonkurrenz, wirkten und auf diese Weise Krisen abschwächen könnten.[538]

Darüber hinaus ergab die Untersuchung, in welchem Maße Isays Denken und seine Argumentationsweise – neben den vorgenannten Kontinuitäten in seinen Grundüberzeugungen – vom ökonomischen und sozialen Zeitgeist beeinflusst wurden. So orientierte er sich in den 20er Jahren an den herrschenden Anschauungen der Epoche der „gebundenen Wirtschaft"[539], bevor er sich dann in den 50er Jahren explizit zu den Grundsätzen der Sozialen Marktwirtschaft bekannte[540].

---

536 Vgl. zu Isays differenzierender Kartellhaltung in den 20er Jahren nochmals oben: 1. Teil B) III) 2) b) und dort insb. Fn. 439 sowie zu der damit übereinstimmenden Überzeugung in den 50er Jahren bereits oben: 1. Teil B) III) 3) b) und dort die Nachweise in Fn. 495.

537 Vgl. dazu in den 20er Jahren nochmals oben: 1. Teil B) III) 2) b) und dort den Nachweis in Fn. 449 a. E. sowie zu seinem damit übereinstimmenden Ansatz in den 50er Jahren oben: 1. Teil B) III) 3) c) und dort die Nachweise in Fn. 508.

538 Vgl. zu Isays Überzeugung von der krisensteuernden Wirkung der Kartelle in den 20er Jahren bereits oben: 1. Teil B) III) 2) a) und dort Fn. 428 sowie in den 50er Jahren oben: 1. Teil B) III) 3) b) und dort Fn. 489f.

539 Siehe bereits die obigen Ausführungen unter: 1. Teil B) III) 2) b).

540 Siehe dazu nochmals ausführlich oben: 1. Teil B III) 3) b).

2. Teil: Isays gemäßigt freirechtliche Rechtsschöpfungsmethode als Ausdruck seines Strebens nach einem Ausgleich zwischen den Postulaten der Gerechtigkeit und der Rechtssicherheit

Isays Gesamtwerk wurde von seinen Rechtsschöpfungsvorschlägen für die Praxis und seinen Gesetzentwürfen dominiert.[541] Während seiner gesamten wissenschaftlichen Laufbahn galt sein hauptsächliches Interesse einer dynamischen Fortentwicklung des Rechts und somit in erster Linie der Erforschung juristischen Neulands.[542]

Vor diesem Hintergrund konstatierte Müller-Erzbach anschaulich: „Isay hat überall den Blick auf das Leben, auf den Ausgang der Rechtsbildung, gerichtet und auf den Einfluss, welchen das Recht seinerseits wiederum auf das Leben ausübt".[543] Ballerstedt attestierte Isay in diesem Zusammenhang den „Gestaltungswillen des Technikers".[544] In diesem Sinne betonte auch Würdinger in seinem Nachruf, Isay habe „in seltener Weise Wissenschaft und Leben, Theorie und Praxis, systematische Forschung und konkrete Gestaltung" miteinander verbunden.[545]

In Anbetracht der Tatsache, dass sich Isay demzufolge überwiegend bewusst abseits der Pfade bewegte, die von den bestehenden gesetzlichen Regelungen abgedeckt wurden und zum herkömmlichen Alltagsgeschäft des Rechtswissenschaftlers gehörten, stellt sich die Frage, wie Isay bei der Fortbildung des Rechts und der Entwicklung seiner Gesetzentwürfe vorging.

Den Schlüssel zu diesem bislang kaum beachteten, dabei aber außerordentlich bedeutsamen Aspekt des Gesamtwerks Rudolf Isays liefert die Untersuchung seiner Rechtsschöpfungsmethode.

Abgesehen von einem ausdrücklichen Bekenntnis zu den Lehren der Freirechtsschule[546] äußerte sich Isay nicht in einem einheitlichen Zusammenhang zu

---

541 Siehe zur Analyse seiner einflussreichsten Abhandlungen auf dem Gebiet des Wirtschaftsrechts und deren Wirkungsgeschichte die Ausführungen unten: 3. Teil.

542 Vgl. dazu: R. Isay, Das Recht am Unternehmen (1910). In dieser ersten längeren Monographie, die er als 24-jähriger Referendar verfasste, merkte Isay an: „Das Gebiet, auf dem wir uns hier bewegen, ist vollkommenes Neuland" (S. 5). Die Faszination, die die Fortentwicklung des Rechts von Anfang an auf Isay ausübte, wird dadurch belegt.

543 Müller-Erzbach, AcP 153 (1954), S. 274, (275).

544 Ballerstedt, Gedächtnisrede auf R. Isay, S. 8.

545 Würdinger, WuW 1956, S. 792.

546 R. Isay, Aus meinem Leben, S. 29f. Siehe zu den Gründen für dieses Bekenntnis auch die Ausführungen unten: 2. Teil A) I).

den formell-methodischen Grundlagen seiner Vorgehensweise bei der Rechtsfortbildung.

Infolgedessen ergibt sich dieselbe Schwierigkeit, die schon bei der Untersuchung seiner Grundüberzeugungen auftrat.[547] Gleichwohl erweist sich auch bei der Ermittlung der Bestandteile seiner Rechtsschöpfungsmethode die Gesamtschau seines Werkes wiederum als außerordentlich aufschlussreich. Sie bringt deutlich zutage, dass Isay bei der methodischen Umsetzung seiner Vorschläge zur Fortentwicklung des Rechts und bei der Abfassung seiner Gesetzentwürfe stets auf feststehende formelle Leitlinien zurückgriff, die ihm konkrete Maßstäbe für seine verfahrensmäßige Vorgehensweise und seine Argumentation im Rahmen der Rechtsschöpfung lieferten.

Vorwegzunehmen ist, dass die methodischen Leitlinien, die das formelle Fundament der Rechtsschöpfungsmethode Isays bildeten, auf den nachhaltigen Einfluss der Lehren der Freirechtsschule[548] als ausschlaggebender Inspirationsquelle zurückgingen[549].

Unter Berücksichtigung der bereits zuvor erzielten Erkenntnisse über seine rechtsphilosophischen, ethischen, sozialen und ökonomischen Grundüberzeugungen[550] wird sich zeigen, dass Isay insgesamt als gemäßigter Freirechtler einzustufen ist, zumal sich seine Methode der Rechtsschöpfung unter verschiedenen Aspekten von deren herkömmlichen Lehren unterschied[551].

Ingesamt wird in diesem Zusammenhang belegt werden, dass der Wert seiner Methode vor allem darin bestand, dass sie auf eine weitestgehende Harmonisierung der widerstreitenden Postulate der Einzelfallgerechtigkeit und der Rechtssicherheit abzielte[552], wohingegen andere Freirechtler die Bedeutung der Gewährleistung der Rechtssicherheit eher gering schätzten.

Die abschließende Würdigung der Rechtsschöpfungsmethode Isays beleuchtet neben ihren Vorzügen, die in erster Linie das Resultat der formellen und materiellen Leitlinien waren, die Isay ihr als feststehendes Fundament zugrunde

---

547 Siehe nochmals oben: 1. Teil B).

548 Siehe zu den Vorbehalten gegenüber der Freirechtsschule, die das Schrifttum seit jeher polarisierte und deren Lehren bis heute kontrovers diskutiert werden, im Allgemeinen und zur Kritik an Isays ausdrücklichem Bekenntnis im Besonderen ausführlich unten: 2. Teil A) II).

549 Siehe zur Einordnung Isays als Vertreter der Freirechtsschule in Abgrenzung zu den anderen maßgeblichen Strömungen innerhalb der damaligen Rechtsmethodik, namentlich die Begriffs- und die Interessenjurisprudenz, die Analyse unten: 2. Teil A) III) 1) und 2).

550 Siehe zu Isays Grundüberzeugungen nochmals oben: 1. Teil B) I) – IV).

551 Siehe dazu die Ausführungen unten: 2. Teil A) IV) und V).

552 Vgl. dazu insb. die Ausführungen zu seinen Gesetzentwürfen auf den Gebieten des Kartellrechts und des Bergrechts aus den 50er Jahren unten: 2. Teil A) IV) 4).

legte[553], auch die verbleibenden Risiken, die bei jeder freirechtlich geprägten Fortentwicklung des Rechts drohen[554].

A) Die überragende Bedeutung der Lehren der Freirechtsschule als Fundament seiner Rechtsschöpfungsmethode und als ausschlaggebende Triebfeder seines Gesamtwerkes

Ausgehend von Isays ausdrücklichem Bekenntnis zur Freirechtsschule[555] wird zunächst eingehend analysiert, ob und wie dieser Einfluss in seinem Gesamtwerk zutage trat. Dies erscheint angezeigt, da Isays freirechtliche Prägung vereinzelt explizit in Zweifel gezogen wurde. So relativierte Ballerstedt Isays Bekenntnis in seiner Gedenkrede aufgrund eigener Vorbehalte gegenüber jeder freirechtlich geprägten Rechtsschöpfung und angesichts der damit verbundenen Gefahren für die Rechtssicherheit.[556]

Jedoch wird sich, entgegen der Einschätzung Ballerstedts, erweisen, dass Isays allgegenwärtiges Streben nach einer dynamischen, an praktischen Zwecken und der Einzelfallgerechtigkeit orientierten Fortentwicklung des Rechts sehr wohl das Resultat des nachhaltigen Einflusses war, den die Lehren der Freirechtsschule auf seinen Denkstil und seine Argumentationsweise ausübten.[557] So wird deutlich werden, dass die Lehren der Freirechtsschule – und darin lag ihre ganz elementare Bedeutung – als ausschlaggebende Triebfeder und Inspirationsquelle auf Isay wirkten und ihn überhaupt erst in seinem Entschluss bestärkten, fortan rechtsschöpferisch tätig zu werden, mit der Folge, dass er sein Gesamtwerk ohne deren Einfluss gar nicht hervorgebracht hätte.

553 Siehe dazu unten: 2. Teil B) I).

554 Siehe dazu unten: 2. Teil B) II).

555 Isay, Aus meinem Leben, Aufzeichnungen vom 10. April 1951, S. 29f. Siehe zu den konkreten Gründen für sein Bekenntnis zur Freirechtsschule auch unten: 2. Teil A) I).

556 Ballerstedt, Gedächtnisrede auf R. Isay, S. 11f. Vgl. auch unten: 2. Teil A) II).

557 Siehe zu den deutlich übereinstimmenden Anschauungen Isays und der anderen Vertreter der Freirechtsschule ausführlich unten: 2. Teil A) III) 1) und 2).

l) Gründe für Isays ausdrückliches Bekenntnis zu den Lehren der Freirechtsschule im Jahre 1908

Isay hatte sich nach eigener Aussage nie damit abgefunden, in der Juristerei ein bloßes „Jonglieren mit Paragraphen" zu sehen. Vielmehr habe er stets versucht, „ihr eine tiefere Bedeutung zu geben".[558]

Nach einem anfänglichen Interesse für Rechtsgeschichte[559] und der Teilnahme an einem romanistischen Pandekten-Seminar bei Prof. Seckel[560] wandte Isay sich in seinem Studium der traditionellen Begriffsjurisprudenz zu, die noch ganz im Geiste des römischen Rechts stand und Anfang des 20. Jahrhunderts die herrschende Strömung der Methodik war. Infolgedessen besuchte er ein Seminar bei Prof. Zitelmann über „juristische Begriffsbildung". In dieser Veranstaltung verfasste Isay ausgehend von der berühmten Frage Kants „Wie sind synthetische Urteile a priori möglich?" eine Abhandlung zum Thema „Wie sind juristische Begriffe möglich?".[561] Isays Dissertation aus dem Jahre 1908 stand ebenfalls noch ganz im Zeichen der Begriffsjurisprudenz. Darin ging es um das ebenfalls von Prof. Zitelmann betreute Thema, ob der Eigentümer oder der Besitzer einer verliehenen Sache Entschädigungsansprüche im Falle ihrer Beschädigung geltend machen könne.

Da Isay keine passenden Gerichtsentscheidungen finden konnte, erkannte er, „dass der gesunde Menschenverstand in meinem Problem keines sieht".[562] In Anknüpfung an die damals übliche Methode der Rechtsfindung im Sinne der Begriffsjurisprudenz machte sich Isay in den Pandekten des Corpus Juris auf die Suche nach einer Konstellation, die seiner Fragestellung ähnlich war, und wurde auch tatsächlich fündig. So entdeckte Isay eine Pandektenstelle, in der der Sachverhalt rechtlich beurteilt wurde, dass jemand einen fremden Sklaven kastrieren ließ und ihn auf diese Weise wertvoller machte. Die Auslegung der Pandektenstelle im Sinne der begriffsjuristischen Methode bildete nach Isays eigener Aussage das Glanzstück seiner Dissertation, die mit magna cum laude bewertet wurde.

Als einschneidendes Ereignis erwies sich alsbald die harsche Kritik von Isays Bruder Herrmann an der Dissertation. Im Hinblick auf die Auslegung der Pandektenstelle fragte Hermann in einem Brief empört, wer Rudolf „auf der Universität solche Haarspaltereien gelehrt habe".[563] Hermann fuhr fort, die ganze ju-

558 R. Isay, Aus meinem Leben, Aufzeichnungen vom 10. April 1951, S. 19.
559 R. Isay, a. a. O. (Fn. 558), S. 19.
560 R. Isay, a. a. O. (Fn. 558), S. 22.
561 R. Isay, a. a. O. (Fn. 558), S. 26.
562 R. Isay, a. a. O. (Fn. 558), S. 27.
563 R. Isay, a. a. O. (Fn. 558), S. 27.

ristische Fakultät komme ihm vor wie Rudolfs kastrierter Sklave, ohne dass sie durch die Dissertation wertvoller geworden sei.

Die Kritik des Bruders sollte kurz darauf einen ganz maßgeblichen Anteil daran haben, dass Isay der bis dahin von ihm praktizierten Begriffsjurisprudenz den Rücken kehrte und einen grundlegenden Wandel seiner methodischen Grundüberzeugungen vollzog. Denn schon bald nach der „Komödie“, als die sich die Erlangung des Doktorgrades rückblickend für Isay darstellte[564], gelangte er zu der Erkenntnis, „dass praktische Rechtsanwendung durch spitzfindige Untersuchungen logischer Art nicht gefördert wird“[565].

Von dieser Erkenntnis ausgehend fand Isay, zusätzlich angespornt von seinem Jugendtraum, ein berühmter Forscher zu werden[566], in der Freirechtsschule eine neue methodische Heimat.

Isay brachte den überragenden Einfluss, den das Freirecht auf die Entstehung und den dauerhaften Fortbestand seiner methodischen Grundüberzeugungen ausübte, in seiner Autobiographie folgendermaßen zum Ausdruck: „Jedenfalls griff ich jene Lehre, die mir einen Ausweg aus dem öden Paragraphengewirr zeigte, mit Begeisterung auf. (...) Während meiner ganzen juristischen Laufbahn blieb ich der Freirechtsschule treu, sowohl bei meinen bergrechtlichen wie bei meinen kartellrechtlichen Arbeiten“.[567]

Dieses ausdrückliche Bekenntnis Isays zu den Lehren der Freirechtsschule wirft gerade im Hinblick auf die Gefahren für die Rechtssicherheit, die mit dieser rechtsmethodischen Strömung noch heute in Verbindung gebracht werden, eine Reihe von Fragen auf.

II) Die Vorbehalte des Schrifttums gegenüber den Lehren der Freirechtsschule im Allgemeinen und gegenüber Isays ausdrücklichem Bekenntnis im Besonderen

Die Lehren der Freirechtsschule, auf die sich Isay ausdrücklich berief, waren seit jeher umstritten. Demgemäß polarisierte sie das Schrifttum seit ihrer Gründung zu Beginn des 20. Jahrhunderts bis heute hinsichtlich ihrer Verdienste (u. a.: Einfluss auf die Entstehung eines dynamischen, lebensnahen Rechtsverständnisses und die damit verbundene Wegbereitung des Richterrechts[568]) und

564 R. Isay, a. a. O. (Fn. 558), S. 27.

565 R. Isay, a. a. O. (Fn. 558), S. 29.

566 R. Isay, a. a. O. (Fn. 558), S. 15.

567 R. Isay, a. a. O. (Fn. 558), S. 30.

568 Siehe zu denjenigen Aspekten der Rechtsschöpfungsmethode Isays, die von der Rechtsentwicklung bis heute bestätigt wurden, unten: 2. Teil B) I).

ihrer Risiken (insbesondere ihre Missbrauchsanfälligkeit für jede beliebige Weltanschauung[569]).

Besonders deutlich wird diese Polarisierung des Schrifttums, wenn man Isays ausdrücklich positive Einstellung zu den Lehren der Freirechtsschule mit dem offenkundigen Unbehagen vergleicht, das diese Haltung bei Ballerstedt auslöste. So bezeichnete Ballerstedt die Äußerungen, die Isay in seiner Autobiographie über den nachhaltigen Einfluss der Lehren der Freirechtschule auf sein Gesamtwerk abgab, als „eine schwer erträgliche Konservierung jugendlich-schwärmerischer Hinwendung zum Neuen".[570]

Bereits zuvor zog Ballerstedt in seiner Gedenkrede Isays ausdrücklich positive Einstellung zur Freirechtslehre wie folgt in Zweifel: „Das Bekenntnis zur Freirechtsbewegung werden wir – zu Ehren des Verstorbenen sei es gesagt – nur bedingt zutreffend nennen dürfen".[571] Ballerstedt begründete diese Einschätzung mit dem Hinweis darauf, dass Isay den Schwächen der Freirechtsschule, namentlich ihrem mangelnden Verständnis für die logisch-systematischen Grundlagen der Rechtsordnung und für die Verbindlichkeit der gesetzgeberischen Entscheidung, nie verfallen sei. Als Konsequenz folgerte Ballerstedt, dass Isay im Grunde auch kein Freirechtler gewesen sei.[572] Stattdessen ordnete er Isay rückwirkend als einen Vertreter des „wissenschaftlichen Positivismus"[573] ein.

Wie sich noch zeigen wird, verkehrte Ballerstedt mit dieser Beurteilung Isays ausdrückliches Bekenntnis zur Freirechtsschule in sein Gegenteil. Denn der Positivismus bildete einen Grundpfeiler der Begriffsjurisprudenz, die sowohl von Isay als auch von den Vertretern der Freirechtsschule bekämpft und abgelehnt wurde.[574]

Es wird noch deutlich werden, dass Ballerstedt mit seinem Bestreben, Isays eindeutiges Bekenntnis zur Freirechtsschule zu relativieren, dem tatsächlichen Einfluss, den sie auf die Entwicklung der Rechtschöpfungsmethode Isays ausübte, nicht gerecht wurde.[575] Darüber hinaus hätte Isays Methode aufgrund ihrer Eigenart Ballerstedts wohlmeinender Intervention gar nicht bedurft, da sein

569 Siehe zu den möglichen Risiken, die mit der Anwendung der Rechtsschöpfungsmethode Isays verbunden sind, auch unten: 2. Teil B) II) 1) und 2).

570 Ballerstedt, JZ 1962, S. 103.

571 Ballerstedt, Gedächtnisrede auf R. Isay, S. 11f.

572 Ballerstedt, a. a. O. (Fn. 571), S. 12.

573 Ballerstedt, a. a. O. (Fn. 571), S. 7.

574 Siehe zur übereinstimmenden Ablehnung der Lehren der Begriffsjurisprudenz durch Isay und die Freirechtler ausführlich unten: 2. Teil A) III) 1).

575 Siehe dazu ausführlich unten: 2. Teil A) III) 1) und 2).

Rechtsschöpfungsansatz im Vergleich zu deren herkömmlichen Lehren deutlich gemäßigt war.[576]

Allerdings offenbart ein genauerer Blick auf die Gefahren und Verdienste, die vom Schrifttum bis heute mit der freirechtlich geprägten Rechtsschöpfung in Verbindung gebracht werden, dass Ballerstedts Vorbehalte kein Einzelfall waren.

Auf einen ganz wesentlichen Grund für die Entstehung einer ablehnenden Haltung gegenüber der Freirechtsschule, der auch Ballerstedt dazu bewogen haben könnte, Isays unmissverständliches Bekenntnis nachträglich zu korrigieren, hat Rehbinder aufmerksam gemacht:

„Sie hat seinerzeit zu schweren Missverständnissen in den Reihen der traditionellen Juristen geführt und auch heute noch spuken die Freirechtler in den Köpfen so mancher Juristen als wilde Männer herum, die sich nicht mehr an das Gesetz halten wollten und einer richterlichen Willkür das Wort redeten".[577] In diesem Sinne ist auch die Warnung vor einer „freirechtlichen Kadijustiz, die dem kontinentaleuropäischen Denken fremd sei", zu verstehen.[578]

Äußerst diffizil ist ein weiterer Aspekt der freirechtlichen Lehren: Bis in die jüngste Vergangenheit hinein wurde im Schrifttum kontrovers darüber diskutiert, inwiefern das freirechtliche Verfahren der Rechtsschöpfung die umfassenden Umdeutungen der Gesetze im „Dritten Reich" vorbereitet oder gar unmittelbar beeinflusst habe.[579]

Bereits im Jahre 1951 machte Isay selbst auf diese Parallelen aufmerksam, als er in tagebuchartigen Aufzeichnungen, die später Eingang in seine Autobiographie fanden, angesichts der Willkür der freirechtlich geprägten Rechtsprechung im „Dritten Reich" feststellte: „Dass auch in der Freirechtslehre ein von der Arznei kaum zu unterscheidendes Gift verborgen lag, wurde erst später klar, als der Nationalsozialismus sie zu dem Satze überspitzte: Recht ist, was dem deutschen Volke nützt".[580]

Diese Erkenntnis sollte Isay jedoch nicht davon abhalten, auch nach seiner Rückkehr aus der brasilianischen Emigration an seinem gemäßigt freirechtlichen Rechtsschöpfungsansatz festzuhalten. Er begründete diesen Schritt mit seiner

---

576 Siehe dazu ausführlich unten: 2. Teil A) IV) 1) – 4).

577 Rehbinder, in: Recht und Leben, S. 5, (9).

578 Czermak, JZ 1965, S. 378, (379).

579 Siehe dazu auch die eingehenden Ausführungen zu den Risiken der Pervertierung freirechtlicher Anschauungen am Beispiel der Rechtsschöpfungsmethode Isays unten: 2. Teil B) II) 1).

580 R. Isay, Aus meinem Leben, Aufzeichnungen vom 10. April 1951, S. 30.

Überzeugung, dass es keine Wahrheit gebe, „die nicht durch Übertreibung ad absurdum geführt werden könnte“[581].

Vor diesem Hintergrund drängt sich die Frage auf, ob Isay wegen der von ihm selbst erkannten und auch deutlich benannten Missbrauchsanfälligkeit der Freirechtsschule, die während der nationalsozialistischen Willkürherrschaft zutage trat, seine Vorgehensweise bei der Fortentwicklung des Rechts hätte korrigieren müssen. Jedoch bestand dazu für Isay – aufgrund seines humanistischen und liberalen Weltbildes[582] und seines gemäßigten Methodenansatzes[583] – letztlich keine zwingende Veranlassung.

In Anbetracht der bislang angeführten, überwiegend kritischen Stellungnahmen zur freirechtlichen Rechtsschöpfung gerät leicht der Umstand aus dem Blick, dass die Lehren der Freirechtsschule seit ihrer Gründung zu Beginn des 20.Jahrhunderts kontinuierlich eine große Faszination auf die rechtswissenschaftliche und richterliche Praxis ausgeübt hatten und auch noch bis heute ausüben. Dabei nimmt Isay insoweit eine Sonderstellung ein, als er einer der wenigen Praktiker war, die sich noch in den 50er Jahren ausdrücklich als Freirechtler zu erkennen gaben.[584]

Dieses Phänomen spiegelt sich auch in der Analyse des Schrifttums zur Bedeutung der Freirechtslehre für die Rechtsentwicklung bis heute wieder. So stellte Larenz im Jahre 1962 fest: „Mitunter hat es den Anschein, als sei die Freirechtslehre, zu der sich freilich offen heute niemand mehr bekennt, insgeheim zum Glaubensbekenntnis eines großen Teils unserer Praktiker geworden“.[585]

An dieser Entwicklung hat sich bis heute nichts geändert. In diesem Sinne konstatierte Adomeit noch jüngst, dass das Freirecht zwar heute als überholt gilt, aber „seit langem clandestin die richterliche Praxis beherrscht“.[586] In diese Richtung wies auch die Prognose von Bydlinski. Nach seiner Auffassung „dürfte sich unter verschiedenen Vorwänden immer stärker eine neue Tendenz zu in Wahrheit unkontrollierbarem Freirecht bemerkbar machen“.[587] Ähnlich kritisch beurteilte Behrends den Einfluss des Freirechts auf das heutige Verfahren der Rechtsgewinnung. Nach seiner Einschätzung liegt die Aufbruchzeit der Frei-

---

581 R. Isay, a. a. O. (Fn. 580), S. 30.

582 Siehe dazu nochmals die Ausführungen zu Isays rechtsphilosophischen und rechtsethischen Grundüberzeugungen oben: 1. Teil B) I) und II).

583 Siehe zu den konkreten Schutzvorkehrungen, die Isay traf, um den Erfordernissen der Rechtssicherheit im Rahmen der Fortentwicklung des Rechts gerecht werden zu können, unten: 2. Teil A) IV) 1) – 5).

584 R. Isay, Aus meinem Leben, Aufzeichnungen vom 10. April 1951, S. 30.

585 Larenz, JZ 1962, S. 105.

586 Adomeit, JZ 2003, S. 161, (162).

587 Bydlinski, Recht, Methode und Jurisprudenz, S. 10.

rechtsbewegung zwar weit zurück, man solle aber „die fortdauernde mentalitätsbildende Kraft der Freirechtslehren, die dem Richter, indem sie ihn zum intuitiven, unmittelbaren Schöpfertum aufriefen, am Ende überforderten und außerrechtlichen Willensakten auslieferten", auch nicht unterschätzen.[588]

Positiver würdigte dagegen jüngst Schwöbbermeyer die von der Freirechtsschule maßgeblich angestoßenen Bestrebungen zu einer praxisnahen Rechtsschöpfung. Er bezeichnete die Fortentwicklung des Rechts als „die wesentliche juristische Tätigkeit" und vertritt die Überzeugung, dass „ihre fehlende Integration in den Rechtsgewinnungsprozess ein schweres Defizit der juristischen Methodenlehre" sei.[589]

Ausgehend von diesem breiten Spektrum teilweise völlig entgegen gesetzter Positionen des Schrifttums hinsichtlich der Verdienste und Gefahren des Freirechts werden anschließend, anhand der Analyse der Rechtsschöpfungsmethode Isays, die Gemeinsamkeiten und Unterschiede zwischen ihm und der Freirechtsschule einer näheren Betrachtung unterzogen.

Die Untersuchung wird dabei verdeutlichen, dass die generellen Vorbehalte des Schrifttums gegenüber den herkömmlichen freirechtlichen Lehren zwar aufgrund der mit ihrer Anwendung verbundenen Gefahren für die Rechtssicherheit zum Teil berechtigt waren, jedoch Isays demgegenüber deutlich gemäßigtem und auf größtmögliche Rationalisierung bedachtem Methodenansatz nicht gerecht werden konnten.

III) Abgrenzung des Freirechts und Isays Methodenansatzes von den anderen rechtsmethodischen Strömungen zu Beginn des 20. Jahrhunderts

Um Isays Nähe zu den Lehren der Freirechtsschule zu veranschaulichen, werden die grundlegenden Übereinstimmungen in den methodischen Positionen Isays und der Freirechtler dargestellt und analysiert und gegenüber den Lehren der Begriffsjurisprudenz[590] sowie gegenüber der Interessenjurisprudenz[591] abgegrenzt. Gegen beide letztgenannten Strömungen kämpfte die Freirechtsschule zu Beginn des 20. Jahrhunderts um die Vormachtstellung in der Rechtsmethodik, und auch Isays Rechtsschöpfungsmethode unterschied sich deutlich von diesen Lehren.

588 Behrends, in: Recht und Justiz im „Dritten Reich", S. 34, (78).
589 Schwöbbermeyer, ZRP 2001, S. 571, (572) .
590 Siehe dazu ausführlich unten: 2. Teil A) III) 1).
591 Siehe dazu ausführlich unten: 2. Teil A) III) 2).

I) *Parallelen in den Anschauungen Isays und der Freirechtler im Hinblick auf ihre gemeinsame Ablehnung der damals herrschenden Begriffsjurisprudenz*

In Isays innerer Abkehr von der Begriffsjurisprudenz, in deren Gefolge er auf die Freirechtsschule aufmerksam wurde[592], besteht die erste grundlegende Gemeinsamkeit zwischen seinem Rechtsschöpfungsansatz und den Überzeugungen der Freirechtler.

a) Kurze Einführung in die Lehren der Begriffsjurisprudenz

Die Begriffsjurisprudenz war ein Kind des 19. Jahrhunderts.[593] Sie ging maßgeblich auf Georg Friedrich Puchta (1798 – 1846) und den frühen Rudolf von Jhering (1818 – 1892) zurück.[594]

Noch zu Beginn des 20. Jahrhunderts war sie die ganz herrschende Strömung der Rechtsmethodik. Im Zentrum der Begriffsjurisprudenz stand das Dogma von der Lückenlosigkeit der Rechtsordnung.[595]

Besonders anschaulich fasste der Freirechtler Stampe deren Lehren wie folgt zusammen: „Nach dieser Theorie war die „logische Expansionskraft“ des vorhandenen Rechts eine so große, dass sie für sämtliche offenen Rechtsfragen, ja selbst für die rechtliche Regelung von neu auftauchenden Lebenserscheinungen im Wege eines rein logischen Subsumtions- und Deduktionsverfahrens die nötigen Normen ergibt“.[596]

Auf Grundlage dieser Überzeugungen praktizierten die Vertreter der Begriffsjurisprudenz einen rechtswissenschaftlichen Positivismus und Formalis-

---

592 Siehe nochmals oben: 2. Teil A) I).

593 Vgl. dazu: Wieacker, Privatrechtsgeschichte der Neuzeit, S. 433ff.

594 Edelmann, Die Entwicklung der Interessenjurisprudenz, S. 48ff.

595 Grundlegend: Bergbohm, Jurisprudenz und Rechtsphilosophie, S. 372 ff. Vgl. auch folgende Autoren, die die Begriffsjurisprudenz bzw. den Gesetzespositivismus gegen die Angriffe der Freirechtler verteidigten: Landsberg, DJZ 1905, Sp. 921ff.; Michaelis, DJZ 1906, Sp. 394ff.; Sohm, DJZ 1909, Sp. 1019ff.; ders., Begriffsjurisprudenz, DJZ 1910, Sp. 114ff.; Mitteis, DJZ 1909, Sp. 1038ff.; Vierhaus, DJZ 1909, Sp. 1169ff.; Baumgarten, DRiZ 1911, Sp. 543ff.; Neukamp, DJZ 1912, Sp. 44ff.; Smoschever, DRiZ 1924, Sp. 218ff. Vgl. ferner folgende, zumeist kritische Darstellungen der Begriffsjurisprudenz aus dem jüngeren Schrifttum: Wieacker, Privatrechtsgeschichte der Neuzeit, S. 433ff.; A. Kaufmann, Rechtsphilosophie, S. 29, 85 und 88; Schoppmeyer, Juristische Methode als Lebensaufgabe, S. 66ff.; Zippelius, S. 253ff. Heute wird die Begriffsjurisprudenz lediglich noch vereinzelt positiv gewürdigt, z. B. explizit von: Hattenhauer, in: Recht und Justiz im „Dritten Reich“, S. 9, (13) der ihr attestiert, „einen soliden, dogmatisch abgesicherten und rational kontrollierbaren Rahmen“ geliefert zu haben.

596 Stampe, DJZ 1905, Sp. 417.

mus, der die Rechtssätze und ihre Anwendung ausschließlich aus System, Begriffen und Lehrsätzen der Rechtswissenschaft ableiten wollte[597]. Demzufolge sprachen sich die Vertreter der Begriffsjurisprudenz auch für eine unbedingte Bindung des Richters an die bestehenden Gesetze unter Ausschluss eigener Wertungen oder den Rückgriff auf vorpositive Erwägungen aus. Prägnant wurden die begriffsjuristischen Überzeugungen von Sohm folgendermaßen auf den Punkt gebracht:

„Der gelehrte Richter ist nicht dazu da, dass er Recht mache. Er ist dazu da, dass er Kraft seiner wissenschaftlichen Kenntnis vom Recht das geltende Recht anwende. Unsere Rechtsprechung wurde wissenschaftlich bestimmte Rechtsprechung. Gerade das war es, was man von ihr forderte, damit die Rechtsprechung eine im Voraus berechenbare, den Verkehr schirmende, ihm feste Grundlagen gebende, stetige, sichere Rechtsprechung sei".[598]

Hinsichtlich der hier besonders interessierenden Frage nach der Einstellung der Begriffsjurisprudenz zur Fortentwicklung des Rechts standen ihre Vertreter auf dem Standpunkt, dass nur derjenige, der „der Rechtsbegriffe Meister ist, aus den Rechtssätzen der Vergangenheit das lebendige Recht der Gegenwart hervorbringen" könne. „Das neue Recht entstehe unter den Fittichen des alten! Das neue ist im alten Recht keimartig enthalten".[599]

Angesichts ihres darin zum Ausdruck kommenden Formalismus vermag es nicht zu verwundern, dass die Übertreibungen der Begriffsjurisprudenz ihre Gegner herausfordern sollten.[600] Und so setzte es sich Isay in Übereinstimmung mit den Vertretern der Freirechtsschule zum Ziel, die Dogmen der Begriffsjurisprudenz zu widerlegen.[601]

b) Die Leitlinien von Isays Kritik der Begriffsjurisprudenz

Ausschlaggebend für Isays ablehnende Haltung gegenüber der Begriffsjurisprudenz war seine grundlegende Überzeugung, zu der er im Anschluss an seine Dissertation gelangte, dass rein logische Untersuchungen die von ihm anvisierte praktische und dynamische Rechtsentwicklung nicht zu fördern vermochten.[602]

---

597 So ausdrücklich: Schoppmeyer, Juristische Methode als Lebensaufgabe, S. 67.

598 Statt aller: Sohm, DJZ 1909, Sp. 1019, (1020).

599 Statt aller: Sohm, DJZ 1909, Sp. 1019, (1023).

600 Vgl. Riebschläger, Die Freirechtsschule, S. 18. Ebenso auch: Schoppmeyer, Juristische Methode als Lebensaufgabe, S. 68.

601 Vgl. zu diesem vorrangigen Ziel der Freirechtsschule: Moench, Die methodologischen Bestrebungen der Freirechtsbewegung, S. 165, der die Ansicht vertritt, die Freirechtler „zerstörten" neben der Begriffsjurisprudenz auch die Grundlagen des Rechtspositivismus.

602 Siehe oben: 2. Teil A) I).

Damit zweifelte er offen das Subsumtions- und Deduktionsverfahren der Begriffsjurisprudenz an, das noch zu Beginn des 20. Jahrhunderts die Methodenlehre beherrschte.

Überdies wandte Isay sich mehrfach ausdrücklich gegen die von der Begriffsjurisprudenz praktizierte ausschließliche Anknüpfung an die feststehenden Begriffe des Gesetzes. So kritisierte Isay, in typisch freirechtlicher Manier, aus praktischen Erwägungen und Gründen der Einzellfallgerechtigkeit eine Entscheidung des OLG Köln aus dem Jahre 1930 mit den Worten: „Das ist die alte Buchstabenauslegung, von der wir bereits hofften, sie sei verschwunden".[603]

Bis zu seinen letzten wissenschaftlichen Abhandlungen behielt Isay diese Haltung bei. Demgemäß stützte er auch noch seine Reformvorschläge für ein zukünftiges Bundesberggesetz im Jahre 1954 auf seine Überzeugung, dass die damals noch geltenden Vorschriften des ABG[604] wegen ihrer „zu engen Fassung und einer am Buchstaben haftenden Rechtsprechung" keine positiven Auswirkungen hätten haben können[605].

Der entscheidende Beitrag Isays zur Widerlegung des begriffsjuristischen Dogmas von der Lückenlosigkeit der Rechtsordnung und der darauf basierenden Vorstellung eines geschlossenen Systems sämtlicher Kodifikationen liegt indes in seinem rechtsschöpferischen Gesamtwerk selbst.

Demgemäß sah Isay den maßgeblichen Sinn und Zweck seiner rechtswissenschaftlichen Tätigkeit gerade darin, die von der Begriffsjurisprudenz negierten Lücken der Gesetze auf so unterschiedlichen Gebieten wie dem Kartellrecht, dem UWG, dem Unternehmensrecht und dem Patentrecht aufzudecken und unter Rückgriff auf seine ihm eigene Rechtsschöpfungsmethode auszufüllen.[606]

c) Die Kritik der Begriffsjurisprudenz durch die Vertreter der Freirechtsschule

Die durchweg kritischen Stellungnahmen zu den Dogmen der Begriffsjurisprudenz aus den Reihen der führenden Vertreter der Freirechtsschule und ihrer Sympathisanten[607] wiesen deutliche Parallelen zu Isays ablehnender Haltung auf.

---

603 R. Isay, Urteilsanmerkung, JW 1930, 2724, (2725).

604 Allgemeines Berggesetz für die Preußischen Staaten v. 24. Juni 1865. Das ABG wurde erst am 13. August 1980 vom Bundesberggesetz (BGBl. I, 1310) abgelöst.

605 So ausdrücklich: R. Isay, Entwurf eines Bundesberggesetzes, Erläuterungen zu den §§ 47 – 64, S. 105.

606 Siehe dazu die Darstellung seiner einflussreichsten Abhandlungen unten: 3. Teil.

607 Vgl. die grundlegenden Schriften der Protagonisten der Freirechtsschule: Ehrlich, Freie Rechtsfindung und freie Rechtswissenschaft (In diesem Werk tauchte der Begriff des Freirechts erstmalig auf); Kantorowicz, Der Kampf um die Rechtswissenschaft (Diese Schrift, die Kantorowicz unter dem Pseudonym Gnaeus Flavius veröffentlichte, wurde noch in jüngster Zeit mehrfach ausdrücklich als das „Manifest der

Die Freirechtler hielten demzufolge das Recht ebenfalls nicht für ein abgeschlossenes, vollständiges System abstrakter Rechtsregeln. Vielmehr bestehe es aus Einzelentscheidungen, und der Richter habe es, wenn ihn die Rechtsregeln verließen, durch freie Rechtsfindung den Bedürfnissen der Zeit anzupassen.[608] Eine „Findung von Wahrheiten aus Begriffen“ wäre ausgeschlossen.[609] Insofern wurde die Forderung nach einer „Freiheit von der herrschenden Begriffssklaverei“ laut.[610]

Weiterhin wandten sich die Freirechtler, und so auch Isay, gegen das begriffsjuristische Dogma von der Lückenlosigkeit der Gesetze. Denn keine Theorie der Rechtsfindung könne sich darüber hinwegzusetzen, „dass jedes System festgelegter Rechtsregeln seiner Natur nach lückenhaft ist, das es eigentlich schon in dem Moment veraltet war, da es festgelegt worden ist, dass es daher kaum die Gegenwart, nie aber die Zukunft zu meistern vermag“.[611] Die von der Begriffsjurisprudenz unterstellte Lückenlosigkeit des Rechtssystems sei nichts anderes als ein Scheingebilde juristischer Technik.[612]

Kantorowicz ging in seiner Schrift „Der Kampf um die Rechtwissenschaft“ sogar soweit, dass er behauptete, in den Gesetzen seien „nicht weniger Lücken als Worte“ vorhanden.[613] Er beendete seine Kampfschrift auf die ihm eigene, provokante und polemische Art mit den Worten: „Aus den Trümmern der Dogmatik wird, zum Entsetzen der Unklaren, der Stolz der Zukunft steigen, die Freie Rechtsschöpfung“[614]. Ähnlich kämpferisch äußerte sich auch Ernst Fuchs, indem

---

Freirechtsschule“ bezeichnet. So z. B. von: Behrends, in: Recht und Justiz im „Dritten Reich“, S. 34, (68); Raiser, in: Der Einfluss deutscher Emigranten auf die Rechtsentwicklung in den USA und in Deutschland, S. 365, (368)); ders., DRiZ 1911, Sp. 259ff.; ders., Aus der Vorgeschichte der Freirechtslehre; Fuchs, DJZ 1910, Sp. 283ff.; ders., JW 1922, S. 7ff.; ders., Was will die Freirechtsschule? Vgl. auch die folgenden Abhandlungen weiterer Anhänger der Freirechtschule: Stampe, DJZ 1905, Sp. 417ff.; ders., DJZ 1905, Sp. 713ff.; ders., DJZ 1905, Sp. 1017ff.; Reichel, DRiZ 1910, Sp. 464ff.; ders. Gesetz und Richterspruch; Willi, Die Freirechtsschule; Goldschmidt, JW 1924, S. 245ff. Jedenfalls im Hinblick auf seine fehlende Distanz gegenüber dem Irrationalismus richterlicher Entscheidungsfindung ist wohl auch die viel diskutierte Schrift von Rudolf Isays Bruder Hermann Isay, Rechtsnorm und Entscheidungsfindung, dem Freirecht zuzuordnen.

608 So: Ehrlich, Freie Rechtsfindung und freie Rechtswissenschaft, Vorrede, S.IV.
609 Fuchs, DJZ 1910, Sp. 283.
610 Fuchs, DJZ 1910, Sp. 283, (284).
611 Ehrlich, Freie Rechtsfindung und freie Rechtswissenschaft, S. 17.
612 Ehrlich, a. a. O. (Fn. 611), S. 6.
613 Gnaeus Flavius, Der Kampf um die Rechtswissenschaft, S. 15.
614 Gnaeus Flavius, a. a. O (Fn. 613), S. 49. Vgl. zur generell dogmatikfeindlichen Haltung der Freirechtler, die Isay hingegen nicht teilte, auch unten: 2. Teil A) IV) 2).

er im Hinblick auf die Begriffsjurisprudenz forderte: „Die unheimliche Herrschaft der Toten über die Lebendigen muss endlich auch in unserer Wissenschaft zerbrochen werden".[615]

Zur Ausfüllung der nach ihrer Überzeugung bestehenden Lücken der Rechtsordnung forderten die Gründer der Freirechtsbewegung „die Selbstständigkeit des Richters gegenüber dem Buchstaben des Gesetzes"[616], und dass mit der Wissenschaft als Rechtsquelle endlich ernst gemacht werden solle[617]. Sie waren der Auffassung, die Befugnis des Richters zur Rechtsschöpfung sei unverzichtbar, „denn auch die genialste Gesetzesschöpfung kann auf die Dauer den Bedürfnissen des Lebens nicht genüge tun, wenn ihr die Praxis nicht in der genannten Richtung beispringt"[618].

d) Zwischenergebnis

Es ist somit festzuhalten, dass sich sowohl Isay als auch die maßgeblichen Köpfe der Freirechtsschule, wenn auch im Unterschied zu ihm mit einem deutlichen Hang zu überspitzter und unsachlicher Polemik, übereinstimmend und mit Erfolg gegen die wesentlichen Dogmen der damals herrschenden Begriffsjurisprudenz gewandt haben. Insoweit kommt ihnen das Verdienst zu, dass die Lehren der Begriffsjurisprudenz heute als widerlegt gelten.[619]

Demgemäß entlarvten Isay und die Freirechtler nicht nur das begriffsjuristische Dogma von der Lückenlosigkeit der Gesetze als bloße Fiktion. Darüber hinaus widerlegten sie die begriffsjuristische Vorstellung, das Recht werde durch die bestehenden „lebendigen" Gesetzesbegriffe selbst, nicht aber als notwendige Konsequenz des gesellschaftlichen und wirtschaftlichen Wandels fortentwickelt.

Zudem führten sie übereinstimmend die Annahme der Begriffsjurisprudenz ad absurdum, wonach die bestehenden Kodifikationen ein in sich geschlossenes Rechtssystem bildeten, das es ermögliche, jeden streitigen Sachverhalt durch rein logische Deduktion der bestehenden Rechtsbegriffe einer Lösung zuzuführen.

615 Fuchs, JW 1922, S. 7, (9).
616 Ehrlich, Freie Rechtsfindung und freie Rechtswissenschaft, Vorrede, S.VI.
617 Gnaeus Flavius, Der Kampf um die Rechtswissenschaft, S. 20.
618 Stampe, DJZ 1905, Sp.1017; ders., DJZ 1905, Sp. 713, (716). Siehe ausführlicher zur Bestimmung des Bereichs der Gesetzeslücken durch Isay und die Freirechtler auch unten: 2. Teil A) III) 2) b) dd) aaa) und bbb).
619 Siehe dazu auch unten: 2. Teil B) I) 1). Dort wird ausführlich dargelegt, dass die Vorbehalte Isays und der Freirechtler gegenüber den Lehren der Begriffsjurisprudenz von Rechtsprechung und Schrifttum einhellig bestätigt worden sind.

Nach Maßgabe dieser Erkenntnisse wird deutlich, dass Ballerstedts Einschätzung, Isays „Grundhaltung" sei, entgegen seinem Bekenntnis zur Freirechtsschule, die des „rechtswissenschaftlichen Positivismus" gewesen[620], nicht den Tatsachen entsprach. Denn der rechtswissenschaftliche Positivismus, der im 19. Jahrhundert der damals herrschenden Vorstellungswelt der Pandektenwissenschaft entsprach, bildete gerade den entscheidenden Grundpfeiler der begriffsjuristischen Lehren, die von Isay und den Freirechtlern infolge deren Rechtsschöpfungsfeindlichkeit strikt abgelehnt wurden.[621]

Demgemäß widersprachen auch sämtliche Kernthesen des rechtswissenschaftlichen Positivismus (die Anerkennung des Staates als einziger Rechtsquelle, die Annahme, jedes verfassungsgemäß erlassene Gesetz sei bindendes Recht sowie die Überzeugung, der Gesetzgeber sei beim Erlass von Gesetzen nicht an materiale Rechtsgrundsätze, moralische Grundwerte oder ethische Prinzipien gebunden[622]) dem dynamischen, den aktuellen Lebensverhältnissen zugewandten Rechtsverständnis Isays und der Freirechtler.

2) Parallelen in den Anschauungen Isays und der Freirechtler hinsichtlich ihrer Abgrenzung von den Lehren der zeitgleich aufstrebenden Interessenjurisprudenz

Neben der Begriffsjurisprudenz grenzte sich die Freirechtschule Anfang des 20. Jahrhunderts, ebenso wie Isay, von der Tübinger Schule der Interessenjurisprudenz ab, die von Philipp Heck gegründet wurde.[623] Beide Strömungen kämpften erbittert um die Vormachtstellung innerhalb der damaligen Rechtsmethodik.

---

620 Siehe dazu nochmals oben: 2. Teil A) II) und insb. Ballerstedts Einschätzung oben in Fn. 573.

621 Vgl. zur grundlegenden Bedeutung des rechtswissenschaftlichen Positivismus für die Lehren der Begriffsjurisprudenz und zur Gegenposition der Freirechtler, z.B.: Wieacker, Privatrechtsgeschichte der Neuzeit, S. 579; Riebschläger, Die Freirechtsbewegung, S. 14 ff.; A. Kaufmann, Rechtsphilosophie, S. 28f.; Schoppmeyer, Juristische Methode als Lebensaufgabe, S. 67.

622 Statt aller: Rüthers, Rechtstheorie, Rn. 471. Kritisch: Ders., Die unbegrenzte Auslegung, S. 90f.: „Die Allmacht, die der Gesetzespositivismus dem Gesetzgeber zuschreibt, erinnert an die Allmacht Gottes".

623 Vgl. zu den Lehren der Interessenjurisprudenz die folgenden grundlegenden Schriften ihres Gründers und Wortführers, Philipp Heck: DJZ 1905, Sp. 1140ff.; ders., DJZ 1909, Sp. 1457ff.; ders., AcP 112 (1914), S. 1ff.; ders., JW 1917, S. 270ff.; ders., Begriffsbildung und Interessenjurisprudenz,; ders., AcP 142 (1936), S. 129ff. und S. 297ff.

a) Die Kontroverse im Schrifttum über die Abgrenzbarkeit der Freirechtsschule von der Interessenjurisprudenz

Bevor die Frage beantwortet werden kann, welche Position Isay innerhalb der Auseinandersetzungen zwischen Freirechtsschule und Interessenjurisprudenz einnahm, ist zu beachten, dass das grundsätzliche Verhältnis der beiden Strömungen im jüngeren Schrifttum kontrovers diskutiert und durchaus unterschiedlich beurteilt wurde. So wird teilweise die Meinung vertreten, eine trennscharfe methodologische Abgrenzung der Freirechtsschule von der Interessenjurisprudenz sei nicht möglich, da die Zielrichtung beider Strömungen – Ablehnung der Begriffsjurisprudenz und Streben nach größerer Freiheit des Juristen bei der Rechtsfindung – auf derselben Intuition basierte.[624]

Das überwiegende Schrifttum ist dieser Argumentation jedoch mit der Begründung entgegengetreten, dass es sich aufgrund einer abweichenden Prämissenbildung und einer unterschiedlichen Vorgehensweise bei der Rechtsfindung sehr wohl um selbstständige Lehren handelte.[625]

Zudem wurde den Vertretern der Mindermeinung entgegengehalten, sie ließen den Umstand außer Betracht, dass vor allem der Gründer der Interessenjurisprudenz, Philipp Heck, in einer Vielzahl von Abhandlungen in mitunter höchst unsachlicher Form auf die Unterschiede hinwies.[626]

Dass letzteres zutraf, belegen die Attacken Hecks gegenüber der Freirechtsschule, die im „Dritten Reich" ihren Tiefpunkt erreichten. So schreckte er im Jahre 1936 nicht davor zurück, unter namentlicher Erwähnung ihrer maßgeblichen Vertreter, auf die jüdische Abstammung der Freirechtler hinzuweisen und dabei zu betonen, dass die Vertreter der Interessenjurisprudenz demgegenüber durchweg Arier seien und er den entsprechenden Nachweis vorlegen könne.[627]

---

624 In dieser Richtung: Lombardi Vallauri, Geschichte des Freirecht, S. 30ff.; Moench, Die methodologischen Bestrebungen der Freirechtsbewegung, S. 14ff.

625 Riebschläger, Die Freirechtsbewegung, S. 49ff. u. 115; Kallfass, Die Tübinger Schule der Interessenjurisprudenz, S. 87ff.; Muscheler, Relativismus und Freirecht, S. 148ff.; Behrends, in: Recht und Justiz im „Dritten Reich", S. 34, (74f.); Schoppmeyer, Juristische Methode als Lebensaufgabe, S. 71, 99 u. 102ff.

626 Darauf weisen zu Recht hin: Kallfass, Die Tübinger Schule der Interessenjurisprudenz, S. 88; Muscheler, Relativismus und Freirecht, S. 148, 150.

627 Heck, AcP 142 (1936), S. 129, (150f.). Heck reagierte mit dieser Denunziation der Freirechtler auf den Angriff von Ruttke, der der Interessenjurisprudenz ihrerseits „typisch jüdischen Rechtsstil" unterstellte (Vgl.: JW 1935, S. 1369, (1370)). Vgl. dazu auch noch jüngst: Schoppmeyer, Juristische Methode als Lebensaufgabe, S. 204.

Vor dem Hintergrund der vorgenannten Kontroverse wird der Vergleich der Gemeinsamkeiten[628] und Unterschiede[629] in den Anschauungen Isays und der Freirechtler auf der einen Seite und den Überzeugungen der Vertreter der Interessenjurisprudenz auf der anderen Seite zwei wichtige Gesichtspunkte offenbaren.

Zum einen wird deutlich werden, dass die zwischen Freirechtsschule und Interessenjurisprudenz tatsächlich bestehenden, gravierenden Unterschiede die These des vorgenannten herrschenden Schrifttums stützen, dass es sich im Kern um zwei selbstständige Strömungen der Rechtsmethodik handelt. Zum anderen wird sich zeigen, dass Isays Rechtsschöpfungsmethode den Lehren der Freirechtsschule deutlich näher stand als der Interessenjurisprudenz, mit der Folge, dass er, über sein subjektives Bekenntnis hinaus, auch objektiv als Freirechtler einzuordnen ist.

b) Generelle Gemeinsamkeiten in den Anschauungen Isays, der Freirechtler und den Vertretern der Interessenjurisprudenz

Im Hinblick auf die These einer weitgehenden methodischen Identität der Lehren der Freirechtsschule und der Interessenjurisprudenz sind zunächst die zwischen beiden Strömungen bestehenden Gemeinsamkeiten zu untersuchen.

aa) Ablehnung der Dogmen der Begriffsjurisprudenz

Einig waren sich Isay, die Freirechtler und die Interessenjurisprudenz in ihrem Kampf gegen die Lehren der Begriffsjurisprudenz (Dogma von der Lückenlosigkeit der Rechtsordnung, die Vorstellung von den Kodifikationen als einem geschlossenen System, die Überzeugung von der rein logisch-deduktiven Ableitbarkeit jeder Fallentscheidung unter ausschließlichem Rückgriff auf bestehende Gesetzesbegriffe). Demgemäß verfolgten sie übereinstimmend das Ziel, den Weg für eine dynamischere, lebensnähere Rechtsfindung zu ebnen, die den Bedürfnissen der Allgemeinheit in stärkerem Maße Rechnung tragen sollte, als es unter der Herrschaft der Lehren der Begriffsjurisprudenz der Fall war.[630]

---

628 Siehe dazu sogleich die Ausführungen unten: 2. Teil A) III) 2) b) aa) – ee).

629 Siehe ausführlich unten: 2. Teil A) III) 2) c) aa) – dd).

630 Siehe zur insoweit übereinstimmenden Position Isays und anderer Freirechtler bereits oben: 2. Teil A) III) 1). Vgl. für die Interessenjurisprudenz: Heck, DJZ 1905, Sp. 1140f.; ders., DJZ 1909, Sp. 1457ff. Vgl. dazu auch folgende Abhandlungen aus dem jüngeren Schrifttum: Riebschläger, Die Freirechtsbewegung, S. 49; Kallfass, Die Tübinger Schule der Interessenjurisprudenz, S. 87; Muscheler, Relativität und Freirecht, S. 148f.

bb) Art. 1 Abs. 2 ZGB (Schweizer Zivilgesetzbuch) als Inspirationsquelle für die Abfassung von Vorschlägen zur Fortbildung des Rechts

Den maßgeblichen rechtlichen Anknüpfungspunkt für die angestrebte Fortentwicklung der gesetzlichen Kodifikationen fand man übereinstimmend in Eugen Hubers Vorentwurf des Schweizerischen Zivilgesetzbuchs vom 15. 11. 1900. Nach Art. 1 Abs. 2 ZGB sollte der Richter, „wenn Gesetz und Gewohnheitsrecht schweigen, nach der Regel, die er als Gesetzgeber aufstellen würde, entscheiden."[631]

Isay griff in seinem Kommentar zur Kartellverordnung unmittelbar auf den Wortlaut von Art. 1 Abs. 2 ZGB zurück. Nach seiner Überzeugung sollte der Richter bei der Konkretisierung des unbestimmten Rechtsbegriffs des „wichtigen Grundes" im Rahmen der Kündigung eines Kartellvertrages „den Fall so entscheiden, wie er ihn als Gesetzgeber regeln würde".[632]

Die Vertreter der Freirechtsschule sahen sich durch Art. 1 Abs. 2 ZGB ebenfalls in ihrem Streben nach richterlicher Rechtsschöpfung bestätigt.[633] Noch in den 60er Jahren wurde die Vorschrift gar als „freirechtliche Bibel" bezeichnet.[634] Darüber hinaus berief sich auch Philipp Heck, der führende Vertreter der Interessenjurisprudenz, auf Art. 1 Abs. 2 ZBG als Legitimationsgrundlage für die von ihm gleichfalls befürwortete freiere Stellung des Richters.[635]

cc) Der überragende Einfluss von Jherings Spätwerk „Der Zweck im Recht" auf die Entwicklung einer teleologischen Gesetzesauslegung

Sowohl Isay und die Freirechtler als auch die Vertreter der Interessenjurisprudenz beriefen sich übereinstimmend auf Jherings (1818 – 1892) Spätwerk „Der Zweck im Recht" (1877)[636] als Impuls für die von ihnen angestrebte teleologi-

631 Wortlaut zitiert nach: Reichel, in: Festgabe für Stammler, S. 281, (282).

632 R. Isay / Tschierschky, Kartellverordnung, § 8, Anm. 24, S. 222.

633 Ehrlich, Freie Rechtsfindung und freie Rechtswissenschaft, S. 25; Gnaeus Flavius, Der Kampf um die Rechtswissenschaft, S. 40; Fuchs, Die Gemeinschädlichkeit der konstruktiven Jurisprudenz, S. 14; ders., Was will die Freirechtsschule?, S. 17; Willi, Die Freirechtsschule, S. 6.

634 A. Kaufmann, JuS 1965, 1, (2).

635 Heck, JW 1917, S. 270; ders., AcP 137 (1933), S. 47, (57 und dort Fn. 24). Vgl. zum Einfluss von Art. 1 Abs. 2 ZGB auf Heck auch noch jüngst: Schoppmeyer, Juristische Methode als Lebensaufgabe, S. 100.

636 Der Grundgedanke von Jherings „Zweck im Recht", der für Isay, die Freirechtler und die Interessenjurisprudenz zum Leitmotiv wurde, ging dahin, „dass der Zweck der Schöpfer des gesamten Rechts ist, dass es keinen Rechtssatz gibt, der nicht ei-

sche, an den praktischen Bedürfnissen der Allgemeinheit ausgerichtete Gesetzesauslegung.[637]

Auf der Grundlage des historisch–empirischen Rationalismus Jherings[638] räumten sie übereinstimmend soziologischen und ökonomischen Erkenntnissen einen ausschlaggebenden Stellenwert bei der Bestimmung der Gesetzeszwecke innerhalb der Fortentwicklung des Rechts ein.[639]

Insbesondere Isays rechtsschöpferisches Gesamtwerk wurde nachhaltig von Jherings „Der Zweck im Recht" geprägt. Aus seiner unmittelbar auf Jhering zurückgehenden Erkenntnis, dass zweifelhafte Fragen der Auslegung am Maßstab des aktuellen „praktischen Zwecks"[640] der Norm zu entscheiden seien, folgerte Isay, dass nur derjenige ein guter Jurist sein könne, „der die volkswirtschaftlichen und sozialen Grundlagen der verschiedenen Rechtseinrichtungen" ver-

---

nem praktischen Motiv seinen Ursprung verdankt" (So ausdrücklich: Jhering, Der Zweck im Recht, Vorrede, S. V).

637 Vgl. R. Isay, Aus meinem Leben, Aufzeichnungen vom 10. April 1951, S. 29f.: Dort bezeichnet Isay Jhering ausdrücklich als Vorläufer der Freirechtsschule. Hinzuweisen ist an dieser Stelle auf den parallelen Wandel in den Überzeugungen Isays und Jherings: Beide waren zunächst Anhänger der Begriffsjurisprudenz, bevor sie zu der Erkenntnis gelangten, dass deren Lehren einen Irrweg bedeuteten und sich fortan der für notwendig erachteten Fortentwicklung des Rechts zuwandten. Vgl. zu Jherings Einfluss auf die Anschauungen der übrigen Freirechtler: Düringer, DRiZ 1911, Sp. 109, (111); Kantorowicz, DRiZ 1914, Sp. 84ff.; ders., Aus der Vorgeschichte der Freirechtslehre, S. 39. Dort bezeichnet Kantorowicz den „Zweck im Recht" als „Leitstern aller wahrhaft juristischen Auslegung"; Fuchs, ARWP 1918/19, S. 10ff.; ders., JW 1922, S. 7, (8), der dort die Ansicht vertritt: „Alles Recht ist, wie seit Jhering Allgemeingut ist, in einem gewissen tieferen Sinn Zweckmäßigkeitsnorm". Zu Jherings Einfluss auf die Interessenjurisprudenz und Heck: Schoppmeyer, Juristische Methode als Lebensaufgabe, S. 68f., 72f. und 91f.

638 Siehe dazu: Fechner, Rechtsphilosophie, S. 42; Wieacker, Privatrechtsgeschichte der Neuzeit, S. 451ff.; Riebschläger, Die Freirechtsbewegung, S. 29ff.; A. Kaufmann, Rechtsphilosophie, S. 28f.; Zippelius, Rechtsphilosophie, S. 68.

639 Vgl. zum nachhaltigen Einfluss der Soziologie und der Nationalökonomie auf die Entscheidungsfindung aus der Sicht der Freirechtler: Ehrlich, Freie Rechtsfindung und freie Rechtswissenschaft, S. 13 u. 38f.; Stampe, DJZ 1905, Sp. 713, (717); Gnaeus Flavius, Der Kampf um die Rechtswissenschaft, S. 34 u. 45; Fuchs, DJZ 1910, Sp. 283, (285, 288); ders., Was will die Freirechtsschule, S. 51f.; Reichel, DRiZ 1910, Sp. 464, (468); Düringer, DRiZ 1911, Sp. 109; Willi, Die Freirechtsschule, S. 5. Vgl. zum Einfluss von Soziologie und Ökonomie auf die Entscheidungsfindung nach den Lehren der Interessenjurisprudenz: Schoppmeyer, Juristische Methode als Lebensaufgabe, S. 62ff., 65f., 93 u. 287f.

640 Siehe zur zentralen Bedeutung des „praktischen Zweckes" bei der Gesetzesauslegung aus der Sicht von Isay und den Freirechtlern auch unten: 2. Teil A) III) 2) c) cc) aaa).

steht[641]. Im Anschluss konstatierte er: „Nationalökonomie und Soziologie wurden Hilfswissenschaften der Jurisprudenz. Letztere verwandelte sich von einer blutleeren Scholastik in eine lebensvolle Diätetik des Volkskörpers".[642]

Wie groß Jherings Einfluss auf Isay tatsächlich war, wird zudem daran deutlich, dass dessen „Der Zweck im Recht" letztlich bewirkte, dass Isay sich parallel zu seinem Referendariat volkswirtschaftlichen Studien widmete.[643]

Letztlich ist es demzufolge, zumindest mittelbar, auf den Einfluss Jherings zurückzuführen, dass Isay sich bei der Abfassung seiner Gesetzentwürfe und Rechtsschöpfungsvorschläge – im Gegensatz zu den anderen Freirechtlern, für die überwiegend soziale Gesichtspunkte bei der Entscheidungsfindung den Ausschlag gaben, – primär an ökonomischen Effizienzerwägungen orientierte.[644]

dd) Der Stellenwert des Rechtsgefühls bei der richterlichen Eigenwertung im Rahmen der Ausfüllung von Gesetzeslücken

Eine weitere Gemeinsamkeit besteht in der Tatsache, dass sowohl Isay und die Vertreter der Freirechtsschule als auch die Interessenjurisprudenz sich im Rahmen der Lückenausfüllung, deren Grenzen sie freilich ganz unterschiedlich bestimmten[645], für die grundsätzliche Befugnis des Richters zur Eigenwertung auf der Grundlage seines Rechtsgefühls aussprachen[646].

---

641 R. Isay, Aus meinem Leben, Aufzeichnungen vom 17. April 1951, S. 30.

642 R. Isay, a. a. O. (Fn. 641), S. 30.

643 R. Isay, a. a. O. (Fn. 641), S. 30.

644 Siehe in diesem Zusammenhang nochmals die Ausführungen zu Isays ökonomischen und sozialen Grundüberzeugungen oben: 1. Teil B) III).

645 Siehe unten: 2. Teil A) III) 2) c) dd) aaa) für Isay und die Freirechtler sowie: 2. Teil A) III) 2) c) dd) bbb) für die Vertreter der Interessenjurisprudenz.

646 Vgl. zur Bedeutung des Rechtsgefühls für die anderen Vertreter der Freirechtsschule: Gnaeus Flavius (= Kantorowicz), Der Kampf um die Rechtswissenschaft, S. 23, der die Freirechtschule dort ausdrücklich als „voluntaristische Strömung" bezeichnet, die eine „antirationalistische Gesinnung" aufweise; Fuchs, DJZ 1910, Sp. 283, (284); ders., JW 1920, S. 6: „Was innerlich die rechtliche Streitfrage des Einzelfalls entscheidet, ist bei den Nichtbuchstablern das natürliche Rechtsgefühl"; ders., Was will die Freirechtsschule?, S. 15; Willi, Die Freirechtsschule, S. 3. Kritisch dazu: Moench, Die methodologischen Bestrebungen der Freirechtsbewegung, S. 165.
Vgl. zur Bedeutung des Rechtsgefühls aus der Sicht Hecks und der Vertreter der Interessenjurisprudenz: Heck, AcP 137 (1933), S. 47, (60f.); ders., AcP 142 (1936), S. 129, (165ff.). Vgl. dazu auch zuletzt: Schoppmeyer, Juristische Methode als Lebensaufgabe, S. 100f., 120f. u. 130f.

Dass die Vertreter der Interessenjurisprudenz dem Richter eine solche Eigenwertung nur als ultima ratio gestatten wollten[647], vermag an der grundsätzlichen Übereinstimmung hinsichtlich der Bedeutung des Rechtsgefühls bei der Entscheidungsfindung nichts zu ändern.

Was den Stellenwert des Rechtsgefühls innerhalb von Isays Rechtsschöpfungsmethode anbelangt, so ist festzustellen, dass er sich lediglich einmal, dort allerdings sehr positiv, über dessen maßgebliche Bedeutung für den Rechtsfindungsprozess äußerte.

In seinem Entwurf eines Bundesberggesetzes aus dem Jahre 1954 griff Isay im Zusammenhang mit seinen Vorschlägen zur zukünftigen rechtlichen Ausgestaltung der Entschädigung für Schadensfälle im räumlichen Kollisionsverhältnis von Bergbau und Grundeigentum auf die Enteignungsvorschriften des Grundgesetzes zurück.

Gemäß Art. 14 Abs. 3 S. 3 GG ist die Enteignungsentschädigung „unter gerechter Abwägung der Interessen der Allgemeinheit und der Beteiligten zu bestimmen". Isay übernahm den genauen Wortlaut von Art. 14 Abs. 3 S. 3 GG in § 52 Abs.1 seines Entwurfs mit der Begründung, dass „die vom Grundgesetz gewählte Formulierung dem Rechtsgefühl des Richters die sachgemäße Freiheit" gebe.[648]

Aus den Reihen des Schrifttums erntete Isay für seine Reformvorschläge in §52 Abs. 1 prompt Widerspruch. Ihm wurde entgegengehalten, dass „beim Betreten des schwankenden Bodens der neuen Entschädigungsgrundsätze wohl jeden, der den Verlauf von Grundabtretungsverfahren und Bergschadensprozessen kennt, ein Gefühl des Unbehagens und der Unsicherheit" beschleicht, und dass diese Empfindungen „nur wenig dadurch beschwichtigt werden, dass nunmehr dem Rechtsgefühl des Richters die sachgemäße Freiheit gegeben werden soll".[649]

Die soeben angeführte Kritik des Schrifttums an Isays Einstellung zum richterlichen Rechtsgefühl vermag jedoch unter zwei wesentlichen Gesichtspunkten nicht zu überzeugen:

Zum einen wurde der Tatsache keine Beachtung geschenkt, dass Isay bei der Ausgestaltung seiner Vorschläge zur Entschädigung für Bergschäden unmittelbar auf die vom Grundgesetz in Art. 14 Abs. 3 S. 3 GG gewählte Formulierung zurückgriff. So stimmte die von Isay in § 52 Abs. 1 seines Entwurfs vorgeschlagene Entschädigungslösung mit dem Willen des Grundgesetzgebers überein,

---

647 Schoppmeyer, a. a. O. (Fn. 646), S. 100.

648 So explizit: R. Isay, Entwurf eines Bundesberggesetzes, Erläuterungen zu den §§ 47 – 64, S. 105.

649 Brockhoff, ZfB Bd. 95 (1954), S. 221, (239).

dem Richter in Fragen der Enteignungsentschädigung einen weiten Entscheidungsspielraum zu eröffnen und stand somit im Einklang mit der Verfassung.

Zum anderen läuft der Vorwurf des „Unbehagens" angesichts des § 52 Abs. 1 noch aus einem weiteren Grund ins Leere. Denn die Kritik übersah, dass Isay dem Richter in der Begründung seines Entwurfs konkrete Hinweise dafür lieferte, welche Gesichtspunkte bei der nach Art. 14 Abs. 3 S. 3 GG erforderlichen Abwägung zwischen den Interessen des Bergbaus, den Interessen der Grundeigentümer sowie den Interessen der Allgemeinheit – je nach Fallkonstellation – entscheidungserheblich werden können und demzufolge vom Richter zu beachten sind.[650]

In diesem Zusammenhang entnahm Isay die in den Erläuterungen zu seinem Entwurf angeführten Abwägungskriterien sowohl der ständigen höchstrichterlichen Rechtsprechung als auch den damals noch geltenden Berggesetzen des Reiches. Er griff also auf objektiv überprüfbare Maßstäbe zurück. Auch wenn sich Isay demzufolge zwar grundsätzlich dafür aussprach, dass der Richter im Einzelfall sein Rechtsgefühl zu Rate ziehen sollte und er ihm somit grundsätzlich einen weiten Entscheidungsspielraum zubilligte, darf nicht übersehen werden, dass er dem Rechtsanwender in seinen Erläuterungen zu § 52 Abs. 1 des Entwurfs eines Bundesberggesetzes inhaltlich transparente und rational überprüfbare Entscheidungsgrundlagen als Leitlinien an die Hand gab.[651] Das von der Kritik angeführte „Unbehagen" hätte derjenige Richter, der sich bei der Entscheidungsfindung konsequent an Isays Abwägungskriterien orientiert hätte, also nicht haben müssen.

ee) Zwischenergebnis

Es bleibt somit festzuhalten, dass sowohl Isay und die Freirechtler als auch die Vertreter der Lehren der Interessenjurisprudenz generell übereinstimmende Positionen vertraten hinsichtlich der Ablehnung der Lehren der Begriffsjurisprudenz, hinsichtlich der Vorbildfunktion einer Art. 1 Abs. 2 ZGB entsprechenden Regel für die Fortentwicklung des Rechts, hinsichtlich der maßgeblichen Bedeutung der Gesetzeszwecke für die Auslegung im Anschluss an Jhering sowie

650 R. Isay, Entwurf eines Bundesberggesetzes, Erläuterungen zu §§ 47– 64, S. 104 f.

651 Hier ist ein zentraler Unterschied zwischen Isay und den anderen Freirechtlern zu beobachten. Während diese den Richter pauschal auf sein Rechtsgefühl und damit auf irrationale Entscheidungsgrundlagen verwiesen, hielt es Isay für unverzichtbar, dem Richter Orientierungspunkte zu liefern, die dieser bei der Entscheidungsfindung in Erwägung zu ziehen hatte. Vgl. dazu auch ausführlich unten: 2. Teil A) IV) 1) und B) II) 2) b) und c).

hinsichtlich des grundsätzlichen Stellenwerts des Rechtsgefühls bei der richterlichen Entscheidungsfindung.

Dieses Zwischenergebnis scheint also die Ausgangsthese derjenigen Vertreter des Schrifttums zu stützen, wonach eine trennscharfe Abgrenzung zwischen den Lehren der Freirechtsschule und den Anschauungen der Interessenjurisprudenz nicht durchführbar sei.[652]

c) Die Unterschiede zwischen Isay und den Freirechtlern im Vergleich mit der Interessenjurisprudenz als Beleg für die Selbstständigkeit der beiden Strömungen

Neben den Gemeinsamkeiten der Lehren der Freirechtsschule und der Interessenjurisprudenz bestanden jedoch vor allem im Hinblick auf die grundsätzlichen Ziele der Rechtsschöpfung im Allgemeinen[653] und die konkrete Ausgestaltung des Rechtsgewinnungsprozesses im Besonderen[654] gravierende Unterschiede. Diese bestätigen einerseits die Ausgangsthese der herrschenden Meinung von der methodischen Selbstständigkeit der beiden Strömungen[655], andererseits belegen sie, dass Isay den Freirechtlern offenkundig näher stand als den Vertretern der Interessenjurisprudenz.

aa) Die Überzeugung Isays und der Freirechtler von der Wandelbarkeit der Rechtsordnung wird mit Hinweis auf die Rechtssicherheit von der Interessenjurisprudenz abgelehnt

Der am stärksten ins Gewicht fallende Unterschied zwischen Isay und den Freirechtlern im Vergleich zu den Vertretern der Interessenjurisprudenz bestand in einer abweichenden Zielrichtung.

So räumten Isay und die Freirechtler der von ihnen übereinstimmend für erforderlich gehaltenen rechtswissenschaftlichen und richterlichen Rechtsschöpfung einen wesentlich weiteren Spielraum ein als die Vertreter der Interessenjurisprudenz.

652 Vgl. nochmals oben: 2. Teil A) III) 2) a) und insb. die Nachweise in Fn. 624.
653 Siehe dazu unten: 2. Teil A) III) 2) c) aa).
654 Vgl. dazu unten: 2. Teil A) III) 2) c) bb) – dd).
655 Siehe nochmals oben: 2. Teil A) III) 2) a) und insb. die Nachweise in Fn. 625.

aaa) Die Position Isays und der Freirechtler

Isay und den Freirechtlern ging es in erster Linie um die Schaffung neuen, einzelfallgerechten Rechts[656], wohingegen die Priorität der Vertreter der Interessenjurisprudenz aus Gründen der Rechtssicherheit auf einer vorsichtigeren Fortentwicklung der bestehenden Regelungen unter besonderer Betonung der richterlichen Bindung an das Gesetz lag.[657] Der Überzeugung von der Notwendigkeit freier rechtswissenschaftlicher und richterlicher Rechtsschöpfung, die sowohl Isay als auch die Freirechtler anstrebten, lag die gemeinsame Erkenntnis von der Wandelbarkeit der Rechtsordnung zugrunde.

Isays Motivation zur Abfassung von Rechtsschöpfungsvorschlägen und Gesetzentwürfen basierte demgemäß nach eigenem Bekunden auf der „Wandelbarkeit aller menschlichen Dinge und der darauf beruhenden Relativität aller menschlichen Wahrheiten".[658] Aus dieser Erkenntnis zog Isay die Konsequenz, dass der Wandel der gesellschaftlichen, ökonomischen und politischen Verhältnisse sich auch unmittelbar auf die Rechtsentwicklung niederschlagen müsse.[659]

Vor diesem Hintergrund musste sogar Ballerstedt, der Isays Bekenntnis zur Freirechtsschule im Übrigen anzweifelte[660] und ihn – zu Unrecht – als Vertreter des „wissenschaftlichen Positivismus" einordnete[661], anerkennen, dass Isay „in diesem positiven Sinne einer Überzeugung von der ständigen Wandelbarkeit des Rechts in der Tat Freirechtler" war[662].

Und tatsächlich gingen die anderen Vertreter der Freirechtsschule, ebenso wie Isay, davon aus, dass das Recht keine statische, unveränderliche Größe bil-

---

656 Vgl. Wieacker, Privatrechtsgeschichte der Neuzeit, S. 580; Muscheler, Relativität und Freirecht, S. 149.

657 Siehe dazu ausführlich unten: 2. Teil A) III) 2) c) aa) bbb).

658 R. Isay, GRUR 1922, S. 80. Vgl. zum prägenden Einfluss der Lehren der Historischen Rechtsschule sowie seines verantwortungsbewussten Relativismus auf Isays rationalen Denkstil und seine Argumentationsweise bereits die eingehenden Ausführungen oben: 1. Teil B) I) 1) a) und 1. Teil B) I) 5) a).

659 Siehe zur Bedeutung der geänderten Lebensverhältnisse für die Auslegung bestehender Gesetze aus Isays Sicht unten: 2. Teil A) III) 2) c) cc) aaa). Vgl. wegen der deutlichen Parallele zu Isays Überzeugungen auch die Ausführungen von Fechner, Rechtsphilosophie, S. 142ff., der, ebenso wie Isay, davon ausgeht, dass das Recht „im Bereich der realen Tatsachen, deren Veränderungen ausgesetzt und insoweit relativ" ist. Daraus zieht Fechner gleichfalls den Schluss, dass die Wandelbarkeit der Realverhältnisse notwendigerweise die Wandelbarkeit des Rechts nach sich zieht.

660 Siehe nochmals: Ballerstedt, Gedächtnisrede auf R. Isay, S. 11f.

661 Vgl. dazu bereits oben: 2. Teil A) III) 1) d).

662 Ballerstedt, Gedächtnisrede auf R. Isay, S. 12.

dete, sondern – auch ohne Eingreifen des Gesetzgebers – ständigem Wandel unterworfen bleibe.[663]

Waren Isay und die Freirechtler sich mithin darin einig, dass die bestehenden Gesetze eine dynamische und historische Natur aufwiesen[664] und demzufolge den Bedürfnissen des Lebens angepasst werden mussten, so stellte sich ihnen zwangsläufig die Frage nach konkreten Orientierungspunkten, die bei der Fortbildung des Rechts zu beachten waren.

Auf Grundlage seiner soeben angesprochenen Überzeugung von der Wandelbarkeit der Rechtsordnung gelangte Isay zu der Erkenntnis, dass das maßgebliche Ziel der Rechtsschöpfung – neben der erforderlichen Anpassung an die aktuellen Lebensverhältnisse – in der Verwirklichung der Einzelfallgerechtigkeit bestehen müsse.[665]

In diesem Zusammenhang attestierte Ballerstedt Isay anerkennend: „Das Rechtliche, das Streben nach der Gerechtigkeit, versteht sich für ihn von selbst".[666]

Ebenso wie Isay räumten auch die anderen Freirechtler der Einzelfallgerechtigkeit, deren Verwirklichung für sie seit jeher gleichfalls das zentrale Leitmotiv freier Rechtsschöpfung bildete[667], tendenziell den Vorrang vor den Erfordernissen der Rechtssicherheit ein, die ihre Bestrebungen zur Fortentwicklung der Rechts demgegenüber behinderten.[668] In diesem Zusammenhang sprach Ernst

663 Statt aller: Stampe, DJZ 1905, Sp. 1017: „Auch die genaueste Gesetzesschöpfung kann auf die Dauer den Bedürfnissen des Lebens nicht genüge tun" sowie aus jüngerer Zeit: Laufs, DRiZ 1973, S. 145, (148).

664 Siehe zum Einfluss der Anschauungen der Historischen Rechtsschule auf Isays Denken bereits oben: 1. Teil B) I) 1) a).

665 Vgl. dazu nochmals die obigen Ausführungen zum Stellenwert der Gerechtigkeit als Kernelement der Rechtsidee innerhalb Isays Denken: 1. Teil B) II) 1) a).

666 Ballerstedt, Gedächtnisrede auf R. Isay, S. 7.

667 Vgl. zur überragenden Bedeutung der Gerechtigkeit für die gesamte Freirechtsschule die wohlwollende rückblickende Stellungnahme von: A. Kaufmann, JuS 1965, S. 1, (8): „Wo immer um Wahrheit und Gerechtigkeit gerungen wurde, hat man nie vergeblich sich gemüht".

668 Kantorowicz hielt die Verwirklichung der Rechtssicherheit in Anbetracht der damals von der Begriffsjurisprudenz praktizierten Gesetzeskonstruktionen für eine „Illusion" (So ausdrücklich: Gnaeus Flavius, Der Kampf um die Rechtswissenschaft, S. 43). Ähnlich kritisch auch: Fuchs, Die Justiz, 1927/28, S. 7ff. Vgl. auch, allerdings vorsichtiger: Stampe, DJZ 1905, Sp. 713, (718). Bereits an dieser Stelle ist darauf hinzuweisen, dass sich Isay insofern von den herkömmlichen Lehren der Freirechtsschule emanzipierte, als er neben der Verwirklichung der Einzelfallgerechtigkeit stets gesteigerten Wert auf die Gewährleistung der Rechtssicherheit im Rahmen der Rechtsschöpfung legte. Siehe zu den Sicherungsmaßnahmen, die Isay infolgedessen ergriff, auch die Ausführungen unten: 2. Teil A) IV) 1) – 5)

Fuchs vom „Sieg der wahren Gerechtigkeitswissenschaft über die im Kern scholastisch gebliebene Jurisprudenz".[669]

Festzuhalten bleibt somit, dass die übereinstimmende Überzeugung von der erforderlichen Wandelbarkeit der Rechtsordnung und das Streben nach Einzelfallgerechtigkeit die wesentlichen Faktoren für Isay und die Freirechtler bei der Schaffung neuen Rechts ausmachten und die gemeinsame Quelle ihrer Motivation zur freien Rechtsschöpfung bildete.

bbb) Die abweichende Position der Interessenjurisprudenz

Im Unterschied zu Isays Rechtsschöpfungsmethode und den Lehren der Freirechtsschule schätzte die Interessenjurisprudenz die Bedeutung der Rechtssicherheit, nicht zuletzt im Hinblick auf die Einhaltung des Rechtsfriedens, gerade auch im Rahmen der Fortentwicklung des Rechts höher ein als die Bedeutung der Einzelfallgerechtigkeit.[670]

Die unbedingte Gesetzestreue des Richters stand demgemäß für die Vertreter der Interessenjurisprudenz seit jeher außer Frage.[671]

Die Stabilität des Rechts hatte für sie oberste Priorität und bildete bei ihren Überlegungen zu seiner Fortbildung die unumstößliche Richtschnur und Grenze. Den Vertretern der Interessenjurisprudenz ging es somit, im Gegensatz zu den Freirechtlern, weniger um eine stärkere rechtliche Berücksichtigung der sich ständig wandelnden Lebensverhältnisse als primär um eine dynamische Interpretation der bestehenden gesetzlichen Interessenwertungen.

Die Bindung des Richters an das Gesetz und damit der Gesetzesvorrang stand daher für die Interessenjurisprudenz, anders als für die radikaleren Vertreter der Freirechtsschule, nie zur Disposition[672], zumal Heck davon ausging,

669 Fuchs, Was will die Freirechtsschule?, S. 54.

670 Muscheler, Relativität und Freirecht, S. 149; Schoppmeyer, Juristische Methode als Lebensaufgabe, S. 85, 99 u. 102. Bestätigt wird die These vom Vorrang der Rechtssicherheit vor der materialen Gerechtigkeit aus Gründen des Rechtsfriedens, die die Interessenjurisprudenz vertrat, jüngst noch von: A. Kaufmann, Rechtsphilosophie, S. 192.

671 Heck, DJZ 1905, Sp. 1140, (1141f.); Schoppmeyer, Juristische Methode als Lebensaufgabe, S. 71.

672 Behrends, in: Recht und Justiz im „Dritten Reich", S. 34, (74), der die Überlegenheit der Interessenjurisprudenz gegenüber der Freirechtsschule im Hinblick auf Hecks „strengen Legalismus" hervorhebt. Ähnlich auch: Rüthers, Rechtstheorie, Rn. 537f.; Schoppmeyer, Juristische Methode als Lebensaufgabe, S. 217 u. 289f.

die gesetzgeberische Gerechtigkeit sei ausreichend[673]. Demgemäß brachte er seine Überzeugung wie folgt auf den Punkt: „Der Richter ist Diener und Helfer des Gesetzes, aber nicht sein Meister".[674] Später prägte Heck in diesem Zusammenhang die Formel vom „interessengemäßen und denkenden Gehorsam" des Richters.[675]

Vor diesem Hintergrund hatte die richterliche Rechtsschöpfung nach den Lehren der Interessenjurisprudenz einen wesentlich geringeren Stellenwert als bei Isay und den Freirechtlern, für die die freie Rechtsfindung ja gerade die Triebfeder der Fortentwicklung des Rechts ausmachte.[676]

Im Unterschied zu der Überzeugung Isays und der Vertreter der Freirechtsschule sollte somit nach den Anschauungen der Interessenjurisprudenz nicht die Rechtswissenschaft oder der Richter, sondern vor allem der Gesetzgeber für die Fortentwicklung des Rechts zuständig bleiben, an dessen Gestaltungskompetenz und -kraft Heck ohnehin nie zweifelte.[677]

bb) Die subjektiv-historische Theorie der Gesetzesauslegung wird von Isay und den Freirechtlern als lebensfremd abgelehnt und von der Interessenjurisprudenz strikt beachtet

Eine weitere bedeutsame Abweichung in den methodischen Grundüberzeugungen bestand in der konträren Haltung zur subjektiv-historischen Theorie der Gesetzesauslegung.

aaa) Die Position Isays und der Freirechtler

Nach Maßgabe ihrer Überzeugung von der grundsätzlichen Erforderlichkeit der freien Rechtsschöpfung analog zum Wandel der Lebensverhältnisse[678] lehnten Isay und die Freirechtler die von der Begriffsjurisprudenz etablierte und praktizierte subjektiv-historische Theorie der Gesetzesauslegung konsequent ab[679].

---

673 Schoppmeyer, (Fn. 672), S. 86. Vgl. auch: Vierhaus, DJZ 1909, Sp. 1169, (1174), der die Auffassung vertritt, dass das „richtige Gesetz den Eichstempel der Gerechtigkeit" trage.

674 Heck, AcP 122 (1924), S. 203, (221).

675 Heck, Rechtserneuerung und juristische Methodenlehre, S. 11f.

676 Muscheler, Relativität und Freirecht, S. 149.

677 Schoppmeyer, Juristische Methode als Lebensaufgabe, S. 90f.

678 Siehe bereits oben: 2. Teil A) III) 2) c) aa) aaa).

679 Isay / Tschierschky, Kartellverordnung, S. 115: Dort trat Isay der subjektiv-historischen Auslegungstheorie vehement entgegen: „Völlig unzulässig ist nach Lage der Dinge eine Berufung auf die „Entstehungsgeschichte" der VO (...) Wer ist in diesem Gewirr verschiedenartigster Strebungen der „Gesetzgeber", dessen „Wille"

Denn nach dieser Theorie, die in erster Linie der Gewährleistung der Rechtssicherheit diente, hing die Auslegung der bestehenden Gesetze allein vom Willen des historischen Gesetzgebers ab.

Somit lag der subjektiv-historischen Theorie ein stagnierendes, rechtsschöpfungsfeindliches Normverständnis zugrunde, das zwar mit den Vorstellungen der Interessenjurisprudenz korrespondierte[680], den Überzeugungen Isays und der Freirechtler jedoch diametral entgegengesetzt war. Die von ihnen gemeinsam angestrebte freie Rechtschöpfung ließ sich auf der Grundlage der Erforschung des feststehenden Willens des historischen Gesetzgebers nicht verwirklichen.

Isay begründete demzufolge seine ablehnende Haltung gegenüber der subjektiv-historischen Theorie der Gesetzesauslegung wie folgt: „Äußerungen in den Motiven und Kommissionsprotokollen haben keine bindende Kraft, sie zeigen nur, welche Anschauungen über die Zwecke der Gesetze zur damaligen Zeit existierten. Das Gesetz ist ihnen gegenüber etwas Selbstständiges, es lebt und lebt weiter, während jene Anschauungen tot sein können".[681]

Gerade die in dieser Stellungnahme klar zum Ausdruck kommende idealistische Vorstellung vom „lebenden Recht", die auch ein zentrales Leitmotiv der anderen Freirechtler bei der Auslegung bestehender Normen bildete[682], beinhaltete zugleich den wesentlichen Beweggrund für die übereinstimmende Ablehnung der subjektiv-historischen Theorie der Gesetzesauslegung, die die Schaffung neuen Rechts aus der Sicht Isays und der Freirechtler nachhaltig blockierte[683].

---

für die Handhabung der VO maßgebend sein könnte?" Ebenso auch: R. Isay, Aus meinem Leben, Aufzeichnungen vom 10. April 1951, S. 29f. Vgl. dazu aus Sicht der anderen Freirechtler: Stampe, DJZ 1905, Sp. 713, (714); Willi, Die Freirechtsschule, S. 4f.; Fuchs, JW 1920, S. 6, (7); ders., Was will die Freirechtsschule?, S. 55; Riebschläger, Die Freirechtsbewegung, S. 50 u. 115.

680 Siehe unten: 2. Teil A) III) 2) c) bb) bbb).

681 R. Isay, Kommentar zum Allgemeinen Berggesetz für die preußischen Staaten, 1. Band, 2. Aufl., 1933, Einleitung, Anm. 10, Auslegung, S. 93. Vgl. zu seiner Überzeugung von der Bedeutung der Lebensbedürfnisse für die Rechtsentwicklung auch die allererste Veröffentlichung, die er als 23 jähriger Referendar verfasste: Isay, GRUR 1909, S. 58, (59).

682 Vgl. aus dem frühen freirechtlichen Schrifttum statt aller: Ehrlich, Freie Rechtsfindung und freie Rechtswissenschaft. In diesem Gründungswerk der Freirechtsschule vertritt Ehrlich, ebenso wie Isay, die Auffassung: „Das Recht ist eben nicht ein starres Dogma, sondern eine lebendige Kraft"(S. 27).

683 Vgl. dazu: A. Kaufmann, Das Verfahren der Rechtsgewinnung, S. 81: „Damit kann sie der schöpferischen Rolle des Richters nicht gerecht werden."

bbb) Die abweichende Position der Interessenjurisprudenz

Ausgehend von ihrem unerschütterlichen Glauben an die alleinige Gestaltungskompetenz des Gesetzgebers und infolge des von ihr zudem für erforderlich gehaltenen Vorrangs der Rechtssicherheit vor der Einzelfallgerechtigkeit[684] hielt die Interessenjurisprudenz, im Gegensatz zu Isay und den Freirechtlern, strikt an der subjektiv-historischen Gesetzesauslegung fest[685].

Die mit der subjektiv-historischen Auslegungstheorie verbundene Orientierung am Willen des historischen Gesetzgebers sollte nach den Vorstellungen der Vertreter der Interessenjurisprudenz die Gesetzesbindung des Richters gewährleisten und ihn daran hindern, das Recht aufgrund von irrationalen und subjektiven Erwägungen fortzuentwickeln.[686] Demzufolge korrespondierte die subjektiv-historische Theorie der Gesetzesauslegung mit dem vorrangigen Ziel der Interessenjurisprudenz, die Risiken für die Verwirklichung der Rechtssicherheit gerade auch im Rahmen der Fortentwicklung des Rechts weitestgehend auszuschalten.

cc) Die objektiv-teleologische Theorie der Gesetzesauslegung wird für Isay und die Freirechtler zum Leitmotiv einer dynamischeren Auslegung der bestehenden Gesetze

Ein weiterer maßgeblicher Unterschied in den methodischen Grundüberzeugungen bestand darin, dass sich Isay und die Vertreter der Freirechtsschule, im Gegensatz zur Interessenjurisprudenz, die strikt an der subjektiv-historischen Theorie der Gesetzesauslegung festhielt, die dynamische Wirkung der objektiv-teleologische Theorie bei der angestrebten freien Rechtsschöpfung zu nutze machten.

---

684 Siehe nochmals oben: 2. Teil A) III) 2) c) aa) bbb).

685 Heck, AcP 112, (1914), S. 1, (59ff.); ders., Begriffsbildung und Interessenjurisprudenz, S. 10. Bereits zuvor wurde die subjektiv-historische Theorie gegen die Angriffe der Freirechtler verteidigt von: Michaelis, DJZ 1906, Sp. 394, (396); Vierhaus, DJZ 1909, Sp. 1169, (1173f.); Baumgarten, DRiZ 1911, Sp. 543, (547). Vgl. dazu aus dem jüngeren Schrifttum: Riebschläger, Die Freirechtsschule, S.50, 115; Kallfass, Die Tübinger Schule der Interessenjurisprudenz, S. 88; Muscheler, Relativität und Freirecht, S. 149; Schoppmeyer, Juristische Methode als Lebensaufgabe, S. 102ff, 271ff. u. 286f.: Alle zuletzt genannten Autoren erblickten in der subjektiv-historischen Theorie der Gesetzesauslegung übereinstimmend das Hauptbollwerk der Interessenjurisprudenz gegenüber den Lehren der Freirechtsschule.

686 Heck, DJZ 1905, Sp. 1140, (1142): „Die ungebundene Rechtsschöpfung würde sowohl die Gleichbehandlung gleicher Fälle wie die Voraussehbarkeit des Richterspruchs gefährden". Ebenso: Kallfass, Die Tübinger Schule der Interessenjurisprudenz, S. 88.

aaa) Die Position Isays und der Freirechtler

Infolge seiner Abkehr von der subjektiv-historischen Theorie, der er bis zu seiner Dissertation gefolgt war[687], wandte sich Isay nach dem Vorbild von Jherings Werk „Der Zweck im Recht“[688] der objektiv-teleologischen Theorie der Gesetzesauslegung[689] zu.

Fortan bildete diese Theorie einen ganz wesentlichen Bestandteil seiner Rechtsschöpfungsmethode, zumal sie Isay in methodischer Hinsicht erst den Freiraum dafür eröffnete, eigene Vorschläge zur Fortentwicklung des Rechts zu machen.

Ausgehend von Jherings Überzeugung, dass der „praktische Zweck“ der bestehenden Normen für die Auslegung maßgeblich sei[690], entwickelte Isay – nach Maßgabe seiner Grundüberzeugungen[691] – folgende Leitlinien zur Konkretisierung ebendieses für sich genommen inhaltsleeren und beliebig bestimmbaren „praktischen Zweckes“, an denen er sich auf der Grundlage der objektiv-teleologischen Theorie orientierte:[692]

Den „obersten Grundsatz der Auslegung aller Gesetze“ erblickte Isay darin, „das seine Anwendung zu einer angemessenen Regelung führen muss“, so dass „der Gesichtspunkt des praktischen Endergebnisses und zwar entsprechend den

687 Vgl. nochmals oben: 2. Teil A) I).

688 Siehe zu Jherings nachhaltigem Einfluss auf das Denken und die Argumentationsweise Isays, der Freirechtler und der Vertreter der Interessenjurisprudenz bereits die Ausführungen oben: 2. Teil A) III) 2) b) cc).

689 Vgl. zu den Grundlagen der objektiv-teleologischen Theorie: Wach, Handbuch des dt. Zivilprozessrechts, S. 254ff.; Kohler, Lehrbuch des Bürgerlichen Rechts, § 38; ders., Grünhut 13 (1886), S.1ff; Binding, Handbuch des Strafrechts, S. 450ff.

690 Vgl. nochmals: R. Isay, Aus meinem Leben, Aufzeichnungen vom 10. April 1951, S. 30.

691 Siehe dazu bereits die Untersuchung der rechtsphilosophischen, ethischen, sozialen und ökonomischen Grundüberzeugungen Isays oben: 1. Teil B) I) – III).

692 Interessant an dem Umstand, dass Isay den „praktischen Zweck“ des Gesetzes, den Jhering als den „Schöpfer des Rechts“ bezeichnete, durch feststehende Leitlinien konkretisierte, ist, dass das jüngere Schrifttum Jhering rückblickend gerade dafür kritisierte, keine vergleichbaren, konkreten Maßstäbe aufgestellt zu haben. Vgl. in diesem Sinne: Wieacker, Privatrechtsgeschichte der Neuzeit, S. 452, der Jherings These „der Zweck ist der Schöpfer des Rechts“ als „so banales wie monumentales Motto“ bezeichnete. Ähnlich kritisch auch: A. Kaufmann/ Hassemer, Grundprobleme der zeitgenössischen Rechtsphilosophie und Rechtstheorie, S. 52. Dort wurde Jherings These für „theoretisch weitgehend unklar“ gehalten. Es wird sich noch zeigen, dass diese Vorbehalte auf Isays Rechtsschöpfungsmethode, infolge der konkreten Grundüberzeugungen, die ihr zugrunde lagen und ihren besonderen Wert ausmachten, nicht zutreffen. Siehe dazu auch ausführlich unten: 2. Teil A) IV) 1), B) I) und B) II) 2).

Bedürfnissen und Anschauungen der jeweiligen Zeit“ eine maßgebliche Bedeutung erlangte.[693] Das zentrale Leitmotiv für die Anwendung der objektiv-teleologischen Theorie bildete dabei für den Wirtschaftrechtler Isay die „objektiv wirtschaftspolitische Vernunft“.[694] In diesem Sinne wird der objektiv-teleologischen Theorie der Gesetzesauslegung auch heute noch teilweise attestiert, sie rücke das allgemein Vernünftige in den Vordergrund.[695]

Darüber hinaus orientierte sich Isay bei der Gesetzesauslegung nach Maßgabe der objektiv-teleologischen Theorie, vor allem in seinen Gesetzentwürfen auf den Gebieten des Kartellrechts[696] und des Bergrechts[697] aus den 50er Jahren, an seinen rechtsethischen Grundüberzeugungen[698]. Demgemäß griff Isay bei der konkreten Ausgestaltung seiner Reformvorschläge auf die Elemente der Rechtsidee im Sinne Radbruchs (Gerechtigkeit, Rechtssicherheit und Zweckmäßigkeit) zurück, die gleichsam das rechtsethische Minimum der Gesetzentwürfe seines Spätwerks bildeten.[699] Auf diese Weise gelangte er zu einer weiteren Objektivierung seiner Zweckmäßigkeitsüberzeugungen, zumal insbesondere auch Rechtssicherheitserwägungen Raum bekamen.

Die Inhalte seiner wirtschaftsrechtlichen Lösungsvorschläge und Gesetzentwürfe gewann Isay in erster Linie durch den Rückgriff auf seine ökonomischen

---

693 R. Isay, Kommentar zum Allgemeinen Berggesetz für die preußischen Staaten, 1. Band, 2. Aufl., 1933, Einleitung, Anm. 10: Auslegung, S. 93. In diesem Sinne bereits Mitte der 20er Jahre schon: R. Isay / Tschierschky, Kartellverordnung, S. 115. Ähnlich noch dreißig Jahre später: R. Isay, WuW 1953, S. 577, (579). Danach hält Isay bei der Auslegung völkerrechtlicher Verträge diejenige Auslegungsmöglichkeit für entscheidend, „die dem Zweck des Vertrages, den heutigen Vorstellungen von Gerechtigkeit und Billigkeit und den Bedürfnissen der Allgemeinheit am besten“ entspreche. Vgl. nunmehr Nr. 31 des Wiener Übereinkommens über das Recht der Verträge (BGBl. 1985 II, S. 926).

694 R. Isay / Tschierschky, Kartellverordnung, S. 115. Vgl. dazu auch Isays Frühwerk, Das Recht am Unternehmen (1910). Darin untermauerte Isay bereits seine Ergebnisse damit, dass sie „praktisch vernünftig“ seinen. Siehe dazu auch unten: 3. Teil A) IV) und V).

695 So explizit: Schoppmeyer, Juristische Methode als Lebensaufgabe, S. 273 und dort die Nachweise in Fn. 78.

696 R. Isay, Höcherl-Entwurf eines Gesetzes gegen Wettbewerbsbeschränkungen (1955) sowie: Ders., Entwurf eines Gesetzes zur Verhütung des Missbrauchs wirtschaftlicher Machtstellungen (1954).

697 R. Isay, Entwurf eines Bundesberggesetzes (1954).

698 Siehe bereits oben: 1. Teil B) II).

699 Siehe in diesem Zusammenhang nochmals: R. Isay, Der Höcherl-Entwurf eines Gesetzes gegen Wettbewerbsbeschränkungen, S. 5f. Dort wird der prägende Einfluss der Rechtsidee Radbruchs auf Isays ethische Grundüberzeugungen besonders deutlich.

Grundüberzeugungen[700] und durch die Beobachtung der „Wirklichkeit der wirtschaftlichen Tatsachen“[701]. Dabei kam ihm seine Tätigkeit als Anwalt und Berater der Wirtschaft zugute, auf deren Grundlage sich die Bereiche und die Bedeutung der dort auftretenden praktischen Probleme für Isay erschlossen.[702]

Infolgedessen stand für Isay fest, dass die Rechtsordnung „organisch gewachsen“ sei und er gelangte überdies zur Überzeugung von der „rechtsbildenden Kraft“ des Wirtschaftslebens[703]. Bereits in seinem ersten Aufsatz aus dem Jahre 1909 argumentierte Isay auf der Grundlage eines volkswirtschaftlichen Standpunktes[704]. Aber auch seine Gesetzentwürfe im Kartellrecht und im Bergrecht aus den 50er Jahren, die sein Spätwerk beherrschten, ließen noch eine deutliche Orientierung am Kriterium der ökonomischen Effizienz erkennen.[705]

Festzuhalten bleibt somit, dass sich Isay bei der Konkretisierung des „praktischen Zwecks“ bestehender Gesetze nach Maßgabe der objektiv-teleologischen Theorie, neben seinen rechtsphilosophischen und ethischen Grundüberzeugungen, primär an den aktuellen Erkenntnissen der Nationalökonomie orientierte. Dabei hatte er die „objektive wirtschaftspolitische Vernunft“ und Effizienz des praktischen Ergebnisses, entsprechend den Bedürfnissen sämtlicher Beteiligter und der Allgemeinheit, stets besonders im Blick.

Ebenso wie Isay folgten auch die Vertreter der Freirechtsschule der objektiv-teleologischen Theorie der Gesetzesauslegung.[706] Den entscheidenden Vorteil

---

700 Vgl. dazu bereits die ausführliche Untersuchung oben: 1. Teil B) III).

701 R. Isay, KR 1929, S. 373.

702 Vgl. dazu: Würdinger, WuW 1956, S. 792 und: Ballerstedt, Gedächtnisrede auf R. Isay, S. 6: „Seine Veröffentlichungen sind überwiegend der Niederschlag aus Erfahrungen und Anregungen, die ihm seine anwaltliche Tätigkeit (…) in den wirtschaftlich bedeutsamen Materien des Rechts vermittelt hatten“.

703 R. Isay, Gruchot 68 (1925), S. 10, (11). Vgl. zur Bedeutung der Historischen Rechtsschule sowie zum Einfluss des Historischen Materialismus im Sinne von Marx / Engels auf Isays Denken, dessen Forderungen er teilweise jedoch schon im Jahre 1919 als utopisch entlarvte, nochmals oben: 1. Teil B) I) 1) a) und 3).

704 R. Isay, GRUR 1909, S. 58, (71). Schon Isays erste längere Monographie „Das Recht am Unternehmen“ (1910) war zuvor nachhaltig von wirtschaftlichen Erwägungen geprägt. Diesen Umstand kritisierte Pisko in seiner ansonsten wohlwollenden Rezension (Vgl.: Grünhut 38 (1911), Sp. 742, (750)) wie folgt: „Überhaupt kann dem Verfasser der Vorwurf einer zu starken Betonung wirtschaftlicher Gesichtspunkte gegenüber juristischen nicht erspart bleiben, oft muss die dar getane wirtschaftliche Zweckmäßigkeit eines Rechtssatzes für dessen Existenz herhalten“. Vgl. dazu auch unten: 3. Teil A) I) -V).

705 Siehe zu seinem utilitaristischen Ansatz auch bereits ausführlich oben: 1. Teil B) I) 4).

706 So ausdrücklich: Muscheler, Relativität und Freirecht, S. 149. Vgl. im Hinblick auf die Parallelen zu Isays konkreten Leitlinien für die Auslegung auch: Reichel, DRiZ 1910, Sp.464, (466f.), der dort ebenfalls, wie Isay, den Standpunkt vertritt, dass für

gegenüber der subjektiv-historischen Theorie der Interessenjurisprudenz[707] sahen auch die Freirechtler darin, dass die Anwendung der objektiv-teleologischen Theorie den aktuellen Zwecken der bestehenden Normen Rechnung trug.[708] Ihren Zielvorstellungen entsprechend konnte der Richter auf diese Weise die aktuellen gesellschaftlichen und ökonomischen Entwicklungen bei seiner Entscheidungsfindung mitberücksichtigen.[709] Somit korrespondierte die objektiv-teleologische Theorie voll und ganz mit dem übereinstimmenden Streben Isays und der Freirechtler nach einer dynamischen, an den aktuellen Lebensbedürfnissen der Allgemeinheit orientierten Fortentwicklung des Rechts.[710]

Jedoch ist bereits an dieser Stelle darauf hinzuweisen, dass die vorgenannten inhaltlichen Leitlinien Isays für die Anwendung der objektiv-teleologischen Auslegungstheorie, die einen unverzichtbaren Bestandteil seiner Rechtsschöpfungsmethode bildeten, wesentlich konkreter und damit einer rationalen Überprüfung auch zuträglicher waren als die durchweg pauschaleren Bezugnahmen der anderen Freirechtler auf Leerformeln wie etwa „Freies Recht", „Lebensverhältnisse" oder „Einzelfallgerechtigkeit".[711]

bbb) Die abweichende Position der Interessenjurisprudenz

Die von Isay und den Freirechtlern praktizierte objektiv-teleologische Theorie der Gesetzesauslegung, die den Schwerpunkt auf eine dynamischere, einzelfallgerechtere Fortentwicklung des Rechts analog zu den sich wandelnden Lebens-

---

die Auslegung entscheidend sei, „was der Gesetzgeber vernünftigerweise hat anordnen wollen".

707 Siehe bereits oben: 2. Teil A) III) 2) c) aa) bbb).

708 Vgl. z. B.: Fuchs, LZ 1918, Sp. 297, (298), der dort, ebenso wie Isay, für eine Auslegung nach „Zweck und Ergebnis" plädiert. Ähnlich hinsichtlich der maßgeblichen Bedeutung der aktuellen Gesetzeszwecke: Ehrlich, Freie Rechtsfindung und freie Rechtswissenschaft, S. 13: „Daher müssen auch die bereits feststehenden Entscheidungsnormen durch den bloßen Gang der gesellschaftlichen Entwicklung fortwährend neu bestimmt werden". In dieser Richtung auch: Kantorowicz, Aus der Vorgeschichte der Freirechtslehre, S. 6. Anderer Ansicht allerdings: Schröder, Gesetzesauslegung und Gesetzesumgehung, S. 124f., der entgegen den vorerwähnten Stellungnahmen davon ausging, die Freirechtler neigten zu einer engeren Bindung an die Vorstellungen des historischen Gesetzgebers.

709 Siehe dazu nur: Fuchs, DJZ 1910, Sp. 283, (288), der dort die Forderung nach „offener Darlegung der sachlichen – ökonomischen, sozialen und ethischen Gründe" bei der Entscheidungsfindung aufstellt.

710 Vgl. statt aller: Fuchs, Was will die Freirechtsschule?, S. 12 f., der dort deutlich macht, dass die Freirechtsschule „den Schwerpunkt der Rechtswissenschaft aus der bloßen Stubengelehrsamkeit in die Beobachtung der Verkehrsbedürfnisse" verlegt.

711 Siehe dazu ausführlich unten: 2. Teil A) IV) 1).

verhältnissen legte, lehnten die Vertreter der Interessenjurisprudenz strikt ab. Sie vertraten die Meinung, die objektiv-teleologische Theorie leiste irrationalen Erwägungen des Richters bei der Entscheidungsfindung Vorschub und gefährde somit die Rechtssicherheit akut.[712]

dd) Der Bereich der Gesetzeslücken wird von Isay und den Freirechtlern wesentlich weiter gefasst als von den Vertretern der Interessenjurisprudenz

Schließlich bestand ein weiterer zentraler Unterschied zwischen Isay und den Freirechtlern gegenüber der Interessenjurisprudenz in der abweichenden Bestimmung des Bereichs der Gesetzeslücken.

aaa) Die Position Isays und der Freirechtler

Neben der dynamischen Gesetzesauslegung auf Grundlage der objektiv-teleologischen Theorie sahen Isay und die Freirechtler zudem eine besondere Bedeutung richterlicher Tätigkeit im Bereich der von ihnen erkannten ausfüllungsbedürftigen Lücken der Gesetze.

Grundsätzlich herrschte zwischen ihnen zwar insoweit Einigkeit, dass der Bereich dieser Regelungslücken weiter zu fassen sei, als es die Vertreter der Interessenjurisprudenz für erforderlich hielten.[713] Im Detail bestanden zwischen den Anschauungen der Freirechtler und Isays Position zum Lückenbereich jedoch deutliche Differenzen.

So nahm der überwiegende Teil der Freirechtler das Vorliegen einer Regelungslücke dann an, wenn ein Sachverhalt sich nach dem Gesetzeswortlaut nicht eindeutig entscheiden ließ.[714] Unter dieser Voraussetzung sollte der Richter dazu ermächtigt sein, die Lücken des Gesetzes in freier Rechtsschöpfung zu schließen.

---

712 Heck, AcP 112 (1914), S. 67ff. Vgl. zu Hecks Einstellung auch: Schröder, Gesetzesauslegung und Gesetzesumdeutung, S. 105 sowie: Schoppmeyer, Juristische Methode als Lebensaufgabe, S. 105 u. 129. Siehe zu der Kontroverse im jüngeren Schrifttum hinsichtlich etwaiger Gefahren der richterlichen Entscheidungsfindung als Konsequenz der fehlenden letzten Rationalisierbarkeit von Werturteilen auch ausführlich unten: 2. Teil B) II) 2) a)- c).

713 Siehe dazu unten: 2. Teil A) III) 2) c) dd) bbb).

714 Vgl. die Ausführungen von: Ehrlich, Freie Rechtsfindung und freie Rechtswissenschaft, S. 21; Gnaeus Flavius, Der Kampf um die Rechtswissenschaft, S. 41; Stampe, DJZ 1905, Sp. 713, (716); ders., DJZ 1905, Sp. 1017, (1019); Riebschläger, Die Freirechtsbewegung, S. 115; Kallfass, Die Tübinger Schule der Interessenjurisprudenz, S. 87f.; Muscheler, Relativität und Freirecht, S. 149.

Den radikaleren Vertretern der Freirechtsschule ging dieser Anwendungsbereich nicht weit genug. Sie zweifelten die Unantastbarkeit der Wortlautgrenze an[715] und hielten den Richter aus Gründen der Einzelfallgerechtigkeit sogar für berechtigt, Entscheidungen contra legem, also bewusst gegen die bestehende Norm zu treffen[716]. Diese Extremposition gelangte zu einer Ausdehnung der richterlichen Befugnisse, die jedenfalls nach heutigen Maßstäben verfassungswidrig wäre.[717]

Isay nahm demgegenüber eine deutlich gemäßigte Position zum Lückenbereich der Gesetze ein. Anders als radikale Freirechtler lehnte er contra legem-Entscheidungen des Richters ab.[718] Nach seinem Dafürhalten musste jede zulässige Auslegung der bestehenden Gesetze grundsätzlich mit deren Wortlaut vereinbar sein.[719] Auf den ersten Blick schien Isay somit, ebenso wie der überwiegende Teil der Freirechtler, den Wortlaut der Normen als absolute Grenze der Auslegung anzusehen.

Jedoch gelangte Isay im Unterschied zu anderen Freirechtlern zu der Überzeugung, dass im Einzelfall Ausnahmen vom Prinzip der zwingenden Beachtung der Wortlautgrenze bei der Auslegung jedenfalls dann erforderlich wären, wenn der Sinn und Zweck der bestehenden Gesetze die Abweichung vom ausdrücklichen Wortlaut deckte.

Demgemäß entwickelte Isay im Kartellrecht in mehreren Fällen Rechtsschöpfungsvorschläge, die zwar dem eindeutigen Wortlaut der bestehenden Normen der Kartellverordnung widersprachen, bei denen die gefundenen Ergebnisse aus seiner Sicht allerdings im Einklang mit den aktuellen Zwecken besagter Normen im Sinne der objektiv-teleologischen Theorie der Gesetzesauslegung standen.[720]

715 Vgl. in diesem Sinne: Fuchs, JW 1922, S. 7, (8), der dort mit der ihm eigenen Polemik die Ansicht vertrat: „Mit der blinden Hochachtung des klaren Wortlauts von Gesetz und Vertrag ohne Rücksicht auf Zweck und Ergebnis kann man bei der erstaunlichen Schwäche der menschlichen Sprache und der wundervollen Mannigfaltigkeit der nie rastenden Lebensverhältnisse und Verwicklungen im Rechtsleben so wenig auskommen, wie im Staatsleben und der Politik mit dem bekannten hochhalten des Parteiprogramms".

716 Siehe dazu ausführlich unten: 2. Teil A) IV) 3) a).

717 Siehe unten: 2. Teil A) IV) 3) c).

718 Siehe unten: 2. Teil A) IV) 3) b).

719 So ausdrücklich: R. Isay / Tschierschky, Kartellverordnung, S. 115.

720 Siehe hierzu ausführlich die beiden Beispielsfälle unten: 2. Teil A) IV) 3) b) aa) und bb).

Diese, im Vergleich zu den anderen Freirechtlern, eigenständige Vorgehensweise Isays wurde von der höchstrichterlichen Rechtsprechung für verfassungskonform erklärt und ist bis heute als Auslegungsmaßstab anerkannt.[721]

bbb) Die abweichende Position der Interessenjurisprudenz

Die Vertreter der Lehren der Interessenjurisprudenz fassten die Entscheidungsbefugnisse des Richters im Bereich der Gesetzeslücken bedeutend enger als Isay und die Vertreter der Freirechtsschule.[722]

Bei der Bestimmung der Gesetzeslücken orientierten sie sich nicht allein an der Wortlautgrenze, die aus ihrer Sicht bei der Auslegung bestehender Gesetze strikt einzuhalten war. Vielmehr gingen sie zusätzlich, aus Gründen der Rechtssicherheit, von einer Fernwirkung der hinter dem Wortlaut der Normen stehenden gesetzlichen Werturteile aus.[723]

Demzufolge nahmen die Vertreter der Interessenjurisprudenz das Vorliegen einer Lücke des Gesetzes erst dann an, wenn – und hierin besteht der entscheidende Unterschied zu Isays Position – auf Grundlage der subjektiv-historischen Theorie in der gesamten Rechtsordnung keine auf einen zu entscheidenden Sachverhalt passende Wertentscheidung des Gesetzgebers ermittelt werden konnte. Allein unter dieser Voraussetzung sollte der Richter im Ausnahmefall dazu befugt sein, den Fall unter Rückgriff auf sein Rechtsgefühl auf Grundlage einer eigenen Wertentscheidung zu lösen.[724]

Im Hinblick auf den weit darüber hinausgehenden Lückenbegriff ihrer radikalen Vertreter warf Heck der Freirechtsschule in diesem Zusammenhang vor, aus Gründen der Einzelfallgerechtigkeit auch keine Skrupel vor bewussten Entscheidungen gegen das Gesetz zu haben.[725] Einen so weiten Spielraum des Richters bei der Entscheidungsfindung lehnte Heck mit Hinweis auf die damit notwendigerweise verbundenen Gefahren für die Rechtssicherheit kategorisch ab.

---

721 Siehe unten: 2. Teil A) IV) 3) c).

722 Heck, DJZ 1905, Sp. 1140, (1142); Riebschläger, Die Freirechtsbewegung, S. 49.

723 Heck, DJZ 1905, Sp. 1140, (1142); Muscheler, Relativität und Freirecht, S. 149; Schoppmeyer, Juristische Methode als Lebensaufgabe, S. 71, 100f. u. 123.

724 P. Heck, Das Problem der Rechtsgewinnung, S. 12; ders., JW 1917, S. 270; ders., AcP 143 (1937), S. 129, (160). Vgl. zu Hecks Position zuletzt auch ausführlich: Schoppmeyer, Juristische Methode als Lebensaufgabe, S. 126ff.

725 Heck, DJZ 1905, Sp. 1140, (1141). Siehe zur übereinstimmenden Einstellung Isays, der bewusste contra legem-Entscheidungen ebenfalls ablehnte, unten: 2. Teil A) IV) 3) a) u. b).

d) Zwischenergebnis

Die Untersuchung stützt die herrschenden Meinung[726] darin, dass es sich bei der Freirechtsschule und der Interessenjurisprudenz um zwei selbstständige, theoretisch voneinander abgrenzbare Strömungen der Rechtsmethodik handelte. In diesem Sinne hat die vorstehende Analyse gravierende Unterschiede grundsätzlicher Art in den Anschauungen der Freirechtler einerseits und den Vertretern der Interessenjurisprudenz andererseits aufgedeckt:

Hinsichtlich der Bedeutung der richterlichen Rechtsschöpfung für die Rechtsentwicklung, hinsichtlich der jeweils praktizierten Theorie der Gesetzesauslegung sowie hinsichtlich der konkreten Bestimmung der Gesetzeslücken. Die dargestellten Gemeinsamkeiten beider Strömungen[727] betreffen demgegenüber lediglich untergeordnete Teilaspekte und fallen wesentlich weniger ins Gewicht.

Infolgedessen wurde deutlich, dass denjenigen Vertretern des Schrifttums, nach deren Auffassung die Lehren der Freirechtsschule und der Interessenjurisprudenz auf derselben Intention basierten und daher nicht voneinander abgrenzbar waren[728], nicht gefolgt werden kann, zumal bereits die grundsätzliche Frage des Stellenwerts der Rechtsschöpfung innerhalb der Rechtsentwicklung konträr beurteilt wurde. Überdies wurde nachgewiesen, dass Isay gerade in denjenigen wesentlichen Gesichtspunkten, die die Freirechtsschule von der Interessenjurisprudenz trennte, mit den Anschauungen der Freirechtler übereinstimmte.

Isay ordnete sich also nicht nur seiner Selbsteinschätzung nach der Freirechtsschule zu, auch objektiv stand sein Methodenansatz den Freirechtlern sehr nah. Daran vermag auch die Tatsache nichts zu ändern, dass er sich insofern von deren Lehren emanzipierte, als seine eigene Rechtsschöpfungsmethode im Detail unter einer Reihe von Gesichtspunkten gemäßigter war.

So beruhte die Individualität seines Rechtsschöpfungsansatzes auf Isays permanentem Bemühen um größtmögliche Rationalität und auf den Wertmaßstäben[729], die er seiner Methode als Konsequenz seiner gemäßigt relativistischen Geisteshaltung zugrunde legte[730]. Zudem nahm – anders als bei den anderen

726 Vgl. dazu nochmals oben: 2. Teil A) III) 2) a) und insb. die Nachweise in Fn. 625.
727 Siehe dazu oben: 2. Teil A) III) 2) b) aa) – ee).
728 Vgl. dazu bereits oben: 2. Teil A) III) 2) a) und dort insb. die Nachweise Fn. 624.
729 Siehe dazu sogleich unten: 2. Teil A) IV) 1) a) – d) und: 2. Teil A) IV) 5) sowie die Ausführungen in der Gesamtwürdigung seiner Methode unten: 2. Teil B) II) 2) a) – c).
730 Siehe nochmals zur überragenden Bedeutung von Isays verantwortungsbewussten Relativismus, auf dessen Grundlage sich sein Bemühen um größtmögliche Rationa-

Freirechtlern – der Schutz der Rechtssicherheit in Isays Denken einen breiten Raum ein.[731]

Abschließend ist darauf hinzuweisen, dass Isay – trotz der abschreckenden Erfahrungen, die er zum Ende der Weimarer Republik machte[732], – seinen freirechtlichen Wurzeln im Kern in den 50er Jahren weiterhin treu blieb und sie auch noch die methodische Grundlage seines Spätwerks bildeten.

IV) Detailabweichungen zwischen den herkömmlichen Lehren der Freirechtsschule und Isays Rechtsschöpfungsmethode unter dem Aspekt der Rechtssicherheit

Bevor Isays Haltung zum Freirecht abschließend beurteilt werden kann[733], ist noch dem Umstand Rechnung zu tragen, dass seine Rechtsschöpfungsmethode insofern eigenständig war, als sie die Erfordernisse der Rechtssicherheit in wesentlich stärkerem Maße berücksichtigte, als dies nach den herkömmlichen Lehren der Freirechtsschule, zumal bei ihren radikalen Vertretern, die Regel war.

1) Die kontinuierliche Orientierung an feststehenden Leitlinien als maßgebliches Differenzierungskriterium zwischen Isays Vorgehensweise und den Lehren anderer Freirechtler

Zunächst fällt auf, dass sich Isay, im Gegensatz zu anderen Freirechtlern, nicht auf kritische Äußerungen zur Begriffsjurisprudenz und die bloße Forderung nach freier Rechtsschöpfung beschränkte, sondern darüber hinaus ein, wenn auch im Kern deutlich freirechtlich geprägtes, so doch im Detail durchaus eigenständiges Verfahren der Fortentwicklung des Rechts praktizierte. Die an der Freirechtslehre zu Recht geäußerte Kritik, „dass das Ziel der langen Revolte gegen die traditionelle Jurisprudenz primär negativ und, wenn man so will, destruktiv definiert" war[734], trifft daher auf Isays Werk, das stets konstruktive Rechtsschöpfungsvorschläge beinhaltete, nicht zu.

---

lität und Transparenz seiner Argumentation für Isay von selbst verstand, oben: 1. Teil B) I) 5).

731 Siehe dazu auch die Ausführungen zur Bedeutung der anerkannten Grundsätze der Dogmatik für Isays Methode (unten: 2. Teil A) IV) 2) a) – c)) sowie zu Isays restriktiver Einstellung gegenüber contra legem-Entscheidungen (unten: 2. Teil IV) 3) a) – d)).

732 Siehe dazu unten: 2. Teil A) IV) 4) a) – c).

733 Siehe unten: 2. Teil A) V).

734 So: Picker, JZ 1988, S. 1, (3).

Zudem ist in diesem Zusammenhang darauf hinzuweisen, dass Isays sachliche Art, die ihm bereits das zeitgenössische Schrifttum attestierte[735], ihn von vornherein davor bewahrte, in eine bei vielen Freirechtlern häufig anzutreffende und oft überzogene Polemik zu verfallen[736]. Daneben bestand das zentrale Differenzierungskriterium zwischen Isays Rechtsschöpfungsmethode und den Anschauungen der anderen Freirechtler in seinem kontinuierlichen Streben nach größtmöglicher Rationalisierung und Transparenz seiner Vorschläge zur Fortentwicklung des Rechts.[737]

a) Isays Leitlinien der Rechtsfortbildung als Ausdruck seines Strebens nach größtmöglicher Rationalität, Transparenz und inhaltlicher Überprüfbarkeit seiner Begründungswege

Den entscheidenden Beitrag zur Gewährleistung der Erfordernisse der Rechtssicherheit bei der Fortentwicklung des Rechts leisteten die rechtsphilosophischen[738], ethischen, sozialen und ökonomischen Grundüberzeugungen Isays, die er seinen rechtsschöpferischen Vorschlägen nach Maßgabe der objektiv-teleologischen Theorie der Gesetzesauslegung zugrunde legte[739]. Dabei bestand der besondere Wert von Isays Grundüberzeugungen darin, dass sie gleichsam als Korrektiv für die Gefahren seiner freirechtlich geprägten Methode wirkten, indem sie seinen Rechtsschöpfungsansatz auch inhaltlich in gemäßigte Bahnen lenkten.[740]

Diese feststehenden Leitlinien für die Rechtfortbildung, die Isay aus dem kontinuierlichen Rückgriff auf seine Grundüberzeugungen gewann, ermöglichten es ihm, die konkreten Begründungswege seiner Rechtsschöpfungsvorschläge in verschiedenen Bereichen des Wirtschaftsrechts auf wissenschaftlich fundierte

735 Boldt, NJW 1956, S. 781.

736 Siehe dazu bereits die Beispiele oben: 2. Teil A) III) 1) c). Vgl. auch: Laufs, DRiZ 1973, S. 145, (148), der dort auf die „vehementen Ausfälle und attackierenden Pointen" der Freirechtler hinweist. Beispielhaft sei nur Ernst Fuchs erwähnt, der seine Gegner als „Begriffsepileptiker" diffamierte und von „begriffsjuristischem Hexensabbat" sprach (So ausdrücklich: Fuchs, Was will die Freirechtsschule?, S. 27 u. S. 53).

737 Siehe zu Isays Bemühungen um eine möglichst rationale Begründung seiner Rechtsschöpfungsvorschläge im konkreten Anwendungsfall auch unten: 3. Teil.

738 Hervorzuheben ist in diesem Zusammenhang nochmals die überragende Bedeutung seines verantwortungsbewussten Relativismus, der ihm stets die Unabdingbarkeit der sorgfältigen Begründung seiner Entscheidungswege vor Augen führte. Siehe dazu bereits die ausführliche Darstellung oben: 1. Teil B) I) 5).

739 Siehe bereits oben: 2. Teil A) III) 2) c) cc) aaa).

740 Siehe dazu die Würdigung der Vorzüge der Methode Isays unten: 2. Teil B) I).

und rational überprüfbare Säulen zu stellen[741]. Infolgedessen war die inhaltliche Schlüssigkeitskontrolle seiner Gesetzentwürfe und seiner sonstigen Vorschläge zur Fortentwicklung des Rechts seitens des rechtswissenschaftlichen Schrifttum, seitens der Rechtsprechung sowie seitens des Gesetzgebers, die aus Gründen der Rechtssicherheit zwingend erforderlich war, gewährleistet.[742]

b) Vergleichbare Leitlinien für die Fortentwicklung des Rechts existierten nach der herkömmlichen Freirechtslehre nicht

Im Unterschied zu Isays konkreten Leitlinien für die Fortentwicklung des Rechts, sucht man vergleichbare feststehende Überzeugungen oder transparente und damit inhaltlich überprüfbare Maßstäbe, die in vergleichbarer Weise ein rationalisierendes Gegengewicht zur freien Rechtsfindung gebildet hätten, bei den anderen Vertretern der Freirechtsschule vergeblich.

So ist zunächst festzustellen, dass die anderen Freirechtler der Rechtsphilosophie, im Gegensatz zu Isay, dessen Überlegungen differenzierte rechtsphilosophische Überzeugungen und Erkenntnisse zugrunde lagen[743], generell mit großer Skepsis begegneten. Folgerichtig wurde vom Schrifttum auch kritisiert, es sei „nie zu einem irgendwie ernstzunehmenden Versuch gekommen, die Lehren der Freirechtsschule rechtsphilosophisch zu fundieren".[744]

Ähnlich verhält es sich mit den ethischen Überzeugungen. Die wenigen Freirechtler, die sich überhaupt zur Ethik äußerten, vertraten einen „extremen Wertrelativismus und Voluntarismus"[745], mit der Folge, dass sie ethischen Gesichtspunkten, mit Ausnahme der Einzelfallgerechtigkeit, keine weitere Bedeutung bei der Rechtsfortbildung beimaßen. Hingegen bildete die Berücksichtigung eines rechtsethischen Minimums an Werten einen unverzichtbaren Bestandteil der Rechtsschöpfungsmethode Isays.[746]

Hinsichtlich des Einflusses ökonomischer Erkenntnisse auf den Prozess der Rechtsfindung sind die Gegensätze am augenfälligsten.

---

741 Siehe dazu die Darstellung der einflussreichsten Abhandlungen Isays unten: 3. Teil.

742 Vgl. als Beleg für sein Streben nach Rationalität und Transparenz auch: R. Isay, Entwurf eines Bundesberggesetzes, S. 17: „Der Verfasser ist überzeugt, dass der Entwurf rein sachlich daraufhin geprüft wird, ob er die ihm gestellte Aufgabe: – möglichste Förderung des deutschen Bergbaus unter gerechter Berücksichtigung aller entgegenstehender Interessen – löst oder nicht".

743 Siehe bereits oben: 1. Teil B) I).

744 A. Kaufmann, JuS 1965, S. 1, (2).

745 Vgl. zu dieser Haltung des Mitbegründers der Freirechtsschule Kantorowicz: Raiser, in: Der Einfluss deutscher Emigranten auf die Rechtsentwicklung in den USA und in Deutschland, S. 365, (370).

746 Siehe bereits oben: 1. Teil B) II).

Ohne seine wirtschaftlichen Kenntnisse, Erfahrungen und Überzeugungen[747], die seine Rechtsschöpfungsvorschläge nachhaltig prägten, hätte Isay seine Abhandlungen auf so komplexen Gebieten wie dem Kartellrecht, dem Patentrecht und dem Bergrecht gar nicht verfassen können.

Demgegenüber sind konkrete ökonomische Leitlinien oder Orientierungspunkte in den Schriften anderer Freirechtler nicht zu finden. Wenn überhaupt, verwiesen sie den Richter zwar vereinzelt darauf, seine ökonomischen, sozialen und ethischen Gründe bei der Entscheidungsfindung anzugeben.[748]

Im Gegensatz zu Isays konkreten Leitlinien blieben andere Freirechtler in ihren Forderungen jedoch auffällig vage und inhaltsleer.

c) Die Risiken rein subjektiver, irrationaler Erwägungen bei der Entscheidungsfindung wurden von Isay ernster genommen als von anderen Freirechtlern

Insgesamt gewinnt man den Eindruck, dass sich vor allem die Gründer der Freirechtsschule, anstelle einer Festlegung auf etwaige Leitlinien und Maßstäbe, auf den pauschalen Hinweis beschränkten, die erkannten Lücken des Gesetzes seien vom Richter durch „freie Rechtsfindung“ oder durch das „Freie Recht“ auszufüllen.[749] Insoweit ist der Kritik des jüngeren Schrifttums vorbehaltlos zuzustimmen, dass der Begriff des Freien Rechts, wie ihn die Mehrheit der Freirechtler auffasste, jede „wissenschaftliche Präzision“[750] vermissen ließ.

Die unbefangene und riskante Einstellung der Freirechtler zur Irrationalität freier Rechtsfindung, die als zwingende Konsequenz aus der Abwesenheit von feststehenden Maßstäben und Leitlinien für die richterliche Entscheidungsfindung folgte, kann letztlich nur als bloßer Ausdruck ihrer Opposition zum rein logischen Formalismus der Begriffsjurisprudenz gewertet werden. Denn anders ist kaum zu erklären, weshalb sie den Richter unreflektiert und pauschal auf sein Rechtgefühl verwiesen[751] und ihm auf diese Weise ganz bewusst die Möglich-

747 Siehe dazu nochmals oben: 1. Teil B) III).

748 Vgl. z. B.: Fuchs, DJZ 1910, Sp. 283, (288). Ähnlich: Düringer, DRiZ 1911, Sp. 109.

749 Ehrlich, Freie Rechtsfindung und freie Rechtswissenschaft, Vorrede, S. IV; Gnaeus Flavius, Der Kampf um die Rechtswissenschaft, S. 10ff. und insb. S. 15.

750 Vgl. Raiser, in: Der Einfluss deutscher Emigranten auf die Rechtsentwicklung in den USA und in Deutschland, S. 365, (372).

751 Siehe dazu nochmals die in Fn. 646 genannten Freirechtler. Kritisch zu diesem Aspekt auch: Moench, Die methodologischen Bestrebungen der Freirechtsschule, S. 165: „Wir folgen den Freirechtsjuristen nicht in ihrer Vorliebe für das Rechtsgefühl, wenn wir dessen Einfluss auch nicht ableugnen“.

keit eröffneten, auf der Grundlage rein subjektiver und damit irrationaler Erwägungen zu seinem Urteil zu gelangen.

Im Unterschied zu anderen Freirechtlern begegnete Isay irrationalen Entscheidungen des Richters, die auf der Grundlage rein subjektiver Werturteile gefällt wurden, immer mit Skepsis. Zwar war auch er davon überzeugt, dass das richterliche Rechtsgefühl bei der Interessenabwägung im Einzelfall durchaus positive Wirkungen entfalten konnte und somit einen wichtigen Faktor bei der Entscheidungsfindung bildete.[752] Indes hielt es Isay dabei für unabdingbar, dem Richter zusätzlich dezidierte Maßstäbe für die Entscheidungsfindung an die Hand zu geben, um rein gefühlsmäßige subjektive Werturteile nach Maßgabe der herkömmlichen Lehren der Freirechtsschule von vornherein auszuschließen.

Bereits in seinem Kommentar zur Kartellverordnung aus dem Jahre 1925 sprach Isay die aus seiner Sicht bestehende Problematik richterlicher Werturteile an.[753] Im Zusammenhang mit der Kartellkündigung aus „wichtigem Grund" gem. § 8 Abs. 1 KVO stellte er dort im Hinblick auf die Auslegung dieses unbestimmten Rechtsbegriffes fest: „Das Urteil des Gerichts ist hier völlig auf einem Werturteil aufgebaut, das stets von den subjektiven Anschauungen des Urteilenden abhängig ist". Darin sah Isay die wesentliche Schwierigkeit in der Handhabung des § 8 Abs. 1 KVO.

Als Konsequenz hielt er es für dringend erforderlich, dem Richter Maßstäbe zur Konkretisierung des „wichtigen Grundes" an die Hand zu geben, auf die dieser seine Entscheidung stützen konnte.[754] Nach seiner Überzeugung hatte der Richter demzufolge im Rahmen der Bestimmung des „wichtigen Grundes" u. a. den Grundsatz der Vertragstreue einerseits und den Schutz vor übermäßigem Kartellzwang andererseits gegeneinander abzuwägen, wobei er auf diejenigen Kartellmitglieder besonders achten sollte, „die durch die Kündigung Sondervorteile erpressen".[755] Darüber hinaus empfahl Isay dem Richter, sich bei der Frage, ob ein „wichtiger Grund" für die Kündigung vorliegt, am Zweck des Kartells zu orientieren.[756]

Es wird somit deutlich, dass Isay den Richter bei der Entscheidungsfindung nicht infolge der pauschalen Verweisung auf das richterliche Rechtsgefühl mit seinem subjektiven Werturteil allein ließ und ihn dadurch aufgrund fehlender

---

752 Siehe nochmals oben: 2. Teil A) III) 2) b) dd).

753 R. Isay / Tschierschky, Kartellverordnung, § 8, Anm. 24, S. 222.

754 R. Isay / Tschierschky, a. a. O. (Fn. 753), S. 222ff.

755 R. Isay / Tschierschky, a. a. O. (Fn. 753), S. 222. Siehe zur damit vergleichbaren aktuellen Problematik des Missbrauchs des Anfechtungsrechts im Aktienrecht ausführlich: Baums, in: Verhandl. des 63. DJT, Gutachten , F. 144ff.

756 R. Isay / Tschierschky, Kartellverordnung, § 8, Anm. 25, S. 222 ff.

konkreter Leitlinien zwangsläufig überforderte. Vielmehr war das Gegenteil der Fall.

Denn dort, wo das Gesetz keine Maßstäbe für die Auslegung bereitstellte, lieferte Isay dem Richter Orientierungshilfen, um ihm die Entscheidung zu erleichtern.

Dass Isay mit einer so gelagerten Hilfestellung bei der richterlichen Entscheidungsfindung einen Beitrag zur Gewährleistung und Stärkung der Rechtssicherheit leistete, folgt aus der Tatsache, dass das Schrifttum und die Rechtsprechung seine transparenten Begründungswege in vielen Fällen für rational einleuchtend befanden und infolgedessen übernahmen.[757]

Gerade die vorangegangen Ausführungen zur Konkretisierung des „wichtigen Grundes" bei der Kartellkündigung sind ein deutliches Indiz dafür, dass die Rechtsschöpfung für Isay, anders als für die anderen Freirechtler, eben keine Herzenssache war[758], sondern immer eine Sache des Verstandes blieb.

In diesem Sinne wurde Isays kontinuierliches Streben nach emotionsfreier und verstandesgemäßer Argumentation auch übereinstimmend im Schrifttum gewürdigt. So stellte Ballerstedt fest, Isay „glaubte an die Fähigkeit des Menschen, die Probleme des sozialen Zusammenlebens rational, aufgrund unvoreingenommener Überlegung und aufgrund einer Verständigung aller, die guten Willens sind, meistern zu können".[759] An anderer Stelle ergänzte er: „Isay glaubte an die objektive Erkennbarkeit des Rechts".[760]

Würdinger unterstrich ebenfalls Isays „durch wissenschaftliches Denken gewährleistete Objektivität".[761] Schließlich merkte Zweigert an, es gebe niemanden, „der einen derartigen Erfahrungsschatz in so objektiver und von den verschiedensten Interessensphären unabhängiger Weise in einer Fülle von bedeutenden Schriften, Kommentaren und Gesetzesvorschlägen kristallklar allen zugänglich gemacht hat, deren wirtschaftliches und wissenschaftliches Interesse auf diesem Gebiet liegt".[762]

---

757 Siehe dazu die beiden kartellrechtlichen Beispielsfälle unten: 2. Teil A) IV) 3) b) aa) und bb) sowie die Beispiele im 3. Teil für weitere wirtschaftsrechtliche Gebiete, in denen sich Isays Argumentation in Rechtsprechung und Schrifttum durchsetzte.

758 Vgl. dazu: Willi, Die Freirechtsschule, S. 3: „Richten sei weniger Verstandes- als Herzenssache, war das Dogma dieser neuen Bewegung".

759 Ballerstedt, Gedächtnisrede auf R. Isay, S. 7.

760 Ballerstedt, a. a. O. (Fn. 759), S. 8.

761 Würdinger, WuW 1956, S. 792, (793). Vgl. in dieser Richtung auch: Lieberknecht, WuW 1956, S. 626: „Bemühen um größtmögliche Objektivität".

762 So: Zweigert, in: Festschrift für R. Isay, S. 129.

d) Zwischenergebnis

Ingesamt bleibt somit festzuhalten, dass Isay sich unter dem zentralen Aspekt des Strebens nach Rechtssicherheit, den die Freirechtsschule weitestgehend außer Acht ließ, deutlich von den Anschauungen der anderen Freirechtler emanzipierte. So wurden Isays Bemühungen um eine größtmögliche Rationalisierung seiner Rechtsschöpfungsvorschläge durch die feststehenden Leitlinien belegt, die er aus dem Rückgriff auf seine rechtsphilosophischen, ethischen, sozialen und ökonomischen Überzeugungen gewann und sämtlichen Abhandlungen zugrunde legte.

Es zeigte sich, dass die anderen Freirechtler hingegen vergleichbar konkrete Leitlinien vermissen ließen. Ihre Anschauungen waren vielmehr von einer pauschalen Überbetonung des richterlichen Rechtsgefühls und damit letztlich von rein subjektiven, irrationalen Erwägungen geprägt.

Während Isay der Praxis inhaltlich fundierte und auf ihre Plausibilität überprüfbare rechtsschöpferische Vorschläge unterbreitete, die dem Richter feststehende Orientierungspunktepunkte für den konkreten Entscheidungsfindungsprozess lieferten, verwiesen die anderen Freirechtler den Richter auf die Schaffung des „Freien Rechts" und überließen die Entscheidung ganz bewusst[763] seinem Rechtsgefühl und damit seinem irrationalen Werturteil.

Insofern minimierte Isay die Gefahren für die Rechtssicherheit, die, jedenfalls theoretisch, bei jeder freirechtlichen Fortentwicklung des Rechts – sei sie rechtswissenschaftlicher oder richterlicher Art – auftreten können.[764]

2) Die Bedeutung der rechtswissenschaftlichen Dogmatik und der anerkannten Auslegungsregeln für Isays Methode der Rechtsschöpfung im Unterschied zur Freirechtsschule

Ein weiterer zentraler Unterschied zwischen Isays Methode der Rechtsschöpfung und den herkömmlichen Lehren der Freirechtler bestand darin, dass er sowohl die rechtswissenschaftliche Dogmatik als auch die anerkannten Auslegungsregeln beachtete.

763 Vgl. nur: Gnaeus Flavius (= Kantorowicz), Der Kampf um die Rechtswissenschaft, S. 23, der die Freirechtsschule dort als „voluntaristische Strömung" bezeichnete und auf die „antirationalistische Gesinnung" ihrer Anhänger hinwies.

764 Siehe zu den verbleibenden Risiken jeder freirechtlichen Rechtsschöpfung am Beispiel von Isays Rechtsmethode auch die Ausführungen unten: 2. Teil B) II) 1) und 2).

a) Die Ablehnung der Dogmatik durch andere Freirechtler

Die Gründer der Freirechtsschule erwiesen sich als ausgesprochen dogmatik- und auslegungsfeindlich. Ein deutliches Indiz dafür war, dass die Vereinbarkeit von Rechtsschöpfung und Dogmatik von manchen Freirechtlern generell in Abrede gestellt wurde.[765] Am drastischsten brachte Kantorowicz seine ablehnende Haltung zum Ausdruck: „Aus den Trümmern der Dogmatik wird der Stolz der Zukunft steigen, die Freie Rechtsschöpfung".[766]

Zudem wurde teilweise explizit angezweifelt, dass die Postulate der Gesetzlichkeit, der Begründetheit, der Wissenschaftlichkeit, der Rechtssicherheit und der Objektivität im Rahmen der Rechtsfindung in der Vergangenheit verwirklicht wurden und es verdienen, in Zukunft verwirklicht zu werden.[767]

Schließlich wurde das dogmatisch heute allgemein anerkannte Institut der Gesetzesanalogie von den Freirechtlern ebenso als „scheinlogisches" Verfahren bekämpft[768] wie die Berufung auf die ratio legis[769] bei der Gesetzesauslegung.

b) Der Stellenwert der allgemein anerkannten Grundsätze rechtswissenschaftlicher Dogmatik in Isays Gesamtwerk

Im Gegensatz dazu schlossen sich für Isay rechtswissenschaftliche Dogmatik und Rechtsschöpfung keineswegs aus. Infolgedessen war er bei der Abfassung seiner Abhandlungen auch stets darauf bedacht, sowohl die Rechtsschöpfung und die Dogmatik als auch die widerstreitenden Postulate der Einzelfallgerechtigkeit und der Rechtssicherheit miteinander in Einklang zu bringen und sie auf diese Weise zu harmonisieren.

Zudem beruhten die Begründungen von Isays Vorschlägen für die Fortentwicklung des Rechts – gerade in seinen einflussreichsten wirtschaftsrechtlichen

765 Vgl. z. B.: Ehrlich, Freie Rechtsfindung und freie Rechtswissenschaft, S. 34: „Der dogmatischen Rechtswissenschaft soll eine dynamische entgegengesetzt werden". Siehe allgemein zur Dogmatikfeindlichkeit der Freirechtler aus Sicht des jüngeren Schrifttums auch: Ballerstedt, in: Festschrift für Flume, S. 257, (263): „Dogmatik erscheint nunmehr als methodologisches Requisit der als zutiefst unaufrichtig empfundenen sog. Begriffs- und Konstruktionsjurisprudenz".

766 Gnaeus Flavius, Der Kampf um die Rechtswissenschaft, S. 49.

767 So: Gnaeus Flavius, a. a. O. (Fn. 766), S. 39.

768 Stampe, DJZ 1905, Sp. 713, (714 f.); Gnaeus Flavius, a. a. O. (Fn. 766), S. 23f.

769 Gnaeus Flavius, a. a. O. (Fn. 766), S. 25.

Abhandlungen – häufig auf Analogiebildungen, wie sie von vielen Freirechtlern abgelehnt wurden.[770]

Ferner trug Isay der rechtwissenschaftlichen Dogmatik insofern bewusst Rechnung, als er sich nicht nur an Zweckerwägungen im Sinne der objektiv-teleologischen Theorie der Gesetzesauslegung, mithin an der ratio legis, orientierte[771], sondern darüber hinaus bei der Abfassung seiner Gesetzentwürfe teilweise unmittelbar auf den Wortlaut von verfassungsrechtlichen Regelungen zurückgriff[772].

Überdies berücksichtigte Isay die Erfordernisse der Rechtssicherheit, indem er sich, ungeachtet seiner im Kern ablehnenden Haltung gegenüber der Begriffsjurisprudenz[773], vereinzelt auch mit der juristischen Begriffsbildung auseinandersetzte. So war es Isays Anliegen, die rechtlich unbestimmten Begriffe des Kartells und des Unternehmens klar zu definieren[774], um sie der Auslegung durch die Gerichte überhaupt erst zugänglich zu machen. Dabei ließ sich Isay von seiner Maxime leiten, ein Wirtschaftsgesetz sei umso besser, „je einfacher und gemeinverständlicher es gestaltet ist".[775]

Sein somit deutlich in Erscheinung tretendes Streben nach begrifflicher Klarheit bildete für einen typischen Freirechtler, dem das Operieren mit juristischen Begriffen generell widerstrebte, eher die Ausnahme.

Vor diesem Hintergrund vermag es daher auch nicht zu verwundern, dass Isay für seine Definition des Unternehmensbegriffs vom freirechtlichen Schrifttum in einer Rezension wie folgte kritisiert wurde: „Dieser Teil ist weit weniger gelungen und enthält vielfach typische Fehler der Begriffs- und Konstruktionsjurisprudenz"[776].

Im Hinblick auf die Bedeutung der anerkannten Grundsätze der Dogmatik für Isays Gesamtwerk ist abschließend noch auf seine Kommentare zum Bergrecht[777] und zum Kartellrecht[778] aus den 20er Jahren hinzuweisen, die die

---

770 Siehe dazu den kartellrechtlichen Beispielsfall unten: 2. Teil A) IV) 3) c) bb) und weitere Beispiele im Rahmen der Darstellung der einflussreichsten Abhandlungen Isays unten: 3. Teil.

771 Vgl. dazu bereits oben: 2. Teil A) III) 2) c) cc) aaa).

772 Siehe bereits ausführlich oben: 2. Teil A) III) 2) b) dd).

773 Siehe nochmals oben: 2. Teil A) III) 1) b).

774 Siehe in diesem Zusammenhang die Ausführungen zu Isays Definition des Unternehmensbegriffs unten: 3. Teil A) II) und zu seinem Kartellbegriff und dessen Merkmalen unten: 3. Teil C) I) 1) a) aa) und bb).

775 R. Isay, NJW 1955, S. 361, (365).

776 Müller-Erzbach, ZHR 71 (1914), S. 417.

777 R. Isay / H. Isay, Allgemeines Berggesetz für die preußischen Staaten, 1. Aufl., 1919/20.

778 R. Isay / Tschierschky, Kartellverordnung (1925).

Rechtsprechung bis 1933 ganz nachhaltig prägten. Dass diese Abhandlungen auf Jahre gesehen einflussreich waren, hatte neben Isays allgemein anerkannter, langjähriger Erfahrung auf diesen Gebieten einen zusätzlichen Grund, handelte es sich doch um systematische Kommentare. Um die von ihm für erforderlich gehaltenen Rechtsschöpfungen durch die Gerichte anzuregen und gerade auch, um den Richtern eine rationale Argumentation zu erleichtern, bettete Isay die besonderen Probleme und Vorschriften des Berg- und Kartellrechts in den genannten Kommentaren, durch Bezugnahmen auf die Regeln des BGB und des Verwaltungsrechts, systematisch in den Kontext der Gesamtrechtsordnung ein.[779]

3) Die restriktive Einstellung Isays zu den Grenzen der Rechtsfortbildung im Vergleich zu den radikaleren Freirechtlern

Von großer Bedeutung für die Beurteilung der Praktikabilität der Rechtsschöpfungsmethode Isays ist die eingehende Untersuchung seiner Einstellung zu den Grenzen wissenschaftlicher und richterlicher Rechtsfortbildung. Diese Problematik beschäftigt die Rechtswissenschaft seit jeher und ist auch heute noch weit von einer abschließenden Klärung entfernt.[780]

Die besondere Schwierigkeit der Bestimmung der Grenzen richterlicher Rechtsfortbildung beruht vor allem darauf, dass diese Problematik unmittelbar den nur äußerst schwer abgrenzbaren und fließenden Bereich zwischen zulässiger Ausfüllung gesetzlicher Regelungslücken und verfassungswidriger Gesetzeskorrektur berührt.

Vor dem Hintergrund dieser Abgrenzungsprobleme wird, nach einem kurzen Überblick über die Haltung der radikalen Vertreter der Freirechtsschule zu con-

---

779 R. Isay, Allgemeines Berggesetz für die preußischen Staaten, 1. Band, 2. Aufl., 1933, S. VII. Im Vorwort zur 2. Auflage dieses bedeutenden Kommentars verdeutlicht Isay seine Idealvorstellung von rechtswissenschaftlicher Argumentation wie folgt: „Wenn nämlich die Kommentierung eines Spezialgesetzes auf Wissenschaftlichkeit Anspruch erheben will, so darf sie sich nicht auf die Berücksichtigung derjenigen Literatur und Rechtsprechung beschränken, die sich ausgesprochenermaßen mit diesem Gesetze befasst, vielmehr muss sie stets versuchen, das Sondergesetz in den Rahmen der allgemeinen Rechtsdisziplin einzufügen, der es juristisch betrachtet angehört." Vgl. auch die positiven Würdigungen zu Isays systematischen Ansatz von: Dörinkel, in: Festschrift für R. Isay, S. 1, (2) sowie von: Boldt, ZfB Bd. 98 (1957), S. 1.

780 Siehe in diesem Zusammenhang auch die Ausführungen zu den Grenzen der Rationalisierbarkeit von Werturteilen am Beispiel von Isays Rechtsschöpfungsmethode unten: 2. Teil B) II) 2).

tra legem-Entscheidungen[781], anhand von zwei Beispielsfällen aus Isays kartellrechtlichem Werk die Frage beantwortet, welche Position er zu dieser Problematik einnahm[782]. Danach wird nachgewiesen, dass die eigenständige Vorgehensweise Isays nach heutigen Maßstäben als verfassungskonform einzustufen wäre.[783]

a) Die Befürwortung von contra legem-Entscheidungen durch die radikaleren Vertreter der Freirechtsschule

Die Gründer der Freirechtsschule nahmen in ihren Schriften zu Beginn des 20. Jahrhunderts die radikale Position ein, der Richter müsse im Einzellfall auch dazu befugt sein, gegen den Wortlaut und den Sinn und Zweck des Gesetzes zu entscheiden.

In diesem Sinne forderte Kantorowicz in seiner Abhandlung „Der Kampf um die Rechtswissenschaft" (1906), die er unter dem Pseudonym Gnaeus Flavius verfasste und die noch heute als Manifest der Freirechtsschule bezeichnet wird[784], der Richter habe contra legem zu entscheiden, „wenn es (...) nicht wahrscheinlich ist, dass die zur Zeit der Entscheidung bestehende Staatsgewalt die Entscheidung so getroffen haben würde, wie es das Gesetz verlangt", in „verzweifelt verwickelten Fällen" solle und müsse der Richter sogar „nach Willkür" entscheiden.[785]

Darüber hinaus trat Fuchs in einer Abhandlung aus dem Jahre 1909 für die Befugnis des Richters ein, contra legem-Entscheidungen zu fällen, sofern „eine gesetzliche Bestimmung trotz ihrer wörtlichen Allgemeinheit (...) nach Billigkeit und Gerechtigkeit nicht passt, denn das wäre ein Indiz, dass das Gesetz an den speziellen Fall nicht gedacht hätte".[786] Neben den beiden Gründern plädierten weitere Sympathisanten der Freirechtsschule für eine entsprechende Ausweitung der richterlichen Befugnisse.[787]

781 Vgl. dazu sogleich: 2. Teil A) IV) 3) a).
782 Siehe unten: 2. Teil A) IV) 3) b) aa) und bb).
783 Vgl. dazu ausführlich unten: 2. Teil A) IV) 3) c).
784 Siehe bereits die Nachweise oben: Fn. 607.
785 Gnaeus Flavius, Der Kampf um die Rechtswissenschaft, S. 41.
786 Fuchs, Die Gemeinschädlichkeit der konstruktiven Jurisprudenz, S.18f. u. 99.
787 Vgl. zum einen: Stampe, DJZ 1905, Sp. 1017, (1020). Nach Stampes Meinung hätte der Richter jedenfalls in denjenigen Ausnahmefällen gegen das Gesetz zu entscheiden, in denen „der Gesetzesinhalt die Interessen der Allgemeinheit so schwer verletzte, dass eine Abänderung unumgänglich Not tue". Allerdings hätte dies nur für Fälle zu gelten, „die wegen ihrer Geringfügigkeit oder Ungeeignetheit" dem Gesetzgeber entzogen werden könnten. Vgl. zum anderen auch: Reichel, Gesetz und Richterspruch, S. 135. Nach Reichels Ansicht sollten contra legem-Entscheidungen

Angesichts der vorgenannten ausdrücklichen Forderungen der radikaleren Freirechtler nach einer richterlichen Ermächtigung, im Einzelfall auch gegen das Gesetz zu entscheiden, wirkten die späteren Relativierungsbemühungen von Kantorowicz eher wie halbherzige Versuche des Zurückruderns, als er von einem „hässlichen Missklang" sprach und die zutreffenden Vorwürfe aus den Reihen der Rechtswissenschaft als sog. „Contra-legem-Fabel" im Ergebnis erfolglos zu widerlegen versuchte.[788] Letztlich ist daher denjenigen Vertretern des Schrifttums zu folgen, die die Auffassung vertraten, dass die gesamte Freirechtsschule nicht zuletzt für Kantorowicz' weitgehende Forderungen nach einer richterlichen Ermächtigung zu contra legem-Entscheidungen einen hohen Preis bezahlen musste.[789] Denn augenscheinlich ist es auf die besagten radikalen Forderungen von Kantorowicz zurückzuführen, dass sein Frühwerk „Der Kampf um die Rechtswissenschaft" (1906) im „Giftschrank der juristischen Literatur landete"[790], wohingegen der wesentlich vorsichtiger agierenden und primär auf die Wahrung der Rechtssicherheit bedachten Interessenjurisprudenz[791] rückblickend der größere Einfluss auf die Entwicklung der juristischen Methodenlehre zugeschrieben wird.

---

immer dann zulässig sein, wenn sich „die tatsächlichen Verhältnisse seit Erlassung des Gesetzes dergestalt geändert haben, dass das Gesetz den vernünftigen Zweck, den es ehemals verfolgte und verfolgen konnte, nicht mehr zu erreichen vermag, dessen Anwendung vielmehr unter gegenwärtigen Zeitläufen zu offenbar unvernünftigen Ergebnissen führen würde". Ausdrücklich zustimmend: Willi, Die Freirechtsschule, S. 8f. sowie: Goldschmitt, JW 1924, S. 245, (249), im Zusammenhang mit dem berühmten „Aufwertungsurteil" des RG vom 28. 11. 1923 (RGZ 107, 82 ff.).

788 Kantorowicz, DRiZ 1911, Sp. 258ff. Vgl. dazu auch: Muscheler, Relativität und Freirecht, S. 141; Riebschläger, Die Freirechtsbewegung, S. 103ff. Dessen Ansicht, mit Ausnahme von Kantorowicz habe kein Vertreter der Freirechtsschule die Befugnis des Richters zur bewussten contra legem-Entscheidung gefordert (S. 105), vermag angesichts der oben angeführten Stellungnahmen anderer Freirechtler nicht zu überzeugen.

789 Muscheler, Relativität und Freirecht, S. 125ff. u. insb. S. 141. Vgl. auch: Würtenberger, Vorwort, in: Rechtswissenschaft und Soziologie, S. 1, (3). Im Zusammenhang mit den letztlich fehlgeschlagenen Versuchen von Kantorowicz, durch die Erfindung der „contra-legem-Fabel" seine eigenen frühen, radikalen Positionen zu relativieren, spricht Würtenberger dort von „der echten Tragik des Gelehrten".

790 Raiser, in: Der Einfluss deutscher Emigranten auf die Rechtsentwicklung in den USA und in Deutschland, S. 365, (371).

791 Vgl. zu den – unter dem Aspekt der Gewährleistung der Rechtssicherheit – gemäßigten Positionen der Interessenjurisprudenz im Vergleich zu den Lehren der Freirechtsschule bereits die Abgrenzung oben: 2. Teil A) III) 2) c) aa)- dd).

Infolgedessen ist Ballerstedts Versuch, Isays unmissverständliches Bekenntnis zur Freirechtsschule in seiner Gedächtnisrede in Abrede zu stellen[792], wohl darauf zurückzuführen, dass er, ebenso wie das überwiegende Schrifttum[793], die gesamte methodologische Strömung auf die – in ihrer Radikalität und Polemik überzogenen – Forderungen einiger weniger Vertreter reduzierte.

Denn allein vor dem Hintergrund einer solchen Hypothese ist nachvollziehbar, weshalb Ballerstedt in seiner Gedenkrede nicht mit der erforderlichen Genauigkeit zwischen radikalen freirechtlichen Positionen einerseits und Isays demgegenüber erkennbar gemäßigter Methode der Rechtsschöpfung andererseits unterschied und sein ausdrückliches Bekenntnis zur Freirechtsschule als „bedingt zutreffend" relativierte.[794]

Dass es für Ballerstedt tatsächlich keinen zwingenden Grund gab, Isays unmissverständlich wohlwollende Haltung zur Freirechtsschule abzuschwächen, wird die Analyse seiner Einstellung zu contra legem-Entscheidungen verdeutlichen.

b) Isays Vorbehalte gegenüber contra legem-Entscheidungen

Im Gegensatz zu den Positionen der radikaleren Freirechtler bestand Isays Zielrichtung nie darin, mit seinen Abhandlungen zukünftige rechtsschöpferische Urteile anzuregen, in deren Gefolge der Richter seine Entscheidungsbefugnisse überschreiten würde. Dafür war Isays Respekt vor der richterlichen Gesetzesbindung viel zu stark ausgeprägt.[795] Infolgedessen kamen bewusste contra legem-Entscheidungen für ihn auch nie in Betracht. Isay war vielmehr stets darauf bedacht, seine Vorschläge zur Rechtsschöpfung innerhalb des verfassungsgemäßen Bereiches lückenausfüllender Ergänzung des Gesetzes zu unterbreiten.[796]

Ausgehend von der konsequent praktizierten objektiv-teleologischen Theorie der Gesetzesauslegung[797] bestand Isays Hauptmotivation zur Entwicklung von Rechtsschöpfungsvorschlägen darin, den aktuellen Lebensbedürfnissen und der

---

792 Siehe bereits oben: 2. Teil A) II).

793 Siehe allgemein zur mangelnden Bereitschaft im Schrifttum, die Lehren der Freirechtsschule einer erforderlichen differenzierenden Betrachtung zu unterziehen, nochmals die überwiegend kritischen Stellungnahmen oben: 2. Teil A) II).

794 Vgl. nochmals: Ballerstedt, Gedächtnisrede auf R. Isay, S. 11f.

795 Siehe dazu unten: 2. Teil A) IV) 4).

796 Vgl. R. Isay / Tschierschky, Kartellverordnung, § 8, Anm. 61, S. 267f.: Dort legte Isay im Zusammenhang mit der Herleitung einer Analogie zu § 34 Abs.1 GmbHG in dogmatisch korrekter und damit nicht typisch freirechtlicher Weise das Vorliegen einer planwidrigen Regelungslücke des Gesetzes dar, die er anschließend im Wege der Rechtsschöpfung ausfüllte.

797 Siehe bereits oben: 2.Teil A) III) 2) c) cc) aaa).

wirtschaftlichen Entwicklung Rechnung zu tragen. Dieses Ziel konnte Isay, wie sogleich anhand von zwei kartellrechtlichen Beispielsfällen aus den 20er Jahren demonstriert wird, teilweise allerdings nur dadurch erreichen, dass er die „praktischen Zwecke" bestehender Normen höher bewertete als deren eindeutigen Wortlaut.

Zwar ist an dieser methodischen Vorgehensweise Isays zu beobachten, dass einige seiner Rechtsschöpfungsvorschläge die für die Freirechtler damals typische Tendenz aufwiesen, „mitunter allzu großzügig mit dem Wort des Gesetzes"[798] umzugehen. Wie sich zeigen wird, überschritt Isay trotz einer so gelagerten Prämissenbildung den kritischen Grenzbereich zwischen zulässiger Lükkenausfüllung praeter legem und verfassungswidriger Entscheidung contra legem jedoch nicht.

aa) 1. Beispielsfall: Die Auslegung des Schriftformerfordernisses in § 1 KVO[799] in Abweichung vom Wortlaut des § 126 Abs. 2 S. 1 BGB

§ 1 KVO schrieb für die Zulässigkeit von Kartellvereinbarungen ausdrücklich die Einhaltung des Schriftformerfordernisses vor. Nach § 126 Abs. 2 S.1 BGB, der das gesetzliche Schriftformerfordernis konkretisiert, erfordert ein formwirksamer Vertrag die Unterzeichnung beider Parteien auf derselben Urkunde.

Demgegenüber vertrat Isay die Auffassung, § 126 Abs. 2 S.1 BGB sei entgegen seinem ausdrücklichen Wortlaut auf Kartellvereinbarungen nicht anwendbar, da der Zweck des Schriftformerfordernisses in § 1 KVO vom herkömmlichen Zweck der schriftlichen Form abweiche.[800] Denn anders als in sämtlichen anderen gesetzlichen Fällen diente das Schriftformerfordernis der KVO aus Isays Sicht nicht den privaten Interessen der Vertragspartner, sondern ausschließlich dem öffentlichen Interesse, eine wirksame Beaufsichtigung der Kartelle zu ermöglichen.[801]

Infolgedessen hielt es Isay für ausreichend, Kartellvereinbarungen derart schriftlich niederzulegen, dass eine Nachprüfung sowohl ihres Inhalts als auch der Teilnehmer möglich sei. Aufgrund des abweichenden Zweckes von § 1 KVO war daher die Unterzeichnung sämtlicher Vertragsparteien auf einer Urkunde gem. § 126 Abs. 2 S.1 BGB im Zusammenhang mit Kartellvereinbarungen aus seiner Sicht nicht erforderlich. Das Reichsgericht bestätigte Isays Argumentation in einem Urteil aus dem Jahre 1930 in vollem Umfang und legte das Schriftfor-

---

798 Vgl. A. Kaufmann, in: Festschrift für Engisch, S. 243, (268).
799 Kartellverordnung, NotVO v. 2.11.1923, RGBl. I, S. 1067, 1090.
800 R. Isay / Tschierschky, Kartellverordnung, § 1, Anm. 21, S. 142.
801 R. Isay / Tschierschky, a. a. O. (Fn. 800), S. 141. Ebenso bereits: R. Isay, KR 1924, S. 78, (81).

merfordernis des § 1 KVO – ebenfalls mit Hinweis auf den abweichenden Zweck der KVO – gegen den eindeutigen Wortlaut des § 126 Abs. 2 S. 1 BGB aus.[802]

bb) 2. Beispielsfall: Die Konstruktion des Kündigungsrechts bei einem als Nebenleistungs-GmbH errichteten Kartell gem. § 8 Abs.1 KVO i. V. m. § 34 Abs. 1 GmbHG analog

Ebenso wie im vorherigen Beispielsfall, ließ sich Isay auch bei der rechtsschöpferischen Konstruktion eines gesetzlich nicht geregelten Kündigungsrechts gem. § 8 Abs. 1 KVO i. V. m. § 34 Abs. 1 GmbHG analog primär von Zweckerwägungen leiten und stufte den Wortlaut der bestehenden Normen demgegenüber als sekundär ein.

Nach seinem Wortlaut bestimmte § 8 Abs. 1 KVO lediglich das Erlöschen der Kartellpflichten des Mitgliedes infolge der Kündigung des Kartellvertrages. Für den in der damaligen Praxis häufig anzutreffenden Fall der Errichtung eines Kartells in Form einer Nebenleistungs-GmbH gem. § 3 Abs. 2 GmbHG traf die Kartellverordnung keine expliziten Aussagen hinsichtlich des Fortbestandes des Gesellschaftsvertrages bei Kündigung des Kartells. Infolgedessen erblickte Isay in § 8 Abs. 1 KVO eine Gesetzeslücke, „die dadurch entstanden sei, dass der Gesetzgeber sich über die Einwirkungen der Kündigung auf die Nebenleistungs-GmbH offenbar keine klare Vorstellung gebildet hat".[803]

Isay hielt das durch § 8 KVO ausgesprochene Erlöschen der Kartellpflichten bei gleichzeitigem Fortbestand der Mitgliedschaft in der GmbH sowohl aus der Sicht des kündigenden Mitglieds als auch der im Kartell verbleibenden Mitglieder angesichts der praktischen und wirtschaftlichen Folgen für inakzeptabel:[804]

Das kündigende Mitglied wäre, ungeachtet seiner Kündigung, auch weiterhin zur Zahlung derjenigen Beiträge verpflichtet, mit denen das fortbestehende Kartell den Kampf gegen die Außenseiter, zu denen das Mitglied nach Abgabe der Kündigungserklärung ebenfalls zu zählen ist, führt. Zugleich hätte das kündigende Mitglied infolge des Fortbestandes seines Mitgliedschaftsrechts, dem Wortlaut des § 8 Abs. 1 KVO entsprechend, ein Recht zur Teilnahme an der Gesellschafterversammlung. Es besäße als Außenseiter des Kartells die Möglich-

---

802 RGZ 128, 1, (7). Inwieweit sich Isays Lösungsweg über die reichsgerichtliche Rechtsprechung hinausgehend auch noch auf die weitere Rechtsentwicklung bis in die Gegenwart auswirkte, wird erst im Werkteil demonstriert. Siehe unten: 3. Teil C) I) 1) b).

803 R. Isay / Tschierschky, Kartellverordnung, S. 267f. Siehe dazu bereits oben: Fn. 796.

804 R. Isay / Tschierschky, a. a. O. (Fn. 803), S. 265.

keit, sich über alle geplanten Kartellmaßnahmen zu unterrichten und könnte diejenigen Kartellbeschlüsse, die ihm nicht passen, mit seinem Stimmrecht blockieren. Aufgrund dieser Sachlage gelangte Isay zu dem Schluss, dass „der Zustand, dass eine Firma gleichsam mit einem Fuß im Kartell, mit dem anderen draußen steht, völlig unhaltbar" sei.[805]

Als Konsequenz dieses für alle Beteiligten unbefriedigenden Ergebnisses entwickelte Isay im Wege der Rechtsschöpfung ein zweistufiges, ungeschriebenes Kündigungsrecht. Auf der ersten Stufe sollte die Kündigungserklärung danach zunächst das Erlöschen der Kartellpflichten sowie, entgegen dem Wortlaut von § 8 KVO, das Ruhen der GmbH-Mitgliedschaftsrechte bewirken. Auf der zweiten Stufe sollte dann analog § 34 Abs. 1 GmbHG die Amortisierung des Geschäftsanteils des kündigenden Mietglieds erfolgen und zum endgültigen Ausscheiden aus der GmbH führen.[806]

Das Reichsgericht übernahm Isays Begründung eines zweistufigen Kündigungsrechts in einem Urteil aus dem Jahre 1926 schon bald im Detail und hielt fortan in ständiger Rechtsprechung daran fest, wobei es bekundete:

„Eine andere Möglichkeit, aus dieser Verwicklung herauszukommen, besteht nicht".[807]

Im „Dritten Reich" wurde die in den Beispielsfällen deutlich zum Ausdruck kommende methodische Überzeugung Isays, dem Sinn und Zweck der bestehenden Vorschriften bei der Auslegung den Vorrang vor deren eindeutigen Wortlaut einzuräumen, vom Schrifttum aufgegriffen. Unter direkter Bezugnahme auf die von Isay angestoßene reichsgerichtliche Rechtsprechung stellte ein Vertreter des Schrifttums fest, „dass die Loslösung vom Gesetzesbuchstaben, die im Aufwertungsrecht Triumphe feierte und seitdem in steigendem Maße dazu führte, ein Gesetz entgegen seinem Wortlaut auszulegen, wenn im Einzellfall der Wortlaut zu Ungerechtigkeit oder Unsinn führt, für das GmbH-Recht weiterentwickelt wurde".[808]

Darüber hinaus fand Isays methodische Vorgehensweise ihre Entsprechung auch in dem Entwurf eines „Volksgesetzbuches" aus dem Jahre 1942. Dort hieß

805 R. Isay / Tschierschky, a. a. O. (Fn. 803), S. 265.

806 R. Isay / Tschierschky, a. a. O. (Fn. 803), S. 263ff.

807 RGZ 114, 212, (217f.); RGZ 125, 114, (118); RGZ 164, 257, (262ff.) In der letztgenannten Entscheidung entwickelte das RG in Anknüpfung an seine vorherigen auf Isays Lösungsvorschlag basierenden Urteile auch das generelle, also kartellunabhängige, Kündigungsrecht des GmbH-Gesellschafters, das also zumindest mittelbar auf Isays Vorarbeiten zurückzuführen war und das heute allgemein anerkannt ist. Vgl. darüber hinaus zur weiteren Wirkungsgeschichte von Isays Lösungsvorschlag unten: 3. Teil C) I) 1) c).

808 Scholz, DR 1942, S. 1667, (1668).

es in Grundregel Nr. 21: „Die Auslegung der Gesetze ist nicht an ihren Wortlaut gebunden, sondern hat stets den sie rechtfertigenden Zweck zu berücksichtigen".[809]

Auf die Parallelen hinsichtlich des formellen Verfahrens der Rechtsfortbildung und die eklatanten Unterschiede im Hinblick auf die dabei verfolgten Ziele zwischen Isays gemäßigt freirechtlichem Rechtsschöpfungsansatz und der Rechtstheorie im „Dritten Reich", das die Lehren der Freirechtsschule für menschenverachtende Zwecke missbrauchte, ist aufgrund der Brisanz der Problematik an anderer Stelle noch ausführlich einzugehen.[810]

c) *Isays Argumentation in den Beispielsfällen im Lichte der heutigen Grundsätze richterlicher Rechtsfortbildung*

Die beiden kartellrechtlichen Beispielsfälle aus den 20er Jahren haben Isays methodische Überzeugung erkennen lassen, wonach die aktuellen Gesetzeszwecke im Sinne der objektiv-teleologischen Theorie aus Gründen der Einzelfallgerechtigkeit höher zu bewerten seien als der ausdrückliche Wortlaut der Normen.

Ob es sich bei dieser Vorgehensweise Isays unter heutigen Gesichtpunkten noch um eine verfassungskonforme Schließung von Gesetzeslücken oder bereits um eine verfassungswidrige Gesetzeskorrektur handelt, ist in Rechtsprechung und Schrifttum umstritten.

So wurde die Verfassungswidrigkeit richterlicher Entscheidungen teilweise bereits dann angenommen, wenn sie gegen den eindeutigen Wortlaut des Gesetzes verstießen.[811] Begründet wurde diese Ansicht damit, dass das Gesetz nur bei Beachtung seines eindeutigen Wortlauts „jene friedensstiftende und freiheitssichernde Wirkung zu entfalten vermag, die es zum vornehmsten Instrument rechtsstaatlicher Ordnung erhebt".[812] Zudem wurde geltend gemacht, die Entscheidungsprärogative liege beim Gesetzgeber und nicht beim Richter, letzterer

809 Zitiert nach: Hattenhauer, in: Recht und Justiz im „Dritten Reich", S. 9, (29).

810 Siehe dazu die ausführliche Analyse im Rahmen der Gesamtwürdigung von Isays Rechtsschöpfungsmethode unten: 2. Teil B) II) 1) b) und c).

811 Siehe dazu: Schack, JuS 1961, S. 270, (274); Menger, VerwArch 65 (1974), S. 195, (199); H.-P. Schneider, DöV, 1975, S. 443, (448, 450 u. 452); Ipsen, DVBl. 1984, S. 1102, (1104). Vgl. in diesem Zusammenhang auch die Kritik von: Lüke, NJW 1994, S. 173, der den Richtern vorwirft, den Gesetzeswortlaut nicht mehr als unübersteigbare Grenze für die höchstrichterliche Rechtsschöpfung zu betrachten.

812 H.-P. Schneider, DöV 1975, S. 443, (448).

dürfe sich nicht zum Ersatzgesetzgeber aufschwingen.[813] Ferner wurde darauf abgestellt, es könne ein „gesetzeskorrigierendes Richterrecht“ jenseits der im Grundgesetz normierten Normenkontrollverfahren nicht geben, daher müsse jede Analogie scheitern, wenn der Gesetzeswortlaut entgegenstehe.[814]

Nach dieser Auffassung einiger Vertreter des Schrifttums wären die oben dargestellten Rechtsschöpfungsvorschläge Isays zur Kartellverordnung verfassungswidrig, da er bei seiner Argumentation den eindeutigen Wortlaut des Gesetzes nicht für maßgeblich hielt, sondern dem Zweck der Normen demgegenüber bewusst den Vorrang einräumte.

Allerdings bestimmen die höchstrichterliche Rechtsprechung und die Mehrheit der Vertreter des Schrifttums die Grenze zwischen zulässiger Lückenausfüllung und verfassungswidriger contra legem-Entscheidung bis heute jedoch nicht nur anhand des eindeutigen Wortlauts der Norm, sondern darüber hinaus am Maßstab des Sinns und Zwecks des bestehenden Gesetzes. Seit einer Entscheidung aus dem Jahre 1933 ging schon die reichsgerichtliche Rechtsprechung hinsichtlich der Grenzen der Rechtsschöpfung von folgenden Grundsätzen aus: „Höher als der Wortlaut des Gesetzes steht sein Sinn und Zweck. Diesen im Einzelfall der Rechtsanwendung nutzbar zu machen und danach unter Berücksichtigung von Treu und Glauben als dem obersten Satz bei Auslegung von Rechtsgeschäften den jeweiligen Streitfall einer billigen und vernünftigen Lösung zuzuführen, ist die Aufgabe des Richters“.[815]

In den 50er Jahren griff das Bundesverfassungsgericht die reichsgerichtliche Rechtsprechung auf. Seitdem vertritt es zur contra legem-Problematik die Auffassung, die verfassungskonforme Auslegung finde erst dort ihre Grenze, wo sie sich mit dem Wortlaut und dem klar erkennbaren Willen des Gesetzgebers in Widerspruch setze.[816] Im Jahre 1973 wies das Bundesverfassungsgericht schließlich in seiner berühmten „Soraya“-Entscheidung[817] ausdrücklich auf die

---

813 H.-P. Schneider, DöV 1975, S. 443, (448). Ebenso zuletzt auch: Hillgruber, JZ 1996, S. 118, (124f.), der dort vor der „Ausschaltung der gesetzgeberischen Prärogative durch die Setzung von Richterrecht“ warnt.

814 So ausdrücklich: Ipsen, DVBl. 1984, S. 1102, (1104).

815 Grundlegend: RGZ 142, 36, (40f.). Bestätigt durch: BGH NJW 1951, 886, (887); BGH NJW 1955, 1276, (1277f.); BGH NJW 1955, 1433. Ebenso: Gemeinsamer Senat der obersten Bundesgerichte, NJW 1971, 1606, (1607).

816 Std. Rechtsprechung seit BVerfGE 18, 97, (111). Zwischenzeitlich, in BVerfGE 59, 330, (336), modifizierte das Bundesverfassungsgericht den Anwendungsbereich der verfassungskonformen Auslegung bestehender Gesetze wie folgt: „Die Grenze ist erst dort überschritten, wo einem nach Wortlaut und Zweck eindeutigen Gesetz ein entgegen gesetzter Sinn entnommen wird“.

817 Vgl. BVerfGE 34, 269ff.: In dieser Entscheidung billigte das Bundesverfassungsgericht Prinzessin Soraya, der geschiedenen Ehefrau des Schahs von Iran, für ein er-

sekundäre Bedeutung des Wortlauts gegenüber dem primären Sinn und Zweck der Norm hin und bestätigte damit Isays methodische Vorgehensweise der 20er Jahre.

Das Bundesverfassungsgericht brachte in dieser Entscheidung unmissverständlich zum Ausdruck, der Richter sei „nach dem Grundgesetz nicht darauf verwiesen, gesetzgeberische Weisungen in den Grenzen des möglichen Wortsinns anzuwenden".[818] Das Schrifttum schloss sich der höchstrichterlichen Rechtsprechung in der Folgezeit überwiegend an.[819] Es stellte sich ebenfalls auf den Standpunkt, eine Entscheidung sei erst dann verfassungswidrig, wenn der Richter bei der Entscheidung sowohl vom eindeutigen Wortlaut als auch vom Sinn und Zweck der Norm abweiche.[820]

d) Zwischenergebnis

Die Untersuchung hat ergeben, dass Isays Überzeugung vom Vorrang des „praktischen Zwecks" des Gesetzes gegenüber dessen eindeutigem Wortlaut Jahrzehnte später von der höchstrichterlichen Rechtsprechung und dem überwiegenden Schrifttum als verfassungskonform eingestuft wurde und bis heute als anerkannter Grundsatz der Auslegung praktiziert wird. Isay überschritt die Gren-

---

fundenes Zeitschrifteninterview – entgegen dem ausdrücklichen Wortlaut des § 253 BGB, wonach wegen eines Schadens der nicht Vermögensschaden ist, Entschädigung in Geld nur in den durch das Gesetz bestimmten Fällen gefordert werden kann –, ein Schmerzensgeld wegen der Verletzung ihres Persönlichkeitsrechts zu. Für die Art und Weise der Begründung des Schmerzensgeldanspruchs erntete das Bundesverfassungsgericht einerseits den „Spott der Fachwelt" (So: Ipsen, DVBl. 1984, S. 1102, (1104). Vgl. auch die ausführliche Übersicht der kritischen Stellungnahmen des Schrifttums von: Müller, in: Festschrift der Universität Heidelberg, S. 65, (75, Fn. 41) sowie zuletzt die harsche Kritik von: Hillgruber, JZ 1996, S. 118, (120ff.)). Andererseits ist die „Soraya"-Entscheidung allerdings insoweit besonders bedeutsam, als sich das Bundesverfassungsgericht darin (S. 286 ff.) erstmals ausführlich zu den Grundsätzen richterlicher Rechtsfortbildung äußerte, die noch bis heute Gültigkeit haben. Siehe dazu auch unten: 2. Teil B) I) 1), 2), 4) und 6).

818 BVerfGE 34, 269, (287). Zustimmend: Menger, VerwArch 65 (1974), S. 195, (198) sowie: Bleckmann, JuS 2002, S. 942, (943). Kritisch hingegen: Lüke, NJW 1994, S. 173.

819 Vgl. statt aller: U. H. Schneider, JZ 1987, S. 696, (700). Im Hinblick auf die obige Rechtssprechung, nach der der Zweck über dem Wortlaut des Gesetzes steht, ist Schneider der Auffassung: „Das erschließt den Anwendungsbereich des Rechtssatzes und dessen Grenzen".

820 Vgl. dazu: Bender, JZ 1957, S. 593, (599); Siebert, Die Methode der Gesetzesauslegung, S. 44; Michel, JuS 1961, S. 274, (279); Ehmke, VVDStRL, 1963, S. 53, (60); Krey, JZ 1978, S. 361, (366) und zuletzt noch: Bydlinski, in: Symposium für Canaris, S. 27, (46 ff.); Bleckmann, JuS 2002, S. 942, (946).

ze zur heute verfassungswidrigen contra legem-Entscheidung also nicht. Dies wäre nach heutigen Maßstäben erst dann der Fall gewesen, wenn er mit seinen Rechtsschöpfungsvorschlägen richterliche Entscheidungen angeregt hätte, die zugleich dem eindeutigen Wortlaut und dem Sinn und Zweck der Normen zuwidergelaufen wären. Isays methodische Vorgehensweise war also unter dem Aspekt der von ihm für erforderlich gehaltenen Grenzen rechtswissenschaftlicher und richterlicher Rechtsschöpfung nicht nur deutlich restriktiver und damit gemäßigter als die Positionen der radikaleren Freirechtler, sondern er nahm damit auch heute herrschende Auslegungsgrundsätze vorweg.

4) Infolge seiner Erfahrungen in der Weimarer Republik ließ Isay in seinen Gesetzentwürfen der 50er Jahre keinen Zweifel an der zwingenden Notwendigkeit der richterlichen Gesetzesbindung

Isay lehnte die Etablierung eines Richterkönigtums, das aufgrund entsprechender Forderungen von Fuchs[821] noch vor einiger Zeit mit der Freirechtsschule assoziiert wurde[822], infolge der daraus resultierenden Schwächung der Gesetzesautorität ab. Anders als für die meisten Vertreter der Freirechtsschule stand die grundsätzliche Notwendigkeit der richterlichen Gesetzesbindung für Isay außer Frage. Ausdruck dessen waren vor allem Isays Gesetzentwürfe auf den Gebieten des Kartell- und Bergrechts, die sein Spätwerk der 50er Jahre dominierten.[823] Die darin an den Gesetzgeber gerichteten Reformvorschläge sind als deutlicher Be-

821 Siehe dazu eingehend: Fuchs, Schreibjustiz und Richterkönigtum; ders. Was will die Freirechtsschule?, S. 25: „In Wahrheit ist für kein Volk die Einführung eines Richterkönigtums angebrachter als für das deutsche." Siehe zu entsprechenden, aber vereinzelt gebliebenen Tendenzen im „Dritten Reich" zudem die Nachweise bei: Schröder, Gesetzesauslegung und Gesetzesumgehung, S. 113 und dort Fn. 466. Kritisch im Hinblick auf die heutige Rechtsentwicklung: Picker, JZ 1988, S. 1, (9), der die Auffassung vertritt, von den Befürwortern des Richterrechts werde auch noch gegenwärtig „ein Richterkönigtum von wahrhaft absolutistischem Zuschnitt" proklamiert.

822 So ausdrücklich: Riebschläger, Die Freirechtsbewegung, S. 11. Vgl. in diesem Zusammenhang auch die grundlegende Untersuchung von: Ogorek, Richterkönig oder Subsumtionsautomat?, die im Hinblick auf die freirechtlichen Forderungen nach einer Ausdehnung der richterlichen Machtbefugnisse, wie sie insbesondere auch Ernst Fuchs vorschwebten, zu dem Schluss kommt, dass sich bereits zu Beginn des 20. Jahrhunderts abgezeichnet habe, „dass sich die Freirechtsschule nicht durchsetzen, sondern nur ein Seitentrieb der Rechtsevolution bleiben würde" (S. 273).

823 Vgl. Isays Gesetzentwürfe im Kartellrecht: Entwurf eines Gesetzes zur Verhütung des Missbrauchs wirtschaftlicher Machtstellungen (1954); Der Höcherl-Entwurf eines Gesetzes gegen Wettbewerbsbeschränkungen (1955). Und im Bereich des Bergrechts: Entwurf eines Bundesberggesetzes (1954).

leg dafür zu werten, dass eine staatliche Zwangsordnung als Grundvoraussetzung jedes Rechtssystems aus Isays Sicht unerlässlich war.

Der tiefere Grund für seinen Respekt vor der Gesetzesautorität, der zugleich das Hauptmotiv zur Entwicklung eigener gesetzlicher Reformvorschläge bildete, lag in Isays Bewusstsein um die Gefahren unkontrollierter richterlicher Entscheidungsbefugnisse und der Risiken des willkürlichen Missbrauchs der Regierungsmacht.

Dieses ausgeprägte Gefahrenbewusstsein, das ihn von den anderen Freirechtlern abhob und die Ausgestaltung seiner Gesetzentwürfe der 50er Jahre nachhaltig beeinflusste[824], basierte auf Isays abschreckenden Erfahrungen am Ende der Weimarer Republik.

a) Angesichts des Missbrauchs ihrer Machtbefugnisse rief Isay die Reichsregierung im Jahre 1930 erfolglos zur Wahrung der Rechtsstaatlichkeit und zur Stärkung der Staatsautorität auf

Den Ausgangspunkt für Isays Erfahrungen, die ihm schon im Jahre 1930 die rechtszersetzenden Tendenzen zur Zeit der Weimarer Republik deutlich vor Augen führten und in deren Gefolge sich sein Gefahrenbewusstsein im Hinblick auf die Fortentwicklung des Rechts schärfen sollte, bildete die Weltwirtschaftkrise. Angesichts des finanziellen, wirtschaftlichen und sozialen Notstandes, der das Deutsche Reich mit besonderer Härte traf, wuchs in der Bevölkerung die Abneigung gegenüber den Kartellen in stetig zunehmendem Maße.[825] Am 26. Juli 1930 erließ der Reichspräsident die Kartell-Notverordnung[826], auf deren Grundlage die Regierung entschiedener als zuvor gegen Missstände im Kartellwesen vorgehen wollte.

---

824 Siehe unten: 2. Teil A) IV) 4) b).

825 Vgl. zur historischen Entwicklung: R. Isay, Geschichte der Kartellgesetzgebungen, S. 49: „In dem Jahrzehnt, das seit dem ersten Weltkrieg verstrichen war, (…) hatte Deutschland sich fühlbar erholt und man konnte mit guten Hoffnungen in die Zukunft blicken. Aber am 23. Oktober 1929 brach das überhöhte Kursgebäude der New Yorker Börse zusammen und damit die amerikanische Prosperity. Bald griff die Krise über und zog durch Kündigung der Auslandskredite besonders Deutschland in Mitleidenschaft. Es entstand ein Millionenheer von Arbeitslosen und die Not der Massen bereitete die Machtergreifung der Nationalsozialisten vor". Siehe zu den Auswirkungen der Weltwirtschaftskrise auf Deutschland auch: Rosenbaum, Geschichte der Weimarer Republik, S. 195ff.; Friedensburg, Die Weimarer Republik, S. 298ff. Vgl. zu den Auswirkungen der Krise auf die Ausgestaltung des Kartellrechts: Nörr, Die Leiden des Privatrechts, S. 76ff.

826 RGBl. 1930, I, S. 311.

In ungewohnt kritischer Art und Weise setzte sich Isay in einer Abhandlung mit den verschärften Regelungen der Kartell-Notverordnung auseinander.[827] Vor allem der Tatbestand des § 1 Abs. 1 c) KartNotVO[828], dessen Verletzung die unanfechtbare Verhängung einer Geldstrafe in unbestimmter Höhe durch einen Einzelrichter gem. § 5 KartNotVO vorsah, ließ Isay an der Rechtsstaatlichkeit der Notverordnung zweifeln. Hierzu merkte er an: „Die Fassung des Umgehungsverbots mit seiner völligen Verschwommenheit ist Kriminalisten als ein Musterbeispiel dafür zu empfehlen, wie man Strafvorschriften nicht formulieren soll".[829]

Zusätzlich unterstrich Isay sein offenkundiges Unbehagen und sein fehlendes Verständnis für die Formulierung des § 1 Abs. 1 c) KartNotVO mit folgender Prognose:

„Es würde interessant sein, zu erfahren, ob die Reichsregierung sich nicht eine gleiche Blankovollmacht zum Erlass beliebiger Verbote auch zwecks Bekämpfung staatsfeindlicher Umtriebe geben lassen will".[830]

Aufgrund der von ihm befürchteten Entwicklung forderte Isay die Berater des Reichspräsidenten nachdrücklich zur Beachtung der Staatsautorität und aus Gründen der öffentlichen Sicherheit und Ordnung zur Wahrung der Prinzipien des Rechtsstaats auf.[831]

---

827 R. Isay, JW 1930, S. 3840ff.

828 Gem. § 1 Abs. 1 c) KartNotVO konnte die Reichsregierung „Handlungen untersagen, die, ohne unter die Bestimmungen zu a) und b) zu fallen, nach Lage der Verhältnisse, des Falles oder der Art, wie verfahren wird oder verfahren werden soll, im wesentlichen den gleichen wirtschaftlichen Erfolg herbeizuführen geeignet sind. (...)".

829 R. Isay, JW 1930, S. 3840, (3841). Diese Haltung behielt Isay auch noch in den 50er Jahren bei. Vgl.: Ders., NJW 1955, S. 361, (365): „Weder die zivilrechtliche Gültigkeit von Verträgen noch die Verhängung schwerer Strafen darf an fließende volkswirtschaftliche Begriffe geknüpft werden". Vgl. zu der nationalsozialistischen Tendenz, auf dem Gebiet des Wirtschaftstrafrechts mit unbestimmten Rechtsbegriffen und Generalklauseln zu operieren, auch: Buchmann, JuS 1989, S. 13, (18ff.). Vgl. zu den Vorbehalten des heutigen Schrifttums gegenüber der Verwendung unbestimmter Rechtsbegriffe und Generalklauseln im Strafrecht: A. Kaufmann, Das Verfahren der Rechtsgewinnung, S. 35.

830 R. Isay, JW 1930, S. 3840, (3842).

831 R. Isay, JW 1930, S. 3840, (3842). Für die von ihm für zwingend erforderlich gehaltene Stärkung der Staatsautorität trat Isay zuvor schon in seinem Referat zur Kartellrechtsreform auf dem 35. Deutschen Juristentag in Salzburg im Jahre 1928 ein. Dort vertrat er die Einschätzung, „dass unser Staat nicht gerade einen so übergroßen Fundus an Autorität und Zutrauen besitzt, dass er ihn leichtfertig vergeuden könnte" (Vgl. R. Isay / Nipperdey, Die Reform des Kartellrechts, S. 13). Den wesentlichen Grund für das Schwinden der Staatsautorität sah er darin, „dass unsere Zeit ohnehin an zu vielem und zu hastigem Regieren, an der Überproduktion von

Angesichts der nationalsozialistischen Machtübernahme, die kaum zwei Jahre nach Isays Warnung erfolgte und ihre Schatten nach den Wahlen vom 14. September 1930 bereits voraus warf, aus denen die NSDAP als zweitstärkste Fraktion hervorging[832], erscheint seine Prognose rückblickend als geradezu erschreckend genaue Einschätzung der Missstände am Ende der Weimarer Republik. So zeigt sich heute mit aller Deutlichkeit, wie berechtigt Isays scharfe Kritik an der Reichsregierung hinsichtlich der Regelungen der Kartell-Notverordnung unter rechtsstaatlichen Gesichtspunkten war.

Der von Isay angeprangerte missbräuchliche Umgang der Reichsregierung mit ihrer unbeschränkten politischen Macht in Kombination mit der Verabschiedung unbestimmter gesetzlicher Regelungen war ein deutlicher Beleg für die bereits Ende 1930 zu Tage tretenden Auflösungstendenzen des Rechtsstaats, die bald darauf das Ende der Weimarer Republik besiegeln sollten.

b) Die abschreckenden Erfahrungen während der zerfallenden Weimarer Republik prägten Isays Spätwerk nachhaltig

Der Umstand, dass Isays Spätwerk von seinen Gesetzentwürfen im Kartellrecht sowie im Bergrecht dominiert wurde, wohingegen er kaum noch Vorschläge zur richterlichen Rechtsfortbildung im Einzelfall entwickelte[833], könnte auf den ersten Blick den Eindruck erwecken, er hätte in den 50er Jahren seinen freirechtlichen Wurzeln abgeschworen.

Diese Schlussfolgerung wäre allerdings voreilig, zumal Isays Spätwerk zu gleichen Teilen sowohl gesetzespositivistische Elemente als auch freirechtliche Einflüsse aufwies.

In diesem Sinne verdeutlicht die Analyse seiner Gesetzentwürfe einerseits, dass Isays Denken auch in den 50er Jahren noch nachhaltig von der Erkenntnis der permanenten Wandelbarkeit der Rechtsordnung und seiner darauf basierenden Überzeugung von der Erforderlichkeit richterlicher Rechtsschöpfung aus

---

Gesetzen, Verordnungen und Verfügungen leidet" (Siehe ebenda, S. 13). Vgl. dazu auch: R. Isay, Entwurf eines Bundesberggesetzes, Vorbemerkung, S. 15, der dort im Zusammenhang mit der von ihm vorausschauend erkannten Risiken der Normenflut von der „Gesetzgebungsmaschine, die seit Jahren auf Volldampf läuft" sprach. Siehe zu der noch heute ungelösten Problematik der Normenflut auch unten: 2. Teil A) IV) 4) c) und dort insb. die Literaturnachweise in Fn. 848.

832 Vgl. dazu: Kinkeldey, Der Ausschluss der Juden aus der Patentanwaltschaft, S. 44f.

833 Vgl. dazu nochmals die kartellrechtlichen Beispielsfälle oben: 2. Teil A) IV) 3) b) aa) und bb), die verdeutlichten, in welchem Maße Isay in den 20er Jahren die höchstrichterliche Rechtsprechung mit seinen Rechtsschöpfungsvorschlägen gerade im Einzelfall beeinflusste.

Gründen der Einzelfallgerechtigkeit[834] geprägt war. So griff Isay in seinen Gesetzentwürfen zwar einerseits in typisch freirechtlicher Manier auf Generalklauseln[835] und Billigkeitsregelungen[836] zurück, die dem Richter den erforderlichen Auslegungsspielraum eröffnen sollten, um flexibel auf die sich wandelnden Lebensverhältnisse und die Umstände des Einzelfalls reagieren zu können.

Andererseits bestand für Isay als Konsequenz seiner Erfahrungen mit unbestimmt gefassten strafrechtlichen Verbotsnormen in der Kartell-Notverordnung während des Zerfalls der Weimarer Republik kein Zweifel daran, dass bei jeder Fortentwicklung des Rechts zugleich zwingend die Erfordernisse der Rechtssicherheit zu beachten seien. Nur unter dieser Prämisse konnte aus seiner Sicht die Wahrung der Rechtsstaatlichkeit und der Staatsautorität gewährleistet und das Rechtsbewusstsein gestärkt werden.

Wie sehr Isay die Wiederherstellung der Gesetzestreue und des Rechtsbewusstseins der Bevölkerung am Herzen lagen, ergibt sich aus mehreren Abhandlungen.[837]

---

834 Siehe dazu nochmals die ausführliche Untersuchung oben: 2. Teil A) III) 2) c) aa) aaa).

835 Vgl. dazu z. B.: R. Isay, Entwurf eines Bundesberggesetzes, S. 27. Dort stellte Isay in § 1 Abs. 1 des Entwurfs folgende Generalklausel auf: „Mineralien, deren Gewinnung volkswirtschaftlich nützlicher ist als die durchschnittliche landwirtschaftliche Nutzung der Oberfläche, sind vom Aneignungsrecht des Grundeigentümers ausgeschlossen." Im Gegensatz zu Isays Regelungsvorschlag statuierten die bis dahin gültigen Bergbaugesetze einen abschließenden Katalog derjenigen Mineralien, die von den Bergbauunternehmen abgebaut werden konnten und daher dem Aneignungerecht des Grundeigentümers entzogen waren. Mit der Generalklausel in § 1 Abs. 1 seines Entwurfs wollte Isay den reibungslosen, professionellen Abbau solcher Mineralien gewährleisten, die zunächst wertlos waren, im Laufe der Zeit jedoch in volkswirtschaftlicher Hinsicht an Bedeutung gewannen. Nach der damals geltenden Gesetzeslage wäre dafür eine langwierige Gesetzesänderung erforderlich gewesen, der es nach Isays Generalklausel nicht mehr bedurfte, mit der Folge, dass sich der Abbau wertvoller Mineralien in Zukunft nicht unnötig verzögern würde (Vgl. dazu auch: R. Isay, Entwurf eines Bundesberggesetzes, Erläuterungen zu § 1, S. 81f.). Insgesamt belegt sein Lösungsvorschlag deutlich Isays freirechtlich geprägtes Streben nach einer dynamischen Rechtsentwicklung analog zu den geänderten wirtschaftlichen Verhältnissen sowie seine utilitaristische Grundüberzeugung von den positiven Effekten wirtschaftlicher Effizienz für das Gemeinwohl. Siehe dazu auch bereits oben: 1. Teil B) I) 4) b).

836 Siehe dazu nochmals die ausführliche Untersuchung zur Billigkeitsregelung des § 52 Abs. 1 seines Entwurfes eines Bundesberggesetzes oben: 2. Teil A) III) 2) b) dd).

837 R. Isay, WuW 1952, S. 321, (324f.): „Das früher so gesetzestreue deutsche Volk ist durch die langjährige Bewirtschaftung der wichtigsten Gegenstände des täglichen Bedarfs allmählich zu der Überzeugung gebracht worden, dass Gesetze dazu da sind, umgangen zu werden. Jedes Gesetz, das nach verbreiteter Volksmeinung ver-

In diesem Zusammenhang hielt er es zur Stärkung des Rechtsbewusstseins der Bevölkerung für unerlässlich, die an sich widerstreitenden Postulate der Einzelfallgerechtigkeit und der Rechtssicherheit zu harmonisieren.[838]

Dass Isay dieses Ziel darüber hinaus auch in seinem Entwurf eines Bundesberggesetzes aus dem Jahre 1954 verfolgte, verdeutlichte schon die Untersuchung seiner Reformvorschläge für die Erstattung von Bergschäden. Dort wurden bereits die konkreten inhaltlichen Leitlinien ausführlich analysiert, die Isay dem Richter zur Erleichterung der Auslegung einer flexiblen Billigkeitsregelung an die Hand gab, um den Erfordernissen der Rechtssicherheit im Einzelfall Rechnung zu tragen.[839] Mit Blick auf Isays somit klar zu Tage tretende rechts-

---

ständigerweise nicht befolgt werden kann, weil es unvernünftige Anforderungen stellt, führt zur Demoralisierung. Da derartige Gesetze sowohl im Dritten Reich wie auch unter dem Besatzungsregime häufig waren, hat sich die Gesetzestreue des Volkes bisher nicht wesentlich gebessert. Eine der vornehmsten Aufgaben der Bundesregierung dürfte darin bestehen, das deutsche Volk wieder zur Achtung vor dem Gesetz zu erziehen". In dieser Richtung auch: Isay, Gutachten zum Regierungsentwurf eines Gesetzes gegen Wettbewerbsbeschränkungen, S. 25f.; ders., WuW 1954, S. 100, (106f.); ders., Entwurf eines Gesetzes zur Verhütung des Missbrauchs wirtschaftlicher Machtstellungen, S. 31; ders., NJW 1955, S. 361, (365): „Durch undurchführbare Verbote leidet das Rechtsbewusstsein und die Gesetzestreue sowie das Vertrauensverhältnis zwischen Wirtschaft und Behörde". Dabei ist zu beachten, dass sich Isay bereits in den 20er Jahren in diesem Sinne zu einem schon damals geplanten Kartellverbot äußerte: R. Isay, Recht und Wirtschaft 1921, S. 128, (132): „Leiden würde nur die Achtung vor dem Gesetz". Wie sehr ihm die Stärkung des Rechtsbewusstseins bereits Anfang der 20er Jahren am Herzen lag, belegt zudem folgende Abhandlung: R. Isay, Recht und Wirtschaft 1922, Sp. 205, (207): „Ein solcher Zustand führt unweigerlich zur Unterhöhlung des allgemeinen Rechtsbewusstseins und zu einem üblen Denunziantentum".

838 So: R. Isay, Der Höcherl-Entwurf eines Gesetzes gegen Wettbewerbsbeschränkungen, S. 5f.: „Kompromisse ergeben sich also unvermeidlich aus dem Zwang, die Erfordernisse der Gerechtigkeit mit denen der technischen Durchführbarkeit und der Rechtssicherheit halbwegs in Übereinstimmung zu bringen" (S. 6). Diese Zielrichtung korrespondierte auch mit Isays ethischen, primär an die Rechtidee im Sinne Radbruchs angelehnten Grundüberzeugungen. Siehe dazu nochmals oben: 1. Teil B) II) 1) a) – d).

839 Siehe dazu nochmals oben: 2. Teil A) III) 2) b) dd). Vgl. als weiteren Beleg dafür, dass Isay die Erfordernisse der Rechtssicherheit in seinen Gesetzentwürfen nie aus den Augen verlor, auch: R. Isay, Entwurf eines Bundesberggesetzes, S. 82f. In den Erläuterungen zu § 1 Abs. 1 seines Entwurfs (Siehe dazu auch soeben: Fn. 835) wies Isay explizit darauf hin, dass die Generalklausel des § 1 Abs. 1, deren Anwendung er de lege ferenda vorschlug, Bedenken unter dem Aspekt der Rechtssicherheit hervorrufen könnte. Um Benachteiligungen des Grundeigentümers auszuschließen, legte er in § 13 seines Entwurfes demzufolge ein sog. Mutungsvorrecht fest, mit dem dieser den Abbau des zwischenzeitlich wertvoll gewordenen Minerals nachträglich legalisieren konnte. Zudem statuierte Isay, ebenfalls aus Gründen der

technische Vorgehensweise, wandlungsfähige und flexible Billigkeitsregelungen und Generalklauseln aus Gründen der Einzelfallgerechtigkeit in seine Gesetzentwürfe der 50er Jahre zu implementieren, ist – unter dem Aspekt der Rechtssicherheit – noch dem Umstand Rechnung zu tragen, dass es sich bei seinen Entwürfen lediglich um rechtsschöpferische Vorschläge handelte, deren Anwendung durch die Rechtsprechung von der vorherigen Legitimation seitens des Gesetzgebers abhängig war.

In diesem Sinne wies Isay in der Vorbemerkung seines Entwurfs eines Bundesberggesetzes auch darauf hin, er sei „nicht so verwegen zu glauben, dass der im Nachstehenden vorgelegte Gesetzentwurf mit einigen Änderungen schon bald im Bundesgesetzblatt abgedruckt werden würde".[840] Vielmehr bestand der wesentliche Zweck seines Entwurfs nach Isays eigenem Bekunden allein darin, eine fruchtbare Debatte auszulösen.[841] Damit hat Isay den maßgeblichen Grund dafür selbst genannt, weshalb seine Denkanstösse de lege ferenda keine unmittelbaren Gefahren für die Rechtsordnung auslösen konnten: Die Geltung der auslegungsfähigen und damit – ihre missbräuchliche Handhabung durch die Rechtsprechung vorausgesetzt[842] – potentiell gefährlichen Billigkeitsregelungen und Generalklauseln der Entwürfe Isays erforderten zwingend die vorherige Praktikabili-

---

Rechtssicherheit, in § 1 Abs. 3 des Entwurfs ein streng formalisiertes Verfahren, auf dessen Grundlage der Bundeswirtschaftsminister bei Zweifelsfragen verbindlich entscheiden sollte, welche Mineralien dem Aneignungsrecht des Grundeigentümers entzogen und infolgedessen den Bergwergsunternehmen zugewiesen sind. Insgesamt tritt also erneut nicht nur Isays ausgeprägtes Gefahrenbewusstsein zutage, sondern auch sein Bestreben, die widerstreitenden Postulate der Einzelfallgerechtigkeit und der Rechtssicherheit zu harmonisieren und miteinander in Einklang zu bringen.

840 R. Isay, Entwurf eines Bundesberggesetzes, S. 15.

841 Vgl. dazu die positive Reaktion von: Brockhoff, ZfB Bd. 95 (1954), S. 221f.

842 Vgl. an dieser Stelle zur nie auszuschließenden Möglichkeit des Missbrauchs der rechtsschöpferischen Freiheit, die sich im „Dritten Reich" realisierte, statt aller: Rüthers, in: Recht und Rechtslehre im Nationalsozialismus, S. 17, (35): „Generalklauseln und unbestimmte Rechtsbegriffe sind Einfallstore für die Rechtfertigung und Stabilisierung neuer Ideologien und Machtlagen". Siehe zu den Gefahren für die Rechtssicherheit bei jeder Fortentwicklung des Rechts am Beispiel von Isays Rechtsschöpfungsmethode auch die Ausführungen unten: 2. Teil B) II) 1) und 2).

täts- und Rationalitätskontrolle im üblichen Gesetzgebungsverfahren[843] unter Mitwirkung des Schrifttums[844].

Hinzu kommt, dass Isays Zielrichtung, die er mit der Implementierung von unbestimmten Generalklauseln und Billigkeitsregelungen in seinen Gesetzentwürfen der 50er Jahren verfolgte, von der Rechtsentwicklung bestätigt wurde. So operiert der Gesetzgeber zum einen gleichfalls in stetig zunehmendem Maße mit flexiblen Generalklauseln.[845] Zum anderen fühlt sich die heutige Rechtsprechung – ebenso wie Isay bereits fünfzig Jahre zuvor – mehr denn je dazu verpflichtet, Billigkeitserwägungen anzustellen.[846]

c) Zwischenergebnis

Insgesamt können Isays Gesetzentwürfe aus den 50er Jahren insofern als wegweisend betrachtet werden, als sie sein Bestreben erkennen lassen, die für notwendig erachtete Positivität des Rechts mit einer von ihm ebenso für erforderlich

---

843 Vgl.: R. Isay, in: Jahrb. f. Nationalök. u. Stat. Bd. 166 (1954), S. 419, (423). Dort legte Isay dar, dass der von ihm verfasste kartellrechtliche Gegenentwurf zum Regierungsentwurf aus dem Jahre 1954 im Gesetzgebungsverfahren von den Landesregierungen Nordrhein-Westfalens, Bayerns, Rheinland-Pfalz und Schleswig-Holsteins empfohlen und vom Wirtschaftausschuss des Bundesrats angenommen wurde, wohingegen die mehrheitlich SPD regierten Länder, entgegen den Stimmen der Gewerkschaften, für den Regierungsentwurf stimmten. Siehe in diesem Zusammenhang auch die Ausführungen über die kontroverse Diskussion über seinen kartellrechtlichen Gesetzentwurf im Schrifttum unten: 3. Teil C) II) 2).

844 Vgl. zu seinen Bemühungen um eine sachliche Diskussion seiner Reformvorschläge: R. Isay, Der Geist des heutigen deutschen Bergrechts, S. 41. Dort kündigte er an, im Institut für Handels- und Wirtschaftsrecht an der Universität Bonn eine Arbeitsgemeinschaft ins Leben zu rufen, in der – unter Mitwirkung von Vertretern verschiedener Wirtschaftgruppen und Behörden sowie Vertretern der Bergwerkswissenschaft – die Probleme der Bergrechtsreform besprochen werden sollten. Vgl. dazu auch: Boldt, ZfB, Bd. 98 (1957), S. 1: „Sein bergrechtliches Seminar wurde zum Mittelpunkt der Bestrebungen zur Vereinheitlichung des deutschen Bergrechts."

845 Vgl. zur Bedeutung von unbestimmten Rechtsbegriffen und Generalklauseln für die Rechtsfortbildung: Mayer-Maly, JZ 1981, S. 801, (803): „Das eigentliche Wirkungsfeld des Wertungswandels im Privatrecht aber sind die Generalklauseln und die unbestimmten Rechtsbegriffe". Vgl. auch: Bydlinski, in: Symposium für Canaris, S. 27, (67); Hoerster, JuS 1987, S. 181, (186), der darauf hinweist, dass durch Generalklauseln moralische Positionen in der Rechtsordnung verankert sind („Gute Sitten" und „Treu und Glauben").

846 Vgl. statt aller: Schoppmeyer, Juristische Methode als Lebensaufgabe, S. 289.

gehaltenen Flexibilität und Auslegungsfähigkeit der Regelungen in Einklang zu bringen.[847]

Auf eine entsprechende Harmonisierung der widerstreitenden Postulate der Rechtssicherheit und der Einzelfallgerechtigkeit kann – in Anbetracht des permanenten Wandels im Bereich der Ökonomie, der gesellschaftlichen Anschauungen und des technischen Fortschritts – heute keine moderne Rechtsordnung verzichten.

Ebenso vorausschauend waren Isays hellsichtige Warnungen vor den Gefahren der Normenflut[848], in deren Gefolge die Staatsautorität aus seiner Sicht notwendigerweise in Mitleidenschaft gezogen werden würde sowie sein unermüdlicher Einsatz für eine Stärkung des Rechtsbewusstseins der Bevölkerung, dessen Bedeutung für den Fortbestand der Rechtsordnung heute außer Frage steht.[849]

---

847 Vgl. wegen ihrer elementaren Bedeutung nochmals Isays Stellungnahme in Fn. 838.

848 Siehe zu Isays Warnungen nochmals die Nachweise in Fn. 831. Das Problem der Normenflut, auf das Isay erstmals vor über 70 Jahren hinwies, ist heute aktueller denn je. Vgl. dazu: Maassen, NJW 1979, S. 1473ff.; Heldrich, in: Festschrift für Zweigert, S. 811ff. und insb. 820ff.; Isensee, ZRP 1985, S. 139ff.; Braun, JuS 1994, 727: „Wer sich im Rechtswesen professionelle Kenntnisse erwerben will, ist damit ausgelastet; denn die Zahl dieser Regeln ist mittlerweile ins Unvorstellbare gewachsen und nimmt ständig weiter zu“. Und zuletzt noch: Lüke, NJW 1995, S. 173: „Der Gesetzgeber beschränkt sich jedoch nicht auf das Notwendige, sondern sieht offensichtlich seinen Ehrgeiz in dem Erlass ständig neuer gesetzlicher Regelungen, obgleich mehr Rechtsnormen nicht mehr Gerechtigkeit bedeuten und die Beziehungen zwischen Menschen durch zunehmende Verrechtlichung nicht menschlicher werden“.

849 Siehe zum unermüdlichen Einsatz Isays für die Wiederherstellung des Rechtsbewusstseins der Bevölkerung nochmals die Nachweise in Fn. 837. Auch unter diesem Aspekt hat die Rechtsentwicklung Isays verantwortungsbewusstes Gespür für rechtsstaatliche Gefahren bestätigt. So wird gerade heute im stetig schwindenden Rechtsbewusstsein der Bevölkerung vielfach eine ganz elementare Herausforderung für die Rechtswissenschaft erblickt. Vgl. dazu aus dem jüngeren Schrifttum z. B.: Bydlinski, in: Festschrift für Larenz, S. 1, (24). Dort bezeichnet er die Wiederherstellung der Rechtsgesinnung als „gewaltige, ohne dies nur längerfristig zu lösende Aufgabe, von der meines Erachtens nicht weniger abhängt als die Zukunft unserer Rechtsgemeinschaft“. Siehe wegen der Parallelen zu Isays Überzeugung auch: Würtenberger, NJW 1986, S. 2281, (2284): „Nur das anerkennungswürdig erscheinende Recht ist weitgehender Befolgung sicher. Dem Recht, das dem allgemeinen Rechtsbewusstsein zuwider läuft, wird nur noch in beschränktem Umfang gehorcht“; U. H. Schneider, JZ 1987, S. 696, (704): „Daher ist es gewiss die wichtigste Aufgabe der Rechtswissenschaft, zumal des Hochschullehrers, in Forschung und Lehre die Idee des Rechts und damit das Rechtsbewusstsein aller Beteiligten zu fördern“; Hill, JZ 1988, S. 377: „Diese grundsätzliche Akzeptanz von Recht ist Voraussetzung für die Wirksamkeit jeglicher staatlichen Rechtsordnung, soll sie auf Dauer bestand haben“. Vgl. auch das pessimistische Fazit von: Lüke, NJW 1995

V) Fazit zum Einfluss der Freirechtsschule auf Isays Rechtsschöpfungsmethode unter Berücksichtigung der Vorbehalte des Schrifttums gegenüber ihren Lehren

Ausgehend von Isays ausdrücklich positiver Haltung zu den Lehren der Freirechtsschule[850] zeigte sich, dass sowohl Ballerstedts Ansicht, dieses Bekenntnis sei nur „bedingt zutreffend", als auch seine Überzeugung, Isays Grundhaltung sei die des „wissenschaftlichen Positivismus" gewesen[851], einer objektiven Analyse nicht standhalten.

Dass Isay keineswegs als Vertreter des „wissenschaftlichen Positivismus" einzustufen war, folgte bereits aus seiner kritischen Einstellung zur Begriffsjurisprudenz[852]. Denn deren Lehren basierten auf einem rechtspositivistischen Denkansatz[853] und wurden gerade wegen ihrer daraus resultierende Rechtsschöpfungsfeindlichkeit von Isay und den anderen Freirechtlern[854] konsequent und übereinstimmend abgelehnt. Zudem wurde Isays Nähe zur Freirechtsschule durch die Tatsache untermauert, dass er gerade diejenigen methodischen Grundüberzeugungen teilte und seiner Rechtsschöpfungsmethode als formelle Basis zugrunde legte, in denen sich die Freirechtler von den Anschauungen der gleichzeitig aufstrebenden Tübinger Schule der Interessenjurisprudenz, die von Phillip Heck ins Leben gerufen wurde, unterschieden.[855]

An dem Befund, dass Isay demzufolge weder als Vertreter der Begriffsjurisprudenz, noch der Interessenjurisprudenz, sondern im Kern als gemäßigter Freirechtler einzuordnen war, vermag auch der Umstand nichts zu ändern, dass sich seine Methode insoweit von den herkömmlichen Lehren der Freirechtsschule abhob, als sie neben grundsätzlichen Parallelen im Detail eigenständig war.

So zeigte sich zwar einerseits, dass Isay dem Gesichtspunkt der Rechtssicherheit, die naturgemäß bei jeder wissenschaftlichen und richterlichen Rechts-

---

S. 173, (175) und die eindringliche Warnung von: Mayer-Maly, Rechtsphilosophie, S. 58: „Auf eine echte Grenze des Rechts stoßen wir dagegen in Gestalt der Rechtsakzeptanz. Sie hat in den letzten Jahren drastisch abgenommen. Dies liegt unter anderem an der Vielzahl der Vorschriften, an ihrer Unlesbarkeit und an ihren gedanklichen Defekten. (...) Längst kommt es vor, dass Rechtsgemeinschaften an dem sie betreffenden Recht einfach vorbei leben. Von solchem Recht zu sagen, dass es gelte, ist eine blanke Fiktion".

850 Siehe bereits oben: 2. Teil A) I).

851 Siehe nochmals oben: 2. Teil A) II).

852 Siehe oben: 2. Teil A) III) 1) b).

853 Siehe dazu oben: 2. Teil A) III) 1) a) und d).

854 Siehe dazu oben: 2. Teil A) III) 1) c).

855 Siehe dazu nochmals oben: 2. Teil A) III) 2) c) aa) – dd).

schöpfung in Mitleidenschaft gezogen werden kann[856], innerhalb seiner Methode einen wesentlich höheren Stellenwert einräumte als die anderen Freirechtler. Die Gründe dafür lagen in seiner Skepsis gegenüber subjektiven richterlichen Werturteilen[857] und in seinem Bewusstsein um die Gefahren freier und unkontrollierter Rechtsschöpfung, das ihm seine Erfahrungen mit der Kartell-Notverordnung zum Ende der Weimarer Republik vermittelte[858]. Vor diesem Hintergrund verstand es sich für Isay von selbst, seine Vorschläge zur Fortentwicklung des Rechts sowie seine Gesetzentwürfe der 50er Jahre auf der Grundlage seines verantwortungsbewussten Relativismus stets an formellen[859] und materiellen Leitlinien zu orientieren und damit auf transparente, da rational überprüfbare Säulen zu stellen[860]. Auch hob sich Isay in seinem Respekt vor der Gesetzesautorität, in seinem unermüdlichen Einsatz für die Wahrung der Rechtsstaatlichkeit und für die Stärkung der Staatsautorität sowie des Rechtsbewusstseins der Bevölkerung deutlich von den Positionen der radikaleren Vertreter der Freirechtsschule ab.

Andererseits wurde gleichwohl deutlich, dass Isays Vorgehensweise bei der Fortentwicklung des Rechts auch noch in den 50er Jahren an seine Erkenntnis von der Wandelbarkeit der Rechtsordnung und der daraus resultierenden Überzeugung von der Erforderlichkeit freier Rechtsschöpfung anknüpfte.[861] Insoweit stand seine Haltung auch in der Nachkriegszeit nach wie vor noch ganz im Einklang gerade mit denjenigen traditionellen Positionen der Freirechtsschule, aus denen die Strömung ihre methodologische Legitimation ableitete.

Angesichts der letztgenannten Parallelen veranschaulichte die Analyse, dass Isays unmissverständliches Bekenntnis zur Freirechtsschule – entgegen Ballerstedts gut gemeintem Bestreben zur Relativierung[862], mit dem er dessen freirechtlichen Wurzeln gleichwohl nicht gerecht werden konnte, – eben nicht lediglich „bedingt zutreffend" war. Vielmehr ergab die Untersuchung, dass die

856 Siehe dazu auch unten: 2. Teil B) II) 2).
857 Siehe dazu ausführlich bereits oben: 2. Teil A) IV) 1) c).
858 Siehe nochmals oben: 2. Teil A) IV) 4) a) und b).
859 Siehe dazu bereits die obigen Ausführungen zur Bedeutung der Dogmatik für Isay: 2. Teil A) IV) 2) und zu seiner Haltung zu contra legem-Entscheidungen: 2. Teil A) IV) 3).
860 Siehe nochmals die ausführliche Untersuchung der materiellen Grundüberzeugungen Isays oben: 1. Teil B) I)- IV). Zur Frage, auf welche Art und Weise Isay seine materiellen Grundüberzeugungen für seine Methode konkret nutzbar machte, siehe darüber hinaus bereits oben: 2. Teil A) III) 2) cc) aaa) und: 2. Teil A) IV) 1) c).
861 Siehe oben: 2. Teil A) III) 2) c) aa) aaa) und: 2. Teil A) IV) 4) b).
862 Siehe zu möglichen Motiven und Beweggründen für Ballerstedts undifferenzierte und daher wenig überzeugende Einschätzungen über Isays Methodenansatz nochmals oben: 2. Teil A) IV) 3) a).

Freirechtsschule die entscheidende Inspirationsquelle und Triebfeder für Isays Gesamtwerk bildete, zumal ihm deren Lehren die formelle Basis seiner Rechtsschöpfungsmethode und damit seines wissenschaftlichen Gesamtwerkes vermittelten.

Somit hat sich insgesamt erwiesen, dass Isay, ungeachtet seiner gemäßigten Haltung, über sein ausdrückliches subjektives Bekenntnis zu deren Lehren hinaus, im Kern auch objektiv als Freirechtler einzustufen ist.

B) Würdigung der Rechtsschöpfungsmethode Isays mit Blick auf ihre Vorzüge und Risiken

Abschließend wird Isays Rechtsschöpfungsmethode nun unter den Gesichtspunkten ihrer Praktikabilität, ihrer Rationalität und ihrer Verfassungsmäßigkeit umfassend gewürdigt.

Zum einen wird dabei zu Tage treten, dass die Vorzüge von Isays Rechtsschöpfungsansatz in seiner Praxistauglichkeit und Lebensnähe liegen.[863]

Zum anderen wird sich zeigen, dass die verbleibenden Gefahren seiner Rechtsschöpfungsmethode, die – aus der Sicht einiger Vertreter des heutigen Schrifttums – bei jeder freirechtlich geprägten Fortentwicklung des Rechts drohen können, demgegenüber den Aspekt der Rechtssicherheit betreffen. In diesem Zusammenhang werden zwei mögliche Risikofaktoren am Beispiel der Methode Isays näher beleuchtet:

Einerseits die Pervertierungsanfälligkeit der Freirechtslehre vor dem Hintergrund der rechtsmissbräuchlichen Gesetzesumdeutungen im „Dritten Reich“[864], andererseits die Problematik der beschränkten Rationalisierbarkeit von Wertentscheidungen innerhalb jeder wissenschaftlichen und richterlichen Rechtsfortbildung[865].

Im Hinblick auf diese Risikofaktoren wird der Nachweis im Zentrum der Würdigung stehen, dass Isays konkrete Vorgehensweise bei der Fortentwicklung des Rechts den Erfordernissen der Rechtssicherheit insgesamt entsprach und keine unkalkulierbaren Gefahren für den Fortbestand der Rechtsordnung mit sich brachte.

Ingesamt wird somit deutlich werden, dass Isays Methode nicht nur praktikabel, sondern seine Vorgehensweise bei der Fortentwicklung des Rechts darüber

863 Vgl. dazu sogleich unter: 2. Teil B) I).
864 Siehe dazu ausführlich unten: 2. Teil B) II) 1).
865 Siehe dazu ausführlich unten: 2. Teil B) II) 2).

hinaus weitestgehend rational überprüfbar und somit nach heutigen Gesichtspunkten auch verfassungskonform war.[866]

I) Die zentralen Rechtsschöpfungsgrundsätze Isays sind heute in Rechtsprechung und Schrifttum anerkannt

Isays feststehende Grundsätze der Rechtsschöpfung, die formell auf den Einfluss der Freirechtsschule als Inspirationsquelle zurückgingen und die er durch den Rückgriff auf seine materiellen Grundüberzeugungen rational fundierte[867], werden heute von der höchstrichterlichen Rechtssprechung und dem überwiegenden Schrifttum weitestgehend für maßgeblich erachtet. Im Einzelnen sind folgende methodologischen Grundsätze Isays bestätigt worden und werden nunmehr praktiziert:

1) Die Widerlegung der Dogmen der Begriffsjurisprudenz

Nach der übereinstimmenden Überzeugung Isays und der anderen Freirechtler beruhten die Dogmen der Begriffsjurisprudenz, nämlich die Vorstellung von der Lückenlosigkeit der Rechtsordnung und der Geschlossenheit der gesetzlichen Kodifikationen[868], ausschließlich auf Fiktionen[869]. Heute ist im Schrifttum allgemein anerkannt, dass die tatsächlich bestehenden Lücken der Gesetze nicht durch rein logische Begriffsdeduktionen geschlossen werden können[870]. Zudem bezeichnete auch das Bundesverfassungsgericht in der „Soraya"-Entscheidung die begriffsjuristische Vorstellung von der Lückenlosigkeit der Rechtsordnung als einen Zustand, der „als prinzipielles Postulat der Rechtssicherheit vertretbar,

---

866 Siehe unten: 2. Teil B) III).

867 Siehe zu diesen beiden zentralen Komponenten der Rechtsschöpfungsmethode Isays nochmals die obige Zusammenfassung: 2. Teil A) V).

868 Vgl. dazu oben: 2. Teil A) III) 1) a).

869 Siehe zu Isays ablehnender Haltung gegenüber der Begriffsjurisprudenz bereits oben: 2. Teil A) III) 1) b) sowie zu der damit übereinstimmenden Kritik anderer Freirechtler oben: 2. Teil A) III) 1) c).

870 Vgl. z. B.: Picker, JZ 1988, S. 62, (73): „Jener rigide Gesetzespositivismus, der glaubte, es sei alles durch das geschriebene Recht geregelt, hat ohnehin immer nur kurz und nie in den besseren Köpfen gespukt!". Besonders prägnant auch: Gusy, DöV 1992, S. 461: „Dass die Gesetze Lücken aufweisen, ist gegenwärtig Konsens und unabhängig vom methodologischen Standpunkt der einzelnen Autoren". Siehe zur heutigen Kritik der Begriffsjurisprudenz darüber hinaus die obigen Nachweise in Fn. 595.

aber praktisch unerreichbar ist".[871] Isay und die Freirechtler haben also ihr vorrangiges gemeinsames Ziel, die wesentlichen Dogmen der Begriffsjurisprudenz als Irrtümer zu widerlegen, erreicht.

2) Die Anerkennung der Erforderlichkeit der Rechtsschöpfung durch die Rechtsprechung und den Gesetzgeber

Isays Überzeugung von der grundsätzlichen Erforderlichkeit rechtswissenschaftlicher und richterlicher Rechtsschöpfung, die ihn mit den anderen Freirechtlern verband[872] und die zu Beginn des 20. Jahrhunderts noch den Widerstand der Begriffsjurisprudenz und der Interessenjurisprudenz hervorrief, ist heute – das räumen auch die Kritiker der richterlichen Rechtsfortbildung ein[873] – aus dem juristischen Alltag kaum noch wegzudenken.

Seit Geltung des Grundgesetzes hat die höchstrichterliche Rechtsprechung zu keinem Zeitpunkt mehr in Abrede gestellt, dass der Richter die Aufgabe und die Befugnis zur schöpferischen Rechtsfindung hat.[874] Besonders prägnant brachte das Bundesverfassungsgericht in der mehrfach erwähnten „Soraya"-Entscheidung den Stellenwert der richterlichen Rechtsfortbildung innerhalb der Rechtsordnung zum Ausdruck. Darin vertrat es den Standpunkt, dass der Richter zur freieren Handhabung der Rechtsnormen gezwungen sei, wenn er nicht seine Aufgabe, Recht zu sprechen, verfehlen wolle.[875] In einer jüngeren Entscheidung stufte die höchstrichterliche Rechtssprechung die richterliche Rechtsschöpfung als „im modernen Rechtsstaat geradezu unentbehrlich" ein.[876]

---

871 BVerfGE 34, 269, (287). Siehe zur Bedeutung dieser Entscheidung nochmals: Fn. 817.

872 Siehe oben: 2. Teil A) III) 2) c) aa) aaa).

873 Siehe z. B. die nachfolgenden Stellungnahmen von Kritikern des Richterrechts: Picker, JZ 1988, S. 1, (11): „Vielmehr gewinnt auch und gerade in der praktischen Tagesarbeit am Recht die Überzeugung an Boden, dass deren Gestaltung als Daseinsgestaltung mehr oder minder weit in die Hände des Richters gehöre". In dieser Richtung auch: Röhl, Allgemeine Rechtslehre, S. 649: „Das beinahe grenzenlose Misstrauen gegen die Richterschaft, welches besonders in der zweiten Hälfte des 18. Jahrhunderts zu beobachten war, ist in ein beinahe grenzenloses Vertrauen in die Justiz umgeschlagen".

874 Vgl. dazu aus der ständigen Rechtsprechung des Bundesgerichtshofs in Zivilsachen: BGHZ 3, 308, (315); 4, 153, (158) und: BGHZ 9, 157, (164) sowie aus der ständigen Rechtsprechung des Bundesverfassungsgerichts: BVerfGE 3, 225, (243f.); 13, 153, (164); 18, 224, (237ff.); 25, 167, (183); 49, 304, (318) und danach: BVerGE 71, 354, (362f.).

875 So ausdrücklich: BVerfGE 34, 269, (289).

876 Vgl. BVerfGE 65, 182, (190). Siehe zum Stellenwert der Rechtsschöpfung in der heutigen Rechtssprechung auch die nachfolgende Beobachtung von: Raiser, ZRP

Die Erforderlichkeit richterlicher Rechtsfortbildung hat mittlerweile auch der Gesetzgeber anerkannt. Seit dem 1. 01. 2002 gilt gem. § 543 Abs. 2 S. 1 Nr. 2 ZPO der Grundsatz, dass die Revision in denjenigen Fällen zuzulassen ist, in denen die Fortbildung des Rechts eine Entscheidung des Revisionsgerichts erfordert. Damit wurde der Bundesgerichtshof in Zivilsachen im Zuge der Reform des Zivilprozesses gesetzlich zur richterlichen Rechtsschöpfung legitimiert, so dass der Einfluss des Richterrechts auf die zukünftige Rechtsentwicklung wohl noch wachsen wird.[877]

Aus der gesetzlichen Anerkennung der Erforderlichkeit richterlicher Rechtsfortbildung folgt im Umkehrschluss auch die entsprechende Legitimation der Rechtswissenschaft, ebensolche richterlichen Entscheidungen im Wege der Rechtsschöpfung anzuregen und zukünftige Gesetzesvorhaben vorzubereiten.[878] Dies hat Isay während seiner gesamten juristischen Laufbahn getan.

Festzuhalten bleibt, dass Isays Überzeugung von der Erforderlichkeit der Rechtsschöpfung, die die wesentliche Triebfeder für sein Werk bildete und auf der seine gesamte Methode in formeller Hinsicht basierte, vom Gesetzgeber, der höchstrichterlichen Rechtsprechung und grundsätzlich auch vom Schrifttum bestätigt wurde.

3) Anstelle der subjektiv-historischen Theorie folgt die ständige höchstrichterliche Rechtssprechung seit den 50er Jahren der objektiv-teleologischen Theorie der Gesetzesauslegung

Überdies hat sich Isays Überzeugung durchgesetzt, nach der die aktuellen „praktischen Zwecke" der bestehenden Normen im Sinne der objektiv-teleologischen Theorie ausschlaggebend für die Auslegung waren.[879]

So orientiert sich das Bundesverfassungsgericht bei der Auslegung bestehender Gesetze seit den 50er Jahren in ständiger Rechtsprechung bis heute an der

---

1985, S. 111, (112): „Die Rechtsprechung der obersten Bundesgerichte nimmt die Befugnis zur Rechtsschöpfung im Privatrecht heute wie selbstverständlich für sich in Anspruch und praktiziert sie ohne Scheu und in seit dem Inkrafttreten der großen Kodifikationen noch nie da gewesenem Ausmaß".

877 So die ausdrückliche Prognose von: Hirsch, ZRP 2004, S. 29f.

878 Vgl. dazu auch die nachfolgende Einschätzung von: U. H. Schneider, JZ 1987, S. 696, (699f.): „Die Rechtswissenschaft hat daher eine Mittlerfunktion, nämlich die Aufgabe, die Rechtswirklichkeit und die Erkenntnisse der aus anderen Wissenschaftsbereichen, aus den Naturwissenschaften und den Ingenieurswissenschaften, aus den Wirtschaftswissenschaften, aus der Soziologie und aus den Politikwissenschaften aufzunehmen und zu verarbeiten".

879 Siehe dazu oben: 2. Teil A) III) 2) c) cc) aaa).

objektiv-teleologischen Theorie[880] und hält, ebenso wie Isay[881], die subjektive Vorstellung der am Gesetzgebungsverfahren beteiligten Organe über die Bedeutung einzelner Bestimmungen nicht für entscheidend[882].

Die herrschende Meinung im Schrifttum wendet gleichfalls die objektiv-teleologische Theorie der Gesetzesauslegung an und stuft die subjektiv-historische Theorie, die sich jedem ökonomischen, technischen und gesellschaftlichen Wandel verschließt, in Anbetracht ihrer Lebensfremdheit und der Tatsache, dass sie den Konsens der aktuellen Meinungen nie treffen und daher keine Akzeptanz in der Bevölkerung erlangen kann, als sekundär ein.[883]

Zudem ist Isays Überzeugung, dem Sinn und Zweck der bestehenden Gesetze den Vorrang vor dem ausdrücklichen Wortlaut der Normen einzuräumen[884], heute als Auslegungsgrundsatz herrschend.[885]

4) Der Einfluss des Wandels in den Bereichen Ökonomie, Soziologie und Technik ist heute allgemein anerkannt

Wie von Isay und den Freirechtlern angestrebt[886] wird die heutige Rechtsentwicklung, anders als noch unter der Herrschaft der Begriffsjurisprudenz, nicht mehr von einem stagnierenden, sondern – in Anknüpfung an die objektiv-teleologische Theorie – von einem dynamischen Gesetzesverständnis dominiert.

Die dem zugrunde liegende Überzeugung Isays, wonach der Wandel der ökonomischen und soziologischen Anschauungen in der Gesellschaft die Fortentwicklung des Rechts beeinflussen müsse[887], ist heute vorherrschend. So wurde die in dieser Überzeugung zum Ausdruck kommende „Hinwendung zum

880 Vgl. BVerfGE 1, 299, (312); 8, 274, (307); 11, 126, (130); 15, 260, (262); 18, 45; 20, 273; 24, 92; 33, 294; 45, 288; 59, 153.

881 Siehe bereits oben: 2. Teil A) III) 2) c) bb) aaa).

882 So ausdrücklich: BVerfGE 1, 299, (312).

883 Allg. zum Meinungsstand ausführlich: Coing, in: Staudinger, Einl. 135ff. zum BGB. Anhänger der heute herrschenden objektiv-teleologischen Theorie sind (Auswahl): Canaris, Die Feststellung von Lücken im Gesetz, S. 9; Larenz, Methodenlehre der Rechtswissenschaft, S. 316ff.; Larenz / Canaris, Methodenlehre der Rechtswissenschaft. Studienausgabe, S. 153ff.; Kramer, Juristische Methodenlehre, S. 101f.; Bydlinski, Juristische Methodenlehre und Rechtsbegriff, S. 436, 562; Zippelius, Juristische Methodenlehre, S. 21ff., 50ff.

884 Siehe dazu die oben dargestellten Beispielsfälle: 2. Teil A) IV) 3) b) aa) und bb).

885 Siehe nochmals oben: 2. Teil A) IV) 3) c).

886 Siehe dazu oben: 2. Teil A) III) c) cc) aaa).

887 Siehe zu dieser Überzeugung Isays, die den Ausgangspunkt seiner Methode bildete und ihn untrennbar mit der Freirechtsschule verband, auch die Ausführungen oben: 2. Teil A) III) 2) c) aa) aaa).

Realen"[888] vom Schrifttum als wesentliches Verdienst der Freirechtsschule anerkannt.[889]

Selbst Rüthers, einer der schärfsten Kritiker des heutigen Richterrechts[890], räumte in diesem Zusammenhang ein: „Das Zögern des parlamentarischen Gesetzgebers und der Wandel der technischen, ökonomischen und sozialen Faktoren macht die richterliche Ersatzgesetzgebung in einem bestimmten Umfang unvermeidbar".[891]

Neben dem herrschenden Schrifttum wird darüber hinaus auch die heutige Rechtsprechung von der Erkenntnis der stetigen Wandelbarkeit der Rechtsordnung bestimmt. Demgemäß stellte das Bundesverfassungsgericht für die richterliche Rechtsschöpfung den Grundsatz auf, der Inhalt der Normen müsse sich mit den sozialen Verhältnissen und den gesellschaftlich-politischen Anschauungen wandeln.[892]

Zudem ist in der Rechtssprechung des Bundesverfassungsgerichts anerkannt, dass eine ursprünglich verfassungsgemäße Regelung aufgrund von Veränderungen der maßgeblichen Umstände verfassungswidrig werden kann.[893]

Isays zentrale Grundüberzeugung, die er seit den 20er Jahren kontinuierlich vertrat, wonach der Wandel der Realverhältnisse notwendigerweise die Rechtsentwicklung beeinflussen würde, hat sich also ebenfalls durchgesetzt.

---

888 So: Moench, Die methodologischen Bestrebungen der Freirechtsbewegung, S. 165.

889 So ausdrücklich: A. Kaufmann, JuS 1965, S. 1, (3); Wieacker, Privatrechtsgeschichte der Neuzeit, S. 581f.; Riebschläger, Die Freirechtsbewegung, S. 99 u. 114 sowie: Döhring, Die gesellschaftlichen Grundlagen der juristischen Entscheidung, S. 199 und dort insb. Fn. 9 m. w. N. Vgl. zum Einfluss des ökonomischen Wandels insbesondere auf die Entwicklung der von Isay nachhaltig geprägten Gebiete des Kartell- und Bergrechts: Fechner, Rechtsphilosophie, S. 134f., 142ff. Siehe allgemein zur Bedeutung gewandelter Anschauungen für die Rechtsentwicklung (Auswahl): Merten, DVBl. 1975, S. 678, (681); Meier-Hayoz, JZ 1981, S. 417, (419); Raiser, ZRP 1985, S. 111, (114); Vultejus, ZRP 1999, S. 509, (510) und: Zippelius, Rechtsphilosophie, S.47ff., 71f.

890 Siehe zu Rüthers Positionen, die sich grundlegend von Isays methodologischen Überzeugungen unterschieden, auch unten: 2. Teil B) II) 1) und 2).

891 Rüthers, in: Festschrift für E. Wolf, S. 565, (578). In dieser Richtung: Ders., Die unbegrenzte Auslegung, S. 476: „Die normerzeugende, rechtspolitische Tätigkeit der oberen Gerichte ist eine für unser Rechtssystem allgemeingültige Erkenntnis, die sich aus der Analyse des interpretativen Inhaltswandels der Privatrechtsordnung unter veränderten sozialen und politischen Verhältnissen überzeugend belegen lässt". Ähnlich auch: Picker, JZ 1988, S. 1, (11): „Vielmehr gewinnt in der praktischen Tagesarbeit am Recht die Überzeugung an Boden, dass deren Gestaltung als Daseinsgestaltung mehr oder minder weit in die Hände des Richters gehöre".

892 So ausdrücklich: BVerfGE 34, 269, (288). Bestätigt durch: BVerfGE 82, 6, (12).

893 Std. Rspr.: BVerGE 39, 169; 41, 360; 54, 11; 56, 54; 59, 336, (356f.).

5) Der Gesetzgeber und die Rechtssprechung greifen heute aus Billigkeitsgründen verstärkt auf flexible Regelungen zurück

Isays rechtstechnische Vorgehensweise, die in den 50er Jahren dadurch gekennzeichnet war, dass er in seinen Gesetzentwürfen zur Gewährleistung der Anpassungsfähigkeit des Rechts an die sich ändernden Verhältnisse mit unbestimmten Rechtsbegriffen und auslegungsfähigen Generalklauseln operierte und darüber hinaus, aus Gründen der Einzelfallgerechtigkeit, Billigkeitsregelungen in seine Vorschläge de lege ferenda implementierte[894], ist heute ebenfalls anerkannt.[895]

So greift zum einen der Gesetzgeber bei der Ausgestaltung moderner Kodifikationen in zunehmendem Maße auf flexible Regelungen zurück, da die Rechtsentwicklung durch andernfalls erforderlich werdende häufige Gesetzesänderungen gelähmt werden würde und mit dem realen Fortschritt nicht Schritt halten könnte.

Zum anderen ist heute überdies die Tendenz zu erkennen, dass sich die höchstrichterliche Rechtsprechung, ebenso wie Isay, zunehmend dem Billigkeitsdenken verpflichtet fühlt.[896]

---

894 Siehe dazu oben: 2. Teil A) IV) 4).

895 Vgl. dazu Henkel, Einführung in die Rechtsphilosophie, S. 439: „In sich wandelnden Bereichen können nur flexible Tatbestände mit unbestimmten Rechtsbegriffen die notwendige Anpassungsfähigkeit garantieren“. Ebenso: Hill, JZ 1988, S. 377, (379): „Entwicklungsoffene Generalklauseln, die lediglich ein Bedeutungsmuster, einen flexiblen Rahmen vorgeben, scheinen (...) am ehesten sowohl den Bedürfnissen nach rechtsstaatlicher Sicherheit als auch nach zukunftsgerichteter Rechtssetzung gerecht zu werden“. Siehe in dieser Richtung auch die oben in Fn. 845 genannten Autoren. Kritisch zu dieser Entwicklung allerdings: Meier-Hayoz, JZ 1981, S. 417, (421f. u. insb. 422, Fn. 55 m. w. N): „Der Gesetzgeber entzieht sich seiner strategischen Verantwortung (...) weitestgehend schon dann, wenn er durch so genannte offene Gesetzgebung mittels Blankettnormen und Generalklauseln zentrale rechtpolitische Konkretisierungsaufgaben auf den Richter abschiebt“. Siehe in diesem Zusammenhang auch die Ausführungen zur Problematik der begrenzten Rationalisierbarkeit von Werturteilen unten: 2. Teil B) II) 2).

896 Siehe dazu: BVerfGE 12, 151, (171), wonach Bedenken an der Verfassungsmäßigkeit einer Norm zunächst im „Billigkeitswege“ auszuräumen seien, bevor das Gesetz geändert werde. Vgl. dazu auch: Wieacker, Privatrechtsgeschichte der Neuzeit S. 581 sowie: Schoppmeyer, Juristische Methodenlehre als Lebensaufgabe, S. 289, der angesichts der verstärkten Billigkeitserwägungen der heutigen Rechtssprechung eine Nähe zur Freirechtsschule sieht.

6) Willkürvermeidung und Streben nach Rationalität als oberste Leitlinien der Rechtsprechung für die Rechtsfortbildung

Schließlich bestehen deutlich erkennbare Übereinstimmungen zwischen den Ansichten Isays und der höchstrichterlichen Rechtsprechung im Hinblick auf die für erforderlich gehaltenen Leitlinien, die aus Gründen der Rechtssicherheit bei jeder Fortentwicklung des Rechts und bei der Ausfüllung von Regelungslücken zu beachten sind.

In der bereits mehrfach erwähnten „Soraya"-Entscheidung stellte das Bundesverfassungsgericht übergeordnete Grundsätze für die Fortentwicklung des Rechts auf. Danach habe sich der Richter bei der Schließung von Regelungslükken von Willkür freizuhalten, seine Entscheidung müsse auf rationaler Argumentation beruhen und sei an den Maßstäben der praktischen Vernunft zu orientieren.[897] Darüber hinaus müsse der Richter bei seiner Entscheidungsfindung regelmäßig die „fundierten allgemeinen Gerechtigkeitsvorstellungen" beachten.[898]

Der Vergleich ergibt, dass sich die vorgenannten Grundsätze des Bundesverfassungsgerichts für die richterliche Rechtsfortbildung weitestgehend mit den übergeordneten Leitlinien deckten, die Isay seinen Rechtsschöpfungsvorschlägen und Gesetzentwürfen stets als feststehendes Fundament zugrunde legte.

In diesem Sinne verstand es sich für Isay als Konsequenz seines verantwortungsbewussten, gemäßigten Relativismus[899], seiner Skepsis gegenüber subjektiven, irrationalen Erwägungen bei der Entscheidungsfindung[900] und seinen abschreckenden Erfahrungen in der Weimarer Republik[901] einerseits von selbst, zur Vermeidung von Willkürgefahren bei der Rechtsschöpfung nach größtmöglicher Rationalität zu streben[902]. Gerade darin hob er sich von den anderen Freirechtlern ab, die der Rationalität der Entscheidungsfindung und damit zugleich den Erfordernissen der Rechtssicherheit weit weniger Beachtung schenkten.[903]

Andererseits hielt Isay bereits in den 20er Jahren, ebenso wie fünfzig Jahre später auch das Bundesverfassungsgericht, die praktische Vernunft bzw., um mit seinen eigenen Worten als Wirtschaftsrechtler zu sprechen, die „objektiv wirt-

---

897 So: BVerfGE 34, 269, (287).

898 So ausdrücklich: BVerfGE 9, 338, (349). Bestätigt durch: BVerfGE 34, 269, (287). Vgl. auch: BVerfGE 65, 182, (195), wo der leicht modifizierte Grundsatz aufgestellt wurde, der Richter hätte die „allgemeine Rechtsüberzeugung" zu berücksichtigen.

899 Siehe oben: 1. Teil B) I) 5).

900 Siehe bereits oben: 2. Teil A) IV) 1) c).

901 Siehe dazu oben: 2. Teil A) IV) 4) a).

902 Siehe oben: 2. Teil A) IV) 1) a).

903 Siehe nochmals oben: 2. Teil A) IV) 1) a).

schaftspolitische Vernunft des praktischen Ergebnisses" für einen maßgeblichen, übergeordneten Auslegungsgrundsatz.[904]

Schließlich gehörte die Beachtung der Erfordernisse der Gerechtigkeit im Sinne eines ethischen Minimums entsprechend den Grundsätzen des Bundesverfassungsgerichts auch für Isay zum Kernbestand seiner feststehenden Leitlinien für die Fortentwicklung des Rechts.[905]

Insgesamt ist insofern ein erstaunlicher Grad an Übereinstimmungen zwischen Isays Grundsätzen und den durch die spätere höchstrichterliche Rechtsprechung aufgestellten Leitlinien der Rechtsschöpfung festzustellen.

7) Ergebnis

Es ist deutlich geworden, dass Isays Leitlinien der Rechtsschöpfung, die die Basis seiner Methode bildeten und die er seinen eigenen Vorschlägen zur Fortentwicklung des Rechts zugrunde legte, weitestgehend deckungsgleich sind mit den heute geltenden Grundsätzen des Bundesverfassungsgerichts und des herrschenden Schrifttums für die richterliche Rechtsfortbildung.

Demgemäß zeigten sich klar erkennbare Überschneidungen hinsichtlich der Widerlegung der Dogmen der Begriffsjurisprudenz, hinsichtlich der grundsätzlichen Notwendigkeit der Rechtsschöpfung, die nunmehr in § 543 Abs. 2 S. 1 Nr. 2 ZPO auch vom Gesetzgeber ausdrücklich anerkannt wurde, hinsichtlich der Maßgeblichkeit der objektiv-teleologischen Theorie der Gesetzesauslegung, hinsichtlich des Vorrangs des aktuellen Zwecks einer Norm vor deren eindeutigem Wortlaut im Rahmen der Auslegung, hinsichtlich der Bedeutung gewandelter Anschauungen für die Fortbildung des Rechts, hinsichtlich der Unverzichtbarkeit von flexibel handhabbaren Generalklauseln und Billigkeitserwägungen aus Gründen der Einzelfallgerechtigkeit sowie hinsichtlich der Erforderlichkeit weitestgehend rationaler, willkürfreier und praktisch vernünftiger Entscheidungsfindung aus Gründen der Rechtsicherheit.

Angesichts der Tatsache, dass Isay seine Grundsätze der Rechtsschöpfung teilweise schon Jahrzehnte vor der Gründung des Bundesverfassungsgerichts aufstellte, sind seine Leitlinien für die Fortentwicklung des Rechts als visionär zu bezeichnen.

---

904 Siehe oben: 2. Teil A) III) 2) c) cc) aaa).

905 Siehe dazu nochmals oben: 1. Teil B) II) 1) a), 2. Teil A) III) 2) c) cc) aaa) sowie: 2. Teil A) IV) 1) a).

II) *Die Untersuchung verbleibender Risiken jeder freirechtlich geprägten Fortentwicklung des Rechts am Beispiel von Isays Rechtsschöpfungsmethode*

Wie die vorherige Analyse ergab, hat sich Isays konkrete Vorgehensweise bei der Rechtsfortbildung in der Praxis im Wesentlichen durchgesetzt. Somit stehen seiner an feststehenden Leitlinien orientierten Rechtsschöpfungsmethode, im Gegensatz zu den herkömmlichen, weit weniger gemäßigten Lehren der Freirechtsschule[906], nach den heute herrschenden Maßstäben keine gravierenden Bedenken unter den Aspekten der Rechtssicherheit und der Verfassungsmäßigkeit entgegen.

Gleichwohl ist an dieser Stelle noch dem Umstand Rechnung zu tragen, dass Isays Methode – im Falle ihrer rechtsmissbräuchlichen Handhabung – ernstzunehmende Gefahren für die gesamte Rechtsordnung mit sich bringen kann. Dass wäre dann der Fall, wenn der Richter bei der Entscheidungsfindung nicht nach dem Vorbild von Isays verantwortungsbewussten, formell-methodischen und inhaltlichen Leitlinien verfährt, sondern stattdessen seine Urteile irrational und willkürlich fällt.

In diesem Zusammenhang stößt man unter dem Gesichtpunkt der Gewährleistung der Rechtssicherheit auf zwei wesentliche, letztlich unvermeidbare Risikofaktoren, die nun am Beispiel von Isays Methode der Rechtsschöpfung untersucht werden:

Die diffizile Problematik der Pervertierungsanfälligkeit jeder freirechtlichen Rechtsschöpfung vor dem Hintergrund der nationalsozialistischen Gesetzesumdeutungen in der Zeit von 1933 bis 1945[907] und die Defizite jeder freirechtlichen Fortentwicklung des Rechts im Hinblick auf die fehlende letzte Rationalisierbarkeit von Werturteilen[908].

1) *Die Problematik der Pervertierungsanfälligkeit von Isays freirechtlichem Rechtsschöpfungsansatz vor dem Hintergrund der Gesetzesumdeutungen im „Dritten Reich"*

Das erste Problemfeld, das im Zusammenhang mit der Fortentwicklung des Rechts berührt werden kann, hat seinen geschichtlichen Ursprung in den rechtsmissbräuchlichen Gesetzesumdeutungen im „Dritten Reich" und betrifft die Fra-

906 Siehe zu den allgemeinen Vorbehalten gegenüber den herkömmlichen Lehren der Freirechtsschule, die im heutigen Schrifttum vorherrschen, nochmals ausführlich die überwiegend kritischen Stellungnahmen oben: 2. Teil A) II).

907 Siehe dazu sogleich die Ausführungen unter: 2. Teil B) II) 1).

908 Siehe dazu die eingehende Untersuchung unten: 2. Teil B) II) 2).

ge nach der Pervertierungsanfälligkeit des freirechtlichen Verfahrens der Rechtsschöpfung.

a) *Die Erkenntnisse Isays über den Missbrauch des freirechtlichen Verfahrens durch die Nationalsozialisten*

Einer der ersten Vertreter des Schrifttums, der auf die Parallelen zwischen den Lehren der Freirechtsschule und der Rechtsmethodik des „Dritten Reichs" hinwies und sich zur Problematik der Pervertierungsanfälligkeit des Freirechts äußerte, war Isay selbst.[909]

In autobiographischen Aufzeichnungen aus dem Jahre 1951 vertrat Isay die Meinung, die nationalsozialistische Formel „Recht ist, was dem deutschen Volke nützt", sei eine unmittelbare Überspitzung der Freirechtslehre gewesen. Infolgedessen gelangte Isay rückblickend zu dem Urteil, in den Anschauungen der Freirechtsschule hätte „ein von der Arznei kaum zu unterscheidendes Gift"[910] gelegen. In diesem Zusammenhang erblickte Isay die Pervertierung der Freirechtsschule darin, dass ihre Lehren im „Dritten Reich" nicht mehr der Rechtsprechung dienten, sondern ausschließlich der richterlichen Willkür Vorschub leisteten. Diese differenzierte Analyse Isays ist vor allem insoweit aufschlussreich, als sie belegt, wie hellsichtig er den äußerst schmalen Grad zwischen einer verantwortungsbewussten, rational kontrollierbaren Fortbildung des Rechts, die er selbst nach dem Vorbild der Freirechtslehre anstrebte, und einer willkürlichen Zersetzung der Rechtsordnung, zu der die Pervertierung der Freirechtslehre im „Dritten Reich" führte, erkannte.

b) *Hätte Isay seinen freirechtlichen Methodenansatz angesichts seiner Beurteilung der Parallelen zwischen der Freirechtslehre und der Rechtsmethodik im „Dritten Reich" revidieren müssen?*

Ungeachtet seiner Erkenntnisse zog Isay jedoch in den 50er Jahren nicht die Konsequenz, den Lehren der Freirechtsschule den Rücken zu kehren und sich aus Gründen der Rechtssicherheit fortan dem Gesetzespositivismus zuzuwenden. Vielmehr blieb er seinen freirechtlichen Wurzeln auch in seinem Spätwerk wei-

---

909 Siehe zu Isays Beurteilung der geschichtlichen Entwicklung auch nochmals oben: 2. Teil A) II).

910 Vgl. nochmals: R. Isay, Aus meinem Leben, Aufzichnungen vom 17. April 1951, S. 30.

terhin treu.[911] Isay begründete diesen Entschluss damit, dass es „keine Wahrheit" gebe, „die nicht durch Übertreibung ad absurdum geführt werden könnte".[912]

In Anbetracht dieser Einstellung könnte sich durchaus die Frage stellen, ob sein überzeugter, idealistischer Rückgriff auf die Lehren der Freirechtsschule angesichts der von ihm selbst erkannten Pervertierungsanfälligkeit und Willkürgefahr des freirechtlichen Verfahrens, die sich unter der Herrschaft der Nationalsozialisten mitsamt ihren verheerenden Folgen realisierte, Ausdruck einer unvorsichtigen Haltung hinsichtlich der Risiken der Rechtsschöpfung bzw. einer fahrlässigen methodologischen Naivität in seinem Spätwerk war.

In diesem Zusammenhang ist allerdings die Tatsache zu beachten, dass eine Überbetonung der Pervertierungsgefahr freirechtlicher Methodenansätze Isays gemäßigter und verantwortungsbewusster Vorgehensweise bei der Fortentwicklung des Rechts nicht gerecht würde. Denn dabei würde der Umstand übersehen werden, dass Isay sich bei der Entwicklung seiner Rechtsschöpfungsvorschläge und Ausarbeitung seiner Gesetzentwürfe der 50er Jahre konsequent an konkreten formellen Leitlinien[913] und feststehenden inhaltlichen Maßstäben orientierte[914], die seine Stellung als gemäßigter Vertreter der Freirechtsschule begründeten.[915]

Wenn man hingegen das Augenmerk auf diese formellen und materiellen Leitlinien richtet, die Isays freirechtlichen Ansatz der Rechtsschöpfung in rationale und kontrollierbare Bahnen lenkten und somit Ausdruck seines Strebens nach Rechtssicherheit waren, so ergibt sich ein ganz anderes Bild. Denn allein unter dieser Prämisse tritt deutlich zu Tage, inwiefern sich Isays Vorgehensweise bei der Fortentwicklung des Rechts von den Methodikern im „Dritten Reich" unterschied. Dies gilt vor allem für seine Weltanschauung, die in seinen Grundüberzeugungen zum Ausdruck kam und sein Gesamtwerk prägte.

---

911 Siehe nochmals die obigen Ausführungen zu Isays Gesetzentwürfen der 50er Jahre, denen im Kern nach wie vor freirechtliche Überzeugungen zugrunde lagen, auch wenn sie im Detail gemäßigter waren als die üblichen freirechtlichen Lehren: 2. Teil A) IV) 4).

912 Isay, Aus meinem Leben, Aufzeichnungen vom 10. April 1951, S. 30.

913 Vgl. bereits die Ausführungen zu seinem Streben nach größtmöglicher Rationalisierung der Entscheidungswege (2. Teil A) IV) 1)), zur Bedeutung der Grundsätze der Dogmatik (2. Teil A) IV) 2)), zu seiner Haltung gegenüber contra legem-Entscheidungen (2. Teil A) IV) 3)) sowie zur Anerkennung der richterlichen Gesetzesbindung (2. Teil A) IV) 4)).

914 Vgl. zu Isays – stets wissenschaftlich fundierten – rechtsphilosophischen, ethischen, sozialen und ökonomischen Grundüberzeugungen nochmals oben: 2. Teil B) I) – III).

915 Siehe zu dieser Einordnung der methodologischen Grundhaltung Isays nochmals die obige Zusammenfassung: 2. Teil A) V).

Während die Rechtswissenschaftler und die Rechtsprechung in der Zeit von 1933 bis 1945 in zunehmendem Maße ganz bewusst das rechtsmethodische Verfahren dazu missbrauchten, um auf der Grundlage der nationalsozialistischen Weltanschauung willkürliche Entscheidungen zu treffen und sie die Rechtsordnung damit systematisch zerstörten[916], verfolgte Isay im Gegensatz dazu das Ziel, durch den kontinuierlichen Rückgriff auf seine formellen und materiellen Leitlinien bei der Fortentwicklung des Rechts auch den Erfordernissen der Rechtssicherheit stets in ausreichendem Maße Rechnung zu tragen.[917]

Die von Isay verfolgte Zielrichtung – Ausgleich der widerstreitenden Postulate der Einzelfallgerechtigkeit und der Rechtssicherheit[918] – und die rechtsschöpferischen Bestrebungen der Nationalsozialisten – Zerstörung der Rechtsordnung durch richterliche Willkür – konnten also gegensätzlicher nicht sein.

Überdies erweist sich im Hinblick auf die vollkommen konträren Weltanschauungen jeder Vergleich von vorneherein als äußerst problematisch. Denn während Isays Denken seit den 20er Jahren von der Toleranzidee geprägt war[919] und er in den 50er Jahren daneben die Grundsätze der Menschlichkeit und der Menschenwürde als Höchstwerte des Rechts ansah[920], wurden solche humanistischen und liberalen Grundüberzeugungen von der menschenverachtenden Ideologie des Nationalsozialismus nicht nur nicht geduldet, sondern zudem auch mit aller Macht bekämpft.

Die hier für maßgeblich gehaltene These, nach der Methodenfragen nicht isoliert zu betrachten sind, sondern immer auch im Kontext der jeweils verfolgten Zielrichtung, der Weltanschauung und der zugrunde liegenden Überzeugungen zu würdigen sind, wird auch im heutigen Schrifttum vertreten.

Besonders prägnant brachte Rüthers die obligatorische Verzahnung von methodischen Erwägungen mit rechtsphilosophischen und weltanschaulichen Über-

---

916 Vgl. dazu grundlegend und ausführlich: Rüthers, Die unbegrenzte Auslegung. In diesem bis heute wegweisenden Werk, dessen 1. Auflage im Jahre 1968 erschien, widerlegte Rüthers die bis dahin herrschende Theorie, dass die Unrechtsurteile im „Dritten Reich" primär eine Folge des Gesetzespositivismus gewesen seien, indem er anhand einer Fülle von Beispielsfällen nachwies, dass das wesentliche methodische Instrument der Rechtstheorie in der Zeit von 1933 bis 1945 vielmehr in der rechtmissbräuchlichen Umdeutung der bestehenden Gesetze im Sinne der nationalsozialistischen Weltanschauung zu sehen war.

917 Siehe in diesem Zusammenhang nochmals die Ausführungen zu Isays verantwortungsbewusstem Relativismus, der die Grundlage seines kontinuierlichen Strebens nach weitestgehend rationaler Absicherung seiner Argumentation bildete, oben: 2. Teil A) I) 5).

918 Siehe dazu bereits oben unter: 2. Teil IV) 4).

919 Siehe oben unter: 1. Teil B) I) 5) und: 1. Teil B) II) 2).

920 Siehe dazu oben: 1. Teil B) II) 3).

zeugungen vor dem Hintergrund der rechtstheoretischen historischen Entwicklung in der Weimarer Republik und im „Dritten Reich“ zum Ausdruck[921]: „Der Begriff der „juristischen Methoden“ (...) kann aber, weit über die Anwendungstechniken hinaus, die Grundfragen des Rechtsbegriffs, den Zusammenhang von Recht und Gerechtigkeit, Rechtsordnung und Wertordnung einschließen“.[922]

Diese Erwägungen bildeten zugleich den gemeinsamen Nenner der ansonsten kontrovers geführten Debatte im Schrifttum über die prinzipielle Vergleichbarkeit und die Parallelen zwischen der Freirechtslehre und der Rechtsmethodik unter der Herrschaft der Nationalsozialisten.

So konstatierten selbst diejenigen Autoren, die wie Isay die Ansicht vertraten, das freirechtliche Verfahren der Rechtsschöpfung habe sich als pervertierungsanfällig erwiesen und es hätten infolgedessen Berührungspunkte – manche sprachen gar von Wegbereitung – mit der Rechtsmethodik im „Dritten Reich“ bestanden, dass die Freirechtler sich mit Blick auf ihre idealistischen Ziele und ihre Weltanschauung deutlich von den nationalsozialistischen Rechtswissenschaftlern abgehoben hätten und unter diesem Aspekt keinerlei Verbindungslinien zu erkennen seien.[923]

Diejenigen Vertreter des Schrifttums, die hingegen die Theorie von den Parallelen in der Vorgehensweise bzw. von der Wegbereitung der Rechtsmethodik

---

921 Vgl.: Rüthers, Geschönte Geschichten – Geschonte Biographien, S. 72 ff. (Methodenstreit und Staatskrise nach 1919) und S. 77ff. (Methodenstreit nach 1933).

922 So ausdrücklich: Rüthers, a. a. O. (Fn. 921), S. 78.

923 Foulkes, in: Gerechtigkeitswissenschaft, S. 225, (235): „Für diesen Missbrauch die Freirechtslehre verantwortlich zu machen und aus dem Grund zur längst überlebten Allgesetzlichkeit (Positivismus) zurückzustreben, ist etwa so sinnvoll, als ob man die Vererbungswissenschaften und die Autobahn abschaffen wollte, weil Hitler sie für seine unheiligen Zwecke ausgenützt habe“; Rupp, NJW 1973, 1769, (1771); Rüthers, Entartetes Recht, S. 206f.; Behrends, NJW 1988, S. 2862; ders., in: Recht und Justiz im „Dritten Reich“, S. 34ff., 41ff. u. insb. S. 77 („Aus dem Missbrauch der freirechtlichen Denkformen allein kann eine Verantwortlichkeit nicht abgeleitet werden.“); Luig, NJW 1992, 2536f.
In diesem Zusammenhang ist darüber hinaus zu beachten, dass sich Carl Schmitt, einer der Vordenker der nationalsozialistischen Rechtstheorie, in zwei Aufsätzen zwar ausdrücklich auf die freirechtliche Methodenkritik bezog, allerdings im gleichen Atemzug deutlich machte, dass hinsichtlich der Weltanschauung keinerlei Gemeinsamkeiten bestanden. Vgl.: Schmitt, DR 1934, S. 225, (228); ders., DJZ 1935, Sp. 919, (925): „Auch die Bemühungen der Freirechtsbewegung konnten nichts wesentliches daran ändern, weil weder die Kraft völkischen Bewusstseins, noch die Verfassungslage der Zeit einen Durchbruch erlaubte“. Siehe in dieser Richtung auch: Gernhuber, in: Festschrift für Kern, S. 167, (191): „Das Freirechtlertum hat zwar früh im nationalsozialistischen Gedankengut Nahrung gefunden. Die herrschende Lehre wies aber die Freirechtler schnell und nachhaltig zurück“.

des „Dritten Reichs" durch die Freirechtslehre von vornherein ablehnten[924], stützten ihre Argumentation unmittelbar auf ebendiese eklatanten Unterschiede in den Zielen und den entgegen gesetzten Grundüberzeugungen, so dass aus ihrer Sicht jede Vergleichbarkeit ohnehin ausgeschlossen war.

c) Ergebnis

Für die hier zu entscheidende Frage, ob Isay seine gemäßigt freirechtliche Vorgehensweise bei der Rechtsfortbildung vor dem Hintergrund seiner Beurteilung der Zusammenhänge zwischen den Willkürgefahren im „Dritten Reich" und der dabei zutage tretenden missbräuchlichen Handhabung der Freirechtslehren[925] in den 50er Jahren hätte revidieren müssen, ergab die Gesamtbetrachtung folgendes Bild:

Angesichts der formellen und materiellen Leitlinien, die das Fundament von Isays rechtsschöpferischem Werk bildeten und Ausdruck seines Strebens nach einer Harmonisierung der widerstreitenden Postulate der Einzelfallgerechtigkeit und der Rechtssicherheit waren[926], bestand für ihn keine Veranlassung, sich von seiner freirechtlichen Orientierung zu distanzieren. Mit seinen Zielen und der dahinter stehenden Weltanschauung, die in seinen feststehenden Grundüberzeugungen zum Ausdruck kam, legte er vielmehr den Grundstein für eine rationale, transparente und damit kontrollierbare Fortentwicklung des Rechts.[927]

---

924 Riebschläger, Die Freirechtsbewegung, S. 116; v. Olenhusen, in: Festschrift für Hirsch, S. 77, (103): „Nur eine völlige Unkenntnis von Ursprung, Zielsetzung und Substanz dieser Schule (...) konnte diese rechtstheoretischen und rechtsreformerischen Ansätze (...) in die Nachbarschaft einer Programmatik rücken, die den Gedanken der Ungleichheit, der Bewahrung völkischer Eigenart, (...), den Antisemitismus und den Nationalsozialismus auf ihr Panier geschrieben hat". Im Ergebnis ähnlich: Muscheler, Relativismus und Freirecht, S. 172f.; Joerges, in: Der Einfluss deutscher Emigranten auf die Rechtsentwicklung in den USA und in Deutschland, S. 221, (245f. u. insb. S. 246, Fn. 109); Raiser, ebenda, S. 365, (371).

925 Siehe nochmals: Isay, Aus meinem Leben, Aufzeichnungen vom 10. April 1951, S. 30. Vgl. andererseits zur theoretisch nie auszuschließenden Gefahr des Missbrauchs der freirechtlichen Lehren aber auch: Rüthers, Entartetes Recht, S. 207. Im Gegensatz zu Isay, der auch in den 50er Jahren an seine freirechtlichen Wurzeln anknüpfte, vertritt Rüthers dort aufgrund des Fehlens eines umfassenden Missbrauchsschutzes und der daraus folgenden Verfügbarkeit des theoretisch jederzeit pervertierbaren Verfahrens strikt die Ansicht, dass auch die vorbildlichste Weltanschauung einen Rückgriff auf freirechtliche Lehren nicht zu rechtfertigen vermag.

926 Siehe nochmals wegen der überragenden Bedeutung dieser Zielrichtung, die sein Werk in den 50er Jahren dominierte, oben: 2. Teil A) IV) 4) b) und c) und den Nachweis oben: Fn. 838.

927 Siehe nochmals oben: 2. Teil A) IV) 1) a), c) und d).

Dies hat umso mehr zu gelten, als Isays feststehende, inhaltlich überprüfbare Leitlinien für die Rechtsschöpfung den heute anerkannten Grundsätzen richterlicher Rechtsfortbildung weitestgehend entsprechen.[928]

Aufgrund der umfassenden Bestätigung, die Isays methodische Vorgehensweise somit durch Rechtsprechung, Schrifttum und – in der alles entscheidenden Frage nach der grundsätzlichen Erforderlichkeit und Zulässigkeit der richterlichen Rechtsfortbildung, die dem Bundesgerichtshof in Zivilsachen gem. § 543 Abs. 2 S. 1 Nr. 2 ZPO nunmehr ausdrücklich zur Aufgabe gemacht wurde – auch durch den Gesetzgeber erfuhr, erscheint es daher rückblickend durchaus als sachgerecht, dass Isay seinen freirechtlichen Wurzeln in methodischer Hinsicht in den 50er Jahren weiterhin treu blieb.

Vor dem Hintergrund der Pervertierung des freirechtlichen Verfahrens der Fortentwicklung des Rechts durch die nationalsozialistische Rechtstheorie lieferte die Gesamtbetrachtung von Isays rechtsschöpferischem Spätwerk, auch wenn es in den 50er Jahren nach wie vor deutlich von den Lehren der Freirechtsschule geprägt war, somit insgesamt keine Anhaltspunkte für eine etwaige methodische Naivität[929] oder gar für einen „methodologischen Blindflug“[930].

In diesem Zusammenhang schützte sein ausgeprägtes Gefahrenbewusstsein[931] Isay nicht nur stets davor, die Erfordernisse der Rechtssicherheit bei der Fortentwicklung des Rechts aus den Augen zu verlieren.

Zudem ermöglichte seine Weltanschauung ihm auch, seinen im Jahre 1909 eingeschlagenen Weg der umsichtigen und besonnenen Fortentwicklung des Rechts nach der Rückkehr aus der brasilianischen Emigration im Jahre 1951 fortzusetzen und in vorbildlicher Weise zu Ende zu gehen.

---

928 Siehe zu den Übereinstimmungen nochmals ausführlich oben: 2. Teil B) I) 1) – 7).

929 Vgl. dazu: Rüthers, Die unbegrenzte Auslegung, Vorwort, S. XXIII: „Methodische Naivität ist angesichts der Perversion des Rechts im Nationalsozialismus nicht zu rechtfertigen“.

930 Vgl. dazu: Rüthers, NJW 1996, S. 1249ff., der am Beispiel der 3. Auflage der „Methodenlehre der Rechtswissenschaft“ (1995) von Larenz / Canaris die „unpolitische“ und „geschichtslose“ Darstellung der juristischen Methodenprobleme anprangerte (S. 1252), ein Vorwurf der jedenfalls gemessen an Isays differenzierten Reflexionen über die Parallelen zwischen der Freirechtslehre und der Rechtstheorie im „Dritten Reich“ demgegenüber ins Leere geht. Darüber hinaus warnte Rüthers vor dem naiven Glauben an die vermeintliche Unerlässlichkeit, Objektivität und „Richtigkeit“ selbst gewählter und damit – aus seiner Sicht – notwendigerweise subjektiver Rechtsanwendungstechniken (S. 1253). Vgl. dazu auch: Rüthers, Die unbegrenzte Auslegung, S. 487.

931 Siehe zu den abschreckenden Erfahrungen Isays in der Weimarer Republik, die sein Gefahrenbewusstsein schärften und den Konsequenzen, die er daraus für die Entwicklung seiner Gesetzesvorschläge der 50er Jahre zog, bereits oben: 2. Teil A) IV) a) – c).

2) *Die Risiken des freirechtlichen Rechtsschöpfungsansatzes Isays mit Blick auf die fehlende letzte Rationalisierbarkeit von Wertentscheidungen*

Der zweite Risikofaktor, der bei jeder richterlichen Fortentwicklung des Rechts in Erscheinung treten kann und dementsprechend möglicherweise auch von Isays freirechtlich geprägtem Rechtsschöpfungsansatz hätte ausgehen können, beruht auf der fehlenden letzten Rationalisierbarkeit von Wertentscheidungen.

a) *Die Nichtexistenz allgemeingültiger Maßstäbe für eine rationale Begründung von Werturteilen als Anknüpfungspunkt der Kritiker der Rechtsfortbildung*

Teilweise begegnen die Vertreter des jüngeren Schrifttums der Tendenz der Rechtssprechung zur verstärkten Rechtsfortbildung[932] mit großer Skepsis. Dabei stehen vor allem die Kritiker des Richterrechts auf dem Standpunkt, die Entscheidungsfindung beruhe – angesichts der Nichtexistenz allgemeingültiger Maßstäbe für die rationale Begründung von Werturteilen – letztlich allein auf der subjektiven Eigenwertung des Richters und bliebe damit seiner Willkür überlassen.[933]

Wegen der angenommenen Willkürgefahren, die sich aus der Sicht der Gegner der Rechtsfortbildung auf das Verfassungsgefüge und damit auf die gesamte Rechtsordnung auswirken können, ist es geboten, der Frage nachzugehen, wie sich diese Vorbehalte zu Isays konkreter Vorgehensweise bei der Fortbildung des Rechts verhalten.

---

932 Siehe dazu nochmals die Ausführungen oben: 2. Teil B) I) 2).

933 Vgl. zu den Gefahren der richterlichen Eigenwertung die kritischen Stellungnahmen von folgenden Vertretern des jüngeren Schrifttums (Auswahl): Hassold, ZZP Bd. 94 (1981), S. 192, (202); Coing, Grundzüge der Rechtsphilosophie, S. 342; Bydlinski, JZ 1985, S. 149, (155): „Erforderlich ist, die juristischen Methoden ernst zunehmen, (…), nicht aber, sie als Deckmantel für schlicht persönliches Werten einzusetzen"; Müller, in: Festschrift der Universität Heidelberg, S. 65, (84): „Dagegen wirken sich richterrechtliche Setzungen dahin aus, die Legislative zu demontieren"; Picker, JZ 1988, S. 62, (71f.); Rüssmann, in: Symposion für Wieacker, S. 35, (43); Rüthers, Die unbegrenzte Auslegung, S. 483ff.; ders., Rechtstheorie, Rn. 273 („Ein verlässliches allgemein anerkanntes Verfahren, Werturteile wissenschaftlich zu begründen, ist bisher nicht gefunden worden") und, ebenda, Rn. 808f., 820 und 988; Canaris, in: Festschrift für Medicus, S. 25, (39); Säcker, in: MüKo, Bd. I, AT, Einl., Rn. 63.

b) *Die Vorbehalte der Kritiker der Rechtsfortbildung gehen mit Blick auf Isays Rechtsschöpfungsansatz ins Leere*

Angesichts der feststehenden transparenten und damit inhaltlich überprüfbaren Leitlinien, an denen sich Isay bei der Fortentwicklung des Rechts orientierte[934], wird sich erweisen, dass die vorgenannten Vorbehalte der Kritiker der Rechtsfortbildung hinsichtlich der Risiken richterlicher Eigenwertung – jedenfalls bezogen auf Isays Rechtsschöpfungsmethode – nicht zu überzeugen vermögen.

Zwar geht in der heutigen Rechtswissenschaft niemand von einer vollständigen Rationalisierbarkeit richterlicher Werturteile aus.[935] Gleichwohl wird den Kritikern der richterlichen Rechtsfortbildung entgegen gehalten, die fehlende letzte Rationalisierbarkeit von Werturteilen sei nicht notwendigerweise damit gleichzusetzen, dass im Prozess der Entscheidungsfindung subjektive Beliebigkeit, reine Emotion oder das willkürliche Rechtsgefühl des Richters den Ausschlag gäben.[936]

---

934 Siehe dazu bereits die eingehende obige Analyse der feststehenden, wissenschaftlich fundierten Leitlinien, die Isay unter Rückgriff auf seine Grundüberzeugungen bei der Anwendung der objektiv-teleologischen Theorie im Rahmen der Rechtsschöpfung berücksichtigte: 2. Teil A) III) 2) c) cc) aaa) sowie: 2. Teil A) IV) 1) a) – d). Dort wurde bereits ausführlich herausgearbeitet, dass Isay die Begründungswege seiner Vorschläge zur Fortentwicklung des Rechts auf diese Weise stets auf ein rational überprüfbares Fundament stellte, um seine Argumentation von subjektiven Wertungen freizuhalten.

935 Statt aller: Sendler, in: Festschrift für Kriele, S. 457, (480), der zutreffend darauf hinweist, „dass sich juristische Entscheidungen oft nicht bis zum letzten rationalisieren lassen und damit insoweit auch nicht rational nachvollziehbar sind, (…)". Ähnlich auch: Zippelius, Rechtsphilosophie, S. 267: „Der Sinn für Gerechtigkeit lässt sich mit Argumentationsregeln nicht restlos ausloten".

936 So z. B.: Michaelis, Der Staat 1971, S. 227, (234): „Schon vom Wortsinn her ist es sinnwidrig, die Vokabel Wertung für rein subjektives Belieben oder gar für die Begründung von Un-Wert-Entscheidungen zu verwenden"; Redeker, NJW 1972, S. 409, (411): „Natürlich bedeutet eine solche Auswahl (gemeint ist: die Wertentscheidung des Richters bei mehreren Auslegungsmöglichkeiten, d. Verf.) nicht Willkür. Auch wird sie nicht primär vom Rechtsgefühl oder emotional getroffen, (…)"; Esser, in: Festschrift für Raiser, S. 533 (534): „Dass Wertungen emotional seien, ist eine Unterstellung (…), die Rationalität eines Werturteils wird nicht durch den Denkanstoss beeinträchtigt, der emotional qualifiziert sein mag"; Zöllner, in: Festschrift der Tübinger Juristenfakultät, S. 131, (144): „Vielmehr ist auch die gesetzlich nicht determinierte Wertung keineswegs mit subjektivem Belieben gleichzusetzen"; U. H. Schneider, JZ 1987, S. 696, (700): „Zweifel bei der Auslegung führen aber nicht zur Willkür oder zur Kadijustiz. Die Norm ist in der Hand des Richters kein Wachs, das er beliebig formen kann"; E. Kaufmann, JuS 1987, S. 848, (851): „Eine subjektiv geprägte Willensentscheidung darf man nicht mit einer Willkürentscheidung gleichsetzen. Sie ist vielmehr wiederum geprägt von den

Daraus wird gefolgert, dass, auch wenn die Entscheidungswahl des Richters in letzter Konsequenz immer auch persönliche und damit subjektive Komponenten aufweist, dennoch die grundsätzliche Möglichkeit eines rationalen Diskurses über die Grundlagen und Motive der Entscheidung nicht übersehen werden dürfe.[937]

Die elementare Voraussetzung eines solchen rationalen Diskurses, die kontinuierliche Offenlegung der eigenen Entscheidungsgründe unter bewusstem Verzicht auf die Verwendung scheinrationaler Argumente[938], erfüllte Isay in vorbildlicher Weise.

---

verschiedensten Entscheidungsvorgaben sozialer, wirtschaftlicher usw. Art". In dieser Richtung zuletzt noch: Schwöbbermeyer, ZRP 2001, S. 571, (572): „Eine fehlende gesetzliche Regelung ist dabei nicht gleichbedeutend mit einem rechtlichen Vakuum, in dem Beliebigkeit und Willkür herrschen."

937 Grundlegend: Rüssmann, JuS 1975, S. 352, (355): „Erst wenn man den Anspruch, die Richtigkeit von Normen zwingend beweisen zu können, aufgibt, ohne einem blinden Dezisionismus zu verfallen, eröffnet sich eine Perspektive für die Lösung des Werturteilsproblems. Dann geht der Anspruch nicht mehr auf eine unumstößliche Letztbegründung von Werten, sondern auf den rationalen Diskurs". In diesem Sinne auch: Redeker, NJW 1972, S. 409, (411): „Denn auch volitive Akte sind der Begründung fähig, sie müssen es sogar sein, wenn die Entscheidung den Adressaten überzeugen soll, wenn sie eben nicht nur Willkür ist."; v. Mettenheim, Recht und Rationalität, S. 99, der die Auffassung vertritt, „dass die Rationalität von Entscheidungen keineswegs an dem Punkt endet, an dem die Entscheidung fällt, sondern dass die Gründe und Annahmen, die zu Entscheidungen führen, ihrerseits rational diskutiert werden können"; Sendler, in: Festschrift für Kriele, S. 457, (470), der darauf hinweist, dass Wertkriterien „rational diskutierbar sind, jedoch ihrerseits Elemente der Dezision aufweisen dürften".

938 Vgl. zum Erfordernis der Offenlegung der Entscheidungsgrundlagen, z. B.: Walter, in: Festschrift für Bydlinski, S. 457, (462f.): „Wenn nach einer wissenschaftlichen Einsicht mehrere Lösungen möglich sind, entspricht es der Redlichkeit, alle diese Ergebnisse anzuführen (nicht die, die der Wissenschaftler – oder sein Auftraggeber – bevorzugt, sonst schlägt Wissenschaft in Politik um)"; Mennicken, Das Ziel der Gesetzesauslegung, S. 84f.: „Der Richter kann und muss angeben, welche Gesichtpunkte für seine Wertung bestimmend sind. Dazu muss er die sachgemäßen, d. h. von der Problemlage geforderten Überlegungen anstellen"; Hilger, in: Festschrift für Larenz, S. 109, (114f.): „Der Richter muss die Parteien überzeugen, dass das Urteil dem Recht entspricht. Das setzt voraus, dass die Entscheidungsgründe die wahren Motive der Entscheidung zeigen"; Sendler, in: Festschrift für Kriele, S. 457, (479f.): „Das Offenlegen auch von scheinbar außerjuristischen Richtigkeitsüberlegungen hat m. E. mehr mit Methodenehrlichkeit zu tun als ein braves Befolgen juristischer Methodenlehren". Vgl. kritisch zur Tendenz der Rechtsprechung, ihre wahren Entscheidungsgründe zu verdecken und auf Scheingründe zurückzugreifen, auch: A. Kaufmann, Das Verfahren der Rechtsgewinnung, S. 33f.

Dennoch führt angesichts der nie auszuschließenden Gefahren bei der richterlichen Eigenwertung im Ergebnis kein Weg an folgender Beobachtung vorbei, die ein grundlegendes Defizit der heutigen Methodik offenbart:

„Im Rückblick ergibt sich die Erkenntnis, dass bei aller Einigkeit der hier untersuchten Methodenkonzepte in ihrer Gegnerschaft zur Begriffsjurisprudenz kein Ansatz für eine juristische Methode der Rechtsfindung und Rechtsgestaltung gefunden werden konnte, die ohne übergesetzliche Wertungen – welcher Provenienz auch immer – auskommen konnte. Hierin ist ein Moment der Kontinuität der zivilistischen Methode des 20. Jahrhunderts zu erblicken“.[939]

In diesem Sinne offenbarte auch die Analyse von Isays konkreter Vorgehensweise bei der Fortentwicklung des Rechts, dass er nicht ohne den Rückgriff auf seine eigenen rechtsphilosophischen, rechtsethischen sowie ökonomischen Grundüberzeugungen auskam, die zwar einerseits stets wissenschaftlich fundiert waren[940], dabei aber andererseits auch auf überpositiven Wertungen fußten.

Im Ergebnis vermag dieser Befund allerdings nichts an der positiven Gesamtbeurteilung der Rechtsschöpfungsmethode Isays zu ändern. Denn obwohl ein völliger Verzicht auf außerjuristische Maßstäbe und damit die letzte Rationalisierbarkeit seiner Entscheidungen auch für Isay nicht zu erreichen war, darf nicht übersehen werden, dass er sich aufgrund seines Bewusstseins um die eigene Verantwortung als Rechtswissenschaftler[941] stets nach Kräften für die Harmonisierung der an sich widerstreitenden Postulate der Einzelfallgerechtigkeit und der Rechtssicherheit[942], für die Wahrung der Prinzipien der Rechtsstaatlichkeit [943], für den Erhalt der Staatsautorität[944] sowie für die Stärkung des Rechtsbewusstseins und die Gesetzestreue der Bevölkerung[945] einsetzte.

Vor dem Hintergrund dieser Zielrichtungen, die Isay mit seinem rechtsschöpferischen Gesamtwerk konsequent verfolgte, hat die Gesamtbeurteilung seiner methodischen Vorgehensweise überdies deshalb positiv auszufallen, als er aufgrund seines Bewusstseins um die Gefahren subjektiver Werturteile[946] und unter Rückgriff auf seine Grundüberzeugungen immer nach der größtmöglichen Ra-

---

939 Laudenklos, Rohls und Wolf, in: Fälle und Fallen in der neueren Methodik seit Savigny, S. 333.

940 Siehe dazu nochmals die grundlegenden Ausführungen oben: 1. Teil B) I) – IV).

941 Siehe in diesem Zusammenhang auch die abschließenden Ausführungen zu Isays Rechtsschöpfungsmethode in der Gesamtwürdigung unten: 4. Teil C).

942 Siehe dazu bereits oben: 2. Teil A) IV) 4) b) und c).

943 Siehe dazu nochmals oben: 2. Teil A) IV) 4) a) und c).

944 Siehe ebenfalls oben: 2. Teil A) IV) 4) a) und c).

945 Siehe bereits oben: 2. Teil A) IV) 4) c).

946 Siehe dazu bereits ausführlich oben: 2. Teil A) IV) 1) c) und d).

tionalisierung seiner Vorschläge de lege ferenda und seiner Gesetzentwürfe strebte.

Darüber hinaus verstand es sich für Isay von selbst, seine Lösungswege transparent zu machen, um einerseits eine sachliche Debatte in Gang zu bringen und andererseits eine inhaltliche Kontrolle seiner Abhandlungen sicherzustellen.[947]

Mehr kann von einem Rechtswissenschaftler, der sich wie Isay mit „nie erlahmender Schaffenskraft"[948] der Fortentwicklung des Rechts verschrieben hatte und daher – rein denklogisch – nicht in Gänze auf außerpositive Entscheidungsgrundlagen verzichten konnte, unter dem Aspekt der Rechtssicherheit wohl nicht verlangt werden.

Hinzu kommt, dass für die Lösung der Problematik übergesetzlicher Wertungen – von dem Plädoyer für Transparenz und Diskurs abgesehen – ohnehin „keine tragfähigen und überzeugenden Alternativen" existieren.[949]

Aus diesem Grunde erweist sich auch die Überzeugung Schröders als zutreffend, dass „eigene Wertungsentwürfe" der Richter bei der gegenwärtigen verfassungsmäßigen Stellung der Gerichte wohl überhaupt unvermeidlich seien.[950]

Andernfalls wäre jede Rechtsschöpfung sowohl richterlicher als auch – wie Isay sie jahrzehntelang praktizierte – rechtswissenschaftlicher Art von vorneherein ausgeschlossen und die Rechtsentwicklung würde in letzter Konsequenz den Anschluss an die Lebenswirklichkeit dauerhaft verlieren.

c) Ergebnis

Die Untersuchung hat ergeben, dass die Argumente der Kritiker der Rechtsfortbildung gemessen an Isays Rechtsschöpfungsansatz nicht durchgreifen. Denn angesichts der feststehenden Leitlinien, die Isay bei der Fortentwicklung des Rechts stets beachtete und die zudem heute in Rechtssprechung und Schrifttum weitestgehend anerkannt sind, lief er ungeachtet der fehlenden letzten Rationalisierbarkeit von Werturteilen nie Gefahr, bei der Entscheidungsfindung in einen willkürlichen Irrationalismus zu verfallen.

---

947 Siehe dazu nochmals oben: 2. Teil A) III) 2) c) cc) aaa), 2. Teil A) IV) 1) a) – d) und: 2. Teil A) V).

948 So: Boldt, ZfB Bd. 98 (1957), S. 1, (2). Vgl. auch die Würdigungen von: Möhring, NJW 1956, S. 213 („unermüdlicher Einsatz für das richtige Recht") sowie: Ballerstedt, Gedächtnisrede auf R. Isay, S. 7 („Arbeitsenergie, die wir nur bewundern können").

949 Laudenklos, Rohls und Wolf, in: Fälle und Fallen in der neueren Methodik seit Savigny, S. 333.

950 Schröder, Gesetzesauslegung und Gesetzesumgehung, S. 126

Hinzu kommt, dass seine Argumentation bei der Entwicklung seiner Vorschläge für die Fortentwicklung des Rechts und seiner Gesetzentwürfe auch zu keinem Zeitpunkt eine Tendenz zur Ideologisierung oder Politisierung erkennen ließ.[951]

Insgesamt erwies sich somit Isays freirechtlich geprägte Methode der Rechtsschöpfung nicht nur als praktikabel und in ausreichendem Maße rational, sondern letztlich auch als verfassungskonform.[952]

---

951 Vgl. dazu explizit: R. Isay, Die Vereinheitlichung des deutschen Bergrechts, S. 32. In diesem Vortrag, gehalten am 12.5.1952 im Institut für Wirtschafts- und Handelsrecht der Universität Bonn, warnte er eindringlich davor, „Fragen praktischer Wirtschaftspolitik nach ideologischen Gesichtspunkten entscheiden zu wollen". Vgl. auch, ebenda, S. 33f.: „Aber andererseits führen Ideologien in der Politik zu eingleisigem Denken. Sie führen – was noch schlimmer ist – zum Hass, zur Verachtung und zur Verächtlichmachung Andersdenkender. Davor müssen wir uns hüten. Heute wissen wir, wohin ein Evangelium des Hasses uns gebracht hat. Den bitteren Kelch des Verachtetseins haben wir alle bis zur Neige leeren müssen, die einen nach 1933, die anderen nach 1945, und ich meine, wir sollten heute nicht den Mut haben, diesen Kelch unseren Nächsten darzureichen". Daran ist deutlich abzulesen, dass Isay die Gefahren der Ideologisierung und Politisierung im Zusammenhang mit der Lösung von Sachfragen sehr wohl bewusst waren.

952 Vgl. in diesem Zusammenhang auch noch die abschließenden Bemerkungen zu Isays Rechtsschöpfungsmethode in der Gesamtwürdigung unten: 4. Teil C).

3. Teil: Die einflussreichsten Rechtsschöpfungsvorschläge und Gesetzentwürfe aus Isays Gesamtwerk und ihre Auswirkungen auf die Rechtsentwicklung bis heute

Der Schwerpunkt des folgenden Teils liegt auf der Darstellung ausgewählter Abhandlungen Isays auf unterschiedlichen Gebieten des Wirtschaftsrechts und der Würdigung ihrer Bedeutung für die weitere Rechtsentwicklung bis in die Gegenwart. Daneben wird in diesem Abschnitt analysiert, inwiefern Isays Werk im Einzelnen von seinen rechtsphilosophischen, ethischen, sozialen, ökonomischen und methodischen Grundüberzeugungen geprägt wurde. Dabei wird vor allem das Ziel verfolgt, die innere Geschlossenheit des Gesamtwerks zu demonstrieren.

Zu diesem Zweck wird Isays Wirken querschnittsartig, von seinem Früh- bis zu seinem Spätwerk untersucht. Dabei werden die einflussreichsten Abhandlungen Isays aus den Jahren 1910 – 1955 in den Bereichen des Unternehmensrechts[953], des Patentrechts[954], des Kartellrechts[955] und des Wettbewerbsrechts (UWG)[956] in ihren Grundzügen und hinsichtlich ihrer Wirkungsgeschichte erläutert.

A) Unternehmensrecht

Isays erste umfangreichere rechtswissenschaftliche Veröffentlichung war die Monographie „Das Recht am Unternehmen" (1910), die er als 24-jähriger Referendar verfasste. Dieser Abhandlung kommt insoweit eine große Bedeutung innerhalb Isays Frühwerk zu, als darin der nachhaltige Einfluss, den sein gemäßigter, freirechtlich geprägter Methodenansatz auf seinen Denkstil und seine Argumentationsweise im Umgang mit rechtlichen Problemen hatte, besonders klar hervortritt.

953 Siehe dazu sogleich unter: 3. Teil A) I) –V).
954 Siehe unten: 3. Teil B) I) –V).
955 Siehe zu Isays kartellrechtlichem Werk, das aufgrund seiner Bedeutung für die Rechtsentwicklung den Schwerpunkt der Untersuchung bildet, unten: 3. Teil C) I) – III).
956 Siehe dazu die ausführliche Analyse von Isays Gutachten zum berühmten „Benrather-Tankstellenfall" unten: 3. Teil C) I) 2) a) – f).

I) Die lückenhafte Gesetzeslage als Ausgangspunkt seiner Monographie „Das Recht am Unternehmen" (1910)

„Der deutschen privatrechtlichen Gesetzgebung, deren Gebiet das Unternehmen doch angehört, ist bis zum heutigen Tage sowohl das Wort wie der Begriff des Unternehmens nahezu völlig fremd geblieben. Die Einheit der Unternehmung ist ausschließlich vom Leben geschaffen worden; erst allmählich schickt das Recht sich an, sie als Einheit anzuerkennen".[957]

Diese Beobachtung, die Isay seiner unternehmensrechtlichen Untersuchung als Leitmotiv voranstellt, lässt bereits deutlich seine freirechtlich geprägten Überzeugungen von der Erforderlichkeit der Fortentwicklung des Rechts in Relation zu den sich permanent wandelnden Lebensverhältnissen[958] sowie von der Notwendigkeit der Ausfüllung von Regelungslücken als wesentlicher Aufgabe der modernen Rechtswissenschaft[959] erkennen.

Ausgehend von den damaligen zersplitterten und lückenhaften Unternehmensregelungen, die „der Bedeutung des Gegenstandes keineswegs gerecht werden"[960] und von der Rechtssprechung des Reichsgerichts, die die Existenz eines absoluten subjektiven „Rechts am eingerichteten und ausgeübten Gewerbebetrieb" ohne nähere Begründung anerkannte[961], setzte es sich Isay zunächst zum Ziel, zu untersuchen, ob solch ein „Recht am Unternehmen" überhaupt besteht. Damit betrat Isay, wie er selbst betonte, „vollkommenes Neuland".[962]

Während das Reichsgericht den Unternehmer aus reinen Billigkeitserwägungen durch den Unterlassungsanspruch analog §§ 12, 862, 1004 BGB vor Eingriffen Dritter in das „Recht am eingerichteten und ausgeübten Gewerbebetrieb"

957 R. Isay, Das Recht am Unternehmen, S. 2. Siehe in diesem Zusammenhang auch die Einschätzung von: Arnold, Das Recht am Unternehmen in der Rechtssprechung, S. 21, Fn. 1, der auch nach 60 Jahren noch ausdrücklich anmerkte, Isays obige Feststellung sei „heute genauso zutreffend". Ebenso wie bei Isay bildete dieser Befund infolgedessen noch im Jahre 1971 den Ausgangspunkt von Arnolds Untersuchung.

958 Siehe zur elementaren Bedeutung dieser Überzeugung für den gesamten Methodenansatz Isays bereits ausführlich oben: 2. Teil A) III) 2) c) aa) aaa).

959 Siehe zu Isays Vorgehensweise bei der Ausfüllung von Gesetzeslücken nochmals die obigen Ausführungen unter: 2. Teil A) IV) 3) a) – d).

960 R. Isay, Das Recht am Unternehmen, S. 4.

961 Vgl. die grundlegenden Urteile: RGZ 48, 114ff.; 58, 24, (27ff.); RG JW 1904, 292f.; RG JW 1905, 430f.; RG JW 1907, 750; RG JW 1908, 133f. Vgl. zur damaligen lückenhaften Gesetzeslage und zur Rechtssprechung des Reichsgerichts auch die Ausführungen von: R. Isay, Das Recht am Unternehmen, S. 7ff. m. w. N.

962 R. Isay, a. a. O. (Fn. 961), S. 5.

schützte, ging es Isay in erster Linie um eine „zusammenfassende dogmatische Darstellung des Rechts am Unternehmen".[963]

An dieser selbst gewählten Vorgabe lässt sich deutlich ablesen, dass die lükkenhafte Gesetzeslage als Ausgangspunkt der Untersuchung zwar von Isay typisch freirechtlich gewählt war. Jedoch verlor er die Erfordernisse der Rechtssicherheit im Zusammenhang mit der Rechtsschöpfung anders als die radikaleren Freirechtler keineswegs aus den Augen. Denn er knüpfte in seiner Analyse nicht nur an damals bestehende Regelungen an[964], sondern machte es sich darüber hinaus zur Aufgabe, dabei auch die Grundsätze der Dogmatik zu beachten.[965]

Isays gemäßigter Umgang mit den Lehren der Freirechtsschule prägte also bereits in seinem Frühwerk seinen Denkstil und seine Argumentationsweise.

II) Der Nachweis der Existenz eines Rechts am Unternehmen und dessen dogmatische Herleitung

Im Rahmen seiner Darstellung überprüfte Isay zunächst, ob ein ungeschriebenes, absolutes subjektives Recht am Unternehmen, das von der reichsgerichtlichen Rechtsprechung in Gestalt des „Rechts am eingerichteten und ausgeübten Gewerbebetriebes" aus reiner Billigkeit und ohne nähere dogmatische Absicherung anerkannt wurde, auch tatsächlich besteht.[966]

---

963 R. Isay, a. a. O. (Fn. 961), S. 9.

964 Vgl. dazu: R. Isay, a. a. O. (Fn. 961), S. 13: Unter Berufung auf § 14 UWG, wonach die Anschwärzung, also die Verbreitung unwahrer Behauptungen über ein Unternehmen, untersagt ist, vertritt Isay dort die Auffassung, dass der dieser Vorschrift zugrunde liegende Gedanke verallgemeinerungsfähig sei und „dem Unternehmen gegen jede Verletzung Schutz gewährt". Daran ist deutlich abzulesen, dass er die Erfordernisse der Gesetzesbindung gerade auch im Rahmen seiner freirechtlich geprägten Vorgehensweise bei der Fortentwicklung des Rechts von Anfang an strikt beachtete. Siehe zu diesem gemäßigten Ansatz auch bereits oben: 2. Teil A) IV) a) – c). Kritisch zu Isays Rückgriff auf § 14 UWG: Müller-Erzbach, ZHR 71 (1914), S. 417, (425); Körner, Der Rechtsschutz des Unternehmens nach § 823 Abs. 1 BGB, S. 58; Osthaus, Konzernrechtliche Probleme des Unternehmensschutzes, S. 74f.; Katzenberger, Recht am Unternehmen und unlauterer Wettbewerb, S. 34; Buchner, Die Bedeutung des Rechts am eingerichteten und ausgeübten Gewerbebetrieb für den deliktischen Unternehmensschutz, S. 23f.

965 Siehe allgemein zur Bedeutung der anerkannten Grundsätze der Dogmatik in Isays Werk im Unterschied zu den radikaleren Vertretern der Freirechtsschule nochmals oben: 2. Teil A) IV) 2) a) – c).

966 Zu beachten ist, dass das Bundesverfassungsgericht die Einbeziehung des „eingerichteten und ausgeübten Gewerbebetriebs" in den Eigentumsbegriff des Art. 14

In diesem Zusammenhang setzte es sich Isay zum Ziel, den unscharfen und auslegungsbedürftigen Begriff des Unternehmens mit Leben zu füllen. Dabei gelangte er zu zwei wesentlichen Merkmalen, die das Unternehmen aus seiner Sicht kennzeichneten. Zum einen sei es eine über seine einzelnen Bestandteile hinausgehende Einheit, zum anderen sei es ein „Organismus von häufig feinster Struktur und gewaltiger Kraft (...), der sich unablässig verzehrt und ständig erneut, der immer derselbe bleibt und Generationen überdauert, obwohl nach wenigen Jahren vielleicht schon kein Stein des ursprünglichen Baus mehr vorhanden ist".[967]

Daran kommt erneut klar zum Ausdruck, welche Faszination historische Entwicklungsprozesse, von deren Vernünftigkeit Isay in Übereinstimmung mit den Lehren der Historischen Rechtsschule[968] und vor allem mit der Geschichtsphilosophie Hegels[969] ausging, auf ihn ausübten.

Zudem ist dabei zu beachten, dass Isays Grundannahme, es handele sich beim Unternehmen um einen lebendigen Organismus, auch nach der jüngsten Schuldrechtsreform (2002)[970], in deren Gefolge gem. § 453 BGB n. F. klargestellt wurde, dass das Unternehmen als Ganzes Gegenstand eines Kaufvertrages sein kann, noch heute im Schrifttum vertreten wird.[971]

Den konkreten Schutzbereich des Rechts am Unternehmen präzisierte Isay, anders als das Reichsgericht, dessen Terminologie vom „eingerichteten und ausgeübten Gewerbebetrieb" er für begrifflich unscharf erachtete, wie folgt: „Der Gewerbebetrieb wird entweder als Tätigkeit aufgefasst oder aber als ein außerhalb des Menschen vorhandenes Objekt, als ein Inbegriff von Gütern, d. h. als „Unternehmen". In diesem Sinne wird das Wort „Unternehmen" hier ausschließlich verstanden; das zweideutige Wort „Betrieb" wird vermieden, eine

GG bis heute in Frage stellt. Vgl.: BVerfGE 66, 116, (145); 68, 193, (223f.); 84, 212, (232); 96, 375, (397).

967 R. Isay, Das Recht am Unternehmen, S. 5. Siehe auch die ähnliche Definition von: R. Isay, LZ 1911, Sp. 287, (291).

968 Siehe dazu nochmals oben: 1. Teil B) I) 1) a).

969 Siehe zu den Parallelen bereits ausführlich oben: 1. Teil B) I) 2) a).

970 Siehe dazu: Gesetz zur Modernisierung des Schuldrechts vom 26.11.2001, BGBl. I, S. 3138, in Kraft getreten am 1.1.2002.

971 So jüngst noch: M. Wolff / Kaiser, DB 2002, S. 411, (413): „Die vom Unternehmen verkörperte Gesamtheit von Sachen und Rechten (...) ist hierbei als eine Art lebender, sich ständig verändernder Organismus zu verstehen". Ebenso: Wunderlich, WM 2002, S. 981, (983). Ähnlich bereits zuvor: Canaris, ZGR 1982, S. 395, (399), der das Unternehmen als „lebendigen sozialen Organismus" bezeichnete. Siehe darüber hinaus die Ausführungen zum Unternehmenskauf unten: 3. Teil A) IV).

Ausdrucksweise, welche außer dem Vorzug der Klarheit auch noch den weiteren Vorteil besitzt, der nationalökonomischen Terminologie zu entsprechen".[972]

Hier zeigt sich zum einen, dass Isays Denken und seine Argumentationsweise bereits in seinem Frühwerk im Jahre 1910 seiner Grundüberzeugung entsprechend offenkundig von aktuellen Anschauungen bzw. Terminologien der Nationalökonomie beeinflusst war.[973] Zum anderen ist zu betonen, dass eine Reihe von Autoren bis heute Isays Terminologie des „Rechts am Unternehmen" gegenüber dem „Recht am eingerichteten und ausgeübten Gewerbebetrieb" im Sinne der der Rechtssprechung den Vorzug geben.[974]

Als vorausschauend sollte sich Isays Prognose hinsichtlich der zukünftigen Entwicklung und Ausdehnung des Schutzbereichs des „Rechts am Unternehmen" erweisen. Bereits im Jahre 1910 sah er zwar ein praktisches Bedürfnis – hier tritt wieder der Freirechtler Isay deutlich in Erscheinung – für die Anerkennung eines Schutzes der gewerblichen Betätigung im Sinne eines Persönlichkeitsrechts am Unternehmen, allerdings nicht ohne zu betonen, „dass ein solches Betätigungsrecht der überwältigenden Mehrzahl der heutigen Juristen vorläufig noch widerspricht".[975]

Und tatsächlich erwies sich Isays Einschätzung als zutreffend. Denn nach ersten Ansätzen des Reichsgerichts im Bereich des Wettbewerbs- und Warenzeichenrechts Ende der 30er Jahre[976] dehnte erst der BGH in seiner berühmten „Constanze"-Entscheidung aus dem Jahre 1952 den Schutzbereich des Rechts am Gewerbebetrieb ausdrücklich auf die „wirtschaftliche Tätigkeit und Entfaltung" aus und erkannte somit ein Persönlichkeitsrecht am Unternehmen an[977], wie von Isay im Jahre 1910 prognostiziert.

---

972 R. Isay, Das Recht am Unternehmen, S. 14. Bestätigt wurde diese terminologische Abgrenzung Isays von: Schippel, Das Recht am eingerichteten und ausgeübten Gewerbebetrieb, S. 19ff.; E. Wolf, in: Festschrift für v. Hippel, S. 667, (668f.); Arnold, Das Recht am Unternehmen in der Rechtssprechung, S. 77f.; Buchner, Die Bedeutung des Rechts am eingerichteten und ausgeübten Gewerbebetrieb..., S. 118.

973 Siehe zur Bedeutung der Nationalökonomie für Isays Werk auch bereits: 1. Teil B) III).

974 So z. B. ausdrücklich noch vor kurzem von: Mertens, in: MüKo, § 823 Rn. 481. Siehe in diesem Zusammenhang auch: Fikentscher, Schuldrecht, Rn. 1218ff., der die bisherigen Fallgruppen zum „eingerichteten und ausgeübten Gewerbebetrieb" durch eine neue Fallgruppe zum „Recht am Unternehmen" ergänzte. Und aus dem älteren Schrifttum: Hubmann, ZHR 117 (1954), S. 41, (42ff.); Katzenberger, Das Recht am Unternehmen und unlauterer Wettbewerb, S. 33ff.

975 R. Isay, Das Recht am Unternehmen, S. 19.

976 Vgl. z. B.: RG JW 1939, 484, (485f.); RG GRUR 1940, 375, (378); RG DR 1942, 175f.; GRUR 1942, 364, (365).

977 BGHZ 3, 270, (278ff.) – „Constanze". Ständige Rechtssprechung: BGHZ 8, 142, (144); 29, 65, (69f.); BGH VersR 1961, 479, (480); BGH NJW 1983, 2195, (2196);

Auch wenn der Anerkennung eines einheitlichen „Rechts am Unternehmen" von Seiten des Reichsgerichts und vom Schrifttum vielstimmig entgegengehalten wurde, ein Unternehmen sei lediglich ein Inbegriff von Sachen und Rechten, die Annahme eines absoluten Rechts sei daher unmöglich[978], vermochte sich Isay dieser Auffassung nicht anzuschließen.

Vielmehr war er davon überzeugt, es sei „nach deutschem Recht ein einheitliches Recht am Unternehmen möglich, und zwar als Recht an einem Immaterialgut, das sich in dem Unternehmen verkörpert. Denn ein Unternehmen erschöpft sich nicht in den verschiedenen Bestandteilen, die wir oben aufgezählt haben (...). Vielmehr ist das Unternehmen ein kunstvolles Gebäude, bei dem nach wohlerwogenen Gesichtspunkten ein Glied zum anderen gefügt ist. Alle Bestandteile müssen zusammenwirken zu dem einen Zweck, der das Unternehmen beherrscht. (...) Ein Unternehmen ist gleichfalls ein Kunstwerk, eine geniale Schöpfung, ein Produkt scharfsinnigster geistiger Arbeit. Es ist ergrübelt und errechnet so gut wie irgendeine Erfindung".[979]

Von dieser Überzeugung ausgehend stand für Isay die tatsächliche Existenz eines absoluten Rechts außer Frage: „Es dürfte hiernach keinem Zweifel unterliegen, dass in dem Komplex von Personen und Wirtschaftsgütern eine organisatorische Idee, ein Immaterialgut enthalten ist, das den ihm vom Reichsgericht gewährten Schutz in höchstem Grade verdient. Diese Gut, das der Unternehmer durch seine Arbeit geschaffen hat, ist der Gegenstand des Rechts am Unternehmen".[980]

Mit Blick auf die Vorschriften, mit denen sich der Verletzte gegen einen Eingriff in sein „Recht am Unternehmen" zur Wehr setzen könne, verwies Isay auf die Ansprüche, die „bei jedem anderen Eingriff in subjektive Rechte" gewährt werden.[981] Ergänzend entwickelte Isay eine eigene Definition des Unternehmensbegriffs[982] und konkretisierte die zu schützenden Bestandteile des

---

BGH NJW 1987, 2222, (2225). Vgl. dazu aus dem Schrifttum statt aller: Hager, in: Staudinger, § 823 D9: „Damit war eine erhebliche Ausdehnung des Schutzumfangs verbunden".

978 Vgl. dazu: R. Isay, Das Recht am Unternehmen, S. 21, Fn. 2 m. w. N.

979 R. Isay, a. a. O. (Fn. 978), S. 23f.

980 R. Isay, a. a. O. (Fn. 978), S. 27.

981 R. Isay, a. a. O. (Fn. 978), S. 66f. In diesem Zusammenhang kamen aus Isays Sicht bei schuldhaften Handlungen ein Schadensersatzanspruch aus § 823 Abs. 1 BGB, bei der Verbreitung unwahrer Behauptungen über das Unternehmen ein Anspruch auf Widerruf gem. § 249 BGB und bei widerrechtlicher Benutzung der in dem Unternehmen enthaltenen Immaterialgüter ein Anspruch auf Rechnungslegung und Herausgabe des gezogenen Gewinns analog § 687 BGB in Betracht.

982 R. Isay, Das Recht am Unternehmen, S. 41: „Das Unternehmen ist ein zweckmäßig organisierter Inbegriff von Personen und wirtschaftlichen Gütern, eine „Vereini-

Rechts am Unternehmen wie folgt: „Jenes Immaterialgut besteht in der inneren Organisation des Unternehmens, in der darin angesammelten Geschäftserfahrung sowie in den Beziehungen des Unternehmens zu Lieferanten und Kunden".

Seine Untersuchung zur Existenz und zur dogmatischen Einordnung des „Rechts am Unternehmen" schloss Isay mit Überlegungen zu dessen „juristischer Natur" ab. Nach seiner Auffassung handelte es sich um ein „besitzartiges Recht", welches demjenigen zustehe, „der die tatsächliche Gewalt über das Unternehmen hat, selbst dem Pächter und dem völlig rechtlosen Geschäftsinhaber".[983]

Im Hinblick auf die Wirkungsgeschichte von Isays Einordnung des Unternehmensrechts als subjektives Immaterialgüterrecht ist wie folgt zu differenzieren:

Während das ältere Schrifttum sich Isays These anschloss und sie schon bald herrschende Meinung wurde[984] – noch bis ins Jahr 1985 beriefen sich die Autoren in dieser Frage vereinzelt auf ihn[985] –, wird heute die Ansicht vertreten, dass Isays dogmatische Beurteilung des Unternehmens als subjektives Immaterialgut

---

gung verschiedener produktiver Kräfte" (Natur, Kapital und Arbeit)". Zu beachten ist dabei, welchen Wert Isay in seiner ersten wissenschaftlichen Abhandlung auf begriffliche Klarheit legte. Diese Vorgehensweise war vollkommen untypisch für einen Vertreter der Freirechtsschule und belegt erneut seinen verantwortungsbewussten Umgang mit deren Lehren. Siehe dazu auch bereits eingehend oben: 2. Teil A) IV) 2) b).

983 R. Isay, Das Recht am Unternehmen, S. 77f. Zustimmend unter ausdrücklicher Berufung auf Isay bereits: Pisko, Grünhut 38 (1911), S. 742, (746). Und später noch: Körner, Der Rechtsschutz des Unternehmens nach § 823 Abs. 1 BGB, S. 5; Arnold, Das Recht am Unternehmen in der Rechtssprechung, S. 39. Kritisch zu Isays Einordnung: Müller-Erzbach, ZHR 71, S. 417, (426f.).

984 Predari, Gruchot Bd. 55 (1911), S. 135, (136); Nipperdey, Die Frage des Schutzes des Unternehmens nach § 823 Abs. 1 BGB, S. 465 m. w. N. (u. a. Isay): „So propagiert denn auch die herrschende Lehre ein Immaterialgüterrecht am Unternehmen". Eine dogmatische Einordnung des „Rechts am Unternehmen" als Immaterialgüterrecht im Sinne Isays befürworteten auch später noch: Hubmann, ZHR 117 (1954), S. 41, (42ff. u. 50), der das Unternehmen als „objektiviertes Geistesgut" charakterisiert; Schippel, Das Recht am eingerichteten und ausgeübten Gewerbebetrieb, S. 24; Körner, Der Rechtsschutz des Unternehmens nach § 823 Abs. 1 BGB, S. 53ff.; Osthaus, Konzernrechtliche Probleme des Unternehmensschutzes, S. 36ff. u. 39ff.; H. Weitnauer, DB 1962, S. 461f.: „Man muss sich das Recht am Gewerbebetrieb wohl als ein Immaterialgüterrecht mit gewissen persönlichkeitsrechtlichen Einschlägen vorstellen"; Preusche, Unternehmensschutz und Haftungsbeschränkung im Deliktsrecht, S. 115ff., der ‚ähnlich wie Isay, eine wirtschaftliche Betrachtung aus der Sicht des geschädigten Unternehmens anstellte.

985 So explizit zuletzt: Stadtmüller, Schutzbereich und Schutzgegenstände des Rechts am Unternehmen, S. 259 und dort der Nachweis in Fn. 15.

überholt sei.[986] Die höchstrichterliche Rechtssprechung folgte Isays Überlegungen zum Unternehmensschutz zu keinem Zeitpunkt, weder in der Terminologie des „Rechts am Unternehmen", noch mit Blick auf die dogmatische Einordnung als besitzartiges Immaterialgüterrecht. Vielmehr setzte der BGH die reichsgerichtliche Rechtsprechung zum „eingerichteten und ausgeübten Gewerbebetrieb" als einem absolut geschützten sonstigen Recht im Sinne des § 823 Abs. 1 BGB fort und dehnte lediglich den Schutzbereich im Sinne der Prognose Isays auf die „wirtschaftliche Betätigung" aus.[987]

III) Die Anerkennung eines Rechts am zusammengesetzten Unternehmen aus soziologischen und praktischen Erwägungen

Ausgehend von seiner Überzeugung, dass ein subjektives Immaterialgüterrecht am (Einzel-)Unternehmen bestehe, hielt Isay aus soziologischen und praktischen Erwägungen darüber hinaus einen Schutz des zusammengesetzten Unternehmens, mithin einen Konzernschutz, für wünschenswert.

Dieser Auffassung lag Isays Beobachtung zugrunde, dass „die vergangenen Jahrzehnte eine Zeit der Konzentration der Wirtschaft" erkennen ließen, in deren Gefolge „der einzelne Unternehmer seine bisherige isolierte Stellung aufgegeben hat und sich mit Fachgenossen zu Gruppen, zu Interessengemeinschaften aller Art, zu Kartellen und Trusts zusammengeschlossen" hatte.[988]

Vor dem Hintergrund dieser historischen Entwicklung, die auch im vorliegenden Fall den Ausgangspunkt seiner Vorschläge zur Fortentwicklung des Rechts bildete[989] und hier schon im Keim die Anschauungen der „gebundenen

---

986 So unter ausdrücklicher Bezugnahme auf Isays abweichende Ansicht aus dem Jahre 1910: Dilcher, in: Staudinger, Vorbem. zu §§ 90 ff., Rn. 24 m. w. N: „Dies beruht vor allem darauf, dass der mit der Annahme eines solchen Rechts erstrebte Schutz des Unternehmers nunmehr auf andere Weise gewährleistet werden kann". Aber auch im heutigen Schrifttum ist die Einordnung nach wie vor umstritten. Teilweise wird das Recht am Gewerbebetrieb, ebenso wie von der Rechtssprechung, als sonstiges Recht i. S. v. § 823 Abs. 1 BGB eingestuft. Die herrschende Meinung geht indes davon aus, das Recht am Gewerbebetrieb sei lediglich eine beschränkt deliktische Generalklausel. Vgl. statt aller: Mertens, in: MüKo, § 823 Rn. 481ff. m. w. N. sowie: Hager, in: Staudinger, § 823 D 9 m. w. N.

987 So zuletzt in: BGHZ 69, 128, (139); 90, 113, (123); BGH NJW 1996, 387, (388). Instruktiv, insbesondere zur historischen Entwicklung der Rechtssprechung: Schildt, WM 1996, S. 2261ff.

988 So ausdrücklich: R. Isay, Das Recht am Unternehmen, S. 97.

989 Siehe zu Isays Grundüberzeugung von der Vernünftigkeit der historischen Entwicklung in Übereinstimmung mit der Historischen Rechtsschule und mit Hegel nochmals oben: 1. Teil B) I) 1) a) und 2) a) sowie zur Bedeutung der historischen

Wirtschaft“ der 20er Jahre in sich trug[990], gelangte er zu folgender grundlegenden Erkenntnis:

„Könnte man also das Vorhandensein eines komplexen Unternehmens auch dort gelten lassen, wo die einzelnen Teilnehmergeschäfte verschiedenen Rechtssubjekten zustehen, so hätte das die Bedeutung, dass jene Unternehmensgruppen alle oder doch zum Teil rechtliche Anerkennung und rechtlichen Schutz gegen die Störung genössen“.[991]

Nach Isays Überzeugung „wäre es nun reiner Formalismus, wollte man die materiell einheitliche Unternehmung um des Willen in zwei zerreißen, weil sie aus äußerlichen Gründen in zwei Rechtsformen gegossen ist“.[992] Als Begründung fügte er ergänzend an: „Denn der Begriff des Unternehmens ist dem Leben entnommen, er ist aus tatsächlichen Verhältnissen abstrahiert, und daher kommt es für ihn nur auf die wirkliche Sachlage, auf das Vorhandensein einer einheitlichen Geschäftsorganisation, nicht auf die juristische Gestaltung an; es genügt, dass tatsächlich die beiden genannten Rechtssubjekte ein einheitliches Unternehmen bilden“.[993]

Von diesen Prämissen ausgehend stand für Isay fest, dass – auch bei Verschiedenheit der beteiligten Rechtssubjekte innerhalb eines zusammengesetzten Unternehmens – im Kern gleichwohl ein einheitliches Unternehmen vorliege, zumal die „wechselseitige Durchdringung eine so innige“ sei, „dass jede Verletzung des einen auf das andere überwirkt“.[994]

Nicht zuletzt auch in methodischer Hinsicht ist Isays Herleitung eines Konzernschutzes sehr aufschlussreich. Denn daran wird besonders deutlich, wie groß der Einfluss der Lehren der Freirechtsschule auf seine methodische Vorgehensweise bei der Lösung rechtlicher Problemstellungen war, stützte er sich doch ebenso wie die Freirechtler auf das „Leben“ und die „tatsächlichen Verhältnisse“, mithin in erster Linie auf soziologische Erwägungen.[995]

Und gerade nach Maßgabe solcher Erwägungen stand für Isay im Ergebnis außer Frage, dass in den zuvor geschilderten Fällen „trotz Verschiedenheit der

---

Entwicklung und der gewandelten Anschauungen für seinen freirechtlich geprägten Methodenansatz oben: 2. Teil A) III) 2) c) aa) aaa).

990 Siehe zu den in den 20er Jahren allgemein anerkannten Anschauungen der „gebundenen Wirtschaft“ bereits ausführlich oben: 1. Teil B) III) 2) b).

991 R. Isay, Das Recht am Unternehmen, S. 97.

992 R. Isay, a. a. O. (Fn. 991), S. 101.

993 R. Isay, a. a. O. (Fn. 991), S. 103.

994 R. Isay, a. a. O. (Fn. 991), S. 103.

995 Siehe zur Bedeutung der Soziologie, namentlich der aktuellen Lebensverhältnisse, als fester Bestandteil der Lehren der Freirechtsschule und der Rechtsschöpfungsmethode Isays auch schon oben: 2. Teil A) III) 2) b) cc) und: 2. Teil A) III) 2) c) aa) aaa).

beteiligten Rechtssubjekte ein einheitliches, wenn auch zusammengesetztes Unternehmen vorliegt, an dem ein einheitliches subjektives Recht besteht".[996]

Nach seiner Vorstellung sollte in diesem Zusammenhang das den ganzen Unternehmenskomplex umfassende subjektive Recht den beteiligten Einzelunternehmen gemeinschaftlich zustehen und von jedem einzelnen Unternehmen zugunsten der Gesamtheit geltend gemacht werden können.

Demgemäß stützte Isay seine rechtliche Konstruktion eines Rechts am zusammengesetzten Unternehmen bzw. eines Konzernschutzes – insofern folgerichtig – auf eine analoge Anwendung des § 1011 BGB i. V. m. § 432 BGB.[997]

An seinem darin zum Ausdruck kommenden Streben nach dogmatischer Absicherung des von ihm einmal für richtig erachteten Lösungswegs ist wiederum abzulesen, dass Isays freirechtlich geprägter Rechtsschöpfungsansatz im Vergleich zu den radikaleren Vertretern dieser Lehre, für die der Aspekt der Rechtssicherheit eine untergeordnete Rolle spielte, deutlich gemäßigt war.[998]

Die Auswirkungen seiner Vorschläge für einen zukünftigen Schutz des zusammengesetzten Unternehmens aus dem Jahre 1910 auf die Rechtsentwicklung bis heute waren eher gering.

Immerhin fiel die Resonanz des Schrifttums auf Isays Überlegungen bis in die 50er Jahre noch positiv aus.[999] Auch bildete Isays Plädoyer für einen Schutz des zusammengesetzten Unternehmens de lege ferenda sogar noch fünfzig Jahre nach seiner Veröffentlichung den Ausgangspunkt der konzernrechtlichen Dis-

---

996 R. Isay, Das Recht am Unternehmen, S. 104.

997 R. Isay, a. a. O. (Fn. 996), S. 105. Ausdrücklich zustimmend: Ballerstedt, Gedächtnisrede auf R. Isay, S. 13f., der dort zu Isays dogmatischer Konstruktion des Konzernschutzes gem. § 1011 BGB analog i. V. m. § 432 BGB anmerkte: „Dieser Gedanke verdient ernsthafte Prüfung". Kritisch: Osthaus, Konzernrechtliche Probleme des Unternehmensschutzes, S. 72ff., der, im Gegensatz zu Isay, eher dahin tendiert, der Muttergesellschaft die Schutzansprüche zubilligen als einer Bruchteilsgemeinschaft gleichrangig Berechtigter.

998 Siehe zum Stellenwert der allgemein anerkannten Grundsätze der Dogmatik innerhalb Isays Methode der Rechtsschöpfung auch bereits oben: 2. Teil A) IV) 2) b) und c).

999 Vgl. die zustimmenden Stellungnahmen in den nachfolgenden Rezensionen von: Dittenberger, ABR 36 (1911), S. 334; Pisko, Grünhut 38 (1911), S. 742, (747); Müller-Erzbach, ZHR 71 (1914), S. 417, (418f.). Und später noch in den 50er Jahren von: Dörinkel, in: Festschrift für R. Isay, S. 1, (2): „Noch heute von besonderem Interesse sind (…) die Ausführungen über das „zusammengesetzte Unternehmen" (S. 87ff.)" und: Ballerstedt, Gedächtnisrede auf R. Isay, S. 13f.: „In einem Punkte sind die Gedankengänge seiner Schrift, wie mir scheint, noch nicht zum tragen gekommen, nämlich die Konstruktion einer Rechtsgemeinschaft am Unternehmensrecht, für den Fall, dass das Unternehmen aus einer Mehrzahl rechtlich selbstständiger Einzelunternehmen besteht".

sertation von Osthaus aus dem Jahre 1961, die von Ballerstedt angeregt wurde.[1000] Diese Dissertation zeigte den Meinungsstand zu Beginn der 60er Jahre auf und gelangte zu dem Ergebnis, dass ablehnende und zustimmende Stellungnahmen zu Isays Theorie von der Schutzwürdigkeit des Gesamtunternehmens etwa gleich stark vertreten waren.[1001]

In letzter Zeit sind allerdings keine Abhandlungen über die von Isay angestoßene Problematik veröffentlicht worden und auch der Gesetzgeber macht keine Anstalten, den Schutz der Unternehmen in dieser Richtung zu verstärken. Insofern haben Isays grundlegenden Vorschläge für die gesetzliche Festlegung eines Konzernschutzes de lege ferenda heute keine signifikante Bedeutung mehr.

IV) Isays Vorschläge für die konkrete Anwendung der §§ 459ff. BGB a. F. analog auf den Unternehmenskauf

Demgegenüber waren Isays Überlegungen zum Unternehmenskauf, die er ebenfalls in seiner Monographie „Das Recht am Unternehmen“ (1910) anstellte, rückblickend betrachtet visionär.

In Übereinstimmung mit der damaligen Rechtsprechung des Reichsgerichts[1002] hielt Isay die Gewährleistungsregeln der §§ 459ff. BGB a. F. analog auf den Unternehmenskauf für anwendbar.[1003] Allerdings machte er dabei sogleich folgende Einschränkung: „Aus der eigentümlichen Natur des Unternehmenskaufs folgt für die Frage der Mängelhaftung, dass zwar grundsätzlich die Kaufregeln, d. h. die §§ 459ff. zur Anwendung gelangen, dass jedoch gewisse Modifikationen erforderlich sind“.[1004]

Dieser offenkundig auf Isays freirechtliche Überzeugungen[1005] zurückgehende Ansatz wurde auch im neueren Schrifttum noch explizit von Karl Larenz und

---

1000 Osthaus, Konzernrechtliche Probleme des Unternehmensschutzes, S. 27, der in der Einleitung darauf aufmerksam macht, dass Isays grundlegende Vorschläge zum Schutz des Gesamtunternehmens den Ausgangspunkt seiner Untersuchung bildeten.

1001 Vgl. dazu im Einzelnen ausführlich mit vielen Nachweisen: Osthaus, Konzernrechtliche Probleme des Unternehmensschutzes, S. 65ff., der seinerseits zu dem Ergebnis gelangte, „das ein Recht am Gesamtunternehmen des Konzerns aus dogmatischen wie aus praktischen Gründen nicht anerkannt werden kann“ (S. 75), Isay also nicht folgte.

1002 Grundlegend zur analogen Anwendung der §§ 459ff. BGB: RGZ 63, 57, (60f.).

1003 R. Isay, Das Recht am Unternehmen, S. 149.

1004 R. Isay, a. a. O. (Fn. 1003), S. 153.

1005 Siehe in diesem Zusammenhang nochmals die eingehende Untersuchung zum Einfluss der Freirechtsschule auf Isays Denken oben: 2. Teil A) III) und dort insb.: 2) c) aa) – dd).

wird heute noch von Karsten Schmidt geteilt, nach deren Ansicht die §§ 459ff. BGB a. F. ebenfalls nur insoweit auf den Unternehmenskauf anwendbar seien, als dadurch sinnvolle Ergebnisse erzielt werden.[1006]

Isays konkrete Modifikationsvorschläge betrafen in diesem Zusammenhang genau die beiden Aspekte, über die hinsichtlich der Anwendbarkeit der §§ 459ff. BGB auf den Unternehmenskauf vor Inkrafttreten der Schuldrechtsreform im Jahre 2002 jahrzehntelang am heftigsten gerungen wurde:

Die Problematik des Ausschlusses übereilter Wandlungen seitens des Käufers sowie die Frage nach der Praktikabilität der kurzen Verjährung gem. § 477 Abs. 1 BGB a. F.

Zum einen plädierte Isay dafür, dem Käufer über die obligatorischen Wandelungs- und Minderungsrechte gem. §§ 459ff. BGB a. F. hinaus primär einen Anspruch auf Beseitigung der Mängel am Kaufgegenstand, also des Unternehmens, analog § 633 Abs. 2 BGB einzuräumen, soweit deren Beseitigung ohne übermäßige Kosten möglich sei.[1007] Im Umkehrschluss sollte der Verkäufer seinerseits verlangen können, „dass ihm Gelegenheit zur Beseitigung der etwa vorhandenen Mängel gegeben" werde, um die andernfalls drohende Wandelung des Käufers verhindern zu können. Nach Isays Auffassung sollte der Erwerber demzufolge, „entsprechend der Vorschrift des § 634 BGB, erst dann wandeln, wenn er dem Besteller erfolglos eine Frist zur Beseitigung des Mangels gesetzt hat oder eine Beseitigung nicht möglich ist".[1008]

Isay begründete seine Forderung nach einer – gesetzlich nicht vorgesehenen – restriktiven Anwendung der Wandelungsvorschriften gem. §§ 459ff. BGB a. F. beim Unternehmenskauf in der für ihn typischen freirechtlichen Manier vorrangig mit ökonomischen[1009] und utilitaristischen[1010] Erwägungen: „Das Unternehmen leidet naturgemäß durch jeden Inhaberwechsel sehr erheblich, und daher

---

1006 Larenz, Lehrbuch des Schuldrechts, § 45 II, S. 168: „Die §§ 459ff. sind daher nicht uneingeschränkt, sondern nur insoweit anzuwenden, als sie auf das Unternehmen passen". Ähnlich: K. Schmidt, Handelsrecht, S. 153: „Das Recht der Sachmängelgewährleistung ist deshalb nur sinngemäß anzuwenden, d. h., soweit und solange es passt". Ebenso noch zuletzt zur „alten" Rechtslage: Wunderlich, WM 2002, S. 981, (982).

1007 Vgl. dazu: R. Isay, Das Recht am Unternehmen, S. 154.

1008 R. Isay, a. a. O. (Fn. 1007), S. 154f.

1009 Siehe zur nachhaltigen Bedeutung ökonomischer Erkenntnisse und Erwägungen innerhalb der Rechtsschöpfungsmethode Isays nochmals oben: 2. Teil A) III) 2) b) cc), 2. Teil A) III) 2) c) aa) aaa) sowie: 2. Teil A) IV) 1) a).

1010 Siehe zu Isays kontinuierlichem Streben nach wirtschaftlicher Effizienz und den damit verbundenen Parallelen zu den Lehren des klassischen Utilitarismus im Sinne Benthams und Mill bereits ausführlich oben: 1. Teil B) I) 4) a) – c).

ist nach Möglichkeit zu verhüten, dass es wegen leicht zu behebender Mängel unnütz hin und her geschoben wird".[1011]

Isays restriktiver Ansatz wurde in der Folgezeit, vor Inkrafttreten der Schuldrechtsreform (2002), jahrzehntelang vom überwiegenden Teil des Schrifttums geteilt.[1012]

Zum anderen vertrat Isay in seiner Monographie „Das Recht am Unternehmen" die Ansicht, die kurze sechsmonatige Verjährung gem. § 477 BGB a. F. sei beim Unternehmenskauf „zweifellos unanwendbar, denn ernstlich kann man sehr erhebliche Bedenken tragen, das Unternehmen als einen beweglichen Gegenstand anzusehen, vor allem treten die Mängel des Unternehmens in der Mehrzahl überhaupt erst sehr viel später in Erscheinung. (...) Beispielsweise kann sich die Unrichtigkeit von Angaben über die Rentabilität des Unternehmens frühestens nach Ziehung der ersten Jahresbilanz ergeben".[1013]

Aber auch die einjährige Frist für Grundstücke hielt Isay im Falle des Unternehmenskaufs noch für zu kurz, da auch diese vor der Ziehung der ersten Bilanz bereits verstreichen würde, mit der Konsequenz, dass „man also durch die Normierung der einjährigen Frist den Erwerber zu übereilter Wandlung geradezu zwingen würde, während er das Geschäft vielleicht behalten würde, wenn man ihm Zeit ließe, das Ergebnis späterer Jahre abzuwarten".[1014]

Insgesamt kam Isay zu dem Ergebnis, „man könne auch gut ohne eine kurze Verjährungsfrist jener Ansprüche auskommen".[1015]

Auch diese Frage wurde über Jahrzehnte kontrovers diskutiert. Während die Rechtsprechung strikt am Wortlaut des § 477 BGB a. F. festhielt und die sechsmonatige Verjährungsfrist auch gerade beim Unternehmenskauf für ausreichend

---

1011 R. Isay, Das Recht am Unternehmen, S. 155.

1012 Für eine Restriktion des Wandelungsrechts des Käufers bzw., im Umkehrschluss, für ein Nachbesserungsrecht des Verkäufers sprachen sich im Ergebnis, ebenso wie Isay, aus: Huber, ZGR 1972, S. 395, (418); Hommelhoff, Die Sachmängelgewährleitung beim Unternehmenskauf, S.110ff.; Willemsen, AcP 182 (1982), S. 515, (562ff.); Mössle, BB 1983, S. 2146, (2151f.); Honsell, in: Staudinger, § 459 Rn. 8; Beisel/Klumpp, Der Unternehmenskauf, Rn. 971, die dem Verkäufer ein Nachbesserungsrecht gem. §§ 326, 476a, 633 Abs. 2, 634 Abs. 1 und 2 BGB, also ganz im Sinne der Lösung Isays, zubilligen; Zimmer, NJW 1997, S. 2345, (2347); K. Schmidt, Handelsrecht, S. 154; Wunderlich, WM 2002, S. 981, (982, Fn. 14 m. w. N.); W. Weitnauer, NJW 2002, S. 2511, (2515).

1013 R. Isay, Das Recht am Unternehmen, S. 155.

1014 R. Isay, a. a. O. (Fn. 1013), S. 156.

1015 R. Isay, a. a. O. (Fn. 1013), S. 157. Ausdrücklich zustimmend: Müller-Erzbach, ZHR 71 (1914), S. 417, (419).

erachtete[1016], stand das ganz überwiegende Schrifttum auf Isays Standpunkt und vertrat ebenfalls die Ansicht, dass die strikte Anwendung des § 477 BGB a. F. zu unbilligen Ergebnissen führe[1017].

Nach der Schuldrechtsreform[1018], die am 1.1.2002 in Kraft getreten ist, stellt sich die Rechtslage in den zuvor dargestellten, jahrzehntelang umstrittenen Fragen beim Unternehmenskauf wie folgt da: Spezifische Bestimmungen über die Haftung des Verkäufers von Unternehmen oder Unternehmensbeteiligungen hat der Gesetzgeber nach wie vor nicht vorgesehen.[1019] Gem. § 453 BGB n. F. ist allerdings nunmehr zumindest explizit das geregelt, was Isay aus Gründen der praktischen Vernunft einfach unterstellte, nämlich dass für den Kauf „sonstiger Gegenstände“, worunter nach herrschender Meinung auch Unternehmen zu subsumieren sind[1020], die §§ 433ff. BGB n. F. entsprechend anzuwenden sind.

In diesem Zusammenhang ist die Entwurfsbegründung des Bundestags zum SchuldRModG für die die Regelung des 453 BGB n. F. zu beachten: „Damit folgt die Vorschrift der Rechtssprechung, die schon heute die Vorschriften des Kaufvertragsrechts, soweit sie passen, z. B. auf die entgeltliche Übertragung von Unternehmen oder Unternehmensteilen (...) anwendet“.[1021] Daran ist zu erkennen, dass Isays Überzeugung von der Erforderlichkeit der Modifizierung des

1016 RGZ 138, 354, (356ff.). Bestätigt durch: BGHZ 65, 246ff.; BGH NJW 1967, 1326, (1327f.). Zustimmend im Schrifttum: Hommelhoff, Die Sachmängelgewährleistung beim Unternehmenskauf, S. 120ff., 124; K. Schmidt, Handelsrecht, S. 154.

1017 So auch ausdrücklich im Sinne Isays (Auswahl): Düringer, LZ 1907, Sp. 131f.; Heck, Grundriss des Schuldrechts, 1929, S. 287f.; Enneccerus / Lehmann, Recht der Schuldverhältnisse, § 108 IV 1, S. 438; Huber, ZGR 1972, S. 395, (418ff.); Baur, BB 1979, S. 381, (384ff.); H. P. Westermann, ZGR 1982, S. 45, (60f.); ders., in: MüKo, § 477 Rn. 5; Willemsen, AcP 182 (1982), S. 515, (567); Mössle, BB 1983, S. 2146, (2152f.); Hopt / Mössle, JuS 1985, S. 211, (215f.); Larenz, Lehrbuch des Schuldrechts, § 45 II, S. 167; Honsell, in: Staudinger, § 477 Rn. 4; Beisel / Klumpp, Der Unternehmenskauf, Rn. 946ff.; Loges, DB 1997, S. 965; Zimmer, NJW 1997, S. 2345, (2347). Ebenso noch zuletzt: Huber, AcP 202 (2002), S. 179, (233f.); Wunderlich, WM 2002, S.981, (982f.); W. Weitnauer, NJW 2002, S. 2511, (2515).

1018 Vgl. dazu das SchuldRModG (= Gesetz zur Modernisierung des Schuldrechts) vom 26.11.2001, BGBl. I 2001, S. 3138ff.

1019 Das wird ausdrücklich begrüßt von: Huber, AcP 202 (2002), S. 179, (223).

1020 M. Wolf / J. Kaiser, DB 2002, S. 411: „Aufgrund dieses erweiterten und allgemein gefassten Gegenstandsbegriffs kann nunmehr auch das Unternehmen als Gesamtheit und funktionale Einheit aller darin integrierten Personen und Werte Gegenstand eines Kaufvertrages sein“. Ebenso: Wunderlich, WM 2002, S. 981, (983); W. Weitnauer, NJW 2002, S. 2511, (2513); Barnert, WM 2003, S. 416, (417); Klein-Blenkers, NZG 2003, S. 903.

1021 Entwurf des Bundestages vom 14. Mai 2001, BT-Drucksache 14 / 6040, S. 242.

Gewährleitungsrechts bei der Anwendung auf den Unternehmenskauf im Kern bestätigt wurde.

Zudem hat der Gesetzgeber das Sachmängelgewährleistungsrecht im Zuge der Schuldrechtsreform in Übereinstimmung mit Isays Vorschlägen an die Bedürfnisse des Unternehmenskaufs angepasst. So ist nicht nur – entsprechend Isays Plädoyer für eine restriktive Handhabung der Wandlungsvorschriften – ein Recht des Verkäufers zur primären Nachbesserung gem. § 437 Nr. 1 BGB n. F. statuiert worden.[1022] Darüber hinaus sieht § 438 Abs. 1 Nr. 3 BGB n. F nunmehr anstelle der sechsmonatigen Verjährungsfrist gem. § 477 BGB a. F., die Isay im Falle des Unternehmenskaufs für zu kurz und daher unanwendbar hielt, eine Verlängerung auf zwei Jahre vor.[1023]

Es bleibt festzuhalten, dass Isays Überlegungen zur modifizierten Anwendbarkeit der §§ 459ff. BGB a. F. beim Unternehmenskauf nicht nur jahrzehntelang der herrschenden Meinung entsprachen, sondern im Zuge der Schuldrechtsreform (2002) vom Gesetzgeber so geregelt wurden, wie es Isay über neunzig Jahre zuvor in seiner Monographie „Das Recht am Unternehmen" (1910) vorschwebte. Der visionäre Weitblick seiner Vorschläge kommt hier somit besonders klar zum Ausdruck.[1024]

V) Isays Vorschläge für eine ökonomisch sinnvolle Verwertung des Unternehmens als Befriedigungsmittel de lege ferenda

Abschließend ist noch auf Isays rechtspolitische Vorschläge an den Gesetzgeber einzugehen, mit denen er in seiner Abhandlung „Das Recht am Unternehmen" für die zukünftige gesetzliche Anerkennung der Bestellung eines Pfandrechts am Unternehmen sowie für die Zwangsvollstreckung in das Gesamtunternehmen eintrat.

1022 Vgl. die positive Aufnahme des „neuen" Nachbesserungsanspruchs durch: M. Wolf / J. Kaiser, DB 2002, S. 411, (412f.); Wunderlich, WM 2002, S. 981, (986); Klein-Blenkers, NZG 2003, S. 903. Keine praktische Bedeutung räumen dem Nachbesserungsanspruch ein: Huber, AcP 202, (2002), S. 179, (232) und: Kindl, WM 2003, S. 409, (412).

1023 Vgl. dazu die durchweg positiven Stellungnahmen des Schrifttums von: M. Wolf / J. Kaiser, DB 2002, S. 411, (418f.); Huber, AcP 202 (2002), S. 179, (234); Wunderlich, WM 2002, S. 981, (988); W. Weitnauer, NJW 2002, S. 2511, (2517); Kindl, WM 2003, S. 409, (413); Klein-Blenkers, NZG 2003, S. 903. Eher kritisch im Hinblick auf die Divergenzen zur Verjährung bei der cic lediglich: Barnert, WM 2003, S. 416, (423f.).

1024 Siehe zur visionären Kraft von Isays Denken auch die Ausführungen in der Gesamtwürdigung unten: 4. Teil E).

Zwar war sich Isay darüber im Klaren, dass das Unternehmen nach damaliger Gesetzeslage nicht als Sachgesamtheit angesehen wurde und daher weder die Bestellung eines Pfandrechts noch die Zwangsvollstreckung vorgesehen war.[1025] Er empfand aber die Konsequenzen aus Unternehmersicht als höchst unbefriedigend. Infolgedessen plädierte Isay in erster Linie aus volkswirtschaftlichen Erwägungen[1026] und aufgrund des aus seiner Sicht bestehenden praktischen Nutzens seiner Reformvorschläge[1027] für umfassende Gesetzesänderungen. Dabei berief sich Isay hinsichtlich einer Pfandrechtsbestellung am Unternehmen auf die französische[1028] und hinsichtlich der Zwangsvollstreckung in das Gesamtunternehmen auf die österreichische Gesetzeslage[1029].

Den entscheidenden Vorteil der gesetzlichen Festlegung einer Pfandrechtsbestellung erblickte Isay darin, dass man das Unternehmen auf diese Weise „zu Kreditzwecken verwendbar machen" könnte[1030], zumal man dem „kleinen und mittleren Gewerbetreibenden die Erlangung geregelten und billigen Kredits, vor allem die Erlangung von Bankkredit, ermöglicht."[1031] Daran wird erkennbar, wie

1025 R. Isay, Das Recht am Unternehmen, S. 81f., 188 und 198.

1026 Isays verstärkter Rückgriff auf ökonomische Erwägungen wurde kritisiert von: Oertmann, Jur. Literaturblatt 1911, S. 81, (82): „So wertvoll die Verwendung wirtschaftlicher Begriffe im Rechtsgebiet ist: der Verfasser scheint mir hier die notwendigen Grenzen nicht einzuhalten". Ähnlich kritisch: Pisko, Grünhut 38 (1911), S. 742, (750): „Die zahlreichen volkswirtschaftlichen Ausführungen, die in einer juristischen Abhandlung doch nur den Zweck haben können, die dargestellten Rechtssätze und Rechtsinstitute zu verdeutlichen, nehmen entschieden einen über diesen Zweck hinausgehenden Umfang an. (...) Überhaupt kann dem Verfasser der Vorwurf einer zu starken Betonung wirtschaftlicher Gesichtpunkte gegenüber juristischen nicht erspart bleiben, oft muss die dar getane wirtschaftliche Zweckmäßigkeit eines Rechtssatzes als Begründung für dessen Existenz herhalten". Ganz anders allerdings die positive Würdigung von: Müller-Erzbach, ZHR 71 (1914), S. 417: „So ist es besonders zu begrüßen, wenn in der juristischen Literatur wirtschaftlichen Vorgängen die im Interesse der Wissenschaft gebotene Aufmerksamkeit geschenkt und damit eine Besserung der bestehenden Verhältnisse angebahnt wird".

1027 An dieser Stelle tritt sein utilitaristischer Denkansatz erneut mit besonderer Klarheit in Erscheinung. Siehe zu den Parallelen zwischen Isay und den Lehren des klassischen Utilitarismus im Sinne von Bentham und Mill auch bereits die Ausführungen oben: 1. Teil B) I) 4) b).

1028 R. Isay, Das Recht am Unternehmen, S. 189f. Siehe dazu auch ausführlich: Ders., LZ 1911, Sp. 287ff. Vgl. zum französischen Unternehmensrecht aus heutiger Sicht: Dilcher, in: Staudinger, Vorbem. zu §§ 90ff., Rn. 25.

1029 R. Isay, Das Recht am Unternehmen, S. 199f. Vgl. zu den Besonderheiten des abweichenden österreichischen Rechts aus heutiger Sicht auch: Dilcher, in: Staudinger, Vorbem. zu 90ff., Rn. 25.

1030 R. Isay, Das Recht am Unternehmen, S. 189.

1031 R. Isay, a. a. O. (Fn. 1030), S. 191.

sehr sich Isay bereits in seinem Frühwerk im Einklang mit seinen ökonomischen Grundüberzeugungen für eine Förderung des Mittelstandes und des Kleingewerbes einsetzte.[1032]

Zudem war Isay davon überzeugt, „das Pfandrecht am Unternehmen biete vom allgemein volkswirtschaftlichen Standpunkt aus auch den Vorteil, die ganz unökonomische Vernichtung der im Unternehmen steckenden Werte zu verhüten, wie sie jetzt beim Zusammenbruch des Unternehmens regelmäßig eintritt".[1033] Dass schließlich, als weiterer positiver Nebeneffekt der Pfandrechtsbestellung, die Zahl der Unternehmenskonkurse zukünftig verringert werden könnte, stand für Isay ohnehin außer Frage.[1034]

Zur dogmatischen Absicherung des Pfandrechts am Unternehmen schwebte ihm die Pflicht zur Eintragung ins Handelsregister vor, „damit jeder, der dem Unternehmer Kredit geben oder ihm sein Unternehmen abkaufen will, von der Existenz des Pfandrechts und der Höhe der gesicherten Forderung Kenntnis erlangen kann".[1035] Dabei sollte das Handelsregister aus Isays Sicht ähnlich dem Grundbuch geführt werden. Infolgedessen sollten die Regeln über Vormerkung und Widerruf, die Vorschriften des Hypothekenrechts über den Rang des Pfandrechts, den Umfang der Haftung und die Sicherung des Unternehmens gegen Verschlechterung analog Anwendung finden.[1036]

Aus ähnlichen, wiederum utilitaristischen und volkswirtschaftlichen Erwägungen setzte sich Isay zum anderen auch für die gesetzliche Statuierung der Zwangsvollstreckung in das Gesamtunternehmen de lege ferenda ein: „Wie schon mehrfach hervorgehoben, wohnt dem Unternehmen als Ganzem ein beträchtlicher Wert inne, der bei der heutigen Einzelvollstreckung einfach verloren geht. (...) Die heutige Vollstreckung realisiert durchschnittlich ein Fünftel der vorhandenen Werte; der Rest wird spurlos vernichtet und es wäre daher an sich ein sehr erstrebenswertes Ziel, diesen Rest der Volkswirtschaft, den Gläubigern und dem Schuldner zu retten".[1037]

Angesichts der Tatsache, dass sich die österreichischen Regelungen, die gem. §§ 341ff. der Exekutionsordnung die Zwangsverwaltung des Gesamtunternehmens als Verwertungsform vorsahen, infolge des Fehlens der erforderlichen Zahl sachkundiger Verwalter als nicht unproblematisch erwiesen, sprach sich Isay, im

1032 Vgl. zu diesem kontinuierlichen Anliegen Isays auch nochmals die Ausführungen zu seinen ökonomischen Grundüberzeugungen in den 20er Jahren: 1. Teil B) III) 2) a) und dort Fn. 431 sowie in den 50er Jahren: 1. Teil B) III) 3) a) und dort Fn. 470.

1033 R. Isay, Das Recht am Unternehmen, S. 194.

1034 Vgl. dazu: R. Isay, a. a. O. (Fn. 1033), S. 198.

1035 R. Isay, a. a. O. (Fn. 1033), S. 190.

1036 R. Isay, a. a. O. (Fn. 1033), S. 191.

1037 R. Isay, a. a. O. (Fn. 1033), S. 201.

Unterschied dazu, für die zukünftige gesetzliche Festlegung des Zwangsverkaufs aus.

Zur Begründung seiner Lösung führte er in erster Linie Praktikabilitätserwägungen an: „Denn der Ersteher nimmt sich des Unternehmens naturgemäß mit ganz anderer Energie und anderer Liebe an als der Verwalter. Auch sind ihm nicht durch ständigen Geldmangel die Hände gebunden; er wird nicht auf Schritt und Tritt gehemmt durch den widerwilligen Eigentümer und kontrollierende Gläubiger. Sondern er kann frisches Kapital in das Unternehmen stecken, die Organisation, soweit nötig, umgestalten, neue Geschäftszweige hinzunehmen und andere abstoßen, kurz, die in dem Unternehmen schlummernden Kräfte wecken".[1038]

Betrachtet man nun abschließend die Auswirkungen seiner Vorschläge de lege ferenda für die Nutzung des Unternehmens als Befriedigungsmittel, so ergibt sich folgendes Bild:

Die ersten Reaktionen seitens des älteren Schrifttums fielen zunächst eher positiv aus. Sowohl Isays Forderung nach einer gesetzlichen Ermöglichung der Pfandrechtsbestellung[1039] als auch nach der Zwangsvollstreckung in das Gesamtunternehmen[1040] fanden Beifall. Da der Gesetzgeber in der Folgezeit jedoch davon absah, auf Isays Anregungen hin die geforderten Neuregelungen umzusetzen, sind seine Vorschläge heute vollkommen in Vergessenheit geraten.

Nach der ständigen höchstrichterlichen Rechtsprechung des Reichsgerichts, der sich später auch der Bundesgerichtshof ausdrücklich anschloss, kommt eine Pfandrechtsbestellung am Gesamtunternehmen nicht in Frage.[1041] Dieser Auffas-

---

1038 R. Isay, a. a. O. (Fn. 1033), S. 201f.

1039 Ausdrücklich zustimmend: Pisko, Grünhut 38 (1911), S. 742, (748f.). Mit identischer Begründung: Müller-Erzbach, ZHR 71 (1914), S. 417, (421f.): „Durch den erleichterten Zugang zum Bankkredit, wie ihn die Möglichkeit, das ganze Geschäft in einfacher Weise verpfänden zu können, verschaffen würde, würden auch die kleineren Gewerbetreibenden in dauernde Verbindung mit einer Bank treten können". Zudem wurde eine Pfandrechtsbestellung am Unternehmen im Sinne Isays grundsätzlich in Erwägung gezogen von: Oppikofer, Das Unternehmensrecht, S. 138ff. sowie von: Brecher, Das Unternehmen als Rechtsgegenstand, S. 147, Fn. 67. Anderer Auffassung mit Hinweis auf die entgegenstehende Gesetzeslage: Oertmann, Jur. Literaturblatt 1911, S. 81, (82).

1040 Im Ergebnis zustimmend: Pisko, Grünhut 38 (1911), S. 742, (749f.); Müller-Erzbach, ZHR 71 (1914), S. 417, (422).

1041 Vgl. dazu ausdrücklich: BGH NJW 1968, 392, (393): „Dementsprechend ist auch die Verpfändung oder Sicherungsübereignung durch eine sich nur auf das Unternehmen als Ganzes oder als Teil eines Gesamtunternehmens beziehende Willenseinigung nicht möglich, da dieses weder eine Sache noch ein Recht, sondern ein Inbegriff von Vermögensgegenständen ist. Verpfändbar sind daher nur die einzelnen zum Unternehmen gehörenden Sachen und Rechte". Vgl. in diesem Zusammenhang

sung ist zwar auch das herrschende Schrifttum gefolgt. Jedoch ist zu beachten, dass über die Zweckmäßigkeit der zukünftigen Einführung eines Registerpfandrechts am Unternehmen im Sinne von Isays Vorschlägen noch bis vor kurzem kontrovers diskutiert wurde.[1042]

Eine gesetzliche Festlegung der Zwangsvollstreckung in das Gesamtunternehmen de lege ferenda, wie sie Isay im Jahre 1910 vorschwebte, ist in jüngster Zeit hingegen überhaupt nicht mehr in Erwägung gezogen worden.[1043]

Insgesamt haben sich Isays konkrete Vorschläge de lege ferenda für eine volkswirtschaftlich sinnvolle Verwertung des Unternehmens im Wege der Pfandrechtsbestellung oder der Gesamtvollstreckung – ganz anders als seine Überlegungen zur analogen Anwendung der §§ 459ff. BGB a. F. beim Unternehmenskauf – zwar nicht unmittelbar auf die Rechtsentwicklung bis heute ausgewirkt. Immerhin trug der Gesetzgeber mit Verabschiedung der §§ 217ff. InsO, die das Insolvenzplanverfahren in Anlehnung an Chapter 11 Bankruptcy Code (BC) regeln, um die Reorganisation und Sanierung notleidender Unternehmen zu ermöglichen[1044], mittelbar Isays Anliegen Rechnung, „die ganz unwirtschaftliche Vernichtung der im Unternehmen steckenden Werte zu verhindern, wie sie jetzt bei Zusammenbruch des Unternehmens regelmäßig eintritt".[1045]

B) Patentrecht

Obwohl Isay bis zu seiner Emigration nach Brasilien im Jahre 1935 länger als ein Vierteljahrhundert erfolgreich als Patentanwalt tätig war und sich während dieser Zeit täglich mit vielen aktuellen Erfindungen und technischen Problemen

---

auch bereits die damit übereinstimmende ständige Rechtsprechung des Reichsgerichts: RGZ 68, 54; 70, 226, (228); 95, 235, (237f.).

1042 So ausdrücklich: Wiegand, in Staudinger: § 1204 Rn. 40 m. w. N., der der Einführung eines Registerpfandrechts in Übereinstimmung mit dem überwiegenden Schrifttum gleichwohl insgesamt skeptisch gegenübersteht. Ebenso auch bereits: Hubmann, ZHR 117 (1954), S. 41, (72f.).

1043 Vgl. die vereinzelt gebliebene ablehnende Stellungnahme von: Hubmann, ZHR 117 (1954), S. 41, (69f.): „Wenn man auch ein Recht am Unternehmen in der hier vertretenen Form anerkennt, so ist doch eine Zwangsvollstreckung in das Unternehmen als Ganzes nicht möglich".

1044 Vgl. ausführlich zum Antrag und zum Verfahren des Insolvenzplans statt aller: Saegon, in: Buth / Hermanns, Restrukturierung, Sanierung und Insolvenz, § 3 Rn. 116ff., S. 99ff.

1045 Vgl. nochmals explizit: R. Isay, Das Recht am Unternehmen, S. 194.

auseinandersetzte[1046], spielte das Patentrecht in seinem wissenschaftlichen Gesamtwerk – jedenfalls mit Blick auf seinen Umfang – eine untergeordnete Rolle. Das wissenschaftliche Feld überließ er auf diesem Gebiet seinem Bruder Herrmann Isay.[1047]

Eine patentrechtliche Abhandlung, nämlich sein Aufsatz „Mittelbare Erfindungsbenutzung“[1048], die Isay bereits im Jahre 1910 als Referendar verfasste, prägte allerdings nicht nur sein Frühwerk, sondern auch die Rechtsentwicklung bis heute nachhaltig. In diesem „Pionieraufsatz“[1049] entwickelte Isay das ungeschriebene, später dann gewohnheitsrechtlich anerkannte und inzwischen – seit 1981 – auch gesetzlich verankerte Institut der „mittelbaren Patentverletzung“ und trug damit zur Lösung eines der „schwierigsten patentrechtlichen Probleme“ bei.[1050]

I) Das viel diskutierte „Holzmehlpatent“ als Ausgangspunkt von Isays Aufsatz „Mittelbare Erfindungsbenutzung“ (1910)

Isays Aufsatz knüpfte an eine spezielle Gruppe von Erfindungen an, deren rechtliche Behandlung zum damaligen Zeitpunkt gesetzlich nicht geregelt war, für deren Schutz aus seiner Sicht aber aus praktischen Gründen ein dringendes Bedürfnis bestand. Er näherte sich diesen speziellen Erfindungen, indem er vom

---

1046 Vgl. dazu ausdrücklich die Selbsteinschätzung von: R. Isay, WuW 1955, S. 339, (343): „Der Verfasser kann auf diesem Gebiet eine gewisse Erfahrung für sich in Anspruch nehmen, denn zwischen 1908 und 1935 hat es wenige Erfindungen gegeben, mit denen er nicht auf die eine oder andere Weise befasst worden wäre. Er kennt das Schicksal, dass Hunderten von Erfindern und vielen Hunderten ihrer Erfindungen beschieden gewesen ist“. Vgl. auch die Ausführungen von: Dörinkel, in: Festschrift für R. Isay, S. 1, (5), der darauf hinweist, das Isay in besagtem Zeitraum „mit fasst allen bedeutsamen Erfindungen der Zeit in Berührung gekommen“ sei. „Besonders intensiv war er mit den Erfindungen befasst, welche die Hochfrequenztechnik (Radio und Tonfilm) sowie den Braunkohletagebau betrafen, zwei Gebiete, deren Entwicklung sich damals überstürzte“.

1047 Vgl. ausführlich zu Leben und Werk Hermann Isays: Ed. Reimer, GRUR 1948, S. 59 sowie: Rosmanith, Rechtsgefühl und Entscheidungsfindung. Zum nachhaltigen Einfluss seines Bruders Hermann auf Rudolf Isays berufliche Laufbahn und insb. seine methodischen Grundüberzeugungen siehe nochmals oben: 1. Teil A) II) und 2. Teil A) II).

1048 Grundlegend: R. Isay, MuW 1910, S. 79ff.

1049 So noch explizit, über sechzig Jahre nach der Veröffentlichung: Walz, GRUR 1973, S. 283, der die Abhandlung allerdings irrtümlicher Weise Rudolf Isays Bruder Hermann zuschreibt.

1050 So: Ballerstedt, Gedächtnisrede auf R. Isay, S. 14.

Regelfall ausging, wonach der wirtschaftliche Wert von Erfindungen in der Weise abgeschöpft wird, „dass der Patentinhaber das neue Verfahren oder die neue Anordnung in seinem eigenen Betriebe benutzt und die nach dem Verfahren hergestellten Erzeugnisse vertreibt".[1051] In Abweichung vom Regelfall untersuchte Isay in seiner Abhandlung nun diejenigen Erfindungen, „deren Ausübung der Natur der Sache nach in zahlreichen kleinen Unternehmungen zu erfolgen hatte".[1052] Dies ist bei denjenigen Verfahrenspatenten der Fall, deren Wert der Patentinhaber dadurch abschöpft, dass er die für die Durchführung erforderlichen Verfahrensmittel an Dritte veräußert, in deren Betrieben das patentierte Verfahren dann zur Anwendung gelangt.

Das bekannteste Beispiel aus der damaligen Praxis für Erfindungen der vorgenannten Art, das zugleich auch den Rahmen von Isays Analyse vorgab, lieferte das „Holzmehlpatent" Nr. 91670, welches für „die Verwendung von Holzmehl als Streumittel für Bäckereizwecke" erteilt wurde. Dieses Patent basierte auf der Erkenntnis, dass Brotteig vor dem Backen gären muss. Dabei erwies sich das Verkleben des Brotteigs an Schüsseln und Behältern infolge des Gärungsprozesses regelmäßig als problematisch. Um dies zu verhindern, streute man früher Getreidemehl in die Schüsseln. Der Erfinder des Holzmehlpatents stellte fest, dass sich bei Verwendung des im Vergleich zum Getreidemehl wesentlich kostengünstigeren Holzmehls die gleichen Resultate erzielen ließen.

Demgemäß bestand die besondere Bedeutung der Durchführung dieses neuartigen Verfahrens für Isay – im Einklang mit seinem utilitaristischen, stets an der Steigerung der ökonomischen Effizienz orientierten Denkstil[1053] – „in erster Linie auf dem Ersatz des teuren Getreidemehls durch das billige Holzmehl, wodurch der deutschen Volkswirtschaft jährlich viele Tausende erspart werden".[1054]

„Dass der Patentinhaber sich auf den Vertrieb des Holzmehls verlegte und jedem, der das Holzmehl von ihm kaufte, die Anwendung des Verfahrens solange gestattete, als der von ihm bezogene Holzmehlvorrat reichte"[1055], hielt Isay aus ökonomischen Gründen für die einzig logische Konsequenz.

Bereits seit 1905 kam es zu gerichtlichen Auseinandersetzungen über das „Holzmehlpatent", nachdem Dritte Holzmehl ohne Kenntnis oder Einwilligung des Patentinhabers an Bäckereibetriebe veräußert hatten, wo es dann verwendet worden war.

1051 Vgl.: R. Isay, MuW 1910, S. 79.
1052 R. Isay, MuW 1910, S. 79.
1053 Vgl. zu Isays utilitaristischem Denkansatz und den Parallelen zu den klassischen Lehren von Bentham und Mill bereits ausführlich oben: 1. Teil B) I) 4) b).
1054 So die ausdrückliche Begründung von: R. Isay, MuW 1910, S. 79, (80).
1055 R. Isay, MuW 1910, S. 79, (80).

Bevor nun Isays Lösungsvorschlag für die rechtliche Beurteilung dieses Sachverhalts eingehend untersucht wird, ist zunächst kurz darzustellen, wie das Reichsgericht in den Fällen der unberechtigten Veräußerung des Holzmehls entschied.

II) Die Urteile des Reichsgerichts zum „Holzmehlpatent" offenbarten gesetzliche Schutzlücken zu Lasten des Erfinders

Das Reichsgericht versuchte, die Problematik der unberechtigten Weiterveräußerung des Holzmehls strafrechtlich als unmittelbare Patentverletzung gem. § 36 i. V. m. § 4 PatG (Fassung vom 7. 4. 1891) zu lösen.[1056] So wurden jeweils die Voraussetzungen sämtlicher Täterschafts- und Teilnahmeformen, also Mittäterschaft, mittelbare Täterschaft, Anstiftung und auch Beihilfe geprüft, jedoch zumeist ohne Erfolg, da der erforderliche Vorsatz des Veräußeres in den ganz überwiegenden Fällen nicht nachzuweisen war.

Als unüberbrückbare Hürde erwies sich dabei, dass der Vertrieb des Verfahrensmittels im Regelfall gerade nicht zum Zwecke der Verletzung des Patentinhabers erfolgt war.

Der Annahme einer eventuell in Frage kommenden mittelbaren Täterschaft stand entgegen, dass es dem Veräußerer regelmäßig gleichgültig war, ob der Abnehmer ohne Zustimmung des Patentinhabers handelte. Die strafrechtlichen Lösungsansätze des Reichsgerichts hatten sich nach allgemeiner Ansicht insgesamt als ungeeignet und somit als „falscher Weg" erwiesen.[1057]

Aber auch im Zivilprozess wurde dem Geschädigten kein adäquater Schutz gewährt. So verneinte das Reichsgericht im Falle des „Holzmehlpatents" zunächst das Vorliegen der Voraussetzungen von zivilrechtlichen Unterlassungs- oder Schadensersatzansprüchen des Patentinhabers gegen die Lieferanten mit dem Hinweis darauf, die Lieferanten hätten keine der in § 4 PatG aufgeführten Benutzungshandlungen begangen. Dabei stand das RG auf dem Standpunkt, die Aufzählung der Benutzungshandlungen in § 4 PatG, also das Herstellen, Feilhalten, in Verkehr bringen und der Gebrauch des Patents, sei abschließend.

1056 Vgl. folgende Entscheidungen des Reichsgerichts zum „Holzmehlpatent": RG v. 22.12.1905, GRUR 1906, 262; RG v. 26.1.1907, GRUR 1907, 130; RG v. 26.1.1909, Bl. f. PMZ 1909, 257, (258ff.); RG v. 2.7.1909 (Strafsenat), GRUR 1910, 46; RG v. 11.1.1913 (Strafsenat), MuW 1913, 334; RG v. 11.5.1914 (Strafsenat), MuW 1914, 326.

1057 So ausdrücklich statt aller: Axter, GRUR 1931, S. 653, (656). Ebenso auch noch: Teschner, Die mittelbare Patentverletzung, S. 2 u. 60f.

Infolgedessen verwies die höchstrichterliche Rechtssprechung den Inhaber des Holzmehlpatents darauf, seine Ansprüche gegen die einzelnen Bäckereibetriebe, in denen das patentrechtliche Verfahren zur Anwendung kam, geltend zu machen.[1058]

Allerdings liegt auf der Hand, dass den Schutzinteressen des Patentinhabers damit nicht gedient war. Zum einen war es für ihn nahezu aussichtslos, sämtliche Bäckereibetriebe, die als Abnehmer von Holzmehl in Frage kamen, zu überwachen. Zum anderen hatte der Patentinhaber keine Möglichkeit, sich zu den Backstuben Zutritt zu verschaffen, um Patentverletzungen durch die Abnehmer auf diesem Wege aufzuspüren und gerichtlich geltend zu machen.

Die aus Isays Sicht unbefriedigende Beweislage stellte sich für ihn wie folgt dar: „Nach der herrschenden Lehre, welche mindestens auf Seiten des mittelbaren Patentverletzers das Vorliegen einer wissentlichen Patentverletzung fordert, ist der Patentinhaber nämlich, sobald die Auslegung des Patents nur einigermaßen zweifelhaft erscheint, stets genötigt, zwei Prozesse zu führen, um zu einem obsiegenden Urteil zu kommen. Er muss zunächst einen von vornherein aussichtlosen Prozess durch alle Instanzen treiben, lediglich um dem Verletzer den guten Glauben zu nehmen. Erst dann kann er mit Erfolg auf Unterlassung klagen".[1059]

III) Isays dogmatische Herleitung eines Anspruchs aus dem ungeschriebenen Institut der „mittelbaren Patentverletzung"

Vor dem Hintergrund dieser offenkundigen Beweis- und Prozessschwierigkeiten des Patentinhabers, die er aus praktischen Gründen für unhaltbar hielt, war es Isays vorrangiges Ziel, einen Weg zu finden, den Schutzbedürfnissen des Pa-

1058 Vgl. in diesem Sinne z. B. explizit folgendes Urteil aus der höchstrichterlichen Rechtssprechung: RG v. 26.1.1909, Bl. f. PMZ (1909), S. 257, (258), danach könne „als durch das Patent geschützt nur das Verfahren, Holzmehl zum Einstreuen beim Backen zu verwenden, angesehen werden. Das Patent verletzt daher (...) nur der, der dieses Verfahren anwendet, (...), also im Wesentlichen der Bäcker. Der Patentschutz umfasst nicht ein ausschließliches Recht des Patentinhabers zur Herstellung und Verkauf des Holzmehls überhaupt. (...) Die Tatsache, dass der Patentinhaber willkürlich die Bedingung stellt, dass das zur Ingebrauchnahme seines Verfahrens erforderliche Holzmehl von ihm bezogen werde, vermag den Patentschutz nicht dahin zu erstrecken, dass kraft dessen von ihm Herstellung und Verkauf von Holzmehl, das zum Einstreuen in die Backgeräte Verwendung finden soll, verboten werden könnte".

1059 R. Isay, MuW 1910, S. 79, (81).

tentinhabers in den geschilderten Fällen – was dem Reichsgericht nicht gelungen war – in ausreichendem Maße Rechnung zu tragen.

Der zentrale und grundlegend neuartige Gedanke von Isays Lösungsweg war die Erkenntnis, dass „in dem Vertrieb der Verfahrensmittel eine echte „Benutzung“ im Sinne des Patentgesetzes und zwar eine mittelbare Erfindungsbenutzung“ zu erblicken sei.[1060] Dabei war sich Isay sehr wohl bewusst, dass der Patentinhaber selbst keine der in § 4 PatG genannten Benutzungshandlungen vornimmt, „aber er lässt sie zu seinem eigenen Vorteil durch einen anderen vollziehen und wird dadurch nicht etwa zu einem Gehilfen, einem Teilnehmer an einer fremden Benutzung degradiert, vielmehr ist das Verhältnis gerade umgekehrt: er beutet die Erfindung zu seinem eigenen Nutzen aus und bedient sich dabei eines anderen gewissermaßen als eines Werkzeugs“.[1061]

In diesem Zusammenhang ordnete Isay die mittelbare Benutzung nicht als neue, selbstständige Gattung neben die in § 4 PatG genannten Benutzungsarten ein. Vielmehr ging er davon aus, dass jede der in § 4 PatG abschließend aufgezählten Benutzungsarten nicht nur unmittelbar, sondern eben auch mittelbar ausgeführt werden könne, sofern der Patentinhaber die eigentlichen Gebrauchshandlungen von einem Dritten vornehmen lasse und sich dabei selbst auf bloße Vorbereitungshandlungen beschränke. Infolgedessen stand für Isay außer Frage, dass „die mittelbare Erfindungsbenutzung also lediglich eine abgeleitete, sekundäre Form der Benutzung von Erfindungen“ sei „und ihre Anerkennung daher nicht durch § 4 PatG ausgeschlossen“ werde.[1062]

Nachdem Isay erkannt hatte, dass die mittelbare Patentbenutzung ebenso wie die unmittelbare durch § 4 PatG geschützt war, folgte für ihn die dogmatische Ableitung der „mittelbaren Patentverletzung“ aus der Systematik des Patentgesetzes als logische Konsequenz:

Daraus, dass ein Eingriff in das unmittelbare Benutzungsrecht des Patentinhabers zur unmittelbaren Patentverletzung führte, schloss Isay, dass bei einem Eingriff in das mittelbare Benutzungsrecht denklogisch eine mittelbare Patentverletzung vorliegen müsste.

Mit Blick auf die Voraussetzungen, von denen Isay die Annahme einer mittelbaren Patentverletzung abhängig machte, kam dem Umstand eine besondere Bedeutung zu, „dass die Handlungen, durch welche sie sich vollzieht, für sich allein betrachtet, patentrechtlich indifferent sind. (...) Patentrechtliche Bedeutung bekommen jene Handlungen also erst durch ihre Beziehung zu der späteren

1060 So ausdrücklich: R. Isay, MuW 1910, S. 79, (80).
1061 R. Isay, MuW 1910, S. 79, (80).
1062 R. Isay, MuW 1910, S. 79, (80).

eigentlichen Benutzungshandlung, nämlich zu der künftigen Anwendung des patentierten Verfahrens".[1063]

Demgemäß hing das Vorliegen der mittelbaren Patentverletzung aus Isays Sicht letztlich entscheidend vom Willen des Veräußerers ab. Dabei sollte nicht allein die Kenntnis genügen, die Erfindung durch den Verkauf der Verfahrensmittel auszunutzen, vielmehr hielt Isay die Absicht des Veräußerers für erforderlich, dass die veräußerten Gegenstände zur Ausübung der Erfindung bestimmt seien. Allerdings betonte er mit Nachdruck, es sei nicht notwendig, „dass der Veräußerer der Verfahrensmittel das Bewusstsein der Rechtswidrigkeit besitzt, also sich über den Schutzumfang des Patents vollkommen im Klaren ist, wie dies die herrschende Lehre verlangt. Denn die mittelbare Erfindungsbenutzung ist eine Benutzungsart wie jede andere auch und daher genügt es, dass rein objektiv ihre Voraussetzungen vorliegen, um den Patentinhaber zur Unterlassungsklage zu berechtigen".[1064]

Für Isay stand fest, dass sich unter Beachtung dieser Voraussetzungen, „angemessenere Ergebnisse erzielen lassen als nach der bisher üblichen Methode, welche von der Theorie der Patentverletzung ausging und daher zur Heranziehung strafrechtlicher, also der Lehre von der Erfindungsbenutzung durchaus fremder Gesichtpunkte genötigt war".[1065]

Und wie sich im nächsten Abschnitt zeigen wird, gab die weitere Rechtsentwicklung seiner Einschätzung in vollem Umfang Recht.

Abschließend sind noch einige Anmerkungen zu Isays methodischer Vorgehensweise zu machen. Auch bei der dogmatischen Herleitung des ungeschriebenen Instituts der „mittelbaren Patentverletzung" tritt wiederum sein freirechtlich geprägter Ansatz deutlich zutage, Gesetzeslücken durch volkswirtschaftliche sowie soziologisch motivierte Billigkeitserwägungen zu schließen.[1066] Darüber hinaus ist an diesem Beispiel zu erkennen, dass er im Rahmen seiner Rechtsschöpfungsvorschläge stets die Grundsätze der rechtswissenschaftlichen Dogmatik[1067], die Gesetzesbindung[1068] und, wie sich im vorliegende Fall besonders deutlich zeigte, überdies die Gesetzessystematik beachtete.

1063 So ausdrücklich: R. Isay, MuW 1910, S. 79, (81).

1064 R. Isay, MuW 1910, S. 79, (81).

1065 R. Isay, MuW 1910, S. 79, (81).

1066 Siehe zu Isays konkreter Vorgehensweise bei der Schließung von Gesetzeslücken auch bereits die obige Untersuchung der beiden Beispielsfälle unter: 2. Teil A) IV) 3) b) aa), bb).

1067 Siehe zum Stellenwert der Dogmatik in Isays Werk bereits oben: 2. Teil A) IV) 2) b).

1068 Siehe zu Isays Respekt vor der Autorität des Gesetzgebers nochmals oben: 2. Teil A) IV) 4) a) – c).

Zudem trat Isays utilitaristische Denkweise erneut zutage: Im Kern dienten seine Vorschläge de lege ferenda für eine Ausdehnung des Patentschutzes auf mittelbare Benutzungshandlungen der Förderung von technischen Innovationen und Erfindungen, die der gesamten Volkswirtschaft zugute kommen sollten.[1069]

IV) Die Auswirkungen von Isays neu geschaffenem Institut der „mittelbaren Patentverletzung" auf die Rechtsentwicklung

An der Wirkungsgeschichte von Isays dogmatischer Herleitung des ungeschriebenen Instituts der „mittelbaren Patentverletzung" lässt sich besonders deutlich die für sein Gesamtwerk typische verzögerte Anerkennung durch Rechtssprechung und Schrifttum ablesen. Denn auch mit seinen freirechtlichen Überlegungen zur „mittelbaren Patentverletzung" war Isay der weiteren Rechtsentwicklung um Jahrzehnte voraus.[1070]

So sollten zunächst einige Jahre vergehen, bis das Schrifttum überhaupt erst anfing, sich mit Isays grundlegend neuen Überlegungen zur mittelbaren Erfindungsbenutzung auseinander zusetzen. Dabei fiel die erste Resonanz uneinheitlich aus. Während einige Autoren Isays dogmatischen Lösungsweg teilten[1071], gab es anfangs auch kritische Stimmen im Schrifttum.[1072]

Das Kammergericht folgte Isays Vorschlägen in einem Urteil aus dem Jahre 1916 unter ausdrücklicher Bezugnahme auf seinen Aufsatz.[1073] Demgegenüber behielt das Reichsgericht zunächst mit Hinweis auf den abschließenden Anwendungsbereich des § 4 PatG, der mittelbare Verletzungshandlungen nicht explizit regelte, seinen alten Kurs bei und stellte sich weiterhin auf den Standpunkt, in diesen Fallkonstellationen komme allenfalls ein unmittelbares in Verkehr bringen der Verfahrensmittel in Betracht.[1074] Im Jahre 1928 vollzog dann auch die reichsgerichtliche Rechtsprechung in der „Abnahme von Anlagen"-Entscheidung eine grundlegende Kehrtwende und schloss sich Isays Lösungsweg an –

1069 Vgl. zu dieser Zielrichtung auch bereits Isays Stellungnahme oben: Fn. 1054.

1070 Siehe zu Isays rechtsschöpferischen Visionen, von denen sein Gesamtwerk lebte, auch die Ausführungen in der Gesamtwürdigung unten: 4. Teil E).

1071 So z. B. von: H. Isay, Patentgesetz, § 4 PatG, Rn. 22; Kisch, JW 1922, S. 1216; ders., JW 1927, S. 2001.

1072 Isays Lösungsweg wurde hingegen abgelehnt von: Seligsohn, Patentgesetz-Kommentar, 5. Aufl., 1912, § 4 PatG, Rn. 7. In der 7. Aufl., 1932 änderte Seligsohn allerdings seine Meinung und schloss sich Isay an. Isays Ansatz wurde zudem nicht geteilt von: Pietzcker, GRUR 1927, S. 846f.

1073 KG v. 28.6. 1916, MuW 1925/26, 365, (366).

1074 So noch: RG v. 25.5.1927, JW 1927, 2001= MuW 1927/28, 139, –„Dermatoid-Schuhkappen".

freilich, ohne dessen Abhandlung „Mittelbare Erfindungsbenutzung“ aus dem Jahre 1910 zu erwähnen.[1075] Vielmehr stellte sich das RG in einem kurz darauf ergangenen Urteil und fortan in ständiger Rechtssprechung – irrtümlicherweise und ohne jede dogmatische Begründung – auf den Standpunkt, die höchstrichterliche Rechtsprechung habe die mittelbare Patentbenutzung zu einem früheren Zeitpunkt selbst entwickelt und anerkannt.[1076]

Als Konsequenz dieser verwirrenden Argumentationsweise hat das Reichsgericht Isay letztlich um die Anerkennung seines grundlegenden Beitrags für die Entwicklung des Instituts der „mittelbaren Patentverletzung“ gebracht.[1077]

Allerdings kommt der tatsächliche Einfluss Isays in folgendem Fazit deutlich zum Ausdruck, mit dem Teschner die Entwicklung der reichsgerichtlichen Rechtssprechung noch im Jahre 1974 zusammenfasste: „Als wichtigstes Ergebnis ist voranzustellen, dass sich die Rechtssprechung des Bedürfnisses eines ausreichenden Erfindungsschutzes nicht verschlossen, die Idee von Rudolf Isay aufgegriffen und damit anstelle der früheren strafrechtlich verfehlten Konstruktion ein spezifisch patentrechtliches Institut zur Unterbindung von Lieferantenhandlungen geschaffen hat, welche die Schutzrechtsverwertungen durch den Berechtigten übermäßig beeinträchtigen“.[1078]

1075 RG v. 25.1.28, GRUR 1928, 386, (387) –„Abnahme von Anlagen“. Darin heißt es explizit: „Mindestens mit bedingtem Vorsatz habe sie mittelbar das der Klägerin patentierte Verfahren (…) in Benutzung genommen“.

1076 RG v. 22.2.1928, MuW 1928, 312 (313) –„Kakaobearbeitungsmaschine“ mit ausdrücklichem Hinweis auf RG v. 25.5.1927, JW 1927, 2001 –„Dermatoid-Schuhkappen“. In letzterem Urteil ist allerdings an keiner Stelle von einer mittelbaren Patentbenutzung, wie sie Isay in seinem Aufsatz aus dem Jahre 1910 vorschwebte, die Rede. Vielmehr ordnete das RG darin den Sachverhalt als in Verkehr bringen ein (§ 4 PatG). Darauf machte auch ausdrücklich aufmerksam: Krauße, MuW 1927/28, S. 555, (560). Im Anschluss an die vorerwähnte „Kakaobearbeitungsmaschiene“-Entscheidung hielt das Reichsgericht in ständiger Rechtssprechung an der Anerkennung der mittelbaren Patentbenutzung fest. Siehe dazu: RG v. 3.10.1928, MuW 1929, 75, (76); RG v. 10.11.1928, RGZ 122, 243, (246); RG v. 31.1.1931, RGZ 146, 26, (28f.), –„Saugtrommel“; RG v. 8.7.1933, RGZ 141, 336, (339f.) –„Johannisbrotkernmehl“; RGZ 149, 12, (14) –„Abbindung“; RG GRUR 1936, 871, (873) –„Gleichdruckschweißbrenner“ Vgl. zur Entwicklung der Rechtssprechung des RG auch: Axter, GRUR 1931, S. 653, (657ff.); H. Isay, Patentgesetz, § 4 PatG, Rn. 36, S. 236ff.

1077 Kritisch mit Blick auf die kaum nachvollziehbare Begründung des Reichsgerichts auch: Teschner, Die mittelbare Patentverletzung, S. 62: „Diese methodische Nachlässigkeit führte dazu, dass man es versäumte, sich klar und offen mit der Theorie der mittelbaren Bennutzung auseinander zusetzen und ihre Konturen abzugrenzen“. In dieser Richtung auch bereits: Axter, GRUR 1931, S. 653, (660): „Die Entscheidungen sind aber noch reichlich unklar“.

1078 Teschner, Die mittelbare Patentverletzung, S. 70.

Das überwiegende Schrifttum schloss sich in der Folgezeit der reichsgerichtlichen Rechtssprechung an. Gestritten wurde lediglich darüber, ob für die Annahme einer mittelbaren Patentverletzung über das Vorliegen einer objektiven Verletzungshandlung hinaus noch weitere subjektive Tatbestandstandsmerkmale in der Person des Schädigers erfüllt sein müssten.[1079]

Diejenigen Autoren, die das Institut der mittelbaren Patentverletzung hingegen in Gänze ablehnten, bildeten die Ausnahme.[1080]

In den 60er Jahren knüpfte schließlich auch der Bundesgerichtshof ausdrücklich an die Rechtsprechung des Reichsgerichts an und behielt sie bis heute bei.[1081] Mittlerweile sind die von der Rechtssprechung des BGH aufgestellten Grundsätze für die Anwendung des Instituts der „mittelbare Patentverletzung" als Gewohnheitsrecht anerkannt.[1082]

In diesem Zusammenhang ist zu beachten, dass noch bis vor kurzem eine Reihe von Vertretern des Schrifttums explizit – im Unterschied zur Rechtssprechung – auf Isays grundlegenden Aufsatz aus dem Jahre 1910 verwies.[1083]

1079 Die mittelbare Patentbenutzung wurde unter ausdrücklicher Bezugnahme auf die grundlegenden Denkanstösse Isays im Ergebnis anerkannt von: Krauße, MuW 1927/28, S. 555, (556ff.); ders., MuW 1929, S. 260ff.; Ed. Reimer, Mitt. v. Verb. d. Patentanw. 1931, S. 85, (90ff. u. 98); Axter, GRUR 1931, S. 653, (656f. u. 667); Seligsohn, Patentgesetz, 7. Aufl., 1932, § 4 PatG, Rn. 7, S. 139f.; H. Isay, Patentgesetz, § 4 PatG, Rn. 36, S. 237f.; Er. Reimer, JR 1951, S. 307ff.

1080 Anderer Ansicht waren lediglich: Hayn, MuW 1927/28, S. 382ff.; ders., MuW 1929, S. 201, (202ff.); ders., MuW 1929, S. 531f., der in den vorgenannten Aufsätzen den Patentinhaber nicht über das neu geschaffene Institut der mittelbaren Patentverletzung schützen wollte, sondern in den hier erörterten Fallkonstellationen stattdessen für einen Anspruch aus § 1 UWG plädierte. Ähnlich später auch noch: Walz, GRUR 1973, S. 283, (287ff.), der die Rechtsfigur der mittelbaren Patentverletzung, ebenso wie Hayn, auf die Ebene des § 1 UWG transportieren wollte, um deren Anwendungsbereich zu beschränken.

1081 Ständige Rechtssprechung: BGH GRUR 1951, 452, (454f.) –„Mülltonne II"; BGH GRUR 1958, 179, (182) –„Resin"; BGH GRUR 1961, 466, (468f.) –„Gewinderollkopf II"; BGH v. 8.11.1960, GRUR 1961, 627f. –„Metallspritzverfahren"; BGH v. 30.4.1964, GRUR 1964, 496, (497f.) –„Formsand II"; BGH GRUR 1971, 78, (80f.) –„Dia-Rähmchen V"; BGHZ 82, 254, (257ff.) –„Rigg".

1082 So explizit: Meier-Beck, GRUR 1993, S. 1, (2).

1083 Folgende Autoren beriefen sich in letzter Zeit noch ausdrücklich auf Isays Abhandlung aus dem Jahre 1910: Walz, GRUR 1973, S. 283; Teschner, Die mittelbare Patentverletzung, S. 2, 62ff., 71f., 92f. und 113 ; Meier-Beck, GRUR 1993, S. 1; Keukenschrijver, in: Busse, Patentgesetz-Kommentar, § 10 PatG, Rn. 4, S. 231.

V) Die gesetzliche Verankerung des Instituts der „mittelbaren Patentverletzung" im Jahre 1981

Im Jahre 1981, über 70 Jahre nach der Veröffentlichung von Isays Aufsatz „Mittelbare Erfindungsbenutzung", trug schließlich auch der Gesetzgeber den Schutzbedürfnissen des Patentinhabers dadurch Rechnung, dass er das Institut der mittelbaren Patentverletzung in §10 Abs. 1 PatG[1084] ausdrücklich gesetzlich verankerte.

Anders als die bis dahin herrschende Praxis, nach der die Annahme einer mittelbaren Patentverletzung die Erfüllung eines Doppeltatbestandes erforderte (die mittelbare Verletzung durch den Lieferanten und darüber hinaus die anschließende unmittelbare Verletzungshandlung eines Dritten infolge der Verwendung der Verfahrensmittel), hat der Gesetzgeber § 10 PatG als einstufigen, nichtakzessorischen Gefährdungstatbestand ausgestaltet. Auf diese Weise wollte der Gesetzgeber gewährleisten, dass eine unberechtigte Benutzung der Erfindung bereits im Vorfeld verhindert werden kann.[1085]

Unabhängig von dieser Erweiterung des Anwendungsbereichs stimmt der Zweck der gesetzlichen Regelung der mittelbaren Patentverletzung gem. § 10 PatG mit Isays Ziel überein, den Inhabern von Verfahrenspatenten die Durchsetzung ihrer Rechte dadurch zu erleichtern, dass sie nicht mehr darauf angewiesen sind, gegen den häufig nicht zu ermittelnden unmittelbaren Verletzer vorgehen zu müssen.[1086]

Insofern bestätigte die aktuelle Rechtsentwicklung Isays visionäre Überlegungen zur mittelbaren Patentverletzung aus dem Jahre 1910 somit in Gänze.

1084 § 10 PatG, der am 1.1.1981 in Kraft getreten ist, geht zurück auf den gleich lautenden § 10 GPatG (=Gemeinschaftspatentgesetz) v. 26.7.1979, BGBl. I, S. 1269.

1085 Vgl. zur Auslegung der Tatbestandsvoraussetzungen der mittelbaren Patentverletzung gem. § 10 Abs. 1 PatG durch die heutige Rechtsprechung im Einzelnen: BGHZ 115, 204, (208f.) –„Beheizbarer Atemschlauch"; BGH GRUR 1997, 116, – „Prospekthalter"; BGH GRUR 2001, 228, (230f.) –„Luftheizgerät". OLG Düsseldorf, Mitt 2003, 264, (265ff.) –„Antriebsscheibenaufzug"; BGH, Mitt 2004, 358, (360ff.) – „Flügelradzähler"; OLG Karlsruhe, Mitt 2004, 415, (416f.) – „Bremstrommel". Vgl. zur Auslegung des § 10 Abs. 1 PatG durch das jüngere Schrifttum: Bruchhausen, in: Benkard, Patentgesetz-Kommentar, § 10 PatG; Meier-Beck, GRUR 1993, S. 1ff; Mes, GRUR 1998, S. 281ff.; Keukenschrijver, in: Busse, Patentgesetz-Kommentar, § 10 PatG, Rn. 13ff., S. 233ff.; Nieder, GRUR 2000, S. 272f.; Schulte, Patentgesetz-Kommentar, § 10, Rn. 7ff., S. 265ff.; Scharen, GRUR 2001, S. 995ff.; Holzapfel, GRUR 2002, S. 193ff.; Haedicke, Mitt 2004, S. 145ff.; Nieder, Mitt 2004, S. 241f.

1086 Vgl. in diesem Sinne statt aller: Bruchhausen, in: Benkard, Patentgesetz-Kommentar, § 10 PatG Rn. 2. Siehe zu Isays identischer Zielrichtung nochmals seine Stellungnahme oben: Fn.1059.

C) Kartellrecht

Die nachfolgende Untersuchung der Wirkungsgeschichte von Isays kartellrechtlichen Abhandlungen bildet den Schwerpunkt des Werkteils. Zum einen, da Isay dieses Gebiet seit der Veröffentlichung seines Kommentars zur Kartellverordnung im Jahre 1925[1087], aber auch noch mit seinen kritischen Beiträgen zum Regierungsentwurf eines Gesetzes gegen Wettbewerbsbeschränkungen sowie seinen Gegenentwürfen in den 50er Jahren[1088] nachhaltig prägte. Zum anderen, da das Kartellwesen während Isays gesamter Laufbahn im Zentrum seines wissenschaftlichen Interesses stand.[1089]

I) Der Einfluss des kartellrechtlichen Werks Isays auf die Rechtsprechung und die Praxis 20er Jahre

In diesem Abschnitt werden drei Veröffentlichungen Isays im Bereich des Kartellrechts aus den 20er Jahren untersucht. Sogleich wird der nachhaltige Einfluss seines Kommentars zur Kartellverordnung (1925) auf die Auslegung der zentralen Vorschriften der KVO nachgewiesen.
Im Anschluss wird Isays Rechtsgutachten zum „Benrather-Tankstellenfall" aus dem Jahre 1929 mit der berühmten letztinstanzlichen Entscheidung des Reichsgerichts in dieser Sache vom 18. 12. 1931 verglichen.[1090]
Schließlich erfolgt eine kritische Auseinandersetzung mit Isays Referat zur Kartellrechtsreform auf dem 35. Deutschen Juristentag in Salzburg im Jahre 1928.[1091]

1) Die Kartellverordnung vom 2. 11. 1923

Die bedeutendste Abhandlung Isays auf dem Gebiet des Kartellrechts in der Zeit vor seiner Emigration war sein Kommentar zur Kartellverordnung aus dem Jahre 1925, den er gemeinsam mit Siegfrid Tschierschky verfasste.[1092] Letzterer schrieb

---

1087 Siehe zu Isays Einfluss auf die Auslegung der Kartellverordnung sogleich unten: 3. Teil C) I) 1) a) – d).
1088 Siehe zum Einfluss der Kritik Isays am Regierungsentwurf auf die kontroversen Debatten um das zukünftige GWB und zu seinen eigenen Gegenentwürfen der 50er Jahre unten: 3. Teil C) II) 1) – 3).
1089 Siehe zu Isays wohlwollender Haltung gegenüber dem Kartellwesen nochmals die Ausführungen innerhalb der Darstellung seiner ökonomischen Grundüberzeugungen oben: 1. Teil B) III) 2) a) sowie: 1. Teil B) III) 3) b) und c).
1090 Siehe dazu unten: 3. Teil C) I) 2) a) – e).
1091 Siehe die Ausführungen unten: 3. Teil C) I) 3) a) – c).
1092 R. Isay / Tschierschky, Kartellverordnung (1925).

eine volkswirtschaftliche Einführung, während Isay die zentralen Vorschriften der KVO kommentierte. Selbst von Franz Böhm, einem der schärfsten Kritiker Isays, wurde der Kommentar noch in den 50er Jahren als führend bezeichnet.[1093]

Zu den Umständen der Verabschiedung der Kartellverordnung vom 2. 11. 1923 merkte Isay folgendes an: „Ferner entstand durch die Treibhausluft der Inflation, durch die Jagd nach Sachgütern und die Flucht vor dem Papiergelde eine tropische Blüte der Kartelle. Sie wurden in den Jahren 1922 und 1923 in erster Linie Mittel zur Abwälzung des Geldentwertungsrisikos auf den jeweiligen Abnehmer und erweckten damit einen beinahe fanatischen Kartellhass der öffentlichen Meinung, vor allem den Hass aller derer, die während der Inflation die Substanz ihres Vermögens nicht erhalten konnten".[1094] Vor dem Hintergrund dieser von Isay anschaulich beschriebenen Begleitumstände sah sich die Regierung Stresemann schließlich zum Einschreiten gegen die Kartelle gezwungen und erstellte die KVO, die am 2. 11. 1923 verabschiedet wurde, binnen lediglich vier Wochen.[1095]

Die wichtigsten Vorschriften des Missbrauchskonzepts der KVO waren § 1 (Kartellbegriff und Schriftformerfordernis), § 4 (Befugnis der Verwaltung, gegen Kartellverträge einzuschreiten), § 8 (Kündigungsrecht für jedes Mitglied bei Vorliegen eines wichtigen Grundes), § 9 (Präventivzensur durch den Vorsitzenden des Kartellgerichts für Maßnahmen des inneren und äußeren Organisationszwanges (sog. „Sperren")), § 10 KVO (Ermächtigung des Kartellgerichts, auf Antrag des Reichswirtschaftsministers Konditionen- und Preismissbräuche durch Kartelle und Einzelunternehmen zu verhindern).[1096]

Mit seinem Kommentar prägte Isay die Auslegung einiger dieser zentralen Vorschriften der KVO nachhaltig.

a) Der Kartellbegriff des § 1 KVO in der Interpretation Isays

Unmittelbar nach Verabschiedung der Kartellverordnung wurde kontrovers über den Kartellbegriff diskutiert, legte er doch den Anwendungsbereich der gesamten Verordnung fest.

§ 1 KVO bestimmte lediglich: „Verträge und Beschlüsse, welche Verpflichtungen über die Handhabung der Erzeugung oder des Absatzes, die Anwendung

1093 So ausdrücklich: Böhm, WuW 54, S. 367.

1094 R. Isay, Geschichte der Kartellgesetzgebungen, S. 38.

1095 Siehe zu den Umständen und Gründen für die Verabschiedung der KVO auch bereits oben: 1. Teil B) III) 2) a).

1096 Vgl. als Einführung in die wichtigsten Regelungen der Kartellverordnung statt aller: Bremer, in: Kartelle und Kartellgesetzgebung in Praxis und Rechtsprechung vom 19. Jahrhundert bis zur Gegenwart, S. 111, (117ff.).

von Geschäftsbedingungen, die Art der Preisfestsetzung oder die Forderung von Preisen enthalten (Syndikate, Kartelle, Konventionen und ähnliche Abmachungen) bedürfen der schriftlichen Form". Eine Legaldefinition des Kartellbegriffs enthielt die KVO demnach nicht. Mithin bestand eine wesentliche Aufgabe des Schrifttums und der Rechtsprechung darin, die insoweit lückenhafte Regelung in § 1 KVO mit Leben zu füllen.

Eine erste Orientierungshilfe gab dabei der volkswirtschaftliche Kartellbegriff Liefmanns, der in der Zeit vor Erlass der KVO allgemein anerkannt war. Bei einem Kartell handelte es sich danach um „eine freie Vereinbarung selbstständiger Unternehmer derselben Art zwecks monopolistischer Beherrschung des Marktes".[1097]

Die Rechtswissenschaft hielt indes nicht an Liefmanns volkswirtschaftlichem Kartellbegriff fest, sondern wandelte ihn ab. Dabei übte Isay einen wesentlichen Einfluss auf die Auslegung der zentralen Tatbestandsmerkmale aus.

aa) Das Merkmal des „gemeinsamen Zweckes" gem. § 705 BGB

Den Ausgangspunkt für Isays eigene Begriffsdefinition bildete seine Erkenntnis, dass das Kartell seiner rechtlichen Natur nach über den Wortlaut des § 1 KVO hinaus – und hier tritt erneut der Freirechtler Isay in Erscheinung – den Abschluss eines Gesellschaftsvertrages erfordere, zumal „das Merkmal des Gesellschaftsvertrages der allen Vertragsparteien gemeinsame Zweck (§ 705 BGB)" sei.[1098]

Wie die weitere Rechtsentwicklung erweisen sollte, setzte sich dieses erste zentrale Merkmal seines Kartellbegriffs jahrzehntelang in Rechtssprechung und Schrifttum durch. Zunächst folgte das Reichsgericht in einer Entscheidung aus dem Jahre 1926 Isays Ansicht unter ausdrücklichem Hinweis auf seinen Kommentar.[1099] Das überwiegende Schrifttum der 20er und der 30er Jahre schloss sich ebenfalls an.[1100] Nach dem zweiten Weltkrieg hielt die von Isay vollzogene Gleichsetzung von Kartellzweck und Gesellschaftsform – in Gestalt des Merk-

1097 Zitiert nach: R. Isay, Studien im privaten und öffentlichen Kartellrecht, S. 9.
1098 So ausdrücklich: R. Isay / Tschierschky, Kartellverordnung, § 1 Anm. 8, S. 127.
1099 Grundlegend: RGZ 114, 262, (264).
1100 Statt aller: Eger, Das Recht der deutschen Kartelle, S. 61; Dörinkel, JW 1934, S. 2403, der bei allen verbleibenden Unklarheiten des Kartellbegriffs jedenfalls das Erfordernis des Vorliegens eines „gemeinsamen Zwecks" im Sinne Isays als „unstreitig" bezeichnete.

mals „zu einem gemeinsamen Zweck“ – Einzug in das Gesetz gegen Wettbewerbsbeschränkungen (§ 1 GWB).[1101]

Noch bis zum Jahre 1976 legte die höchstrichterliche Rechtsprechung das Merkmal „zu einem gemeinsamen Zweck“ im Sinne Isays aus und knüpfte das Vorhandensein eines wirksamen Kartellvertrages an den Abschluss eines gesellschaftlichen oder gesellschaftsähnlichen Rechtsverhältnisses i. S. v. § 705 BGB.[1102]

Eine grundlegende Wende trat erst mit der „Fertigbeton“-Entscheidung des BGH ein, in der die bisherige sog. Gegenstandstheorie aufgegeben wurde und durch eine funktionale, am Gesetzeszweck orientierte Interpretation abgelöst wurde.

Fortan stellte die ständige Rechtssprechung bei der Auslegung des Merkmals des „gemeinsamen Zwecks“ darauf ab, ob die Parteien mit der vereinbarten Wettbewerbsbeschränkung „gleichgerichtete Interessen“ verfolgten.[1103] Im Zuge der 6. GWB-Novelle, die am 1.1.1999 in Kraft trat, hat der Gesetzgeber das Merkmal „zu einem gemeinsamen Zweck“ in § 1 GWB gestrichen und durch die Wendung „zwischen miteinander im Wettbewerb stehenden Unternehmen“ ersetzt.[1104]

1101 Vgl. zur Verbindung von Kartellrecht und Gesellschaftsrecht in § 1 GWB, dessen Fassung also maßgeblich auf den Einfluss Isays zurückging: Fikentscher, Wettbewerb und gewerblicher Rechtschutz, S. 171f. und insb. 174; Ballerstedt, JuS 1963, S. 261, (262f.); Klaue, BB 1964, S. 538, (540, Fn. 37) und zuletzt: Immenga, in: Immenga / Mestmäcker, GWB-Kommentar, § 1 Rn. 2 u. 144; Huber / Baums, in: Frankfurter Kommentar zum GWB, § 1 Tz. 412f. u. 416.

1102 So noch vor der „Fertigbeton“-Entscheidung: WuW/E BGH 605, (607f.) – „Flussspat“; BGHZ 31, 105, (110f.) – „Gasglühkörper“.

1103 Ständige Rechtssprechung seit: BGHZ 68, 6, (10) – „Fertigbeton“. Bestätigt durch: WuW/E BGH 1597, (1599) –„Erbauseinandersetzung“; WuW/E BGH 1600, (1601) –„Frischbeton“; WuW/E BGH 1871, (1878) –„Transportbeton-Vertrieb“; WuW/E BGH 1898, (1899) –„Holzpaneele“; BGH NJW-RR 1986, 880 –„Wegenutzungsrecht“; BGH GRUR 1986, 910, (911) –„Spielkarten“; WuW/E BGH 2675, (2678) – „Nassauische Landeszeitung“; BGH WuW/E 3137, (3138) –„Sole“; BGH GRUR 1998, 739, (741) –„Carpartner“; BGH ZIP 1999, 1021, (1025) –„Lottospielgemeinschaft“. Siehe auch die ausführliche Analyse zur „Fertigbeton“-Entscheidung von: Baums, JuS 1990, S. 608, (610ff.).

1104 Vgl. dazu: BR-Drs. 852 / 97, Begründung, S. 32. Siehe auch die Kritik hinsichtlich zu erwartender Abgrenzungsschwierigkeiten zwischen Kartellen und Vertikalverträgen und unbeabsichtigter Schutzlücken infolge der Streichung des Merkmals des „gemeinsamen Zweckes“ von: Baums, ZIP 1998, S. 233, (234f.).

bb) Das Merkmal der „Marktbeeinflussung"

Über ein weiteres Merkmal des in der Kartellverordnung nicht geregelten Kartellbegriffs wurde in Rechtssprechung und Literatur lange Zeit heftig gestritten, nämlich über die Frage, ob die Annahme eines wirksamen Kartellvertrages – über die Voraussetzung des „gemeinsamen Zweckes" hinaus – das Vorliegen einer von den Parteien beabsichtigten „Marktbeeinflussung" erforderte.

Ausgangspunkt der Auseinandersetzungen war wiederum der bereits erwähnte volkswirtschaftliche Kartellbegriff Liefmanns, der die Absicht monopolistischer Marktbeherrschung als ein wesentliches Kennzeichen jedes Kartells ansah.

Im Hinblick auf die Erforderlichkeit dieses marktpolitischen Elements vollzog Isay bei seiner Interpretation des Kartellbegriffs einen offenkundigen Gesinnungswandel. In einer Abhandlung aus dem Jahre 1922 und auch noch in seinem Kommentar zur KVO (1925) hielt Isay zunächst das Erfordernis der Marktbeherrschungsabsicht mit Hinweis auf den Wortlaut von § 1 KVO und auf die Entstehung neuer Kartellformen, die zu Beginn der 20er Jahre verstärkt in Erscheinung traten und allesamt keine marktbeherrschenden Tendenzen aufwiesen, nicht für erforderlich.[1105] Stattdessen vertrat Isay – in krassem Gegensatz zu Liefmann – zunächst folgenden rein formalen, weit gefassten Kartellbegriff: „Ein Kartell ist also eine Vereinigung selbstständiger Unternehmer eines Gewerbezweiges, welche den Einkauf, die Erzeugung oder den Absatz innerhalb des Gewerbezweiges regeln will".[1106]

Die Resonanz des Schrifttums fiel uneinheitlich aus. Einige Autoren tendierten ebenfalls zu einem formalen Kartellbegriff im Sinne Isays und hielten das Merkmal der Absicht zur Marktbeherrschung gleichfalls nicht für maßgeblich.[1107] Die herrschende Meinung lehnte Isays Kartelldefinition hingegen als zu weitgehend ab und orientierte sich an dem Kartellbegriff Liefmanns, nach dem die Absicht der Parteien zur Marktbeeinflussung erforderlich war, um ein Kartell anzunehmen.[1108]

1105 Vgl. dazu: R. Isay, Studien im privaten und öffentlichen Kartellrecht, S. 12 ff; R. Isay / Tschierschky, Kartellverordnung, § 1 Anm. 5, S. 125: „Ob der Vertrag monopolistische Tendenz hat, ob er nach Zweck oder Wirkung geeignet ist, den Markt nicht unwesentlich zu beeinflussen, ist gleichgültig".

1106 R. Isay, Studien im privaten und öffentlichen Kartellrecht, S. 16.

1107 Zu Isays formalem Kartellbegriff tendierten im Ergebnis: Metzner, KR 1927, S. 77, (81ff.); Geiler, Gruchot Bd. 68 (1927), S. 593, (594); Lehnich, Kartelle und Staat, S. 41. Ähnlich auch noch zuletzt unter ausdrücklicher Bezugnahme auf Isay: Barnikel, in: Theorie und Praxis der Kartelle, S. 1, (28f.).

1108 Für das Vorliegen des Merkmals der Marktbeherrschungsabsicht traten ein: Hollaender / Fritz Haussmann, Kartellverordnung, S. 18f.; Hollaender, JW 1927,

Infolge der Kritik des überwiegenden Schrifttums revidierte Isay seinen formalen Kartellbegriff in seinem Referat zur Kartellrechtsreform auf dem 35. Deutschen Juristentag in Salzburg im Jahre 1928. Dort ergänzte er seinen Kartellbegriff – mit Hinweis auf die andernfalls bestehenden Abgrenzungsschwierigkeiten zwischen Kartellen und Genossenschaften – um das Erfordernis der Marktbeeinflussung.[1109] Im deutlichen Unterschied zur vorgenannten herrschenden Meinung im Schrifttum plädierte Isay jedoch dafür, die Marktbeeinflussung rein objektiv und nicht subjektiv aufzufassen, da kaum je zweifelsfrei festzustellen sei, „welchen Zweck die Beteiligten bei der Verbandsgründung verfolgten". In diesem Zusammenhang vertrat Isay den Standpunkt: „Letzten Endes wird der Richter stets darauf zurückkommen, den verfolgten Zweck aus der objektiven Gestaltung der Dinge zu folgern und da ist es gewissermaßen ehrlicher, dies direkt für maßgebend zu erklären". [1110]

In der Rechtsprechung herrschte über das Merkmal der Marktbeeinflussung ebenfalls Streit. Während das Kartellgericht die Frage zunächst offen ließ[1111], ging es seit 1930 in ständiger Rechtsprechung davon aus, es müsse die bloße Eignung und Möglichkeit zur Marktbeeinflussung genügen.[1112] Demgegenüber vertrat das Reichsgericht seit 1930 den Standpunkt, die Absicht und der Zweck der Marktbeeinflussung seien erforderlich.[1113]

Der Gesetzgeber sorgte in diesem Meinungsdurcheinander schließlich für Klarheit und schloss sich der von Isay und dem Kartellgericht übereinstimmend vertretenen Ansicht an, wonach die Marktbeeinflussung objektiv zu bestimmen sei. Dementsprechend ist in § 1 GWB vom 27.7.1957 von der „Eignung zur Beeinflussung der Marktverhältnisse" die Rede.[1114] Dabei deckte sich die Begrün-

---

S. 3029, (3030); Liefmann, Kartelle und Trusts, S. 10; Eger, Das Recht der deutschen Kartelle, S. 62f.; Callmann, Das deutsche Kartellrecht, S.78 ff. m. w. N. in Fn. 15-30 und S. 80: „Sowohl das Streben nach Marktbeherrschung wie auch das Mittel der Konkurrenzausschließung können heute als allgemein anerkannte Kartellmerkmale bezeichnet werden". Vgl. andererseits die explizite Kritik an Isays formalem Kartellbegriff von: Lukes, Der Kartellvertrag, S. 56, 66.

1109 Vgl.: R. Isay / Nipperdey, Die Reform des Kartellrechts, S. 37f.

1110 R. Isay / Nipperdey, a. a. O. (Fn. 1109), S. 38

1111 So: Urteil des KartG vom 20. August 1927, JW 1927, 3029, (3030).

1112 Vgl. die Entscheidungen des KartG vom 18. 12. 1930 (KR 1931, 189), vom 29. 1. 1932 (KR 1932, 173) und vom 23. / 24. 11. 1932 (KR 1933, 125).

1113 Std. Rechtsprechung: RGZ 128, 1, (11ff.); JW 34, 2403, (2404); RGZ 151, 139, (148). Siehe zu dem Streit zwischen RG und KartG auch: Lukes, Der Kartellvertrag, S. 70f.

1114 Vgl. nur: Fikentscher, Wettbewerb und gewerblicher Rechtsschutz, S. 50f. und aus dem jüngeren Schrifttum: Baums / Huber, in: Frankfurter Kommentar zum GWB, § 1 Tz. 415.

dung des Gesetzentwurfs für diese Ausgestaltung des Merkmals der Marktbeeinflussung mit Isays Argumenten aus dem Jahre 1928.[1115]

Unter Hinweis auf die Gesetzesbegründung stellte sich auch der BGH in der „Gasglühkörper"-Entscheidung im Jahre 1959 auf den Standpunkt, die objektive Eignung zur Marktbeeinflussung durch Beschränkung des Wettbewerbs genüge, die Marktbeeinflussung brauche indes nicht bezweckt zu sein.[1116]

An dieser Interpretation hat sich auch durch die 6. GWB-Novelle, die am 7.5.1998 vom Bundestag verabschiedet wurde, nichts geändert. Obwohl in der seit dem 1.1.1999 geltenden Fassung das Merkmal der „Eignung zur Beeinflussung der Marktverhältnisse" in § 1 GWB ersatzlos gestrichen wurde[1117], hält der BGH auch weiterhin an seiner ständigen Rechtsprechung fest und verlangt für die Annahme eines Kartells nach wie vor die objektive Eignung zur „spürbaren Beeinträchtigung des Wettbewerbs".[1118]

Demzufolge ist Isays revidierter Kartellbegriff, den er auf dem 35. Deutschen Juristentag in Salzburg im Jahre 1928 erstmals vertrat, im Hinblick auf die objektive Eignung der Kartellvereinbarung zur Marktbeeinflussung also auch heute noch von Bedeutung.

In methodischer Hinsicht ist im Zusammenhang mit der Untersuchung von Isays Kartellbegriff noch ergänzend auf zwei Aspekte aufmerksam zu machen.

Einerseits lassen Isays Vorschläge für die Interpretation des ungeschriebenen Kartellbegriffs erneut mit großer Klarheit seine freirechtlich geprägte Grundüberzeugung erkennen, wonach eine wesentliche Aufgabe der modernen Rechtswissenschaft in der Fortentwicklung des Rechts durch Aufspüren und Ausfüllen von Regelungslücken besteht.[1119]

Andererseits sind seine Überlegungen zum Kartellbegriff auch als Beleg für seine verantwortungsbewusste Vorgehensweise bei der Rechtsfortbildung zu sehen, zumal sie belegen, dass er im Gegensatz zu den radikaleren Freirechtlern

---

1115 BT-Drucksache 2/1158, S. 31

1116 Std. Rechtsprechung seit: BGHZ 31, 105, (111f.) –„Gasglühkörper". Bestätigt durch: BGHZ 38, 306, (308) –„Kino" GRUR 1986, 910, (911) – „Spielkarten"; WuW/E BGH 3115, (3120) –„Druckgussteile"; BGH GRUR 1998, 739, (743f.) – „Carpartner". Zustimmend: Immenga, in: Immenga /Mestmäcker, GWB-Kommentar, § 1, Rn. 158 sowie: Huber / Baums, in: Frankfurter Kommentar zum GWB, § 1 Tz. 418.

1117 Vgl. in diesem Zusammenhang die Kritik von: Baums, ZIP 1998, S. 233f.

1118 BGH ZIP 1999, 1021, (1026) – „Lottospielgemeinschaft"; BGH GRUR 2000, 160, (162) –„Beschränkte Ausschreibung".

1119 Siehe zu Isays grundlegender methodologischer Überzeugung von der Erforderlichkeit der Rechtsschöpfung, die ihn mit der Freirechtsschule verband, nochmals ausführlich oben: 2. Teil A) III) 2) c) aa) aaa).

ganz bewusst mit rational überprüfbaren und transparenten, begrifflichen Definitionen operierte.[1120]

b) Das Schriftformerfordernis gem. § 1 KVO

Maßgeblich war auch Isays Einfluss auf die Auslegung und praktische Handhabung des Schriftformerfordernisses in § 1 KVO. Gem. § 1 KVO bedurften Kartellverträge der schriftlichen Form. Wie bereits an anderer Stelle dargestellt, war Isay – entgegen der Rechtsprechung des Reichsgerichts[1121] und des Kartellgerichts[1122] – als erster Vertreter des Schrifttums davon überzeugt, die zivilrechtlichen Formvorschriften des § 126 BGB seien angesichts des kartellspezifischen Formzwecks in § 1 KVO nicht auf Kartellverträge anwendbar.[1123]

Die weitere Rechtsentwicklung bestätigte Isays Auslegung des § 1 KVO entgegen dem Wortlaut des § 126 BGB in vollem Umfang und mit identischer Begründung. Zunächst erkannte das Kartellgericht in Abkehr von seiner früheren Praxis in einer Entscheidung vom 19. Mai 1925 an, dass die bürgerlich rechtlichen Formvorschriften für den Beitritt zu einem Kartell nicht maßgeblich seien. Im Jahre 1930 schloss sich dann auch das Reichsgericht Isays Interpretation ebenfalls in erster Linie aus praktischen Erwägungen und mit der gleich lautenden Begründung an, es könne allein darauf ankommen, ob jederzeit die Feststellung des Inhalts und der Teilnehmer des Kartellvertrages für die Kartellbehörde sichergestellt sei.[1124]

Später trug dann der Gesetzgeber mit der Verabschiedung des GWB vom 27.7.1957 Isays Hinweis auf die praktischen Probleme bei der Anwendung der zivilrechtlichen Formvorschriften Rechnung. So bestimmte § 34 S. 4 GWB a. F. ausdrücklich, § 126 Abs. 2 BGB finde auf Kartellverträge keine Anwendung.

1120 Vgl. zu dieser für Isays Denken und seine Argumentationsweise typischen, gemäßigten freirechtlichen Grundhaltung bereits oben: 2. Teil A) IV) 2) b).

1121 Urteil des RG v. 7. Mai 1926: JW 1926, 2912, (2913).

1122 Das Kartellgericht erklärte § 126 BGB ebenfalls uneingeschränkt für anwendbar. Vgl. das Urteil des KartG, in: KR 1929, 224f.

1123 Siehe dazu nochmals die ausführliche Begründung seines Lösungsweges im Rahmen der Analyse seiner Überzeugung, wonach bei der Auslegung dem Zweck der Norm im Einzelfall den Vorrang vor deren ausdrücklichem Wortlaut einzuräumen sei, oben: 2. Teil A) IV) 3) b) aa).

1124 Vgl. dazu die grundlegenden Urteile: RGZ 128, 1, (7); 151, 139, (150f.). Vgl. zu Isays Einfluss auf die reichsgerichtliche Rechtsprechung auch die Nachweise von: Wahl, JZ 1958, S. 148, (150). Und noch zuletzt: Brautlecht, Definition, Anwendungsbereich und Wirkungen der Schriftform gemäß § 34 GWB, S. 3f. sowie: Jesch, Das kartellrechtliche Schriftformgebot (§ 34 GWB), S. 8ff.

Schließlich interpretierte der Bundesgerichtshof den Zweck des Schriftformerfordernisses in ständiger Rechtsprechung, ebenso wie Isay bereits im Jahre 1924, und entschied, es komme bei § 34 GWB primär auf die Gewährleistung der Überwachungsfunktionen der Behörden und Gerichte an.[1125] Dieser Ansicht schloss sich auch das herrschende Schrifttum an.[1126]

Heute ist Isays nachhaltiger Einfluss auf die Auslegung des Schriftformerfordernisses jedoch nicht mehr im Gesetz ablesbar. Denn im Zuge der 6. GWB-Novelle vom 7. 11. 1997, die am 1.1.1999 in Kraft trat, wurde das Schriftformerfordernis des § 34 GWB a. F. – auf Drängen der Industrie und entgegen der herrschenden Meinung[1127] – vom Gesetzgeber ersatzlos gestrichen[1128].

c) Die Kündigung des Kartells in Form einer Nebenleistungs- GmbH gem. § 8 Abs. 1 KVO i. V. m. § 34 Abs. 1 GmbHG analog

Als bedeutsam für die weitere Rechtsentwicklung bis in die Gegenwart erwies sich zudem Isays methodische Konstruktion eines ungeschriebenen Kündigungsrechts von Kartellen, die in Form einer Nebenleistungs-GmbH gem. § 3 Abs. 2 GmbHG errichtet wurden.[1129] Vor Erlass der KVO vom 2.11.1923 war in Rechtsprechung und Schrifttum heftig umstritten, ob eine Kündigung bei dieser Kartellform überhaupt in Betracht kam.

1125 Urteil v. 26. Feb. 1970: BGHZ 53, 304, (307) – „Diskothek". Seitdem ständige Rechtssprechung: BGH-Urteil v. 1. Dez. 1977: WuWE 1513, (1514f.); Urteil v. 12 Feb. 1980: BGHZ 77, 1, (2f.) und zuletzt: BGH NJW 1997, 2182, (2183).

1126 So z. B. unter Berufung auf Isays Kommentar zur KVO: Emmerich, NJW 1980, S. 1363, (1364, Fn. 1): „Auch der Zweck dieses Schriftformerfordernisses wird heute nicht anders als schon unter der Verordnung von 1923 vor allem in der Ermöglichung der Kontrolle über die vom Gesetz (ausnahmsweise) zugelassenen wettbewerbsbeschränkenden Verträge gesehen". Ebenso auch noch jüngst: Odersky, in: Festschrift für Fikentscher, S. 586, Fn. 3 m. w. N.

1127 Vgl.: Emmerich, in: Immenga / Mestmäcker, GWB-Kommentar, § 34, Rn. 8b m. w. N.

1128 Siehe ausdrücklich: BR-Drs. 852 / 97, Begründung, S. 43: „Das Schriftformerfordernis für Kartelle sowie Vertikalverträge (§ 34 bisherige Fassung) wird gestrichen. Damit soll im Interesse der Deregulierung eine überflüssige Vorschrift beseitigt werden. Die Vorschrift ist zur vollständigen Information der Kartellbehörden und Gerichte nicht erforderlich, da die Information über Kartelle bereits durch das Anmeldeerfordernis gewährleistet ist". Zustimmend: Bechtold, NJW 1998, S. 2769, (2771); Schulze, WRP 1999, S. 158ff. Kritisch mit Blick auf das Fehlen von Übergangsregelungen hingegen: Bunte, BB 1998, S. 1600ff.

1129 Siehe zu Isays konkreter methodischer Vorgehensweise bei der Entwicklung des ungeschriebenen Kündigungsrechts bereits ausführlich oben: 2. Teil B) IV) 3) b) bb).

Das RG lehnte in ständiger Rechtssprechung eine Kündigung mit dem Hinweis ab, eine Trennung der Mitgliedschaftsrechte der Gesellschaft und der Kartellpflichten laufe dem Wesen des GmbHG zuwider. Eine GmbH könne nach dem Willen des Gesetzgebers lediglich gem. §§ 60, 61 GmbHG aufgelöst werden.[1130]

Isay folgte der Ansicht des Reichsgerichts wegen der aus seiner Sicht inakzeptablen Konsequenzen für die Beteiligten nicht, sondern er entwickelte in seinem Kommentar zur KVO ein zweistufiges ungeschriebenes Kündigungsrecht. Nach Isays Überzeugung sollte die Kündigungserklärung danach auf der ersten Stufe das Erlöschen der Kartellpflichten und – entgegen dem Wortlaut des § 8 Abs. 1 KVO – das Ruhen der GmbH-Mitgliedschaftsrechte bewirken. Erst in einem zweiten Schritt sollte dann analog § 34 Abs. 1 GmbHG die Amortisierung des Geschäftsanteils des kündigenden Mitglieds zum endgültigen Ausscheiden aus der GmbH führen.[1131]

Im Jahre 1930 übernahm zunächst das RG Isays Lösungsweg in ständiger Rechtsprechung unter ausdrücklicher Berufung auf seinen Kommentar.[1132] Nach Inkrafttreten des GWB vom 27.07.1957, das in § 13 a. F. ein dem § 8 KVO nachgebildetes Kündigungsrecht enthielt, dessen Anwendungsbereich jedoch erheblich enger war, da Kartelle nach dem GWB nur noch in Ausnahmefällen für zulässig erklärt wurden, griff auch die jüngere Rechtssprechung noch in den 80er Jahren auf die von Isay im Detail maßgeblich beeinflussten Grundsätze des Reichsgerichts zurück.[1133]

Zwar ist mittlerweile im Zuge der 6. GWB-Novelle (1998) auch das in § 13 GWB a. F. verankerte Kündigungsrecht gestrichen worden.[1134] Dies vermag aber nichts am Fortbestand von Isays nach wie vor richtungweisenden Erkenntnissen

---

1130 Vgl. RGZ, 73, 429, (432f.); 108, 20 (23). Zustimmend: Jacusiel, LZ 1924, Sp. 670, (677ff.) sowie: Lucas, DJZ 1924, Sp. 425, (427f.); ders., DJZ 1925, Sp. 38, (42f.).

1131 Siehe nochmals: R. Isay / Tschierschky, Kartellverordnung, S. 263ff.

1132 Vgl. RGZ 114, 212, (217f.); 125, 114, (118f.); 128, 1, (15ff.). Die h. M. schloss sich dieser Rechtssprechung an. Vgl. nur: Callmann, Das deutsche Kartellrecht, § 8 KVO Rn. 185 – 188, S. 611ff. m. w. N. Vgl. aber auch die vereinzelte Kritik von: Roth, JW 1930, S. 2684f., der das Urteil des RG wegen seiner freirechtlicher Argumentation ablehnte.

1133 Vgl. z. B.: KG WuW/E OLG 2310 –„Ballenpressen"; OLG Stuttgart WuW/E OLG 2790 (2794) –„Ziegelvertrieb"; OLG Düsseldorf WuW/E OLG 3221 –„Belieferung von Sonderabnehmern".

1134 Siehe dazu ausdrücklich: BR-Drs. 852 / 97, Begründung, S. 35: „Die Vorschrift des bisherigen § 13 über Kündigung und Rücktritt von Kartellen wird gestrichen. Sie hat keine praktische Bedeutung erlangt. Dauerschuldverhältnisse können schon nach den allgemeinen zivilrechtlichen Grundsätzen aus wichtigem Grund gekündigt werden".

zu ändern. Denn unabhängig von der Streichung ist jedenfalls das zweiaktige Austrittsrecht des GmbH-Gesellschafters analog § 34 GmbHG, welches vom Reichsgericht erstmalig im Jahre 1940 angenommen wurde und mittelbar auf Isays Denkanstösse zurückging[1135] nach wie vor in Rechtsprechung und Literatur einhellig anerkannt[1136].

Eine Modifikation erfuhr Isays Lösungsweg in jüngster Zeit lediglich insoweit, als nach seiner Auffassung die GmbH-Mitgliedschaftsrechte nach der Kündigungserklärung bis zum endgültigen Vollzug des Austritts aus der GmbH ruhten. In Abkehr von seiner bisherigen Rechtssprechung entschied der BGH im Jahre 1983 in zwei Urteilen demgegenüber, das Stimmrecht des austretenden Gesellschafters müsse jedenfalls solange bestehen bleiben, bis der Austritt aus der GmbH endgültig vollzogen sei.[1137] Im Schrifttum wird diese Detailfrage kontrovers beurteilt.[1138]

1135 Siehe das grundlegende Urteil: RGZ 164, 257, (262f.), in dem das Reichsgericht auf die Urteile RGZ 114, 212, (216ff.) und 125, 114, (118f.) verweist, die ihrerseits ausdrücklich auf Isays Lösungsweg rekurrierten. Siehe zu Isays mittelbarem Einfluss auf die Anerkennung eines Austrittsrechts des GmbH-Gesellschafters auch bereits oben: Fn. 807.

1136 Vgl. aus der std. Rechtssprechung des Bundesgerichtshofs: BGHZ 9, 157, (161ff.); 16, 317, (322f.); 32, 17, (22f.); 80, 346, (348ff.); BGH NJW-RR 1990, 530. Vgl. auch: OLG GmbHR, 1994, 320. Ausdrücklich zustimmend: Immenga, Die personalistische Kapitalgesellschaft, S. 303ff.; ders., in: Immenga / Mestmäcker, GWB-Kommentar, § 13 Rn. 24; Rowedder, in: GmbHG-Kommentar, § 34 Rn. 39ff.; Fastrich, in: Baumbach / Hueck, GmbH-Gesetz Kommentar, Anh. § 34 Rn. 15ff.; Lutter / Hommelhoff, GmbH-Gesetz, § 15 Rn. 44; Bartl, in: Heidelberger Kommentar zum GmbH-Recht, § 15 Rn. 17; Zätsch, in: Beck'sches Handbuch der GmbH, § 13 Rn. 115ff.

1137 Grundlegend: BGHZ 88, 320, (325ff., insb. 327): „Nimmt der Ausgeschiedene (...) noch an den Pflichten und der Haftung eines Gesellschafters teil, so kann es ihm auf der anderen Seite nicht verwehrt sein, auch seine Mitgliedschaftsrechte bis zum Ausscheiden weiter auszuüben“. In dieser Richtung auch: BGH WM 1983, 1354, (1355): „Demgegenüber hat das Berufungsgericht zutreffend dargelegt, dass ein Gesellschafter, wie der vorliegende Fall gerade zeigt, nach Kündigung des Gesellschaftsverhältnisses durchaus noch daran interessiert sein kann, in der Gesellschafterversammlung sein Stimmrecht auszuüben“. Siehe auch das Urteil der Vorinstanz: OLG Celle WM 1983, 425, (427f.).

1138 Gegen ein Ruhen der Mitgliedschaftsrechte bis zum endgültigen Austritt aus der GmbH sprachen sich in Übereinstimmung mit der geänderten Rechtssprechung des Bundesgerichtshofs aus: Balz, DB 1984, S. 1865, (1866); Winter, in: Scholz, Kommentar zum GmbH-Gesetz, § 15 Rn. 123; Rowedder, in: GmbHG-Kommentar, § 34 Rn. 57; Lutter/ Hommelhoff, GmbH-Gesetz Kommentar, § 34 Rn. 45; Baumbach / Hueck, GmbH-Gesetz Kommentar, Anh. § 34 Rn. 22; Bartl, in: Heidelberger Kommentar zum GmbH-Recht, § 15 Rn. 17. Für ein Ruhen der Mitgliedschaftsrechte nach der Kündigungserklärung des Kartells bis zum endgültigen Austritt aus

Eine Entscheidung des Streits ist hier nicht geboten. Denn insgesamt besteht kein Zweifel, dass Isays Lösungsweg die Rechtssprechung zum Austrittsrecht des GmbH-Gesellschafters nachhaltig beeinflusst hat und bis heute nichts von seiner visionären Strahlkraft verloren hat.

2) An der Schnittstelle zwischen Kartell- und Wettbewerbsrecht: Isays Gutachten zum berühmten „Benrather Tankstellenfall"

Auf dem Gebiet des UWG fand Isays Abhandlung „Der Vernichtungszweck im Wettbewerbsrecht"[1139] ein großes Echo. Es handelte sich dabei um ein Rechtsgutachten, das Isay im Auftrag der Shell AG zu einem Urteil im einstweiligen Verfügungsverfahren des OLG Düsseldorf vom 25.07.1929[1140] zum „Benrather Tankstellenfall" erstattete.[1141] Das letztinstanzliche Urteil des Reichsgerichts in dieser Sache vom 18.12.1931[1142] wird noch heute im Schrifttum als „wohl berühmtester Fall zum UWG" angesehen[1143]. Dies vermag nicht zu überraschen, führte doch die maßgebliche Streitfrage nach den Auswirkungen des Vernichtungszwecks auf die Beurteilung der Sittenwidrigkeit von Preisunterbietungen, um mit Isay zu sprechen, „auf die tiefsten Wurzeln des Wettbewerbsrechts" zurück.[1144]

Erstmalig in der höchstrichterlichen Rechtsprechung beurteilte das Reichsgericht darin die Sittenwidrigkeit einer Wettbewerbshandlung – entgegen der von

---

der GmbH im Sinne Isays plädieren demgegenüber lediglich noch: P. Ulmer, in: Hachenburg, Großkommentar zum GmbH-Gesetz, Anh. § 34 Rn. 57 und 58; Immenga, in: Immenga / Mestmäcker, GWB-Kommentar, § 13 Rn. 26.

1139 R. Isay, GRUR 1929, S. 1368 ff. Siehe zu Isays Argumentation im Detail unten: 3. Teil C) I) 2) b) aa) – ff).

1140 Abgedruckt bei: R. Isay, GRUR 1929, S. 1368, (1369f.). Siehe zum Sachverhalt und den Entscheidungsgründen des Urteils des OLG Düsseldorf v. 25. 07. 1929 auch die Darstellung unten: 3. Teil C) I) 2) a) aa) – bb).

1141 Neben Isay bot die beklagte Benzinkonvention, die, neben der Shell AG, aus mehreren großen Mineralölfirmen bestand, mit Callmann und Nipperdey noch zwei weitere renommierte Gutachter auf. Siehe dazu auch: Nörr, in: Festschrift für Gernhuber, S. 919, (934) sowie zuletzt zu Callmann: Baums, in: Der Einfluss deutscher Emigranten auf die Rechtsentwicklung in den USA und in Deutschland, S. 63ff. und insb. 70f.

1142 RGZ 134, 342 ff. Siehe auch die kritische Analyse des Urteils unter Berücksichtigung von Isays Rechtsgutachten unten: 3. Teil C) I) 2) d).

1143 So ausdrücklich: Schwintowski, Wettbewerbsrecht, S. 304.

1144 R. Isay, GRUR 1929, S. 1368.

Isay beeinflussten herrschenden Meinung im Schrifttum[1145] – in erster Linie am Maßstab ihrer subjektiven Zielrichtung. In Abkehr von seiner früheren ständigen Rechtsprechung wurden die Preisunterbietungen eines Kartells, dessen Rechtsverhältnisse bis dahin ausschließlich an der Kartellverordnung (KVO) gemessen wurden, vom Reichsgericht im „Benrather Tankstellenfall" am Maßstab des § 1 UWG a. F. beurteilt, womit der Fall an der Schnittstelle zwischen Kartell- und Wettbewerbsrecht anzusiedeln ist. Trotz der großen Aktualität der Problematik (Verkauf unter Einstandspreis im Einzelhandel, price-squeezing auf dem Tankstellenmarkt und Gratisverteilung von Presseerzeugnissen) sind die Voraussetzungen der vom Reichsgericht entwickelten Fallgruppe der Kampfpreisunterbietung in Vernichtungsabsicht auch heute noch nicht abschließend geklärt.

Daran hat auch der Umstand nichts geändert, dass im Zuge der letzten UWG-Reform, die am 8. 7. 2004 in Kraft getreten ist, die Fälle gezielter Mitbewerberbehinderung (u. a. Vernichtungswettbewerb) nunmehr ausdrücklich in § 3 i. V. m. § 4 Nr. 10 UWG n. F. geregelt sind.[1146] Denn laut der Regierungsbegründung ändert sich ungeachtet der Neufassung des UWG an der Rechtslage nichts. Vielmehr sollte durch die gesetzliche Verankerung des Tatbestandsmerkmals der gezielten Behinderung lediglich klargestellt werden, dass eine Behinderung von Mitbewerbern als bloße Folge des Wettbewerbs nicht ausreicht, um den Tatbestand zu verwirklichen.[1147]

1145 Siehe zum Einfluss seines Rechtsgutachtens auf das Schrifttum vor Verkündung des reichsgerichtlichen Urteils zum „Benrather Tankstellenfall" unten: 3. Teil C) I) 2) d).

1146 BGBl. 2004 I, S. 1414. Vgl.: Begr. zum RegE UWG, BT-Drs. 15 / 1487, S. 19, wonach der hier untersuchte „Vernichtungswettbewerb" zu den Anwendungsfällen der gezielten Mitbewerberbehinderung i. S. v. § 4 Nr. 10 UWG n. F. zählt. Vgl. auch die Vorbehalte gegenüber der UWG-Reform im Hinblick auf die gesetzliche Verankerung der zuvor von der Rechtssprechung entwickelten Fallgruppen von: Engels / Salomon, WRP 2004, S. 32, (36f.) sowie: Omsels, WRP 2004, S. 136ff. u. insb. S. 144f.

1147 So ausdrücklich: Begr. RegE UWG, BT-Drs. 15 / 1487, S. 19. Siehe dazu auch: Omsels, WRP 2004, S. 136, (137): „Im Großen und Ganzen kann aus der Gesetzgebungsgeschichte lediglich mitgenommen werden, dass sich an der Kategorie des individuellen Behinderungswettbewerbs als einer Erscheinungsform des unlauteren Wettbewerbs durch die UWG-Reform nichts ändern sollte". In dieser Richtung auch: Köhler, NJW 2004, S. 2121, (2123f.): „Der generalklauselartig gefasste Beispielstatbestand der gezielten Mitbewerberbehinderung in § 4 Nr. 10 UWG erfasst alle Erscheinungsformen der individuellen Mitbewerberbehinderung, wie sie schon in der Rechtssprechung zu § 1 UWG a. F. anerkannt waren". Ebenso: Henning-Bodewig, GRUR 2004, S. 713, (718).

Infolgedessen wird abschließend zu untersuchen sein, inwiefern Isays Erkenntnisse auch heute noch Gültigkeit beanspruchen können.[1148]

a) Die Entscheidung des OLG Düsseldorf vom 25. 07. 1929

Bevor Isays Rechtsgutachten zum „Benrather Tankstellenfall" auf seine Stichhaltigkeit untersucht wird, sind zunächst der Sachverhalt und die Entscheidungsgründe des zugrunde liegenden Urteils des OLG Düsseldorf vom 25. 07. 1929 kurz darzustellen.[1149]

aa) Sachverhalt

Mehrere große Mineralölfirmen, u. a. Shell, hatten ein rechtlich unverbindliches Preisabkommen (Preiskonvention) abgeschlossen, nach dem Deutschland in Zonen mit einheitlichen Benzinpreisen eingeteilt wurde. Für die Zone des Rheinlands setzte die Konvention, bei der es sich um die Antragsgegnerin im vorliegenden einstweiligen Verfügungsverfahren handelte, den Preis auf 33 Pf./Liter fest. Der Antragsteller, ein Tankstellenbesitzer des Amtes Benrath, der sein Benzin von der konventionsunabhängigen Texaco bezog, verlangte infolge seiner niedrigeren Gestehungskosten lediglich 29 Pf/Liter.

In der Folgezeit senkten sowohl die Konvention als auch der Außenseiter ihre Preise. Nachdem der Antragsteller seinen Preis bis auf 26 Pf./Liter ermäßigt hatte, reagierte die Antragsgegnerin und ging ihrerseits auf 25 Pf./Liter herunter. Zugleich wies die Konvention die Inhaber der ihr angeschlossenen Tankstellen an, den Antragsteller zukünftig stets um einen Pfennig zu unterbieten.

Der Antragsteller machte geltend, es gehe der Konvention darum, ihn wirtschaftlich zu vernichten, um einen unbequemen Wettbewerber zu beseitigen. Entsprechend klagte er im Wege der einstweiligen Verfügung auf Unterlassung.

bb) Entscheidungsgründe

In seinen Entscheidungsgründen griff das OLG Düsseldorf zunächst die Rechtsprechung des Reichsgerichts auf, nach der Maßnahmen des kartellrechtlichen Organisationszwanges, durch die Mitbewerber zur Anpassung gezwungen wer-

1148 Siehe dazu unten: 3. Teil C) I) 2) e).

1149 Vgl. OLG Düsseldorf, Urt. v. 25. 07. 1929, 2 U 127 / 29, zuerst abgedruckt bei: R. Isay, GRUR 1929, S. 1368f. und später, in: JW 1930, 1746.

den, grundsätzlich rechtmäßig seien[1150], wobei auch Preisunterbietungen nicht zu beanstanden seien.[1151]

Daraus folgerte das OLG zunächst, die Maßnahmen der Konvention seien im Hinblick auf das Kampfmittel und das dabei verfolgte Ziel, die eigenen Preise durchzusetzen, für sich genommen als zulässig anzusehen.

Anschließend beschritt das OLG in Abkehr von der Rechtsprechung des RG jedoch völlig neue Wege. Es erklärte die subjektive Zielrichtung der Kampfpreisunterbietung als allein maßgeblich für die Beurteilung der Sittenwidrigkeit und bejahte demnach einen Verstoß der Konvention gegen § 1 UWG und § 826 BGB.

In Bezug auf die Vorgehensweise der Antragsgegnerin begründet das OLG sein Ergebnis wie folgt: „Es handelt sich dabei nicht um eine Maßnahme des allgemeinen Konkurrenzkampfes, sondern unter Ausnutzung der Machstellung des Konzerns und der besonderen Umstände, um einen Kampf nur und unmittelbar gegen den Antragsteller, der den Zielen der Antragsgegnerin im Wege steht".[1152] Es sei also die unverkennbare Absicht der Konvention, den Kaufmann planmäßig durch Unterbieten zu jedem Preis zu beseitigen.

Aus diesen Erwägungen gelangte das OLG zu dem Schluss, dass „durch den rechtswidrigen Vernichtungszweck das sonst zulässige Mittel rechtswidrig" werde.[1153]

b) Isays Rechtsgutachten zum Urteil vom 25. 07.1929

Isay trat dem Urteil des OLG Düsseldorf in seinem Rechtsgutachten „Der Vernichtungszweck im Wettbewerbsrecht" unter verschiedenen Gesichtpunkten entgegen:

aa) Das Urteil statuiert ein gesetzwidriges Zwangskartell

Entsprechend seiner methodologischen Grundüberzeugung, wonach der „praktische Zweck" für die Entscheidung juristischer Problemstellungen ausschlaggebend sei[1154], knüpfte Isay in seiner Analyse des Urteils zunächst an dessen Er-

1150 RGZ 104, 327 (330); RGZ 118, 84, (89).
1151 RGZ 63, 394, (400f.).
1152 So ausdrücklich: OLG Düsseldorf, abgedruckt bei: R. Isay, GRUR 1929, S. 1368, (1369).
1153 OLG Düsseldorf, abgedruckt bei: R. Isay, GRUR 1929, S. 1368, (1370).
1154 Siehe zum Einfluss des „praktischen Zweckes" in Anlehnung an Jhering auf Isays Denken bereits die obigen Ausführungen unter: 2. Teil A) III) 2) b) cc) sowie: 2. Teil A) III) 2) c) cc) aaa).

gebnis an. Er kritisierte, dass das OLG Düsseldorf mit seiner Entscheidung, die Antragsgegnerin dürfe in Zukunft keine Preise fordern, die unter denjenigen des Antragstellers lägen, ein zwangsweises Preiskartell zwischen den Parteien statuiert habe, das die Konvention zur Einhaltung von Mindestpreisen verpflichtete. Gemessen an seinem praktischen Zweck sei dieses Urteil ein „äußerst merkwürdiges".[1155] Mit Hinweis auf die Kohle- und Kaliwirtschaft fügte Isay hinzu, nach deutschem Recht dürften Zwangskartelle ausschließlich aufgrund besonderer gesetzlicher Ermächtigungen festgesetzt werden. Darüber hinaus vertrat er die Auffassung, der Urteilsspruch verstoße gegen den „das gesamte Gesellschaftsrecht und namentlich das Kartellwesen beherrschenden Grundsatz gleichmäßiger Behandlung der Teilnehmer".

bb) Grundsätzliche Vorbehalte gegenüber der Beurteilung der Sittenwidrigkeit am Maßstab des Vernichtungszwecks und gegenüber der zweifelsfreien Nachweisbarkeit dieses Zwecks

Im Zentrum seines Gutachtens stehen Isays Ausführungen zum Vernichtungszweck. Er lehnte die Ansicht des OLG Düsseldorf ab, dass die Zielrichtung der Wettbewerbshandlungen bzw. deren Zweck den Ausschlag bei der Beurteilung der Sittenwidrigkeit gäben.[1156]

Es sei nicht einzusehen, „dass an sich lautere Handlungen dadurch unerlaubt werden, dass man sie bewusst, in voller Kenntnis ihrer verhängnisvollen Konsequenzen anwendet".[1157] Die gegenteilige Schlussfolgerung des OLG Düsseldorf sei mit dem Zweck des Wettbewerbsrechts nicht zu vereinbaren. Isay begründete seine Auffassung damit, „durch das UWG werde ein normgemäßes Verhalten im Wirtschaftskampf erstrebt, nicht aber eine lautere Gesinnung der Kämpfer. Es gehe nicht um die Erziehung sittlicher Persönlichkeiten, sondern um die äußere Ordnung des Zusammenlebens".[1158] Demgemäß hielt er dem Urteil des OLG Düsseldorf – und das ist zugleich die Kernthese seines Gutachtens – entgegen, „weder kann im Recht der Zweck die Mittel heiligen, noch kann umgekehrt ein an sich erlaubtes Mittel, das zu einem an sich ebenfalls erlaubten Erfolg führt,

1155 R. Isay, GRUR 1929, S. 1368, (1370).
1156 R. Isay, GRUR 1929, S. 1368, (1371).
1157 So ausdrücklich: R. Isay, GRUR 1929, S. 1368, (1372).
1158 R. Isay, GRUR 1929, S. 1368, (1372). Hieran kommt unmissverständlich und – in deutlicher Übereinstimmung mit den Anschauungen der Neukantianer – Isays Überzeugung von der grundsätzlichen Trennung von Recht und Ethik zum Ausdruck. Siehe zu den Parallelen auch nochmals oben: 1. Teil B) I) 5) b).

lediglich durch das „Denken“ des Handelnden durch den Zweck der Vernichtung des Gegners, unlauter werden“.[1159]

Zudem wies Isay auf die eklatanten Beweisschwierigkeiten hin. So brachte er seine grundsätzlichen Bedenken an einer zweifelsfreien Nachweisbarkeit der Vorraussetzungen des Vernichtungszwecks wie folgt auf den Punkt: „Schon im Strafrecht macht die Ermittlung des Tätervorsatzes die größten Schwierigkeiten. Im Wettbewerbsrecht wird sie unmöglich“.[1160]

Darüber hinaus machte Isay geltend, „der Wettbewerbskampf wird nicht zwischen Einzelpersonen, sondern zwischen mehr oder weniger umfassenden und vielseitig organisierten Personengruppen geführt. (...) Es kann sehr wohl vorkommen, dass die subjektiven Absichten der einzelnen innerhalb des Unternehmens maßgebenden Köpfe durchaus verschieden sind“.[1161]

Gerade Isays zuletzt geäußerten Zweifel an der Nachweisbarkeit der subjektiven Tatbestandsmerkmale des Vernichtungszwecks gilt es im Auge zu behalten, da seine Vorbehalte insoweit von der weiteren Rechtsentwicklung bis heute bestätigt werden sollten.[1162]

cc) Callmanns differenzierte Sichtweise bei der Behandlung des Vernichtungszwecks

Weiterhin setzte sich Isay in seinem Rechtsgutachten mit der Meinung Callmanns auseinander, nach der der Vernichtungszweck allein in den Fällen zur Sittenwidrigkeit der Wettbewerbshandlung führe, in denen dem Einzelnen eine Kollektivmacht (Kartell, Trust, Verband) gegenüberstehe.[1163] Callmann begründete seine Meinung mit der begrifflichen Überlegenheit des Kollektivunternehmens über den Einzelbetrieb. Jene Konstellation weise eine andere moralische Qualität auf als der Kampf ähnlich gelagerter Kräfte.

Isay hielt eine solche Differenzierung nach der Person oder der Personengruppe, die eine Wettbewerbshandlung zum Zwecke der Vernichtung eines Mitbewerbers vornimmt, für falsch. Er stützte seine abweichende Auffassung darauf, dass eine Abgrenzung der Kollektivgebilde von den Einzelunternehmen im Hinblick auf den Grad der von ihnen ausgehenden Macht nicht möglich sei.[1164]

1159 R. Isay, GRUR 1929, S. 1368, (1372).
1160 R. Isay, GRUR 1929, S. 1368, (1372).
1161 R. Isay, GRUR 1929, S. 1368, (1372f.).
1162 Siehe zur Entwicklung der Fallgruppe der Vernichtungsabsicht unten: 3. Teil C) I) 2) e).
1163 Vgl. dazu: Callmann, Der unlautere Wettbewerb, S. 36 und Anm. 25 zu § 1 UWG; ders., MuW 1929, S. 570, (572); ders., JW 1930, S. 1647, (1648).
1164 R. Isay, GRUR 1929, S. 1368, (1374).

Darüber hinaus widersprach Isay einer Sonderbehandlung von Kollektivgebilden im Sinne Callmanns aus wirtschaftpolitischen Erwägungen. Seinen ökonomischen Grundüberzeugungen der 20er Jahre entsprechend, argumentierte Isay, die Periode der freien Wirtschaft des Hochkapitalismus sei von der gebundenen Wirtschaft des Spätkapitalismus abgelöst worden.[1165] Entsprechend müsse auch bei der Auslegung des Wettbewerbsrechts die organisierte, d.h. insbesondere die kartellierte Wirtschaft als berechtigter und sogar notwendiger Faktor unseres Wirtschaftslebens anerkannt werden.

Darin kommt zugleich Isays Grundüberzeugung von der Vernünftigkeit der historischen Entwicklung zum Ausdruck, die ihn mit den Lehren der Historischen Rechtsschule und insbesondere mit der Geschichtsphilosophie Hegels verband.[1166]

Als Konsequenz des wirtschaftlichen Wandels zog Isay den Schluss, dass man nicht die sich innerhalb eines Gewerbezweiges bildenden Gemeinschaften belasten und ihnen Dinge verbieten dürfe, die jedem anderen Gewerbetreibenden erlaubt seien. Eine Sonderrolle nähmen die Kartelle nach Isays Ansicht lediglich im Anwendungsbereich der Kartellverordnung ein. Außerhalb der KVO seien sie als gleichberechtigte Erscheinungen anzusehen.[1167]

dd) Widersprüche zur reichsgerichtlichen Rechtsprechung hinsichtlich des Nachweises der objektiven Vernichtung

Ferner machte Isay deutlich, dass das OLG Düsseldorf von der ständigen Rechtsprechung des Reichsgerichts abweiche, wenn es in seinen Entscheidungsgründen den Umstand unberücksichtigt lasse, dass der Antragsteller anderweitig als Garagen- und Fahrschulbesitzer oder, wie es die Antragsgegnerin wolle, als ihr Tankstelleninhaber eine gute Existenz führen könne und solle.[1168]

Zum einen führte Isay in diesem Zusammenhang mehrere Urteile an, in denen das Reichsgericht den Sittenwidrigkeitsvorwurf von der zumindest teilweisen objektiven Vernichtung der Existenz des Mitbewerbers abhängig machte.[1169] Zum anderen verwies er auf die Rechtsprechung zur kartellrechtlichen Beurtei-

1165 Siehe bereits zum nachhaltigen Einfluss, den der ökonomischen Zeitgeistes der 20er Jahre auf Isays Grundüberzeugungen ausübte, oben: 1. Teil B) III) 2) b).

1166 Vgl. in diesem Zusammenhang zu den Parallelen zwischen Isays Denken und der Historischen Rechtsschule und Hegels Grundannahmen nochmals oben: 1. Teil B) I) 1) a) sowie: 1. Teil B) I) 2) a).

1167 So ausdrücklich: R. Isay, GRUR 1929, S. 1368, (1375).

1168 R. Isay, GRUR 1929, S. 1368, (1375).

1169 Vgl. folgende Entscheidungen des RG: JW 1915, 914; JW 1926, 1982; JW 1927, 113.

lung des äußeren Organisationszwangs. Danach verneinte das Reichsgericht einen Sittenwidrigkeitsverstoß in den Fällen, in denen dem Außenseiter die Möglichkeit blieb, sich durch den Beitritt zu einem Kartell der drohenden Vernichtung seiner Existenz zu entziehen.[1170]

In Übereinstimmung mit der Rechtsprechung des Reichsgerichts verneinte Isay daher einen Sittenverstoß der Konvention gem. § 1 UWG a. F. mangels festgestellter objektiver Vernichtung des Antragstellers.

ee) Unklarheiten des OLG Urteils mit Blick auf die Bejahung der subjektiven Voraussetzungen der Vernichtungsabsicht

Gegen die Annahme des OLG Düsseldorf, es sei die unverkennbare Absicht der Antragsgegnerin, den Antragsteller durch Unterbieten zu jedem Preis zu beseitigen, wandte Isay ein, die Gründe des Urteils seien insoweit widersprüchlich. Denn einige Sätze später stellte sich das OLG Düsseldorf auf den Standpunkt, der Antragsteller finde als Mitglied der Konvention eine möglicherweise gute Existenz. Daraus zog Isay den Schluss, das Ziel der Konvention sei gerade nicht darauf gerichtet gewesen, den Antragsteller zu beseitigen. Die subjektiven Voraussetzungen der Vernichtungsabsicht lagen somit aus seiner Sicht ebenfalls nicht vor.[1171]

ff) Zurückweisung des Abwehreinwands der Antragsgegnerin

Als letzten Kritikpunkt machte Isay in seinem Rechtsgutachten zu Gunsten der Konvention geltend, sie habe sich gegenüber dem Tankstelleninhaber selbst in einer Abwehrstellung befunden.

Entgegen der Ansicht des OLG Düsseldorf stellte sich Isay auf den Standpunkt, die Abwehrhandlungen seien auch dann anzuerkennen, wenn sie sich nicht nur gegen unsittliche und rechtswidrige Angriffe richten. Dabei wies Isay darauf hin, es sei maßgeblich, dass die Antragsgegnerin die Angriffe des Antragstellers lediglich mit genau den Gegenmaßnahmen beantwortet habe, die der Antragsteller selbst über ein Jahr lang praktiziert habe. Zusätzlich untermauerte Isay den Abwehreinwand damit, „dass der Antragsteller selbst nur als Werkzeug mächtiger amerikanischer Benzininteressenten handelt, welche den deutschen Markt für sich erobern möchten“. [1172]

1170 So ausdrücklich: RGZ 119, 366, (371). Vgl. auch das Urteil der Vorinstanz: OLG Köln LZ 1927, 1285.

1171 R. Isay, GRUR 1929, S. 1368, (1378).

1172 R. Isay, GRUR 1929, S. 1368, (1379).

Aufgrund dessen gelangt Isay zu der Erkenntnis, dass „ein Interessenkampf mächtiger Organisationen“ vorgelegen habe, „in den sich einzumischen für die Gerichte keine Veranlassung besteht“.[1173]

An den letztgenannten Ausführungen zeigt sich wiederum mit besonderer Klarheit Isays von den Lehren des klassischen Wirtschaftliberalismus geprägte Grundüberzeugung von den Vorteilen der wirtschaftlichen Selbstregulierung bei gleichzeitiger Staatsferne[1174], die somit auch in seinem wettbewerbsrechtlichen Werk ihren Niederschlag gefunden hat.

c) Vor der letztinstanzlichen Entscheidung des Reichsgerichts schließt sich die herrschende Meinung Isays Argumentation an

Zwischen dem oben erörterten Urteil des OLG Düsseldorf und der Entscheidung des Reichsgerichts im „Benrather Tankstellenfall“ lagen eineinhalb Jahre. In dieser Zeit entbrannte im Schrifttum eine lebhafte Diskussion über die Bedeutung des Vernichtungszwecks für die Bestimmung der Grenzen der Sittenwidrigkeit im Wettbewerbsrecht, die von Isays Argumentation angestoßen wurde, zumal er das Urteil des OLG Düsseldorf als erster kritisierte.

Bevor das Reichsgericht die Sache im Jahre 1931 in letzter Instanz entschied, beeinflusste Isay mit seinem Gutachten und vor allem mit seiner grundlegenden These, der (Vernichtungs-) Zweck könne das zulässige Mittel nicht entheiligen, den überwiegenden Teil des Schrifttums. Die führenden Wettbewerbsrechtler der damaligen Zeit gingen, wie Isay, davon aus, der Zweck einer Maßnahme könne keinen Einfluss auf die Beurteilung der Sittenwidrigkeit haben.[1175] Einige Autoren stellten sich jedoch in Übereinstimmung mit dem Urteil des OLG Düsseldorf

---

1173 So ausdrücklich: R. Isay, GRUR 1929, S. 1368, (1380).

1174 Siehe zum Grundsatz wirtschaftlicher Selbstregulierung, der Isays Denken und seine Argumentationsweise über Jahrzehnte konstant prägte, bereits ausführlich oben: 1. Teil B) III) 1), 1. Teil B) III) 2) a) sowie: 1. Teil B) III) 3) c).

1175 Isays Einwände gegen die Entscheidung des OLG Düsseldorf wurden bestätigt von (h. M.): Callmann, Der unlautere Wettbewerb, S. 36; ders., MuW 1929, S. 570, (571ff.): „Aber grundsätzlich kann man nicht sagen, dass ein an sich lauteres Wettbewerbsmittel durch planmäßige Betätigung unlauter wird“; ders., JW 1930, S. 1647ff.; ders., MuW 1934, S. 93, (96); Baumbach, MuW 1930, S. 2, (3ff., insb. S. 5): „Kein Gewerbetreibender hat den geringsten Anspruch darauf, den Bestand seines Betriebes im derzeitigen Umfang dauernd gegen Beeinträchtigungen durch Mitbewerber geschützt zu sehen“; Nipperdey, Wettbewerb und Existenzvernichtung, S. 4 und 14ff.; Reinhardt, MuW 1930, S. 468, (470); ders., MuW 1931, S. 247ff.; E. Ulmer, Sinnzusammenhänge im modernen Wettbewerbsrecht, S. 17 Fn. 18, der das Urteil des OLG Düsseldorf in erster Linie dafür kritisierte, dass das Gericht nicht geprüft hätte, ob es dem Außenseiter zuzumuten war, sich den Konventionspreisen anzuschließen.

auf den Standpunkt, die zielgerichtete Kampfpreisunterbietung in Vernichtungsabsicht sei sittenwidrig.[1176]

Die grundlegende Wende im Schrifttum – weg von den Ende der 20er Jahre dominierenden Anschauungen der „gebundenen Wirtschaft", der die herrschende Meinung, namentlich alle vorgenannten Kritiker des OLG Düsseldorf einschließlich Isay, offenkundig verhaftet war[1177], hin zur Wettbewerbsordnung – leitete erst Franz Böhm mit seiner berühmten Schrift „Wettbewerb und Monopolkampf" erst im Jahre 1933 ein.[1178] Allerdings wurde dieser Weg zur Stärkung der Wettbewerbsfreiheit vom RG in seinem Urteil zum „Benrather Tankstellenfall" bereits im Kern vorgezeichnet.

d) Kritische Analyse des reichsgerichtlichen Urteils zum „Benrather Tankstellenfall" vom 18.12.1931 unter besonderer Berücksichtigung von Isays Rechtsgutachten

Eingangs des reichsgerichtlichen Urteils[1179] stellten sich die Richter auf den Standpunkt, das von der Konvention eingesetzte Kampfmittel der Preisunterbietung sei für sich genommen nicht beanstanden.

Insoweit berichtigte das RG die abweichende Entscheidung des Berufungsgerichts, welche nicht publiziert wurde[1180] und daher von dem oben untersuchten

---

1176 Isays Argumentation wurde abgelehnt von: Rosenthal, Wettbewerbsgesetz, § 1 UWG Note 17b; Kaiser, MuW 1930, S. 390, (391ff.); Blum, MuW 1930, S. 512ff.; Elster, GRUR 1931, S. 213, (217f.), der den Kritikern des OLG Düsseldorf, u. a. Isay, entgegenhielt, „dass in diesem Kampf das Wahrheits- und Leistungsmoment auf Seiten des Outsiders lag, ein Unwahrheits- oder Behinderungsmoment aber auf Seiten der Konvention".

1177 Siehe zu den Anschauungen der „gebundenen Wirtschaft" der 20er Jahre, die dem Konsens der Nationalökonomen, der Rechtswissenschaftler sowie der Rechtsprechung entsprach, und deren ausdrücklicher Anhänger auch Isay war, bereits oben: 1. Teil B) III) 2) b), 3. Teil C) I) 2) cc) sowie sogleich: 3. Teil C) I) 2) d) und unten: 3. Teil C) I) 3) a).

1178 Siehe die grundlegende Kritik an Isays Vorbehalten gegenüber der Entscheidung des OLG Düsseldorf von: Böhm, Wettbewerb und Monopolkampf, S. 176: „Isay verkennt, wie alle Kritiker dieses Urteils, dass es sich bei dem Schutze des redlichen Wettbewerbers nicht um den Schutz des Schwächeren, sondern um den Schutz des Besseren handelt; dass dieser Schutz dem Besseren nicht lediglich um seiner selbst willen zuteil wird, sondern vielmehr um der Aufrechterhaltung des Prinzips der fairen Leistungskonkurrenz als eines obersten sozialverfassungsrechtlichen Ordnungsgrundsatzes willen".

1179 RG, Urteil v. 18.12.1931: RGZ 134, 342 ff.

1180 Vgl. dazu ausdrücklich: Tyllack, Wettbewerb und Behinderung, S. 57, Fn. 148: „Soweit ersichtlich, ist das OLG-Urteil des Hauptverfahrens nicht abgedruckt worden".

Urteil des OLG Düsseldorf vom 25.07.1929 zu unterscheiden ist. Dabei verwarf das Reichsgericht zudem ausdrücklich die auch von Isay angegriffene Auffassung, wonach der „unsittliche Zweck das Mittel entheilige".[1181]

Für die Zulässigkeit der Preisunterbietung sprachen aus der Sicht der Richter zwei Gründe. Zum einen wurde der beklagten Konvention zugute gehalten, sie hätte die Bekämpfung der wirtschaftlichen Stellung des Klägers, des Tankstellenbetreibers im Amt Benrath, unstreitig eingestellt, wenn dieser seine Preise denjenigen der Konvention angeglichen hätte. Daher könne nicht festgestellt werden, dass die Beklagte die völlige Vernichtung des Klägers angestrebt habe.[1182] Zum anderen ordnete das RG das von der Konvention eingesetzte Kampfmittel der Preisunterbietung denjenigen Fällen zu, in denen ein Kartell mit Sperren i. S. v. § 9 KVO gegen Außenseiter vorgeht. In diesem Zusammenhang stellten die Richter unter Bezugnahme auf die Rechtsprechung des Kartellgerichts fest[1183], dass Preisbindungen als Instrument des Organisationszwanges jedenfalls dann zulässig seien, wenn sie dem Außenseiter – wie im vorliegenden Fall – infolge einer Angleichung an die Preise des Kartells einen guten Gewinn ermöglichten.

Zudem stützte das RG, entsprechend Isays Grundüberzeugung vom Einfluss aktueller ökonomischer Prozesse und sich wandelnder Anschauungen auf das Recht, seine Argumentation auf den Zeitgeist der „gebundenen Wirtschaft". So führten die Richter aus, heute könne niemand mehr auf den Gedanken kommen „anzunehmen, dass die selbständige Stellung eines Kaufmanns vernichtet sei, weil er in der Festsetzung seiner Preise durch Bestimmungen eines Syndikats, dem er angehört, (...) gebunden ist".[1184]

Neben dem Kampfmittel hielt das RG aber auch das Ziel der beklagten Konvention, auf dem Benzinmarkt ein Monopol mit uneingeschränkter Preisdiktatur zu schaffen, nicht für sittenwidrig. Der abweichenden Meinung des Berufungsgerichts, welches auf dem Standpunkt stand, das Interesse an der Erhaltung selbständiger Mitbewerber sei gegenüber der Alleinherrschaft der Beklagten schutzwürdig, erteilte das RG, wiederum mit Hinweis auf die geänderten Anschauungen der „gebundenen Wirtschaft" der 20er Jahre, eine deutliche Absage.[1185]

Als Zwischenergebnis ist somit festzuhalten, dass das Reichsgericht weder in dem von der Konvention eingesetzten Kampfmittel der Preisunterbietung noch

---

1181 RGZ 134, 342, (347).
1182 RGZ 142, 342, (348).
1183 Mit Hinweis auf die beiden folgenden Entscheidungen: KR 1929, S. 99 und S. 220
1184 So ausdrücklich: RGZ 142, 342, (348 a. E.).
1185 RGZ 142, 342, (349).

in dem von ihr damit verfolgten Ziel einen Verstoß gegen § 1 UWG a. F. erkannte.

Bis hierhin stimmen demgemäß das Reichsgericht und Isay nicht nur im Ergebnis, sondern auch hinsichtlich ihrer Begründung überein. Beide stellen bei der Beurteilung der Sittenwidrigkeit von Mittel und Ziel der Preisunterbietung der Benzinkonvention primär auf die damals herrschenden Anschauungen des Spätkapitalismus ab, nach denen Kartelle und Trusts – auch wenn sie kein hohes Ansehen in der Bevölkerung genossen – dennoch als fester Bestandteil des Wirtschaftslebens in Erscheinung getreten sind.

Damit war der Fall für das Reichsgericht aber noch keineswegs entschieden. Vielmehr entwickelte das RG von dem soeben geschilderten Zwischenergebnis ausgehend einen völlig neuen Maßstab für die Beurteilung der Sittenwidrigkeit von Preisunterbietungen, indem es – in krassem Widerspruch zur Argumentation Isays – den Vernichtungszweck für ausschlaggebend erklärte. Der Maßstab des RG war also insofern neu, als es nicht der Konstruktion des OLG in der Entscheidung vom 25.7.1929 folgte, wonach der Vernichtungszweck die Sittenwidrigkeit des Kampfmittels herbeiführe, sondern statt dessen, ungeachtet seiner Auswirkung auf das Kampfmittel, den Verstoß gegen § 1 UWG a. F. und § 826 BGB ausschließlich vom Vernichtungszweck, mithin von subjektiven Tatbestandsmerkmalen abhängig machte.

Isays entscheidendes Gegenargument, nach dem die persönliche Motivation der Wettbewerber im Wirtschaftskampf keinen Einfluss auf die Sittenwidrigkeit habe, da der Zweck des Wettbewerbsrechts nicht darauf abziele, eine lautere Gesinnung der Beteiligten zu fördern[1186], wurde vom Reichsgericht nicht anerkannt. Vielmehr nahm es den konträren Standpunkt ein. Nach Ansicht des RG müsse der Wettbewerb unlauter, nicht nur unzulässig sein. Dabei machte es sich die Meinung Elsters zueigen, dass der rechtsethische Gehalt des Wettbewerbsrechts nicht unberücksichtigt bleiben dürfe.[1187]

Im Übrigen sei nicht einzusehen, weshalb gerade für die guten Sitten im gewerblichen Wettbewerb der Zweck des Handelns beiseite gelassen werden solle.[1188] Daran wird deutlich erkennbar, in welchem Maße das Reichsgericht im „Benrather Tankstellenfall" reine Billigkeitserwägungen in seine Entscheidung einfließen ließ.

Ausgehend von der Erkenntnis, der Zweck der Preisunterbietung sei für die Bestimmung der Sittenwidrigkeit entscheidend, konkretisierte das RG seinen neu geschaffenen Prüfungsansatz.

1186 Siehe nochmals oben: 3. Teil C) I) 2) b) bb).
1187 Elster, LZ 1927, S. 1076, (1079).
1188 RGZ 142, 342, (350).

In Übereinstimmung mit Isays Rechtsgutachten lehnte das RG ebenfalls eine Differenzierung nach den agierenden Personen, wie dies Callmann vorgeschlagen hatte, ab. Stattdessen übernahmen die Richter Nipperdeys Unterscheidung zwischen Leistungs- und Behinderungswettbewerb, um anhand dieses Maßstabs die Auswirkungen des Vernichtungszwecks auf das Wettbewerbsrecht zu präzisieren. Dabei ist der Umstand bemerkenswert, dass das RG zwar die Grundzüge von Nipperdeys berühmter Abgrenzung zwischen Leistungswettbewerb (auch bei Vorliegen der Vernichtungsabsicht zulässig) und Behinderungswettbewerb (in Verbindung mit Vernichtungszweck sittenwidrig)[1189] übernahm, jedoch bei der Subsumtion zum konträren Ergebnis gelangte.

Im Gegensatz zu Nipperdey, der die Preisunterbietungsaktionen der Konvention in Übereinstimmung mit Isay insgesamt für zulässig hielt, ordnete das Reichsgericht den Sachverhalt als „typischen Fall des sog. Behinderungswettbewerbs“ ein.[1190]

Zur Begründung seiner Entscheidung führte das RG zum einen an, es sei der beklagten Konvention allein darum gegangen, dem Kläger „die Beteiligung am Wettbewerb unter allen Umständen unmöglich zu machen, in dem sie das Publikum durch Unterbietung, koste es, was es wolle, von ihm abzogen, um hinterher nach Beseitigung des Klägers sofort zu ihren alten oder noch zu höheren Preisen zurückzukehren“.[1191]

Als weiteres Indiz für das Vorliegen des Vernichtungszwecks wertete das RG die Tatsache, dass die Unterbietungen der Beklagten ausschließlich auf das Amt Benrath, also den Bezirk, in dem der Kläger seine Tankstelle betrieb, beschränkt war. Die Richter gelangten zu dem Ergebnis, „dass ein solches Verhalten der Beklagten, die zunächst offenkundig den Zweck verfolgte, den Gegner zu vernichten“, sittenwidrig sei, „und zwar nicht nur wegen des die Vernichtung des Gegners mit Sicherheit herbeiführenden Kampfmittels, sondern ganz besonders auch wegen des klar zutage liegenden Vernichtungszwecks“.[1192]

Daran ist deutlich zu erkennen, dass sich die Richter bei der Absetzung des Urteils an den entscheidungserheblichen Stellen in Widersprüche verstrickten. Geht das Gericht zunächst davon aus, die Beklagte habe nicht die völlige Vernichtung des Klägers erstrebt, so ist wenig später zu lesen, die Preisunterbietung sei wegen des „klar zutage liegenden Vernichtungszwecks“ sittenwidrig.

Darüber hinaus begründete das Reichsgericht an einer Stelle ausführlich seine Auffassung, das Mittel der Preisunterbietung sei für sich genommen zulässig,

1189 Vgl. dazu ausführlich: Nipperdey, Wettbewerb und Existenzvernichtung, S. 16ff.
1190 RGZ 142, 342, (353).
1191 So ausdrücklich: RGZ 142, 342, (354).
1192 RGZ 142, 342, (354).

und korrigiert insoweit ausdrücklich die Entscheidung des Berufungsgerichts, bevor es an anderer Stelle das genaue Gegenteil vertritt, als es von dem „die Vernichtung des Gegners mit Sicherheit herbeiführenden Kampfmittel" spricht.

Vermutlich war das Reichsgericht selbst nicht vollkommen von seinem Lösungsweg überzeugt, denn sonst wäre nicht zu erklären, dass es sich nach Annahme der Voraussetzungen der Sittenwidrigkeit noch veranlasst sah, sein bereits entwickeltes Ergebnis durch Nachschieben von Billigkeitserwägungen zu untermauern.[1193] So stellte das Reichsgericht am Ende des Urteils noch ergänzend fest, der Rechtsbegriff des Verstoßes gegen die guten Sitten sei nicht starr und unabänderlich.[1194]

Darin erblickte das RG die Legitimation, Gründe für sein bis dahin widersprüchliches Ergebnis nachzuschieben, die es auf reine Billigkeitserwägungen stütze. Dabei knüpfte das Urteil an die in der Bevölkerung herrschende „ungeheure wirtschaftliche Not" zu Beginn der 30er Jahre als Resultat der Weltwirtschaftskrise an. Mit Blick auf die damaligen wirtschaftlichen Lebensumstände gelangten die Richter zu der Erkenntnis, es könne im Rahmen dieser Verhältnisse unmöglich als mit der Anschauung aller billig und gerecht Denkenden vereinbar bezeichnet werden, dass ein auf gesunder wirtschaftlicher Grundlage aufgebauter kaufmännischer Betrieb von einer kapitalistisch übermächtigen Gruppe vor die Wahl gestellt werde, entweder vernichtet zu werden oder seine Preise auf den Stand derjenigen der Gruppe zu erhöhen.[1195]

Dem Reichsgericht ist zwar zugute zu halten, dass sein Hinweis auf die Unvereinbarkeit der Vorgehensweise der Konvention mit den Anschauungen der damals notleidenden Bevölkerung die Annahme der Sittenwidrigkeit gem. § 1 UWG und § 826 BGB trägt und der somit in erster Linie auf soziologischen und ökonomischen Erwägungen beruhenden Entscheidung – jedenfalls im Ergebnis – ohne Bedenken zuzustimmen ist.

Nachdrücklich ist andererseits jedoch darauf hinzuweisen, dass der vom RG im „Benrather Tankstellenfall" eingeschlagene Lösungsweg aufgrund der zahlreichen Argumentationsbrüche des Urteils gerade an den entscheidungserheblichen Stellen insgesamt nicht zu überzeugen vermag.[1196]

1193 In diese Richtung tendiert auch: Nörr, in: Festschrift für Gernhuber, S. 919, (936): „Aber leicht viel dem Reichsgericht die Entscheidung und die Begründung nicht. Es hatte sich so daran gewöhnt, dem einzelnen gegen die organisierte Macht keinen Schutz zu gewähren, dass es weitere Erklärungen für nötig hielt, um das Urteil zu rechtfertigen".

1194 RGZ 142, 342, (355).

1195 RGZ 142, 342, (356).

1196 In diesem Sinne auch: Nörr, in: Festschrift für Gernhuber, S. 919, (937): „Aber einen Zusammenhang zwischen seinen Stellungnahmen hat das Reichsgericht nicht

Neben den bereits aufgezeigten Widersprüchen hat dies ganz besonders auch für die Argumentation des Reichsgerichts im Hinblick auf das wirtschaftliche Ungleichgewicht der Parteien zu gelten, mit dem der Sittenwidrigkeitsvorwurf des Urteils untermauert wurde. Dabei ist weniger die Tatsache zu kritisieren, dass das Gericht überhaupt sein Augenmerk auf das Machtgefälle zwischen Außenseiter und Konvention gelenkt hat – das ist in Anbetracht der besonderen Umstände des Einzelfalls durchaus plausibel – als vielmehr der Begründungsweg, den die Richter dabei einschlugen.

Vergegenwärtigt man sich nochmals die Entscheidungsgründe des Reichsgerichts im Gesamtzusammenhang, so ist zuerkennen, in welchem Maße die Richter von den Wandelungen in den Anschauungen der Geschäftswelt hin zur damals bestehenden Periode des Spätkapitalismus und der gebundenen Wirtschaft eingenommen waren.

Auf diese Entwicklung, die in den 20er Jahren dem allgemeinen Konsens zwischen Nationalökonomen, Rechtswissenschaftlern und der Rechtsprechung bis zum „Benrather Tankstellenfall" entsprach[1197], wies auch Isay nicht nur in seinem Rechtsgutachten zum „Benrather Tankstellenfall" hin, auch sein Referat zur Reform des Kartellwesens auf dem 35. Deutschen Juristentag in Salzburg im Jahre 1928 stand ganz im Zeichen der Anschauungen einer gebundenen Wirtschaft, in der Kartelle und Trusts alltägliche Erscheinungen des Wirtschaftslebens waren.[1198]

In Übereinstimmung mit Isay nahm das RG zunächst auch im „Benrather Tankstellenfall" eine wohlwollende Haltung gegenüber dem Kartellwesen ein und stellte explizit fest, dem selbständigen Tankstellenbesitzer sei kein Schutz vor den Maßnahmen des äußeren Organisationszwanges der Konvention zu gewähren.

Am Schluss des Urteils vollzieht das RG dann jedoch eine ebenso überraschende wie radikale Kehrtwendung.

Es gibt seine zuvor gefällte Entscheidung wieder auf und gelangt, quasi in letzter Minute, zu der Erkenntnis, aufgrund der besonderen Umstände des Einzelfalles und der wirtschaftlichen Lage sei der „fast wehrlose" Kläger vor der übermächtigen Konvention zu schützen.

Erstmalig erklärte damit eine höchstrichterliche Entscheidung einen Fall des äußeren Kartellzwanges – entgegen seiner bisherigen ständigen Rechtsprechung,

---

hergestellt, so dass die ganze Begründung des Urteils unter einer ungelösten Spannung stand".

1197 Siehe dazu bereits ausführlich oben: 1. Teil B) III) 2) b).

1198 Siehe zu Isays Referat auf dem Juristentag und den kontroversen Diskussionen innerhalb des jüngeren Schrifttums über die Auswirkungen der einhellig verabschiedeten Leitsätze auch die Untersuchung unten: 3. Teil C) I) 3) a) – c).

entgegen den vorrangig einschlägigen Regelungen der Kartellverordnung[1199] und entgegen der ganz überwiegenden Meinung im Schrifttum, die von Isay maßgeblich beeinflusst wurde[1200], – nach Maßgabe des § 1 UWG a. F. für sittenwidrig.

Was die Richter schließlich zu ihrem Gesinnungswandel bewogen hat, kann heute nur gemutmaßt werden. Offensichtlich haben sie sich in einem Dilemma befunden. Einerseits wollten sie den Anschauungen der „gebundenen Wirtschaft“, die in den 20er Jahren herrschend waren und nach denen Kartelle zumindest geduldet wurden, Rechnung tragen. Insoweit kam es für das RG auch nicht in Betracht, die Konvention des für ihren Fortbestand notwendigen Mittels des äußeren Organisationszwanges zu berauben.

Andererseits erschien es den Richtern angesichts der katastrophalen Wirtschaftslage in der Bevölkerung unvertretbar, den Kläger gänzlich schutzlos zu stellen.[1201]

Daher erwecken die Entscheidungsgründe insgesamt den Eindruck, als vollführe das Reichsgericht zwischen beiden Gegenpolen einen Spagat, ohne sich klar für eine Seite entscheiden zu können.

Sieht man aber einmal über die fehlende klare Linie des Lösungsweges hinweg und richtet sein Augenmerk stattdessen darauf, dass sich die Richter in erster Linie von soziologischen und ökonomischen Erwägungen haben leiten lassen – nämlich vom wirtschaftlichen Ungleichgewicht der Parteien und der akuten wirtschaftlichen Not in der Bevölkerung – so drängt sich im Vergleich mit Isays Denkstil und Argumentation eine erstaunliche Parallele auf: Letztlich haben die Richter Isay im „Benrather Tankstellenfall“ mit seinen eigenen methodischen Waffen geschlagen.

Auch wenn dies angesichts der konträren Ergebnisse auf den ersten Blick nicht auf der Hand zu liegen scheint, so ist doch bei genauerer Analyse deutlich zu erkennen, dass die Vorgehensweise des Reichsgerichts einerseits und Isays andererseits bei der Lösung der Problematik weitestgehend übereinstimmte. So argumentierte das RG in methodischer Hinsicht ganz im Sinne von Isays freirechtlich geprägter Grundüberzeugung, wonach die Soziologie und die Natio-

---

1199 Siehe dazu: Nörr, in: Festschrift für Gernhuber, S. 919, (935): „Stillschweigend nahm das Reichsgericht von seiner Rechtssprechung abschied, wonach Kartellhandlungen, weil nicht zu Zwecken des Wettbewerbs vorgenommen, unter dem Gesichtspunkt des unlauteren Wettbewerbs ohne Belang seien“.

1200 Siehe nochmals die Ausführungen oben: 3. Teil C) I) 2) c).

1201 Auf diese Widersprüche weist auch hin: Nörr, in: Festschrift für Gernhuber, S. 919, (936), der betont, „dass das Reichsgericht unbedingt an seiner Rechtssprechung festhalten wollte, die dem Freiheits- und Wettbewerbsgedanken keinen Wert beimaß. Aber die Handlungen der Benzinkonvention wollte es auch nicht dulden“.

nalökonomie Hilfswissenschaften der Jurisprudenz seien und aktuelle Entwicklungen in diesen Bereichen die richterliche Entscheidungsfindung maßgeblich beeinflussen sollten.[1202]

Neben der grundlegenden Bedeutung der Entscheidung des „Benrather Tankstellenfalles" für die Bestimmung der Grenzen der Sittenwidrigkeit im Wettbewerbsrecht und insbesondere für die Aufwertung der Wettbewerbs- gegenüber der Kartellierungsfreiheit liefert das Urteil des Reichsgerichts somit zugleich auch ein anschauliches Beispiel dafür, in welchem Maße freirechtlich beeinflusste Billigkeitserwägungen, die Isays Werk während seiner gesamten Laufbahn prägten, schon Anfang der 30er Jahre auch einen nachhaltigen Einfluss auf die Rechtsprechung ausübten, eine Tendenz, die sich in den letzten Jahrzehnten noch verstärkte.[1203]

Abschließend bleibt somit festzuhalten, dass das Reichsgericht dem kartellfreundlichen Standpunkt, den Isay in seinem Rechtsgutachten hinsichtlich der Preisunterbietungen seiner Auftraggeberin, der Shell AG, einnahm, eine deutliche Absage erteilte. So brachten die Richter – ungeachtet der oben ausführlich analysierten Widersprüche in den Entscheidungsgründen – im Ergebnis unmissverständlich, entgegen Isays Überzeugung, ihre Meinung zum Ausdruck, dass der Vernichtungszweck für die Annahme der Sittenwidrigkeit allein entscheidungserheblich sei und Maßnahmen des kartellrechtlichen Organisationszwanges im Einzelfall gegen § 1 UWG a. F. und § 826 BGB verstoßen könnten.

Aber auch wenn das Reichsgericht Isays Rechtsgutachten im Ergebnis also nicht folgte, so vermag das nichts daran zu ändern, dass Isays freirechtlicher Methodenansatz im Hinblick auf die nachhaltige Bedeutung von soziologischen und ökonomischen Erkenntnissen sowie von Billigkeitserwägungen für die Entscheidungsfindung von den Richtern im „Benrather Tankstellenfall" übernommen wurde – freilich, ohne dass sich die Richter dessen bewusst gewesen wären.

1202 Siehe nochmals die Ausführungen zum Einfluss Jherings auf Isays methodischen Ansatz, bei der Bestimmung des „praktischen Zwecks" der Norm auf die Erkenntnisse der Nachbarwissenschaften zurückzugreifen, oben: 2. Teil A) III) 2) b) cc) und zudem die Untersuchung zur Bedeutung der Erkenntnisse der Soziologie und Ökonomie für Isay bei der Anwendung der objektiv-teleologischen Theorie oben: 2. Teil A) III) 2) c) cc) aaa).

1203 Siehe zum Stellenwert von Billigkeitserwägungen in der heutigen Rechtssprechung auch bereits oben: 2. Teil B) I) 5).

e) *Die heutige Rechtsentwicklung bestätigt Isays Zweifel an der Nachweisbarkeit des subjektiven Vernichtungszwecks*

Im Hinblick auf Isays praktische Bedenken an der zweifelsfreien Nachweisbarkeit der subjektiven Tatbestandsvoraussetzungen des Vernichtungszwecks[1204] hat sich seine Kritik an der Entscheidung des OLG Düsseldorf vom 25. 07. 1929 als berechtigt erwiesen.

Zwar sind die Grundsätze, die das Reichsgericht im „Benrather Tankstellenfall" zur Fallgruppe der Kampfpreisunterbietung in Vernichtungsabsicht aufstellte[1205], zunächst vom RG selbst in ständiger Rechtsprechung[1206] bestätigt worden. Auch schloss sich der BGH Ende der 70er Jahre, als vermehrt Verkäufe unter Einstandspreis im Einzelhandel auftraten, dem Urteil des RG zum „Benrather Tankstellenfall" an[1207] und vertritt seitdem bis heute die Auffassung, dass Preisunterbietungen grundsätzlich nicht zu beanstanden seien, sofern die Preisgestaltung nicht mit dem Ziel verfolgt werde, den Wettbewerber zu verdrängen oder zu vernichten.[1208]

Gleichwohl blieb die Praxisrelevanz dieser Fallgruppe nur marginal. Denn betrachtet man die Entwicklung der Kampfpreisunterbietung in Vernichtungsabsicht im Verlauf der vergangenen 70 Jahre, so zeigt sich, dass seit dem Urteil des Reichsgerichts zum „Benrather Tankstellenfall" nicht eine einzige Entscheidung des BGH erging, in der die Voraussetzungen der Vernichtungsabsicht zweifelsfrei festgestellt und infolgedessen ein Verstoß gegen § 1 UWG a. F. allein aufgrund des Nachweises subjektiver Tatbestandsmerkmale angenommen wurde.

Das Vorliegen des Vernichtungszwecks konnte lediglich in drei unterinstanzlichen Gerichtsentscheidungen[1209] und einem Urteil des EuGH[1210] zweifels-

---

1204 Siehe dazu nochmals: R. Isay, GRUR 1368, (1372f.) sowie die Ausführungen oben: 3. Teil C) I) 2) b) bb) a. E.

1205 Siehe nochmals grundlegend: RGZ 134, 342ff.

1206 Vgl. folgende Urteile des Reichsgerichts: JW 1933, 1721f.; MuW 1933, 403, (405f.); JW 1935, 1773; MuW 1935, 422, (424f.); JW 1936, 651f. sowie: OLG Köln, JW 1935, 1105, (1107). Ausdrücklich zustimmend: Krause, JW 1936, S. 2599, (2601f.).

1207 Grundlegend: BGH GRUR 1979, 321, (322) – „Verkauf unter Einstandspreis I".

1208 So zuletzt noch: BGH NJW 90, 2468f. – „Anzeigenpreis I"; BGH NJW 95, 2293, (2295) – „Hitlisten-Platten"; BGH NJW-RR 1997, 935, (936f.) –„Zeitschriften-Preiskampf" sowie zuletzt noch: GRUR 2001, 80, (81) – „ad-hoc Mitteilung".

1209 LG Frankfurt a. M., Urt. v. 12.2.60, BB 60, 228 (229); OLG Düsseldorf, Urt. v. 12.4.82, WuW / E OLG, 2642, (2647ff.) – „Siegener Kurier"; OLG Karlruhe, Urt. v. 13. 3. 2002, WRP 2002, 750f.

1210 Urt. des EuGH v. 3.7.91, WUW/E EV 1111, (1114ff.) – „EGS/AKZO". Vgl. dazu ausführlich: Möschel, RIW 1988, S. 501ff. und: Gloy, in: Festschrift für Gaedertz, S. 209, (210ff.).

frei nachgewiesen werden, mit der Folge, dass die Sittenwidrigkeit der Preisunterbietung angenommen wurde.

Setzt man die Tatsache, dass Preisunterbietungen heutzutage in den unterschiedlichsten Bereichen des Wirtschaftslebens praktiziert werden (z. B. Verkauf unter Einstandspreis im Einzelhandel[1211], Gratisverteilung von Presseerzeugnissen[1212] und „price-squeezing“ auf dem Benzinmarkt[1213]) in Relation dazu, dass der Bundesgerichtshof seit seinem Bestehen bisher noch in keinem Fall das Vorliegen der Vernichtungsabsicht festgestellt hat, so ist dies ein deutliches Indiz dafür, dass Isays grundlegende Kritik an dieser Fallgruppe aus dem Jahre 1929 nur allzu begründet war.

Denn die Rechtsentwicklung hat Isays praktische Bedenken an der Nachweisbarkeit der Sache nach bestätigt, zumal seine Vorbehalte auch vom jüngeren Schrifttum geteilt werden. So geht ein Großteil des Schrifttums, im Gegensatz zur Rechtsprechung, davon aus, § 1 UWG a. F. sei allein anhand objektiver Kriterien zu messen.[1214]

Zudem werden Isays generelle Bedenken an der Nachweisbarkeit subjektiver Merkmale im Wettbewerbsrecht auch von denjenigen Autoren bekräftigt, die die Grundsätze des BGH zwar im Kern befürworten, jedoch gleichwohl zugestehen, die Vernichtungsabsicht könne nur anhand objektiver Indizien festgestellt werden.[1215]

1211 Siehe dazu eingehend die Ausführungen am Ende dieses Abschnitts.

1212 Vgl. dazu zuletzt die std. Rspr.: BGH WRP 2004, 746, (747f.) –„Zeitung am Sonntag“; BGH WRP 2004, 896, (898) –„20 Minuten Köln“. In beiden Fällen wurde das Vorliegen der Sittenwidrigkeit gem. § 1 UWG aufgrund der fehlenden subjektiven Voraussetzungen der Vernichtungsabsicht verneint.

1213 Siehe dazu: Beschluss des Bundeskartellamtes v. 9.8.2000, WuW/E DE-V 289ff.; Beschluss des OLG Düsseldorf v. 13.11.2000, WuW/E DE-R 589ff. –„Freie Tankstellen“ sowie: Beschluss des OLG Düsseldorf v. 12.2.2002, WuW/E DE-R 829ff. –„Freie Tankstellen“.

1214 Siehe in diesem Sinne (Auswahl): P. Ulmer, AfP 1975, S. 870, (871 und 877ff.); Vogt, NJW 1976, S. 729, (735 f.); Niederleithinger, in: Schwerpunkte des Kartellrechts 1975/76, S. 65, (71); Lehmann, GRUR 1977, S. 633, (640); Kisseler, WRP 1978, S. 81, (83ff); Möschel, in: ORDO, Bd. 30 (1979), S. 295, (302f.); Sack, NJW 1985, S. 761, (768); Schricker, AfP 2001, S. 101, (103); Emmerich, Unlauterer Wettbewerb, S. 64 f. Vgl. zuletzt die nachdrückliche Kritik der hier untersuchten Fallgruppe von: Beater, Unlauterer Wettbewerb, § 12 Rn. 89, S. 353, der die Auffassung vertritt, es spiele keine Rolle, „ob der Unternehmer aufgrund einer verwerflichen Motivation oder planmäßig oder etwa mit dem Willen handelt, einen Konkurrenten zu vernichten. Das Wettbewerbsrecht ist kein Gesinnungsrecht, das die Gutmenschen und Bösewichter unter den Unternehmern voneinander unterscheiden soll“.

1215 In dieser Richtung z. B.: Lehmann, GRUR 1979, S. 368, (378); Schricker, GRUR 1980, S. 194, (197); Hefermehl, GRUR Int. 1983, S. 507, (510); Nette, Die kartell-

Auch wenn die ständige Rechtsprechung des BGH bislang nach wie vor an der Fallgruppe der Vernichtungsunterbietung festhält, so lässt sich doch prognostizieren, dass die – von Isay zu Recht kritisierte – Bedeutung von subjektiven Tatbestandsmerkmalen im Wettbewerbsrecht zukünftig weiter abnehmen wird. Denn seit der Verkauf unter Einstandspreis gem. § 20 Abs. 4 S. 2 GWB n. F., der vom Gesetzgeber im Zuge der 6. GWB-Novelle (1998) auf Drängen des Mittelstandes eingeführt wurde[1216], – unabhängig vom zweifelsfreien Nachweis der Voraussetzungen der Vernichtungsabsicht[1217] – unter rein objektiven Voraussetzungen verboten ist, hat die hier untersuchte Fallgruppe des § 1 UWG a. F. einen ihrer Hauptanwendungsfälle verloren.[1218]

Hinzu kommt, dass angesichts der gesetzlichen Verankerung der Unlauterkeit der gezielten Mitbewerberbehinderung im Zuge der UWG-Reform (2004) in § 4 Nr. 10 UWG n. F. – hierzu zählt auch die von Isay kritisierte Fallgruppe des Vernichtungswettbewerbs[1219] – im Schrifttum explizit die Ansicht vertreten wird, dass das Vorliegen einer Behinderungsabsicht nun nicht mehr erforderlich sei.[1220]

---

und wettbewerbsrechtliche Beurteilung der Preisunterbietung, S. 32 und 66f. sowie zuletzt: Gloy, GRUR 1996, S. 585, (588ff.); R. Mann / Smid, WRP 1997, S. 139, (144); Baumbach / Hefermehl, Wettbewerbsrecht, 22. Aufl., 2001, Anm. 255 zu § 1 UWG; Omsels, in: Harte-Bavendamm / Henning-Bodewig, UWG-Kommentar, § 4 Rn. 133ff. und insb. 137.

1216 Vgl. zur Auslegung der Neuregelung: Köhler, BB 1999, S. 697ff. und: Böge, GewArchiv 2001, S. 49ff. Siehe auch nunmehr die Klarstellung der Rechtssprechung: BGH, Beschluss v. 12.11.2002, WuW/E DE-R 1042ff., – „Wal-Mart“ = NJW 2003, 1736ff. Zustimmend: Gassner / Dangelmaier, WuW 2003, S. 491ff. Und zuletzt: St. Schneider, WRP 2004, S. 171ff.

1217 Vgl.: BT-Drs. 13, 10633, S. 72. Dort formulierte der Wirtschaftsausschuss folgende ausdrückliche Beschlussempfehlung zum Regierungsentwurf der 6. GWB-Novelle: „Mit dieser neuen Regelung wird klargestellt, dass Verdrängungsabsicht oder nachhaltige Beeinträchtigung des Wettbewerbs entgegen der bisherigen Rechtsprechung nicht mehr Voraussetzung für die Kartellrechtswidrigkeit des Untereinstandspreisverkaufs sein sollen“. Ausdrücklich zustimmend: Lettl, JZ 2003, S. 662: „Folgerichtig verlangt der Wortlaut von § 20 Abs. 4 Satz 2 GWB insbesondere nicht das Vorliegen einer Verdrängungsabsicht“.

1218 Ähnlich auch: Lettl, JZ 2003, S. 662, (668), der die Auffassung vertritt, „dass die von der Rechtssprechung des BGH zu § 1 UWG entwickelten Behinderungstatbestände“ ohnehin „keine nennenswerte Einschränkung für Angebote unter Einstandspreis darstellen“.

1219 Siehe dazu nochmals oben: Fn. 1143 und 1144.

1220 So: Köhler, NJW 2004, S. 2121, (2124): „Andererseits ist damit nicht gesagt, dass stets eine Behinderungsabsicht vorliegen muss. Vielmehr reicht es aus, (...) den Mitbewerber an seiner wettbewerblichen Entfaltung zu hindern“. Ebenso: Ders., in: Baumbach / Hefermehl, Wettbewerbsrecht, 23. Aufl., 2004, § 4 Rd. 10.10.

3) Isays Vorschläge für eine Reform des Kartellrechts auf dem 35. Deutschen Juristentag in Salzburg 1928: Eine Vorwegnahme der zukünftigen staatlichen Kartelllenkung im „Dritten Reich"?

Die Entwicklung des Kartellwesens unter Geltung der KVO vom 2.11.1923 zeigte, dass die Verordnung nicht die erwartete Hemmung der Kartellierung zur Folge hatte.[1221] Dass die Kartellverordnung sogar eher zu einer Stimulierung des Kartellgedankens führte, lässt sich daran ablesen, dass sich die Zahl der Kartelle von 1500 bei Erlass der KVO im Jahr 1923 auf ca. 3000 im Jahr 1926 verdoppelte.[1222] Schnell wurde von allen Seiten der Ruf nach einer Verschärfung des Kartellrechts laut. Den Höhepunkt der anschließenden wissenschaftlichen Diskussion über die Kartellreform bildeten die Verhandlungen auf dem 35. DJT 1928 in Salzburg im Jahre 1928, auf dem Isay neben Nipperdey als Hauptreferent auftrat.

a) Überblick über die zentralen Reformvorschläge Isays

Isays Referat spiegelte den ökonomischen Zeitgeist deutlich wider. So eröffnete er seine Ausführungen – unter Berufung auf die damals führenden Nationalökonomen Sombart und Schmalenbach – mit dem Hinweis, die Entwicklung befinde sich an einem einschneidenden Wendepunkt weg von der Epoche der freien hin zur Epoche der „gebundenen Wirtschaft".[1223]

1221 Einhellige Meinung. Vgl. dazu statt aller: Reuter, Erfahrungen mit staatlicher Kartellpolitik in Deutschland, S. 67: „Das erste deutsche Kartellgesetz vermochte die Voraussetzungen für die Gründung und den Bestand von mächtigen Kartellen kaum zu beeinflussen. Seine Bestimmungen waren so abgefasst, dass den Unternehmen genügend Möglichkeiten erhalten blieben, Kartellverträge abzuschließen, Organisationszwang auszuüben, ohne mit den Paragraphen der Verordnung gegen Missbrauch wirtschaftlicher Machtstellungen in Konflikt zu kommen". In diesem Sinne zuletzt noch: Emmerich, Kartellrecht, S. 11: „Die endlich erlassene Kartellverordnung enthielt indessen lediglich ein Missbrauchsverbot, das – wie alle anderen Missbrauchsverbote auch – praktisch wirkungslos blieb, da die Reichsregierung tatsächlich nur in ganz wenigen Fällen gegen Kartelle einschritt.

1222 Siehe zur zahlenmäßigen Entwicklung der Kartelle bereits oben: 1. Teil B) III) 2) a).

1223 Vgl. R. Isay / Nipperdey, Die Reform des Kartellrechts, S. 1 und insb. S. 41, der sein Referat dort mit der Überzeugung beschließt, seine Leitsätze würden „jene neue Wirtschaftsepoche herauffuhren helfen, an deren Schwelle wir uns nach Meinung unserer besten Wissenschaftler heute befinden". Siehe zu den Anschauungen der „gebundenen Wirtschaft", die in den 20er Jahren dem allgemeinen Konsens entsprachen und darüber hinaus Isays wohlwollende Haltung gegenüber der Kartellierung bestätigten, bereits ausführlich oben: 1. Teil B) III) 2) b).

In diesen weltanschaulichen Kontext sind Isays Vorschläge für eine Reform der Kartellrechts gedanklich einzuordnen, die – seiner wohlwollenden Haltung gegenüber dem Kartellwesen entsprechend[1224] – an das allgemein als unzureichend empfundene Missbrauchsprinzip der Kartellverordnung anknüpften, dabei aber unter folgenden Aspekten eine effektivere und wirksamere Gestaltung bezweckten:

1. Primär ging es Isay darum, dass zukünftig eine klare Trennlinie zwischen privatrechtlichen und öffentlichrechtlichen Vorschriften der Kartellgesetzgebung gezogen werde. Auf diese Weise ließe sich nach seiner Vorstellung sowohl verhindern, dass sich private Interessenten als Anwälte des öffentlichen Interesses gerierten als auch, dass sich der Staat in privatwirtschaftliche Interessenkämpfe einmischte.[1225]

2. Auch machte er sich für eine Abschaffung des Kartellgerichts stark, „um die hoffnungslose Verwirrung der Zuständigkeiten von ordentlichem Gericht, Kartellgericht und Reichswirtschaftsminister" aufzulösen.[1226] Stattdessen forderte er die Festsetzung der ausschließlichen Zuständigkeit der ordentlichen Gerichtsbarkeit in den privatrechtlichen Kartellfragen der Kündigung und der Sperre.[1227]

3. Zudem plädierte Isay für die Gewährleistung eines effektiveren Rechtsschutzes gegen gerichtliche Kartelluntersagungen und sonstige Maßnahmen beim geplanten Reichsverwaltungsgericht.[1228] In diesem Zusammenhang monierte er die Unanfechtbarkeit der Entscheidungen des Kartellgerichts nach Maßgabe der KVO.[1229]

4. Die Einführung eines Kartellregisters aus Gründen der Publizität lehnte Isay zum einen mit Blick auf die Abgrenzungsschwierigkeiten zwischen Kartellen und sonstigen Zusammenschlüssen und der damit einhergehenden Rechtsunsicherheit, zum anderen aufgrund seiner Überzeugung, dass „ein Register völlig wertlos im Sinne einer Bekämpfung von Machtmissbräuchen" sei, ab.[1230]

5. Die Etablierung eines unabhängigen Kartellaufsichtsamtes hielt Isay in seinem Referat ebenfalls für verfehlt. Dabei vertrat er die Auffassung, man könne die Kartellpolitik nicht von der allgemeinen Wirtschaftspolitik des Reichs-

---

1224 Siehe dazu nochmals die Ausführungen unter: 1. Teil B) III) 2) a).

1225 R. Isay / Nipperdey, Die Reform des Kartellrechts, S. 15ff. u. 20. Ebenso: R. Isay, in: Verhandl. des 35. DJT 1928, Bd. II, S. 74, (76).

1226 R. Isay / Nipperdey, a. a. O. (Fn. 1225), S. 17.

1227 R. Isay / Nipperdey, a. a. O. (Fn. 1225), S. 33ff. Ebenso: R. Isay, Verhandl. des 35. DJT 1928, Bd. II, S. 74, (77).

1228 R. Isay / Nipperdey, a. a. O. (Fn. 1225), S. 23f.

1229 R. Isay / Nipperdey, a. a. O. (Fn. 1225), S. 32.

1230 R. Isay / Nipperdey, a. a. O. (Fn. 1225), S. 26f.

wirtschaftsministeriums trennen: „Ein Gegeneinanderarbeiten von Reichswirtschaftsministerium und Kartellamt würde katastrophale Folgen haben".[1231] Im Gegensatz dazu befürwortete Isay die Einsetzung von „gründlichen Enqueten derjenigen Gewerbezweige, in denen jeweils Aufklärung nötig ist".[1232] Überdies setzte er in diesem Zusammenhang auf die Etablierung eines Vertrauensverhältnisses zwischen den kartellierten Unternehmen und der zuständigen Behörde.[1233]

6. Ferner plädierte Isay für eine praktikablere Ausgestaltung des Kündigungsrechts in § 8 KVO, in erster Linie um zu verhindern, dass sie zukünftig zu „eigensüchtigen Zwecken missbraucht werden, wie die Anfechtungsklage des Aktionärs nach § 271 HGB".[1234]

7. Darüber hinaus forderte Isay in seinem Referat die Aufhebung der Präventivzensur für Sperren durch den Reichswirtschaftsminister gem. § 9 KVO. An deren Stelle sollten aus seiner Sicht in Zukunft privatrechtliche Abwehr- und Schadenseratzansprüche für die vom Kartell Geschädigten gem. § 826 BGB treten.[1235]

8. Außerdem schlug er eine Änderung des Schriftformerfordernisses in § 1 KVO vor. So sollte fortan „entsprechend der ohnehin fast ausnahmslos geltenden Praxis die Schriftform des § 127 BGB (nicht die schärfere Form des § 126 BGB) für alle Gesellschaftsverträge" gesetzlich verankert werden.[1236]

9. Schließlich ergänzte Isay in seinem Referat seinen ursprünglich rein formalen Kartellbegriff um das – aus praktischen Gründen – objektiv zu bestimmende Merkmal der „Marktbeeinflussung".[1237]

Sämtliche vorgenannten Änderungsvorschläge Isays sind in die Entschließung des Juristentages aufgenommen worden und „wurden von der Versammlung fast einstimmig angenommen. Gegen die Leitsätze stimmten nur einige unentwegte Kartelldogmatiker und eine links stehende Gruppe unter Führung von Franz Neumann".[1238] Demzufolge stieß Isay mit seinem Plädoyer für die An-

1231 R. Isay / Nipperdey, a. a. O. (Fn. 1225), S. 28.
1232 R. Isay, in: Verhandl. des 35. DJT, Bd. II, S. 74, (77).
1233 R. Isay / Nipperdey, Die Reform des Kartellrechts, S. 39. Ebenso: R. Isay, in: Verhandl. des 35. DJT 1928, Bd. II, S. 74, (77): „Auch für die Verhütung von Missbräuchen ist eine solche Zusammenarbeit wertvoller als Repression und polizeiliche Verfolgung".
1234 R. Isay / Nipperdey, Die Reform des Kartellrechts, S. 29.
1235 R. Isay / Nipperdey, a. a. O. (Fn. 1234), S. 19f.
1236 R. Isay / Nipperdey, a. a. O. (Fn. 1234), S. 35.
1237 R. Isay / Nipperdey, a. a. O. (Fn. 1234), S. 37f. Siehe zu Isays gewandelter Auffassung zum Kartellbegriff hinsichtlich der Erforderlichkeit des Merkmals der Marktbeeinflussung auch nochmals ausführlich oben: 3. Teil C) I) 1) a)
1238 So das zurückblickende Fazit in den 50er Jahren von: R. Isay, Gutachten zum Regierungsentwurf eines Gesetzes gegen Wettbewerbsbeschränkungen, S. 7.

schauungen der „gebundenen Wirtschaft“ bei dem ganz überwiegenden Teil der Anwesenden auf offene Ohren.[1239] Entsprechend positiv fiel dann auch Isays Schlusswort aus: „Einen dauernden Gewinn aber hat, hoffe ich, die Beratung des Juristentages gezeitigt: Die Entgiftung der Kartelldiskussion. Die Beratungen des Juristentages haben gezeigt, dass man sich verstehen kann, auch wenn man von ganz verschiedenen Weltanschauungen ausgeht. Hoffentlich wird das Beispiel (...) auch auf anderen Gebieten als auf dem des Kartellproblems fruchtbringend sein“.[1240]

Damit war Isays unermüdliches Streben nach Versöhnung der widerstreitenden Parteien jedenfalls auf dem Juristentag in Salzburg im Jahre 1928 von Erfolg gekrönt.[1241] Allerdings haben die – zu Isays Wohlgefallen – so einhellig verabschiedeten Leitsätze des 35. DJT in den 70er Jahren eine kontroverse Debatte im Schrifttum ausgelöst, die bis heute andauert.

b) *Die Kontroverse im Schrifttum über Kontinuitäten zwischen der Kartellpolitik der 20er Jahre und der nationalsozialistischen Politik der Zwangskartellierung seit 1933*

Die Frage nach Kontinuitäten zwischen der Kartellpolitik der 20er Jahre und der nationalsozialistischen Zwangswirtschaft des „Dritten Reichs“[1242] wird im Schrifttum seit den 70er Jahren lebhaft diskutiert.

Symptomatisch für die Befürworter der These, dass solche Kontinuitäten tatsächlich bestanden, ist eine Stellungnahme von Lehmann aus dem Jahre 1990, für den sich die Konsequenzen der KVO vom 2. 11. 1923 wie folgt äußerten: „Diese Notverordnung führte zu einer Legalisierung der Kartelle, sodass anschließend die Organisation der deutschen Wirtschaft in Zwangskartellen als eine konsequente Fortsetzung dieser Wirtschaftspolitik betrachtet werden kann. Damals zeigte sich, dass die Konzentration wirtschaftlicher Macht in den Händen einiger Unternehmer der Erreichung von monokratisch bestimmten politi-

---

1239 Siehe dazu ausdrücklich: R. Isay, in: Verhandl. des 35. DJT 1928, Bd. II, S. 74, (76): „Es wurde anerkannt, dass die freie Konkurrenz nicht, wie es nach der Kartellverordnung der Fall ist, an sich ein schutzwürdiges Gut ist, dass vielmehr die durch private Organisationen mehr und mehr gebundene Wirtschaft, in der wir leben, als ebenbürtige, gleichberechtigte Form der freien Konkurrenz gegenüber steht und ihr unter Umständen sogar überlegen ist“.

1240 R. Isay, in: Verhandl. des 35. DJT 1928, Bd. II, S. 74, (79).

1241 Siehe zu Isays kontinuierlichem Versöhnungsstreben, das ihn mit Hegels Grundansatz der „versöhnten Gegensätze“ verband auch, oben: 1. Teil B) I) 2) b).

1242 Siehe dazu bereits oben: 1. Teil B) III) 2) b) und dort insb. Fn. 446, wo Fischer die Meinung vertritt, die zukünftige Entwicklung im „Dritten Reich“ scheine Isays Haltung zum Kartellwesen auf dem Juristentag Recht gegeben zu haben.

schen Zielen nur förderlich sein kann".[1243] In diesem Sinne beurteilten auch einige weitere Autoren die historische Entwicklung, die gleichfalls – teilweise unter ausdrücklicher Bezugnahme auf die Leitsätze des Salzburger Juristentages – die Meinung vertreten, dass die Kartellpolitik der „gebundenen Wirtschaft" der 20er Jahre den Nährboden für die spätere nationalsozialistische Zwangswirtschaft bildete.[1244]

Angesichts der vorgenannten Stellungnahmen drängt sich die Frage auf, ob Isay die Pervertierungsanfälligkeit der Kartelle, die sich im „Dritten Reich" ohne Zweifel realisierte, hätte vorhersehen können oder zumindest ernster hätte nehmen müssen und infolgedessen die Gefahren des Zeitgeists der „gebundenen Wirtschaft" verkannte.

Bevor über Isays Haltung ein abschließendes Urteil gefällt werden kann, ist zunächst zu berücksichtigen, dass die These von der „Wegbereitung" im Schrifttum nicht unumstritten ist. So gibt es auch eine Reihe von Stimmen, die keine Kontinuitäten erkannten, sondern vielmehr die Kartellpolitik unter der Herrschaft der Nationalsozialisten als ein absolutes Novum einordneten. In diesem Sinne wurde die Entwicklung nach Verabschiedung des Gesetzes über die Errichtung von Zwangskartellen vom 15. Juli 1933[1245] von Wessel wie folgt be-

---

1243 So ausdrücklich: Lehmann, JZ 1990, S. 61f.

1244 In diesem Sinne zuletzt: Fikentscher, WuW 2001, S. 446, (452), der im Zusammenhang mit der Geltung des Missbrauchsprinzips zwischen 1923 bis 1958 äußerte: „Es bewirkte, im Verbund mit anderen Ursachen, dass sich Deutschland nach 1923 zum höchst kartellierten und am stärksten wirtschaftskonzentrierten Land Europas entwickelte, was der straff geführten Wirtschaftsverwaltung des Nationalsozialismus seit 1933 den Boden bereitete". Ebenso zuvor schon: Scharnweber, Deutsche Kartellpolitik 1926 – 1929, S. 131: „Auch die Kartellverhandlungen des Salzburger Juristentages von 1928 stützen die These, dass schon vor 1930 Entwicklungen im Kartelldenken eingesetzt hatten, die die Umgestaltung der deutschen Wirtschaft unter der Herrschaft der Nationalsozialisten vorbereiten halfen". Ähnlich: Mestmäcker, Wirtschaftordnung und Staatsverfassung, in: Wettbewerbspolitik im Wandel, S. 7, (9): „Nicht weniger wichtig war jedoch die Erfahrung, dass eine kartellierte Wirtschaft – über Nacht und ohne formellen Eingriff in das Privateigentum – zum Instrument einer staatlich kontrollierten Planwirtschaft gemacht werden konnte". In dieser Richtung auch: Emmerich, Kartellrecht, 8. Aufl., 1999, S. 13: „Im Ergebnis dürfte die KartVO sogar durch die endgültige Legalisierung der Kartelle und des Organisationszwanges gegen Außenseiter die Kartellbewegung in Deutschland nicht etwa gebremst, sondern im Gegenteil noch erheblich gefördert haben. Die Organisation der deutschen Wirtschaft in Zwangskartellen aufgrund des Zwangskartellgesetzes von 1933 bedeutete daher im Grunde nur den folgerichtigen Abschluss einer seit langem angebahnten Entwicklung". Zu beachten ist, dass diese Passage sich in der 7. Auflage (1994) wortgleich befindet, wohingegen die 9. Auflage (2001) diese Aussage vermissen lässt.

1245 RGBl. 1933 I, 488.

urteilt: „Man mag es drehen und wenden, die eingeführte Sonderaufsichtsgesetzgebung für Kartelle stellte in wirtschaftlicher, wirtschaftpolitischer und rechtlicher Hinsicht eine gänzliche Neuordnung, wenn nicht gar einen völligen Umbruch in der Linie der bisherigen Kartellaufsicht in Deutschland dar".[1246]

Hinzu kommt, dass sich das nationalsozialistische Schrifttum selbst scharf von der Kartellpolitik der Epoche der „gebunden Wirtschaft" in den 20er Jahre distanzierte, wie folgende Stellungnahme belegt:

„Die heute noch bestehenden Kartelle haben also ideenmäßig und ihrer Funktion nach nichts mehr mit den „Kindern der Not" aus dem Zeitalter des Liberalismus zu tun".[1247]

c) *Fazit zu Isays Einstellung gegenüber einer staatlichen Kartelllenkung auf dem 35. DJT mit Blick auf die Kontroverse um etwaige Kontinuitäten zum „Dritten Reich"*

Wenn man nun Isays Referat auf dem 35. Deutschen Juristentag in Salzburg im Jahre 1928 ausgehend von dem zuvor dargestellten Meinungsspektrum beurteilt, so ergibt sich folgendes Gesamtbild.

Im Hinblick auf den bereits angesprochenen wichtigen Gesichtspunkt der Vorhersehbarkeit der zukünftigen Entwicklung ist in der Debatte um etwaige Kontinuitäten auf folgendes hingewiesen worden: „Inwieweit die in Salzburg versammelten Juristen die spätere Entwicklung, die die herbeigerufene staatliche Aufsicht auf die wirtschaftlichen Verhältnisse nehmen sollte, schon vorhersehen konnten, kann aus jetziger Sicht nur vermutet werden. An sich hätte aus den Erfahrungen des Ersten Weltkrieges, wo der Staat die Kartelle als Instrumente ihrer Wirtschaftpolitik benutzte, geschlossen werden können, dass der Staat bei einem

---

1246 So ausdrücklich: Wessel, in: Kartelle und Kartellgesetzgebung in Praxis und Rechtssprechung vom 19. Jahrhundert bis zur Gegenwart, S. 188, (192). In dieser Richtung auch: Rotthege, Die Beurteilung der Kartelle und Genossenschaften durch die Rechtswissenschaft, S. 202: „Die Entwicklung bedeutete eine völlig andere Zielsetzung gegenüber der bisherigen Kartellpolitik. Die Kartelle waren nun weniger ein Mittel in der Hand der privaten Wirtschaftsinitiative als vielmehr Instrumente der Wirtschaftlenkung durch den Staat". Vgl. auch folgende Beurteilung der Leitsätze des 35. DJT von: Tschierschky, KR 1928, S. 487, (504): „Zusammengefasst wird man sagen müssen, dass man kaum den Grundsatz einer nachhaltigen Staatskontrolle mit den Abschwächungen durchsetzen kann, die der Juristentag empfiehlt". Diese Einschätzung spricht eindeutig gegen die vorgenannte These (Soeben: Fn. 1244), den Referenten des DJT hätte eine planwirtschaftliche Staatsaufsicht vorgeschwebt.

1247 So ausdrücklich: Danielcik, JW 1935, S. 3593, (3594).

zunehmenden Einfluss auf die Kartelle, diese je nach Bedarf auch für ihre politischen Ziele einsetzen könnte".[1248]

Dass Isay sich tatsächlich, im vorgenannten Sinne, über die Folgen staatlicher Einflussnahme auf das Kartellwesen durchaus im Klaren war, steht außer Frage. Demgemäß prägten gerade seine negativen Erfahrungen mit der Kriegswirtschaft im Ersten Weltkrieg Isays wirtschaftliberale Grundhaltung.[1249] Anfang der 20er Jahre stellte er zudem unmissverständlich fest:

„Die Erleichterungen, welche die Kartelle als einheitliche Organisationen wichtiger Industriezweige für die Aufgaben der Kriegswirtschaft mit sich brachten, lagen ja auf der Hand".[1250] Insofern waren ihm also die grundsätzlichen Möglichkeiten und Folgen staatlicher Kartelllenkung zweifellos bewusst.

Auf dem Deutschen Juristentag war Isays Haltung zum Einfluss des Staates auf das Kartellwesen nicht ganz eindeutig. Auf der einen Seite machte er, in völliger Übereinstimmung mit seinen wirtschaftsliberalen Grundsätzen, unmissverständlich seinen Standpunkt deutlich, „dass wohl bei der Mehrzahl unserer Generation die Erfahrungen der Kriegswirtschaft und der Inflationswirtschaft die Überzeugung genährt haben, dass soweit wie möglich der Staat sich der Eingriffe in die Wirtschaft enthalten soll, dass staatliche Zwangswirtschaft in der Regel von Übel ist".[1251]

Auf der anderen Seite äußerte Isay im gleichen Atemzug die gegenläufige Meinung: „Fragt man nunmehr, was der Staat gegenüber dem Kartellproblem tun soll, so kann das Recht des Staats zu einer Kontrolle der in seinem Schosse sich bildenden Machtkörper meiner Überzeugung nach nicht bestritten werden".[1252]

Daran wird deutlich, dass Scharnwebers Beobachtung zutrifft, wonach sich Isay augenscheinlich in einem „(wohl unbewussten) Zwiespalt" befand.[1253]

1248 Heymann, Der Jurist Julius Flechtheim, S. 80. Vgl. allerdings auch die entgegen gesetzte Einschätzung von: Scharnweber, Deutsche Kartellpolitik 1926 – 1929, S. 128: „Die verkannte und unüberlegt herbeigerufene Macht des Staates gewann einen Einfluss auf die Wirtschaftsverhältnisse, der von den im Jahre 1928 in Salzburg versammelten Juristen nicht vorhergesehen werden konnte".

1249 Siehe dazu bereits ausführlich oben: 1. Teil B) III) 1).

1250 R. Isay, Recht und Wirtschaft 1921, S. 128.

1251 Siehe dazu: R. Isay / Nipperdey, Die Reform des Kartellrechts, S. 13. Vgl. dazu auch: Heymann, Der Jurist Julius Flechtheim, S. 80, die Isays Warnungen vor staatlicher Einflussnahme auf den Wirtschaftsprozess nicht nur ausdrücklich positiv hervorhebt, sondern zudem deutlich macht, dass seine Haltung eher die Ausnahme bildete.

1252 R. Isay / Nipperdey, Die Reform des Kartellrechts, S. 13f.

1253 Vgl. Scharnweber, Deutsche Kartellpolitik 1926 – 1929, S. 128, Fn. 2.

So könnte Isay zwar auf den ersten Blick der Vorwurf gemacht werden, er habe sich mit seinem Referat, dem Zeitgeist der „gebundenen Wirtschaft“ entsprechend, Ende der 20er Jahre in den Dienst einer vermachteten Wirtschaft unter staatlicher Lenkung gestellt[1254], ohne dabei eine planwirtschaftliche Pervertierung des Kartellwesens in Betracht gezogen zu haben[1255].

Jedoch wird man mit einer solch einseitigen Sichtweise Isays vom Altliberalismus geprägten Grundsätzen, die er jahrzehntelang kontinuierlich vertrat[1256], während sie von den Nationalsozialisten ab 1933 mit aller Härte bekämpft wurden, nicht gerecht. Denn nach Isays ökonomischer Grundüberzeugung war die Entstehung des Kartellwesens gerade Ausdruck freier privatwirtschaftlicher Entfaltung und Initiative. Demgemäß fasste er die „gebundene Wirtschaft“ nicht als staatlich, sondern als autonom gebunden auf.

In diesem Sinne sprach sich Isay zum Ende seines Referates auf dem 35. Deutschen Juristentag in Salzburg im Jahre 1928 auch ausdrücklich gegen eine zukünftige Kartellpolitik aus, wie sie dann später von den Nationalsozialisten verfolgt wurde: „Der Gedanke einer zwangsweisen Planwirtschaft mit Kartellhilfe, wie er den Sozialisierungsgesetzen zugrunde lag, ist verfehlt. Aussichtvoll ist nur eine freiwillige Gemeinschaftsarbeit (...)“.[1257]

Diese Grundhaltung brachte Isay zudem auch in den Leitsätzen seines Referates unmissverständlich und warnend auf den Punkt: „Eine staatliche Kartell-

1254 Vgl. die dahingehende Kritik an den Beschlüssen des 35. DJT von: Scharnweber, a. a. O. (Fn.1253), S. 128, der in den Leitsätzen „ein unbeabsichtigtes Strukturmuster für den Übergang in die staatliche Kartellwirtschaft“ sah. Ähnlich auch: Rotthege, Die Beurteilung von Kartellen und Genossenschaften durch die Rechtswissenschaft, S. 205: „Ihren Regelungsvorschlägen lagen Ordnungsvorstellungen einer staatlich gelenkten und durchkartellierten Volkswirtschaft zugrunde“. In dieser Richtung auch noch: Nörr, Die Leiden des Privatrechts, 1994, S. 69: „Mit seinen Beschlüssen (...) hat sich der Juristentag noch prononcierter als vor dem Krieg in den Dienst der kartellierten Wirtschaft gestellt“.

1255 Siehe als Beleg dafür, dass Isay die zukünftige Entwicklung nicht vorhergesehen hatte : R. Isay / Nipperdey, Die Reform des Kartellrechts, S. 7: „In anormalen Zeiten, wie Krieg oder Inflation, liegt es anders. Indessen darf man sich schließlich nicht über Gebühr von Möglichkeiten beeinflussen lassen, die nur im Kriegsfall eintreten können“. Vgl. in diesem Zusammenhang auch: Ballerstedt, Gedächtnisrede auf R. Isay, S. 26: „Was ihm, seiner Familie und vielen seiner Freunde widerfahren ist, hat er gewiss als furchtbares Unrecht empfunden. Gleichwohl fehlte ihm für die infernalischen Mächte des Antisemitismus das Verständnis“.

1256 Siehe zu Isays Überzeugung von den Vorteilen der Selbstregulierung der Wirtschaft bei gleichzeitiger Staatsferne in den 20er Jahren nochmals oben: 1. Teil B) III) 2) a) und dort Fn. 427f. sowie in den 50er Jahren: 1. Teil B) III) 3) c) und dort Fn. 479 und 513.

1257 R. Isay / Nipperdey, Die Reform des Kartellrechts, S. 40.

stützung lässt bürokratisch arbeitende, der Anpassungsfähigkeit entbehrende Zwangsorganisationen entstehen".[1258]

Man mag zu Isays unübersehbar wohlwollender Beurteilung des Kartellwesens in der Epoche der „gebundenen Wirtschaft" stehen wie man will – fest steht jedenfalls, dass er weder in seinem Referat noch in seinen Leitsätzen zur Reform des Kartellrechts auf dem 35. DJT in Salzburg im Jahre 1928 Maßnahmen vorgeschlagen hatte, die der planwirtschaftlichen Lenkung des Kartellwesens im „Dritten Reich" den Boden bereitet oder Vorschub geleistet hätten.

Eine solche Entwicklung war mit Isays wirtschaftsliberalen Grundsätzen ebenso wenig zu vereinbaren wie mit seinem ausgeprägtem Verantwortungsbewusstsein[1259] und seinem Streben nach einer Stärkung der Staatsautorität, für die er sich in seinem Referat explizit einsetzte[1260].

Aufgrund dieser Gesamtbetrachtung sind Kontinuitäten zwischen der Kartellpolitik der späten 20er Jahre und der nationalsozialistischen Zwangswirtschaft – jedenfalls was die Haltung Rudolf Isays betrifft – insgesamt nicht ersichtlich.

1258 So Isays Leitsatz I, in: R. Isay / Nipperdey, a. a. O. (Fn. 1257), S. 72.

1259 Siehe zu Isays Verantwortungsbewusstsein als Resultat seiner gemäßigt relativistischen Erkenntnishaltung bereits die Ausführungen oben: 1. Teil B) I) 5) a) und in der Gesamtwürdigung unten: 4. Teil C).

1260 Vgl. zu Isays Einsatz für eine Stärkung der Staatsautorität: R. Isay / Nipperdey, Die Reform des Kartellrechts, S. 13f.: „Und schließlich wird auch jemand, der, wie ich, unbedingt auf dem Boden der heutigen Staatsform steht, zugeben, dass unser Staat nicht gerade einen so über großen Fond an Autorität und Zutrauen besitzt, dass er ihn leichtfertig vergeuden könnte. Ohne Not soll also der Staat überhaupt nicht eingreifen". Vgl. darüber hinaus zur Wahrung der Grundsätze der Rechtsstaatlichkeit, ebenda, S. 22. Dort beklagte Isay angesichts der in der Kartellverordnung vom 2. 11. 1923 vorgesehenen vielfältigen Auflösungs- und Eingriffsrechte, dass diese gerichtlichen und behördlichen Maßnahmen „ohne jede Rechtskontrolle verhängt werden können". Stattdessen plädierte Isay dafür, zukünftig Rechtsschutzmöglichkeiten gegen sämtliche Maßnahmen „bei dem hoffentlich bald ins Leben tretenden Reichsverwaltungsgericht" zu statuieren. In diesem Zusammenhang forderte er eindringlich: „Das RWM. muss mit ihrer Hilfe Kartellpolitik machen, und muss sich davor hüten, sich zum Kartellpolizisten zu degradieren!" (Ebenda, S. 23). Es tritt also klar zutage, in welchem Maße sich Isay in seinem Referat gerade auch von rechtsstaatlichen Erwägungen leiten ließ.
Vgl. in scharfem Widerspruch dazu jedoch auch die Kritik an den Leitsätzen von: Scharnweber, Deutsche Kartellpolitik 1926 – 1929, S. 131: „Sie demonstrieren einen Konservativismus, der das Ende des parlamentarischen Regierungssystems in sich trug". Vergleicht man diese Einschätzung mit den vorgenannten Zitaten Isays (Fn. 1260), die auf eine Stärkung der Staatsautorität und eine Erweiterung des Rechtsschutzes abzielten, so bleibt unerfindlich, wie Scharnweber zu seinem Urteil gelangen konnte.

II) *Der Einfluss des kartellrechtlichen Spätwerks Isays auf die Debatten um die konkrete Ausgestaltung des geplanten GWB zwischen 1952 bis 1956 und auf die EU-Kartellreform von 2004*

Die nachfolgende Darstellung der Wirkungsgeschichte von Isays kartellrechtlichem Spätwerk der 50er Jahre wird drei wesentliche Aspekte umfassen:

Zunächst sind die Reaktionen des Schrifttums auf Isays kritische Stellungnahmen zum Regierungsentwurf des GWB (1952) näher zu beleuchteten.[1261] Danach werden seine beiden Gegenentwürfe zum Regierungsentwurf aus den Jahren 1954/55 unter besonderer Berücksichtigung des – zu Recht – überwiegend kritischen Schrifttums analysiert und gewürdigt.[1262] Abschließend ist auf die Parallelen zwischen Isays Argumenten für die Ausgestaltung eines zukünftigen Kartellgesetzes der 50er Jahre und dem Systemwechsel des Kartellverfahrensrechts im Zuge der EU-Reform von 2004 hinzuweisen.[1263]

1) *Die Reaktionen im Schrifttum auf Isays Kritik am Verbotsprinzip des Regierungsentwurfs zum GWB (1952)*

Im Zusammenhang mit der Untersuchung der ökonomischen und sozialen Grundüberzeugungen Isays wurden bereits eingehend diejenigen Argumente dargestellt, die Isay in einer Vielzahl von Veröffentlichungen aus den 50er Jahren gegen das Verbotsprinzip des Regierungsentwurfs zum GWB vorbrachte.[1264]

Anschließend wird nun die Frage beantwortet, welche Reaktionen die einzelnen Kritikpunkte Isays in der Debatte der 50er Jahre um das zukünftige Gesetz gegen Wettbewerbsbeschränkungen im Schrifttum auslösten:[1265]

1. Während der Regierungsentwurf (1952) und auch noch das verabschiedete GWB (1957), in Übereinstimmung mit Anschauungen der Ordoliberalen, von der utopischen Vorstellung der Verwirklichung vollständiger Konkurrenz ausgingen[1266], setze sich seit Mitte der 60er Jahre zunehmend ein dynamisches

---

1261 Siehe dazu sogleich: 3. Teil C) II) 1).

1262 Siehe die ausführliche Analyse unten: 3. Teil C) II) 2).

1263 Siehe dazu unten: 3. Teil C) II) 3).

1264 Siehe dazu bereits die ausführliche Untersuchung oben: 1. Teil B) III) 3) a).

1265 Hinweis: Aus Gründen der Übersichtlichkeit werden die Stellungnahmen des Schrifttums nachfolgend in der Reihenfolge abgehandelt, in der die zentralen zehn Kritikpunkte Isays bereits oben dargestellt wurden.

1266 Vgl. grundlegend zur ordoliberalen Vorstellung von der Realisierung der vollständigen Konkurrenz (Auswahl): Böhm, SJZ 1947, Sp. 495, (498f.); ders., in: ORDO, Bd. 3 (1950), S. XXXIIff.; ders., Wirtschaftsordnung und Staatsverfassung, S. 32ff.; ders., WuW 1953, S. 178ff.; Eucken, in: ORDO, Bd. 3 (1950), S. 3ff; v. Hayek, in: ORDO, Bd. 6 (1954), S. 3, (11f.). Vgl. jüngst dazu noch: Siems, ZRP

Wettbewerbsverständnis durch[1267], wie es auch Isays Denken entsprach[1268]. Insoweit wurde seine Überzeugung also von der weiteren Entwicklung bestätigt.

2. Der Aspekt der Behördenüberlastung, den Isay bei der Anwendung des Verbotsprinzips prognostizierte und sein Hinweis auf fehlende Kapazitäten bei der Verfolgung von Hardcore-Kartellen wurden in den 50er Jahren kontrovers diskutiert.[1269] Auch hier wurde Isays Auffassung mittlerweile von der Rechtswirklichkeit bestätigt, zumal die EU-Kommission ihre Reform des Kartellverfahrensrechts (2004) primär auf die von Isay zutreffend vorausgesehene Überlastung ihrer Kartellbehörden stützte.[1270]

2002, S. 170, (171): „Die in bestimmten Konstellationen fehlende unsichtbare Hand des Marktes soll also durch die sichtbare Hand des Staates kompensiert werden, um eine vollständige Konkurrenz zu ermöglichen".

1267 Vgl. zum dynamischen Wettbewerbsansatz des jüngeren Schrifttums anstelle der ordoliberalen vollständigen Konkurrenz (Auswahl): I. Schmidt, WuW 1966, S. 699ff. u. 711ff.; Kartte / Holtschneider, in: Handbuch des Wettbewerbs, S. 193, (210ff.); Benisch, ebenda, S. 399, (406ff.); Neumann, Historische Entwicklung und heutiger Stand der Wettbewerbstheorie, S. 305ff.; Rittner, AcP 188 (1988), S. 100, (113ff., insb. 116f.); Möschel, JZ 1988, S. 885, (892): „So ist Referenzsystem der oben skizzierten Fälle wohlfahrtsökonomischen Marktversagens das statische Modell vollkommener Konkurrenz. Es ist in der Realität nicht herstellbar. Jede Abweichung von diesem Modell als Marktunvollkommenheit und damit Marktversagen zu qualifizieren, läuft darauf hinaus, das Leben auf diesem Globus mit demjenigen in einem Paradies zu vergleichen"; I. Schmidt, Wettbewerbspolitik und Kartellrecht, S. 7ff.; Fezer, JZ 1990, S. 657, (659f.).

1268 Vgl. zu Isays dynamischem Wettbewerbsverständnis, das er seit den 20er Jahren vertrat, mit vielen Nachweisen nochmals oben: 1. Teil B) III) 3) a) und dort insb. Fn. 465. Siehe dazu die zustimmende Würdigung von: Zweigert, in: Festschrift für R. Isay, S. 129, (130f.): „Vor allem hat er in den Vordergrund aller seiner Erwägungen die in den Debatten um das Kartellproblem vergessene Wahrheit gestellt, dass der Wettbewerb weder ein zu schützendes „Rechtsgut", noch auch nur ein „Zustand des Gleichgewichts" ist, sondern ein „dynamischer Prozess, der einer Erfassung durch statische Mittel unzugänglich ist".

1269 Zustimmend: v. Beringe, DB 1954, S. 428f.: „Die Bedenken, dass die Kartellbehörde gerade dann, wenn es unbedingt erforderlich ist, wenn es um Leben und Tod ganzer Wirtschaftszweige geht, am allerwenigsten imstande sein wird, den Anforderungen der Wirtschaft zu entsprechen, sind daher nur zu berechtigt".
Gegen Isays Argumentation: Rasch, WuW 1952, S. 497, (501f.): „Hat sich erst einmal herumgesprochen, dass die Kartellbehörde eine Ausnahmevorschrift (...) streng handhabt, so wird die anfänglich einsetzende Flut von Anträgen sehr bald zurückgehen"; ders., MA 1954, S. 99, (103f.): „Im Gegensatz zu der Auffassung von Isay ist gerade umgekehrt die von ihm befürwortete Missbrauchsgesetzgebung bedenklich, denn hier obliegt es der Behörde, den Nachweis schädlicher Folgen der Kartelltätigkeit zu führen".

1270 Vgl. dazu auch unten: 3. Teil C) II) 3).

3. Die von Isay vorausgesagte Entstehung von „Untergrund-Kartellen" als zwingende Folge einer Verbotsgesetzgebung wurde zwar vom Schrifttum der 50er Jahre einhellig geteilt, in ihren Konsequenzen indes ganz unterschiedlich beurteilt.[1271]

4. Isays Ziel der Etablierung eines Vertrauensverhältnisses zwischen Behörde und Wirtschaft wurde teilweise befürwortet[1272], teilweise aber auch ausdrücklich abgelehnt.[1273]

5. Seine Warnung, wonach die Verbotsgesetzgebung insgesamt eine Gefährdung des Rechtsbewusstseins der Bevölkerung nach sich ziehen werde, fand überwiegend Zuspruch.[1274]

1271 Isays Bedenken werden mit Blick auf das zukünftige GWB geteilt von: Ottel, in: Festschrift für R. Isay, S. 71, (81f.): „Mit Gesetzen allein kann nur eine gesetzliche oder legale Ordnung geschaffen werden; kommt ihre Anerkennung als Recht nicht zustande, dann kann es gar nicht anders sein, als dass die bloß gesetzliche Ordnung fortgesetzt übertreten wird. (...) Die Anerkennung einer Wettbewerbsordnung oder eines Antimonopolgesetzes als Recht lässt sich somit keinesfalls erzwingen". Siehe auch: Zweigert, in: Festschrift für R. Isay, S. 129, (132f.): „Auch gegen die mit dem allgemeinen Kartellverbot volkswirtschaftlich zwangsläufig verbundene Großzüchtung unterirdischer Kartelle hat Isay mit Recht stets seine warnende Stimme erhoben und hiermit offenbar bereits an höchster Stelle Gehör gefunden".
Mit der Entstehung von „Untergrund-Kartellen" fanden sich allerdings, im Gegensatz zu Isay und den vorgenannten Vertretern des Schrifttums, ab: Rasch, WuW 1952, S. 497, (502); ders., MA 1954, S. 99, (104): „Mögen die Kartelle in Zukunft ruhig „underground" gehen. Gentlemen's Agreements sind ohnehin mit rechtlichen Mitteln nicht zu fassen". Ebenso auch: Wagner, Die Diskussion über ein Gesetz gegen Wettbewerbsbeschränkungen, S. 22; Mestmäcker, WuW 1955, S. 285, (290): „Nicht recht verständlich ist die Ansicht, warum „Untergrund-Kartelle" an sich ein größeres Übel sein sollen als an sich erlaubte Kartelle". Dagegen wiederum: R. Isay, WuW 1955, S. 339, (352): „Etwas überraschend wirkt aus dem Munde eines Juristen die Frage, warum Untergrundkartelle ein größeres Übel seien als erlaubte Kartelle. Von Rechts wegen sollte es in den Augen des Juristen der Normalzustand sein, dass Gesetze befolgt und nicht übertreten werden. Aber auch bei rein wirtschaftlicher Betrachtung sind Untergrund-Kartelle und überhaupt rechtsunwirksame Verträge unerwünscht. Denn wenn die Rechtsverbindlichkeit des Kartellvertrages fehlt, so wird sie durch ehrenwörtliche Bekräftigung der Absprache, durch das Standesbewusstsein oder durch gesellschaftlichen Druck ersetzt".

1272 Zustimmend: Metzner, in: Festschrift für R. Isay, S. 281, (299): „Jede Zusammenarbeit und Einigung auf dem Markte verfolgt das Ziel, gesunde Betriebe im lauteren Leistungswettbewerb arbeiten zu lassen".

1273 Im Ergebnis ablehnend: Fred. Hausmann, BB 1954, S. 353, (355): „Zusammenarbeit zwischen Wirtschaftsverbänden und Kartellbehörde ist ein sehr zweischneidiges Mittel. (...) Aber auf die Dauer müssen auf diese Weise die Anklagebehörden immer mehr dem Interessentendruck weichen".

1274 Zustimmend: Fischer, in: Jahrb. f. Nationalök. u. Stat. Bd. 166 (1954), S. 206, (224): „Recht wertvoll ist, dass Isay bei seinen Erwägungen nach der zweckmäßig-

6. Isays Befürchtung, das geplante Kartellverbot führe zu einer verstärkten Vertrustung der Großunternehmen, gleichzeitig drohe eine Benachteiligung des Mittelstandes, entsprach damals der allgemeinen Meinung.[1275]

7. Die Warnung Isays angesichts des Ausmaßes der Überwachung und des staatlichen Dirigismus, die die behördliche Durchsetzung des Verbotsprinzips im Sinne des Regierungsentwurfs erforderlich machte, drohe ein Rückfall in die

---

sten Politik und Gesetzgebung gegenüber den Kartellen auch die psychologischen Imponderabilien nicht vergisst". Vgl. auch: Ottel, in: Festschrift für R. Isay, S. 71, (81 und insb. 93f.): „Der Staat kann nur äußeren Gehorsam, Gehorsam aus Furcht, erzielen, dagegen die billigende Zustimmung des Gewissens und Rechtsgefühls selbst des letzten und schwächsten Individuums kann auch der mächtige Staat niemals erzwingen. (...) Letztlich kann eine derartige Gesetzgebung zur moralischen Zersetzung führen". Ähnlich auch: v. Katzler, in: Festschrift für R. Isay, S. 301, (320), der Verständnis dafür aufbringt, wenn „nicht allein aus gesetzestechnischen Überlegungen, sondern vor allem zum Schutz seiner Persönlichkeitswerte der deutsche Unternehmer sich gegen das Verbot wehrt, sich zu Marktorganisationen zusammenzuschließen zu dürfen". Kritisch gegenüber gesetzlichen Verboten äußerte sich unter ausdrücklicher Bezugnahme auf Isay schließlich: Langen, in: Festschrift für R. Isay, S. 322, Fn. 4. Anderer Ansicht: Rasch, MA 1954, S. 99, (104), nach dessen Auffassung das Rechtsempfinden der Bevölkerung nicht weniger in Mitleidenschaft gezogen würde, wenn die Behörde anstelle des Verbotsprinzips, „sei es von Amts wegen, sei es auf Anzeige hin, ständig nach irgendwelchen „Missständen" zu fahnden" hätte.

1275 Ausdrücklich zustimmend: Fischer, in: Jahrb. f. Nationalök. u. Stat. Bd. 166 (1954), S. 206, (226): „Die Verwirklichung des „Verbotsprinzips" krankt – das räumen alle Sachkundigen, auch Franz Böhm, ein – an einer Ungleichgewichtigkeit des Zugriffs des Gesetzgebers gegenüber Kartellen und andererseits gegenüber Konzernen (...) Isay stellt daher mit einigem Recht fest: Eine schematische Kartellbekämpfung durch Verbot wird die Konzentration der Wirtschaft fördern". Ebenso auch: v. Beringe, DB 1954, S. 428: „Ein Kartellverbot, wie es der Entwurf vorsieht, wäre aber nicht nur ein Bruch der bisherigen Entwicklung, sondern würde, wie das amerikanische Beispiel zeigt, geradezu zwangsläufig zur Bildung unerwünschter Machtkonzentrationen führen"; Zweigert, DVBl. 1954, S. 652, (653); Wagner, Die Diskussion über ein Gesetz gegen Wettbewerbsbeschränkungen, S. 21: „Tatsächlich ist es leichter Kartelle zu verbieten, weil die volkswirtschaftlichen und politischen Konsequenzen geringer sind als bei einem scharfen Vorgehen gegen Konzerne und Trusts. Es dürfte nicht zuletzt auch deren politische Macht als eine Realität unserer Zeit ein psychologischer Faktor der tieferen Ursachen ihrer unterschiedlichen Behandlung sein". In diesem Sinne auch noch: K. Reuter, Erfahrungen mit staatlicher Kartellpolitik in Deutschland, S. 114: „Es ist nicht ganz einzusehen, warum das Gesetz gegen Wettbewerbsbeschränkungen so streng gegen vertragliche Wettbewerbsbeschränkungen vorgeht und kapitalmäßige Konzentrationen nur einer nachträglichen Missbrauchsaufsicht ohne einschneidende Befugnisse unterstellt, obwohl Konzentrationen die größere, weil unauflösbare Form der Machtzusammenballungen auf einem Markt darstellen".

Planwirtschaft, wurde von einigen Befürwortern des Missbrauchsprinzips explizit geteilt.[1276]

8. Dass ein Kartellverbot, das zugleich eine Vielzahl von Bereichen der Wirtschaft willkürlich von der Anwendung ausnimmt, rechtstechnisch unzweckmäßig sei, wurde von einigen Vertretern des Schrifttums ebenso kritisiert, wie schon von Isay.[1277]

9. Im Hinblick auf Isays Kritik an der Kompliziertheit der Fassung des Regierungsentwurfs pflichteten ihm sogar seine Kritiker bei.[1278]

10. Einer der umstrittensten Aspekte in der Debatte der 50er Jahre um das zukünftige Kartellgesetz war zweifellos die Frage nach der Verfassungsmäßigkeit des Kartellverbots.[1279] Die Staatsrechtler schlossen sich Isays Auffassung von der Verfassungswidrigkeit einer Verbotsgesetzgebung überwiegend an.[1280]

1276 Z. B. ausdrücklich: Ottel, WuW 1954, S. 676, der darauf hinweist, „dass Kartelle und ähnliche Bindungen ein autonomes Ordnungselement sind, und dass die grundsätzliche Ablehnung autonomer Ordnungen zwangsläufig in den staatlichen Dirigismus führt". Ebenso: Metzner, in: Internationales Handbuch der Kartellpolitik, S. 89, (118): „Die Anhänger einer Missbrauchsgesetzgebung sperren sich keineswegs gegen eine Beaufsichtigung der Kartelle auch strengster Art; sie befürchten nur auf Grund ihrer Erfahrungen, dass ein Verbot der Kartelle ein geeignetes Instrument zur Wiedereinführung der Zwangswirtschaft werden kann".

1277 Ausdrücklich zustimmend: Zweigert, DVBl. 1954, S. 652, (653); ders., in: Festschrift für R. Isay, S. 129, (132): „In materieller Beziehung kann ein allgemeines Verbot durch so viele Ausnahmen durchlöchert sein, dass sachlich eine Missbrauchsbekämpfung vorliegt". Sogar für mit Art. 3 GG unvereinbar wird die Auswahl der Ausnahmebereiche gehalten von: v. Beringe, DB 1954, S. 428, (429).

1278 Zustimmend: Rasch, MA 1954, S. 99, (101): „Auch das Gesetz als solches erkennt eine Fülle der Tatbestände des Wirtschaftslebens an, so dass Isay selbst – nicht mit Unrecht, wie mir scheint – den Vorwurf allzu großer Kompliziertheit seiner Vorschriften erheben kann". Siehe auch die Würdigung von: Fischer, in: Jahrb. f. Nationalök. u. Stat. Bd. 166 (1954), S. 206, (228): „Der Gegenentwurf von Isay zeichnet sich dadurch auch – rein gesetzestechnisch und oberflächlich gesehen – gegenüber dem Regierungsentwurf (80 §§) durch seine Kürze von nur 14 Paragraphen aus".

1279 Einen Überblick über den Meinungsstand liefern: Benisch, DB 1956, S. 37ff. sowie: Willemsen, in: Kartelle und Kartellgesetzgebung in Praxis und Rechtsprechung vom 19. Jahrhundert bis zur Gegenwart, S. 257f., insb. S. 258, Fn. 6 u. 7 m. w. N.

1280 Vgl. die umfassende Literaturübersicht über diejenigen Autoren, die das Kartellverbot für verfassungswidrig hielten, bei: Zweigert, in: Festschrift für R. Isay, S. 129, (130, Fn.1). Siehe in diesem Zusammenhang auch die scharfe Kritik am übereinstimmenden Standpunkt der Staatsrechtler von: Nörr, Die Leiden des Privatrechts, S. 203: „Es gehört nicht gerade zu den Ruhmesblättern der deutschen Staatsrechtswissenschaft, dass sie fast einhellig den vom Verbotsprinzip geprägten RegEntw für verfassungswidrig erklärten (Dürig, Forsthoff, Geiger, E. R. Huber, Krüger, Maunz,

Nach Maßgabe seiner altliberalen Grundsätze, die er während seiner gesamten Laufbahn vertrat, erschien Isay das Kartellwesen als ein „selbstverständlicher Ausfluss der im Grundgesetz gewährleisteten Freiheitsrechte, also des Rechts auf freie Entfaltung der Persönlichkeit, des Rechts auf Vertragsfreiheit und Koalitionsfreiheit".[1281] Als Konsequenz dieser Überzeugung wertete er das Kartellverbot im Sinne des Regierungsentwurfs – insofern folgerichtig – als rechtswidrigen Eingriff in die vorgenannten Grundrechte.

Für allein verfassungsgemäß und mit den Grundsätzen der Sozialen Marktwirtschaft vereinbar hielt Isay demgegenüber die gesetzliche Herbeiführung eines Ausgleichs der widerstreitenden Postulate der Kartellfreiheit und der Wettbewerbsfreiheit.[1282]

Aus heutiger Sicht kann Isays Ansatz nicht mehr gefolgt werden. Es erscheint rückblickend höchst problematisch, dass er die Zulassung der Kartelle nicht nur als Ausfluss des Grundgesetzes, sondern zugleich auch als Gebot der Sozialen Marktwirtschaft begriff.

Denn letztlich ist zu konstatieren, dass er in den 50er Jahren die Bedeutung der Wettbewerbsfreiheit ebenso wenig erkannte wie die Gefahren einer gesetzlich abgesicherten Kartellierungsfreiheit.

Insofern sind zunächst die herrschende Meinung im Schrifttum und später auch der Gesetzgeber bei Verabschiedung des GWB (1957) Isay hinsichtlich seiner Überzeugung von der Verfassungswidrigkeit des Kartellverbots letztlich – aus gutem Grund – nicht gefolgt.

Die entscheidenden Argumente für einen Vorrang der Wettbewerbsfreiheit vor der Kartellfreiheit lieferte Fikentscher im Jahre 1954 im Wege der folgenden Güterabwägung: „Dem frei schaffenden und in seiner Wahl frei entscheidenden Menschen muss die wirtschaftliche Möglichkeit offen stehen, von seinen und seiner Mitmenschen geschaffenen Leistungen Gebrauch zu machen und unter diesen Leistungen nach Belieben auszuwählen. Dazu gehört auch die Teilnahme an den Errungenschaften der Wirtschaft im Hinblick auf ihre gewerblichen Leistungen und Erzeugnisse einschließlich deren Verteilung. Individuelle und kollektive Wettbewerbsbeschränkungen (...) hindern nach ihrem Wesen und Ziel

---

Scheuner)". Die Erklärung für diese Haltung liefert Nörr dann in Fn. 62 nach: „Bei einigen Autoren mag die Gewöhnung an die organisierte Wirtschaft unter dem Nazi-Regime mitgespielt haben, einem Regime, dem sie sich am Schreibtisch bereitwillig zur Verfügung gestellt haben".

1281 So explizit: R. Isay, Der Höcherl-Entwurf, S. 12. Siehe zu Isays Überzeugung von der Verfassungswidrigkeit des Kartellverbots auch bereits oben: 1. Teil B) III) 3) a) und dort die Nachweise: Fn. 474 sowie oben: 1. Teil B) III) 3) c) und dort die Nachweise: Fn. 520.

1282 Siehe dazu nochmals oben: 1. Teil B) III) 3) c) und dort die Nachweise in Fn. 519.

unbestreitbar den produzierenden und konsumierenden Staatsbürger, die objektiv gegebenen wirtschaftlichen Möglichkeiten nach freier Entscheidung zu nutzen. Da sie also dem Geist des Grundgesetzes und seinem ihm eigenen Bild vom frei schaffenden und frei wählenden Menschen zuwider laufen, muss die Abwägung letzten Endes auf eine Verbotsgesetzgebung hinaus laufen".[1283]

In Übereinstimmung mit dieser Güterabwägung Fikentschers setzte sich auch im Schrifttum Mitte der 50er Jahre die Auffassung durch, dass der Wettbewerbsfreiheit Dritter gegenüber der Privatautonomie des Kartells der Vorrang gebühre.[1284] Aus heutiger Sicht ist hinzuzufügen, dass der Gesetzgeber gut daran getan hat, diesen Vorrang gesetzlich zu regeln, zumal ihm nicht nur die rechtliche, sondern vor allem auch die wirtschaftliche Entwicklung in Deutschland Recht gab.

Als Zwischenergebnis ist festzuhalten, dass Isay zwar sämtliche Anwendungsprobleme, die bei der Durchsetzung des Kartellverbots im Sinne des Regierungsentwurfs auftreten können, aufdeckte und das Schrifttum seine Kritikpunkte, jedenfalls im Grundsatz, auch teilte. Mit seiner Überzeugung von der Verfassungswidrigkeit des Kartellverbots konnte er sich jedoch – zu Recht – nicht durchsetzen.

Die bisher noch unbeantwortete Kernfrage, ob die von Isay zutreffend und zielsicher erkannten Probleme der Durchführung des Verbotsprinzips im Sinne des Regierungsentwurfs zum GWB (1952) mit der von ihm favorisierten Missbrauchskonzeption effizienter gelöst werden können, ist nun näher zu beleuchten.

2) Die Auseinandersetzungen des Schrifttums mit den beiden Gegenentwürfen Isays zum Regierungsentwurf des GWB (1952)

Isay beschränkte sich nicht auf die Kritik am Regierungsentwurf, sondern entwickelte seinerseits konstruktive Vorschläge zur Lösung des Konfliktes zwischen Verbots- und Missbrauchsprinzip.[1285]

1283 So: Fikentscher, WuW 1955, S. 205, (213f.)

1284 H. M. (Auswahl): Nipperdey, WuW 1954, S. 211ff.; Rasch, MA 1954, S. 99, (101): „Worum es geht, ist die Frage, ob Wettbewerbsfreiheit und (...) Wettbewerbsbeschränkung den gleichen Schutz der Rechtsordnung genießen sollen. Diese rechtspolitische Frage verneint der Entwurf für den größten Teil der gewerblichen Wirtschaft und erkennt der Freiheit des Wettbewerbs den höheren Rang zu"; Fischer, in: Jahrb. f. Nationalök. u. Stat. Bd. 166 (1954), S. 206, (231); Böhm, WuW 1956, S. 173ff.; Biedenkopf, BB 1956, S. 473ff.

1285 Siehe dazu nochmals die Ausführungen oben: 1. Teil B) III) 3) c).

Seine Vorstellungen von einer „marktgerechten“ Lösung fanden in seinem „Entwurf eines Gesetzes zur Verhütung des Missbrauchs wirtschaftlicher Machtstellungen“ (Im Folgenden: „Gegenentwurf“) aus dem Jahre 1954 ebenso ihren Niederschlag wie im Höcherl-Entwurf aus dem Jahre 1955, der von Isay kommentiert wurde und in Anlehnung an seinen Gegenentwurf entstanden ist.

Beide Entwürfe basierten auf Isays feststehenden, sozialen und ökonomischen Grundüberzeugungen, die er seit den 20er Jahren kontinuierlich vertrat.[1286] Gerade diese hinter den Entwürfen stehenden Überzeugungen wurden zum Teil heftig kritisiert:

1. Besonders deutlich wird dies an den Auseinandersetzungen um Isays Interpretation des „sozialen“ Elements der Marktwirtschaft. Zwar ist zu konstatieren, dass seit Einführung der Sozialen Marktwirtschaft bis heute heftig umstritten ist, was mit „sozial“ gemeint ist.[1287] Jedoch erwies sich Isays Grundüberzeugung, wonach die Marktwirtschaft erst durch die krisensteuernde Wirkung der Kartellierung im Sinne eines Gegengewichts zum ruinösen Wettbewerb „sozial“ werde[1288], bereits in den 50er Jahren als äußerst problematisch und ist demgemäß vom herrschenden kartellrechtlichen Schrifttum abgelehnt worden.[1289]

1286 Siehe dazu die ausführliche Untersuchung oben: 1. Teil B) I) –IV).

1287 So ausdrücklich: Lange-von Kulessa / Renner, in: ORDO, Bd. 49 (1998), S. 79 (80 u. dort: Fn. 6 m. w. N.). Versuche, das „soziale“ Element zu konkretisieren, finden sich z. B. bei: E. Michel, in: Festschrift für Schäffer, S. 29, (38f.): „Mit dem Wort „sozial“ sind bei der Marktwirtschaft eben die Erfordernisse der gesellschaftspolitischen Ordnung und nicht nur die einzig auf den wirtschaftlichen Wettbewerb und auf die mit ihm zu erzielenden Erfolge eingestellte Ordnung angesprochen“. Vgl. auch: Müller-Volbehr, JZ 1982, S. 132ff.

1288 Siehe zu dieser Überzeugung Isays bereits eingehend oben: 1. Teil B) III) 3) b).

1289 Siehe dazu nochmals die bereits erwähnten kritischen Stellungnahmen oben, in Fn. 500 bis 502. Darüber hinaus wurde Isays Vorstellung von der Verwirklichung des „sozialen“ Elements der Marktwirtschaft durch Zulassung von Krisenkartellen explizit abgelehnt von: Fikentscher, WuW 1955, S. 205, (210f.): „Will man dem Wort von der „sozialen Marktwirtschaft“ überhaupt einen Sinn im Zusammenhang mit dem Wettbewerbsproblem abgewinnen, so kann mit „sozial“ im Sinne der „sozialen Marktwirtschaft“ nicht der Schutz des konkurrierenden Unternehmers, sondern nur der Schutz des Verbrauchers und der des Arbeitnehmers gemeint sein. (…) Gedacht ist an eine Begrenzung des unternehmerischen Selbstbestimmungsrechts durch die Pflicht, auch den Interessen der Gegenseite Rechnung zu tragen. (…) Aber Isays grundlegende These, die soziale Marktwirtschaft erfordere die Zulassung gewisser Wettbewerbsbeschränkungen und gestatte darum nur eine Missbrauchsgesetzgebung ist bedenklich. Mit dem sozialen Element in unserer Marktwirtschaft, soweit es den Verbraucher schützen will, kann man daher die Notwendigkeit einer Missbrauchsgesetzgebung nicht begründen“. Ebenfalls kritisch: Rasch, MA 1954, S. 99, (101): „Aber ebenso wenig kann das, was viele Unternehmer, wenn die Geschäfte schlechter gehen, als „ruinösen Wettbewerb“ bezeichnen, vernünftigerweise Anlass

Isays Meinung schlossen sich insoweit nur wenige Autoren an.[1290]

Es ist festzuhalten, dass der Gesetzgeber letztlich aus gutem Grund davon absah, Krisenkartelle in der endgültigen Fassung des GWB vom Kartellverbot auszunehmen. Denn dass sich Kartelle in der Krise auf längere Sicht tatsächlich konjunkturfördernd auswirken, wie es Isay annahm, ist damals wie heute mehr als fraglich.

---

sein, die Gesetze der Marktwirtschaft aus den Angeln zu heben". Vgl. auch die grundlegenden Vorbehalte gegen Krisenkartelle von: v. Hayek, in: ORDO, Bd. 6 (1954), S. 3, (15ff., u. insb. 17): „Aus all diesem geht wohl hervor, dass wir keine echte Wettbewerbswirtschaft haben werden, solange die öffentliche Meinung nicht die Wohltätigkeit der Konkurrenz unter allen Umständen anerkennt. Solange das Gesetz und die öffentliche Meinung die Möglichkeit einräumen, dass es Fälle gebe, in denen die Konkurrenz im öffentlichen Interesse beschränkt werden sollte, wird die Zahl der Fälle, in der eine Rechtfertigung für solche Konkurrenzbeschränkungen vorgebracht werden kann immer größer sein als die, wo Konkurrenzbeschränkungen fehlen". Kritisch darüber hinaus: Böhm, WuW 1954, S. 367, (380): „Der Wettbewerb ist ein allgemeines, jedem Produzenten zugängliches Prinzip der Chancenverteilung – auch und gerade in der Krise. Das Kartell und der Elastizitätsgrad der Nachfrage sind es nicht." S. 382: „Die Dinge liegen eben so: jedes Kartell (in der Krise) ist eine Veranstaltung zur Abwälzung von Krisenschäden auf Unbekannt." S. 384: „Die Erlaubnis der Kartellierung bedeutet infolgedessen die Verleihung des Vorrechts an eine Zufallsgruppe von Betrieben, sich auf Kosten aller anderen Betriebe selbst zu protektionieren. Das widerspricht nicht nur der ökonomischen Vernunft, sondern auch der Gerechtigkeit". Ähnlich kritisch auch: Biedenkopf, BB 1956, S. 473, (478).

1290 Isays Position wurde hingegen verteidigt von: Würdinger, DB 1953, S. 226, (228); v. Beringe, DB 1954, S. 428, der den Vorteil von Krisenkartellen in Übereinstimmung mit der Begründung des Regierungsentwurfs, darin sieht, dass sie „in Krisenzeiten einer allgemeinen, auch die leistungsfähigen Unternehmen ruinierenden Preisschleuderei vorbeugen". Eindringlich für Krisenkartelle auch: Ottel, in: Festschrift für R. Isay, S. 71, (90f.): „Der Wettbewerb als Kampf kann offenbar auch dem schlecht bekommen, der ihn billigt, und hier ergeben sich wohl die schwersten Bedenken. Jeder Betrieb stellt eine lebendige Ganzheit dar, an welcher nicht nur das Schicksal des Eigentümers oder Leiters, sondern das zahlreicher anderer Menschen hängt. Alle diese Schicksale aufs Spiel zu setzen, wäre nur die Sache eines unverantwortlichen Unternehmers. Die gemeinsame Not lässt die Unternehmer gemeinsam auf Abhilfe sinnen und führt so zum Krisenkartell". Vgl. aus dem jüngeren Schrifttum wegen der Nähe zu Isays Argumentation der 50er Jahre darüber hinaus noch: v. Mettenheim, Recht und Rationalität, S. 114f., Fn. 21 a.E.: „Da aus volkswirtschaftlicher Sicht, insbesondere in Zeiten der konjunkturellen Schwäche, vor allem die Zahl der Arbeitsplätze von Bedeutung ist, erscheint die Nützlichkeit der Kartellgesetzgebung in der bisherigen Form auch heute durchaus problematisch".

2. In diesem Zusammenhang wurde auch Isays weitergehende Überzeugung, wonach die Zulassung von Preiskartellen in der Konjunkturkrise „marktgerecht" sei, – zu Recht – scharf kritisiert.[1291]

3. Über Isays vom klassischen Liberalismus geprägte Überzeugung von den Vorteilen wirtschaftlicher Selbstregulierung, die einen weiteren zentralen Grundpfeiler seiner Gegenentwürfe bildete, wurde kontrovers diskutiert, wobei sich die Anzahl der Befürworter[1292] und der Kritiker[1293] die Waage hielt.

1291 Ausdrücklich dagegen: Rasch, WuW 1952, S. 497, (502): „Wenn es den Unternehmen gestattet ist, die Steuerungsfunktion des Wettbewerbs und der Preise nach eigenem Ermessen außer Kraft zu setzen, bis eine Behörde einen „Missbrauch" feststellt, so ist das im Grunde ein Verzicht auf staatliche Wirtschaftpolitik überhaupt"; ders., MA 1954, S. 99, (100): „Ebenso wenig kann die vertragliche Vereinbarung von Mindestpreisen – der Kerninhalt jedes Preiskartells – als marktkonform angesehen werden. Hier liegt kein Grenzfall, sondern ein typisches Beispiel einer eindeutig nicht marktkonformen Regelung vor". Ähnlich: Lehnich, Die Wettbewerbsbeschränkung, S. 601: „Dieser Entwurf (gemeint ist: Der Höcherl-Entwurf) zielt darauf ab, dass gerade die Preiskartelle erlaubt werden, obwohl diese Kartellform von sachkundiger Seite und von der Wissenschaft als besonders bedenklich bezeichnet wird. Offenbar liegt dem Entwurf die Absicht zugrunde, den Wünschen der verarbeitenden Industrie entgegenzukommen. Dabei verliert der Entwurf aber die Interessen der Gesamtwirtschaft aus dem Auge".

1292 Ausdrücklich für eine wirtschaftliche Selbstregulierung im Sinne Isays: Metzner, in: Festschrift für R. Isay, S. 281, (298): „Die Erfahrung lehrt, dass Selbstverwaltung öffentlichen Eingriffen vorbeugen und sie ersetzen kann, und zwar in Wegen und Formen, die den Bedürfnissen des Lebens besser angepasst sind als ein Vorgehen der öffentlichen Verwaltung. Selbstverwaltung erspart öffentliche Eingriffe"; ders., in: Internationales Handbuch der Kartellpolitik, S. 89, (123): „Als wirksames Mittel gegen Schäden des Kartellverbots liegt es in der Hand der Selbstverwaltung der Wirtschaft, schädliche Eingriffe des Gesetzgebers durch Eigendisziplin zu vermeiden"; v. Katzler, in: Festschrift für R. Isay, S. 301, (308): „Wettbewerbsordnung ist u. E. aber doch wohl ebenso denkbar von Staats wegen wie über die Selbstverwaltung des Unternehmertums, die im Bewusstsein ihrer größeren Verantwortung sich zudem eher eine freiwillige Beschränkung ihres Handelns auferlegen dürfte" sowie, ebenda, S. 316: „Es ist u. E. weit folgerichtiger, wenn Isay in seinem Entwurf eines Gesetzes gegen Wettbewerbsbeschränkungen die wettbewerbliche Grundeinstellung des Unternehmertums als das wirksamste Regulativ gegen eine Erstarrung marktwirtschaftlicher Organisationen zum Monopol einzusetzen versucht". In dieser Richtung auch: v. Beringe, DB 1954, S. 428, (430): „Daneben käme die Anwendung marktkonformer Methoden in Betracht. Die jedem Kartell innewohnenden Spannungen, der „latente Wettbewerb" legen es nahe, die Kräfte der Wirtschaft selbst zur Bekämpfung von Missständen zu benutzen". Ähnlich: Ottel, WuW 1954, S. 676, der dort „Kartelle und ähnliche Bindungen" als „autonomes Organisationselement der Wirtschaft" bezeichnet; ders., in: Festschrift für R. Isay, S. 71, (85), der die Überzeugung vertritt, „dass Kartelle (bei welchen durchaus nicht nur an Preiskartelle zu denken ist) gesellschaftliche Organisationsformen (...) sein

4. Isays Überzeugung von den positiven Auswirkungen der „latenten" Konkurrenz innerhalb des Kartells, die er durch erleichterte Kündigungsrechte (§§ 7, 8 Gegenentwurf 1954, §§ 5, 6 Höcherl-Entwurf 1955) und durch Ansprüche auf Unterlassung und Schadensersatz gegen Maßnahmen des Organisationszwangs (§ 3 Gegenentwurf 1954, § 11 Höcherl-Entwurf 1955) fördern wollte, um auf diese Weise der Stagnation des Preisniveaus und dem Entstehen einer Rentnergesinnung bei den Kartellmitgliedern entgegenzuwirken, fand teilweise Zuspruch.[1294] Gleichwohl hielten andere Autoren die von Isay vorgeschlagenen Maßnahmen unter dem Aspekt eines effektiven Wettbewerbsschutzes – zu Recht – für nicht ausreichend.[1295]

---

können und daher ihrem Wesen nach den wirtschaftlichen Gesellschaften nahe stehen". Vgl. auch, ebenda, S. 94: „Für die Gesetzgebung wäre es eine ehrenvolle Aufgabe, das „autonome Recht, das in den Herzen der Menschen wohnt", zur Ordnung der Wirtschaft zur Geltung zu bringen".

1293 Gegen die wirtschaftliche Selbstregulierung sprachen sich im Zusammenhang mit dem zukünftigen Kartellgesetz aus: Fischer, in: Jahrb. f. Nationalök. u. Stat. Bd. 166 (1954), S. 206, (233): „Isays Gedankengang, der freie Wettbewerb werde automatisch eine Selektion zwischen „gesunden" und „ungesunden" Kartellen bewirken, ist volkswirtschaftlich und praktisch gesehen, geradezu utopisch. (...) Alle Rede von „selbst heilenden Kräften aus der Selbsterneuerung der Wirtschaft" enthüllt sich als vernebelnde Interessentenargumentation" Siehe auch, ebenda, S. 234: „Es ist ein naiver, praxisferner Glaube, von dem „sacro egoismo" eines Kartellmitglieds ein in volkswirtschaftlichem Sinne wirkendes Gegengewicht (eben durch Kündigungsdrohung oder Kündigung) zu erwarten". Gegen Isays Idee der Selbstregulierung ebenfalls: Rasch, WuW 1952, S. 497, (503): „Nicht aber darf die Entscheidung primär den unmittelbar beteiligten Wirtschaftskreisen überlassen bleiben, die naturgemäß nur ihre eigenen Interessen und höchstens noch die der vor- und nach geordneten Wirtschaftsstufen berücksichtigen können". Siehe auch die Kritik von: Fikentscher, WuW 1955, S. 206, (209f.) sowie von: Biedenkopf, BB 1956, S. 473, (478, Fn. 60).

1294 Die Förderung des „latenten Wettbewerbs" durch erleichterte Kündigungsmöglichkeiten wird mit ausdrücklicher Bezugnahme auf Isays Vorschläge befürwortet von: v. Beringe, DB 1954, S. 428, (430) sowie von: v. Katzler, in: Festschrift für R. Isay, S. 301, (316f.) und von: Zweigert, in: Festschrift für R. Isay, S. 129, (132).

1295 Gegen Isays Vorschläge für ein „verbessertes" Kündigungsrecht: Böhm, WuW 1954, S. 367, (374): „Der Zentralgedanke des Isayschen Gesetzesvorschlags, die freie, periodische Kündbarkeit von Kartellverträgen, hat die seltsame Eigenschaft, dass sie nicht wirkt, wenn man ihn braucht, nämlich in der aufsteigenden Konjunktur, und dass man ihn – nach Isays Ansicht – nicht brauchen kann, wenn er wirkt, nämlich in der Krise"; Fred. Haussmann, BB 1954, S. 353, (354): „Isay (...) empfiehlt in erster Linie die Selbstregulierung der Kündigung aus wichtigem Grunde im Sinne des § 8 der alten Kartellverordnung von 1923, die sich bereits in der Vergangenheit als nicht allein ausreichender Schutz erwiesen hat und letztlich in Dirigismus und Zwangskartellierung endete". Ähnlich kritisch: Lehnich, Die Wett-

5. Die von Isay aus Gründen der Transparenz vorgeschlagene Einführung eines Kartellregisters (§ 2 Höcherl-Entwurf 1955) wurde vom Schrifttum befürwortet.[1296]

6. Auch die Einrichtung von Schlichtungsstellen, die laut Isays Gegenentwürfen vor Einschaltung des Kartellamtes angerufen werden sollten, um eine gütliche Einigung der Parteien erzielen zu können (§ 17 Abs. 3 Gegenentwurf 1954, § 18 Höcherl-Entwurf 1955), wurde von einigen Vertretern des Schrifttums ausdrücklich begrüßt.[1297]

7. Über die in Isays Gegenentwürfen vorgesehene subsidiäre Missbrauchsaufsicht durch das Kartellamt, beschränkt auf diejenigen Fälle, in denen der primäre Selbstregelungsmechanismus der Wirtschaft versagte (§§ 2, 5 Gegenentwurf 1954, § 4 Höcherl-Entwurf 1955), wurde am heftigsten gerungen.

An diesem neuralgischen Punkt prallten die Positionen der Befürworter und Kritiker einer Verbotsgesetzgebung im Sinne des Regierungsentwurfs zum GWB (1952) unmittelbar aufeinander.

In diesem Zusammenhang lehnten die führenden Kartellrechtler sowohl Isays Gutachten im Auftrag des BDI[1298] als auch seinen Entwurf eines Gesetzes zur

---

bewerbsbeschränkung, S. 601: „Das genügt aber nicht, denn ein Gesetz, das diesem Entwurf entspricht, würde wie eine Aufforderung zur Kartellbildung wirken".

1296 Zustimmend: v. Beringe, DB 1954, S. 428, (429): „Um Wirksamkeit zu erlangen, müssten alle Vereinbarungen und Beschlüsse bei einem Kartellregister hinterlegt werden".

1297 Dieser Vorschlag wird ausdrücklich geteilt von: Zweigert, DVBl. 1954, S. 653, (654); Fischer, in: Jahrb. f. Nationalök. u. Stat. Bd. 166 (1954), S. 206, (225f.).

1298 Vgl. dazu die Kontroverse zwischen Böhm und Isay: Böhm, WuW 1954, S. 367: „Sowohl die Ausführungen des Gutachtens als auch der legislative Lösungsversuch bieten der Kritik mehr als einen Ansatzpunkt. Zunächst einmal den, dass Isay die verschiedenen Fragen, vor die uns das Kartellproblem und seine gesetzgeberische Behandlung stellen, nicht gehörig auseinander hält, sondern ineinander fließen lässt und dass dabei wichtige Fragen zu kurz kommen oder ganz unter den Tisch fallen. Das Bild, das Isay vom Problem entwirft, ist nicht vollständig und ist nicht klar". Dagegen: R. Isay, WuW 1954, S. 557, (561): „Demgegenüber ist gegen die Ausführungen Böhms der nicht minder ernste Einwand zu erheben, dass er die Thesen, die das Gutachten vertritt, nicht so hinnimmt, wie sie aufgestellt sind, dass er sie vielmehr abwandelt, um dann etwas zu widerlegen, was nicht behauptet wurde. Seine Kritik kann daher nur jemanden überzeugen, der das Gutachten gar nicht oder bloß oberflächlich gelesen hat".

Verhütung des Missbrauchs wirtschaftlicher Machtstellungen (1954)[1299] sowie den Höcherl-Entwurf (1955)[1300] ab.

Einig waren sich die Kritiker vor allem darin, dass die von Isay favorisierte sekundäre Missbrauchsaufsicht bei primärer Selbstregulierung der Unternehmen nicht geeignet sei, die wirtschaftliche Machtausübung einer ausreichenden Kontrolle zu unterwerfen.

Ein weiterer, ganz maßgeblicher – und ebenfalls berechtigter – Kritikpunkt an Isays Konzept war, dass „eine stärkere Verwässerung des echten Monopolgedankens zu befürchten" sei „und damit zugleich ein Scheitern der eigentlichen Zwecke einer Antitrustgesetzgebung überhaupt".[1301]

1299 Vgl. die grundlegende Kritik von: Fred. Haussmann, BB 1954, S. 353: „Er ist, wenn auch in geschickt verklausulierter Form, im Grunde eine Art Loblied auf die altbekannte Kartellvorliebe der zwanziger und dreißiger Jahre, sieht nicht die Schattenseiten dieser Entwicklung und mag daher von vielen als ein Extrem nach der entgegen gesetzten Seite empfunden werden"; Rasch, MA 1954, S. 99, (100): „Sachlich besteht der grundlegende Irrtum Isays darin, eine wirtschaftspolitische Entscheidung, die den Unternehmen grundsätzliche Kartellierungsfreiheit gewährt, als eine marktkonforme Entscheidung anzusehen" und, ebenda, S. 107: „Einer volkswirtschaftlichen Kritik halten diese Einwendungen m. E. im großen und ganzen nicht stand". Ähnlich: Fischer, in: Jahrb. f. Nationalök. u. Stat. Bd. 166 (1954), S. 206, (237): „Da aber hinreichend aus praktischer Erfahrung bekannt ist, dass eine große Zahl von Wirtschaftzweigen in Industrie und Handel (...) aus strukturellen Gründen nicht kartellierungsfähig ist, würde die Realisierung des in diesen volkswirtschaftlichen Bezirken überhaupt nicht durchdachten Gegenentwurfs Isays nur zu einer weiteren Verstärkung des Durcheinanders in unserer volkswirtschaftlichen Preisbildung führen". Zudem kritisch: Mestmäcker, JZ 1955, S. 190f.: „Der entscheidende Unterschied (...) zwischen der Ansicht Isays und dem Regierungsentwurf ist darin zu suchen, dass Isay die volkswirtschaftlichen Wirkungen der Kartelle nicht ernst nimmt".

1300 Den Höcherl-Entwurf lehnten explizit ab: Lehnich, Die Wettbewerbsbeschränkung, S. 602: „Insgesamt dürfte der Gesetzentwurf nicht geeignet sein, bei der endgültigen Entscheidung im Bundestag die Grundlage zu bilden"; Wagner, Die Diskussion über ein Gesetz gegen Wettbewerbsbeschränkungen in Deutschland nach 1945, S.64ff. u. S. 70; Ablehnend auch: Biedenkopf, BB 1956, S. 473, (478) sowie: Rotthege, Die Beurteilung von Kartellen und Genossenschaften durch die Rechtswissenschaft, S. 232ff., der dort ausdrücklich den „kartellfreundlicher Charakter des Entwurfs" kritisiert.

1301 So: Fred. Haussmann, BB 1954, S. 813, (815). Ähnlich: Wagner, Die Diskussion über ein Gesetz gegen Wettbewerbsbeschränkungen, S. 66: „Der Entwurf enthält wirksame Eingriffsmöglichkeiten weder gegen Kartelle noch gegen marktbeherrschende Unternehmen". Ebenda, S. 70: „Versucht der Höcherl-Isay-Entwurf die Überwindung der unterschiedlichen Behandlung von Kartellen und marktbeherrschenden Unternehmen, so gelangt er zu dem Extrem eines völlig verwässerten und praktisch wirkungslosen Gesetzes".

Angesichts dieser stichhaltigen Argumente gegen Isays Konzept gab auch der überwiegende Teil des Schrifttums dem Verbotsprinzip letztlich den Vorzug[1302] ebenso wie der Wirtschaftsminister Ludwig Erhard[1303] und die Verbraucherverbände[1304].

Auf der anderen Seite sprach sich zwar eine ganze Reihe von Vertretern des Schrifttums[1305] ebenso wie auch der Bundesverband der Deutschen Industrie (BDI)[1306], der Zentralverband des Deutschen Handwerks[1307] und die Gewerkschaften[1308] gegen das Verbotsprinzip aus. Jedoch blieb der Kreis derjenigen Autoren, die das Gesamtkonzept der Gegenentwürfe Isays aus den Jahren 1954/55 befürworteten, in der Minderheit, wobei deren Zuspruch – nicht ohne Grund – auch nur verhalten positiv ausfiel.[1309]

Insgesamt setzten sich also die Anhänger des Verbotsprinzips durch und auch der Gesetzgeber erteilte Isays Gegenkonzept eine deutliche Absage.

1302 Für eine Verbotsgesetzgebung (Auswahl): Günther, BB 1953, S. 121ff, insb. 123; Sölter, WuW 1954, S. 728ff.; ders., WuW 1955, S. 230ff.; Leffson, WuW 1955, S. 741ff.

1303 Vgl. dazu: Erhard, WuW 1952, S. 733ff.

1304 Vgl. dazu: Stellungnahme der Arbeitsgemeinschaft der Verbraucherverbände zum Kartellgesetz, WuW 1955, S. 790ff.

1305 Gegen eine Verbotsgesetzgebung nach dem Vorbild des Regierungsentwurfes neben den bereits erwähnten Staatsrechtlern (Fn. 1279f.): Schrewe, Wirtschaftsdienst 1950, Nr. 1, S. 9ff.; Ottel, Wirtschaftsdienst 1951, Nr. 4; v. Brunn, Wirtschaftsdienst 1951, Nr. 4, S. 29ff.; Sirch, Wirtschaftsdienst 1951, Nr. 8; Andreae, Wirtschaftsdienst 1951, Nr. 12, S. 13ff. ; ders., WuW 1953, S. 396, (414ff.), der sich für eine Organisation der Wirtschaft nach Berufsständen aussprach; Würdinger, DB 1953, S. 226, (229): „Soll (...) eine voll wirksame Gewähr der Rechtsverwirklichung gegeben sein, dann hätte das Gesetz den umgekehrte Weg zu gehen, nämlich Kartelle zuzulassen und die Auswirkungen derselben der Kontrolle und der Restriktion zu unterwerfen. Dieses nämlich sind Fakten, welche sich tatbestandlich erfassen lassen und an welche die gesetzliche Sanktion anzuknüpfen hätte".

1306 Vgl. dazu: Berg, WuW 1952, S. 857ff.

1307 Vgl. dazu: Schülke, WUW 1953, S. 240ff. und: Entschließung des Zentralverbandes des Deutschen Handwerks zum Entwurf des GWB, WuW 1953, S. 374ff.

1308 Stellungnahme der Gewerkschaften zum Kartellgesetzentwurf, WuW 1953, S. 376ff.

1309 Vgl. dazu: Zweigert, DVBl. 1954, S. 653, (655): „Danach kann die Durcharbeitung des Gegenentwurfs von Isay mit seiner kristallklaren Begründung nicht nur denen, die unmittelbar mit der Kartellgesetzgebung zu tun haben, sondern weiter auch jedem dringend empfohlen werden, der für Kartellwirtschaft und Kartellrecht Interesse hat". Siehe auch: Artikel, in: FAZ vom 27. 4. 1955, Nr. 97. Darin attestierte die „Arbeitsgemeinschaft selbstständiger Unternehmer" dem von Isay kommentierten Höcherl-Entwurf, dass er „am stärksten eine diskriminierende Behandlung derjenigen Zweige der Wirtschaft, die aufgrund ihrer besonderen Marktverhältnisse auf marktregelende Vereinbarungen angewiesen sind, vermeide".

Eine abschließende eigene kritische Würdigung der beiden Gegenentwürfe Isays zum Regierungsentwurf des GWB kann erst nach der Darstellung der Reform des EU-Kartellverfahrensrechts, die am 1.5.2004 in Kraft getreten ist, erfolgen.[1310] Denn in der aktuellen Reformdiskussion standen Isays kartellspezifischen Überzeugungen noch einmal auf der Tagesordnung.

3) Übereinstimmungen zwischen Isays Gegenentwürfen zum GWB und der EU-Reform des Kartellverfahrensrechts von 2004

Am 28. 4. 1999 legte die EU-Kommission ein Weißbuch vor, das die Reform des EU-Kartellverfahrensrechts zum Inhalt hatte.[1311] Danach sollte die Kartellverordnung Nr. 17 (1962)[1312] abgelöst werden. Geplant war ein grundlegender Wechsel vom bisherigen Anmelde- und Freistellungssystem zu einem Kartellverbot mit Legalausnahme. Anstelle der bisherigen ex ante-Kontrolle von Kartellen mit Einzelfreistellungen gem. Art. 81 Abs. 3 EG sollte nach dem Willen der EU-Kommission zukünftig – wie von Isay in den 50er Jahren befürwortet – eine automatische Freistellung vom Kartellverbot bei primärer Selbstveranlagung der Wirtschaft erfolgen, kombiniert mit einer verstärkten, dezentralen ex post-Kontrolle durch die Behörden, um einem Absinken des Schutzstandards vorzubeugen.

Die interessierten Kreise hatten bis September 1999 die Möglichkeit, zum Weißbuch Stellung zu nehmen, bevor dann auf dessen Grundlage die EU-Kommission am 27.9.2000 ihren Entwurf einer Verordnung für die Durchführung der in den Art. 81 und 82 niedergelegten Wettbewerbsregeln vorlegte.[1313]

Besonders in Deutschland stießen die Reformüberlegungen, im Gegensatz zu den anderen Mitgliedsstaaten, zunächst auf den – zum Teil heftigen – Widerstand des überwiegenden Schrifttums.[1314]

1310 Siehe dazu unten: 3. Teil C) III).

1311 Weißbuch, Abl. 1999 Nr. C 132 / 1.

1312 Verordnung (EWG) Nr. 17, ABlEG Nr. L 13 v. 21.2.1962, S. 202.

1313 Vgl. den Entwurf für eine neue Durchführungsverordnung zu den Art. 81 und 82, KOM 2000, 582.

1314 Gegen die Verabschiedung des Entwurfs sprachen sich aus: Rittner, DB 1999, 1485f.; ders., EuZW 2000, S. 129; Mestmäcker, EuZW 1999, S. 523 ff.; ders., WuW 2000, S. 683; Immenga, EuZW 1999, S. 609; Monopolkommission, Kartellpolitische Wende in der Europäischen Union, S. 16ff.; Deringer, EuZW 2000, S. 5ff.; Möschel, JZ 2000, S. 61, (63ff.); ders., WuW 2000, S. 951; ders., WuW 2000, S. 1096, (1098ff.); ders., WuW 2001, S. 147f.; ders., in: ORDO Bd. 52 (2001), S. 63, (66ff.); ders., in: Festschrift für Koppensteiner, S. 473ff.; Böge, GewArchiv 2000, S. 217, (219ff.); Emmerich, WRP 2000, S. 858, (861f.); ders., WuW 2001, S. 3; ders., Kartellrecht, S. 380f.; Gröning, WRP 2000, S. 882, (886);

In diesem Zusammenhang beruhte die übereinstimmende Kritik in erster Linie auf der Überzeugung, dass das geplante System der Legalausnahme dem bewährten Anmeldesystem unterlegen sei. Zudem wurde vor Beeinträchtigungen der Wettbewerbsfreiheit in der Zukunft gewarnt und die grundsätzliche Vereinbarkeit der Neuregelungen mit der EU-Verfassung offen angezweifelt.

Zwischenzeitlich wurde sogar, u. a. von der Monopolkommission, empfohlen, die Bundesrepublik Deutschland sollte Nichtigkeitsklage gegen die Verordnung beim EuGH einlegen.[1315] Gebilligt wurden die Reformvorschläge hingegen zunächst nur von wenigen Autoren.[1316]

Nachdem ein geringfügig modifizierter Verordnungsentwurf am 16. Dezember 2002 im Ministerrat der Europäischen Union einstimmig beschlossen wurde[1317] und damit eine politische Einigung über die Nachfolgeordnung der Kartellverfahrensordnung Nr. 17 (1962) dahin erzielt wurde, dass die Reformvorschläge zum 1. Mai 2004 in Kraft treten sollten, verstummte die Kritik der Bundesregierung und des Schrifttums nur langsam.[1318] Schließlich fand man sich

---

ders., WRP 2001, S. 83, (87ff.); Topel, GRUR 2000, S. 985ff.; Weyer, ZHR 164 (2000), S. 611, (634ff.); Bien, DB 2000, S. 2309, (2311f.); Bartosch, EuZW 2001, S. 101ff.; Rogowski, WM 2001, S. 620; Eilmannsberger, JZ 2001, S. 365, (366ff.); Fikentscher, WuW 2001, S. 446ff u. insb. 450ff.; Graf Lambsdorff, WuW 2001, S. 1177, (1183); I. Schmidt, WuW 2002, 3; Monopolkommission, Folgeprobleme der europäischen Kartellverfahrensreform.

1315 So: Möschel, WuW 2000, S. 1096, (1101); Monopolkommission, Folgeprobleme der europäischen Kartellverfahrensreform, S. 9 u. 61ff.

1316 Grundsätzlich stimmten dem Systemwechsel zu: Schaub / Dohms, WuW 1999, S. 1055, (1065ff.); Deselaers / Obst, EWS 2000, S. 41, (42f.); Geiger, EuZW 2000, S. 165ff. u. insb. S. 169: „Denn was auch immer letztlich das Ergebnis dieses Weißbuchs sein mag: der kartellrechtliche Untergang des Abendlandes wurde damit nicht eingeläutet"; Schütz, WuW 2000, S. 686, (689ff.); Weitbrecht, EuZW 2000, S. 496, (497f.); Bechtold, BB 2000, S. 2425, (2427ff.); van Kappel, EWS 2001, S. 228, (232f.); v. Bogdandy / Buchhold, GRUR 2001, S. 798ff.

1317 ABlEG 2003 Nr. L 1, S. 1.

1318 Siehe in diesem Zusammenhang einerseits die nach wie vor unverändert scharfe Kritik von: Koenigs, DB 2003, S. 755, (757ff.); Röhling, GRUR 2003, S. 1019, (1025) und im Hinblick auf die Folgeprobleme: Rittner, WuW 2003, S. 451. Dagegen wird die VO Nr. 1 / 2003, jedenfalls im Ergebnis, mehrheitlich gebilligt von: Weitbrecht, EuZW 2003, S. 69, (73); Hossenfelder / Lutz, WuW 2003, S. 118, (128f.); K. Schmidt, BB 2003, S. 1237, (1244f.); Bechtold, DB 2004, S. 235: „Das Wehklagen über die damit verbundene Aufgabe der differenzierten Regelung von horizontalen und vertikalen Wettbewerbsbeschränkungen ist nur begrenzt nachvollziehbar"; Terhechte, EuZW 2004, S. 353, für den die Reform „alternativlos" ist.

aber auch in Deutschland – wohl oder übel – mit der Neugestaltung ab, „um dem einstimmigen Votum im Rat nicht im Wege stehen".[1319]

Vergleicht man nun die Beweggründe der EU-Kommission für den Systemwechsel und die dem verabschiedeten Kartellverbot mit Legalausnahme zugrunde liegende Rechtstechnik sowohl mit Isays Prognosen der 50er Jahre über zu erwartende Defizite bei der Durchführung des Verbotsprinzips[1320] als auch mit den Konzepten seiner Gegenentwürfe aus den Jahren 1954/55[1321], so zeigen sich auffällige Parallelen in folgenden zentralen Gesichtspunkten:

1. Gemeinsames Ziel der EU-Kommission und Isays: Durch die Abschaffung des bisherigen Anmelde- und Freistellungssystem vom Kartellverbot sollte vor allem eine Entlastung der Kartellbehörden erreicht werden.[1322] Als Konsequenz sollte eine effizientere Verfolgung von schweren Fällen (Hardcore-Kartelle bzw. Untergrundkartelle) ermöglicht werden.

2. Übereinstimmungen in der Rechtstechnik zwischen der Neuregelung des EU-Kartellverfahrensrechts und Isays Konzepten der 50er Jahre: Primär setzten beide im Hinblick auf die Beurteilung der Frage, ob sich eine Vereinbarung wettbewerbsbeschränkend auswirkt, auf die – damals wie heute vielstimmig kritisierte – Selbstregulierung bzw. „Selbstveranlagung" der Unternehmen.[1323] Se-

---

1319 So ausdrücklich: Klocker, WuW 2002, S. 1151. Ebenso bereits: Bartosch, EuZW 2001, S. 100, (101).

1320 Siehe nochmals zu Isays Argumenten gegen die geplante gesetzliche Einführung des Verbotsprinzips oben: 1. Teil B) III) 3) a).

1321 Zu Isays Missbrauchskonzepten der 50er Jahre bereits ausführlich: 1. Teil B) III) 3) b).

1322 Zum allgemein anerkannten „Massenproblem" der Anmelde- und Freistellungsanträge statt aller: Kretschmer, GRUR 1999, S. 478; Deselaers / Obst, EWS 2000, S. 41ff.; v. Bogdandy / Buchhold, GRUR 2001, S. 798, (799f.): „Seit dem ersten Tag der Verordnung Nr. 17 leidet die Kommission unter einer Flut von Anmeldungen, die seitdem zu einem Verfahrensstau führen und sie bei der Verfolgung nicht angemeldeter wettbewerbsbeschränkender Vereinbarungen behindern". Zweifelnd demgegenüber: Emmerich, WuW 2001, S. 1; Koenigs, DB 2003, S. 755, (759).

1323 Kritisch zur „Selbstveranlagung" wegen zu erwartender Rechtssicherheitsdefizite: Rittner, DB 1999, S. 1485; Monopolkommission, Kartellpolitische Wende in der europäischen Union?, S. 25f. u. 28; Paulweber / Kögel, AG 1999, S. 500, (510); Möschel, JZ 2000, S. 61, (64); Deselaers / Obst, EWS 2000, S. 41ff.; Schwenn, RIW 2000, S. 179, (182); Bartosch, WuW 2000, S. 462ff.; Weyer, ZHR 164 (2000), S. 611, (635f.); Eilmansberger, JZ 2001, S. 365, (368f.); v. Bogdandy / Buchhold, GRUR 2001, S. 798, (804f.); Klocker, WuW 2002, S. 1151: „Was jetzt bevorsteht ist viel Nebel für die Behörden, aber auch ein gehöriges Stück mehr Rechtsunsicherheit für die Unternehmen". Fikentscher, WuW 2001, S. 446, (450): „Natürlich veranlagt sich jeder selbst als rechtstreu"; Bechtold, WuW 2003, S. 343. Vgl. zu den Risiken der Selbsteinschätzung aus Unternehmenssicht: Kamann / Bergmann, BB 2003, S. 1743, (1745ff. u. 1749).

kundär ist nunmehr europaweit eine ex post-Kontrolle durch Behörden und Gerichte – beschränkt auf die Fälle, in denen die „Selbstveranlagung“ versagt – vorgesehen, genau wie es Isay in den 50er Jahren vorschwebte.

Bereits an diesen beiden Gesichtspunkten ist abzulesen, dass sich Isays rechts- und wirtschaftspolitische Erkenntnisse nunmehr fünfzig Jahre nach Veröffentlichung seiner Gegenentwürfe zum GWB auf EU-Ebene im Kern durchgesetzt haben.

Nicht nur wurden seine Prognosen über Defizite bei der Anwendung des Verbotsprinzips von der tatsächlichen Entwicklung (Antragsflut führt zu Behördenüberlastung) bestätigt und waren daher letztlich ausschlaggebend für den Systemwechsel.

Darüber hinaus ergab der Vergleich der Änderungsvorschläge der Kommission mit Isays Gegenentwürfen auch offenkundige Übereinstimmungen unter dem Aspekt der favorisierten Rechtstechnik. Denn im Kern läuft die EU-Reform darauf hinaus, „von dem bewährten Verbotsprinzip für Kartelle zu dem nach allen Erfahrungen wirkungslosen Missbrauchsprinzip überzugehen“ [1324].

Gerade diesen Weg schlug Isay bereits in den 50er Jahren ebenfalls ein. Dass das von der EU verabschiedete Prinzip die Wettbewerbsfreiheit nicht adäquat und effektiv schützt, hat die Untersuchung der in der Wirkung identischen Konzepte Isays aus den 50er Jahre anschaulich bewiesen.[1325]

Insofern kann man in der Gesamtbetrachtung auch schwerlich von einem späten Sieg der Konzeption Isays sprechen, wie man zunächst aufgrund der augenfälligen Parallelen hätte vermuten können.

1324 So ausdrücklich: Emmerich, Kartellrecht, S. 381. Ähnlich: Mestmäcker, EuZW 1999, S. 523, (524): „Tritt an die Stelle des Verbots mit Erlaubnisvorbehalt die Kartellerlaubnis mit Verbotsvorbehalt, so ist eine weitgehende faktische Kartellierungsfreiheit die vorhersehbare Folge“; Rittner, DB 1999, S. 1485; Monopolkommission, Kartellpolitische Wende in der europäischen Union?, S. 51; Immenga, EuZW 1999, S. 609: „Es ist nicht zu Unrecht von einer faktischen Missbrauchsaufsicht die Rede und damit von einer deutlichen Abschwächung des bisherigen Kartellverbotes“; Paulweber / Kögel, AG 1999, S. 500, (501); Deringer, EuZW 2000, S. 5, (11) und zuletzt noch eindringlich: Fikentscher, WuW 2001, S. 446, (452): „Der beabsichtigte Übergang zu einem ex post zur Geltung gebrachten Verbotsgesetz und damit zu weniger als einer Missbrauchsgesetzgebung ruft Erinnerungen an die Geltung des Missbrauchsprinzips in Deutschland zwischen 1923 und 1958 wach. (...) Das Reichsgericht sah aufgrund des Missbrauchsprinzips Kartelle grundsätzlich als erlaubt an und berief sich dazu mit Recht auf den Text der KartVO. Das war ein historisches Verhängnis, nicht nur für Deutschland“.

1325 Vgl. nochmals die kritische Analyse zu Isays Argumentation gegen die Etablierung eines Verbotsprinzips und die Ausführungen zu den Schwächen seiner Gegenkonzepte aus den 50er Jahren oben: 3. Teil C) II) 1) und 2).

Angesichts der nachgewiesenen Schwächen des von Isay geforderten Missbrauchsprinzips zeigt sich im Umkehrschluss vielmehr, dass der europäische Systemswechsel in der Sache dieselben negativen Konsequenzen nach sich zieht.

Vor diesem Hintergrund erweisen sich die Vorbehalte, die insbesondere von einem Großteil des Schrifttums in Deutschland gegen die EU-Reform erhoben wurden, insgesamt als berechtigt.

Es bleibt zu hoffen, dass die Wettbewerbsfreiheit – entgegen den Befürchtungen des deutschen Schrifttums – in Zukunft keinen Schaden nehmen wird und sich Rittners Prognose nicht bewahrheiten wird: „Nicht zuletzt würde das wettbewerbsfreundliche Meinungsklima, das sich namentlich in Deutschland entwickelt hat, leicht wieder umschlagen. Wer die letzten fünf Jahrzehnte überblickt, erinnert sich, wie schwer es war, das Verbotsprinzip und damit den Wettbewerbsgedanken gegen Unternehmer durchzusetzen, die lange auf „geregelten Märkten" tätig waren und nicht einsahen, dass der kartellfreie Wettbewerb für die Unternehmen lebensnotwendig ist, dies übrigens besonders angesichts offener Weltmärkte".[1326]

III) Fazit zu Isays kartellrechtlichem Werk

1. Isays wohlwollende Haltung gegenüber dem Kartellwesen in den 20er Jahren entsprach voll und ganz der einhelligen Anschauung der Nationalökonomen, der Rechtswissenschaftler sowie der Rechtsprechung und spiegelte den ökonomischen Zeitgeist der „gebundenen Wirtschaft" mit großer Klarheit wider.[1327]

Insbesondere mit seinem Kommentar zur Kartellverordnung (1925) beeinflusste er nicht nur nachhaltig die Rechtsentwicklung im Hinblick auf die Auslegung des Kartellbegriffs[1328] und des Schriftformerfordernisses in § 1 KVO[1329]. In beiden Fällen wirkten sich seine Überlegungen überdies auf die konkrete Ausgestaltung des GWB (1957) aus und prägten zudem auch noch die Rechtsprechung des Bundesgerichtshofs.

Gleiches galt auch für seine Konstruktion eines ungeschriebenen zweiaktigen Kündigungsrechts für Kartelle, die in Form einer Nebenleistungs-GmbH errichtet wurden.[1330] Mit seinem Lösungsweg lieferte er zugleich entscheidende Denk-

---

1326 Rittner, DB 1999, S. 1485.
1327 Siehe oben: 1. Teil B) III) 2) b)
1328 Siehe bereits zu Isays wegweisender Interpretation der Merkmale des „gemeinsamen Zwecks" und der „ Marktbeeinflussung" oben: 3. Teil C) I) 1) a) aa) und bb).
1329 Siehe dazu erneut oben: 2. Teil A) IV) 3) b) aa) sowie: 3. Teil C) I) 1) b).
1330 Siehe nochmals ausführlich oben: 2. Teil A) IV) 3) b) bb) sowie: 3. Teil C) I) 1) c).

anstösse für die gerichtliche Anerkennung des ungeschriebenen Austrittrechts aus der GmbH, das heute allgemein anerkannt ist.

Folgerichtig begründete sein Kommentar zur KVO Isays Ruf als allgemein anerkannte Autorität auf dem Gebiet des Kartellrechts.

2. In der Debatte um die Reform des Kartellrechts, die ihren Höhepunkt auf dem 35. DJT in Salzburg im Jahre 1928 erreichte, auf dem Isay neben Nipperdey als Hauptreferent auftrat, behielt er seine Überzeugung von der wirtschaftlichen Notwendigkeit der Kartellierung bei.[1331] Zu diesem Zeitpunkt bestand für ihn auch kein zwingender Grund, von seiner Haltung abzurücken, zumal die Leitsätze seines Referates einhellig verabschiedet wurden.

Die angeblichen Kontinuitäten zwischen gebundener Wirtschaft und nationalsozialistischer Zwangswirtschaft erwiesen sich, jedenfalls, was die Positionen Isays angeht, als nicht stichhaltig.[1332]

Sein Selbstregulierungs-Ansatz stand, wie sich aus seinem Referat und den verabschiedeten Leitsätzen ausdrücklich ergibt, der wenige Jahre darauf folgenden Zwangskartellierung im „Dritten Reich" diametral entgegen. Zudem erschloss sich im Jahre 1928 auch keinem anderen Rechtswissenschaftler oder Nationalökonomen die überragende Bedeutung der Wettbewerbsfreiheit ebenso wie im Umkehrschluss die Gefahren einer drohenden Pervertierung der Kartellierungsfreiheit für politische Zwecke nicht erkannt wurden.[1333]

3. Kritischer fällt das Urteil über die auch noch in den 50er Jahren konstant wohlwollende Haltung Isays gegenüber den Kartellen aus. Denn seine Gegenentwürfe zum Regierungsentwurf eines Gesetzes gegen Wettbewerbsbeschränkungen aus den Jahren 1954/55, die auf einem Missbrauchskonzept basierten und noch deutlich dem Geist des Altliberalismus und den überkommenen Vorstellungen der „gebundenen Wirtschaft" der 20er Jahre verhaftet waren, wiesen Schwachstellen auf und waren dem Verbotsprinzip unterlegen:[1334]

Isays idealistische Vorstellung von den heilsamen Wirkungen weitestgehender Selbstregulierung der Wirtschaft erwies sich als ebenso unrealistisch wie sein unerschütterlicher Glaube an die Vernunft der Kartellmitglieder, eine gesunde

---

1331 Siehe bereits die Darstellung seiner Leitsätze auf dem 35. DJT oben: 3. Teil C) I) 3) a).

1332 Vgl. nochmals die Ausführungen zur Kontroverse im Schrifttum vor dem Hintergrund von Isays Referat oben: 3. Teil C) I) 3) b) und c).

1333 So sollte es noch einige Jahre dauern, bis sich Franz Böhm in seiner bahnbrechenden Schrift „Wettbewerb und Monopolkampf"(1933) von den herrschenden Anschauungen der „gebundenen Wirtschaft" der 20er distanzierte und den Wert der Wettbewerbsfreiheit erkannte und deren Schutz ins Zentrum des Interesses rückte. Siehe dazu nochmals oben: 3. Teil C) I) 2) d) a. E.

1334 Siehe nochmals zur Kritik an seinen Gegenentwürfen oben: 3. Teil C) II) 1) und 2).

Preispolitik zu betreiben. Die Gewährleistung der „latenten Konkurrenz“, die im Zentrum seiner Gegenentwürfe stand, vermag den Fortbestand des Wettbewerbs nicht mit der gleichen Effizienz zu sichern wie das Verbotsprinzip.

Daneben bestand der wesentliche Einwand, den man seinen Gegenentwürfen aus heutiger Sicht entgegenhalten könnte, darin, dass Isay offenkundig nicht mit dem – nicht gerade fern liegenden – Egoismus der Kartellmitglieder rechnete oder nicht rechnen wollte.

Zudem erwiesen sich sowohl Isays Überzeugung von der Verfassungswidrigkeit des Kartellverbots[1335] als auch seine Vorstellung von der Verwirklichung des „sozialen“ Elements der Marktwirtschaft durch die Zulassung von Krisenkartellen zur Arbeitsplatzsicherung[1336] als angreifbar. Daran wurde deutlich, dass er die Bedeutung der Wettbewerbsfreiheit unter- und, umgekehrt, die Vorteile der Kartellfreiheit überschätzte.

Insgesamt zeigte sich, dass der Gesetzgeber letztlich gut daran getan hat, Isays Missbrauchskonzepte „der leichten Hand“ nicht zu verabschieden und auf diese Weise die Kartellfreiheit aufzuwerten bzw. zu legitimieren, sondern stattdessen im GWB (1957) am Verbotsprinzip festzuhalten und damit einer effektiven Sicherung der Wettbewerbsfreiheit zum Durchbruch zu verhelfen.

4. Schließlich ergab die Untersuchung, dass die EU-Kommission zwar eine Reihe der Prognosen Isays aus den 50er Jahren über zu erwartende Defizite bei der Durchführung des Verbotsprinzips als zutreffend erachtete und ihrer Reform des Kartellverfahrensrechts zugrunde legte. Auch wurde veranschaulicht, dass die EU-Kommission mit ihrem Systemwechsel vom bisherigen Anmelde- und Genehmigungsprinzip zu einem Konzept der primären Selbstregulierung bzw. „Selbstveranlagung“ der Wirtschaft einen Weg einschlug, den Isay mit seinen Gegenentwürfen zum GWB bereits geebnet hatte.[1337]

Diese Parallelen vermögen allerdings im Ergebnis nichts daran zu ändern, dass das von Isay in den 50er Jahren favorisierte Missbrauchsprinzip „der leichten Hand“, welches seinen eigenen Entwürfen für ein zukünftiges Kartellgesetz zugrunde lag, unter dem maßgeblichen Gesichtpunkt eines effektiven Wettbewerbsschutzes dem Verbotsprinzip deutlich unterlegen ist.

1335 Siehe bereits die Ausführungen oben: 3. Teil C) II) 1).

1336 Siehe dazu nochmals oben: 3. Teil C) II) 2).

1337 Siehe zu den Parallelen zwischen Isays Kartell-Konzepten der 50er Jahre und der EU-Reform des Kartellverfahrensrechts nochmals die Ausführungen oben: 3. Teil C) II) 3).

4. Teil: Gesamtwürdigung von Rudolf Isays Leben und Werk

In der nachfolgenden Gesamtwürdigung werden die zentralen Untersuchungsergebnisse zur Biographie und Persönlichkeit Rudolf Isays, zu seinen Grundüberzeugungen, zu seiner Methode der Rechtsschöpfung und zu der Wirkungsgeschichte seines Werkes nochmals in komprimierter Form zusammengestellt und durch ergänzende Bemerkungen abschließend kommentiert.

A) Die Biographie und die Persönlichkeit Rudolf Isays

In der Traueranzeige seiner Angehörigen wurde Isays Leben und Wirken wie folgt gewürdigt: „Als Anwalt in Berlin, als Kaffeepflanzer in Brasilien und wieder in der Heimat in seinem alten Arbeitsgebiet forschend, meisterte er die Aufgaben, die das Leben ihm stellte".[1338] Dies darzulegen, war der wesentliche Zweck der vorangegangenen Untersuchung der beeindruckenden Persönlichkeit Rudolf Isays.

Besonders hervorzuheben ist in diesem Zusammenhang zum einen Isays schöpferische Kraft, die er auch nach den sechzehn langen, entbehrungsreichen Jahren der brasilianischen Emigration nicht verlor[1339] und die seinen Einfluss auf die Entwicklung in verschiedenen Bereichen des Wirtschaftsrechts erst möglich machte.

Zum anderen ist mit Blick auf Isays Biographie dem Umstand Rechnung zu tragen, dass seine gesamte Persönlichkeit insofern nachhaltig von seinen Erfahrungen im Alltag und in der Praxis geprägt wurde, als sie den Grundstein für die Entstehung seiner Grundüberzeugungen legten.

In diesem Sinne basierte der historisch-evolutionäre Aspekt seiner Überzeugung von der Wandelbarkeit aller Dinge, der ihn mit den Lehren der Historischen Rechtsschule[1340] und der Hegelschen Dialektik[1341] verband, und auf deren

---

1338 Abgedruckt bei: Langen, Zum Geleit, in: R. Isay, Aus meinem Leben, S. 5.

1339 Siehe nochmals die anerkennende Stellungnahme von: Ballerstedt, Gedächtnisrede auf R. Isay, S. 7: „Mit einer Arbeitsenergie, die wir nur bewundern können, hat er auch während seiner Anwaltszeit die Gebiete, denen sein wissenschaftliches Interesse galt, systematisch gepflegt".

1340 Siehe dazu schon oben: 1. Teil B) I) 1) a).

1341 Siehe nochmals die Ausführungen oben: 1. Teil B) I) 2) a).

Grundlage er zu seiner gemäßigt relativistischen Grundhaltung gelangte[1342], letztlich auf der rasanten und wechselvollen Entwicklung der damaligen Zeit von der Blüte des Wilhelminischen Kaiserreichs zum Ersten Weltkrieg, die er hautnah miterlebte.

Isays Idealismus[1343] war das Resultat seiner unbeschwerten und idyllischen Kindheit und Jugend in der Kaiserzeit, als er in einem „durch Sorgen um politische oder soziale Fragen wenig getrübten Gefühl der Sicherheit" aufwachsen konnte.[1344]

Seine ethisch-moralischen Maßstäbe[1345] hatten ihren Ursprung in Isays Erziehung, in der die Grundzüge der „jüdisch-christlichen Ethik als gesicherter Besitz" erschienen.[1346] Gefestigt wurden diese Maßstäbe zudem noch durch seine humanistisch geprägte Schullaufbahn am Friedrich-Wilhelm-Gymnasium in Trier.

Isays ökonomische Überzeugungen beruhten auf verschiedenen Einflussfaktoren. Erkennbar wurde einerseits die nachhaltige Prägung seines Denkens durch die Grundsätze des klassischen Wirtschaftsliberalismus, die er angesichts seiner Erfahrungen mit der entbehrungsreichen Kriegswirtschaft im Ersten Weltkrieg während seiner Tätigkeit für die Kriegsrohstoffabteilung bestätigt sah.[1347]

Seine kartellfreundliche Haltung, die in den 20er Jahren erstmals deutlich in Erscheinung trat, resultierte aus seinen Erkenntnissen über die wirtschaftlichen Notwendigkeiten in der Krisenzeit nach dem Ersten Weltkrieg.[1348]

Isays soziale Grundüberzeugungen, die sich in seinen unermüdlichen Plädoyers für die Zulassung von Krisenkartellen zum Zwecke der Arbeitsplatzsicherung in den 50er Jahren manifestierten[1349], basierten auf seinen Erkenntnissen

---

1342 Siehe dazu bereits oben: 1. Teil B) I) 5) a).

1343 Siehe zu Isays Idealismus, der maßgeblich von seinem unerschütterlichen Versöhnungsstreben gekennzeichnet war, das ihn mit Hegel verband, nochmals die obigen Ausführungen: 1. Teil B) I) 2) b).

1344 So explizit: Ballerstedt, Gedächtnisrede auf R. Isay, S. 8f. Siehe auch Isays eigene Beschreibung der Lebensumstände seiner Kindheit und Jugend, in: Aus meinem Leben, Aufzeichnungen vom 10. April 1951, S. 10f.: „Die Vorstellung, dass das Deutsche Reich, hervorgegangen aus dem siegreichen Kriege von 1870, je eine Niederlage erleiden könnte, hätte ein guter Patriot von damals für Majestätsbeleidigung, wenn nicht gar für Gotteslästerung gehalten. Auch sonst in der Welt schienen die Zustände wie für die Ewigkeit gebaut".

1345 Siehe dazu nochmals oben: 1. Teil B) II) 1) – 4).

1346 So ausdrücklich: R. Isay, Aus meinem Leben, Aufzeichnungen vom 10. April 1951, S. 17.

1347 Siehe dazu oben: 1. Teil B) III) 1).

1348 Siehe dazu nochmals ausführlich oben: 1. Teil B) III) 2) a) und b).

1349 Siehe dazu nochmals die Ausführungen zu Isays Verständnis vom „sozialen" Element der Marktwirtschaft in den 50er Jahren oben: 1. Teil B) III) 3) b).

über die Bedürfnisse und Nöte der kapitalintensiv geführten Wirtschaftszweige, die Isay im Rahmen seiner praktischen Tätigkeit gewann, wie Würdinger in seinem Nachruf zutreffend bemerkte: „Es war wohl sein tiefer Einblick in die Krisenempfindlichkeit gerade des Bergbaus (...), welcher Isay zum scharfen Gegner der den Entwurf des deutschen Gesetzes gegen Wettbewerbsbeschränkungen beherrschenden, auf ein grundsätzliches Kartellverbot gerichteten wirtschafts- und rechtspolitischen Konzeption werden ließ".[1350]

Seine methodologische Grundüberzeugungen nahmen schließlich ihren Ausgangspunkt in der Kritik seines Bruders Hermann an der begriffsjuristischen Argumentationsweise in Isays Doktorarbeit[1351], die ihn bald darauf zu einem überzeugten, wenn auch deutlich gemäßigten Anhänger der Freirechtsschule werden ließ[1352].

Insgesamt ist also festzuhalten, dass Isays biographische und persönliche Erfahrungen insofern eine überragende Bedeutung zukam, als sie die maßgebliche Quelle und die deutlich erkennbare Basis seiner rechtsphilosophischen, ethischen, ökonomischen, sozialen und methodologischen Grundüberzeugungen bildeten, die er über Jahrzehnte hinweg kontinuierlich vertrat.

B) Die zentrale Bedeutung der Grundüberzeugungen Rudolf Isays für sein Gesamtwerk

Isays Grundüberzeugungen prägten zudem über die einzelnen Abhandlungen hinaus auch sein Gesamtwerk unter verschiedenen Gesichtpunkten nachhaltig.

So lag Isays signifikante Argumentationsweise sämtlichen seiner Einzelveröffentlichungen auf verschiedenen Gebieten des Wirtschaftsrechts zugrunde. In diesem Zusammenhang verbanden seine Grundüberzeugungen, die das feststehende Fundament seines Denkens bildeten, sein Gesamtwerk zu einer geschlossenen Einheit.

Darüber hinaus verdeutlichte die Untersuchung, dass Isays Grundüberzeugungen durchweg auf biographischen Erfahrungen beruhten und damit den entscheidenden Faktor und die treibende Kraft für die Entwicklung einer engen Verknüpfung zwischen seinem Leben und seinem Werk bildeten. Denn Isays jahrzehntelang kontinuierlich vertretene Grundüberzeugungen drückten seinen

1350 So ausdrücklich: Würdinger, WuW 1956, S. 792f.

1351 Siehe dazu bereits oben: 2. Teil A) I).

1352 Siehe dazu nochmals die ausführliche Analyse seiner nachhaltig von den Lehren der Freirechtschule geprägten Rechtsschöpfungsmethode oben: 2. Teil A) II) – IV).

Vorschlägen zur Fortentwicklung des Rechts sowie seinen Gesetzentwürfen stets den Stempel seiner Persönlichkeit auf.

Zudem kommt dem Umstand eine große Bedeutung zu, dass Isay seine Grundüberzeugungen – mag auch ihr Ursprung jeweils durch eigene persönliche Erfahrungen motiviert worden sein – stets wissenschaftlich absicherte, um sie als Grundlage für seine einzelnen Rechtsschöpfungsvorschläge und darüber hinaus auch für sein Gesamtwerk nutzbar zu machen. So wurde die Entstehung der rechtsphilosophischen Überzeugungen Isays von den anerkannten klassischen Strömungen der Rechtsphilosophie beeinflusst.[1353]

Das Fundament seiner rechtsethischen Überzeugungen, das die Rechtsidee, die Toleranzidee und den Grundsatz der Menschlichkeit als für jede Rechtsordnung zu beachtendes Minimum an ethischen Werten umfasste, entspricht heute dem Grundkonsens nicht nur in der Wissenschaft, sondern auch in der Bevölkerung.[1354]

Isays ökonomische und soziale Grundüberzeugungen basierten schließlich einerseits auf den sich permanent wandelnden gesellschaftlichen Anschauungen und richteten sich andererseits nach dem jeweiligen Zeitgeist der aktuellen Entwicklungen im Bereich der Nationalökonomie, wobei er sich in den 20er Jahren an den Grundsätzen der „gebundenen Wirtschaft" orientierte[1355] und in den 50er Jahren ausdrücklich zur Sozialen Marktwirtschaft bekannte.[1356]

Vor dem Hintergrund einer so gelagerten wissenschaftlichen Absicherung der eigenen Grundüberzeugungen war aus Isays Sicht gewährleistet, dass er sie zu kalkulierbaren Leitlinien seiner stets auf Transparenz, inhaltliche Überprüfbarkeit und größtmögliche Rationalität bedachten Rechtsschöpfungsmethode[1357] ausgestalten konnte.

Unter dieser Prämisse bildeten Isays rechtsphilosophische, ethische, soziale und ökonomische Grundüberzeugungen zugleich das feststehende Fundament

1353 Siehe dazu nochmals die Ausführungen zum Einfluss der Historischen Rechtsschule im Sinne v. Savignys (oben: 1. Teil B) I) 1)), der Geschichtsphilosophie Hegels (oben: 1. Teil B) I) 2)), des Historischen Materialismus im Sinne von Marx / Engels (oben: 1. Teil B) I) 3)), des klassischen Utilitarismus im Sinne von Bentham / Mill (oben: 1. Teil B) I) 4)) sowie der Lehren der Neukantianer (oben: 1. Teil B) I) 5)) auf Isays Denken.

1354 Siehe dazu bereits ausführlich oben: 1. Teil B) II) 1) – 4).

1355 Siehe zu Isays Orientierung an den herrschenden Anschauungen der „gebundenen Wirtschaft in den 20er Jahren nochmals oben: 1. Teil B) III) 2) a) und b).

1356 Siehe zu Isays Bekenntnissen zur Sozialen Marktwirtschaft oben: 1. Teil B) III) 3) b).

1357 Siehe zur Transparenz, Überprüfbarkeit und Rationalität von Isays Methode der Rechtsschöpfung nochmals ausführlich oben: 2. Teil A) III) 2) c) cc) aaa), 2. Teil IV) 1) a) – d), 2. Teil A) V) und insb.: 2. Teil B) II) 2) b) und c).

und damit den elementaren Bestandteil seiner eigenen Rechtsschöpfungsmethode.

C) Die Rechtsschöpfungsmethode Rudolf Isays

Die eingehende Untersuchung der Vorteile und Risiken der methodischen Vorgehensweise Isays ergab, dass er – als deutlich gemäßigter Anhänger der Freirechtsschule[1358] – eine „theoretisch fundierte, verfassungsrechtlich zulässige, rechtsethisch verantwortungsbewusste und praktisch leistungsfähige"[1359] Methode der Rechtsschöpfung entwickelte, die einen auch heute noch gangbaren Weg für die Fortentwicklung des Rechts aufzeigte.

Hervorzuheben ist dabei, dass sein Rechtsschöpfungsansatz, den er seit Beginn des 20. Jahrhunderts verfolgte, seiner Zeit um Jahrzehnte voraus war und er dabei an Maßstäbe anknüpfte, die sich erst in der modernen Rechtsentwicklung abschließend durchsetzen.

Bestätigt wird die hier vertretene positive Beurteilung durch den Umstand, dass Isays Leitlinien für die Rechtsschöpfung, die seinen Reformvorschläge und Gesetzentwürfen als Basis zugrunde lagen, weitestgehend mit den heute geltenden Grundsätzen der Rechtssprechung und des herrschenden Schrifttums für die richterliche Rechtsfortbildung übereinstimmen.[1360]

Etwaige verbleibende Bedenken hinsichtlich der methodischen Vorgehensweise Isays bei der Fortentwicklung des Rechts unter den Gesichtpunkten ihrer Rationalität[1361] und Verfassungsmäßigkeit[1362] erwiesen sich – auch vor dem Hintergrund der Pervertierung seines freirechtlich geprägten Rechtsschöpfungsansatzes in der Zeit des Nationalsozialismus[1363] – im Zuge der voran gegangenen Analyse als nicht stichhaltig, so dass insgesamt keine Zweifel an der Praktikabilität seiner Methode verbleiben.

Abschließend ist Isays Verantwortungsbewusstsein nochmals gesondert zu würdigen, da es ihm nicht nur stets den rechten Weg bei der Fortentwicklung des Rechts wies, sondern darüber hinaus bewirkte, dass Isay die Erfordernisse der

---

1358 Vgl. zur Einordnung Isays als gemäßigtem Freirechtler nochmals die Ausführungen oben: 2. Teil A) III), 2. Teil A) IV) 1) – 4) sowie: 2. Teil A) V).

1359 So ausdrücklich die elementaren Methodenkriterien nach Einschätzung von: Bender, JZ 1957, S. 593.

1360 Siehe zu den Übereinstimmungen nochmals oben: 2. Teil B) I) 1) – 7).

1361 Siehe zur Rationalität der Methode Isays nochmals die Nachweise soeben: Fn. 1357.

1362 Siehe dazu bereits oben: 2. Teil IV) 4) b) und c) sowie: 2. Teil B) II) 2) c).

1363 Siehe dazu nochmals die obigen Ausführungen: 2. Teil B) II) 1) a) bis c).

Rechtssicherheit im Rahmen der Fortentwicklung des Rechts nie aus den Augen verlor.

Dass Isay seiner Verantwortung als Rechtswissenschaftler in vorbildlicher Weise gerecht wurde, unterstreicht auch der Vergleich mit folgenden Eckpfeilern, die Schneider mit Blick auf die Verantwortung der Rechtswissenschaft aufstellte: „Der Auftrag an die Rechtswissenschaft verpflichtet nicht nur zu fachlicher Kompetenz, zur Wahrung der persönlichen Unabhängigkeit, zur Überparteilichkeit und zur politischen Zurückhaltung bei der wissenschaftlichen Tätigkeit, zum Abwägen zwischen gerechter Einzelfallentscheidung und den gesellschaftlichen Auswirkungen des Rechts, sondern auch zur Sicherung der Rechtsethik, zur Erhaltung des Rechtsfriedens und zur Wahrung des Rechtsbewusstseins.“[1364]

Die umfassende Untersuchung seiner Rechtsschöpfungsmethode und insbesondere ihrer formellen und materiellen Grundlagen zeigte, dass Isay sämtliche vorgenannten elementaren Faktoren, die Voraussetzung für jede verantwortungsbewusste, wissenschaftliche Fortentwicklung des Rechts sind, bei der Entwicklung seines Gesamtwerkes beherzigte.

Angesichts der erzielten Ergebnisse zu Isays methodischer Vorgehensweise, die zugleich grundlegende und aufschlussreiche Erkenntnisse über die Persönlichkeit und den Menschen Rudolf Isay ans Licht brachten, kann die folgende Würdigung, die Ballerstedt als Fazit seiner Gedächtnisrede formulierte, gerade aus heutiger Sicht nur nachdrücklich bekräftigt werden: „In seiner Treue zu sich selbst, in seiner Werkgesinnung mag er uns ein Vorbild sein!“[1365]

Den besten Beweis für Isays treffend umschriebene Treue zu sich selbst liefert die Tatsache, dass weder die Erfahrungen mit dem nationalsozialistischen Unrechtsregime noch die schicksalsreichen Jahre im brasilianischen Urwald nach der Flucht aus Deutschland und auch nicht der Gegenwind, der ihm nach seiner Rückkehr in die Heimat Anfang der 50er Jahre seitens der Kollegen im Schrifttum entgegenschlug, ihn in seinem Denken und seiner Persönlichkeit erschüttern konnten.

Den zu Beginn seiner wissenschaftlichen Laufbahn Anfang des 20. Jahrhunderts eingeschlagenen Weg der Rechtsschöpfung, auf dem ihn seine feststehenden Grundüberzeugungen sicher leiteten, ging er konsequent zu Ende. Dabei ermöglichten es ihm vor allem seine humanistisch-ethische Weltanschauung und sein Idealismus – trotz seiner Erfahrungen mit dem nationalsozialistischen Re-

---

1364 So: H. U. Schneider, JZ 1987, S. 696, (699). Vgl. insbesondere zur Verantwortung der Richter bei der Entscheidungsfindung auch: v. Mettenheim, Recht und Rationalität, S. 99f.

1365 Ballerstedt, Gedenkrede auf R. Isay, S. 26.

gime und im Gegensatz zu vielen seiner Zeitgenossen und Kritiker – nach vorne zu schauen und einen verantwortungsbewussten Beitrag für eine bessere Zukunft im Nachkriegsdeutschland zu leisten.[1366]

Entsprechend der Zielrichtung, die Isay während seiner gesamten juristischen Laufbahn kontinuierlich verfolgte, trug er mit seinem rechtsschöpferischen Werk zur Etablierung einer wandlungsfähigen, zugleich aber auch sicheren Rechtsordnung bei, auf deren Fundament sich die Aufgaben der Zukunft in Angriff nehmen und meistern ließen. Gerade die Herausforderungen, vor denen der Rechtsstaat heute steht[1367], unterstreichen dabei die Bedeutung des Rechtsbewusstseins der Bevölkerung und der Staatsautorität, für deren Stärkung sich Isay unermüdlich einsetzte.[1368]

Festzuhalten bleibt, dass es Isay mit der ganzen Überzeugungskraft und dem Verantwortungsbewusstsein seiner Persönlichkeit, die sich in seinen konkreten Vorschlägen zur Fortentwicklung des Rechts und seinen Gesetzentwürfen manifestierten, gelungen ist, einen gangbaren Weg für die Zukunft aufzuzeigen, indem er, bereits vor Jahrzehnten, visionäre und auch heute noch beherzigenswerte methodische Grundpfeiler für eine moderne, da zu gleichen Teilen dynamische und sichere Rechtsordnung entwickelte.

D) Die Wirkungsgeschichte des Gesamtwerkes Rudolf Isays

Die Wirkungsgeschichte von Isays Gesamtwerk war deutlichen Schwankungen unterworfen. Sie verlief in zwei unterschiedlichen Phasen, wobei die Zeit des brasilianischen Exils zwischen 1935 bis 1951 eine einschneidende Zäsur markierte.

1366 Vgl. in diesem Zusammenhang noch jüngst die Feststellung von: Hirsch, DRiZ 2002, S. 228, (230), der den Standpunkt vertritt, dass „es eine geschichtliche Tatsache, aber auch Mahnung für uns Richter heute" sei, „dass die Deutsche Justiz in den 50er und 60er Jahren, wie fast alle gesellschaftlichen und politischen Kräfte, nicht bereit war, sich ihrer Vergangenheit zu stellen".

1367 Vgl. dazu besonders eindringlich statt aller: Lüke, NJW 1995, S. 173, (175): „Grosse Sorge bereitet der Befund, dass der Rechtsstaat (...) – anders als in den Jahren nach 1949 – überhaupt nicht mehr in den Herzen der Menschen ist, folglich auch nicht mehr aus ihren Herzen kommt. Dies scheint die eigentliche Krise des Rechtsstaats zu sein".

1368 Darauf, dass es Isay während seiner gesamten Laufbahn stets um die Stärkung des Rechtsbewusstseins der Bevölkerung und der Staatsautorität ging, wurde bereits mehrfach hingewiesen. Siehe nochmals oben: 2. Teil A) IV) 4) a) und dort: Fn. 831 (Staatsautorität) sowie: 2. Teil A) IV) 4) b) und dort: Fn. 837 (Rechtsbewusstsein).

I) Die wissenschaftlichen Erfolge Rudolf Isays in der Zeit bis zu seiner Emigration im Jahre 1935

Den Grundstein für seinen erheblichen wissenschaftlichen Einfluss legte Isay in sämtlichen von ihm bearbeiteten Gebieten des Wirtschaftsrechts bereits in der Zeit vor 1935, während er nach seiner Rückkehr in die Heimat im Jahre 1951 nicht mehr an seine früheren Erfolge anknüpfen konnte.

So prägten vor allem die Abhandlungen, die sein Frühwerk bis zur Emigration beherrschten, – zu erinnern sei an die Monographie „Das Recht am Unternehmen“ (1910)[1369], den Pionieraufsatz über die „Mittelbare Patentbenutzung“ (1910)[1370] sowie vor allem an seinen bahnbrechenden Kommentar zur Kartellverordnung (1925)[1371] und den Kommentar zum Allgemeinen Berggesetz für die Preußischen Staaten (1919/20), den Rudolf Isay in der 1. Aufl. gemeinsam mit seinem Bruder Hermann verfasste[1372] – über Jahre hinweg sowohl die Rechtsprechung als auch die Wissenschaft nachhaltig.

1369 Siehe zu den vollkommen neuartigen Vorschlägen, die Isay darin für ein zukünftiges Unternehmensrecht de lege ferenda unterbreitete, nochmals oben: 3. Teil A) I) – V).

1370 Siehe dazu bereits oben: 3. Teil B).

1371 Siehe zum erheblichen Einfluss seines KVO-Kommentars, den er gemeinsam mit Tschierschky verfasste, auf die Rechtssprechung des Reichsgerichts und des Kartellgerichts im Hinblick auf die Merkmale des Kartellbegriffs und auf das Schriftformerfordernis in § 1 KVO sowie auf das ungeschriebene Kündigungsrecht gem. § 8 Abs. 1 KVO i. V. m. § 34 Abs. 1 GmbHG analog eines Kartells, das in Form einer Nebenleistungs-GmbH errichtet wurde, nochmals oben: 3. Teil C) I) 1 a) – d). Siehe zudem die positive Rezension von: Lucas, Gruchot Bd. 68 (1925), S. 93, (96): „Die wissenschaftliche Behandlung des Kartellrechts hat mit Isays „Kartellverordnung“ einen erheblichen Schritt vorwärts getan. Sein Kommentar bietet nicht nur die Grundlage eines vertieften Verständnisses der Kartellverordnung, sondern gibt hoffentlich auch den Anstoß zu einer immer weiter eindringenden Bearbeitung dieser schwierigen Materie. Möge sie von gleicher Gründlichkeit und Sachkenntnis getragen sein wie die Arbeit Isays“. Ähnlich positiv auch die Beurteilung von: Jacusiel, LZ 1925, Sp. 890: „Der Kommentar von Isay / Tschierschky wird in der Wissenschaft und Praxis sicher die führende Stellung einnehmen“ sowie von: Köppel, DJZ 1925, Sp. 1888.

1372 Vgl. dazu die Besprechungen von: Reuß, Gruchot Bd. 63 (1919), S. 650ff. (Bd. I des Kommentars); ders., Gruchot Bd. 64 (1920), S. 504f. (Bd. II des Kommentars). Unbedingt zu beachten ist, dass die von Isay allein bearbeitete 2. Auflage des Bergrecht-Kommentars noch bis zum Jahre 1935 positiv aufgenommen wurde, was wohl nicht zuletzt an seiner einmaligen Qualität und Bedeutung für die Praxis lag, bevor das Werk dann von den Nationalsozialisten sekretiert wurde. In diesem Sinne: Silberschmidt, LZ 1933, Sp. 1352: „Einer Empfehlung bedarf das Werk nicht“; Ruth, AcP 140 (1935), S. 117, (120): „Die 1. Auflage des Buches hat seinerzeit eine ausgezeichnete Aufnahme gefunden. Arndt (JW 1919, S. 425) bezeichnet den Kom-

Demgegenüber stießen seine Gesetzentwürfe im Kartellrecht aus den 50er Jahren, die sein Spätwerk dominierten, überwiegend auf Kritik, mit der Folge, dass ihr Einfluss auf Gesetzgebung und Rechtssprechung eher gering sein sollte.[1373]

Gleiches galt auch für Isays Entwurf eines Bundesberggesetzes, der – nicht zuletzt wohl wegen seiner „Radikalität" – nur wenig Resonanz im bergrechtlichen Schrifttum fand.[1374] Darüber hinaus wurden Isays Vorschläge zur Bergrechtsreform teilweise ausdrücklich wegen ihrer im Vergleich zu den damals gültigen Regelungen unverkennbar „liberalistischen Tendenz" kritisiert.[1375]

II) Gründe für die anfängliche Nichtwirkung des Spätwerks Rudolf Isays in den 50er Jahren nach seiner Rückkehr

Die konkreten Gründe für die anfängliche Nichtwirkung seines Spätwerks in den 50er Jahre – teilweise setzten sich seine Rechtsschöpfungsvorschläge erst mit jahrzehntelanger Verzögerung durch[1376] – werden nunmehr am Beispiel des Kartellrechts analysiert, nicht nur, weil die Reform dieses Bereichs Isay ganz besonders am Herzen lag, sondern auch, weil die Kritik an seinen Gesetzentwürfen auf diesem Gebiet besonders heftig ausfiel.

1) Der Remigrantenstatus Rudolf Isays als Auslöser der Kritik in der oft unsachlich geführten Kartell-Diskussion

Gerade in den Auseinandersetzungen um das zukünftige GWB sah sich Isay gehäuft unkollegialer Polemik und teilweise sogar persönlichen Angriffen ausge-

---

mentar als das beste der bisher erschienen Erläuterungswerke. In seiner überarbeiteten Gestalt hat das Buch nichts an seinem Wert eingebüsst, sondern seine führende Stellung in der bergrechtlichen Literatur behauptet".

1373 Siehe zur Kritik des kartellrechtlichen Schrifttums an Isays Entwurf eines Gesetzes zur Verhütung des Missbrauchs wirtschaftlicher Machtstellungen (1954) sowie am Höcherl-Entwurf (1955) bereits oben: 3. Teil C) II) 2) und dort die Nachweise: Fn. 1299 u. 1300.

1374 Siehe in dieser Richtung die Einschätzung über die Gründe der Vorbehalte des Schrifttums gegenüber Isays bergrechtlichen Reformvorschläge von: Brockhoff, ZfB Bd. 95 (1954), S. 221: „Es mag dies einer gewissen Verlegenheit gegenüber den ungewöhnlichen und radikalen Reformvorschlägen, vor allem auf dem Gebiete (...) des Verhältnisses von Bergbau und Grundbesitz entspringen, ist aber m. E. kaum gerechtfertigt".

1375 So ausdrücklich: Kampers, DWW 1955, S. 133, (136).

1376 Vgl. zum visionären Weitblick Isays auch die Ausführungen unten: 4. Teil E).

setzt. Besonders unsachlich war dabei folgende Äußerung Fischers, mit der er Isays Kartellhaltung der 50er Jahre attackierte: „Haussmann wie Isay mussten kurz nach 1933 emigrieren; das Erlebnis des „totalitär-terroristischen Systems" der nationalsozialistischen Zentralverwaltungswirtschaft mit dem Funktionswandel der Kartelle blieb ihnen also erspart. Vielleicht erklärt dies den verwunderlichen Sachverhalt, dass Isay – nach Deutschland zurückgekehrt (...) – dort wieder beginnt, wo er nach 1933 die Feder weglegen und schweigen musste, so, als ob zwischen 1933 und 1954 in Deutschland nichts geschehen wäre, was unter vielem anderen auch auf unsere Auffassung von der erstrebenswerten Wirtschaftsordnung von einigem Einfluss gewesen wäre".[1377]

Vor dem Hintergrund dieser ehrverletzenden Kritik – Fischer steht augenscheinlich auf dem Standpunkt, Isay sei der Schrecken des „Dritten Reichs" erspart geblieben – drängt sich die Frage auf, welchen Einfluss der Umstand, dass Isay als einer der ganz wenigen Emigranten nach Deutschland zurückkehrte[1378], darauf hatte, dass die Kritik an seinem Spätwerk teilweise so massiv ausfiel.

In diesem Zusammenhang ist zu beachten, dass Fischers Anwürfe gegen Isay durchaus nicht ungewöhnlich für das Verhältnis zwischen Remigranten und Daheimgebliebenen waren.

Die Rückkehrer „galten vielen Dagebliebenen als Verräter an der nationalen Sache, egal wie groß die Lebensbedrohung gewesen war, die den Weg ins Exil erzwungen hatte". Es kam infolgedessen zu einer kaum noch aufzuhebenden Polarisierung der Perspektiven von „draußen" und „drinnen" zwischen den Rückkehrern und den Dagebliebenen.[1379] Wendet man diese Erkenntnisse auf

---

1377 Fischer, in: Jahrb. f. Nationalökonomie u. Statistik, Bd. 166 (1954), S. 206, (232).

1378 Vgl. dazu ausführlich: Krauss, Heimkehr in ein fremdes Land, S. 9f., die darauf hinweist, dass die gesamte deutschsprachige Emigration auf ungefähr 500000 geschätzt wird, wobei lediglich vier bis fünf Prozent der, wie Isay, „rassisch Verfolgten", darunter 12000 bis 15000 jüdischen Glaubens zurückkehrten. S. 36f.: „Kaum jemand brauchte besondere Gründe, um im Aufnahmeland zu verbleiben; gute Gründe musste nur derjenige finden, der eine Rückkehr in Erwägung zog". S. 49: „Remigration, so lässt sich resümieren, war keineswegs eine Selbstverständlichkeit. Sie war ein höchst schwieriger individueller Schritt". Bestätigt wird diese Einschätzung von Isays Stieftochter: Magdi Ullstein, Nachwort, in: R. Isay, Aus meinem Leben, 1960, S. 183: „Lange hegte mein Vater Zweifel im tiefsten Innern, aber dann fasste er freudig den Entschluss zur Rückkehr in die Heimat".

1379 So ausdrücklich: Krauss, Rückkehr in ein fremdes Land, S. 50. Krauss stellte darüber hinaus, unter Berufung auf u. a. Gottfried Benn und Thomas Mann, vier Hauptthesen für die ablehnende Haltung der Dagebliebenen auf (S. 50f.): 1. Die Emigranten hatten sich durch ihre Flucht außerhalb der deutschen „Volksgemeinschaft" gestellt. 2. Die ehemals Verachteten und Ausgestoßenen standen nun auf der Seite der Sieger. Deshalb fürchtete und beneidete man sie. 3. Die Umkehrung der Opfersituation: Um mögliche Schuldgefühle zu verkleinern, rechnete man auf.

Isays Haltung nach der Rückkehr in die Heimat im Jahre 1951 an, so ergibt sich, dass Isay jener soeben geschilderten „Polarisierung der Perspektiven“ zwischen sich, als Remigrant, und den Dagebliebenen selber nachhaltig und überwiegend auch erfolgreich entgegenwirken konnte. Dabei kam ihm sicherlich zugute, dass er die These der Kollektivschuld der Daheimgebliebenen aus voller Überzeugung ablehnte[1380] und ohne jedwede Art von Ressentiment in die alte Heimat zurückkehrte[1381]. Vielmehr ging es Isay in erster Linie darum, seinen eigenen Beitrag, nicht nur zum wissenschaftlichen, sondern auch zum moralischen Wiederaufbau Deutschlands zu leisten.[1382]

Als Konsequenz seiner vorbildlichen Haltung blieben unmittelbare verbale Angriffe auf Isays Persönlichkeit, wie sie im obigen Zitat Fischers zum Ausdruck kamen, oder sonstige Anfeindungen insgesamt die unrühmliche Ausnahme.

Viele – so offenkundig auch Fischer, wie obiges Zitat belegt, – sahen die deutsche Bevölkerung als das eigentliche Opfer an. 4. Die Emigranten gelten als diejenigen, die das Land und die Freunde verlassen und ihnen damit Schmerz zugefügt hatten.

1380 Siehe nochmals: R. Isay, Aus meinem Leben, Aufzeichnungen vom 15. Juni 1951, S. 180: „Heute sollen alle Deutschen die Verantwortung für die Unmenschlichkeiten tragen, die nationalsozialistische Deutsche sich haben zu schulden kommen lassen. Ich kann es nachfühlen, wie weh das allen Deutschen tut, die sich reinen Herzens wissen. Für die christliche wie für die humanistische Ethik gibt es zwar sündige Menschen, doch keine sündigen Völker“.

1381 Siehe dazu ausdrücklich: R. Isay, Vereinheitlichung des Deutschen Bergrechts, S. 33: „Indessen führt Ressentiment hier so wenig weiter wie anderwärts. (…) Was vergangen ist, kehrt nicht wieder“. Siehe auch die Bestätigung von: Ballerstedt, Gedächtnisrede auf R. Isay, S. 26: „So blieb er denn auch völlig frei von jeder Art Ressentiment, das seiner noblen Gesinnung ohnehin fremd gewesen wäre“. Siehe darüber hinaus generell zur Haltung der zurückkehrenden Wissenschaftler: Krauss, Rückkehr in ein fremdes Land, S. 90: „Gut aufgenommen wurden in Deutschland vor allem die Wissenschaftler, die ohne Vorwurf und ohne große Forderungen auftraten. Sonst sahen sie sich schnell in die Isolation gedrängt“.

1382 Siehe dazu explizit: R. Isay, Vereinheitlichung des deutschen Bergrechts, S. 33: „Aber Idealismus brauchen wir dringend, da wo er hingehört, auf dem Gebiet der wissenschaftlichen Forschung, der Weltanschauung und der Ethik. Vor allem brauchen wir idealistische Duldsamkeit gegenüber Andersdenkenden und eine Ideologie der Versöhnung mit allen Völkern“. Diese Haltung entsprach dem Anliegen vieler Rückkehrer. Instruktiv im Hinblick auf die Parallelen zwischen Isay und den anderen Remigranten in diesem Zusammenhang auch: Krauss, Heimkehr in ein fremdes Land, S. 13, 18: „Viele Emigranten waren überzeugt, das „eigentliche“ Deutschland des Humanismus, der Liberalität und Toleranz sei mit ihnen ins Exil gegangen, während das Land in Barbarei versank. Remigration erschien ihnen als Versuch, solche Werte zurückzubringen, sie durch einen geistig-moralischen, intellektuellen und politischen Wiederaufbau in Deutschland neuerlich heimisch zu machen“.

Gleichwohl wurden seine kartellrechtlichen Gesetzentwürfe vom überwiegenden Teil der Autoren der Nachkriegszeit einfach ignoriert. Dieser Umstand ist umso irritierender, als Isays Reformvorschläge, im Gegensatz zu vielen anderen Beiträgen in der Debatte um das GWB, stets sein Bemühen um größtmögliche Sachlichkeit der eigenen Argumentation erkennen ließen.

Isay selbst kommentierte die Defizite der Kartell-Diskussion in den 50er Jahren wie folgt: „Nach dem Gesagten würde eine Verständigung über das Kartellproblem leichter zu erreichen sein, wenn die Anhänger des Verbotsprinzips sich bereit finden könnten, die Auffassung ihrer Gegner zu begreifen. Bisher haben sie sich leider darauf beschränkt, sie als egoistische Interessentenmeinung zu verdächtigen und sie entweder miss zu verstehen oder tot zu schweigen. Der Verfasser kann nicht finden, dass dies fruchtbringende Diskussionsmethoden sind".[1383]

Diese Einschätzung erwies sich als nur allzu richtig, wie der Blick auf die kartellrechtlichen Debatten im Schrifttum der 50er Jahre bereits belegte. Bedauerlich ist daran aus Isays Sicht vor allem, dass er stets ehrlich – und im Ergebnis erfolglos – bestrebt war, die vollkommen verhärteten Fronten zwischen Gegnern und Befürworten der Verbotsgesetzgebung überwinden zu helfen, um eine einvernehmliche Lösung der bestehenden Probleme zu erzielen.

Die jahrelangen, häufig unsachlich geführten Auseinandersetzungen um das GWB gingen allerdings ebenso wenig spurlos an Isay vorbei wie sein Bewusstsein um die Entwicklung im „Dritten Reich".

So waren es insbesondere seine negativen Erfahrungen im Rahmen der Kartelldebatte, durch die sich Isay in der Auseinandersetzung mit Franz Böhm, einem seiner schärfsten Kritiker der 50er Jahre, zu folgender emotionaler Stellungnahme hinreißen ließ, die seiner sonst stets ausgleichenden Art im Grunde gänzlich widersprach:

„Ob allerdings ein Exodus der deutschen Forschungslaboratorien nach Zürich, Brüssel oder Amsterdam ein volkswirtschaftlich erwünschter Vorgang ist, wird der Bundestag zu entscheiden haben. Er wird dabei auch berücksichtigen müssen, dass die Weltgeltung der deutschen Industrie, namentlich ihr Export, weitgehend auf ihrer Erfindungsleistung beruht. Hitler hat durch die Vertreibung deutscher Wissenschaftler nicht unwesentlich zum Siege der Alliierten beigetragen. Vielleicht vollenden jetzt Fanatiker eines falsch verstandenen Neoliberalis-

---

1383 R. Isay, WuW 1954, S. 557, (575). Geteilt wird Isays Einschätzung auch von: Metzner, in: Internationales Handbuch der Kartellpolitik, S. 89, (127): „Es wäre erfreulich, wenn in der Kartellkritik mehr Sachlichkeit eintreten würde".

mus das Werk, das Hitler als Fanatiker des Nationalsozialismus begonnen hat".[1384]

2) Die Vorbehalte aufgrund Isays Verbindungen zur Industrie

Von ganz entscheidender Bedeutung für die zumeist ablehnende Haltung des Schrifttums gegenüber Isays kartellrechtlichem Spätwerk der 50er Jahre waren zudem seine engen Kontakte zur Industrie, die nicht zuletzt daran zum Ausdruck kamen, dass er nach seiner Rückkehr aus der Emigration eine Vielzahl von Gutachten im Auftrag unterschiedlicher Industrieverbände erstattete.[1385]

Vor diesem Hintergrund ließen die Vorwürfe, vor allem der Kritiker seiner Gegenentwürfe zu einem zukünftigen Gesetz gegen Wettbewerbsbeschränkungen, nicht lange auf sich warten, wonach Isay allein auf der Grundlage eines Interessentenstandpunktes argumentiere.[1386]

1384 So die ausdrückliche Kritik im Hinblick auf die zu erwartenden volkswirtschaftlichen Nachteile einer Beschränkung des Patentschutzes zu Lasten der Erfinder im Sinne des Böhm-Entwurfs zum GWB von: R. Isay, WuW 1955, S. 339, (344f.).

1385 Zu erwähnen sind z. B. folgende Abhandlungen Isays im Kartellrecht: Gutachten zum Regierungsentwurf eines Gesetzes gegen Wettbewerbsbeschränkungen (veröffentlicht vom Ausschuss für Wettbewerbsordnung im Bundesverband der Deutschen Industrie) und: Der Höcherl-Entwurf eines Gesetzes gegen Wettbewerbsbeschränkungen (veröffentlicht vom Verein der bayerischen metallverarbeitenden Industrie e. V.) sowie im Bergrecht: Bergbau und öffentliche Verkehrsanstalten, Glückauf 1954, S. 1519ff. (Rechtsgutachten im Auftrag des Unternehmensverbandes Ruhrbergbau)

1386 Siehe in dieser Richtung die ausgesprochen polemische Kritik von: Fischer, in: Jahrb. f. Nationalök. u. Stat. Bd. 166 (1954), S. 206, (223): „Nirgends dokumentiert sich die Gegnerschaft weiter Kreise der Industrie gegen das „Knappheits"-Preisbildungssystem der freien Wettbewerbswirtschaft deutlicher als in dem Gutachten und Gesetzentwurf, den Prof. Isay im Auftrag des Bundesverbandes der Deutschen Industrie Ende 1953 ausgearbeitet hat". Siehe überdies, ebenda, S. 233. Dort wirft Fischer Isay vor, „alle Rede von „selbst heilenden Kräften aus der Selbsterneuerung der Wirtschaft" enthüllt sich als vernebelnde Interessentenargumentation". In diesem Sinne auch: Fred. Hausmann, BB 1954, S. 353 der Isays Entwurf nicht nur bereits in der Überschrift seiner Kritik zum „Industrieentwurf" hoch stilisiert, sondern darüber hinaus dort ausdrücklich von einem „Interessentenmodell" spricht. Siehe in diesem Zusammenhang auch die Unterstellung ebenfalls von: Fred. Haussmann, BB 1955, S. 356: „Isay will im Ergebnis geschichtlich die Berechtigung seines im Auftrag des Bundesverbandes der Industrie gefertigten Entwurfes nachweisen". Isays Verbindungen zur Industrie wurden darüber hinaus angesichts des von ihm kommentierten Höcherl-Entwurfs kritisch beurteilt von: Wagner, Die Diskussion über ein Gesetz gegen Wettbewerbsbeschränkungen, S. 66f. Ähnlich noch die Kritik an Isays „industrienaher" Argumentation im

Mit vollem Recht hat sich Isay mehrfach selbst – dezidiert, und im Gegensatz zu seinen Gegner in sachlicher Form – gegen solche Unterstellungen verwahrt.[1387]

Isays generelle Vorbehalte gegenüber Interessenvertretungen, zumal im Bereich der Politik, spiegeln sich darüber hinaus deutlich in folgender Äußerung wider:

„Mehrfach wurde ich in den Jahren 1919 bis 1932 zum Eintritt in die eine oder andere Partei aufgefordert. Ich habe stets geantwortet, ich würde nur einer Partei beitreten, die keine Interessenvertretung irgendwelcher Gruppen oder Stände sei und deren Parteiprogramm mit dem Satze beginne: „Die anderen sind auch anständige Menschen".[1388]

Angesichts der darin zum Ausdruck kommenden Haltung bekam Isay teilweise auch Schützenhilfe aus den Reihen des Schrifttums. So verteidigte etwa Ballerstedt Isays Vorschläge für ein zukünftiges Kartellgesetz ausdrücklich gegen entsprechende Interessenvertreter-Vorwürfe: „Wir sollten die Unvoreingenommenheit und das Ethos seiner grundsätzlichen Stellungnahme auf uns wirken lassen"[1389], nicht ohne im selben Atemzug zu ergänzen: „Es ist wohl (leider!) nicht überflüssig dies zu betonen, da manche Anhänger des grundsätzlichen Kartellverbots ihre Gegner allzu gern als Verfechter eines Interessentenstandpunktes hinzustellen suchen".[1390]

Höcherl-Entwurf von: Rotthege, Die Beurteilung der Kartelle und Genossenschaften durch die Rechtswissenschaft, S. 232ff.

1387 Vgl. in diesem Zusammenhang Isays Reaktion auf Fischers (soeben: Fn. 1386) Unterstellungen: R. Isay, in: Jahrb. f. Nationalök. u. Stat. Bd. 166 (1954), S. 419, (423): „Meine Vorschläge sind von den Landesregierungen von Nordrhein-Westfalen, Bayern, Rheinland-Pfalz und Schleswig-Holstein empfohlen und im Wirtschaftsausschuss des Bundesrats angenommen worden. Im Plenum wurden sie mit knapper Mehrheit abgelehnt, weil die Länder, in deren Regierung die SPD vertreten ist, entgegen der Stellungnahme der Gewerkschaften (WuW 1953, 376ff.) für den Regierungsentwurf stimmten. Ob man hiernach meine Vorschläge als „vernebelnde Interessentenargumentation" bezeichnen kann, überlasse ich dem Urteil der Leser". Siehe zu den Vorwürfen darüber hinaus auch nochmals: R. Isay, WuW 1954, S. 557, (557), der dort bemängelte, die Gegner des Verbotsprinzips würden in der Debatte um das zukünftige Kartellgesetz häufig als Vertreter einer „egoistischen Interessentenmeinung verdächtigt", ohne dass man sich inhaltlich mit ihren Argumenten auseinandersetze.

1388 R. Isay, Aus meinem Leben, 1960, Aufzeichnungen vom 25. April 1951, S. 74.

1389 Ballerstedt, Gedächtnisrede auf R. Isay, S. 25.

1390 Ballerstedt, a. a. O. (Fn. 1389), S. 25, Fn. 39 (Fußnotentext in den Anmerkungen im Anhang der Rede auf S. 35).

In diesem Zusammenhang bekräftigen zudem Zweigert[1391] und Würdinger[1392] die Objektivität der Argumentation Isays. Wenn man sich vor Augen hält, dass Isay sich seit Beginn der 20er Jahre eingehend mit den aktuellen Entwicklungen des Kartellrechts auseinandergesetzt hatte und individuelle Grundsätze und Überzeugungen in diesem Bereich entwickelte und über Jahrzehnte kontinuierlich vertrat[1393], wird deutlich, weshalb die vorerwähnten Unterstellungen, er vertrete in seinen Gegenentwürfen zum GWB in den 50er Jahren eine reine Interessentenmeinung, ihm nicht gerecht werden konnten. Hinzu kommt, dass Isays Kritiker in der Kartell-Debatte seine vollkommen unparteiische Grundhaltung offenkundig vollständig übersahen.[1394]

Insgesamt stellten sämtliche Interessenten-Vorwürfe somit eine unberechtigte und vor allem oberflächliche Fehleinschätzung von Isays Persönlichkeit dar, zumal er in keiner seiner Abhandlungen den Eindruck eines typischen politischen Verbandsvertreters oder reinen Industrieberaters erweckte.

3) Die Pervertierung des Kartellgedankens sowie seines freirechtlich geprägten Methodenansatzes im „Dritten Reich" als grundsätzliches Dilemma für Isay in den 50er Jahren

Vor dem Hintergrund der historischen Entwicklung bestand das besondere Dilemma für Isay darin, dass er in den 50er Jahren nach wie vor von der Notwendigkeit der Kartellierung – jedenfalls in Zeiten der Konjunkturkrise – ebenso überzeugt war[1395] wie von seinem gemäßigt freirechtlichen Methodenansatz[1396],

---

1391 Vgl. ausdrücklich: Zweigert, in Festschrift für R. Isay, S. 129f.: „Und es gibt außer ihm (gemeint ist: R. Isay, d. Verf.) keinen, der einen derartigen Erfahrungsschatz in so objektiver und von den verschiedenen Interessenkreisen unabhängiger Weise in einer Fülle von bedeutenden Schriften (…) kristallklar allen zugänglich gemacht hat, (…)".

1392 Würdinger, WuW 1956, S. 792, (793): „Was diese seine Gegnerschaft (=zum Kartellverbot, d. Verf.) adelt, ist die tiefe, von der ganzen Kraft seiner Persönlichkeit getragene Überzeugung, welche auf einer durch wissenschaftliches Denken gewährleisteten Objektivität und auf einer durch Erfahrung begründeten Einsicht beruht".

1393 Vgl. dazu nochmals die Ausführungen zur Entwicklung von Isays ökonomischen Grundüberzeugungen zwischen den 20er und 50er Jahren oben: 1. Teil B) III) 1) – 4).

1394 Siehe in diesem Zusammenhang auch die Verteidigung Isays durch: Ballerstedt, Gedächtnisrede auf R. Isay, S. 26, der dort die Einschätzung vertritt, Isay sei „ungeachtet seiner lebendigen Anteilnahme an den öffentlichen Ereignissen im Grunde ein unpolitischer Mensch" gewesen.

1395 Siehe dazu bereits die obigen Ausführungen unter: 1. Teil B) III) 3) b) und c).

1396 Siehe dazu nochmals oben: 2. Teil B) II) 1) a) – c).

obwohl ihm nicht verborgen blieb, dass die Nationalsozialisten seine Grundsätze in beiden Fällen pervertiert und für ihre Zwecke missbraucht hatten.

Dafür, dass er dennoch an seinen – einmal für richtig befundenen – kartellrechtlichen und methodischen Grundüberzeugungen festhielt, wurde Isay vom Schrifttum zum Teil heftig kritisiert. So gab es zum einen Stimmen, die einen solchen freirechtlich geprägten Rechtsschöpfungsansatz, wie ihn Isay seit Beginn seiner wissenschaftlichen Laufbahn im Jahre 1909 praktizierte, mit der Rechtmethodik des „Dritten Reichs" in Verbindung brachten.[1397] Gleiches galt zum anderen auch für die von Isay entscheidend beeinflusste Kartellpolitik der 20er Jahre, der mitunter aus den Reihen des Schrifttums unterstellt wurde, sie habe der Zwangswirtschaft zwischen 1933 – 1945 den Boden bereitet.[1398]

Zwar ergab die ausführliche Untersuchung beider Problembereiche, dass für Isay – in erster Linie aufgrund seiner humanistischen Weltanschauung – auch vor dem Hintergrund der geschichtlichen Entwicklung im „Dritten Reich" keine zwingende Notwendigkeit bestand, in den 50er Jahren von seiner freirechtlich geprägten Rechtsschöpfungsmethode[1399] oder von seiner Überzeugung von der krisenregulierenden Wirkung des Kartellwesens[1400] abzurücken.

Dennoch – auch wenn die von Teilen des Schrifttums unterstellten Parallelen zwischen Isays Haltung und dem Nationalsozialismus angesichts seiner Persönlichkeit und seines wissenschaftlichen Wirken rückblickend aus der Luft gegriffen zu sein scheinen[1401] – muss seinen Kritikern andererseits wohl zugute gehalten werden, dass eine solch differenzierte Analyse, wie sie aus heutiger Sicht angestellt werden kann, in den 50er Jahren – angesichts der besonderen Umstände der Zeit kurz nach Beendigung der nationalsozialistischen Herrschaft – zweifellos nicht von jedermann erwartet werden konnte.

1397 Siehe zu den Parallelen, die Teile des Schrifttums zwischen den Lehren der Freirechtsschule und der nationalsozialistischen Rechtsmethodik zogen nochmals oben: 2. Teil B) II) 1) b) und dort auch die Nachweise in Fn. 923.

1398 Siehe darüber hinaus zu den Kontinuitäten zwischen der Kartellpolitik der 20er Jahre und den Zwangskartellierungen im Dritten Reich nochmals die Auseinandersetzung im jüngeren Schrifttum oben: 3. Teil C) I) 3) b) und dort auch die Fn. 1243 bis 1246 m. w. N.

1399 Siehe dazu nochmals die ausführliche Begründung oben: 2. Teil B II) 1) c).

1400 Siehe bereits die obigen Erkenntnisse unter: 3. Teil C) I) 3) c).

1401 Vgl. z. B. die Unterstellung von: Fischer, in: Jahrb. f. Nationalök. u. Stat. Bd. 166 (1954), S. 206, (230, Fn. 95), der Isay hinsichtlich seiner Haltung gegenüber den Kartellen in den 20er Jahren an den Kopf warf: „Wenngleich zwischenzeitlich ihm die Periode der nationalsozialistischen Zentralverwaltungswirtschaft, welche die Kartelle als Instrumente einer staatlich gelenkten Wirtschaft zu einer vorher ungeahnten Blütezeit brachte, durchaus recht zu geben schien".

Gleichwohl wurde die Kritik an Isays Gegenentwürfen der 50er Jahre damit weder seinen Grundüberzeugungen noch seiner Persönlichkeit gerecht. Sie erklärt sich allein vor dem Hintergrund der Wandlungen des Zeitgeistes innerhalb der deutschen Gesellschaft, mit dem Isay nach seiner Rückkehr aus dem Exil nicht mehr so verhaftet war wie in der Zeit der Weimarer Republik.

4) Die Kluft zwischen den Grundüberzeugungen Isays und der Stimmung in der Bevölkerung in den 50er Jahren

Isay hatte insofern in der wissenschaftlichen Auseinandersetzung der 50er Jahre einen schweren Stand, als sämtliche seiner Überzeugungen den Widerspruch des Schrifttums hervorriefen, was in erster Linie dem Umstand geschuldet war, dass seine persönlichen Grundsätze nicht die allgemeine Stimmung in der Bevölkerung widerspiegelten:

a) Im Hinblick auf seine rechtsphilosophischen und rechtsethischen Überzeugungen hob sich Isay vor allem durch seinen Idealismus[1402] und seine hohen ethischen Maßstäbe[1403] vom Rest der Bevölkerung ab. Bestätigt wird diese Erkenntnis von Arthur Kaufmann, der noch in den 60er Jahren beobachtete, dass es im Nachkriegsdeutschland keine Rechtsphilosophie, keine Ideologien und keinen Grundkonsens über Werte gebe, sondern die Bevölkerung durch Verunsicherung und die Nichtexistenz von Standpunkten gekennzeichnet sei.[1404]

b) Isays ökonomische Grundüberzeugungen wurden von der Mehrheit des Schrifttums ebenfalls – im Ergebnis allerdings aus gutem Grunde – nicht geteilt.[1405] Über die Art und Weise der Kartelldebatte muss an dieser Stelle kein Wort mehr verloren werden. Entscheidend ist vielmehr, dass Isays altliberales, primär auf wirtschaftliche Selbstregulierung setzendes Missbrauchskonzept[1406] dem ordoliberalen Kartellverbotsprinzip des Regierungsentwurfs und des später verabschiedeten GWB unter dem letztlich maßgeblichen Gesichtpunkt, einen effektiven Schutz der Wettbewerbsfreiheit zu gewährleisten, unterlegen war.[1407]

1402 Siehe dazu nochmals oben: 1. Teil B) I) 2) b).

1403 Siehe dazu bereits die Ausführungen oben: 1. Teil B) II) 1) - 4).

1404 Vgl. dazu die Analyse von: A. Kaufmann, JZ 1963, S. 137, (140f.).

1405 Siehe bereits die ablehnenden Stellungnahmen des Schrifttums zu Isays Kritik am Regierungsentwurf des Gesetzes gegen Wettbewerbsbeschränkungen oben: 3. Teil C) II)1).

1406 Siehe zu Isays kartellrechtlichem Reformkonzept der „Mittel der leichten Hand" die obigen Ausführungen unter: 1. Teil B) III) 3) c).

1407 Siehe nochmals die Vorbehalte des herrschenden Schrifttums und die kritische Würdigung von Isays Gegenkonzept oben: 3. Teil C) II) 2) u. 3) und: 3. Teil C) III).

Nicht unbedingt aus historischen, wohl aber aus ökonomischen Erwägungen hätte Isay in den 50er Jahren gut daran getan, seine wohlwollende Kartellhaltung aufzugeben oder zumindest zu revidieren. Die an Isay gerichteten Vorwürfe, mit seiner Haltung zum Kartellwesen auf dem Entwicklungsstand der Weimarer Republik stehen geblieben zu sein, sind – sieht man einmal von der überflüssigen und in hohem Maße unsachlichen Polemik seiner Kritiker ab[1408] – inhaltlich durchaus stichhaltig gewesen.

c) Ähnlich verhält es sich mit Isays sozialen Grundüberzeugungen. Seine Vorstellung, durch die Zulassung von Preiskartellen in Krisenzeiten zum Zwecke der Arbeitsplatzsicherung in kapitalintensiv geführten Industriezweigen das „soziale" Element der Marktwirtschaft zu verwirklichen und dafür die Abwälzung des Preisrisikos auf die Verbraucher in Kauf zu nehmen[1409], erwies sich als höchst problematisch und keineswegs zwingend.

Im Ergebnis sind ihm die Wissenschaft und später auch der Gesetzgeber – die ursprünglich noch im Regierungsentwurf (1952) vorgesehene Ausnahmeregelung vom Kartellverbot für Krisenkartelle wurde im verabschiedeten GWB (1957) gestrichen – daher zu Recht nicht gefolgt.[1410]

d) Schließlich stießen Isays freirechtlich geprägte methodische Grundüberzeugungen, die ihn in den 50er Jahren zur Abfassung seiner kartellrechtlichen und bergrechtlichen Gesetzentwürfe motivierten, im Schrifttum ebenfalls auf Skepsis.

Dieser Befund spiegelte sich besonders deutlich in Brockhoffs Analyse von Isays Entwurf eines Bundesberggesetzes aus dem Jahre 1954 wieder, der „eine gewisse Verlegenheit gegenüber den ungewöhnlichen und radikalen Reformvorschlägen" im Schrifttum beobachtete.[1411]

Aller Voraussicht nach waren auch diese Vorbehalte gegenüber Isays Reformeifer Resultat der historischen Entwicklung im „Dritten Reich" und entsprachen der von großer Verunsicherung geprägten Stimmung der 50er Jahre. Dabei

---

1408 Siehe z. B.: Fischer, in: Jahrb. f. Nationalök. u. Stat. Bd. 166 (1954), S. 206, (231), der Isay mit Blick auf den Umstand, dass er in den 50er Jahren an seine kartellpolitischen Positionen der 20er Jahre anknüpfte, den Status eines „echten Wissenschaftlers" im Vergleich zu Nipperdey absprach. Ähnlich kritisch: Fred. Hausmann, BB 1954, S. 353, der Isays Gegenentwurf mit der Begründung ablehnt: „Er ist, wenn auch in geschickt verklausulierter Form, im Grunde ein Loblied auf die altbekannte Kartellvorliebe der zwanziger und dreißiger Jahre, sieht nicht die Schattenseiten dieser Entwicklung und mag daher von vielen als ein Extrem nach der entgegen gesetzten Seite empfunden werden".

1409 Siehe zu Isays dahingehender Überzeugung bereits oben: 1. Teil B) III) 3) b).

1410 Siehe zur berechtigten Kritik an Isays Überzeugung nochmals oben: 3. Teil C) II) 2).

1411 Vgl. nochmals Brockhoffs Einschätzung in Fn. 1374.

ist folgendes zu bedenken: Polarisierten die Lehren der Freirechtsschule ohnehin das Schrifttum seit ihrer Gründung zu Beginn des 20. Jahrhunderts[1412], so hatte dies in besonderem Maße für die Nachkriegszeit zu gelten, wie die wissenschaftliche Kontroverse über teilweise angenommene Zusammenhänge zwischen den Lehren der Freirechtsschule und der nationalsozialistischen Rechtsmethodik belegte[1413].

Insbesondere angesichts der umfassenden Gesetzesreformen zum Zwecke der Durchsetzung der nationalsozialistischen Ideologie in sämtlichen Lebensbereichen zwischen 1933 bis 1945 setzte in der Nachkriegszeit eine Gegenbewegung ein, die vor allem von Reformfeindlichkeit in der Bevölkerung und Methodenunsicherheit in der Wissenschaft beherrscht war.

Aufgrund dieser Umstände reagierte das Schrifttum der 50er Jahre, um nochmals mit Brockhoff zu sprechen, mit „Verlegenheit" auf seinen Entwurf eines Bundesberggesetzes und häufig mit Ignoranz auf seine Kartellgesetzentwürfe.

Zu Isays Leidwesen war ein großer Teil des Schrifttums nicht dazu bereit oder in der Lage, seine Reformvorschläge so aufzunehmen, wie sie von ihrem Verfasser gemeint waren, nämlich als Plattform für einen konstruktiven Meinungsaustausch und als Beiträge eines Remigranten, der nach Kräften beim rechtswissenschaftlichen Wiederaufbau Deutschlands mithelfen wollte.

E) Die visionäre Kraft von Rudolf Isays Gesamtwerk

Zur Abrundung der Wirkungsgeschichte des Gesamtwerks Isays ist der visionäre Aspekt seines Denkens, der am Phänomen der verzögerten Wirkung seiner Abhandlungen deutlich abzulesen ist, näher zu beleuchten.

In diesem Zusammenhang war der Umstand bedeutsam, dass die massive Kritik des Schrifttums, insbesondere an Isays Spätwerk, ihre Wirkung nicht verfehlte. Denn sie gab nicht nur den Ausschlag dafür, dass sich Isays Reformvorschläge im Kartellrecht und im Bergrecht in den 50er Jahren nicht durchsetzen konnten, sondern bewirkte darüber hinaus, dass sein Name gerade da, wo sein Einfluss auf die Rechtsentwicklung noch bis heute zu erkennen ist, keine Erwähnung mehr findet und in Vergessenheit geraten ist.

Dieses für Isays Werk typische Phänomen lässt sich anschaulich anhand seiner einflussreichsten Abhandlungen demonstrieren.

1412 Siehe dazu bereits die Erkenntnisse oben: 2. Teil A) II).
1413 Zu dieser Kontroverse im jüngeren Schrifttum oben: 2. Teil B) II) 1) b) u. c).

Zu erwähnen sind nochmals seine Modifikationsvorschläge für die Anwendung der §§ 459ff. BGB a. F. auf den Unternehmenskauf[1414], die dogmatische Herleitung des ungeschriebenen Instituts der „mittelbaren Patentverletzung“[1415] aus der Systematik des § 4 PatG (=Patentgesetz, Fassung v. 7. 4. 1891), seine Vorschläge für eine Vorverlagerung des präventiven Schutzes des Grundeigentümers vor zukünftigen Bergschäden in das Betriebsplanverfahren gem. § 135 Abs. 2 seines Entwurfs eines Bundesberggesetzes[1416], seine wiederholt in der Debatte um das zukünftige Kartellgesetz geäußerte Kritik angesichts der von ihm prognostizierten nachteiligen Folgen der geplanten Verbotgesetzgebung (Behördenüberlastung, keine Kapazitäten für schwere Kartellverstöße, Entstehung von Untergrund-Kartellen usw.)[1417] sowie sein unermüdliches Plädoyer für eine weitestgehende wirtschaftliche Selbstregulierung anstelle der Statuierung eines Kartellverbotes.[1418]

Sämtliche dieser Rechtsschöpfungsvorschläge setzten sich erst mit jahrzehntelanger Verzögerung durch und wirken bis heute fort:

Im Zuge der Schuldrechtsreform (2002) wurde die von Isay bereits im Jahre 1910 als zu kurz empfundene Verjährungsfrist für Unternehmenskäufe, die nach altem Recht ein halbes Jahr betrug, auf zwei Jahre verlängert und ein von ihm ebenfalls gefordertes Nachbesserungsrecht des Verkäufers gesetzlich verankert.[1419]

Das Institut der „mittelbaren Patentverletzung“, das Isay im Jahre 1910 in einem „Pionieraufsatz“[1420] entwickelte, wurde im Jahre 1981 vom Gesetzgeber in § 10 Abs. 1 PatG ausdrücklich geregelt.

Ebenso wie Isay in seinem Entwurf eines Bundesberggesetzes (1954) erkannte das Bundesverwaltungsgericht in der Moers-Kappellen-Entscheidung im

---

1414 Grundlegend: R. Isay, Das Recht am Unternehmen, S. 153ff. Siehe zu seinen konkreten Vorschlägen zudem bereits oben: 3. Teil A) IV).

1415 Grundlegend: R. Isay, MuW 1910, S. 79ff. Siehe dazu auch nochmals die Ausführungen oben: 3.Teil B) III).

1416 Vgl. dazu: R. Isay, Entwurf eines Bundesberggesetzes, Erläuterung zu den §§ 47-64, S. 99ff. Siehe dazu insbesondere nochmals die Ausführungen in Fn. 320.

1417 Siehe zu Isays dahin gehender Kritik am Regierungsentwurf eines Gesetzes gegen Wettbewerbsbeschränkungen nochmals ausführlich oben: 1. Teil B) III) 3) a) und Fn. 466ff.

1418 Siehe zu Isays unermüdlichem Streben nach wirtschaftlicher Selbstregulierung in der Debatte um das GWB bereits oben: 1. Teil B) III) 4) und die Nachweise in Fn. 535 m. w. N.

1419 Siehe zu den konkreten Übereinstimmungen zwischen Isays Vorschlägen und der aktuellen Gesetzeslage nach der Schuldrechtsreform (2002) bereits oben: 3. Teil A) IV).

1420 So ausdrücklich: Walz, GRUR 1973, S. 283, der die Abhandlung jedoch irrtümlich Rudolf Isays Bruder Hermann zuschreibt.

Jahre 1989 ein Bedürfnis des Grundeigentümers auf effektiveren Präventivschutz vor Bergschäden im Betriebsplanverfahren explizit an.[1421]

Schließlich bestätigte die EU-Kommission im Zuge der Reform des Kartellverfahrensrechts, die am 1.5.2004 in Kraft trat, genau diejenigen Prognosen, die Isay bereits in den 50er Jahren als negative Konsequenzen bei der Durchsetzung des Kartellverbots voraussagte, und trug zudem Isays Streben nach Selbstregulierung der Wirtschaft insoweit Rechnung, als sie das Verbotsprinzip von einer ex ante-Kontrolle in eine ex post-Kontrolle bei vorrangiger Selbstveranlagung der Unternehmen abänderte.[1422]

Wenngleich somit alle vorgenannten Vorschläge de lege ferenda von der Rechtsentwicklung bestätigt wurden, muss doch konstatiert werden, dass Isays Urheberschaft lediglich mit Blick auf seinen patentrechtlichen „Pionieraufsatz“ noch jüngst Erwähnung fand.[1423] Dass auch die anderen Rechtsschöpfungsvorschläge Isays ihrer Zeit um Jahrzehnte voraus waren, wurde vom Schrifttum ebenso wenig zur Kenntnis genommen wie von der Rechtsprechung.

Aber auch wenn Isays Gesamtwerk heute weitestgehend in Vergessenheit geraten ist, so hatte die Kritik, die seine Rechtsschöpfungsvorschläge nach der Veröffentlichung zumeist hervorriefen, in der Gesamtbetrachtung auch einen positiven Effekt.

Denn aufgrund der Tatsache, dass Isays Abhandlungen zunächst auf die Ablehnung seiner Zeitgenossen stießen und sich seine Überlegungen daher erst nach Jahrzehnten durchsetzen konnten, tritt ihre visionäre Kraft heute umso eindrucksvoller in Erscheinung.

Was letztlich allein zählt, ist, dass die Rechtsentwicklung Isays Vorschlägen de lege ferenda in den zentralen Gesichtpunkten gefolgt ist und sein „unermüdlichen Einsatz für das richtige Recht“[1424] von Erfolg gekrönt war.

Allein darauf wäre es Isay in seiner sachlichen und bescheidenen Art angekommen, nicht hingegen auf die Erwähnung seines Namens durch Rechtsprechung und Schrifttum.

1421 Vgl. dazu: BVerwG, JZ 1990, 133, (136ff.).

1422 Siehe zu den deutlichen Parallelen zwischen Isays Kartellkonzept der 50er Jahre und den Beweggründen der EU-Kommission für die Reform des Kartellverfahrensrechts nochmals die Ausführungen oben: 3. Teil C) II) 3).

1423 Die Aufnahme von Isays Konstruktion der „mittelbaren Patentverletzung“ durch die Rechtsprechung des Reichsgerichts wird ausführlich nachgezeichnet von: Teschner, Die mittelbare Patentverletzung, S. 62ff. Isay wurde zudem als Schöpfer des Instituts der „mittelbaren Patentverletzung“ von folgenden Autoren noch jüngst namentlich erwähnt: Meier-Beck, GRUR 1993, S.1 sowie von: Keukenschrijver, in: Busse, Patentgesetz-Kommentar, §10 GPatG, Rn. 4, S. 231.

1424 So ausdrücklich: Möhring, NJW 1956, S. 213.

Infolgedessen erweist sich Isays Nachkriegsbiographie letztlich als nicht frei von Tragik: Nachdem er als Verfolgter des NS-Regimes Deutschland verlassen musste, kehrte er als einer der wenigen Emigranten – frei von Ressentiments – in die Bundesrepublik zurück, um den einst eingeschlagenen Weg fortzusetzen. In der früheren Heimat waren es dann gerade sein unerschütterlicher Idealismus und seine Gradlinigkeit, die ihm die Anerkennung durch die Nachkriegsgesellschaft, in der er nie wirklich ankam, versagten.

5. Teil: Bibliographie sämtlicher Werke Rudolf Isays

A) Kommentare, Monographien, Gutachten und Vorträge

1. Der Schadensersatzanspruch des Besitzers und des Eigentümers bei Beschädigung der Sache, Bonner Dissertation 1908.

2. Das Recht am Unternehmen, Berlin 1910.

3. Allgemeines Berggesetz für die Preußischen Staaten unter besonderer Berücksichtigung des Gewerkschaftsrechts systematisch erläutert, 1. Aufl., 1. Halbband 1919 und 2. Halbband 1920, Mannheim, Berlin, Leipzig (gemeinsam mit seinem Bruder Hermann Isay verfasst); 2. Aufl., 1. Halbband 1933, Mannheim, Berlin, Leipzig (von R. Isay allein vollständig neu überarbeitet).

4. Kommentar zum Kohlenwirtschaftsgesetz, Mannheim, Berlin, Leipzig 1920.

5. Das neue Steuerrecht der Berggewerkschaften und Bohrgesellschaften, Berlin 1920.

6. Studien im privaten und öffentlichen Kartellrecht, Mannheim, Berlin, Leipzig 1922.

7. Kartellverordnung (Verordnung gegen den Missbrauch wirtschaftlicher Machtstellungen), Kommentar mit einer volkswirtschaftlichen Einleitung von Siegfried Tschierschky, 1. Aufl., Mannheim, Berlin, Leipzig 1925; 2., unveränderte Aufl., 1930.

8. Kartell- und Konzernrecht des Auslandes, Hrsg. Rudolf Isay, Berlin 1927-1929.

Bd. 1: Leon Mazeaud, Die rechtliche Behandlung der Unternehmenszusammenfassungen in Frankreich, 1927 (Übersetzung ins Deutsche von R. Isay).

Bd. 2: Fritz E. Koch, Grundzüge des englischen Kartellrechts, 1927.

Bd. 3: Ladislaus Nadas, Das ungarische Kartell- und Konzernrecht, 1928.

Bd. 4: Valerio de Santis, Das Recht der Kartelle und anderer Unternehmenszusammenfassungen in Italien, 1928.

Bd. 5: Erwin Hexner, Grundlagen des tschechoslowakischen Kartellrechts, 1929.

9. Das vergleichende Bergrecht der wichtigsten Kulturstaaten in rechtsvergleichender Darstellung, Berlin 1929. Übersetzung ins Französische von Ballot

(„Le droit minier des principaux etats civilises"), Hrsg. Lambert, Bibliotheque de l'Institute de Droit Compare de Lyon, Bd. 27, Paris 1930.

10. Deutsches Kohlenwirtschaftsrecht im Rahmen des Schumanplans, München 1952.

11. Vereinheitlichung des deutschen Bergrechts, München 1952.

12. Der Geist des heutigen deutschen Bergrechts, München 1953.

13. Entwurf eines Gesetzes zur Verhütung des Missbrauchs wirtschaftlicher Machtstellungen, Köln 1954.

14. Entwurf eines Bundesberggesetzes, München 1954.

15. Gutachten zum Regierungsentwurf eines Gesetzes gegen Wettbewerbsbeschränkungen vom 11. Dez. 1953. Veröffentlicht vom Ausschuss für Wettbewerbsordnung im Bundesverband der Deutschen Industrie in Köln, Bergisch Gladbach 1954.

16. Die Geschichte der Kartellgesetzgebungen, Berlin 1955.

17. Wirtschafts- und rechtspolitische Begründung und Erläuterung der einzelnen Bestimmungen des Höcherl-Entwurfs eines Gesetzes gegen Wettbewerbsbeschränkungen. Veröffentlicht vom Verein der bayerischen metallverarbeitenden Industrie e. V. (VBMI), Nürnberg 1955.

18. Aus meinem Leben, Weinheim / Bergstrasse 1960.

19. Aus meinem Leben, Sonderausgabe des Familienverbandes Trimborn Köln, Augsburg 1997 (= um einen Anhang erweiterter Nachdruck der Ausgabe von 1960).

B) Aufsätze in Zeitschriften, Beiträge zu Sammelwerken und Abhandlungen in Festschriften

1. Der Rechtsschutz des Lizenzträgers, GRUR 1909, S. 58ff.

2. Patentumfang und Analogieverfahren, MuW 1909, S. 183.

3. Mittelbare Erfindungsbenutzung, MuW 1910, S. 79ff.

4. Verkauf und Verpfändung von Handelsgeschäften nach dem französischen Gesetz v. 17. März 1909, LZ 1911, Sp. 287ff.

5. Immaterialgüterrechte in der kaufmännischen Bilanz, Mitt. v. Verb. d. Patentanw. 1912, S. 55ff.

6. Internationaler Geschmacksmusterschutz. Schutz des Kunstgewerbes, in: Jahrbuch der internationalen Vereinigung für gewerblichen Rechtsschutz 1912.

7. Der Schutz der eigenen Idee, Zeitschrift für Handelswissenschaft und Handelspraxis 1914, Beiblatt, S. 26ff.

8. Der Kauf Gothaischer Gewerkschaften und die Rechtssprechung, Recht und Wirtschaft 1917, S. 218ff.

9. Das Gesetz über die Gewerkschaftsfähigkeit von Kalibergwerken in Hannover, ZfB Bd. 59 (1918), S. 172ff.

10. Die Sozialisierung des Kohlenbergbaus, Recht und Wirtschaft 1919, S. 161ff. (Teil I) und S. 180ff. (Teil II).

11. Das Bergrecht des Saarreviers nach dem Friedensvertrage, Rh. Archiv 1920, S. 244ff.

12. Die neue Satzung des Rheinisch Westfälischen Kohlensyndikats, KR 1920, S. 48ff.

13. Preiswucher und Kartelle, KR 1920, S. 97ff.

14. Verzicht auf sämtliche Kuxe einer Gewerkschaft alten Rechts, ZfB Bd. 62 (1921), S. 120ff.

15. Verleitung zum Bruch der Kartellverpflichtungen, KR 1921, S. 243ff.

16. Kartellprobleme, Recht und Wirtschaft 1921, S. 128ff.

17. Erschleichung der Patentverlängerung, GRUR 1921, S. 149f.

18. Wirtschaftliche Bedeutung und Auslegung der Preistreiberei-Verordnung, Recht und Wirtschaft 1922, Sp. 205ff.

19. Ausübungszwang und Zwangslizenz, GRUR 1922, S. 80ff.

20. Bedingter Beitritt zu Kartellvereinbarungen, KR 1922, S. 384ff.

21. Die Bewertung immaterieller Werte. In: Steuerliche Bewertung des Vermögens, Hrsg. Haussmann / Höpker / Rosendorff, 1922.

22. Die Bewertung von Bergwerken und Bergwerksgerechtsamen. In: Steuerliche Bewertung des Vermögens, Hrsg. Haussmann / Höpker / Rosendorff, 1922.

23. Die Preisfestsetzungen der Verbände und Kartelle, Zeitschrift für Aktienwesen 1922, S. 273ff.

24. Frist zur Einreichung des Situationsrisses für Zwischenfelder, Glückauf 1922, S. 1241ff.

25. Wiederbeschaffungspreis oder Indexpreise?, KR 1922, S. 680ff.

26. Abwicklung von Lieferverträgen, die zu Festpreisen abgeschlossen sind. (Vortrag, gehalten in der Kartellstelle des Reichsverbandes der Deutschen Industrie am 20. Okt. 1922) KR 1922, S. 683ff.

27. Die Pflicht zur Verfilmung von Filmmanuskripten, GRUR 1923, S. 10ff.

28. Ausübungszwang im Patentrecht, Maschinenbau 1923, S. 60ff.

29. Marke und Arzneibezeichnung, GRUR 1923, S. 177ff.

30. Wertbeständige Anwaltsgebühren, Vossische Zeitung, Rubrik: Recht und Leben, v. 5. Oktober 1923, Nr. 471, Morgenausgabe.

31. Gutachten zu § 8 (fristlose Kündigung) der Verordnung gegen Missbrauch wirtschaftlicher Machtstellungen vom 2. November 1923, KR 1924, S. 1ff.

32. Aus der Kartellrechtspraxis. Gutachten zu § 1 (und 21) der V.-O., KR 1924, S. 78ff.

33. Kartellgericht und ordentliche Gerichte, KR 1925, S. 69ff.

34. Anwendung der Kartellverordnung auf internationale Kartelle. (Vortrag gehalten vor dem großen Ausschuss der Kartellstelle des Reichsverbandes der Deutschen Industrie am 21. April 1925) KR 1925, S. 117ff.

35. Nochmals Kartellgericht und ordentliche Gerichte, KR 1925, S. 189ff.

36. Streitfragen aus 8 § KVO, KR 1925, S. 205f.

37. Sachlicher Umfang des Prioritätsrechts aus Art. IV der Pariser Union, GRUR 1926, S. 14.

38. Verkaufsvereine von Syndikatsmitgliedern, (Abdruck aus der Festgabe der Rechtsanwaltschaft des Kammergerichts für Max Fuchs), KR 1926, S. 6ff.

39. Verselbstständigung des Betriebs, JW 1926, S. 535.

40. Zur Systematik des Kartellrechts, Gruchot Bd. 68 (1927), S. 10ff.

41. Preisbindung bei Markenartikeln, KR 1927, S. 98ff. Ebenfalls veröffentlicht, in: GRUR 1927, S. 166ff.

42. Art. 4, 5, 11 (Pariser Konvention). (Prioritätsrecht, Ausführungszwang, Ausstellungen), GRUR 1927, S. 330ff.

43. Gültigkeit und fristlose Kündigung eines gemeinwirtschaftlichen Kohlensyndikats, KR 1927, S. 477ff.

44. Artikel „Bergrecht". In: Rechtsvergleichendes Handwörterbuch, II., Hrsg. von v. Schlegelberger, Berlin 1927/29.

45. Gesetz betreffend Abreden auf Versteigerungen vom 29. Juli 1927. Auctions (Bidding Agreements) Act, 1927. Übersetzung ins Deutsche von R. Isay, KR 1928, S. 559f.

46. Empfiehlt sich eine Änderung und Vereinheitlichung der deutschen und österreichischen Kartellgesetzgebung? In: Verhandlungen des 35. DJT, Salzburg 1928, Bd. 2, Berlin und Leipzig 1929, S. 74ff.

47. Kohlenabbaugerechtigkeit und Auflassung, JW 1929, S. 719.

48. Verbot von Revierprämien durch Bergpolizeiverordnung, Glückauf 1929, S. 681ff.

49. Der tschechoslowakische Kartellgesetzentwurf von 1929, Prager Juristische Zeitschrift 1929, S. 496ff.

50. Kontrahierungszwang für Monopole?, KR 1929, S. 373ff.

51. Der Vernichtungszweck im Wettbewerbsrecht. (Rechtsgutachten im Auftrag der Shell AG) GRUR 1929, S. 1368ff.

52. Kartellgesetzgebungen der verschiedenen Länder, Rabels Zeitschrift für Ausländisches und Internationales Privatrecht 1930, S. 1ff.

53. Die beiden Kartellnotverordnungen des Reichspräsidenten (vom 26. Juli und 1. Dez. 1930) und das Kartellrecht, JW 1930, S. 3840ff.

54. Das Recht zum Abbau alter Halden, Glückauf 1931, S. 136f.

55. Bericht über den Entwurf eines Saat und Pflanzengutgesetzes, GRUR 1931, S. 905ff.

56. Die Bestimmungen über gebundene Preise in der Notverordnung vom 8. Dez. 1931. In: Schriften der Kartellstelle des RDI Nr. 8.

57. Gebundene Preise, JW 1932, S. 304f.

58. Zum Patenterteilungsverfahren, DJZ 1932, Sp. 140ff.

59. Typische Fehler in Examensarbeiten, DJZ 1932, Sp. 885f.

60. Patentrecht und Kartellrecht. In: Beiträge zum Recht am gewerblichen und geistigen Eigentum des In- und Auslandes. Festschrift für Hermann Isay, Hrsg. Max Mintz, Berlin 1933, S. 104ff.

61. Kann eine Gewerkschaft eine Kapitalerhöhung vornehmen?, ZfB Bd. 74 (1933), S. 139ff.

62. Artikel „Mining Law“. In: Enzyclopaedia of the Social Sciences, Hrsg. MacMillian, New York 1933.

63. Das neue Kaliwirtschaftsgesetz, KR 1934, S. 1ff.

64. Das tschechoslowakische Kartellgesetz vom Standpunkt des Deutschen Kartellrechts betrachtet, Revue für Kartell- und Gesellschaftsrecht in der tschechoslowakischen Republik 1934, S. 21ff.

65. Die materiellrechtlichen Vorschriften des tschechoslowakischen Kartellgesetzes und die deutsche Kartellverordnung, KR 1934, S. 137ff. (Gekürzter Abdruck von Nr. 64)

66. Zur Geschichte der Kartellbewegung und Kartellgesetzgebung, Kartellpraxis Prag 1938, Nr. 2, 3.

67. O tratamento do cafe geado, Boletim Agricola, Curitiba 1943, S. 7.

68. Der deutsche Kartellgesetzentwurf. Eine kritische Stellungnahme, WuW 1952, S. 321ff.

69. Die verfehlte Konzeption des deutschen Kartellgesetzentwurfs, WuW 1952, S. 694ff.

70. Brasilianisches Bergrecht, ZfB Bd. 94 (1953), S. 97ff.

71. Der Entwurf eines Gesetzes gegen Wettbewerbsbeschränkungen und die Lizenzverträge, GRUR 1953, S.146ff.

72. Montanunion und Exportkartelle (Rechtsgutachten im Auftrag der Wirtschaftsvereinigung Eisen- und Stahlindustrie), WuW 1953, S. 577ff.

73. Artikel „Bergrecht", Handwörterbuch der Sozialwissenschaften, Hrsg. Erwin v. Beckerath / Carl Brinkmann / Erich Gutenberg pp., 1. Band, Stuttgart, Tübingen, Göttingen 1954, S. 777ff.

74. Gegenentwurf zum Regierungsentwurf eines Gesetzes gegen Wettbewerbsbeschränkungen, WuW 1954, S. 100ff.

75. Soziale Marktwirtschaft und Kartellgesetzgebung, WUW 1954, S. 557ff.

76. Zur Kartellgesetzgebung. Eine Erwiderung, Jahrbücher für Nationalökonomie und Statistik Bd. 166 (1954), S. 419ff.

77. Bergbau und öffentliche Verkehrsanstalten (Rechtsgutachten im Auftrag des Unternehmensverbandes Ruhrbergbau), Glückauf 1954, S. 1519ff.

78. Der Entwurf des Gesetzes gegen Wettbewerbsbeschränkungen, NJW 1955, S. 361ff.

79. Wirtschaftliche und rechtliche Konsequenzen des Böhm-Entwurfs, WuW 1955, S. 339ff.

80. Die Entstehung der Gewerkschaft nach dem nordrhein-westfälischen Gesetz vom 25. Mai 1954, Glückauf 1955, S. 1353ff.

81. Ein „dritter Weg" in der Kartellpolitik, Handelsblatt Nr. 4 vom 9. Januar 1956.

82. Die juristische Technik der Wirtschaftslenkung. In: Festschrift zum 70. Geburtstag von Walter Schmidt-Rimpler, Hrsg. von der Rechts- und Staatswissenschaftlichen Fakultät der Rheinischen Friedrich-Wilhelms-Universität Bonn, Karlsruhe 1957, S. 403ff.

83. Ein „dritter Weg" in der Kartellpolitik. In: Kartelle in der Wirklichkeit, Festschrift für Max Metzner zu seinem 75. Geburtstag, Hrsg. Ludwig Kastl, Köln, Berlin, Bonn 1963, S. 35ff. (Separater Abdruck von Nr. 81)

C) Rezensionen Isays von Werken anderer Autoren

1. Rezension von: Wilhelm Schlüter, Allgemeines Berggesetz für die Preußischen Staaten in seiner jetzigen Fassung, Dortmund 1924, JW 1924, S. 1118f.

2. Rezension von: Adolf Arndt unter Mitwirkung von E. M. Arndt, Allgemeines Berggesetz für die Preußischen Staaten in seiner jetzigen Fassung, 9., stark verb. Aufl., Freiburg i. Br., Bielefeld 1924, DJZ 1925, Sp. 832.

3. Rezension von: Hans Klinger, Die Zuständigkeit des Reichswirtschaftsgerichts und des Kartellgerichts, 3., völlig umgearb. Aufl., Berlin 1924, DJZ 1925, Sp. 1132f.

4. Rezension von: Gerard C. Henderson, Federal Trade Commission, New Haven-Yale University Press 1924, KR 1926, S. 179ff.

5. Rezension von: Eugen Rosenstock, Vom Industrierechte. Rechtssystematische Fragen, Breslauer Festgabe für Xaver Gretener, Berlin 1926, JW 1927, S. 633.

6. Rezension von: Oswald Lehnich, Kartelle und Staat unter Berücksichtigung der Gesetzgebung des In- und Auslandes, Berlin 1928, JW 1928, S. 612f.

7. Rezension von: Normandin, Statut juridique des associations internationales, Z. f. ausl. u. int. Privatrecht 1928, S. 778.

8. Rezension von: Felix Wolf / Karl August Crisolli, Das Recht der Reklame, Berlin und Leipzig 1923, GRUR 1929, S. 1227f.

9. Rezension von: Favre-Gilly, La politique des prix-fixes; le controle du producteur sur le prix de revente des ses produits. Bd. 12 der Bibliotheque de l' Institut de droit compare de Lyon 1925, KR 1929, S. 174f.

10. Rezensionen von kartellrechtlichen Doktordissertationen: Steffani, Die zivilrechtliche Stellung der Verkaufsstellen bei Kartellen, Berliner Dissertation 1927; Grass, Kartellgerichtsbarkeit, Münchner Dissertation 1927; Zain, Die Verpflichtung für Vollmachtserteilung und Organbestellung, Kölner Dissertation 1927; Kahlmeyer, Die Rechtswirksamkeit der Lieferbedingungen in der deutschen eisenverarbeitenden Industrie, Göttinger Dissertation 1927, KR 1929, S. 175ff.

11. Rezension von: Wilhelm Ullner, Die Zulässigkeit der allgemeinen Enteignung neben der bergbaulichen Grundabtretung, Nordhausen 1927, JW 1930, S. 1178.

12. Rezension von: Kurt Looße, Vorgeschichte, Gestaltung und Auswirkung des Kohlenwirtschaftsgesetzes, Bonn 1930, JW 1930, S. 1369.

13. Rezension von: Eugen Langen, Der Quotenkauf, zugleich über die Rechtsnatur der Kartellquote, Berlin 1931, JW 1930, S. 3069.

14. Kartell-Literatur, ZHR 1931, S. 199ff.

15. Rezension von: Reinhold Wolf, Preissenkungsverordnung, Berlin 1932, JW 1932, S. 1641.

D) Anmerkungen zu Entscheidungen des Reichsgerichts, des Reichsfinanzhofes sowie verschiedener Oberlandesgerichte

1. JW 1917, S. 489f. (OLG Dresden, Urteil v. 28. Juni 1916)
2. JW 1918, S. 510 (OLG Braunschweig, Urt. v. 10. Mai 1918)
3. JW 1921, S. 112f. (OLG Stuttgart, Urteil v. 15. November 1920)
4. JW 1921, S. 1114f. (Reichsfinanzhof, Urteil v. 22. April 1921)
5. JW 1921, S. 1375ff. (Reichsfinanzhof, Urteil v. 10. Juni 1921)
6. JW 1922, S. 26ff. (Reichsgericht, Urteil v. 23. März 1921)

7. KR 1922, S. 513ff. (Reichsgericht, Urteil v. 6. April 1922)
8. JW 1925, S. 1619f. (Reichsfinanzhof, Urteil v. 22. Februar 1922)
9. JW 1925, S. 1891ff. (OLG Stettin, Urteil v. 16. Februar 1925)
10. KR 1925, S. 344ff. (Kartellgericht, Urteil v. 14. Mai 1925)
11. KR 1925, S. 348ff. (Kartellgericht, Urteil v. 15. Mai 1925)
12. KR 1926, S. 17ff. (Kartellgericht, Beschluss v. 7. Dez. 1925)
13. KR 1927, S. 109ff, (Kartellgericht, Beschluss v. 4. Nov. 1926)
14. JW 1926, S. 2935 (OLG Darmstadt, Urteil v. 4. März 1926)
15. JW 1927, S. 262ff. (Reichsgericht, Urteil v. 12. Mai 1926)
16. JW 1927, S. 2085f. (LG Arnsberg, Urteil v. 9. Nov. 1926)
17. JW 1927, S. 2212f. (Reichsgericht, Urteil v. 1. November 1926)
18. JW 1928, S. 1584 (Reichsgericht, Urteil v. 14. April 1928)
19. JW 1930, S. 1749ff. (OLG Hamm, Urteil v. 25. November 1929)
20. JW 1930, S. 2724f. (OLG Köln, Urteil v. 7. Oktober 1929)
21. JW 1931, S. 3138f. (OLG Düsseldorf, Urteil v. 11. Juli 1930)
22. JW 1931, S. 3143 (OLG Stuttgart, Urteil v. 24. Februar 1931)
23. JW 1932, S. 2422ff. (Reichsgericht, Urteil v. 27. Januar 1932)
24. JW 1932, S. 2446f. (Reichsgericht, Urteil v. 28. Januar 1932)
25. JW 1932, S. 3258ff. (Reichsgericht, Urteil v. 18. Juni 1932)

Literaturverzeichnis

Adomeit, Klaus, Rechts- und Staatsphilosophie, Bd. II: Rechtsdenker der Neuzeit, 2. Aufl., Heidelberg 2002.

–, Der Rechtspositivismus im Rechtsdenken von Hans Kelsen und Gustav Radbruch, JZ 2003, S. 161ff.

Andreae, Wilhelm, Die Kartelle und die Wirtschaftsordnung, Wirtschaftsdienst 1951, Nr. 12, S. 13ff.

–, Wettbewerb und Wirtschaftsordnung, WuW 1953, S. 396ff.

Arbeitsgemeinschaft der Verbraucherverbände, Stellungnahme der Arbeitsgemeinschaft der Verbraucherverbände zum Kartellgesetz, WuW 1955, S. 790ff.

Arnold, Klaus P., Das Recht am Unternehmen in der Rechtssprechung des Schweizerischen Bundesgerichts und des deutschen Bundesgerichtshofs, Zürich 1971.

Axter, Herbert, Mittelbare Patentverletzung, GRUR 1931, S. 653ff.

Ballerstedt, Kurt, Gedächtnisrede auf Rudolf Isay, Bonn 1957.

–, Rezension von: R. Isay, Aus meinem Leben, 1960, JZ 1962, S. 103.

–, Der gemeinsame Zweck des Rechts der Personengesellschaften, JuS 1963, S. 261ff.

–, Über Zivilrechtsdogmatik. In: Festschrift für Werner Flume zum 70. Geburtstag, 12. September 1978, Hrsg. Horst Heinrich Jakobs / Brigitte Knobbe-Keuk / Eduard Picker / Jan Wilhelm, Köln 1978, Bd. 1, S. 257ff.

Balz, Gerhard K., Rechte und Pflichten des Gesellschafters nach Austritt aus der GmbH, DB 1984, S. 1865ff.

Barnert, Thomas, Mängelhaftung beim Unternehmenskauf zwischen Sachgewährleistung und Verschulden bei Vertragsschluss im neuen Schuldrecht, WM 2003, S. 416ff.

Barnikel, Hans Heinrich, Kartelle in Deutschland. Entwicklung, theoretische Ansätze und rechtliche Regelungen. In: Theorie und Praxis der Kartelle, Hrsg. von Barnikel, Darmstadt 1972, S. 1ff.

Bartl, Harald, in: Heidelberger Kommentar zum GmbH-Recht, 5. Aufl., Heidelberg 2002.

Bartosch, Andreas, Von der Freistellung zur Legalausnahme – was geschieht mit der Rechtssicherheit?, WuW 2000, S. 462ff.

–, Von der Freistellung zur Legalausnahme: Der Vorschlag der EG-Kommission für eine „neue Verordnung Nr. 17", EuZW 2001, S. 101ff.

Baumbach, Adolf, Die Grenzen erlaubten Preiswettbewerbs, namentlich die Preisunterbietung, MuW 1930, S. 2ff.

Baumbach, Adolf / Hefermehl, Wolfgang, Wettbewerbsrecht, 22. Aufl., München 2001.

Baumgarten, Edwin, Die Freirechtsbewegung, DRiZ 1911, Sp. 543ff.

Baums, Theodor, Kartellrecht in Preußen. Von der Reformära zur Gründerkrise, Tübingen 1990 (Walter Eucken Institut, Vorträge und Aufsätze Heft 127).

–, Kartellverbot und gemeinsamer Zweck, JuS 1990, S. 608ff.

–, Rechtsnorm und richterliche Entscheidung im Wettbewerbsrecht – Der Beitrag Rudolf Callmanns zur deutschen und amerikanischen Rechtsentwicklung. In: Der Einfluss deutscher Emigranten auf die Rechtsentwicklung in den USA und in Deutschland, Hrsg. Marcus Lutter / Ernst C. Stiefel / Michael H. Hoeflich, Tübingen 1993, S. 63ff.

–, GWB-Novelle und Kartellverbot, ZIP 1998, S. 233ff.

–, Empfiehlt sich eine Neuregelung des aktienrechtlichen Anfechtungs- und Organhaftungsrechts, insbesondere der Klagemöglichkeiten der Aktionäre? In: Verhandlungen des 63. DJT in Leipzig, Bd. 1, Gutachten, F. 144ff., München 2000.

Baur, Jürgen F., Die Gewährleistungshaftung des Unternehmensverkäufers, BB 1979, S. 381ff.

Beater, Axel, Unlauterer Wettbewerb, München 2002.

Bechtold, Rainer, Das neue Kartellgesetz, NJW 1998, S. 2769ff.

–, Modernisierung des EG-Wettbewerbsrechts: Der Verordnungsentwurf der Kommission zur Umsetzung des Weißbuchs, BB 2000, 2425ff.

–, Maßstäbe der „Selbstveranlagung" nach Art. 81 Abs. 3 EG, WuW 2003, S. 343.

–, Grundlegende Umgestaltung des Kartellrechts: Zum Referentenentwurf der 7. GWB-Novelle, DB 2004, S. 235ff.

Behrends, Okko, Das Problem einer rein etatistischen Rechtsbegründung gestern und heute, NJW 1988, S. 2862ff.

–, Von der Freirechtsschule zum konkreten Ordnungs- und Gestaltungsdenken. In: Recht und Justiz im „Dritten Reich", Hrsg. Ralf Dreier / Wolfgang Sellert, Frankfurt / M. 1989, S. 34ff.

Beisel, Wilhelm / Klumpp, Hans-Hermann, Der Unternehmenskauf. Gesamtdarstellung der zivil- und steuerrechtlichen Vorgänge einschließlich gesellschafts-, arbeits- und kartellrechtlicher Fragen bei der Übertragung eines Unternehmens, 3. Aufl., München 1996.

Bender, Bernd, Zur Methode der Rechtsfindung bei der Auslegung und Fortbildung gesetzten Rechts, JZ 1957, S. 593ff.

Benisch, Werner, Ist das Kartellverbot grundgesetzwidrig? Eine systematische Gegenüberstellung der wissenschaftlichen Standpunkte, DB 1956, S. 37ff.

–, Kooperationserleichterungen und Wettbewerb. In: Handbuch des Wettbewerbs: Wettbewerbstheorie, Wettbewerbspolitik, Wettbewerbsrecht, Hrsg. Helmut Cox / Uwe Jens / Kurt Markert, München 1981, S. 399ff.

Bentham, Jeremy, An Introduction to the Principles of Morals and Legislation, 1789, Hrsg. von J. H. Burns und H. L. A. Hart, London 1970.

Berg, Fritz, Präsident Berg (BDI) antwortet Prof. Erhard. Die Auffassung der Industrie zur Kartellfrage, WuW 1952, S. 857ff.

Bergbohm, Karl, Jurisprudenz und Rechtsphilosophie. Kritische Abhandlungen, Bd. I, Leipzig 1892.

Beringe, Harald von, Störungsfaktor oder organische Wachstumsform? Ein Beitrag zur Kartelldiskussion, DB 1954, S. 428ff.

Biedenkopf, Kurt H., Die Verfassungsproblematik eines Kartellverbotes. Stellungnahme zu einem Gutachten von Professor Dr. E. R. Huber, BB 1956, S. 473ff.

Bien, Florian, Systemwechsel im Europäischen Kartellrecht – Zum Entwurf der EU-Kommission für eine Verordnung zur Durchführung der Art. 81 und 82 EG-Vertrag –, DB 2000, S. 2309ff.

Binding, Karl, Handbuch des Strafrechts, Leipzig 1885.

Bleckmann, Albert, Zu den Methoden der Gesetzesauslegung in der Rechtsprechung des BVerfG, JuS 2002, S. 942ff.

Blum, Arno, Grenzen der Preisunterbietung, MuW 1930, S. 512ff.

Böge, Ulf, Perspektiven des deutschen und europäischen Kartellrechts, GewArchiv 2000, S. 217ff.

–, Auslegungsgrundsätze des Bundeskartellamtes zu § 20 Abs. 4 GWB – Verkauf unter Einstandspreis, GewArchiv 2001, S. 49ff.

Böhm, Franz, Wettbewerb und Monopolkampf. Eine Untersuchung zur Frage des wirtschaftlichen Kampfrechts und zur Frage der rechtlichen Struktur der geltenden Wirtschaftsordnung, Berlin 1933.

–, Kartellauflösung und Konzernentflechtung. Spezialistenaufgabe oder Schicksalsfrage?, SJZ 1947, Sp. 495ff.

–, Das Reichsgericht und die Kartelle. Eine wirtschaftsverfassungsrechtliche Kritik an dem Urteil des RG vom 4. Febr. 1897, RGZ 38 / 155, ORDO Bd. 1 (1948), S. 197ff.

–, Die Idee des ORDO im Denken Walter Euckens, ORDO Bd. 3 (1950), S. XXXIIff.

–, Wirtschaftsordnung und Staatsverfassung. In: Recht und Staat in Geschichte und Gegenwart Heft 153/154, Tübingen 1950.
–, Der vollständige Wettbewerb und die Antimonopolgesetzgebung, WuW 1953, S. 178ff.
–, Kartelle und Krise. Beginn einer Auseinandersetzung mit dem Isay-Gutachten, WuW 1954, S. 367ff.
–, Verstößt ein gesetzliches Kartellverbot gegen das Grundgesetz?, WuW 1956, S. 173ff.
Bogdandy, Armin von / Frank Buchhold, Die Dezentralisierung der europäischen Wettbewerbskontrolle, Schritt 2, GRUR 2001, S. 798ff.
Boldt, Gerhard, Nachruf auf Rudolf Isay, NJW 1956, S. 781.
–, Nachruf auf Rudolf Isay, ZfB Bd. 98 (1957), S. 1f.
Braun, Johann, Kant und Hegel – Positionen des Vernunftrechts, JuS 1974, S. 552ff.
–, Recht und Moral im pluralistischen Staat, JuS 1994, 727ff.
Brautlecht, Hans-Wolfram, Definition, Anwendungsbereich und Wirkungen der Schriftform gemäß § 34 GWB, Frankfurt / M., Bern, New York 1985.
Brecher, Fritz, Das Unternehmen als Rechtsgegenstand. Rechtstheoretische Grundlegung, Bonn 1953.
Bremer, Klaus J., Die Kartellverordnung von 1923: Entstehung, Inhalt und praktische Anwendung. In: Kartelle und Kartellgesetzgebung in Praxis und Rechtssprechung vom 19. Jahrhundert bis zur Gegenwart, Hrsg. von H. Pohl, Stuttgart 1985, S. 111ff.
Brockhoff, Gustav, Der Entwurf eines Bundesberggesetzes von Prof. Rudolf Isay, ZfB Bd. 95 (1954), S. 221ff.
Bruchhausen, Karl, in: Benkard, Patentgesetz. Gebrauchsmusterschutz. Kommentar, 9. Aufl., München 1993.
Brunn, Johann Heinrich von, Untersuchung kartell-bildender Vorgänge, Wirtschaftsdienst 1951, Nr. 4, S. 29ff.
Buchmann, Peter, Wirtschaft und Recht im 3. Reich, JuS 1989, S. 13ff.
Buchner, Herbert, Die Bedeutung des Rechts am eingerichteten und ausgeübten Gewerbebetrieb für den deliktischen Unternehmensschutz, München 1971.
Bunte, Hermann-Josef, Die Aufhebung des Schriftformerfordernisses nach § 34 GWB, BB 1998, S. 1600ff.
Bydlinski, Franz, Rechtsgesinnung als Aufgabe. In: Festschrift für Karl Larenz zum 80.Geburtstag am 23. April 1983, Hrsg. Claus-Wilhelm Canaris / Uwe Diederichsen, München 1983, S. 1ff.
–, Hauptpositionen zum Richterrecht, JZ 1985, S. 149ff.
–, Unentbehrlichkeit und Grenzen methodischen Rechtsdenkens, AcP 188 (1988), S. 447ff.

–, Recht, Methode und Jurisprudenz, Frankfurt / M. 1988.
–, Juristische Methodenlehre und Rechtsbegriff, 2. Aufl., Wien, New York 1991.
–, Über die lex-lata Grenze der Rechtsfindung. In: Einheit und Folgerichtigkeit im Juristischen Denken. Symposium zu Ehren von Claus-Wilhelm Canaris, Hrsg. Ingo Koller u. a., München 1998, S. 27ff.
Callmann, Rudolf, Der unlautere Wettbewerb. Kommentar, 1. Aufl., Mannheim, Berlin, Leipzig 1929.
–, Kampfpreise, MuW 1929, S. 570ff.
–, Außenseiter und Kampfpreise, JW 1930, 1647ff.
–, Kartellrecht und Wettbewerbsrecht, MuW 1934, S. 93ff.
–, Das deutsche Kartellrecht. Kommentar, Berlin 1934.
Canaris, Claus-Wilhelm, Leistungsstörungen beim Unternehmenskauf, ZGR 1982, S. 395ff.
–, Die Feststellung von Lücken im Gesetz, 2. Aufl., Berlin 1983.
–, Das Rangverhältnis der „klassischen" Auslegungskriterien, demonstriert an Standardproblemen aus dem Zivilrecht. In: Festschrift für Dieter Medicus zum 70. Geburtstag, Hrsg. Volker Beuthien u. a., Köln 1999, S. 25ff.
Coing, Helmut, Grundzüge der Rechtsphilosophie, 4. Aufl., Berlin, New York 1985.
–, Zur Auslegung der Privatgesetze. In Julius von Staudingers Kommentar zum Bürgerlichen Gesetzbuch mit Einführungsgesetzen und Nebengesetzen. Einleitung zum Bürgerlichen Gesetzbuch. Erstes Buch Allgemeiner Teil, §§ 1-12, 13. Bearbeitung, Berlin 1995.
Czermak, Fritz, Rezension von: Fritz Ossenbühl, Die Rücknahme fehlerhafter begünstigender Verwaltungsakte, 1964, JZ 1965, S. 378f.
Danielcik, Hans Peter, Umbruch im Kartellwesen und Kartellrecht, JW 1935, S. 3593f.
–, Rezension von: Ed. Reimer, Wettbewerbs- und Warenzeichenrecht, 1935, DR 1936, S. 207f.
Deringer, Arved, Stellungnahme zum Weißbuch der Europäischen Kommmission über die Modernisierung der Vorschriften zur Anwendung der Art. 85 und 86 EG-Vertrag (Art. 81 und 82 EG), EuZW 2000, S. 5ff.
Deselaers, Wolfgang / Obst, Silke, Weißbuch zum Europäischen Kartellrecht – Rechtssicherheit ade?, EWS 2000, S. 41ff.
Deutscher Gewerkschaftsbund, Stellungnahme der Gewerkschaften zum Kartellgesetzentwurf, WuW 1953, S. 376ff.
Dilcher, Hermann, in: Julius von Staudingers Kommentar zum Bürgerlichen Gesetzbuch mit Einführungsgesetz und Nebengesetzen, Erstes Buch. Allgemeiner Teil, §§ 21-103, 13. Bearb., Berlin 1995.

Dittenberger, Heinrich, Rezension von: R. Isay, Das Recht am Unternehmen, 1910, ABR 36 Bd. (1911), S. 334.

Döhring, Erich, Die gesellschaftlichen Grundlagen der juristischen Entscheidung, Berlin 1978.

Dörinkel, Wolfram, Anmerkung zum Urteil des Reichsgerichts vom 27. Feb. 1934, JW 1934, S. 2403.

–, Der Bundesrat zum Entwurf des Kartellgesetzes, WuW 1954, S. 433ff.

–, Das Lebenswerk von Rudolf Isay. In: Beiträge zum Wirtschaftsrecht. Festschrift für Rudolf Isay zu seinem 70.Geburtstag, Hrsg. Eduard Reimer, Köln, Berlin 1956, S. 1ff.

Dreier, Ralf, Der Begriff des Rechts, NJW 1986, S. 890ff.

Düringer, Adelbert, Die kurze Verjährung der Gewährleistungsansprüche, LZ 1907, Sp. 131f.

–, Um das Recht der Gegenwart, DRiZ 1911, Sp. 109ff.

Edelmann, Johann, Die Entwicklung der Interessenjurisprudenz, Bad Homburg 1967.

Eger, Otto, Das Recht der deutschen Kartelle. Kommentar, Berlin 1932.

Ehmke, Horst, Prinzipien der Verfassungsinterpretation, VVDStRL, Heft 20 (1963), S. 53ff.

Ehrlich, Eugen, Freie Rechtsfindung und freie Rechtswissenschaft, Leipzig 1903.

Eilmannsberger, Thomas, Zum Vorschlag der Kommission für eine Reform des Kartellvollzugs, JZ 2001, S. 365ff.

Eisenhardt, Ulrich, Der Begriff der Toleranz im öffentlichen Recht, JZ 1968, S. 214ff.

Elster, Alexander, Unlauterer oder unerlaubter Wettbewerb?, LZ 1927, S. 1076ff.

–, Was ist Preisschleuderei?, GRUR 1931, S. 213ff.

Emmerich, Volker, Die Form wettbewerbsbeschränkender Verträge, NJW 1980, S. 1363ff.

–, in: Immenga / Mestmäcker, Gesetz gegen Wettbewerbsbeschränkungen. Kommentar, 2. Aufl., München 1992.

–, Anmerkungen zu der „neuen“ Wettbewerbspolitik der Europäischen Kommission, WRP 2000, S. 858ff.

–, Die Mär von der Arbeitsüberlastung der Kommission, WuW 2001, S. 3.

–, Kartellrecht, 9. Aufl., München 2001.

–, Das Recht des unlauteren Wettbewerbs, 6. Aufl., München 2002.

Engels, Stefan / Salomon, Thomas H., Vom Lauterkeitsrecht zum Verbraucherschutz: UWG-Reform 2003, WRP 2004, S. 32ff.

Engisch, Karl, Auf der Suche nach der Gerechtigkeit. Hauptthemen der Rechtsphilosophie, München 1971.

Enneccerus, Ludwig / Lehmann, Heinrich, Recht der Schuldverhältnisse, 15. Bearb., Tübingen 1958.

Erhard, Ludwig, Professor Erhard zur Kartellfrage. Zehn Thesen zur Verteidigung der Verbotsgesetzgebung, WuW 1952, S. 733ff.

Esser, Josef,. Dogmatik zwischen Theorie und Praxis. In: Funktionswandel der Privatrechtsinstitution. Festschrift für Ludwig Raiser zum 70.Gebutstag, Hrsg. Fritz Baur / Josef Esser / Friedrich Kübler / Ernst Steindorff, Tübingen 1974, S. 533ff.

Eucken, Walter, Technik, Konzentration und Ordnung der Wirtschaft, ORDO Bd. 3 (1950), S. 3ff.

Fastrich, Lorenz, in: Baumbach / Hueck, GmbH-Gesetz Kommentar, 17. Aufl., München 2000.

Fechner, Erich, Rechtsphilosophie. Soziologie und Metaphysik des Rechts, 2. Aufl., Tübingen 1962.

Fezer, Karl-Heinz, Aspekte einer Rechtskritik an der economic analysis of law und am property rights approach, JZ 1986, S. 817ff.

–, Nochmals: Kritik an der ökonomischen Analyse des Rechts, JZ 1988, S. 223ff.

–, Verantwortete Marktwirtschaft, JZ 1990, S. 657ff.

Fikentscher, Wolfgang, Die deutsche Kartellrechtswissenschaft 1945-1954. Eine kritische Übersicht, WuW 1955, S. 205ff.

–, Wettbewerb und gewerblicher Rechtschutz. Die Stellung der Wettbewerbsbeschränkung in der Rechtsordnung, München, Berlin 1958.

–, Schuldrecht, 9. Aufl., Berlin (u. a.) 1997.

–, Das Unrecht einer Wettbewerbsbeschränkung: Kritik an Weißbuch und VO-Entwurf zu Art. 81,82 EG-Vertrag, WuW 2001, S. 446ff.

Fischer, Curt Eduard, Rechtsschein und Wirklichkeit im Aktienrecht. Rechtspolitische Betrachtungen zu einer Reform des Aktiengesetzes, AcP 154 (1955), S. 85ff.

–, Die Auseinandersetzungen um das Preisbildungssystem in der Wirtschaft Deutschlands. Ein Beitrag zum Kartellgesetz-Problem. In: Jahrbücher für Nationalökonomie und Statistik Bd. 166 (1954), S. 206ff.

Foulkes, Albert. S., Ernst Fuchs und die Freirechtslehre. Ein Lebensbild. In: Gerechtigkeitswissenschaft. Ausgewählte Schriften zur Freirechtsschule von Ernst Fuchs, Hrsg. A. S. Foulkes und A. Kaufmann, Karlsruhe 1965, S. 225ff.

Friedensburg, Ferdinand, Die Weimarer Republik, Berlin 1946.

Friedman, Milton, Kapitalismus und Freiheit, Frankfurt / M. 2002 (Übersetzung der Originalausgabe von 1962).

Fuchs, Ernst, Schreibjustiz und Richterkönigtum. Ein Mahnruf zur Schul- und Justizreform, Leipzig 1907.

–, Die Gemeinschädlichkeit der konstruktiven Jurisprudenz, Karlsruhe 1909.

–, Die soziologische Rechtslehre. Eine Erwiderung, DJZ 1910, Sp. 283ff.

–, „Die Sache" im Sinn des BGB und anderer Gesetze, LZ 1918, Sp. 297ff.

–, Gerechtigkeitswissenschaft, JW 1920, S. 6ff.

–, Fortschritte und Hemmungen der freirechtlichen (soziologischen) Bewegung, JW 1922, S. 7ff.

–, Jurisprudenz und Rechtssicherheit, Die Justiz, Band III, 1927/28, S. 7ff.

–, Was will die Freirechtsschule?, Rudolstadt 1929.

Gassner, Ulrich M. / Dangelmaier, Gregor M., Neues zur Kartellrechtswidrigkeit von Verkäufen unter Einstandspreis, WuW 2003, S. 491ff.

Geiger, Andreas, Das Weißbuch der EG-Kommission zu Art. 81, 82 EG – eine Reform besser als ihr Ruf, EuZW 2000, S. 165ff.

Geiler, Karl, Die wirtschaftrechtliche Methode im Gesellschaftsrecht, Gruchot Bd. 68 (1927), S. 593ff.

Germann, Oskar Adolf, Probleme und Methoden der Rechtsfindung, 2. Aufl., Zürich 1967.

Gernhuber, Joachim, Das völkische Recht. Ein Beitrag zur Rechtstheorie des Nationalsozialismus, Tübinger Festschrift für Eduard Kern, Hrsg. von der Rechts- und Wirtschaftswissenschaftlichen Fakultät der Universität Tübingen, Tübingen 1968, S. 167ff.

Gieseke, Paul, Der Rechtscharakter der Verpflichtung zum Ersatz von Bergschäden. In: Beiträge zum Wirtschaftsrecht. Festschrift für Rudolf Isay zu seinem 70.Geburtstag, Hrsg. Eduard Reimer, Köln, Berlin 1956, S. 37ff.

Gloy, Martin, Zur Beurteilung gezielter Kampfpreise nach Kartell- und Wettbewerbsrecht. In: Festschrift für Alfred-Carl Gaedertz zum 70.Geburtstag, Hrsg. Wild / Schulte-Franzheim / Lorenz-Wolf, München 1992, S. 209ff.

–, Neuere Rechtsprechung zu unlauteren Vertriebsmethoden auf dem Pressemarkt, GRUR 1996, S. 585ff.

Göppinger, Horst, Juristen jüdischer Abstammung im „Dritten Reich". Entrechtung und Verfolgung, 2. Aufl., München 1990.

Goldschmidt, James, Gesetzesdämmerung, JW 1924, S. 245ff.

Gröning, Jochem, Zur Gefahr divergierender Entscheidungen bei dezentraler Anwendung des EG-Kartellrechts, WRP 2000, S. 882ff.

–, Die dezentrale Anwendung des EG-Kartellrechts gemäß dem Vorschlag der Kommission zur Ersetzung der VO 17 / 62, WRP 2001, S. 83ff.

Günther, Eberhard, Entwurf eines deutschen Gesetzes gegen Wettbewerbsbeschränkungen (Ideologische Grundlagen, Entstehung des Gesetzentwurfs), WuW 1951/52, S. 17ff.
–, Gesetz gegen Wettbewerbsbeschränkungen – Stand der Verhandlungen mit der Alliierten Hohen Kommission über den deutschen Entwurf, WuW 1951/52, S. 281ff.
–, Entscheidung in der Kartellpolitik, BB 1953, S. 121ff.
–, Die geistigen Grundlagen des sog. Josten-Entwurfs. In: Wirtschaftsordnung und Staatsverfassung. Festschrift für Franz Böhm zum 80.Geburtstag, Hrsg. Heinz Sauermann / Ernst-Joachim Mestmäcker, Tübingen 1975, S. 183ff.
Günther / Ohlsen, Reichsverband der Deutschen Industrie (RDI) 1919-1933, in: Die bürgerlichen Parteien in Deutschland, Bd. II, Berlin 1970, S. 580ff.
Gusy, Christoph, Richterrecht und Grundgesetz, DöV 1992, S. 461ff.
Haedicke, Maximilian, Schutzbereich und mittelbare Patentverletzung von Verwendungspatenten, Mitt 2004, S. 145ff.
Hager, Johannes, in: Julius von Staudingers Kommentar zum Bürgerlichen Gesetzbuch mit Einführungsgesetz und Nebengesetzen, Zweites Buch Recht der Schuldverhältnisse, §§ 823 – 825, 13. Bearb., Berlin 1999.
Hassold, Gerhard, Wille des Gesetzgebers oder objektiver Sinn des Gesetzes – subjektive oder objektive Theorie der Gesetzesauslegung, ZZP Bd. 94 (1981), S. 192ff.
Hattenhauer, Hans, Wandlungen des Richterleitbildes im 19. und 20. Jahrhundert. In: Recht und Justiz im „Dritten Reich", Hrsg. Ralf Dreier / Wolfgang Sellert, Frankfurt / M. 1989, S. 9ff.
Haussmann, Frederick, Der „Gegenentwurf" des Bundesverbandes der Deutschen Industrie zum Entwurf eines Wettbewerbsgesetzes, BB 1954, S. 353ff.
–, Übermaß und Mitte in der „sozialen Marktwirtschaft", BB 1954, S. 813ff.
–, Rezension von: R. Isay, Die Geschichte der Kartellgesetzgebungen, 1955, BB 1955, S. 356.
Haussmann, Fritz / Hollaender, Adolf, Kartellverordnung, München, Berlin, Leipzig 1925.
Hayek, Friedrich August von, Marktwirtschaft und Wirtschaftspolitik, ORDO Bd. 6 (1954), S. 3ff.
Hayn, Julius, Zur bevorstehenden Änderung des Patentgesetzes, MuW 1927/28, S. 382ff.
–, Zur Frage des unlauteren Wettbewerbs im Patentwesen, MuW 1929, S. 201ff.
–, Mittelbare Patentbenutzung oder unlauterer Wettbewerb?, MuW 1929, S. 531f.

Heck, Philipp, Interessenjurisprudenz und Gesetzestreue, DJZ 1905, Sp. 1140ff.
–, Was ist die Begriffsjurisprudenz, die wir bekämpfen?, DJZ 1909, Sp. 1457ff.
–, Gesetzesauslegung und Interessenjurisprudenz, AcP 112 (1914), S. 1ff.
–, Rezension von: Ernst Fuchs, Juristischer Kulturkampf, 1912, JW 1917, S. 270ff.
–, Das Urteil des Reichsgerichts über die Aufwertung von Hypotheken und die Grenzen der Richtermacht, AcP 122 (1924), S. 203ff.
–, Grundriss des Schuldrechts, Tübingen 1929.
–, Begriffsbildung und Interessenjurisprudenz, Tübingen 1932.
–, Die Leugnung der Interessenjurisprudenz durch Hermann Isay, AcP 137 (1933), S. 47ff.
–, Die Interessenjurisprudenz und ihre neuen Gegner, AcP 142 (1936), S. 129ff.
–, Rechtsphilosophie und Interessenjurisprudenz, AcP 143 (1937), S. 129ff.
Hefermehl, Wolfgang, Grenzen des Lauterkeitsschutzes, GRUR Int. 1983, S. 507ff.
Hegel, Gottfried Wilhelm Friedrich, Über die wissenschaftlichen Behandlungsarten des Naturrechts, 1802/03.
–, Grundlinien der Philosophie des Rechts – oder Naturrecht und Staatswissenschaft im Grundrisse, 1821.
–, Phänomenologie des Geistes. In: Theorie-Werkausgabe Suhrkamp in 20 Bänden (auf der Grundlage der Werke von 1832 – 1845 neu ed. Ausgabe), Bd. 3, Frankfurt / M. 1986.
–, Vorlesungen über die Geschichte der Philosophie. In: Theorie-Werkausgabe Suhrkamp in 20 Bänden, Bd. 19, Frankfurt / M. 1986.
Heldrich, Andreas, Normüberflutung. In: Festschrift für Konrad Zweigert zum 70.Geburtstag, Hrsg. Herbert Bernstein / Ulrich Drobnig / Hein Kötz, Tübingen 1981, S. 811ff.
Henkel, Heinrich, Einführung in die Rechtsphilosophie. Grundlagen des Rechts, 2. Aufl., München 1977.
Henning-Bodewig, Frauke, Das neue Gesetz gegen den unlauteren Wettbewerb, GRUR 2004, S. 713ff.
Herle, Jakob, Die Kartellstelle des Reichsverbandes der deutschen Industrie, ihre Aufgabe, ihre Organisation und ihre bisherige Tätigkeit, KR 1922, S. 443ff.
Herle, Jakob / Metzner, Max, Neue Beiträge zum Kartellproblem, Berlin 1929.
Heymann, Annegret, Der Jurist Julius Flechtheim. Leben und Werk, Köln (u. a.) 1990.

Hilger, Marie-Louise, Überlegungen zum Richterrecht. In: Festschrift für Karl Larenz zum 70. Geburtstag, Hrsg. Gotthard Paulus u. a., München 1973, S. 109ff.

Hill, Hermann, Akzeptanz des Rechts – Notwendigkeit eines besseren Politikmanagements, JZ 1988, S. 377ff.

Hillgruber, Christian, Richterliche Rechtsfortbildung als Verfassungsproblem, JZ 1996, S. 118ff.

Hirsch, Günther, Die deutsche Justiz im Unrechtssystem und bei der Aufarbeitung von Justizunrecht, DRiZ 2002, S. 228ff.

–, Die Bedeutung des Richterrechts hat zugenommen. Der Richter darf das Gesetz weiter-denken, aber nicht umdenken, ZRP 2004, S. 29f.

Höffe, Otfried, Einführung in die utilitaristische Ethik, 3. Aufl., Tübingen, Basel 2003.

Hoerster, Norbert, Zur Verteidigung des Rechtspositivismus, NJW 1986, S. 2480ff.

–, Die rechtsphilosophische Lehre vom Rechtsbegriff, JuS 1987, S. 181ff.

Hollaender, Adolf, Anmerkung zum Urteil des Kartellgerichts vom 20. Aug. 1927, JW 1927, S. 3029f.

Holzapfel, Henrik, Zu § 10 PatG als Rechtszuweisungsnorm, GRUR 2002, S. 193ff.

Hommelhoff, Peter, Die Sachmängelgewährleitung beim Unternehmenskauf, Köln, Berlin, Bonn, München 1975.

Honsell, Heinrich, in: Julius von Staudingers Kommentar zum Bürgerlichen Gesetzbuch mit Einführungsgesetz und Nebengesetzen. Zweites Buch, §§ 433 – 534, 13. Bearb., Berlin 1995.

Hopt, Klaus J. / Mössle Klaus P., Handelsrecht: Der misslungene Anteilskauf, JuS 1985, S. 211ff.

Horn, Norbert, Zur ökonomischen Rationalität des Privatrechts – Die privatrechtstheoretische Verwertbarkeit der „Economic Analysis of Law“, AcP 176 (1977), S. 303ff.

Hossenfelder, Silke / Lutz, Martin, Die neue Durchführungsverordnung zu den Artikeln 81 und 82 EG-Vertrag, WuW 2003, S. 118ff.

Hruschka, Joachim, Utilitarismus in der Variante von Peter Singer, JZ 2001, S. 261ff.

Huber, Ulrich, Mängelhaftung beim Kauf von Gesellschaftsanteilen, ZGR 1972, S. 395ff.

–, Die Praxis des Unternehmenskaufs im System des Kaufrechts, AcP 202 (2002), S. 179ff.

Huber, Ulrich / Baums, Theodor, in: Frankfurter Kommentar zum GWB mit einer Darstellung ausländischer Kartellrechtsordnungen, Hrsg. Glassen / v. Hahn / Kersten / Rieger, 3. Aufl., Köln, Stand: Januar 1993.

Hubmann, Heinrich, Das Recht am Unternehmen, ZHR 117 (1954), S. 41ff.

Immenga, Ulrich, Die personalistische Kapitalgesellschaft. Eine rechtsvergleichende Untersuchung nach deutschem GmbH-Recht und dem Recht der Corporations in den Vereinigten Staaten, Bad Homburg 1970.

–, in: Immenga / Mestmäcker, Gesetz gegen Wettbewerbsbeschränkungen. Kommentar, 2. Aufl., München 1992.

–, Eine Wende in der gemeinschaftsrechtlichen Kartellpolitik, EuZW 1999, S. 609.

Ipsen, Jörn, Verfassungsrechtliche Schranken des Richterrechts, DVBl. 1984, S. 1102ff.

Isay, Hermann, Patentgesetz und Gesetz betreffend den Schutz von Gebrauchsmustern, 2. Aufl., Berlin 1911.

–, Rechtsnorm und Entscheidungsfindung, Berlin 1929.

Isensee, Josef, Mehr Recht durch weniger Gesetze?, ZRP 1985, S. 139ff.

Jacusiel, Alfred, Ein Jahr Kartellgericht, LZ 1924, Sp. 670ff.

–, Rezension von : R. Isay / S. Tschierschky, Die Kartellverordnung, 1925, LZ 1925, Sp. 890.

Jellinek, Georg, Die sozialethische Bedeutung von Recht, Unrecht und Strafe, 2. Aufl., Berlin 1908.

Jesch, Volkmar, Das kartellrechtliche Schriftformgebot (§ 34 GWB). Funktion – Zulässigkeit – Analyse der Rechtssprechung, Dissertation Bremen 1990.

Jhering, Rudolf von, Der Zweck im Recht, 1. Band, 5. Aufl., Leipzig 1916 (Nachdruck 1970).

Jochum, Heike, Das Erbe Friedrich Carl von Savignys. Zur 225sten Wiederkehr des Geburtstags von Friedrich Carl von Savigny, NJW 2004, S. 568ff.

Joerges, Christian, Geschichte als Nicht-Geschichte: Unterschiede und Ungleichzeitigkeiten zwischen Friedrich Kessler und der deutschen Rechtswissenschaft. In: Der Einfluss deutscher Emigranten auf die Rechtsentwicklung in den USA und in Deutschland, Hrsg. Marcus Lutter / Ernst C. Stiefel / Michael H. Hoeflich, Tübingen 1993, S. 221ff.

Kaiser, Felix, Sittenwidriges Unterbieten, MuW 1930, S. 390ff.

Kallfass, Wilfried, Die Tübinger Schule der Interessenjurisprudenz – Darstellung und Würdigung, Frankfurt / M. 1972.

Kamann, Hans-Georg / Bergmann, Ellen, Die neue EG-Kartellverfahrensordnung – Auswirkungen auf die unternehmerische Vertragspraxis, BB 2003, S. 1743ff.

Kampers, B., Die Rechtsverhältnisse zwischen Bergbau und Grundbesitz nach dem Gesetzentwurf eines Bundesberggesetzes von Professor Isay – Bonn, DWW 1955, S. 133ff.

Kant, Immanuel, Grundlegung zur Metaphysik der Sitten, Königsberg 1785.

–, Kritik der reinen Vernunft, 2. Aufl., Königsberg 1787.

–, Metaphysik der Sitten, Königsberg 1797.

Kantorowicz, Hermann Ulrich, Der Kampf um die Rechtswissenschaft (unter dem Pseudonym: Gnaeus Flavius), Heidelberg 1906.

–, Die contra-legem-Fabel, DRiZ 1911, Sp. 259ff.

–, Jherings Bekehrung, DRiZ 1914, Sp. 84ff.

–, Aus der Vorgeschichte der Freirechtslehre, Mannheim, Berlin, Leipzig 1925.

Kappel, Antonio Perez van, Auf dem Weg zur Anwendung von Art. 81 Abs. 3 EG durch die nationalen Gerichte, EWS 2001, S. 228ff.

Kartte, Wolfgang / Rainer Holtschneider, Konzeptionelle Ansätze und Anwendungsprinzipien im GWB. In: Handbuch des Wettbewerbs: Wettbewerbstheorie, Wettbewerbspolitik und Wettbewerbsrecht, Hrsg. Helmut Cox / Uwe Jens / Kurt Markert, München 1981, S. 193ff.

Katzenberger, Paul, Recht am Unternehmen und unlauterer Wettbewerb, München 1967.

Katzler, Carl von, Unternehmertum und organisierte Marktwirtschaft. In: Beiträge zum Wirtschaftsrecht. Festschrift für Rudolf Isay zu seinem 70.Geburtstag, Hrsg. Eduard Reimer, Köln, Berlin 1956, S. 301ff.

–, Die Entscheidung des Reichsgerichts vom 4.2.1897 über die rechtliche Zulässigkeit von Kartellen und Syndikaten. In: Kartelle in der Wirklichkeit. Festschrift für Max Metzner zu seinem fünfundsiebzigsten Geburtstag, Köln, Berlin, Bonn 1963, S. 143ff.

Kaube, Jürgen, Die Unvernunft in der Geschichte, in: FAZ v. 24. März 2004.

Kaufmann, Arthur, Die rechtsphilosophische Situation der Gegenwart, JZ 1963, S. 137ff.

–, Freirechtsschule – lebendig oder tot ?, JuS 1965, S. 1ff.

–, Die Geschichtlichkeit des Rechts im Licht der Hermeneutik. In: Festschrift für Karl Engisch zum 70.Geburtstag, Hrsg. Paul Bockelmann / Arthur Kaufmann / Ulrich Klug, Frankfurt / M. 1969, S. 243ff.

–, Rechtsphilosophie, 2. Aufl., München 1997.

–, Das Verfahren der Rechtsgewinnung. Eine rationale Analyse, München 1999.

Kaufmann, Arthur / Hassemer, Winfried, Grundprobleme der zeitgenössischen Rechtsphilosophie und Rechtstheorie. Ein Leitfaden, Frankfurt / M. 1971.

Kaufmann, Ekkehard, Die Natur der Sache, JuS 1987, S. 848ff.

Keukenschrijver, Alfred, in: Busse, Patentgesetz-Kommentar, 5. Aufl., Berlin, New York 1999.

Kindl, Johann, Unternehmenskauf und Schuldrechtsmodernisierung, WM 2003, S. 409ff.

Kinkeldey, Maximilian, Der Ausschluss der Juden aus der Patentanwaltschaft in Deutschland 1933-1938, Dissertation Regensburg 1997.

Kisch, Wilhelm, Anmerkung zu: OLG Breslau v. 17.10.1921, JW 1922, S. 1216.

Kisseler, Marcel, Die Vernichtung des Gegners als Zweck des Wettbewerbs?, WRP 1978, S. 81ff.

Klapper, Rudolf, Rezension von: R. Isay, Der Geist des heutigen deutschen Bergrechts, 1953, ZfB Bd. 94 (1953), S. 383f.

Klaue, Siegfried, Zum gemeinsamen Zweck in § 1 des Gesetzes gegen Wettbewerbsbeschränkungen, BB 1964, S. 538ff.

Klein-Blenkers, Friedrich, Die Entwicklung des Unternehmenskaufrechts (Zivilrecht), NZG 2003, S. 903ff.

Kleinwächter, Friedrich, Die Kartelle. Ein Beitrag zur Frage der Organisation der Volkswirtschaft, Innsbruck 1883.

Klocker, Peter, Fit für den „Kulturwechsel"!, WuW 2002, S. 1151.

Köhler, Helmut, „Verkauf unter Einstandspreis" im neuen GWB, BB 1999, S. 697ff.

–, in: Baumbach / Hefermehl, Wettbewerbsrecht, 23. Aufl., München 2004.

–, Das neue UWG, NJW 2004, S. 2121ff.

König, Reimar, Wider das Vergessen, Mitt 1995, S. 58.

Koenigs, Folkmar, Die VO Nr. 1 / 2003: Wende im EG-Kartellrecht, DB 2003, S. 755ff.

Köppel, Rudolf, Rezension von : R. Isay / S. Tschierschky, Die Kartellverordnung, 1925, DJZ 1925, Sp. 1888.

Körner, Gerhard, Der Rechtsschutz des Unternehmens nach § 823 Abs. 1 BGB, Dissertation Frankfurt / M. 1959.

Kohler, Josef, Über die Interpretation von Gesetzen, Grünhut 13 (1886), S.1ff.

–, Lehrbuch des Bürgerlichen Rechts, 1.Bd., Berlin 1906.

Kramer, Ernst A., Juristische Methodenlehre, Bern 1998.

Krause, Hans, Die Anwendung der Generalklauseln unter besonderer Berücksichtigung des neuen Werberechts, JW 1936, S. 2599ff.

Krauss, Marita, Heimkehr in ein fremdes Land. Geschichte der Remigration nach 1945, München 2001.

Krauße, Heinrich, Mittelbare Benutzung eines Verfahrenspatents durch Lieferung der Mittel zur Ausübung des Verfahrens, MuW 1927/28, S. 555ff.

–, Nochmals die mittelbare Patentbenutzung, MuW 1929, S. 260ff.

Kretschmer, Friedrich, EG-Kartellrecht: Weißbuch über Modernisierung, GRUR 1999, S. 478ff.
Krey, Volker, Zur Problematik richterlicher Rechtsfortbildung contra legem (I), JZ 1978, S. 361ff.
Kubes, Vladimir, Grundfragen der Philosophie des Rechts, Wien (u. a) 1977.
Kübler, Friedrich, Effizienz als Rechtsprinzip. Überlegungen zum rechtspraktischen Gebrauch ökonomischer Argumente. In: Festschrift für Ernst Steindorff zum 70.Geburtstag, Hrsg. Jürgen F. Baur / Klaus J. Hopt / K. Peter Mailänder, Berlin, New York 1990, S. 687ff.
Lambsdorff, Otto Graf, Erneuerung der Sozialen Marktwirtschaft – Wirtschaftspolitik für das 21. Jahrhundert, WuW 2001, S. 1177ff.
Landau, Peter, in: Deutsche Juristen jüdischer Herkunft, Hrsg. Helmut Heinrichs / Harald Franzki / Klaus Schmalz / Michael Stolleis, München 1993.
Landmesser, Hans-Joachim, Der Einfluss der Nationalökonomie auf die Gestaltung des Gesetzes gegen Wettbewerbsbeschränkungen (GWB). In: Kartelle und Kartellgesetzgebung in Praxis und Rechtsprechung vom 19. Jahrhundert bis zur Gegenwart, Hrsg. H. Pohl, Stuttgart 1985, S. 244ff.
Landsberg, Ernst, Das entgegen gesetzte Extrem?, DJZ 1905, Sp. 921ff.
Lange-von Kulessa, Jürgen / Renner, Andreas, Die Soziale Marktwirtschaft Alfred Müller-Armacks und der Ordoliberalismus der Freiburger Schule – Zur Unvereinbarkeit zweier Staatsauffassungen, ORDO Bd. 49 (1998), S. 79ff.
Langen, Eugen, Welche Bedeutung hat heutzutage der Ausdruck „gesetzliches Verbot" in § 134 BGB? In: Beiträge zum Wirtschaftsrecht. Festschrift für Rudolf Isay zu seinem 70.Geburtstag, Hrsg. Eduard Reimer, Köln, Berlin 1956, S. 322ff.
–, Zum Geleit. In: R. Isay, Aus meinem Leben, Mannheim, 1960, S. 5.
Larenz, Karl, Wegweiser zu richterlicher Rechtsschöpfung. Eine rechtsmethodologische Untersuchung. In: Festschrift für Arthur Nikisch, Hrsg. Eduard Bötticher, Tübingen 1958, S. 275ff.
–, Entwicklungstendenzen der heutigen Zivilrechtsdogmatik, JZ 1962, S. 105ff.
–, Richtiges Recht. Grundzüge einer Rechtsethik, München 1979.
–, Lehrbuch des Schuldrechts. Zweiter Band. Besonderer Teil. 1. Halbband, 13. Aufl., München 1986.
–, Methodenlehre der Rechtswissenschaft, 6. Aufl., Berlin, Heidelberg 1991.
Larenz, Karl / Canaris, Claus-Wilhelm, Methodenlehre der Rechtswissenschaft. Studienausgabe, 3. Aufl., Berlin, Heidelberg 1995.
Laudenklos, Frank, Methodisches Zivilrecht in der ökonomischen Analyse des Rechts. In: Fälle und Fallen in der neueren Methodik des Zivilrechts seit Savigny, Hrsg. Joachim Rückert, Baden-Baden 1997, S. 291ff.

Laudenklos, Frank / Rohls, Michael / Wolf, Wilhelm, Resümee. In: Fälle und Fallen in der neueren Methodik des Zivilrechts seit Savigny, Hrsg. Joachim Rückert, Baden-Baden 1997, S. 314ff.

Laufs, Adolf, Die Generalklausel. Ein rechtsgeschichtlicher Beitrag zur Freiheit und Bindung des Richters durch das Gesetz, DRiZ 1973, S. 145ff.

Leffson, Ulrich, Von der Gefährlichkeit jeder Missbrauchsgesetzgebung, WuW 1955, S. 741ff.

Lehmann, Michael, Wettbewerbsrecht, Strukturpolitik und Mittelstand, Teil II, GRUR 1977, S. 633ff.

–, Schutz des Leistungswettbewerbs und Verkauf unter Einstandspreis, GRUR 1979, S. 368ff.

–, Das Prinzip Wettbewerb. Ein gemeinsames Gesetz der Evolution für Biologie, Ökonomie und Wirtschaftsrecht?, JZ 1990, S. 61ff.

Lehnich, Oswald, Kartelle und Staat unter Berücksichtigung der Gesetzgebung des In- und Auslandes, Berlin 1928.

–, Die Wettbewerbsbeschränkung. Eine Grundlegung, Köln, Berlin 1956.

Lettl, Tobias, Kartell- und wettbewerbsrechtliche Schranken für Angebote unter Einstandspreis, JZ 2003, S. 662ff.

Lieberknecht, Otfried, Rezension von: Rudolf Isay, Geschichte der Kartellgesetzgebungen, 1955, WuW 1956, S. 626f.

Liefmann, Robert, Kartelle und Trusts, 7. Aufl., Stuttgart 1927.

Loges, Rainer, Der Einfluss der „Due Dilligence" auf die Rechtsstellung des Käufers des Unternehmens, DB 1997, S. 965ff.

Lucas, Georg, Kartell und GmbH, DJZ 1924, Sp. 425ff.

–, Die Kartellverordnung und das ungeschriebene Kartellrecht, DJZ 1925, Sp. 38ff.

–, Rezension von: R. Isay / S. Tschierschky, Kartellverordnung, 1925, Gruchot Bd. 68 (1925), S. 93ff.

Lüke, Gerhard, Zur Krise des Rechtsstaats, NJW 1994, S. 173ff.

Luf, Gerhard, Zur Problematik des Wertbegriffs in der Rechtsphilosophie. In: Ius Humanitas. Festschrift zum 90.Geburtstag von Alfred Verdross, Hrsg. Herbert Miehsler / Erhard Mock / Bruno Simma / Ilmar Tammelo, Berlin 1980, S. 127ff.

Luig, Klaus, Macht und Ohnmacht der Methode, NJW 1992, S. 2536ff.

Lukes, Rudolf, Der Kartellvertrag. Das Kartell als Vertrag mit Außenwirkungen, München und Berlin 1959.

Lutter, Marcus / Hommelhoff, Peter, GmbH-Gesetz. Kommentar, 15. Aufl., Köln 2000.

Maassen, Hermann, Die Freiheit des Bürgers in einer Zeit ausufernder Gesetzgebung, NJW 1979, S. 1473ff.

Maier-Ring, Andreas E. P., Deutsches Kartellrecht in der Weltwirtschaftskrise 1929-1932. Preispolitik und Kartellgesetzgebung der Regierung Brüning, Dissertation Tübingen 1985.

Mann, Roger / Smid, Jörg F., Preisunterbietung von Presseprodukten, WRP 1997, S. 139ff.

Marx, Karl, Zur Kritik der Hegelschen Rechtsphilosophie, 1842/43. In: Karl Marx / Friedrich Engels Werke (im Folgenden: MEW), Hrsg. vom Institut für Marxismus-Leninismus beim ZK der SED, Berlin (Ost), Bd. I, 1983, S. 378ff.

–, Zur Kritik der politischen Ökonomie – Vorwort, 1859. In: MEW, Bd. XIII, 1961, S. 6ff.

Marx, Karl / Engels, Friedrich, Manifest der Kommunistischen Partei, 1848. In: MEW, Bd. IV, 1961, S. 459ff.

Mayer-Maly, Theo, Jurisprudenz und Politik. In: Festschrift für Hans Kelsen zum 90.Geburtstag, Hrsg. Adolf J. Merkl / Alfred Verdroß / Rene Marcic / Robert Walter, Wien 1971, S. 108ff.

–, Rechtswissenschaft, Darmstadt 1972.

–, Wertungswandel und Privatrecht, JZ 1981, S. 801ff.

–, Über die der Rechtswissenschaft und der richterlichen Rechtsfortbildung gezogenen Grenzen, JZ 1986, S. 557ff.

–, Rechtsidee – Rechtswissenschaft – Rechtspolitik. In: Recht und Rechtsbesinnung. Gedächtnisschrift für Günther Küchenhoff (1907 – 1983), Hrsg. Manfred Just / Michael Wollenschläger / Philipp Eggers / Hans Hablitzer, Berlin 1987, S. 141ff.

–, Rechtsphilosophie, Wien, New York 2001.

Meier-Beck, Peter, Ersatzansprüche gegenüber dem mittelbaren Patentverletzer, GRUR 1993, S. 1ff.

Meier-Hayoz, Arthur, Strategische und taktische Aspekte der Fortbildung des Rechts. Zur Frage nach den Grenzen richterlicher Rechtssetzung, JZ 1981, S. 417ff.

Menger, Christian-Friedrich, Zu den Grenzen richterlicher Rechtsfortbildung, VerwArch 65 (1974), S.195ff.

Mennicken, Axel, Das Ziel der Gesetzesauslegung. Eine Untersuchung zur subjektiven und objektiven Auslegungstheorie, Bad Homburg v. d. H., Berlin, Zürich 1970.

Mertens, Hans-Joachim, in: Münchener Kommentar zum Bürgerlichen Gesetzbuch, Bd. 5, Schuldrecht Besonderer Teil III (§§ 705 – 853), 3. Aufl., München 1997.

Mes, Peter, Die mittelbare Patentverletzung, GRUR 1998, S. 281ff.

Mestmäcker, Ernst-Joachim, Rezension von: R. Isay, Entwurf eines Gesetzes gegen den Missbrauch wirtschaftlicher Machtstellungen, JZ 1955, S. 190f.
–, Der Böhm-Entwurf eines Gesetzes gegen Wettbewerbsbeschränkungen, WuW 1955, S. 285ff.
–, Wirtschaftordnung und Staatsverfassung. In: Wettbewerbspolitik im Wandel. Colloquium anlässlich des 20jährigen Bestehens der Monopolkommission, Baden-Baden 1995, S. 7ff.
–, Versuch einer kartellpolitischen Wende in der EU, EuZW 1999, S. 523 ff.
–, Begrenzt abschreckend, WuW 2000, S. 683.
Mettenheim, Christoph von, Recht und Rationalität, Tübingen 1984.
Metzner, Max, Kartelle und Kartellpolitik, Berlin 1926.
–, Kritische Beiträge zum Kartellbegriff, KR 1927, S. 77ff.
–, Die deutsche Kartellpolitik 1933-1945, WuW 1954, S. 227ff.
–, Einigung in Marktnotlagen. In: Beiträge zum Wirtschaftsrecht. Festschrift für Rudolf Isay zu seinem 70. Geburtstag, Hrsg. Eduard Reimer, Köln, Berlin 1956, S. 281ff.
–, Die Kartellstelle des Reichsverbandes der Deutschen Industrie. In: Auf dem Weg zum industriellen Spitzenverband, Frankfurt / M. 1956, S. 226ff.
–, Die Kartellpolitik in Deutschland. In: Internationales Handbuch zur Kartellpolitik, Hrsg. von Georg Jahn / Kurt Junckerstorff, Berlin 1958, S. 89ff.
Michaelis, Karl, Berichte und Kritik. Die unbegrenzte Auslegung, Der Staat 1971, S. 229ff.
Michaelis, Richard, Die Emanzipation des Richters vom Gesetzgeber, DJZ 1906, Sp. 394ff.
Michel, Elmar, Die Soziale Marktwirtschaft in der Bundesrepublik. In: Neue Perspektiven aus Wirtschaft und Recht. Festschrift für Hans Schäffer zum 80.Geburtstag, Hrsg. Carsten Peter Claussen, Berlin 1966, S. 29ff.
Michel, Helmut, Die verfassungskonforme Auslegung, JuS 1961, S. 274ff.
Mill, John Stuart, Utilitarism, 1863.
Mitteis, Ludwig, Freirechtslehren und Juristenzunft, DJZ 1909, Sp. 1038ff.
Möhring, Philipp, Professor Rudolf Isay 70 Jahre alt, NJW 1956, S. 213.
Moench, Dietmar, Die methodologischen Bestrebungen der Freirechtsbewegung auf dem Wege zur Methodenlehre der Gegenwart, Frankfurt / M. 1971.
Möschel, Wernhard, Die Idee der rule of law und das Kartellrecht heute. Am Beispiel der gezielten Kampfpreisunterbietung, ORDO Bd. 30 (1979), S. 295ff.
–, Preis- und Konditionendifferenzierung durch marktbeherrschende Unternehmen nach EG-Recht, RIW 1988, S. 501ff.
–, Privatisierung, Deregulierung und Wettbewerbsordnung, JZ 1988, S. 885ff.

–, Systemwechsel im Europäischen Wettbewerbsrecht? Zum Weißbuch der EG-Kommission zu den Art. 81ff. EG-Vertrag, JZ 2000, S. 61ff.

–, Defätismus gegenüber Brüssel?, WuW 2000, S. 951.

–, Gutachten des wissenschaftlichen Beirats beim Bundesministerium für Wirtschaft und Technologie vom 1.7.2000, WuW 2000, S. 1096ff.

–, Effizienter Wettbewerbsschutz in einer erweiterten Gemeinschaft durch Einbeziehung der nationalen Wettbewerbsbehörden und nationalen Gerichte?, WuW 2001, S. 147f.

–, Ex ante-Kontrolle versus ex post-Kontrolle im Recht der Wettbewerbsbeschränkungen, ORDO Bd. 52 (2001), S. 63f.

–, Systemwechsel im Europäischen Wettbewerbsrecht. In: Beiträge zum Unternehmensrecht. Festschrift für Hans-Georg Koppensteiner zum 65. Geburtstag, Hrsg. Ernst A. Kramer u. a., Wien 2001, S. 473ff.

Mössle, Klaus, Leistungsstörungen beim Unternehmenskauf – neue Tendenzen, BB 1983, S. 2146ff.

Monopolkommission, Kartellpolitische Wende in der Europäischen Union? Zum Weißbuch der Kommission vom 28. April 1999, Sondergutachten Nr. 28, Baden-Baden 1999.

–, Folgeprobleme der europäischen Kartellverfahrensreform, Sondergutachten Nr. 32, Baden-Baden 2002.

Müller, Friedrich, Richterrecht – rechtstheoretisch formuliert. In: Richterliche Rechtsfortbildung. Erscheinungsformen, Auftrag und Grenzen. Festschrift der Juristischen Fakultät der Universität Heidelberg, Heidelberg 1986, S. 65ff.

Müller-Armack, Alfred, Wirtschaftlenkung und Marktwirtschaft, 2. Aufl., Hamburg 1948.

–, Soziale Marktwirtschaft. In: Handwörterbuch der Sozialwissenschaften, Hrsg. Erwin v. Beckerath / Carl Brinkmann / Erich Gutenberg etc., Neunter Band, Tübingen, Göttingen 1956, S. 390ff.

Müller-Erzbach, Rudolf, Rezension von: R. Isay, Das Recht am Unternehmen, 1910, ZHR 71 (1914), S. 417ff.

–, Hauptbildungen des Bergrechts und ihr Erfassen aus den maßgebenden Lebenselementen, AcP 153 (1954), S. 274ff.

Müller-Volbehr, Jörg, Das Soziale der Marktwirtschaft, JZ 1982, S. 132ff.

Münstermann, Wolf, Versuche zur Bergrechtsreform, Dissertation Münster 1977.

Muscheler, Karlheinz, Relativismus und Freirecht. Versuch über Hermann Kantorowicz, Heidelberg 1984.

Naucke, Wolfgang, Rechtsphilosophische Grundbegriffe, 4. Aufl., Neuwied, Kriftel 2000.

Nette, Claus-Georg, Die kartell- und wettbewerbsrechtliche Beurteilung der Preisunterbietung. Eine rechtsvergleichende Untersuchung des Rechts der Bundesrepublik Deutschland und der Vereinigten Staaten von Amerika, Köln, Berlin, Bonn, München 1984.

Neukamp, Ernst, Der gegenwärtige Stand der Freirechtsbewegung, DJZ 1912, Sp. 44ff.

Neumann, Carl Wolfgang, Historische Entwicklung und heutiger Stand der Wettbewerbstheorie, Frankfurt / M. 1982.

Nieder, Michael, Zur Antrags- und Verbotsfassung bei mittelbarer Patentverletzung, GRUR 2000, S. 272f.

–, Entschädigungs- und Restentschädigungsanspruch bei mittelbarer Erfindungsbenutzung, Mitt 2004, S. 241f.

Niederleithinger, Ernst, Die Verfolgung von Missbräuchen von Angebots- und Nachfragemacht nach § 22, 26 Abs. 2 GWB. In: Schwerpunkte des Kartellrechts 1975/76, Köln, Berlin, Bonn, München 1977, S. 65ff.

Nipperdey, Hans Carl, Wettbewerb und Existenzvernichtung (Eine Grundfrage des Wettbewerbsrechts), Berlin 1930.

–, Die Frage des Schutzes des Unternehmens nach § 823 Abs. 1 BGB, Sonderdruck, Marburg 1931.

–, Die soziale Marktwirtschaft in der Verfassung der Bundesrepublik, WuW 1954, S. 211ff.

Nörr, Knut Wolfgang, Stephan Kuttner. Wissenschaft im Zeichen dreier Kulturen. In: Der Einfluss deutscher Emigranten auf die Rechtsentwicklung in den USA und in Deutschland, Hrsg. Marcus Lutter / Ernst C. Stiefel / Michael H. Hoeflich, Tübingen 1993, S. 343ff.

–, Die Generalklausel und die Kartelle: ein Rückblick auf die Rechtsprechung des Reichsgerichts. In: Festschrift für Joachim Gernhuber zum 70. Geburtstag, Hrsg. Hermann Lange / Knut Wolfgang Nörr / Harm Peter Westermann, Tübingen 1993, S. 919ff.

–, Die Leiden des Privatrechts. Kartelle in Deutschland von der Holzstoffkartellentscheidung zum Gesetz gegen Wettbewerbsbeschränkungen, Tübingen 1994.

Odersky, Walter, Formerfordernis und Auslegung kartellrechtlicher Erklärungen. In: Festschrift für Wolfgang Fikentscher zum 70.Geburtstag, Hrsg. Großfeld / Sack / Möllers / Drexl / Heinemann, Tübingen 1998, S. 586ff.

Oertmann, Paul, Rezension von: R. Isay, Das Recht am Unternehmen, 1910, Jur. Literaturblatt 1911, S. 81f.

Ogorek, Regina, Richterkönig oder Subsumtionsautomat? Zur Justiztheorie im 19. Jahrhundert, Frankfurt / M. 1986.

Olenhusen, Albrecht Götz von, Zur Entwicklung völkischen Rechtsdenkens. Frühe rechtsradikale Programmatik und bürgerliche Rechtswissenschaft. In: Die Freiheit des Anderen. Festschrift für Martin Hirsch, Hrsg. Hans-Jochen Vogel / Helmut Simon / Adalbert Podlech, Baden-Baden 1981, S. 77ff.

Omsels, Hermann-Josef, Zur Unlauterkeit der gezielten Behinderung von Mitbewerbern (§ 4 Nr. 10 UWG), WRP 2004, S. 136ff.

–, in: UWG-Kommentar, Hrsg. Harte-Bavendamm / Henning-Bodewig, München 2004.

Oppikofer, Hans, Das Unternehmensrecht in geschichtlicher, vergleichender und rechtspolitischer Betrachtung, Tübingen 1927.

Osthaus, Gert Dieter, Konzernrechtliche Probleme des Unternehmensschutzes, Dissertation Bonn 1961.

Ottel, Fritz, Die Kartelle als Mittel innerwirtschaftlicher Koordinierung, Wirtschaftsdienst 1951, Nr. 4.

–, Kritik an einem Diskussionsbeitrag, WuW 1954, S. 676f.

–, Kann die Gesetzgebung Wettbewerb schaffen? In: Beiträge zum Wirtschaftsrecht. Festschrift für Rudolf Isay zu seinem 70.Geburtstag, Hrsg. Eduard Reimer, Köln, Berlin 1956, S. 71ff.

Paulweber, Michael / Kögel, Rainer, Das europäische Wettbewerbsrecht am Scheideweg, AG 1999, S. 500ff.

Picker, Eduard, Richterrecht oder Rechtsdogmatik – Alternativen der Rechtsgewinnung?, Teil I, JZ 1988, S. 1ff.

–, Richterrecht oder Rechtsdogmatik – Alternativen der Rechtsgewinnung?, Teil II, JZ 1988, S. 62ff.

Pietzcker, Eduard, Abänderung des § 4 PatG, Lieferung von Stoffen oder Vorrichtungen zur Ausführung geschützter Verfahren oder Schaltungen, GRUR 1927, S. 846ff.

Pisko, Oskar, Rezension von: R. Isay, Das Recht am Unternehmen, 1910, Grünhut Bd. 38 (1911), Sp. 742ff.

Posner, Richard Allen, Economic Analysis of Law, 6. ed, New York, N. Y. 2003.

Predari, Rezension von: R. Isay, Das Recht am Unternehmen, 1910, Gruchot Bd. 55 (1911), S. 135f.

Preusche, Rainer, Unternehmensschutz und Haftungsbeschränkung im Deliktsrecht, Berlin 1974.

Radbruch, Gustav, Rechtsphilosophie. Studienausgabe, Hrsg. von Ralf Dreier / Stanley L. Paulson, 2. Aufl., Heidelberg 2003 (erweiterter Neudruck der 3. Aufl. der Originalausgabe, 1932).

Raiser, Thomas, Richterrecht heute. Rechtssoziologische und rechtspolitische Bemerkungen zur richterlichen Rechtsbildung im Zivilrecht, ZRP 1985, S. 111ff.

–, Hermann Ulrich Kantorowicz. In: Der Einfluss deutscher Emigranten auf die Rechtsentwicklung in den USA und in Deutschland, Hrsg. Marcus Lutter / Ernst C. Stiefel / Michael H. Hoeflich, Tübingen 1993, S. 365ff.

Rasch, Harold, Zur Kritik an dem Entwurf eines Gesetzes gegen die Wettbewerbsbeschränkungen, WuW 1952, S. 497ff.

–, Kartellgesetz und Industrie, MA 1954, S. 99ff.

Redeker, Konrad, Legitimation und Grenzen richterlicher Rechtssetzung. Zugleich zu Robert Fischer: Die Weiterbildung des Rechts durch die Rechtssprechung, NJW 1972, S. 409ff.

Rehbinder, Manfred, Einleitung. In: Recht und Leben. Gesammelte Schriften zur Rechtstatsachenforschung und zur Freirechtsschule von Eugen Ehrlich, Berlin 1967, S. 5ff.

Reichel, Hans, Zur Freirechtsbewegung, DRiZ 1910, Sp. 464ff.

–, Gesetz und Richterspruch. Zur Orientierung über Rechtsquellen- und Rechtsanwendungslehren der Gegenwart, Zürich 1915.

–, Zu den Einleitungsartikeln des Schweizerischen Zivilgesetzbuches. In: Festgabe für Rudolf Stammler zum 70.Geburtstage am 19. Februar 1926, Hrsg. Edgar Tatarin-Tarnheyden, Berlin (u. a.) 1926, S. 281ff.

Reimer, Eduard, Patentverletzung im Ausland, Mitt. v. Verb. dt. Patentanw. 1931, S. 85ff.

–, Hermann Isay zum Andenken an seinen Todestag, den 21. März 1938, GRUR 1948, S. 59.

–, Rudolf Isay zum 70. Geburtstag, GRUR 1956, S. 2.

–, Nachruf auf Rudolf Isay, GRUR 1956, S. 291.

Reimer, Ernst, Mittelbare Verletzungshandlungen auf dem Gebiet des gewerblichen Rechtsschutzes, JR 1951, S. 307ff.

Reinhardt, Rudolf, Unterbieten als Problem des Wettbewerbs- und Kartellrechts, MuW 1930, S. 468ff.

–, Der Streit um das Unterbieten, MuW 1931, S. 247ff.

Reuß, Max, Rezension von: H. Isay / R. Isay, Allgemeines Berggesetz für die preußischen Staaten, 1. Aufl., Bd. I, 1919, Gruchot Bd. 63 (1919), S. 650ff.

–, Rezension von: H. Isay / R. Isay, Allgemeines Berggesetz für die preußischen Staaten, 1. Aufl., Bd. II, 1920, Gruchot Bd. 64 (1920), S. 504f.

Reuter, Karin Ute, Erfahrungen mit staatlicher Kartellpolitik in Deutschland von 1900 bis 1964 (unter besonderer Berücksichtigung der Zellstoffindustrie), Dissertation St. Gallen 1967.

Riebschläger, Klaus, Die Freirechtsbewegung. Zur Entwicklung einer soziologischen Rechtsschule, Berlin 1968.

Rittner, Fritz, Die so genannte wirtschaftliche Betrachtungsweise in der Rechtssprechung des Bundesgerichtshofs, Karlruhe 1975.

–, Über das Verhältnis von Vertrag und Wettbewerb, AcP 188 (1988), S. 101ff.

–, Wettbewerbs- und Kartellrecht. Eine systematische Darstellung des deutschen und europäischen Rechts für Studium und Praxis, 6. Aufl., Heidelberg 1999.

–, Zurück zum Missbrauchsprinzip im EG-Kartellrecht? Zum Weißbuch der EG-Kommission, DB 1999, 1485f.

–, Kartellpolitik und Gewaltenteilung, EuZW 2000, S. 129.

–, Vertikalvereinbarungen und Kartellverbot in der 7.GWB-Novelle, WuW 2003, S. 451.

Röhl, Klaus F., Allgemeine Rechtslehre. Ein Lehrbuch, Köln (u. a.) 1995.

Röhling, Andreas, Die Zukunft des Kartellverbots in Deutschland nach In-Kraft-Treten der neuen EU-Verfahrensordnung, GRUR 2003, S. 1019ff.

Rogowski, Michael, Europäisches Kartellrecht im Wandel, WM 2001, S. 620.

Rosenberg, Arthur, Geschichte der Weimarer Republik, Hrsg. von Kurt Kersten, Hamburg 1991 (Neudruck der Originalausgabe Karlsbad, 1935).

Rosenthal, Alfred, Wettbewerbsgesetz nebst den materiellen Vorschriften des Warenzeichenrechts, 8. Aufl., Berlin 1930.

Roßmanith, Günther, Rechtsgefühl und Entscheidungsfindung. Hermann Isay (1873-1938), Berlin 1975.

Roth, Alfons, Anmerkung zum Urt. des RG v. 7. Feb. 1930, JW 1930, S. 2684f.

Rotthege, Georg, Die Beurteilung von Kartellen und Genossenschaften durch die Rechtswissenschaft. Eine rechtshistorische Analyse von Hypothesen über Kooperationswirkungen und deren Bewertung, Tübingen 1982.

Rottleuthner, Hubert, Einführung in die Rechtssoziologie, Darmstadt 1987.

Rowedder, Heinz, in: Gesetz betreffend die Gesellschaft mit beschränkter Haftung. GmbHG-Kommentar, Hrsg. von Heinz Rowedder / Hans Fuhrmann / Fritz Rittner / Hans-Georg Koppensteiner u.a., 3. Aufl., München 1997.

Rüssmann, Helmut, Zur Einführung: Die Begründung von Werturteilen, JuS 1975, S. 352ff.

–, Möglichkeiten und Grenzen der Gesetzesbindung. In: Rechtsdogmatik und praktische Vernunft. Symposion zum 80. Geburtstag von Franz Wieacker, Hrsg. Okko Behrends / Malte Dießelhorst / Ralf Dreier, Göttingen, 1990, S. 35ff.

Rüthers, Bernd, Über die Zweckverfehlung arbeitsrechtlichen Sozialschutzes oder: Wann wirkt der Sozialschutz arbeitnehmerfeindlich? In: Recht und Rechtserkenntnis. Festschrift für Ernst Wolf, Hrsg. Dietrich Bickel / Walter Hadding / Volker Jahnke / Gerhard Lüke, Köln (u. a.) 1985, S. 565ff.

–, Entartetes Recht. Rechtslehren und Kronjuristen im Dritten Reich, München 1988.

–, Recht als Waffe des Unrechts – Juristische Instrumente im Dienst des NS-Rassenwahns, NJW 1988, S. 2825ff.

–, Die Ideologie des Nationalsozialismus in der Entwicklung des deutschen Rechts von 1933 bis 1945. In: Recht und Rechtslehre im Nationalsozialismus, Hrsg. Franz Jürgen Säcker, Baden-Baden 1992, S. 17ff.

–, Anleitung zum fortgesetzten methodologischen Blindflug?, NJW 1996, S. 1249ff.

–, Die unbegrenzte Auslegung. Zum Wandel der Privatrechtsordnung im Nationalsozialismus, 5. Aufl., Heidelberg 1997.

–, Rechtstheorie. Begriff, Geltung und Anwendung des Rechts, München 1999.

–, Geschönte Geschichten – Geschonte Biographien. Sozialisationskohorten in Wendeliteraturen, Tübingen 2001.

Rupp, Hans Heinrich, Die Bindung des Richters an das Gesetz. Zu Theorie und Praxis der Rechtsanwendung, NJW 1973, 1769ff.

Ruth, Rudolf, Rezension von: R. Isay, Allgemeines Berggesetz für die preußischen Staaten, 2. Aufl., Bd. I, 1933, AcP 140 (1935), S. 117.

Ruttke, Falk, Erb- und Rassepflege in Gesetzgebung und Rechtsprechung des 3. Reichs, JW 1935, 1369f.

Ryffel, Hans, Grundprobleme der Rechts- und Staatsphilosophie. Philosophische Anthropologie des Politischen, Neuwied (u. a.) 1969.

Sack, Rolf, Das Anstandsgefühl aller billig und gerecht Denkenden und die Moral als Bestimmungsfaktoren der guten Sitten, NJW 1985, 761ff.

Säcker, Franz-Jürgen, Auslegung und richterliche Fortbildung der Privatrechtsgesetze. In: Münchener Kommentar zum Bürgerlichen Gesetzbuch, Bd. 1: Allgemeiner Teil. 3. Aufl., München 1993.

Saegon, Christopher, in: Restrukturierung, Sanierung und Insolvenz. Handbuch, Hrsg. Andrea K. Buth / Michael Hermanns, 2. Aufl., München 2004.

Satzky, Horst, Grundsätze, Entscheidung und Novellierungen des Gesetzes gegen Wettbewerbsbeschränkungen (GWB). In: Kartelle und Kartellgesetzgebung in Praxis und Rechtssprechung vom 19. Jahrhundert bis zur Gegenwart, Hrsg. H. Pohl, Stuttgart 1985, S. 229ff.

Savigny, Friedrich Carl von, Vom Beruf unsrer Zeit für Gesetzgebung und Rechtswissenschaft, Heidelberg 1814.

–, System des heutigen römischen Rechts, Bd. I, 1840 (Neudruck Aalen 1973).

Schack, Friedrich, Die verfassungskonforme Auslegung, JuS 1961, S. 270ff.
Schäfer, Hans Bernd / Claus Ott, Die ökonomische Analyse des Rechts – Irrweg oder Chance wissenschaftlicher Rechtserkenntnis, JZ 1988, S. 213ff.
–, Lehrbuch der ökonomischen Analyse des Zivilrechts, 3. Aufl., Berlin (u. a.) 2000.
Scharen, Uwe, Der Unterlassungsantrag bei drohender mittelbarer Patentverletzung, GRUR 2001, S. 995ff.
Scharnweber, Carsten, Deutsche Kartellpolitik 1926-1929, Dissertation Tübingen 1970.
Schaub, Alexander / Dohms, Rüdiger, Das Weißbuch der Europäischen Kommission über die Modernisierung der Vorschriften zur Anwendung der Artikel 81 und 82 EG-Vertrag. Die Reform der Verordnung Nr. 17, WuW 1999, S. 1055ff.
Schildt, Bernd, Der deliktische Schutz des Rechts am Gewerbebetrieb, WM 1996, S. 2261ff.
Schippel, Helmut, Das Recht am eingerichteten und ausgeübten Gewerbebetrieb, München, Köln, Berlin 1956.
Schmidt, Ingo, Neuere Entwicklungen in der Wettbewerbstheorie unter Berücksichtigung wachstumspolitischer Vorstellungen, WuW 1966, S. 699ff.
–, Wettbewerbspolitik und Kartellrecht. Eine Einführung, 3. Aufl., Stuttgart, New York 1990.
–, Weißbuch – Ein Weg für mehr Rechtssicherheit und effizienten Wettbewerbsschutz, WuW 2002, 3.
Schmidt, Karsten, Handelsrecht, 5. Aufl., Köln, Berlin, Bonn, München 1999.
–, Umdenken im Kartellverfahrensrecht! Gedanken zur Europäischen VO Nr. 1 / 2003, BB 2003, S. 1237ff.
Schmitt, Carl, Nationalsozialistisches Rechtsdenken, DR 1934, S. 225ff.
–, Der Führer schützt das Recht, DJZ 1934, Sp. 945ff.
–, Kodifikation oder Novelle?, DJZ 1935, Sp. 919ff.
Schnapp, Friedrich E., Toleranzidee und Grundgesetz, JZ 1985, S. 857ff.
Schneider, Hans-Peter, Die Gesetzmäßigkeit der Rechtsprechung. Zur Bindung des Richters an Gesetz und Verfassung, DöV 1975, S. 443ff.
Schneider, Stefan, Überarbeitete Auslegungsgrundsätze des Bundeskartellamts zum Angebot unter Einstandspreis, WRP 2004, S. 171ff.
Schneider, Uwe H., Zur Verantwortung der Rechtswissenschaft, JZ 1987, S. 696ff.
Scholz, Franz, Ausschließung und Austritt aus der GmbH, DR 1942, S. 1667ff.
Schoppmeyer, Heinrich, Juristische Methode als Lebensaufgabe. Leben, Werk und Wirkungsgeschichte Philipp Hecks, Tübingen 2001.

Schrauder, Gerhard, Wettbewerbsverstöße als Eingriff in das Recht am Gewerbebetrieb, Bielefeld 1970.

Schrewe, Ernst, Wirtschaftpolitische Gesichtspunkte in der Wettbewerbsregelung, Wirtschaftsdienst 1950, Nr. 1, S. 9ff.

Schricker, Gerhard, Die wettbewerbsrechtliche Beurteilung der Gratisverteilung von Fachzeitschriften, GRUR 1980, S. 194ff.

–, Gratisverteilung von Tageszeitungen und das Gesetz gegen unlauteren Wettbewerb, AfP 2001, S. 101ff.

Schröder, Jan, Gesetzesauslegung und Gesetzesumgehung. Das Umgehungsgeschäft in der rechtswissenschaftlichen Doktrin von der Spätaufklärung bis zum Nationalsozialismus. Paderborn, München, Wien, Zürich 1985.

Schülke, Erik, Handwerk und Wettbewerbswirtschaft, WUW 1953, S. 240ff.

Schütz, Jörg, Zur Änderung des Kartellverfahrens gemäß Artikel 81 EGV, WuW 2000, S. 686ff.

Schulte, Rainer, Patentgesetz mit Europäischem Patentübereinkommen. Kommentar auf der Grundlage der deutschen und europäischen Rechtssprechung, 6. Aufl., Köln (u. a.) 2001.

Schulze, Götz, Rechtsgeschäftliche Bestätigung oder Rückwirkung – das Übergangsrecht zu § 34 GWB, WRP 1999, S. 158ff.

Schwenn, Dirk M., Die Dezentralisierung der Wettbewerbskontrolle nach dem „Weißbuch". Eine Bestandsaufnahme der Vorschläge der Kommission zur Reform des Wettbewerbsrechts, RIW 2000, S. 179ff.

Schwintowski, Hans Peter, Wettbewerbsrecht (GWB / UWG), 3. Aufl., München 1999.

Schwöbbermeyer, Friedrich-Wilhelm, Juristisches Denken und Kreativität, ZRP 2001, S. 571f.

Seligsohn, Arnold, Patentgesetz und Gesetz, betreffend den Schutz von Gebrauchsmustern, 5. Aufl., Berlin und Leipzig 1912.

–, Patentgesetz-Kommentar, 7. Aufl., 1932.

Sendler, Horst, Die Methode der Verfassungsinterpretation – Rationalisierung der Entscheidungsfindung oder Camouflage der Dezision? In: Staatsphilosophie und Rechtspolitik. Festschrift für Martin Kriele zum 65. Geburtstag, Hrsg. Burkhardt Ziemske u. a., München 1997, S. 457ff.

Siebert, Wolfgang, Die Methode der Gesetzesauslegung, Heidelberg 1958.

Siems, Mathias, Der Neoliberalismus als Modell für die Gesetzgebung?, ZRP 2002, S. 170ff.

Silberschmidt, Wilhelm, Rezension von: R. Isay, Allgemeines Berggesetz für die preußischen Staaten, 2. Aufl., Bd. I, 1933, LZ 1933, Sp. 1352.

Sirch, Anton, Kartellverbot oder Missbrauchsgesetzgebung?, Wirtschaftsdienst 1951, Nr. 8.

Smoschewer, Fritz, Ist der Richter berechtigt und verpflichtet, ungerechte Gesetze außer Anwendung zu lassen?, DRiZ 1924, Sp. 218ff.

Sölter, Arno, Änderungsvorschläge zum Kartellgesetzentwurf. Die Beratungsergebnisse des Arbeitskreises Kartellgesetz, WuW 1954, S. 728ff.

–, Missbrauchs- und Verbotsprinzip in der praktischen Anwendung, WuW 1955, S. 230ff.

Sohm, Rudolph, Über Begriffsjurisprudenz, DJZ 1909, Sp. 1019ff.

–, Begriffsjurisprudenz, DJZ 1910, Sp. 114ff.

Stadtmüller, Ralph, Schutzbereich und Schutzgegenstände des Rechts am Unternehmen. Ein Beitrag zur Konkretisierung des deliktsrechtlichen Unternehmensschutzes, München 1985.

Stammler, Rudolf, Wirtschaft und Recht nach der materialistischen Geschichtsauffassung. Eine sozialphilosophische Untersuchung, Leipzig 1896.

Stampe, Ernst, Rechtsfindung durch Konstruktion, DJZ 1905, Sp. 417ff.

–, Rechtsfindung durch Interessenwägung, DJZ 1905, Sp. 713ff.

–, Gesetz und Richtermacht, DJZ 1905, Sp. 1017ff.;

Strauss, Walter, Nachruf auf Eduard Reimer, JZ 1957, S. 486f.

Strothmann, Dietrich, Nationalsozialistische Literaturpolitik, 2. Aufl., Bonn 1963.

Terhechte, Jörg Philipp, Die Reform des europäischen Kartellrechts – am Ende eines langen Weges?, EuZW 2004, S. 353.

Teschner, Rudolf, Die mittelbare Patentverletzung. Rechtsvergleichende Untersuchung zum Schutz gegen Lieferung patentverletzend benutzbarer Gegenstände, Köln, Berlin, Bonn, München 1974.

Topel, Julia, Vortrag anlässlich der Jahrestagung der Deutschen Vereinigung für gewerblichen Rechtsschutz und Urheberrecht am 23.6. 2000 in Bonn zur dezentralen Anwendung des Europäischen Kartellrechts, GRUR 2000, S. 985ff.

Trommer, Gina, Ein Tag auf der Fazenda. In: R. Isay, Aus meinem Leben, erweiterter Nachdruck des Familienverbandes Trimborn, Köln 1997, S. 207 ff.

Trumpp / Herzog, Summarisches Auswahlinventar von Quellen zum Thema „Industrielles System und politische Entwicklung in der Weimarer Republik" in Archiven der Bundesrepublik Deutschland. In: Industrielles System und politische Entwicklung in der Weimarer Republik, Düsseldorf 1974, S. 986ff.

Tschierschky, Siegfried, Der 35. Deutsche Juristentag zur Kartellfrage, KR 1928, S. 487ff.

Tyllack, Olaf, Wettbewerb und Behinderung. Eine rechtsvergleichende Untersuchung zur Beurteilung von Individual- und Wettbewerbsbehinderungen nach deutschem und amerikanischem Recht, Dissertation München 1984.

Ullstein, Magdalena, Nachwort vom Herbst 1960. In: R. Isay, Aus meinem Leben, Weinheim / Bergstr. 1960, S. 184.

–, Aus dem Leben von Isabella Trimborn Isay, Aufzeichnungen vom März 1983. In: R. Isay, Aus meinem Leben, erweiterter Nachdruck des Familienverbandes Trimborn, Köln 1997, S. 201ff.

–, Nachwort vom Januar 1997. In: R. Isay, Aus meinem Leben, erweiterter Nachdruck des Familienverbandes Trimborn, Köln 1997, S. 211.

Ulmer, Eugen, Sinnzusammenhänge im modernen Wettbewerbsrecht. Ein Beitrag zum Aufbau des Wettbewerbsrechts, Berlin 1932.

Ulmer, Peter, Wettbewerbs- und kartellrechtliche Grenzen der Preisunterbietung im Pressewesen, AfP 1975, S. 870ff.

–, in: Hachenburg, Gesetz betreffend die Gesellschaften mit beschränkter Haftung (GmbHG). Großkommentar. Erster Band Allgemeine Einleitung, §§ 1 – 34, 8. Aufl., Berlin New York 1992.

Vallauri, Luigi Lombardi, Geschichte des Freirecht, Frankfurt / M. 1971.

Vierhaus, Felix, Die Freirechtsschule und die heutige Rechtspflege, DJZ 1909, Sp. 1169ff.

Vogel, Martin, Die Verfolgung der Patentanwälte im Dritten Reich, Mitt 1995, S. 59ff.

Vogt, Alfons, Bedeutungsgehalt und Funktion der guten Sitten im Wettbewerbsrecht, NJW 1976, 729ff.

Vultejus, Ulrich, Juristisches Denken und Kreativität, ZRP 1999, S. 509ff.

Wach, Adolf, Handbuch des dt. Zivilprozessrechts, 1.Bd., Leipzig 1885.

Wagner, Klaus, Die Diskussion über ein Gesetz gegen Wettbewerbsbeschränkungen in Westdeutschland nach 1945, Dissertation Zürich 1956.

Wahl, Eduard, Formprobleme des neuen Kartellgesetzes, JZ 1958, S. 148ff.

Walter, Robert, Der kritische Rechtspositivismus und seine moralische Grundlage. In: Im Dienste der Gerechtigkeit. Festschrift für Franz Bydlinski, Hrsg. Helmut Koziol / Peter Rummel, Wien, New York 2002, S. 457ff.

Walz, Rainer, Abschied von der mittelbaren Patentbenutzung, GRUR 1973, S. 283ff.

Weitbrecht, Andreas, Die Entwicklung des Europäischen Kartellrechts in den Jahren 1998 und 1999, EuZW 2000, S. 496ff.

–, Das neue EG-Kartellverfahrensrecht, EuZW 2003, S. 69ff.

Weitnauer, Hermann, Der unbegründete Konkursantrag und das Recht am Gewerbebetrieb, DB 1962, S. 461ff.

Weitnauer, Wolfgang, Der Unternehmenskauf nach neuem Kaufrecht, NJW 2002, S. 2511ff.

Welzel, Hans, Naturrecht und materiale Gerechtigkeit, 4. Aufl., Göttingen 1962 (Neudruck 1980).

Werner, Fritz, Recht und Toleranz. In: Verhandlungen des 44. Dt. Juristentages in Hannover, Bd. II (Sitzungsprotokolle), B 1ff., Tübingen 1962.

Wessel, Horst A., Die Haltung der Unternehmer zur Zwangskartellierung. In: Kartelle und Kartellgesetzgebung in Praxis und Rechtssprechung vom 19. Jahrhundert bis zur Gegenwart, Hrsg. H. Pohl, Stuttgart 1985, S. 188ff.

Westermann, Harm Peter, Neuere Entwicklungen der Verkäuferhaftung beim Kauf von Unternehmensbeteiligungen, ZGR 1982, S. 45ff.

–, Münchener Kommentar zum Bürgerlichen Gesetzbuch, 3. Band, Schuldrecht Besonderer Teil, §§ 433 – 606, 3. Aufl., München 1995.

Weyer, Hartmut, Nach der Reform: Gestaltung der Wettbewerbspolitik durch die Kommission? Zur Anwendung des Art. 81 EGV durch die Kommission, nationale Gerichte und EuGH in einem System der gesetzlichen Ausnahme, ZHR 164 (2000), S. 611ff.

Wieacker, Franz, Privatrechtsgeschichte der Neuzeit, 2. Aufl., Göttingen 1967.

Wiegand, Wolfgang, in: Julius von Staudingers Kommentar zum Bürgerlichen Gesetzbuch mit Einführungsgesetz und Nebengesetzen, Drittes Buch. Sachenrecht, §§ 1204-1296, 13. Bearb., Berlin 1997.

Wiethölter, Rudolf, Franz Böhm (1895-1977). In: Juristen an der Universität Frankfurt am Main, Hrsg. Bernhard Diestelkamp / Michael Stolleis, Baden-Baden 1989, S. 208ff.

Willemsen, Heinz Josef, Zum Verhältnis von Sachmängelhaftung und culpa in contrahendo beim Unternehmenskauf, AcP 182 (1982), S. 515ff.

–, Der Einfluss der Rechtswissenschaft auf die Gestaltung des GWB. In: Kartelle und Kartellgesetzgebung in der Praxis vom 19. Jahrhundert bis in die Gegenwart, Hrsg. H. Pohl, Stuttgart 1985, S. 257ff.

Willi, Philipp, Die Freirechtsschule, 1919 (Separater Abdruck der Schweiz. Rundschau 1918/ 19, Heft 2).

Winter, Heinz, in: Scholz, Kommentar zum GmbH-Gesetz mit Nebengesetzen und den Anhängen Konzernrecht sowie Umwandlung und Verschmelzung, I. Bd, §§ 1 – 44, 8. Aufl., Köln 1993.

Wolf, Ernst, Das Recht am eingerichteten und ausgeübten Gewerbebetrieb. In: Festschrift für Fritz von Hippel zum 70.Geburtstag, Hrsg. Josef Esser / Hans Thieme, Tübingen 1967, S. 665ff.

Wolf, Manfred / Kaiser, Jochen, Die Mängelhaftung beim Unternehmenskauf nach neuem Recht, DB 2002, S. 411ff.

Würdinger, Hans, Kartelle und Justiz, DB 1953, S. 226ff.

–, Nachruf auf Rudolf Isay, WuW 1956, S. 792f.

Würtenberger, Thomas, Vorwort des Herausgebers. In: Rechtswissenschaft und Soziologie. Ausgewählte Schriften zur Wissenschaftslehre von Hermann Kantorowicz, Karlsruhe 1962, S. 1ff.

–, Schwankungen und Wandlungen im Rechtsbewusstsein der Bevölkerung, NJW 1986, S. 2281ff.

Wunderlich, Nils-Christian, Die kaufrechtliche Haftung beim asset deal nach dem SchuldRModG, WM 2002, S. 981ff.

Zacher, Hans F., Pluralität der Gesellschaft als rechtspolitische Aufgabe, Der Staat 1970, S. 161ff.

Zätsch, Roger, in: Beck'sches Handbuch der GmbH. Gesellschaftsrecht – Steuerrecht, Hrsg. Welf Müller / Burkhard Hesse, 3. Aufl., München 2002.

Zentralverband des Deutschen Handwerks, Handwerk und Kartellgesetzgebung. Entschließung des Zentralverbands des Deutschen Handwerks zum Entwurf eines Gesetzes gegen Wettbewerbsbeschränkungen, WuW 1953, S. 374ff.

Zimmer, Daniel, Der Anwendungsbereich des Sachmängel-Gewährleistungsrechts beim Unternehmenskauf – Plädoyer für eine Neubestimmung, NJW 1997, S. 2345ff.

Zippelius, Reinhold, Demokratie und Meinungslenkung, JuS 1965, S. 379ff.

–, Rechtsphilosophie, 4. Aufl., München 2003.

–, Juristische Methodenlehre. Eine Einführung, 8. Aufl., München 2003.

Zöllner, Wolfgang, Recht und Politik. Zur politischen Dimension der Rechtsanwendung. In: Tradition und Fortschritt im Recht. Festschrift zum 500jährigen Bestehen der Tübinger Juristenfakultät, Tübingen 1977, S. 131ff.

Zweigert, Konrad, Rezension von: R. Isay, Entwurf eines Gesetzes zur Verhütung des Missbrauchs wirtschaftlicher Machtstellungen, 1954, DVBl. 1954, S. 652ff.

–, Die Zweite und Dritte Gewalt im Kartellrecht. In: Beiträge zum Wirtschaftsrecht. Festschrift für Rudolf Isay zu seinem 70.Geburtstag, Köln, Berlin 1956, S. 129ff.

Zwilgmeyer, Franz, Die Rechtslehre Savignys. Eine rechtsphilosophische und rechtsgeschichtliche Untersuchung, Leipzig 1929.

RECHTSHISTORISCHE REIHE

Band 1 Studien zu den germanischen Volksrechten. Gedächtnisschrift für Wilhelm Ebel. Vorträge gehalten auf dem Fest-Symposion anläßlich des 70. Geburtstages von Wilhelm Ebel am 16. Juni 1978 in Göttingen. Götz Landwehr (Hrsg.) 1982.

Band 2 Hans Poeschel: Die Statuten der Banken, Sparkassen und Kreditgenossenschaften in Hamburg und Altona von 1710 bis 1889. 1978.

Band 3 Thomas Kolbeck: Juristenschwemmen, Untersuchungen über den juristischen Arbeitsmarkt im 19. und 20. Jahrhundert. 1978.

Band 4 Norbert Hempel: Richterleitbilder in der Weimarer Republik. 1978.

Band 5 Rolf Stratmann: Die Scheinbußen im mittelalterlichen Recht. 1978.

Band 6 Martin C. Lockert: Die niedersächsischen Stadtrechte zwischen Aller und Weser. Vorkommen und Verflechtungen. Eine Bestandsaufnahme. 1979.

Band 7 Joachim Rückert/Wolfgang Friedrich: Betriebliche Arbeiterausschüsse in Deutschland, Großbritannien und Frankreich im späten 19. und frühen 20. Jahrhundert. Eine vergleichende Studie zur Entwicklung des kollektiven Arbeitsrechts. 1979.

Band 8 Peter Bender: Die Rezeption des römischen Rechts im Urteil der deutschen Rechtswissenschaft. 1979.

Band 9 Friedrich Karl Alsdorf: Untersuchungen zur Rechtsgestalt und Teilung deutscher Ganerbenburgen. 1980.

Band 10 Dietmar Willoweit/Winfried Schich (Hrsg.): Studien zur Geschichte des sächsisch-magdeburgischen Rechts in Deutschland und Polen (Sammelband). 1980.

Band 11 Brigitte Hempel: Der Entwurf einer Polizeiordnung für das Herzogtum Sachsen-Lauenburg aus dem Jahre 1591. 1980.

Band 12 Klaus-Detlev Godau-Schüttke: Rechtsverwalter des Reiches. Staatssekretär Dr. Curt Joël. 1981.

Band 13 Rainer Polley: Anton Friedrich Justus Thibaut (AD 1772-1840) in seinen Selbstzeugnissen und Briefen. Teil 1: Abhandlung. Teil 2: Briefwechsel. Teil 3: Register zum Briefwechsel. 1982.

Band 14 Michael Wettengel: Der Streit um die Vogtei Kelkheim 1275-1276. Ein kanonischer Prozeß.1981.

Band 15 Otto Wilhelm Krause: Naturrechtler des sechzehnten Jahrhunderts. Ihre Bedeutung für die Entwicklung eines natürlichen Privatrechts. 1982.

Band 16 Helga Spindler: Von der Genossenschaft zur Betriebsgemeinschaft. Kritische Darstellung der Sozialrechtslehre Otto von Gierkes. 1982.

Band 17 Holger Otte: Gustav Radbruchs Kieler Jahre 1919 - 1926. 1982.

Band 18 Rüdiger Teuner: Die fuldische Ritterschaft 1510 - 1656. 1982.

Band 19 Gerhard Dilcher/Rudolf Hoke/Gian Savino Pene Vidari/Hans Winterberg (Hrsg.): Grundrechte im 19. Jahrhundert. 1982.

Band 20 Karl-Hans Schloßstein: Die westfälischen Fabrikengerichtsdeputationen - Vorbilder, Werdegang und Scheitern. 1982.

Band 21 Birger Schulz: Der Republikanische Richterbund (1921-1933). 1982.

Band 22 Engelbert Krause: Die gegenseitigen Unterhaltsansprüche zwischen Eltern und Kindern in der deutschen Privatrechtsgeschichte. 1982.

Band 23 Meent W. Francksen: Staatsrat und Gesetzgebung im Großherzogtum Berg (1806-1813). 1982.

Band 24 Gerd von Sonnleithner: Bearbeitung des Handelsrechts durch Ignaz von Sonnleithner in seinem "Leitfaden über das österreichische Handels- und Wechselrecht". 1982.

Band 25 Rudolf Palme: Rechts-, Wirtschafts- und Sozialgeschichte der inneralpinen Salzwerke bis zu deren Monopolisierung. 1983.

Band 26 Helen Bosshard: Pestalozzis Staats- und Rechtsverständnis und seine Stellung in der Aufklärung. 1983.

Band 27 Jens Jessen: Die Selbstzeugnisse der deutschen Juristen. Erinnerungen, Tagebücher und Briefe. Eine Bibliographie. 1983.

Band 28 Günter Martin Jensen: Das Domanium Waldeck. Die rechtliche Zuordnung eines Fürstenvermögens. 1984.

Band 29 Johann Heinrich Kumpf: Petitionsrecht und öffentliche Meinung im Entstehungsprozeß der Paulskirchenverfassung 1848/49. 1983.

Band 30 Sabine Frey: Rechtsschutz der Juden gegen Ausweisungen im 16. Jahrhundert. 1983.

Band 31 Dietrich Joswig: Die germanische Grundstücksübertragung. 1984.

Band 32 Andreas Baryli: Konzessionssystem contra Gewerbefreiheit. Zur Diskussion der österreichischen Gewerberechtsreform 1835 bis 1860. 1984.

Band 33 Gerhard Oberkofler: Studien zur Geschichte der österreichischen Rechtswissenschaft. 1984.

Band 34 Rudolf Lauda: Kaufmännische Gewohnheit und Burgrecht bei Notker dem Deutschen. Zum Verhältnis von literarischer Tradition und zeitgenössischer Realität in der frühmittelalterlichen Rhetorik. 1984.

Band 35 Jens Jensen: Die Ehescheidung des Bischofs Hans von Lübeck von Prinzessin Julia Felicitas von Württemberg-Weiltingen AD 1648-1653. Ein Beitrag zum protestantischen Ehescheidungsrecht im Zeitalter des beginnenden Absolutismus. 1984.

Band 36 Horst Schröder: Friedrich Karl von Savigny. Geschichte und Rechtsdenken beim Übergang vom Feudalismus zum Kapitalismus in Deutschland. 1984.

Band 37 Andreas Hatzung: Dogmengeschichtliche Grundlagen und Entstehung des zivilrechtlichen Notstands. 1984.

Band 38 Matthias Klasen: Das Billwerder Landrecht. Landrecht und Landgericht in den Hamburger Elbmarschen. 1985.

Band 39 Rainer Jamin: Aufbau, Tätigkeit und Verfahren der Auseinandersetzungsbehörden bei der Durchführung der preußischen Agrarreformen. 1985.

Band 40 Henry Winter: Teilschuld, Gesamtschuld und unechte Gesamtschuld. Zur Konzeption der §§ 420 ff. BGB - Ein Beitrag zur Entstehungsgeschichte des BGB. 1985.

Band 41 Hermann Eichler: Verfassungsbewegung in Amerika und Europa. 1985.

Band 42 Dagmar Bandemer: Heinrich Albert Zachariae. Rechtsdenken zwischen Restauration und Reformation. 1985.

Band 43 Eva-Christine Frentz: Das Hamburgische Admiralitätsgericht (1623-1811). Prozeß und Rechtsprechung. 1985.

Band 44 Karl Lillig: Rechtsetzung im Herzogtum Pfalz-Zweibrücken während des 18. Jahrhunderts. Ein Beitrag zur Geschichte der territorialen Rechtsbildung. 1985.

Band 45 Walter Weber: Die Entwicklung der Sparkassen zu selbständigen Anstalten des öffentlichen Rechts. Ein Beitrag zur Entwicklung des Anstaltsbegriffs im 19. Jahrhundert. 1985.

Band 46 Bärbel Baum: Der Stabreim im Recht. Vorkommen und Bedeutung des Stabreims in Antike und Mittelalter. 1986.

Band 47 Hans Popp: Die nationalsozialistische Sicht einiger Institute des Zivilprozeß- und Gerichtsverfassungsrechts. 1986.

Band 48 John Karl-Heinz Montag: Die Lehrdarstellung des Handelsrechts von Georg Friedrich von Martens bis Meno Pöhls. Die Wissenschaft des Handelsrechts im ersten Drittel des 19. Jahrhunderts. 1986.

Band 49 Volker D. Anhäusser: Das internationale Obligationenrecht in der höchstrichterlichen Rechtsprechung des 19. Jahrhunderts. 1986.

Band 50 Udo Beer: Die Juden, das Recht und die Republik. Verbandswesen und Rechtsschutz 1919-1933. 1986.

Band 51 Herbert Grziwotz: Der moderne Verfassungsbegriff und die "Römische Verfassung" in der deutschen Forschung des 19. und 20. Jahrhunderts. 1986.

Band 52 Ralf Conradi: Karl Friedrich Eichhorn als Staatsrechtslehrer. Seine Göttinger Vorlesung über "Das Staatsrecht der deutschen Bundesstaaten" nach einer Kollegmitschrift aus dem Wintersemester 1821/22. 1987.

Band 53 Dieter Dannreuther: Der Zivilprozeß als Gegenstand der Rechtspolitik im Deutschen Reich 1871 - 1945. Ein Beitrag zur Geschichte des Zivilprozeßrechts in Deutschland. 1987.

Band 54 Stephan Felix Pauly: Organisation, Geschichte und Praxis der Gesetzesauslegung des (Königlich) Preußischen Oberverwaltungsgerichtes 1875 - 1933. 1987.

Band 55 Rüdiger Schulz: Die Entstehung des Seerechts des Allgemeinen Deutschen Handelsgesetzbuches unter besonderer Berücksichtigung der Bestimmungen über die Reederei, den Schiffer und die Schiffsmannschaft. 1987.

Band 56 Reinhold Reis: Deutsches Privatrecht in den Weistümern der Zenten Schriesheim und Kirchheim. 1987.

Band 57 Jürgen Christoph: Die politischen Reichsamnestien 1918 - 1933. 1987.

Band 58 Gerhard Oberkofler/Eduard Rabofsky: Hans Kelsen im Kriegseinsatz der k.u.k.-Wehrmacht. Eine kritische Würdigung seiner militärtheoretischen Angebote. 1988.

Band 59 Arne Wulff: Staatssekretär Prof. Dr. Dr. h.c. Franz Schlegelberger. 1876-1970. 1991.

Band 60 Gerhard Köbler (Hrsg.): Wege europäischer Rechtsgeschichte. Karl Kroeschell zum 60. Geburtstag. 1987.

Band 61 Rüdiger Hütte: Der Gemeinschaftsgedanke in den Erbrechtsreformen des Dritten Reichs. 1988.

Band 62 Markus Göldner: Politische Symbole der europäischen Integration. Fahne, Hymne, Hauptstadt, Paß, Briefmarke, Auszeichnungen. 1988.

Band 63 Wolfgang Kröner: Freiheitsstrafe und Strafvollzug in den Herzogtümern Schleswig, Holstein und Lauenburg von 1700 bis 1864. 1988.

Band 64 Werner Gaile: Die Norder Theelacht. 1988.

Band 65 Karl v. Kempis: Andreas Gaill (1526 - 1587). Zum Leben und Werk eines Juristen der frühen Neuzeit. 1988.

Band 66 Wolf-Rüdiger Osburg: Die Verwaltung Hamburgs in der Franzosenzeit. 1811-1814. 1988.

Band 67 Christian Schudnagies: Hans Frank. Aufstieg und Fall des NS-Juristen und Generalgouverneurs. 1988.

Band 68 Otmar Jung: Senatspräsident Freymuth. Richter, Sozialdemokrat und Pazifist in der Weimarer Republik. Eine politische Biographie. 1989.

Band 69 Joachim Lohner: Das landeshauptmannschaftliche Gericht in Oberösterreich zu Beginn der Neuzeit. Eine Darstellung des oberösterreichischen Prozeßrechts am obersten Territorialgericht des Landes anhand der oberösterreichischen Landtafel.1989.

Band 70 Bernd Klemann: Rudolf von Jhering und die Historische Rechtsschule. 1989.

Band 71 Adalbert Langer: Männer um die österreichische Zivilprozeßordnung 1895. Zusammenspiel / Soziales Ziel. 1990.

Band 72 Robert-Dieter Klee: Die Landessuperintendentur Lauenburg. Ursprung und Entwicklung sowie Ende der Sonderstellung des Kirchenkreises Herzogtum Lauenburg durch die nordelbische Kirchenvereinigung. 1989.

Band 73 Heinrich Herrmann: Die Gehöferschaften im Bezirk Trier. 1989.

Band 74 Wilhelm Brauneder, Franz Baltzarek (Hrsg.): Modell einer neuen Wirtschaftsordnung. Wirtschaftsverwaltung in Österreich 1914 - 1918. 1991.

Band 75 Thomas Dreyer: Die "Assecuranz- und Haverey-Ordnung" der Freien und Hansestadt Hamburg von 1731. 1990.

Band 76 Bernhard Sendler: Die Rechtssprache in den süddeutschen Stadtrechtsreformationen. 1990.

Band 77 Brigitte Lehmann: Ehevereinbarungen im 19. und 20. Jahrhundert. 1990.

Band 78 Michael Sunnus: Der NS-Rechtswahrerbund (1928-1945). Zur Geschichte der nationalsozialistischen Juristenorganisation. 1990.

Band 79 Stefan Schulz: Die historische Entwicklung des Rechts an Bienen. (§§ 961 - 964 BGB). 1990.

Band 80 Gerhard Lingelbach, Heiner Lück (Hrsg.): Deutsches Recht zwischen Sachsenspiegel und Aufklärung. Rolf Lieberwirth zum 70. Geburtstag dargebracht von Schülern, Freunden und Kollegen, herausgegeben von Gerhard Lingelbach und Heiner Lück. 1991.

Band 81 Manfred Krohn: Die deutsche Justiz im Urteil der Nationalsozialisten 1920 - 1933. 1991.

Band 82 Angelika Kühn: Privilegierung nationaler Minderheiten im Wahlrecht der Bundesrepublik Deutschland und Schleswig-Holsteins. 1991.

Band 83 Georg Brun: Leben und Werk des Rechtshistorikers Heinrich Mitteis unter besonderer Berücksichtigung seines Verhältnisses zum Nationalsozialismus. 1991.

Band 84 Wolfgang Simon: Claudius Freiherr von Schwerin. Rechtshistoriker während dreier Epochen deutscher Geschichte. 1991.

Band 85 Friedrich-Carl Wachs: Das Verordnungswerk des Reichsdemobilmachungsamtes. Stabilisierender Faktor zu Beginn der Weimarer Republik. 1991.

Band 86 Jens-Uwe Petersen: Die Vorgeschichte und die Entstehung des Mieterschutzgesetzes von 1923 nebst der Anordnung für das Verfahren vor dem Mieteinigungsamt und der Beschwerdestelle. 1991.

Band 87 Ulrike Halbach: Familienrecht in der Rechtssprache. Die historische Entwicklung zentraler Ausdrücke des geltenden Familienrechts. 1991.

Band 88 Joern Christian Nissen: Die Beratungen des Seeversicherungsausschusses der Akademie für Deutsches Recht zu einem neuen Seeversicherungsgesetz (1934-1939). Ein Beitrag zur Entwicklung der allgemeinen Lehren des Seeversicherungsrechts unter besonderer Berücksichtigung des Handelsgesetzbuchs und der Allgemeinen Deutschen Seeversicherungs-Bedingungen 1919. 1991.

Band 89 Diethard Bühler: Die Entstehung der allgemeinen Vertragsschluß-Vorschriften im Allgemeinen Deutschen Handelsgesetzbuch (ADHGB) von 1861. Ein Beitrag zur Kodifikationsgeschichte des Privatrechts im 19. Jahrhundert. 1991.

Band 90 Gerhard Oberkofler: Die Vertreter des Römischen Rechts mit deutscher Unterrichtssprache an der Karls-Universität in Prag. Vom Vormärz bis 1945. 1991.

Band 91 Ulrich Andermann: Ritterliche Gewalt und bürgerliche Selbstbehauptung. Untersuchungen zur Kriminalisierung und Bekämpfung des spätmittelalterlichen Raubrittertums am Beispiel norddeutscher Hansestädte. 1991.

Band 92 Heinz Marcus Hanke: Luftkrieg und Zivilbevölkerung. Der kriegsvölkerrechtliche Schutz der Zivilbevölkerung gegen Luftbombardements von den Anfängen bis zum Ausbruch des Zweiten Weltkrieges. 1991.

Band 93 Kirsten Kraglund: Familien- und Erbrecht. Materielles Recht und Methoden der Rechtsanwendung in der Rechtsprechung des Oberappellationsgerichts der vier Freien Städte Deutschlands zu Lübeck. 1991.

Band 94 Reinhard Lorenz: Die politische und rechtliche Stellung des Proletariats in Preußen in der Zeit zwischen den Reformen und der Revolution 1848/49. 1991.

Band 95 Eric Hilgendorf: Die Entwicklungsgeschichte der parlamentarischen Redefreiheit in Deutschland. 1991.

Band 96 Hans J. Reiter: Die Handelsgesellschaft Villeroy & Boch von der Gründung 1836 bis zum Jahr 1878. 1992.

Band 97 Martin Johannes Heller: Reform der deutschen Rechtssprache im 18. Jahrhundert. 1992.

Band 98 Michael Kotulla: Die Tragweite der Grundrechte der revidierten preußischen Verfassung vom 31.01.1850. 1992.

Band 99 Michael Siefener: Hexerei im Spiegel der Rechtstheorie. Das crimen magiae in der Literatur von 1574 bis 1608. 1992.

Band 100 Andreas Ebert-Weidenfeller: Hamburgisches Kaufmannsrecht im 17. und 18. Jahrhundert. Die Rechtsprechung des Rates und des Reichskammergerichtes. 1992.

Band 101 Enno Bommel: Die Entstehung der Verwirkungslehre in der Krise des Positivismus. 1992.

Band 102 Ralph Steppacher: Die Berücksichtigung der bäuerlichen Postulate bei der Entstehung des ZGB und der Revision des OR. Ein Beitrag zur schweizerischen Kodifikationsgeschichte (1893 - 1912). 1992.

Band 103 Martin Fleckenstein: Die Todesstrafe im Werk Carl Joseph Anton Mittermaiers (1787 - 1867). Zur Entwicklungsgeschichte eines Werkbereichs und seiner Bedeutung für Theorie- und Methodenbildung. 1992.

Band 104 Jörn Eckert: Der Kampf um die Familienfideikommisse in Deutschland. Studien zum Absterben eines Rechtsinstitutes. 1992.

Band 105 Jörg Grotkopp: Beamtentum und Staatsformwechsel. Die Auswirkungen der Staatsformwechsel von 1918, 1933 und 1945 auf das Beamtenrecht und die personelle Zusammensetzung der deutschen Beamtenschaft. 1992.

Band 106 Andreas Rohde: Die Garantiehaftung des Vermieters und ihr Verhältnis zum Unmöglichkeitsrecht in dogmengeschichtlicher und modernrechtlicher Sicht. 1992.

Band 107 Tjark Siefke Kunstreich: Gesamtvertretung. Eine historisch-systematische Darstellung. 1992.

Band 108 Jürgen Krüger: Blindheit und Königtum. Die Blindheit des Königs Georg V. von Hannover als verfassungsrechtliches Problem. 1992.

Band 109 Wolfgang Putschek: Ständische Verfassung und autoritäre Verfassungspraxis in Österreich 1933-1938 mit Dokumentenanhang. Verfassung und Verfassungswirklichkeit. Mit einem Anhang: Denkschriften von Rechtsanwalt Dr. Erich Führer 1936/37. 1993.

Band 110 Klaus Hofmann: Die Verdrängung der Juden aus öffentlichem Dienst und selbständigen Berufen in Regensburg 1933-1939. 1993.

Band 111 Franz Kilger: Die Entwicklung des Telegraphenrechts im 19. Jahrhundert mit besonderer Berücksichtigung der technischen Entwicklung. Telegraphenrecht im 19. Jahrhundert. 1993.

Band 112 Wilhelm Brauneder (Hrsg.): Heiliges Römisches Reich und moderne Staatlichkeit. 1993.

Band 113 Thomas Heinrich: Das preußische Nichtehelichenrecht: Von der Aufklärung zur Reaktion. 1993.

Band 114 Gerald Kohl: Jagd und Revolution. Das Jagdrecht in den Jahren 1848 und 1849. 1993.

Band 115 Christian Schudnagies: Der Kriegs- oder Belagerungszustand im Deutschen Reich während des Ersten Weltkrieges. Eine Studie zur Entwicklung und Handhabung des deutschen Ausnahmezustandsrechts bis 1918. 1994.

Band 116 Elisabeth Bellmann: Die Internationale Kriminalistische Vereinigung (1889-1933). 1994.

Band 117 Julia Pfannkuch: Volksrichterausbildung in Sachsen 1945-1950. 1993.

Band 118 Jörg Offen: Von der Verwaltungsgemeinschaft des BGB von 1896 zur Zugewinngemeinschaft des Gleichberechtigungsgesetzes von 1957. 1994.

Band 119 Dorothee Kohlhas-Müller: Untersuchungen zur Rechtsstellung Theoderichs des Großen. 1995.

Band 120 Monika Rose: Das Gerichtswesen des Herzogtums Pfalz-Zweibrücken im 18. Jahrhundert. Ein Beitrag zur territorialen Gerichtsbarkeit im Alten Reich. 1994.

Band 121 Jörn Eckert / Hans Hattenhauer (Hrsg.): Bibel und Recht. Rechtshistorisches Kolloquium 9. - 13. Juni 1992 an der Christian-Albrechts-Universität zu Kiel. 1994.

Band 122 Robert Martin Mizia: Der Rechtsbegriff der Autonomie und die Begründung des Privatfürstenrechts in der deutschen Rechtswissenschaft des 19. Jahrhunderts. 1995.

Band 123 Walther Graf von Plettenberg: Das Fortleben des Liber Iudiciorum in Asturien/León (8. - 13. Jh.). 1994.

Band 124 Wolfgang Schulz: Das deutsche Börsengesetz. Die Entstehungsgeschichte und wirtschaftlichen Auswirkungen des Börsengesetzes von 1896. 1994.

Band 125 Frank Hagemann: Der Untersuchungsausschuß Freiheitlicher Juristen. 1949 – 1969. 1994.

Band 126 Andreas Rethmeier: "Nürnberger Rassegesetze" und Entrechtung der Juden im Zivilrecht. 1995.

Band 127 Edith Grether: Die Poesie der Throne. Die Juristen in der Fruchtbringenden Gesellschaft. 1995.

Band 128 Anna Bartels-Ishikawa: Der Lippische Thronfolgestreit. Eine Studie zu verfassungsrechtlichen Problemen des Deutschen Kaiserreiches im Spiegel der zeitgenössischen Staats. 1995.

Band 129 Jörg Schmidt: Otto Koellreutter 1883-1972. Sein Leben, sein Werk, seine Zeit. 1995.

Band 130 Christian Hattenhauer: Wahl und Krönung Franz II. AD 1792. Das Heilige Reich krönt seinen letzten Kaiser - Das Tagebuch des Reichsquartiermeisters Hieronymus Gottfried von Müller und Anlagen. 1995.

Band 131 Jutta v. der Decken: Das Seearbeitsrecht im Hamburger Stadtrecht von 1301 bis 1603. 1995.

Band 132 Detlev Schmidt: Die Reform des Rechts der Handelsvertreter von 1953. 1995.

Band 133 Gabi Roßdeutscher: Privatautonomie im Scheidungsrecht. Scheidungsbezogene Vereinbarungen in den letzten 200 Jahren. 1995.

Band 134 Harald Kahlenberg: Leben und Werk des Rechtshistorikers Walther Merk. Ein Beispiel für das Verhältnis von Rechtsgeschichte und Nationalsozialismus. 1995.

Band 135 Michael Steitz: Adelbert Düringer am Reichsgericht (1902-1915). Seine aktienrechtlichen Entscheidungen und sein Einfluß auf das Aktienrecht in Deutschland. 1995.

Band 136 Christian Becker: Beata Justorum Translatio. Juristen in schleswig-holsteinischen Leichenpredigten. 1996.

Band 137 Christoph Seiler: Vom Allgemeinen Landrecht zum Bürgerlichen Gesetzbuch. Dargestellt am Beispiel der höchstrichterlichen Judikatur zum kaufrechtlichen Sachmängelgewährleistungsrecht. 1996.

Band 138 Bernd Mayer: Die Vertrauensmännerausschüsse auf den preußischen Steinkohlegruben an der Saar. Entstehung und Wirken. Eine rechtshistorische Untersuchung. 1996.

Band 139 Rochus Scholl: Juden und Judenrecht im Herzogtum Pfalz-Zweibrücken. Ein Beitrag zur Rechtsgeschichte eines deutschen Kleinstaates am Ende des alten Reiches. 1996.

Band 140 Meike Bursch: Judentaufe und frühneuzeitliches Strafrecht. Die Verfahren gegen Christian Treu aus Weener/Ostfriesland 1720-1728. 1996.

Band 141 Markus Hillenbrand: Fürstliche Eheverträge. Gottorfer Hausrecht 1544 - 1773. 1996.

Band 142 Ulf Häder: Das gemeinschaftliche Oberappellationsgericht thüringischer Staaten in Jena. Ein Beitrag zur Geschichte des Gerichtswesens im 19. Jahrhundert. 1996.

Band 143 Andreas Bauer: Das Gnadenbitten in der Strafrechtspflege des 15. und 16. Jahrhunderts. Dargestellt unter besonderer Berücksichtigung von Quellen der Vorarlberger Gerichtsbezirke Feldkirch und des Hinteren Bregenzerwaldes. 1996.

Band 144 Christian Wirth: Der Jurist Johann Andreas Georg Friedrich Rebmann zwischen Revolution und Restauration. 1996.

Band 145 Stefanie Müller: Die Rechtsprechung des Hanseatischen Oberlandesgerichts zum persönlichen Eherecht in Hamburgischen Gerichtsfällen von 1879 -1900. 1996.

Band 146 Jean-Nicolas Morisset: Der Frachtvertrag in der *Ordonnance de la marine* von 1681. 1996.

Band 147 Dirk Lentfer: Die Glogauer Landesprivilegien des Andreas Gryphius von 1653. 1996.

Band 148 Wencke Mull: Die Haftung für Einsturzschäden nach den §§ 836-838 BGB in der Rechtsprechung des Reichsgerichts. 1996.

Band 149 Renate Zelger: Teufelsverträge. Märchen, Sage, Schwank, Legende im Spiegel der Rechtsgeschichte. 1996.

Band 150 Guido Kraß: Das Arrestverfahren in Frankfurt am Main im Spätmittelalter. 1996.

Band 151 F. Benedict Heyn: Die Entwicklung des Eisenbahnfrachtrechts von den Anfängen bis zur Einführung des Allgemeinen Deutschen Handelsgesetzbuches (ADHGB). 1996.

Band 152 Thomas Lang: Die Staats- und Verfassungslehre Carl Salomo Zachariaes. 1996.

Band 153 Michael Hebeis: Karl Anton von Martini (1726-1800). Leben und Werk. 1996.

Band 154 Gerald Hubert: Die Diskussion um die rechtliche Natur der Bizone in den Jahren 1947-1949. 1996.

Band 155 Christof Horn: Die Rechtsprechung des Reichsgerichts in Ehescheidungssachen der Jahre 1900 bis 1905. 1996.

Band 177 Inken Fuhrmann: Die Diskussion über die Einführung der fakultativen Zivilehe in Deutschland und Österreich seit Mitte des 19. Jahrhunderts. 1998.

Band 178 Annette Rieck: Der Heilige Ivo von Hélory (1247-1303). Advocatus pauperum und Patron der Juristen. 1998.

Band 179 Frank Bottenberg: Die Hamburgische Strafprozeßordnung von 1869. 1998.

Band 180 Matthias Krauß: Das kursächsische Postrecht von seinen Anfängen bis zum Ende des Alten Reichs. 1998.

Band 181 Torsten Schmidt: Die Entmündigung von den Anfängen des BGB bis zu ihrer Ablösung durch das Institut der Betreuung. 1998.

Band 182 Christian Nunn: Rudolf Müller-Erzbach. 1874-1959. Von der realen Methode über die Interessenjurisprudenz zum kausalen Rechtsdenken (Leben und Werk). 1998.

Band 183 Christian Ortloff: Das staatskirchenrechtliche System Wilhelm Traugott Krugs. Glaubens- und Gewissensfreiheit – eine Forderung der Vernunft. 1998.

Band 184 Christian Hattenhauer: Schuldenregulierung nach dem Westfälischen Frieden. Der sog. § *de indaganda* und seine Umsetzung im Jüngsten Reichsabschied (AD 1648 und 1654). 1998.

Band 185 Werner Schubert: Preußen im Vormärz. Die Verhandlungen der Provinziallandtage von Brandenburg, Pommern, Posen, Sachsen und Schlesien sowie – im Anhang – von Ostpreußen, Westfalen und der Rheinprovinz (1841-1845). 1998.

Band 186 Silvia Schumacher: Das Rechtsverhältnis zwischen Eltern und Kindern in der Privatrechtsgeschichte. 1999.

Band 187 Kai Sommer: Die Strafbarkeit der Homosexualität von der Kaiserzeit bis zum Nationalsozialismus. Eine Analyse der Straftatbestände im Strafgesetzbuch und in den Reformentwürfen (1871-1945). 1998.

Band 188 Jan Erik Backhaus: Volksrichterkarrieren in der DDR. 1999.

Band 189 Ralf Ruhnau: Die Fürstlich Thurn und Taxissche Privatgerichtsbarkeit in Regensburg. Ein Kuriosum der deutschen Rechtsgeschichte. 1999.

Band 190 Antonio Grilli: Die französische Justizorganisation am linken Rheinufer 1797-1803. 1999.

Band 191 Stephanie Kammerloher-Lis: Die Entstehung des Gesetzes über die religiöse Kindererziehung vom 15. Juli 1921. 1999.

Band 192 Jan Telp: Ausmerzung und Verrat. Zur Diskussion um Strafzwecke und Verbrechensbegriffe im Dritten Reich. 1999.

Band 193 Kurt von Pannwitz: Die Entstehung der Allgemeinen Deutschen Wechselordnung. Ein Beitrag zur Geschichte der Vereinheitlichung des deutschen Zivilrechts im 19. Jahrhundert. 1999.

Band 194 Sylvia Busch: Die Entstehung der Allgemeinen Gerichtsordnung für die Preussischen Staaten von 1793/95. Ein Beitrag zur Geschichte der Kodifikationsbewegung und der Reform des Zivilprozesses in Preußen im 18. Jahrhundert. 1999.

Band 195 Dirk Bieresborn: Klage und Klageerwiderung im deutschen und englischen Zivilprozeß. Eine rechtshistorische und rechtsvergleichende Untersuchung unter besonderer Berücksichtigung der Beeinflussung durch das römisch-kanonische Verfahren. 1999.

Band 196 Andreas Thier / Guido Pfeifer / Philipp Grzimek (Hrsg.): Kontinuitäten und Zäsuren in der Europäischen Rechtsgeschichte. Europäisches Forum Junger Rechtshistorikerinnen und Rechtshistoriker München 22.-24. Juli 1998. 1999.

Band 197 Franz Smola: Die Fürstlich Liechtenstein'sche Kunstsammlung. Rechtsfragen zur Verbringung der Sammlung von Wien nach Vaduz in den Jahren 1944/45. 1999.

Band 198 Frank Martin Krauss: Das geteilte Eigentum im 19. und 20. Jahrhundert. Eine Untersuchung zum Fortbestand des Teilungsgedankens. 1999.

Band 199 Matthias Frey: Die spanische Aktiengesellschaft im 18. Jahrhundert und unter dem Código de Comercio von 1829. 1999.

Band 200 Alexandra Gilde: Die Stellung der Frau im Reichsstrafgesetzbuch von 1870/71 und in den Reformentwürfen bis 1919 im Urteil der bürgerlichen Frauenbewegung. Eine Analyse ausgewählter Straftatbestände. 1999.

Band 201 Malte Dießelhorst / Arne Duncker: Hans Kohlhase. Die Geschichte einer Fehde in Sachsen und Brandenburg zur Zeit der Reformation. 1999.

Band 202 Jörg Hillmann: Territorialrechtliche Auseinandersetzungen der Herzöge von Sachsen-Lauenburg vor dem Reichskammergericht im 16. Jahrhundert. 1999.

Band 203 Carsten Engler: Die Kommanditgesellschaft (KG) und die stille Gesellschaft im Allgemeinen Deutschen Handelsgesetzbuch (ADHGB) von 1861. 1999.

Band 204 Vesta Hoffmann-Steudner: Die Rechtsprechung des Reichsgerichts zu dem Scheidungsgrund des § 49 EheG (EheG 1938) in den Jahren 1938-1945. 1999.

Band 205 Michaela Thiele: Die Auflösung von Arbeitsverhältnissen aufgrund Anfechtung und außerordentlicher Kündigung nach der Rechtsprechung des Reichsarbeitsgerichts (1927-1945). 2000.

Band 206 Peter Landau / Hermann Nehlsen / Mathias Schmoeckel (Hrsg.): Karl von Amira zum Gedächtnis. 1999.

Band 207 Marcus Flinder: Die Entstehungsgeschichte des Zivilgesetzbuches der DDR. 1999.

Band 208 Boris Franz Leo Bromm: Die Entstehungsgeschichte des Berufs des Handelsvertreters. Unter besonderer Berücksichtigung der Sozialgesetzgebung in den Jahren von 1871-1933. 2000.

Band 209 Winfried C. J. Eberstein: Das Tierschutzrecht in Deutschland bis zum Erlaß des Reichs-Tierschutzgesetzes vom 24. November 1933. Unter Berücksichtigung der Entwicklung in England. 1999.

Band 210 Patrick Deller: Der „nach dem Vertrage" vorausgesetzte Gebrauch (§ 459 Absatz 1 Satz 1 BGB). Eine kaufrechtliche Untersuchung unter Berücksichtigung rechtshistorischer wie rechtsvergleichender Grundlagen. 2000.

Band 211 Eckard Freiherr von Bodenhausen: Haftung des Geschäftsherrn für Verrichtungsgehilfen im Straßen- und Schienenverkehr. Eine Analyse der Entscheidungen des Reichsgerichts zu § 831 BGB (1900-1945). 2000.

Band 212 Birte Gast: Der Allgemeine Teil und das Schuldrecht des Bürgerlichen Gesetzbuchs im Urteil von Raymond Saleilles (1855-1912). 2000.

Band 213 Hansjörg Michael Huber: Koloniale Selbstverwaltung in Deutsch-Südwestafrika. Entstehung, Kodifizierung und Umsetzung. 2000.

Band 214 Ulf Björner: Die Verfassungsgerichtsbarkeit im Norddeutschen Bund und Deutschen Reich (1867-1918). Eine rechtshistorische Untersuchung über Gerichtsbarkeit im Spannungsfeld von Politik und Recht innerhalb der von Bismarck geschaffenen deutschen Bundesstaaten. 2000.

Band 215 Mathias Freiherr von Rosenberg: Friedrich Carl von Savigny (1779-1861) im Urteil seiner Zeit. 2000.

Band 216 Reinhard Binder-Krieglstein: Österreichisches Adelsrecht 1868-1918/19. Von der Ausgestaltung des Adelsrechts der cisleithanischen Reichshälfte bis zum Adelsaufhebungsgesetz der Republik unter besonderer Berücksichtigung des adeligen Namensrechts. 2000.

Band 217 Claudia-Regine Nerius: Johannes Lehmann-Hohenberg (1851-1925). Eine Studie zur völkischen Rechts- und Justizkritik im Deutschen Kaiserreich. 2000.

Band 218 Ludger Meuten: Die Erbfolgeordnung des Sachsenspiegels und des Magdeburger Rechts. Ein Beitrag zur Geschichte des sächsisch-magdeburgischen Rechts. 2000.

Band 219 Christoph Alexander von Wilcken: Die Reformbestrebungen zum Genossenschaftsgesetz in der Frühzeit der Bundesrepublik. Die Beratungen der Sachverständigenkommission zur Überprüfung des Genossenschaftsrechts 1954 bis 1958 und der Referentenentwurf von 1962. 2000.

Band 220 Verein Junger RechtshistorikerInnen Zürich (Hrsg.): ¿Rechtsgeschichte(n)? ¿Histoire(s) du droit? ¿Storia/storie del diritto? ¿Legal Histori(es)? Europäisches Forum Junger Rechtshistorikerinnen und Rechtshistoriker Zürich 28.-30. Mai 1999. 2000.

Band 221 Hans Christian Schüler: Die Entstehungsgeschichte der Bundesnotarordnung vom 24. Februar 1961. 2000.

Band 222 Nils-Eberhard Schramm: Die Vereinigung demokratischer Juristen (1949-1999). 2000.

Band 223 Silke Anke Torp: Das Rechtsverhältnis zwischen den Eltern und ihren Kindern. Dienstleistungspflicht, Aussteuer und Ausstattung. Eine Analyse der Rechtsprechung des Reichsgerichts und des Reichsarbeitsgerichts zu den Vorschriften der §§ 1616 bis 1625 des Bürgerlichen Gesetzbuches in der Zeit von 1900 bis 1945. 2000.

Band 224 Martin Jürgen Maaß: Die Geschichte des Eigentumsvorbehalts, insbesondere im 18. und 19. Jahrhundert. 2000.

Band 225 Stefanie Langer: Rechtswissenschaftliche Itinerarien. Lebenswege namhafter europäischer Juristen vom 11. bis zum 18. Jahrhundert. 2000.

Band 226 Ulrich Schmitz: Der Unterhaltsanspruch des nichtehelichen Kindes gegen seinen Erzeuger. Die rechtsgeschichtliche und dogmatische Entwicklung im deutschen Recht. 2000.

Band 227 Sebastian Günther: Friedrich Carl von Savigny als Grundherr. 2000.

Band 228 Henning Ibs: Hermann J. Held (1890-1963). Ein Kieler Gelehrtenleben in den Fängen der Zeitläufe. 2000.

Band 229 Matthias Rücker: Wirtschaftswerbung unter dem Nationalsozialismus. Rechtliche Ausgestaltung der Werbung und Tätigkeit des Werberats der deutschen Wirtschaft. 2000.

Band 230 Hendrik Sandmann: Die Entwicklung von Begriff und Inhalt des Wirtschaftchsrechts durch die Rechtswissenschaft in der Weimarer Republik. 2000.

Band 231 Sibylle Müller: Gibt es Menschenrechte bei Samuel Pufendorf? 2000.

Band 232 Karin Olechowski-Hrdlicka: Die gemeinsamen Angelegenheiten der Österreichisch-Ungarischen Monarchie. Vorgeschichte – Ausgleich 1867 – Staatsrechtliche Kontroversen. 2001.

Band 233 Johannes Mierau: Die juristischen Abschluß- und Diplomprüfungen in der SBZ/DDR. Ein Einblick in die Juristenausbildung im Sozialismus. 2001.

Band 234 Jörg Wolff (Hrsg.): Stillstand, Erneuerung und Kontinuität. Einsprüche zur Preußenforschung. 2001.

Band 235 Friedo Schröder: Die anwaltliche Tätigkeit während der nationalsozialistischen Herrschaft. Eine Analyse der anwaltlichen Argumentation in Zivilprozessen anhand der vorhandenen Prozeßakten der Landgerichte Frankenthal, Wiesbaden, Limburg und Frankfurt und der Handakten der *jüdischen Konsulenten* des OLG-Bezirks Frankfurt. 2001.

Band 236 Der Code pénal des Königreichs Westphalen von 1813 mit dem Code pénal von 1810 im Original und in deutscher Übersetzung. Herausgegeben und mit einer Einleitung versehen von Werner Schubert. 2001.

Band 237 Klaus Richter: Deutsches Kolonialrecht in Ostafrika 1885-1891. 2001.

Band 238 Kai von Lewinski: Deutschrechtliche Systembildung im 19. Jahrhundert. 2001.

Band 239 Alexander Herzog: Sittenwidrige Rechtsgeschäfte in der höchstrichterlichen Rechtsprechung aus den Jahren 1948-1965. 2001.

Band 240 Claudia Rönnau: Die Beratungen des Wasserrechtsausschusses der Akademie für Deutsches Recht zu einem Reichswassergesetz (1934-1941). Ein Beitrag zur Dogmatik der Begriffe *Gemeingebrauch* und *Sondergebrauch* in der Zeit des Nationalsozialismus. 2001.

Band 241 Momme Rohlack: Kriegsgesellschaften (1914-1918). Arten, Rechtsformen und Funktionen in der Kriegswirtschaft des Ersten Weltkrieges. 2001.

Band 242 Rolf Geyer: Der Gedanke des Verbraucherschutzes im Reichsrecht des Kaiserreichs und der Weimarer Republik (1871-1933). Eine Studie zur Geschichte des Verbraucherrechts in Deutschland. 2001.

Band 243 Felix Lorenz Benjamin Lehmann: Der Rote Adlerorden. Entstehung und rechtliche Grundlagen (1705-1918). 2002.

Band 244 Marc Ludwig: Der Pfändungsschutz für Lohneinkommen. Die Entstehungs- und Entwicklungsgeschichte der Vorschriften zum Schutz vor Lohnpfändung in Deutschland. 2001.

Band 245 Alexander Wachter: Dorfschule zwischen Pastor und Schulmeister. Zur Säkularisierung des niederhessischen Schulwesens im 19. Jahrhundert. 2001.

Band 246 Richard Scholz: Analyse der Entstehungsbedingungen der reichsgerichtlichen Aufwertungsrechtsprechung. Untersuchung unter besonderer Berücksichtigung der konservativen Geldpolitik der Reichsbank und der Inflationspolitik der Reichsregierung. 2001.

Band 247 Judith Laeverenz: Märchen und Recht. Eine Darstellung verschiedener Ansätze zur Erfassung des rechtlichen Gehalts der Märchen. 2001.

Band 248 Christina Schenk: Bestrebungen zur einheitlichen Regelung des Strafvollzugs in Deutschland von 1870 bis 1923. 2001.

Band 249 Nils Werner: Die Prozesse gegen die Landvolkbewegung in Schleswig-Holstein 1929/32. Ein Beitrag zur Justizkritik in der späten Weimarer Republik. 2001.

Band 250 Wolfgang Walter: Das Duell in Bayern. Ein Beitrag zur bayerischen Strafrechtsgeschichte. 2002.

Band 251 Jörn Eckert / Kjell Å. Modéer (Hrsg.): Geschichte und Perspektiven des Rechts im Ostseeraum. Erster Rechtshistorikertag im Ostseeraum 8.–12. März 2000. 2001.

Band 252 Jan Könighaus: Die Inauguration der Christian-Albrechts-Universität zu Kiel 1665. Symbolgehalt und rechtliche Bedeutung des Universitätszeremoniells. 2002.

Band 253 Andreas Görgen: Rechtssprache in der Frühen Neuzeit. Eine vergleichende Untersuchung der Fremdwortverwendung in Gesetzen des 16. und 17. Jahrhunderts. 2002.

Band 254 Ralf Schäfer: Die Rechtsstellung der Haigerlocher Juden im Fürstentum Hohenzollern-Sigmaringen von 1634-1850. Eine rechtsgeschichtliche Untersuchung. 2002.

Band 255 Regine Schmalhorst: Die Tierhalterhaftung im BGB von 1896. Die Entstehung und Änderung des § 833 BGB sowie eine Analyse der Rechtsprechung des Reichsgerichts bis 1908. 2002.

Band 256 Thomas Hense: Konrad Beyerle. Sein Wirken für Wissenschaft und Politik in Kaiserreich und Weimarer Republik. 2002.

Band 257 Christian Mahlmann: Die Strafrechtswissenschaft der DDR. Klassenkampftheorie und Verbrechenslehre. 2002.

Band 258 Henning Kahmann: Die Bankiers von Jacquier & Securius 1933–1945. Eine rechtshistorische Fallstudie zur "Arisierung" eines Berliner Bankhauses. Mit einem Geleitwort von John Kornblum. 2002.

Band 259 Volker Friedrich Drecktrah: Die Gerichtsbarkeit in den Herzogtümern Bremen und Verden und in der preußischen Landdrostei Stade von 1715 bis 1879. 2002.

Band 260 Andreas Klass: Standes- oder Leistungselite? Eine Untersuchung der Karrieren der Wetzlarer Anwälte des Reichskammergerichts (1693-1806). 2002.

Band 261 Wolfgang Eder: Das italienische Tribunale Speciale per la Difesa dello Stato und der deutsche Volksgerichtshof. Ein Vergleich zwischen zwei politischen Gerichtshöfen. 2002.

Band 262 Albrecht Cordes / Bernd Kannowski (Hrsg.): Rechtsbegriffe im Mittelalter. 2002.

Band 263 Thomas Hildebrandt: Die Brandenburgischen Provinziallandtage von 1841, 1843, und 1845 anhand ausgewählter Verhandlungsgegenstände. 2002.

Band 264 Jan Finzel: Georg Adam Struve (1619–1692) als Zivilrechtler. 2003.

Band 265 Björn Carsten Frenzel: Das Selbstverständis der Justiz nach 1945. Analyse der Rolle der Justiz unter Berücksichtigung der Reden zur *Wiedereröffnung* der Bundes- und Oberlandesgerichte. 2003.

Band 266 Nils Reichhelm: Die marxistisch-leninistische Staats- und Rechtstheorie Karl Polaks. 2003.

Band 267 Raik Schneider: Altrechtliche Personenzusammenschlüsse. Ihre Entwicklung unter besonderer Berücksichtigung des Rechts des Großherzogtums Sachsen-Weimar-Eisenach sowie der Herzogtümer Sachsen-Meiningen und Sachsen-Gotha. 2003.

Band 268 Anke Meier: Die Geschichte des deutschen Konkursrechts, insbesondere die Entstehung der Reichskonkursordnung von 1877. 2003.

Band 269 Stefan Jens Jordan: Leben und Werk des Tübinger Rechtsprofessors Wilhelm Gottlieb Tafinger 1760–1813. 2003.

Band 270 Stefanie Hubig: Die historische Entwicklung des § 23 ZPO. Zum Ursprung und Fortleben des Vermögensgerichtsstandes im deutschen Prozeßrecht des 19. Jahrhunderts. 2003.

Band 271 Michael G. Perband: Der Grundsatz der freien Beweiswürdigung im Zivilprozeß (§ 286 ZPO) in der Rechtsprechung des Reichsgerichts. 2003.

Band 272 Mathias Bouveret: Die Stellung des Staatsoberhauptes in der parlamentarischen Diskussion und Staatsrechtslehre von 1848 bis 1918. 2003.

Band 273 Barbara Széchényi: Rechtliche Grundlagen bayerischer Zensur im 19. Jahrhundert. 2003.

Band 274 Sylvia Scharfenberg: Die Entstehungsgeschichte des Beurkundungsgesetzes vom 28. August 1969. 2003.

Band 275 Urte Nesemann: Die schwedische Familiengesetzgebung von 1734 bis zu den Reformgesetzen von 1915 bis 1920 und deren Einfluss auf die Gesetzgebungsprojekte der Weimarer Republik. Unter besonderer Berücksichtigung der Rechtsstellung der Frau und des unehelichen Kindes. 2003.

Band 276 Alexandra Brück: Die Polizeiordnung Herzog Christians von Braunschweig-Lüneburg vom 6. Oktober 1618. 2003.

Band 277 Torsten Landwehr: Das Kommissionsgeschäft in Rechtswissenschaft, Gesetzgebung und Rechtspraxis vom 16. bis zum Ende des 18. Jahrhunderts. 2003.

Band 278 Tassilo Wilhelm Maria Englert: Deutsche und italienische Zivilrechtsgesetzgebung von 1933–1945. Parallelen in der Rechtsetzung und gegenseitige Beeinflussung unter besonderer Berücksichtigung des Familien- und Erbrechts. 2003.

Band 299 Jürgen Busch: Das Germanenbild der deutschen Rechtsgeschichte. Zwischen Wissenschaft und Ideologie. Mit einem Vorwort von Herwig Wolfram. 2004.

Band 300 Jan Kohlmann: Der Marsch zu den Gräbern von Karl und Rosa. Geschichte eines Gedenktages. 2004.

Band 301 Christian Rainer Schlicht: Die kumulative Schuldübernahme in der Rechtsprechung des Reichsgerichts und in der zeitgenössischen Literatur. 2004.

Band 302 Hans Peter Glöckner: Positive Vertragsverletzung. Die Geburt eines Rechtsinstituts. 2004.

Band 303 João Manuel Azevedo Alexandrino Fernandes: Die Theorie der Interpretation des Gesetzes bei Francisco Suárez. 2005.

Band 304 René Funk: Die Wahlprüfung der volksgewählten Abgeordneten der Volksvertretungen im Frühkonstitutionalismus. Eine Untersuchung der Wahlprüfung in den Kammern der Abgeordneten des Großherzogtums Baden, des Königreichs Württemberg und des Großherzogtums Hessen. 2005.

Band 305 Carolin O'Sullivan. Die Ahndung von Rechtsbrüchen der Seeleute im mittelalterlichen hamburgischen und hansischen Seerecht (1301–1482). 2005.

Band 306 Martin Jürgens: Staat und Reich bei Ernst Rudolf Huber. Sein Leben und Werk bis 1945 aus rechtsgeschichtlicher Sicht. 2005.

Band 307 Florian G. Dürselen: Franz Beyerle (1885–1977). Leben, Ära und Werk eines Rechtshistorikers. 2005.

Band 308 Kai Bandilla: Urheberrecht im Kaiserreich. Der Weg zum Gesetz betreffend das Urheberrecht an Werken der Literatur und Tonkunst vom 19. Juni 1901. 2005.

Band 309 Stefan Mieth: Die Entwicklung des Denkmalrechts in Preußen 1701–1947. 2005.

Band 310 Catharina Lodemann: Die Geschichte des französischen *acte de gouvernement*. 2005.

Band 311 Christina Wicke: Kodifikationsbestrebungen und Wissenschaft in Hessen-Darmstadt im vorkonstitutionellen Zeitalter. Zu der Beteiligung der Gießener Rechtsprofessoren an den Gesetzgebungsarbeiten in Hessen-Darmstadt in der Zeit zwischen 1769 und 1820. 2005.

Band 312 Christiane Chlosta: Nur dem Gesetz unterworfen? Eine rechtsgeschichtliche Untersuchung zu Idee und Wirklichkeit richterlicher Gesetzestreue unter besonderer Berücksichtigung der Aufwertungsrechtsprechung und des richterlichen Prüfungsrechts. 2005.

Band 313 Kathrin Dirr: Hoheitsrechtliche Streitigkeiten zwischen den Kölner Erzbischöfen und der Stadt Köln auf Grundlage reichskammergerichtlicher Verfahren des 16. und 17. Jahrhunderts. 2005.

Band 314 Michael Racky: Die Diskussion über Gewaltenteilung und Gewaltentraining im Vormärz. 2005.

Band 315 Petra Thiemrodt: Die Entstehung des Staatshaftungsgesetzes der DDR. Eine Untersuchung auf der Grundlage von Materialien der DDR-Gesetzgebungsorgane mit zeitgeschichtlichen Bezügen. 2005.

Band 316 Julius F. Reiter: Entstehung und staatsrechtliche Theorie der italienischen *Carta del Lavoro*. 2005.

Band 317 André Book: Die Justizreform in der Frühzeit der Bundesrepublik. Die Beratungen der Kommission zur Vorbereitung einer Reform der Zivilgerichtsbarkeit in den Jahren 1955 bis 1961. 2005.

Band 318 Frank Zentz: Das amerikanische Strafverfahren als Element der Besatzungspolitik in Deutschland. Erziehung zur Demokratie durch den *Court of Appeals* 1948–1955. 2005.

Band 319 Friederike Quaisser: Mietrecht im 19. Jahrhundert. Ein Vergleich der mietrechtlichen Konzeptionen im Allgemeinen Landrecht für die Preußischen Staaten von 1794 und dem gemeinen Recht. 2005.

Band 320 Stefan Burghard: Professor Dr. Wilhelm Kahl – Leben zwischen Wissenschaft und Politik. 2005.

Band 321 Günter Baranowski: Die *Russkaja Pravda* – ein mittelalterliches Rechtsdenkmal. 2005.

Band 322 Christina Schneider: Die SS und „das Recht". Eine Untersuchung anhand ausgewählter Beispiele. 2005.

Band 323 Werner Schubert (Hrsg.): Zivilprozessreform in der Weimarer Zeit. Quellen zur Emminger-Zivilprozessverordnung vom 13.2.1924 und zu den Arbeiten der Zivilprozesskommission des Reichsjustizministeriums (1922–1930). Eingeleitet und herausgegeben von Werner Schubert. 2005.

Band 324 Felix Gaul: Der Jurist Rudolf Isay (1886–1956). Ein verantwortungsbewusster Vermittler im Spannungsfeld zwischen dynamischer Rechtsschöpfung, ökonomischem Wandel und technischem Fortschritt. 2005.

Band 325 Konstanze Braun: Dr. Otto Georg Thierack (1889–1946). 2005.

www.peterlang.de

Peter Lang · Europäischer Verlag der Wissenschaften

Florian G. Dürselen

Franz Beyerle (1885–1977)

Leben, Ära und Werk eines Rechtshistorikers

Frankfurt am Main, Berlin, Bern, Bruxelles, New York, Oxford, Wien, 2005.
288 S., 1 Abb.
Rechtshistorische Reihe. Verantwortlicher Herausgeber: Albrecht Cordes. Bd. 307
ISBN 3-631-53325-X · br. € 51.50*

Franz Beyerle (1885–1977) wird als Mensch und Gelehrter in den verschiedenen Stationen seines Lebens und seiner Tätigkeit als Wissenschaftler und Hochschullehrer dargestellt. Die Wechselwirkungen mit seinem sozialen Umfeld und den gesellschaftlichen und politischen Umständen seiner Zeit werden untersucht. Beyerle durchlebte die wohl bewegteste Epoche neuerer deutsch-europäischer Geschichte, wenn man die Wende von 1989 ausnimmt. Dies gibt Gelegenheit, die wechselseitige Wirkung von Zeitgeist und Mensch, Leben und Werk darzustellen. Die Forschungs- und Tätigkeitsfelder des Rechtshistorikers werden umrissen, Ergebnisse präsentiert und Beiträge bewertet. Besondere Aufmerksamkeit wird den bisher unveröffentlichten Quellen und Zeitzeugen gewidmet. Im Vordergrund stehen dabei die persönlichen Lebenserinnerungen von Franz Beyerle, zudem Korrespondenz, Manuskripte und Notizen, die aus verschiedenen Archiven zusammengetragen wurden. In zahlreichen Zitaten kommt Franz Beyerle persönlich zu Wort. So wird dem Leser seine Denk- und Ausdrucksweise authentisch vermittelt.

Aus dem Inhalt: Die Entwicklung Franz Beyerles bis zur ersten Professur: Herkunft und Jugend; Studienjahre und Ausbildung als Rechtspraktikant; Privatdozent in Jena und der Erste Weltkrieg · Professorenjahre: Basel (1918–1929), Greifswald (1929–1930), Frankfurt am Main (1930–1934), Leipzig (1934–1938), Freiburg (1938–1952); Beyerle als Emeritus

Frankfurt am Main · Berlin · Bern · Bruxelles · New York · Oxford · Wien
Auslieferung: Verlag Peter Lang AG
Moosstr. 1, CH-2542 Pieterlen
Telefax 00 41 (0) 32 / 376 17 27

*inklusive der in Deutschland gültigen Mehrwertsteuer
Preisänderungen vorbehalten

Homepage http://www.peterlang.de

FSC
www.fsc.org
MIX
Papier | Fördert
gute Waldnutzung
FSC® C083411

Kolibri 360 GmbH
Ferdinand-Jühlke-Straße 7
99095 Erfurt, Deutschland
produktsicherheit@kolibri360.de

Druck:
CPI Druckdienstleistungen GmbH
im Auftrag der
Kolibri 360 GmbH
Ferdinand-Jühlke-Str. 7
99095 Erfurt